AF559593

आदिकालीन और मध्यकालीन कवियों का आलोचनात्मक पाठ

आदिकालीन और मध्यकालीन कवियों का आलोचनात्मक पाठ

हेमंत कुकरेती

राधाकृष्ण प्रकाशन

ISBN : 978-81-8361-848-9

आदिकालीन और मध्यकालीन कवियों का आलोचनात्मक पाठ

पहला संस्करण : 2017

मूल्य : ₹650

प्रकाशक
राधाकृष्ण प्रकाशन प्राइवेट लिमिटेड
7/31, अंसारी मार्ग, दरियागंज, नई दिल्ली–110 002

शाखाएँ : अशोक राजपथ, साइंस कॉलेज के सामने, पटना–800 006
पहली मंजिल, दरबारी बिल्डिंग, महात्मा गांधी मार्ग, इलाहाबाद–211 001
36 ए, शेक्सपियर सरणी, कोलकाता–700 017

वेबसाइट : www.radhakrishnaprakashan.com
ई-मेल : info@radhakrishnaprakashan.com

मुद्रक : बी.के. ऑफसेट
नवीन शाहदरा, दिल्ली–110 032

AADIKALEEN AUR MADHYAKALEEN KAVIYON KA
AALOCHANATMAK PAATH
by Hemant Kukreti

डॉ. हरदयाल और
डॉ. बिंधुमाधव मिश्र की स्मृति में

अनुक्रम

आदिकालीन और मध्यकालीन कविता का विकास

हिंदी कविता अपने स्वभाव में सर्वसमावेशी और बहुलतावादी है। अनेक विचार और उन्हें कहने की कई पद्धतियाँ हिंदी कविता में आद्यंत विद्यमान रही हैं। विशेष तथ्य यह है कि मनुष्य और उसका जीवन-जगत इस कविता का केंद्रीय विचार रहा है। मनुष्य जीवन के सरोकारों को रचनात्मक विवेक बनाना यानी काव्य-विषय के रूप में प्रस्तावित करना इसकी खासियत है। बुनियादी तौर पर यह कविता जनोन्मुख रही है। मनुष्य के जटिल जीवन को सरल लोकधर्मी शैली में सहज संप्रेषित करने वाली कविता ही बड़ी रचना के रूप में सामने आई है। हिंदी कविता की इस सुदीर्घ और समृद्ध परंपरा को हम प्राचीन कविता, पूर्वमध्यकालीन कविता, उत्तरमध्यकालीन कविता, आधुनिक कविता इत्यादि वर्गों में बाँट सकते हैं। इस प्रकार पहले वर्ग में आदिकालीन कविता, दूसरे वर्ग में भक्तिकालीन कविता, तीसरे वर्ग में रीतिकालीन कविता, चौथे वर्ग में भारतेंदु युग से लेकर आज तक की कविता को रख सकते हैं। यद्यपि यह वर्गीकरण अंतिम नहीं है लेकिन अध्ययन की सुविधा की दृष्टि से हिंदी कविता को चार काल-खंडों में बाँटा जा सकता है—आदिकाल, भक्तिकाल, रीतिकाल तथा आधुनिक काल।

आज हिंदी कविता लातीन अमेरिकी कविता के साथ विश्व की श्रेष्ठतम कविता का दर्जा हासिल कर चुकी है। यहाँ तक कि आधुनिक हिंदी काव्य ने भी इतना विकास कर लिया है कि उसे विश्व कविता कहने में कोई हिचक नहीं होनी चाहिए।

हिंदी साहित्य बुनियादी तौर पर कविता-केंद्रित रहा है। प्रारंभिक काल से लेकर भक्तिकाल, रीतिकाल यानी आदिकाल से लेकर समूचा मध्यकाल, कविता का युग है। इससे इस तथ्य की भी पुष्टि होती है कि भारतीयों की मनोरचना काव्यात्मक है।

अब तक उपलब्ध सामग्री के आधार पर हम कह सकते हैं कि हिंदी कविता का उद्‌भव सातवीं-आठवीं शताब्दी के आसपास हुआ। सिद्ध, नाथ और जैन कवियों के समन्वित योग से यह कविता संभव हुई। हिंदी भाषा के निर्माण की पृष्ठभूमि में पालि, प्राकृत और अपभ्रंश का बड़ा योगदान है। आदिकालीन काव्य में अपभ्रंश का खासा रचनात्मक इस्तेमाल मिलता है। इस दौर की कविता की मूल संवेदना भक्ति, प्रेम, शौर्य, वैराग्य और नीति इत्यादि के संश्लेषण से बनी है। लगभग चार शताब्दियों तक इन विषयों को काव्य-विषय बनाकर कवि रचनारत रहे। हिंदी काव्य का वास्तविक प्रारंभिक उन्मेष ग्यारहवीं सदी के लगभग माना जा सकता है। परिनिष्ठित साहित्यिक अपभ्रंश और सामान्य जन-संवाद की भाषा यानी बोलचाल की भाषा के संयोग से बनी काव्यभाषा 'पुरानी हिंदी' के नाम से पहचानी गई। अवहट्‌ठ (अपभ्रंश) भाषा में प्रचुर काव्य लेखन हुआ। विधिवत् रूप से वह हिंदी कविता का पहला व्यवस्थित चरण था।

हिंदी साहित्य के प्रारंभिक दौर को जब हम देखते हैं तो सबसे पहले इसके काल विभाजन और नामकरण की समस्याओं से टकराना पड़ता है। यह सुखद और अचरज भरा तथ्य है कि हिंदी साहित्य के इतिहास लेखन का प्रारंभिक कार्य एक फ्रांसीसी विद्वान 'गार्सा द तासी' ने संवत् 1899 में किया। इसके बाद 1900 में मिश्र बंधुओं ने 'मिश्र बंधु विनोद' के नाम से यह काम आगे बढ़ाया। तीन खंडों में प्रकाशित उनके इस काम की छाप रामचंद्र शुक्ल के इतिहास पर भी देखी जा सकती है। मिश्र बंधुओं के अलावा 'शिव सिंह सरोज' (शिव सिंह सेंगर) और जार्ज ग्रियर्सन ने हिंदी साहित्य को इतिहासबद्ध करने का प्रयास किया। यहाँ हम देखते हैं कि काल-विभाजन की दृष्टि से सबसे पहले जार्ज ग्रियर्सन ही टकराए। यह काम आसान नहीं था। उन्होंने उनके समय तक उपलब्ध ऐतिहासिक तथ्यों, रचनाओं और अन्य सबूतों के आधार पर काल-विभाजन करते हुए साहित्य को कई वर्गों में बाँटा। उन्होंने हिंदी साहित्य के आरंभिक काल को चारण काल (700 ई. से 1300 ई. तक) कहा। इस इतिहासकार ने कड़ी मेहनत की लेकिन वह प्रवृत्तियों के आधार पर नामकरण और काल-विभाजन नहीं कर सका। साथ ही वह हिंदी साहित्य की व्यवस्थित स्वरूपरेखा देने में भी चूक गया। मिश्र बंधुओं ने इस काम को आगे बढ़ाया। उन्होंने आरंभिक काल को पूर्वारंभिक काल (संवत् 700 से संवत् 1343 वि.) और उत्तर आरंभिक काल (संवत् 1344 से संवत् 1444 वि.) में बाँटा। मिश्र बंधुओं ने पहले की अपेक्षा काफी सुधार किया। लेकिन उन्होंने आरंभिक काल में अपभ्रंश कालीन साहित्य को भी समेटना चाहा। यह तार्किक दृष्टि नहीं थी।

इतिहास लेखन की परंपरा में आज तक सबसे अधिक माके का काम आचार्य रामचंद्र शुक्ल ने किया। उन्होंने संवत् 1973 वि. हिंदी का पहला प्रवृत्तिपरक और व्यवस्थित इतिहास लिखा। उन्होंने अपनी मौलिक शोधपरक दृष्टि का परिचय देते हुए काल विभाजन और काल-नामकरण किया। उनके विभाजन और नामकरण स्पष्ट, संक्षिप्त और सरल होने के कारण अधिक मान्य रहे। उन्होंने प्रारंभिक काल को वीरगाथा काल (संवत् 1050 से 1375 वि. तक) नाम दिया। आचार्य शुक्ल के बाद हजारी प्रसाद द्विवेदी ने शायद सबसे अधिक प्रत्यक्ष, स्पष्ट और व्यवस्थित इतिहास प्रस्तावित किया। हिंदी के आरंभिक काल को द्विवेदी जी ने आदिकाल (सन् 1000 से 1400 ई. तक) नाम दिया। उन्होंने अपनी इतिहास दृष्टि को अधिक तार्किक और वैज्ञानिक बनाया।

हिंदी साहित्य के इस प्रारंभिक दौर को वीरगाथा काल (हजारी प्रसाद द्विवेदी), चारणकाल (डॉ. राम कुमार शर्मा), सिद्ध सामंत युग (राहुल सांकृत्यायन), संधिकाल (डॉ. धीरेंद्र वर्मा), बीजवपनकाल (महावीर प्रसाद द्विवेदी) इत्यादि कई नाम दिए गए। सबसे अधिक विचार--विमर्श आचार्य शुक्ल और हजारी प्रसाद द्विवेदी के नामकरणों को लेकर हुआ। शुक्ल जी ने प्रवृत्तिमूलक नामकरण और कालविभाजन करने की भरसक कोशिश की। उनके सामने अपभ्रंश, देसी भाषाओं, डिंगल (राजस्थानी), पिंगल (ब्रजभाषा) तथा मैथिली की रचनाएँ थीं। उन्होंने उपलब्ध रचनाओं के आधार पर नामकरण किया। उन्होंने एक दर्जन कृतियों के आधार पर इस युग का विवेचन किया। लेकिन बाद के इतिहासकारों ने उनके द्वारा प्रस्तुत चार रचनाओं को अपभ्रंश भाषा की रचना मानते हुए हिंदी की सूची से बहिष्कृत कर दिया और केवल एक कृति

विद्यापति की पदावली को ही प्रामाणिक रचना माना और शेष रचनाओं को अप्रामाणिक करार देते हुए संदिग्ध रचनाओं की सूची में डाल दिया। दूसरी तरफ विद्यापति को प्रारंभिक दौर और भक्तिकाल की संधि का कवि मानते हुए प्रवृत्तियों के आधार पर उनकी पदावली को भक्तियुग में स्थान दिया। इस प्रकार डॉ. हजारी प्रसाद द्विवेदी द्वारा दिए गए नाम को अधिक महत्त्व दिया गया।

किसी भी भाषा के साहित्य पर देशकालगत परिस्थितियों का गहरा दबाव रहता है। खासकर साहित्यिक प्रवृत्तियों को निर्धारित करने में तत्कालीन राजनीतिक, सामाजिक, सांस्कृतिक और आर्थिक परिस्थितियों का दखल रहता है। इस नजरिए से देखें तो आदिकालीन या शुरुआती हिंदी साहित्य को अत्यंत जटिल परिस्थितियों की घात-प्रतिघात से जूझना पड़ा।

शुरुआती साहित्य की शक्ल, स्वभाव और विशेषताओं को उस समय की राजनीतिक परिस्थितियों की परछाइयों में देखा जा सकता है। उस समय हिंदी-भाषी प्रदेश ही नहीं, समूचे देश में कोई मजबूत केंद्रीय शासन व्यवस्था नहीं थी। टूटी हुई, बिखरी हुई राजनीतिक परिस्थितियों में हम देखते हैं कि हिंदी का हृदय-प्रवेश उत्तरी-भारत, भोग-विलास में डूबे हुए, बलहीन छोटे-छोटे कथित नरेशों के हाथ में था। वह आपस में लड़ते रहते थे। इसका लाभ उठाते हुए बाहरी ताकतें लगातार हमला कर रही थीं। जबकि देश के कर्णधार अपने अहंकार और श्रेष्ठता ग्रंथि के कारण संकुचित जातीय समीकरणों में उलझकर रह गए थे।

इस राजनीतिक हालत का असर समाज पर भी पड़ा। सामाजिक व्यवस्था छिन्न-भिन्न हो गई थी। सामाजिक मूल्य भ्रष्ट होते-होते लगभग नष्ट हो चले थे। समाज में ऐसी अनेक कुप्रथाएँ-कुरीतियाँ और रूढ़ियाँ थीं जो समाज को लगातार जर्जर कर रही थीं। जातिगत ऊँच-नीच, सतीप्रथा, बाल-विवाह बहु-विवाह और अशिक्षा के दानव सक्रिय थे। स्त्री केवल भोग-विलास की सामग्री थी। उसे कोई भी अधिकार प्राप्त नहीं था। इसलिए सबसे बुरी स्थिति उसी की थी। हालाँकि केवल स्त्री ही नहीं, सारी भारतीय जनता हीनता और दीनता के महासागर में हिचकोले खा रही थी।

सांस्कृतिक दृष्टि से समाज ब्राह्मण और श्रमण संस्कृतियों के आपसी द्वंद्व को झेल रहा था। ब्राह्मण संस्कृति भी वैदिक, पौराणिक, शैव, वैष्णव, शाक्त इत्यादि खानों में बँटकर अपनी शक्ति को जाया कर रही थी। इसके साथ-साथ श्रमण संस्कृति द्वारा प्रस्तावित बौद्ध और जैन धर्म भी रूढ़ियों से मुक्त नहीं थे। वहाँ भी तंत्र-मंत्र, मिथ्याचार, वामाचार इत्यादि का बोलबाला था। दूसरी तरफ समाज पर सिद्ध और नाथ पंथ तथा सूफियों का सांस्कृतिक असर पड़ने लगा था।

इन राजनीतिक, सामाजिक, सांस्कृतिक, परिस्थितियों से आम-आदमी त्रस्त तो था ही, रही-सही कसर विकट अर्थतंत्र ने निकाल दी। सामंती व्यवस्था अपने ऐशो-आराम के लिए साधारण जनता पर मनमाना लगान लगाकर उसका दोहन कर रही थी। जब व्यक्ति के सामने जैसे-तैसे रोजी-रोटी कमाकर बचे रहने को संकट प्रमुख हो जाता है तो वह ललित-कलाओं की तरफ से उदासीन हो जाता है। सामंत लगातार अमीर हो रहे थे और जनता लगातार गरीब। इसका प्रभाव हम तत्कालीन साहित्य पर देखते हैं।

इन जटिल परिस्थितियों के कारण शुरुआती साहित्य या तो राजाओं के छोटे-मोटे युद्धों और नकली वीरता का चित्रण है या फिर उनके शान-शौकत भरे जीवन का कच्चा-चिट्ठा है। गरीब जनता से बेखबर सामंतों की रानियाँ अपने बनाव-श्रृंगार और दिखावट में ही जीवन की सार्थकता ढूँढ़ती हैं और अपनी छोटी-सी सुरक्षित दुनिया में मगन रहती हैं। ऐसे में या तो दीन-दुनिया से बेखबर श्रृंगारपरक रचनाएँ सामने आती हैं या फिर युद्ध क्षेत्र के अतिशयोक्तिपूर्ण चित्र। दूसरी तरफ जनता किसी बड़े चमत्कार की उम्मीद में सिद्धों और नाथों की ओर टकटकी लगाए देख रही थी। उनकी चमत्कारी शक्तियाँ जनता को लुभा रही थीं। इन सबका मिला-जुला असर इस युग के साहित्य पर पड़ा।

आदिकालीन रचनाओं और प्रमुख रचनाकारों के आधार पर उसकी कुछ प्रमुख विशेषताओं पर जब हम ध्यान देते हैं तो उसकी विषय-वस्तु और भाषा-पक्ष अपनी विविधता के कारण ध्यान आकर्षित करते हैं। आदिकालीन साहित्य विषय के धरातल पर अत्यंत विविधतापूर्ण है। इसमें जहाँ एक ओर सिद्ध-साहित्य धर्म के दिखावों और समाज को खोखला करने वाली रूढ़ियों पर प्रहार कर रहा था। वहीं दूसरी ओर नाथ संप्रदाय के कवियों की सच्ची आध्यात्मिक चेतना समाज को प्रभावित कर रही थी। दूसरी ओर रासो साहित्य के साहित्यकार अपने आश्रयदाताओं का यशोगान कर रहे थे तो जैन साहित्यकार समाज में व्याप्त भोग-विलास का विरोध कर रहे थे। इस प्राचीन कविता में बौद्ध, सिद्ध, जैन, नाथ, सूफी और संत कवियों ने ऐसे अध्यात्म को प्रस्तुत किया जिसने समाज की संस्कृति पर गहरा प्रभाव डाला। बौद्ध सिद्धों के दोहे, जैन कवियों के मुक्तक, नाथ कवियों की बानियाँ, सूफी कवियों के प्रेमाख्यान इत्यादि मिलकर एक ऐसी आध्यात्मिक चेतना प्रस्तावित कर रहे थे जो सामान्य जनता के उत्पीड़न का विरोध कर रही थी।

इस युग में दरबारी वातावरण के कारण श्रृंगारिक साहित्य भी लिखा गया। सामंतों के आश्रय में काव्य-रचना करने वाले कवियों ने उन्हें खुश करने के लिए उनकी वीरता और उनकी रानियों की शारीरिक सुंदरता की बढ़ा-चढ़ाकर प्रशंसा की। दूसरी तरफ जनमानस के मनोरंजन के लिए भी श्रृंगारपरक रचनाएँ लिखी गईं। विद्यापति ने दोनों प्रकार की रचनाएँ कीं। इस महान रचनाकार ने उत्तरमध्यकालीन रीतिकाव्य को गहरे और अर्थवान तरीके से प्रभावित किया। नाथ-पंथी कवियों ने श्रृंगारिक चित्रण से ज्यादा अध्यात्म की ओर अपनी प्रतिभा प्रदर्शित की हैं। श्रृंगार से जुड़ी हुई जो वीर-रसात्मक रचनाएँ प्राचीन कविता में दिखाई देती हैं उसके शुरुआती बड़े कवि हेमचंद्र हैं। उनके अतिरिक्त जैन प्रबंध-काव्यों से बढ़ती हुई यह प्रवृत्ति आगे चलकर भूषण के यहाँ दिखाई देती है। हेमचंद्र ने जहाँ लोक-मानस में जीवित जन-नायकों की वीरता का वर्णन किया, वहीं विद्यापति और अन्य कवियों ने सामंती शक्तियों का प्रशस्तिगायन किया है। स्वयंभू जैसे वीतरागी कवि भी 'पउमचरिउ' जैसी रचना में यही प्रवृत्ति प्रदर्शित करते हैं।

आदिकालीन कविता में केवल सामंती प्रशस्तिगायन ही नहीं मिलता बल्कि एक गहरी लोक चेतना भी मिलती है। इस दृष्टि से 'संदेश रासक', 'वर्णरत्नाकार', 'राहुलबेल' इत्यादि रचनाएँ प्रमुख हैं। विद्यापति ने भी अपनी पदावली में गहरी लोकपरकता दिखाई है।

प्राचीनकाव्य में ऐसी अनेक कृत्तियाँ हैं जिनकी प्रामाणिकता संदिग्ध है। ऐसी रचनाएँ या तो बाद में लिखी गईं या फिर आदिकाल में लिखी होने के बाद में भी इन्हें लिखा जाता रहा। इसके बावजूद अगर हम इन्हें इतिहास ग्रंथों की बजाय काव्य रचनाओं के धरातल पर देखें तो इनका भाषागत वैविध्य और छंद एवं रूपगत विविधता आश्चर्य में डालती है। यह भी ध्यान देने की बात है कि इस युग में गद्य साहित्य भी लिखा गया जबकि भक्तिकाल और रीतिकाल में उसका अस्तित्व अत्यंत अल्प दिखाई देता है। 'कीर्तिलता' में अपभ्रंश गद्य और 'वर्ण रत्नाकार' तथा 'राहुलबेल' में देश्य भाषा का गद्य मिलता है। सोम सुंदर सूरी ने अपनी टीकाओं में पुराने राजस्थानी गद्य का इस्तेमाल किया है।

आदिकालीन प्राचीन कविता में काव्यभाषाओं के कई पैटर्न मिलते हैं। इसमें अपभ्रंश, नई उभरती हुई देश्य भाषाएँ पिंगल (ब्रज) और डिंगल (राजस्थानी) जैसी भाषाओं के अतिरिक्त ब्रज और मैथिली दिखाई देती है। यह नई भाषाओं की ही शैलियाँ थीं। यह सभी भाषाएँ मिलकर जिस आदिकालीन भाषा-शैली को प्रस्तुत करती हैं उसमें पिंगल (ब्रज) और डिंगल (राजस्थानी) का केंद्रीय महत्त्व दिखाई देता है।

इस कविता में काव्य रूप और छंद के नए धरातल उभर रहे थे। जनता का मनोभाव बदल रहा था। वैदिक श्लोक छंद, अनुष्टुप नए रूप में इसी दौर में सामने आया। अब वह दो पद का दोहा छंद था। आदिकालीन छंदों का आगे विकास हुआ। ब्रजभाषा में पद, राजस्थानी में वयण, अवधी में बरवै इत्यादि छंद मिलने लगे। प्रबंध रचनाएँ दोहा या गाथा छंद में लिखी गईं। मुख्य बात यह हुई कि प्राचीन कवि छंदों की एकरसता से बचने के लिए लगातार प्रयोग कर रहा था। पद्धरी के बीच दोहा, सार, उल्लाला इत्यादि लगाए गए। यह पद्धति सूफी कवियों, भक्तिकालीन और रीतिकालीन कवियों और शुरुआती आधुनिक कवियों ने भी अपनाई। मुख्य छंद, दोहा रहा। इस काल को सिद्ध-सामंत काल कहने वाले राहुल सांकृत्यायन ने कहा कि दोहा शक जातियों की देन है। उनका निष्कर्ष इस बात का प्रमाण है कि हिंदी शुरू से किसी भी जातिगत या संप्रदायगत संकुचित सीमाओं में नहीं बँधी और इसने अपने सर्वग्राह्य, लचीले स्वभाव के कारण हर नई चीज को अपनाया। दोहे के अतिरिक्त सोरठा ('प्राकृत पैंगलम' और सिद्ध नाथ कवियों की कविता), चौपाई (रासोसाहित्य), अरिल्ल (कीर्तिलता), पद्धरी (स्वयंभू और पुष्पंदत), गाथा (जैन साहित्य), छप्पय, कुंडलियाँ तथा वीर छंद इत्यादि भी आदिकालीन साहित्य में प्रयुक्त हुए हैं। इससे यह तथ्य पुष्ट होता है कि उस समय का रचनाकार बुनियादी तौर पर प्रयोगशील था। यह छंदगत प्रयोगशीलता आदिकालीन काव्य रूपों में भी दिखाई देती है। काव्य रूप और छंदों के धरातल पर आदिकालीन कविता विशिष्ट कविता का उदाहरण है। कवियों ने रस, छंद, अलंकारों का विषयानुकूल प्रयोग किया है। आदिकालीन हिंदी साहित्य अपनी भाषा और काव्यरूप जन-जीवन से ग्रहण करके आगे बढ़ा। यही कारण है कि इस प्राचीन कविता ने बाद की अनेक कवि-पीढ़ियों की कविताओं को प्रेरणा देने का कार्य किया। विषय के धरातल पर देखें तो सिद्ध और जैन कवियों ने भक्तिकालीन भक्त और संत कवियों को विषय सुझाए। वहीं विद्यापति जैसे कवियों ने रीतिकालीन कवियों को कविता की समझ सौंपी और वीर रस के बड़े कवि भूषण

ने उत्तरछायावादी दिनकर जैसे कवियों को वीर रस का मर्मज्ञ बनाया। भाषा और रूपगत धरातल पर भी प्राचीन आदिकालीन कवियों का हिंदी कविता पर बड़ा एहसान है। संवत् 1050 से संवत् 1375 के मध्य सृजित इस कविता का अध्ययन आदिकालीन काव्य के अंतर्गत किया जाता है। वीरगाथाकाल, चारणकाल, बीजवपनकाल इत्यादि आदिकालीन काव्य को दिए गए यह तमाम शीर्षक उस समय सक्रिय साहित्यिक प्रवृत्तियों को सूचित करते हैं।

सामाजिक-विशेषताएँ, राजनीतिक-द्वंद्व, सांस्कृतिक-संघर्ष और लड़ाइयों के उस दौर में लिखी इस कविता की विषयवस्तु; युद्ध-कौशल, रण-सज्जा, शत्रु-संहार, आखेट-क्रीड़ा इत्यादि के प्रभावशाली चित्रण से बुनी गई है। दरबारी कवि अपने आश्रयदाता नरेशों के शौर्य और पराक्रम के वर्णन के साथ ही उनके मनोरंजन के लिए अतिरंजित प्रेम और श्रृंगारपरक कविता भी रच रहे थे। जिसमें नायिका का नख-शिख मांसल सौंदर्य को उभारने वाले विवरणों की भरमार थी।

षड्ऋतु वर्णन और जलकेलि प्रसंग इस संदर्भ में विशेषकर नियोजित किए जाते थे। इस पक्ष का विकास आगे चलकर रीतिकाल में हुआ। शौर्य और श्रृंगार की दृष्टि से रासो काव्य के अंतर्गत परिगणित चंदबरदायी का 'पृथ्वीराज रासो', जगनिक का 'परमाल रासो' और नरपति नाल्ह का 'बीसलदेव रासो' प्रमुख हैं।

रासो काव्य के साथ ही नाथ, जैन और बौद्ध कवि भी उस समय काव्य सृजन कर रहे थे। आदिकालीन सिद्ध काव्य को बौद्ध कवियों ने समृद्ध किया। बौद्ध धर्म की वज्रयानी शाखा में सरहपा, शबरपा, लुइपा, कण्हपा, कुक्कुरिपा, सरीखे बौद्ध कवियों ने अपना योगदान दिया। सिद्ध साहित्य का महत्त्व इस रूप में है कि इन कवियों ने सरल, गीतात्मक भाषा शैली में तद्युगीन समाज में व्याप्त बाह्याडंबर और पाखंडों का विरोध किया तथा परमार्थ एवं त्याग को मानवीय मूल्य बनाते हुए आचरण की शुद्धता पर बल दिया। हालाँकि जादुई चमत्कार उस समय समाज की मानसिकता में गहरे धँसा हुआ था इसलिए ये कवि तंत्र-मंत्र सिद्ध करने के लिए कविता को एक माध्यम मानते थे। इसलिए इनके यहाँ कुछ स्थलों पर अबूझ रहस्य भावना भी पाई जाती है। सिद्ध साहित्य सामाजिक रूढ़ियों, धर्म के पाखंडों और बाह्याचार का विरोध करने, सरल प्राकृतिक जीवन की महत्ता की पुनर्स्थापना और ऐंद्रिक संयम पर बल देने का आग्रह करता रहा।

सिद्ध कवियों ने प्रत्यक्ष-अप्रत्यक्ष तौर पर नाथ संप्रदाय के कवियों को प्रभावित किया। नाथ साहित्य के प्रारंभिक कवि गुरु गोरखनाथ माने जाते हैं। इनके अतिरिक्त चौरंगीनाथ, गोपीचंद, चुणकरनाथ, भरथरी, जलंधरनाथ इत्यादि अन्य प्रमुख् नाथ कवि हैं। सिद्धों की भोग-केंद्रित वाममार्गी साधना प्रणाली के विरुद्ध नाथपंथियों ने हठयोग साधना का मार्ग सुझाया, विशेषकर नारी-भोग का विरोध करने वाले नाथ कवियों ने भक्तिकाल के निर्गुणपंथी संत कवियों पर अत्यधिक प्रभाव डाला।

आदिकाल में जैन कवियों का भी विशेष महत्त्व है—स्वयंभू, हेमचंद, पुष्पदन्त, शालिभद्रसूरि, जिनधर्म सूरि, सुमतिगणि इत्यादि जैन कवियों का आदिकालीन काव्य में उल्लेखनीय स्थान है। स्वयंभू का 'पउमचरिउ', देवसेन का 'श्रावकाचार', रामसिंह का 'पाहुड़ दोहा', हेमचंद का 'शब्दानुशान' और 'कुमारपाल चरित', सुमतिगणि का

'नेमिनाथ रास' इस धारा की उपलब्ध उल्लेखनीय रचनाएँ हैं। जैन कवियों ने चरित या आख्यानक काव्य शैली को लोकप्रिय बनाया। इसके अतिरिक्त उन्होंने दोहा, चौपाई, कवित्त जैसे छंदों का बेहतर इस्तेमाल किया और भक्तिकालीन कवियों को अभिव्यक्ति के नए औजार सौंपे।

आदिकालीन साहित्य अपनी लौकिक काव्य रचनाओं के लिए भी पहचाना जाता है। इनमें 'ढोलामारूरा दूहा', 'संदेश रासक', 'जयमयंक जसचंद्रिका' और 'वसंत विलास' आदि प्रसिद्ध कृतियाँ हैं। प्रेम का सरस गेय, वर्णन करने वाली 'विद्यापति की पदावली' भी इसी युग की रचना है।

आदिकालीन साहित्य बौद्ध, नाथ जैन तथा कुछ लोक-कवियों का मिश्रित रचनात्मक उपक्रम है। आश्रयदाता नरेशों का गुणगान, उनके शौर्य पराक्रम का अतिशयोक्तिपूर्ण बखान, प्रेम-प्रसंगों की आलंकारिक प्रस्तुति और कुछ नीतिपरक काव्य के कारण इस काव्य में श्रृंगार और वीर रस की प्रमुखता रही है। आदिकालीन कवियों ने भक्तिकालीन और रीतिकालीन कवियों को अनेक धरातलों पर प्रभावित किया।

आदिकालीन काव्य के बाद भक्ति युग (संवत् 1375-1700) में कबीर, सूर, तुलसी तथा जायसी जैसे महान् कवियों के नेतृत्व में अद्‌भुत काव्य रचा गया। संवेदना-शिल्प की दृष्टि से इस युग में भी अनेक काव्य धाराएँ प्रवाहमान थीं। निर्गुण और सगुण काव्यधारा से निर्गुण भक्ति की ज्ञानाश्रयी और प्रेमाश्रयी दो शाखाओं का प्रस्फुटन हुआ, वहीं सगुण भक्ति धारा भी राम-भक्ति और कृष्ण भक्ति, दो काव्य-शाखाओं में बँट गई।

भक्तिकालीन संतकाव्य या ज्ञानाश्रयी काव्यधारा का नेतृत्व कबीर कर रहे थे। निर्गुण निराकार ब्रह्म की आराधना से इन ज्ञानाश्रयी कवियों का काव्य उपजा है। कबीर, धर्मदास, रैदास, नानक, सुंदरदास, दादू, मलूक, अक्षर अनन्य इस संत काव्यधारा के प्रमुख कवि हैं। एकेश्वरी संत कवियों ने आत्मशुद्धि के लिए सत्संग का महत्त्व प्रतिपादित किया है। मूर्तिपूजा तथा धर्म से जुड़ी प्रदर्शनप्रियता या बाहरी आडंबरों जैसे तीर्थव्रत, रोजा-नमाज की बजाय उन्होंने ईश्वर-प्राप्ति और अंततः पारलौकिक मोक्ष-प्राप्ति के लिए ईश-नाम-स्मरण का रास्ता दिखाया। इसके लिए उन्होंने जाति-पाँति और अंधविश्वासों का बहिष्कार किया। सांसारिक माया-मोह की निंदा तथा निराकार ईश्वर का गुण-गायन और समाज में फैले जर्जर रीति-रिवाजों के विरोध का स्वर मुखर किया।

संत कवियों की वाणी की व्याप्ति दूर तक थी। विभिन्न क्षेत्रों में भ्रमण के फलस्वरूप इनकी स्थानीयता में भाषिक विविधता मिलती है। अनेक प्रांतीय भाषाओं और बोलियों की महक और रंगत संत-काव्य की भाषागत विशेषता है। इन कवियों ने भाषा को जन से अर्जित किया और लोकमानस को प्रामाणिक रूप से प्रभावित किया। इनके यहाँ शास्त्र से सीखी-पढ़ी, जीवनरस से रहित किताबी भाषा नहीं है। क्योंकि स्याही और कागज से इन्हें कोई वास्ता ही नहीं पड़ा था। इन कवियों ने कविता लिखी नहीं, कही है।

कबीर, दादू, नानक, रैदास, सुंदरदास, मलूक इत्यादि निर्गुण उपासक ज्ञानमार्गी कवियों ने ज्ञान साधना से ईश्वर को पाना चाहा, वहीं प्रेममार्गी निर्गुण-पंथियों ने प्रेम को ईश्वर प्राप्ति का माध्यम सिद्ध किया। सूफी संतों से प्रेरित प्रेममार्गी कवियों जायसी, मंझन, कुतुबन, उसमान ने भारतीय आख्यानकों को फारसी की मसनवी शैली ने प्रस्तुत

किया। इनके काव्य में परमात्मा को पत्नी और जीव को पति रूप में प्रदर्शित किया गया है। स्पष्ट है कि लौकिक प्रेम के बहाने सूफी कवि अलौकिक प्रेम की अभिव्यक्ति कर रहे थे। अधिकतर सूफी कवि मुस्लिम थे। उन्होंने अवधी भाषा और परंपरित छंद विधान में जिन प्रबंध काव्यों का सृजन किया उनमें प्रेम की आध्यात्मिक उदात्तता एक विशिष्ट मानवीय मूल्य की तरह व्यंजित हुई है।

निर्गुण भक्ति काव्यधारा ने जहाँ अपनी शाखाओं–ज्ञानाश्रयी और प्रेमाश्रयी में विस्तार प्राप्त किया; वहीं सगुण भक्तिकाव्यधारा भी दो शाखाओं–रामभक्ति और कृष्णभक्ति में प्रवाहित हुई है। तुलसीदास रामभक्ति–काव्यधारा के शिखर कवि हैं तो सूरदास कृष्णभक्ति काव्यधारा के शीर्षस्थ रचनाकार हैं। तुलसी ने 'रामचरितमानस', 'कवितावली', 'दोहावली', 'गीतावली', 'विनय पत्रिका' सरीखी राम-विषयक महान् काव्य-रचनाओं में राम चरित्र का सांगोपांग वर्णन किया है। पराजित, निराश, आत्मगौरवहीन, प्रताड़ित और भयाक्रांत भारतीय जनमानस को मानसिक संबल के लिए जिस नायक की जरूरत थी वह उन्हें राम में मिला। तुलसी-काव्य में विष्णु-अवतार, मर्यादा-पुरुषोत्तम राम लोकरक्षक मर्यादावादी नायक के रूप में उभरे हैं। वैचारिक धरातल में समन्वयवादी तुलसी ने सर्वजन-सुलभ भक्ति का प्रारूप प्रस्तुत किया। रामकथा को आधार बनाकर चलने की जो राह तुलसी ने निर्मित की उस पर केशव, नाभादास, अग्रदास, हृदयराम भल्ला, प्राणचंद चौहान और बाद में मैथिलीशरण गुप्त जैसे रामकाव्य के सृजकों ने अपने निशान छोड़े हैं। भक्तिकालीन कवियों ने ब्रज एवं अवधी में मुक्तक और प्रबंध दोनों काव्य रूपों में काव्य सृजन किया है।

सूरदास के कुशल नेतृत्व में ही नंददास, परमानंददास, छीत स्वामी, गोविंद स्वामी कृष्णदास, मीरा, रसखान, हित हरिवंश, कुंभनदास, श्रीभट्ट जैसे कवियों ने कृष्ण-भक्तिकाव्य की रचना की है। इन कवियों ने कृष्णलीलाओं के माध्यम से मोक्ष का रास्ता सुझाया। सूर और अन्य कृष्णकाव्य कवियों का मन कृष्ण की 'बाल लीला' और 'विरह वर्णन' में खूब लगा है। इसलिए वात्सल्य और श्रृंगार के अनूठे बिंब इनके यहाँ मिलते हैं। मीरा, नरोत्तमदास, रसखान, रहीम और गंग जैसे संप्रदाय-निरपेक्ष कवियों ने भी कृष्ण-चरित्र से प्रेरित होकर भक्ति और नीतिपरक काव्य सृजन किया है।

राम भक्तिकाव्य धारा के विपरीत इस धारा के कवियों ने प्रबंध लेखन में कोई रुचि प्रदर्शित नहीं की बल्कि मुक्तक काव्य का सृजन किया। इसके बावजूद ब्रजभाषा की माधुरी और गीत शैली में इस धारा के कवियों ने तमाम विधि-निषेधों से मुक्त, प्रतिष्ठित जन नायक कृष्ण की ऐसी गाथा का गायन किया जिसकी छाप आज की कविता पर भी देखी जा सकती है।

भक्तिकाव्य को कबीर, जायसी, सूर और तुलसी जैसी अद्भुत काव्य प्रतिभा से संपन्न बड़े कवियों की काव्यगत उपलब्धियों के कारण प्रथम स्वर्णयुग कहा जाता है। यह उदात्त भक्तिकाव्य भाव, संवेदना और सघन व्यापक काव्य कला के कारण आज भी चुनौती प्रस्तुत करता है।

हिंदी कविता के अगले चरण उत्तर मध्यकाल को रीतिकाल (संवत् 1700-1900) कहा जाता है। कई संदर्भों में रीतिकालीन काव्य, आदिकालीन कविता का थोड़ा परिवर्तित और परिवर्द्धित संस्करण था। पूर्व मध्यकाल (भक्तियुग) की

कविता से कतई भिन्न-आस्वाद की यह रचनाएँ प्रेम और शृंगार के भोगवादी रवैये से आक्रांत रहीं। अपने आश्रयदाता नरेशों से अर्थ-प्राप्ति भी इस प्रकार की काव्य-रचना का एक कारण था। कवियों के भक्ति प्रसंग संकुचित होकर 'राधिका कन्हाई सुमिरन को बहानों' मात्र बनकर रह गए। कविता का बहुलांश कवित्व-प्रदर्शन में व्यर्थ हो गया। अभिव्यक्ति की सहजता की जगह अतिशय आलंकारिकता हावी हो गई।

रीतिकालीन कवियों को रीतिकवि, रीतिमुक्त और रीतिइतर–तीन वर्गों में रखकर रीतियुगीन कविता का अध्ययन किया जा सकता है। रीतिबद्ध कवि रस, छंद, अलंकार, नायिका-भेद जैसे काव्यशास्त्रीय सरोकारों को लक्षण उदाहरण सहित वर्णित करते रहे। लक्षण ग्रंथकार कवियों–केशव, चिंतामणि, मतिराम, देव, भिखारीदास, रसलीन, ग्वाल, पद्माकर इत्यादि को इसीलिए आचार्य कवि कहा जाता है। षड्ऋतु, बारहमासा-वर्णन, नख-शिख विवेचन, नायिका-भेद जैसी काव्य रूढ़ियाँ इन रीतिबद्ध कवियों की कविता का मुख्य विषय है। रीतिमुक्त या स्वच्छंद काव्यधारा के कवियों घनआनंद, ठाकुर, बोधा, आलम, द्विजदेव ने किसी विशिष्ट काव्य रीति में बँधे बिना कविता की दूसरी राह का चयन किया जबकि रीतिइतर काव्य धारा में गिरधर, वृंद, दीनदयाल गिरि ने नीतिपरक कविता का सृजन किया तो भूषण, सूदन और लाल इत्यादि ने वीरकाव्य का निर्माण किया।

ब्रजभाषा में मुक्तक काव्य-सृजन में ही रीतिकालीन कवियों ने अपनी प्रतिभा का परिचय दिया। काव्य-सृजन के तीन प्रमुख स्रोतों–राजाश्रय, धर्माश्रय और लोकाश्रय में से; राजाश्रय ही रीतिकालीन कविता का मुख्य स्रोत रहा है। आचार्यत्व यानी काव्यशास्त्रीय ज्ञान-प्रदर्शित करने की चाह कमोवेश प्रत्येक रीतिकालीन कवि में दिखाई देती है। शृंगारिकता, रीति-निरूपण, राज-प्रशस्ति गायन, नीति-उपदेश और थोड़ा-बहुत भक्ति-भाव तथा प्रकृति-चित्रण रीतिकालीन कविता की महत्त्वपूर्ण विशेषताएँ हैं। जैसा कि पहले कहा इस कविता के बीज आदिकालीन कविता में पहले ही दिख जाते हैं।

रीतिकालीन कविता मध्यकालीन बोध का अंतिम दस्तावेज है।

मध्यकाल से टकराकर आधुनिक विवेक विकसित हुआ। इससे साहित्य की जमीन बदल गई है। इसलिए मध्यकालीन बनाम आधुनिकता का सवाल बड़ा अहम है! आधुनिकता पर बात करने से पहले हमें आधुनिक भाव-बोध को समझना होगा और इससे पहले मध्यकालीन विवेक को जानना होगा कि मध्यकालीन से क्या तात्पर्य है? जब हम इस प्रश्न पर विचार करते हैं तो इसके कुछ सरलीकृत उत्तर मिलते हैं–जो आधुनिक, समकालीन या प्रासंगिक नहीं हैं, वह मध्यकालीन हैं। जबकि ऐसा कहना पूरी तरह से ठीक नहीं है। अनेक मध्यकालीन कवि आज भी समकालीन और प्रासंगिक हैं।

साहित्य के विद्यार्थियों के लिए मध्यकालीन विवेक को लेकर कुछ सरल पहचान के बिंदु निर्धारित किए जा सकते हैं। वह मध्यकालीन को समझने-समझाने में बेशक पूरी तरह से नहीं; कुछ दूर तक जरूर मदद करते हैं। सबसे पहले तो यही कि मध्यकालीन विवेक में तर्क की बजाय आस्था महत्त्वपूर्ण है। स्पष्टता की बजाय रहस्य का कोहरा वहाँ छाया हुआ है। इसीलिए मध्यकालीन कविता में स्पष्ट यथार्थ की प्रस्तुति नहीं है। वहाँ रहस्य-रोमांच और जादू, तंत्र-मंत्र तथा अति काल्पनिक आख्यानों-गाथाओं इत्यादि ने बड़ी जगह घेरी हुई है। इन काल्पनिक काव्यात्मक जुगतों

के कारण मध्यकालीन कविता में एक जादुई सम्मोहन भी निर्मित होता है जो पाठक को देर तक स्तब्ध रखता है। जबकि आधुनिक कविता पाठक को प्रश्नाकुल बनाती है।

मध्यकालीन कविता को आदिकालीन कविता से कई चीजें प्राप्त हुई हैं। उनमें रहस्यवादी साधना भी एक है। वहाँ योग की जटिलता और अकल्पनीय निष्कर्षों पर सहमत होना प्रमुख है। वहाँ मनुष्य हृदय और उसकी आकांक्षाओं, चिंताओं और स्वप्नों को संचालित करने वाला तत्त्व विशुद्ध भावनाओं पर टिका है। आदिकाल से लेकर मध्यकाल का अधिकांश साहित्य लगभग एक स्वर में अपनी निष्पत्तियों पर अड़ा हुआ लगता है। चाहे आदिकालीन और रीतिकालीन शृंगारिक कवि हो, या भक्तिकालीन संत, सूफी या भक्त कवि हो, सभी स्त्री को लेकर एक ही नतीजे पर पहुँचते हैं। उनके यहाँ स्त्री या तो उपभोग की वस्तु है, नरक का द्वार है या कोई रहस्यमयी जीव जो उन्हें मनुष्य जीवन के सर्वोच्च सोपान, मोक्ष-प्राप्ति से रोकता है। रीतिकालीन कवि स्त्री-प्रसंग को बिल्कुल उस मुद्रा में सैलिब्रेट करते हैं। दूसरी तरफ तुलसी जैसे संत भक्तिकवि उसे पशुओं की श्रेणी में रखकर उसके साथ पशुवत व्यवहार करने की सलाह देते हैं। स्पष्ट है कि समूचा मध्यकाल इस धरातल पर स्त्री को बराबरी का दर्जा नहीं देता। वहाँ सामंती मानसिकता किसी-न-किसी रूप में मौजूद है। यह आधुनिक कवि है जो उसे मनुष्य मानता है।

मध्यकालीन कविता में बातों को बढ़ा-चढ़ा कर कहने का रिवाज रहा है। कवि अपने आश्रयदाता सामंतों को विश्व-विजयी सम्राट बना देते हैं। उनकी अकर्मठता को एक बड़ा गुण सिद्ध कर देते हैं। सामंतों की रानियों को अप्सराओं के समान बताते हैं और सामंतों को परमवीर तथा कामदेव का अवतार घोषित करते हैं। यह सब अतिकथन हैं। रीतिकाल और भक्तिकाल के कवि यहाँ पर आदिकालीन कवियों के साथ ही खड़े हैं। उनकी मानसिक बनावट एक जैसी है। इसीलिए भाषा में कई जगह निरर्थक अलंकार-योजना, व्यर्थ का उक्तिवैचित्र्य और व्याकरण-रहित शब्दावली है। शिल्प के धरातल पर भक्तिकालीन कवि जरूर कुछ अलग और सचेत दिखाई देते हैं। उनके यहाँ राजसी बड़प्पन नहीं है। सामाजिक विसंगतियों के प्रति उनकी कविता में एक प्रतिपक्ष मौजूद है। लेकिन विषयगत धरातल पर आदिकाल, भक्तिकाल और रीतिकाल का साहित्य समान भाव-भूमि पर विचरण करता है। उसमें संस्कृत, प्राकृत, पाली, अपभ्रंश की काव्य-प्रवृत्तियाँ मौजूद हैं। कुछ आलोचकों ने इस समूचे कालखंड को पतन का युग कहा है। जिसमें जनता परास्त और स्तब्ध है। चारों तरफ मूल्यों का ह्रास हो रहा है। इसीलिए रचनात्मक और लोकमंगलकारी प्रवृत्तियाँ (जो कि केवल भक्तिकाल में दिखाई देती हैं।) एक अंतर्विरोध के रूप में ही सामने आती हैं।

ईश्वर-परायणता और जनमानस के सुख-दुख का विवरण भी इस काल की कविता में मिलता है। यानि दरबारी काव्य, भक्ति काव्य और लोक काव्य, तीन प्रकार की काव्य श्रेणियाँ यहाँ मौजूद हैं जिनमें समूचा युग ध्वनित होता है। प्रश्न उठता है कि हिंदी कविता ने आधुनिकता कहाँ से अर्जित की? वह मध्यकालीनता के प्रति विद्रोह से उपजी? या पश्चिमी शिक्षा और विचारों से उसने आधुनिकता ग्रहण की? इसका एक संतुलित उत्तर यह हो सकता है कि आधुनिक हिंदी कविता की आधुनिकता पर इन दोनों का ही असर है।

आदिकाल

1. स्वयंभू
(आदिकालीन जैन कवि)

अपभ्रंश का वाल्मीकि

स्वयंभू का समय 8वीं शताब्दी है तथा इनको अपभ्रंश भाषा का वाल्मीकि माना जाता है। उन्होंने आदिकाल में रीतिमुक्त श्रृंगारी कविता संभव की है। 'पद्‌मचरित', 'रिट्‌ठणेमिचरित', 'पंचनामचरित' तथा 'स्वयंभू छंद' आदि उनकी उल्लेखनीय काव्य-कृतियाँ हैं। 'णायकुमार चरिउ' (नागकुमार चरित) इनकी एक और काव्य-रचना है। 'पउमचरिउ' (पद्‌मचरित) में राम कथा है और 'रिट्‌ठणेमिचरित' (अरिष्टनेमि चरित या हरिवंश पुराण) में अरिष्टनेमि के साथ कृष्ण की कथा दी गई है। 'स्वयंभू छंद' काव्यशास्त्र की दृष्टि से एक उल्लेखनीय रचना है। पौराणिक काव्य के विशिष्ट कवि स्वयंभू का काव्य मानवीय मनोदशाओं के स्वाभाविक विकास की दृष्टि से एक रचनात्मक उपलब्धि है। अन्य जैन काव्यों की तरह इसके प्रारंभ में ब्राह्मण मत की आलोचना की गई है। यह आलोचना किसी धार्मिक आग्रह का परिणाम न होकर सामाजिक दबाव का परिणाम मालूम होती है। जैन भी उसी सामाजिक वर्चस्व के खिलाफ संघर्ष कर रहे थे जिसके खिलाफ सिद्ध और नाथ लड़ रहे थे। 'पउमचरिउ' में राम और सीता के जीवन की कहानी है। इस काव्य में कवि ने राम को साधारण मनुष्य के समान ही वर्णित किया है, जिसमें उल्लास और अवसाद के भाव हैं। सीता के चरित्र में करुणा है परंतु वह अंत में वैराग्य मार्ग का वरण करती है ताकि दूसरे जन्म में स्त्री होकर जन्म नहीं लेना पड़े। कवि स्त्री-विवशता को रेखांकित करता है। स्त्री-करुणा को रचकर कवि ने सामंती समाज के यथार्थ चित्र को उद्‌घाटित किया है। मेघनाद और हनुमान के युद्ध का वर्णन करता हुआ कवि यह बताना नहीं भूला है कि ये दोनों 'जिन' के भक्त थे। काव्य में धार्मिक रंग भी गहरा है लेकिन उसके बीच जीवन की स्वाभाविकता का प्रसार भी कम नहीं है।

रामकथा रचनाकारों को लगातार रचनात्मक उत्तेजना प्रदान करती रही है। पूर्व-मध्यकाल में भक्ति युग में भक्त-कवि तुलसी और संत कवि कबीर ने अपने-अपने राम के चरित्रों का बखान किया है। उनसे पहले अपभ्रंश के महाकवि स्वयंभू ने इस महानायक की जीवनगाथा का गायन किया है। ईसवी सन् 8वीं शताब्दी का यह बड़ा रचनाकार स्वयंभू जैन दर्शन का मर्मज्ञ होने के साथ-साथ हिंदू जीवन-दर्शन से भी गहराई से परिचित है। वह स्वयं संपूर्ण संस्कृति में आस्था रखता है लेकिन ब्राह्मणों की निंदा नहीं करता जैसाकि उस समय का एक आम चलन था।

स्वयंभू ने अपने 'पउमचरिउ' अर्थात् 'पद्मचरित' में राम के नायकत्व में विद्यमान उदात्तता, रसमयता को अपभ्रंश में कहा है। उनका रामकाव्य कथावस्तु के धरातल पर सहृदय को सहज ही आकृष्ट करता है। कवि-दृष्टि से देखें तो वे एक कला-निपुण कवि के रूप में सामने आते हैं। उन्होंने राम का चरित्र भक्त की वत्सल दृष्टि से प्रस्तुत नहीं किया है बल्कि उस समय के समाज को जिस आदर्श नायक की आवश्यकता थी, उसी के अनुरूप राम चरित्र स्वयंभू ने विन्यस्त किया है। उनका राम-काव्य मौलिकता के धरातल पर परंपरा का ही अनुसरण करता है और स्वयं स्वयंभू ने माना है कि उनका यह काव्य आचार्य रविषेण के काव्य से प्रभावित है। 'पउमचरिउ' की 90 संधियों से 82 की रचना स्वयंभू ने की और बाकी संधियों अर्थात् अध्यायों की रचना उनके पुत्र त्रिभुवन ने की है। प्रबंध-परिकल्पना की दृष्टि से इसने परवर्ती राम कथा गायकों और महाकाव्यकारों को प्रेरित किया है।

तत्कालीन महाकाव्य-विधान के अनुसार स्वयंभू ने अपने इष्ट तीर्थंकर स्वयंभू की अभ्यर्थना से 'पउमचरिउ' का मंगलाचरण प्रस्तावित किया है। इन्होंने पूर्ववर्ती महाकाव्यात्मक रूढ़ियों से बचते हुए चार वर्णों-ब्राह्मण, क्षत्रिय, वैश्य, शूद्र इत्यादि की उत्पत्ति का विस्तृत वर्णन नहीं किया है। इतना ही नहीं अन्य जैन और बौद्ध कवियों की तरह उन्होंने ब्राह्मण-संस्कृति के प्रति विरोध का भाव भी प्रदर्शित नहीं किया है। उन्होंने अपने पूर्ववर्तियों-विमल और रविषेण की काव्य-शैलियों के अनुसार अपने महाकाव्य को लिखा है। लेकिन समानता केवल शुरुआत करने में ही देखी जा सकती है। स्वयंभू इक्ष्वाकु वंश का संक्षिप्त वर्णन करते हैं। जबकि हनुमान के वानर वंश का वर्णन उन्होंने विस्तार से किया है। कहीं-ना-कहीं पर वे राम-कथा को हनुमान की दृष्टि से या हनुमान को केंद्र में रखकर प्रस्तुत करने का नया मार्ग भी दिखाते हैं। उन्होंने हनुमान के पिता 'पवनंजय' की उत्पत्ति और वीरता का गहन वर्णन किया है। एक विशेष बात यह है कि स्वयंभू स्त्री-पुरुष संबंधों का वर्णन करते हुए मर्यादावादी दृष्टिकोण अपनाते हैं। उन्होंने ऐसे प्रसंगों में कहीं भी शालीनता की सीमाओं का अतिक्रमण नहीं किया है। 'नारद-सीता प्रसंग', जो स्वयंभू के पूर्ववर्ती और समकालीन कवियों का पसंददीदा काव्य-प्रसंग था, उसे स्वयंभू ने सरल और सहज बनाया है। उनका पात्रों का परस्पर संवादों द्वारा चरित्र-चित्रण करने का विधान काफी आधुनिक है। 'दशरथ-विरक्ति प्रसंग' में स्वयंभू रानी सुप्रभा यानी कैकेई को बिल्कुल अलग और यथार्थवादी मानवीय रूप में रखते हैं। वह अपने पुत्र के हितों की स्वाभाविक चिंता करने वाली माता के रूप में उभरती है। इतना ही नहीं, स्वयंभू राम के द्वारा भरत को राजमुकुट पहनाती है। ऐसा करके वे राम के चरित्र को गरिमा प्रदान करते हैं। पिता की आज्ञा पालन करना तथा परिवार को बिखरने से बचाना जैसी व्यावहारिक युक्तियाँ भी सुझाते हैं। राम-सीता, लक्ष्मण के वन-मार्ग-गमन-प्रसंग में भी उन्होंने मौलिक काव्य-दृष्टि का परिचय दिया है। इस यात्रा में राम एक साधारण मानव से महामानव बनने की दिशा में आगे बढ़ते हैं। स्वयंभू ने वन-यात्रा को एक विराट रूपक में बदल दिया है। वन-बीहड़ता का प्रतीक है। ठीक वैसे ही जैसे जीवन और उसकी यात्रा कठिन होती है। रास्ते में मुश्किलें भी आती हैं। काम-क्रोध, मद, मोह, अहंकार जैसे शत्रु संत्रस्त करते हैं। महामानव

इनको जीतकर आगे बढ़ जाता है और लघु मानव इनमें तल्लीन होकर नष्ट हो जाते हैं। स्वयंभू ने अद्‌भुत कल्पनाशीलता का परिचय देकर वन-मार्ग में सुरती युद्ध का प्रसंग आयोजित किया है, चारों ओर रात्रि के अंधकार में काम का साम्राज्य है। यह राम का रास्ता भटकाने के निमित्त किया गया है। इस महायुद्ध को जीत कर राम आगे बढ़ते हैं। धानुष्क वन के निवासियों की सहज दिनचर्या से परिचित होते हैं और देखते हैं कि नैसर्गिक जीवन शैली जीवन को कितना आसान और मनुष्य को सरल बना देती है। चित्रकूट के आगे पड़ने वाले नगर दशपुर के निवासियों और उसके राजा वज्रकर्ण की दुर्दशा से राम व्यथित होते हैं। जिससे उन्हें पता चलता है कि एक बड़े राजा की राज्य की सीमाओं में भी आम जनता किस प्रकार से मुश्किल जीवन व्यतीत करती है।

सीता से अलग होने के बाद राम जिस नगर में विश्राम करते हैं उसे रविषेण ने अलंकारपुर नाम दिया है जबकि स्वयंभू ने उसे तमालंकार कहा है यानी ऐसा नगर जिसमें अँधेरा व्याप्त है। ऐश्वर्य की तमाम वस्तुएँ होने के बावजूद साथी के अभाव में अंधेरा दिखाई देता है। उन्होंने नगरों और पात्रों के नाम रखते समय मानवीय मनोविज्ञान का परिचय दिया है। सीता को हर ले जाने वाले रावण का मार्ग अवरुद्ध करने वाले विध्याधर का नाम स्वयंभू ने 'रत्नकेशी' रखा है। उन्होंने लंका के नष्ट होने का वृत्तांत देने का सूचना-प्रसंग त्रिजटा के स्वप्न दर्शन में प्रस्तावित किया है। इतना ही नहीं, रावण द्वारा सीता को यान में बिठाकर लंका का ऐश्वर्य दिखाने का दृश्य भी स्वयंभू ने नियोजित किया है। यह इतना मनोवैज्ञानिक है कि देखकर आश्चर्य होता है कि रावण एक महाशक्ति है और वह परम सुंदरी सीता को बलपूर्वक नहीं, बहला-फुसलाकर पाना चाहता है। उन्होंने हनुमान के द्वारा रावण दरबार में होने वाले प्रसंग में हनुमान को तीखे कथनों से आहत होकर रावण द्वारा उनका वध किये जाने की आज्ञा देने का प्रसंग भी रखा है। रावण मायावी है, तंत्र-मंत्र और प्रपंच में निपुण है, शायद यह उसकी शक्ति का मूल कारण है। रावण जन-बहु-रूपणी विद्या सिद्ध करने के लिए शांतिजिनालय में ध्यान-मग्न होता है तो उसकी सिद्धि में बाधा डालने के लिए, ध्यान-भंग करने के लिए नील, अंगद स्कंद आदि युवा वीर उपद्रव मचाकर रावण को सिद्धि अर्जित करने से रोकते हैं। ऐसे में आधुनिक कवि निराला की 'राम की शक्ति-पूजा' तत्काल याद आती है, वहाँ भी निराला थोड़े हेरफेर के साथ यह दृश्य कविता के केंद्र में रख देते हैं। रावण के निधन पर मंदोदरी और रावण की अन्य पत्नियों को 'भावांतर सुना दीक्षा' देने के लिए स्वयंभू अप्रमय बल नामक मुनि की कल्पना करते हैं। सीता के चरित्र को गहराई देने के लिए वे त्रिजटा का अयोध्या आगमन का प्रसंग परिकल्पित करते हैं। यह स्वयंभू की रामकथा का अंतिम रूपक है। अपनी विचारधारा के अनुसार जैन धर्म की अनुमति को भी रखा है लेकिन राम को शांत-शील विष्णु अर्थात् विजेता, ऐसा विजेता जो धीर-ललित, धीर-प्रशांत आदि नायकों के गुण से युक्त है। उसका सरल और शील केंद्रित आचरण ही उसे सर्वव्यापक स्वरूप प्रदान करता है। इस रूप में वे जिस राम चरित्र को बताते हैं वह अवतार या मर्यादावादी खाँचों से काफी हद तक मुक्त होकर एक सहज मनुष्य लगता है।

स्वयंभू ने रामकथा पाँच खंडों में लिखी है–विद्याधर कांड, अयोध्या कांड, सुंदर कांड, युद्ध कांड, बुद्ध कांड तथा उत्तर कांड। इसे महाकाव्योचित रचना बनाने के लिए कृति के आरंभ में मंगलाचरण, सज्जन प्रशंसा, दुर्जन निंदा तथा आत्म-विनय प्रस्तुत किए गए हैं। महाकाव्य की रीति के अनुसार इसमें ऋतु, संध्या, नदी, समुद्र, वन तथा युद्ध आदि का विस्तृत वर्णन किया है। इस रचना में घटना और काव्य सुंदर समन्वय है। स्वयंभू को पिंगल, अलंकारशास्त्र तथा प्राचीन काव्य-रूढ़ियों का पूरा ज्ञान है। कवि ने परंपरागत उपमानों का प्रयोग किया है, परंतु उद्‌भावनाएँ उनके यहाँ मौलिक मिलती हैं। 'पद्‌मचरित' में शृंगार, वीर और करुण रसों के साथ-साथ शांत रस का भी सुंदर प्रयोग है। कवि ने राम कथा में असंख्य मार्मिक प्रसंगों की योजना की है। लक्ष्मण-मूर्च्छा का अयोध्या के अंत:पुर की स्त्रियों का विलाप तथा राम विलाप, रावण वध पर मंदोदरी विलाप आदि प्रसंग काफी मार्मिक बन पड़े हैं। इसी प्रकार 'रिट्‌ठणेमिचरित' जैन पुराणों की परंपरा के अनुसार कृष्ण-कथा का वर्णन है। इस महाकाव्य में कृष्ण-जन्म से लेकर कौरव-पांडव युद्ध और पांडवों की विजय तक का वर्णन है। यहाँ कृष्ण को महामानव के रूप में चित्रित किया गया है। स्वयंभू की संपन्न विषय-वस्तु से प्रभावित होकर डॉ. नामवर सिंह ने कहा है–"स्वयंभू के काव्य का परिसर बहुत व्यापक है। वे प्रकृति के चित्रकार हैं, भावों के जानकार हैं, चिंतन के आगार हैं। अपभ्रंश भाषा पर ऐसा अचूक अधिकार किसी भी कवि का फिर नहीं दिखाई पड़ा। स्वयंभू सचमुच अपभ्रंश के वाल्मीकि हैं, परवर्ती अपभ्रंश कवियों ने उन्हें श्रद्धा के साथ स्मरण किया है।" जनभाषा में रामकथा को रचने की जो राह स्वयंभू ने बनाई उसपर आगे चलकर तुलसी सरीखे कवि सामने आए।

2. गोरखनाथ

(आदिकालीन नाथ कवि)

कविता में योग की दार्शनिक प्रस्तुति

महायोगी गोरखनाथ या गोरक्षनाथ ऐसे आदिकालीन सिद्ध कवि हैं जिनका प्रभाव भारत और भारत के बाहर आज भी दिखता है। इतिहासकार उनका आविर्भाव काल विक्रम संवत की 10वीं सदी में मानते हैं। गोरखनाथ सरीखे कालजयी संत विचारक के संदर्भ में हजारीप्रसाद द्विवेदी लिखते हैं कि 'भारतवर्ष की ऐसी कोई भाषा नहीं, जिसमें गोरक्षनाथ संबंधी कहानियाँ न पाई जाती हों। इन कहानियों में परस्पर ऐतिहासिक विरोध बहुत अधिक है परंतु फिर भी इनमें एक बात अत्यंत स्पष्ट हो जाती है कि गोरक्षनाथ अपने युग के सबसे बड़े नेता थे। उन्होंने जिस धातु को छुआ वही सोना हो गई।' उनसे जुड़े किस्से और परिकल्पित किंवदंतियाँ आज भी मुहावरों की तरह जनमानस प्रयुक्त करता है। उन्होंने योग को समाज में प्रतिष्ठित किया।

योग गोरखनाथ की साधना का केंद्र था। इसे उन्होंने अपने काव्य-विषय के रूप में प्रस्तावित किया है। योग शब्द युज् धातु से निष्पन्न है। इसके बीज वैदिक साहित्य में भी ढूँढ़े जाते हैं। वहाँ योग कई अर्थ-संदर्भों में इस्तेमाल हुआ है। 'कठोपनिषद्' में योग को ब्रह्मज्ञान प्राप्ति के साधन रूप में चित्रित करते हुए कहा गया है–'तां योगमिति मन्यत्ते स्थिरमिन्द्रिय धारणाम्।' अर्थात् योग से इंद्रियाँ संयमित होती हैं। 'तैत्तिरीय उपनिषद्' में योग को विज्ञानमय आत्मा का केंद्र कहा गया है। 'श्वेताश्वतर' में आसन, ध्यानयोग और प्राणायाम् के बारे में विमर्श मिलता है। 'आपस्तम्ब धर्मसूत्र' में एक श्लोक दिया गया है जिसमें जीवन दोषों का नाश योग से संभव बताया गया है। 'महाभारत' के शांति पर्व में यह सूचना दर्ज है कि हिरण्यगर्भ योग के मर्मज्ञ थे। शैल्य पर्व में योगी जैगीषव्य का वर्णन है। असल में ईसापूर्व चौथी शताब्दी में मन को अनुशासित करने के लिए योग सुचिंतित वैज्ञानिक जीवनशैली के रूप में विकसित हो चुका था। आगे चलकर मध्यकाल में सिद्धों और नाथपंथी योगियों ने इसे लोक में अधिक व्यापकता से प्रतिष्ठित किया।

गोरखनाथ ने योग को दैहिक पुष्टता के लिए की जाने वाली व्यायाम पद्धति से ऊपर उठाकर मन और आत्मिक स्वच्छता तथा शक्ति के साथ समन्वित किया। उन्होंने मन-वचन-कर्म के धरातल पर योग की भूमिका रेखांकित करते हुए लिखा–'हृदय में जैसे भाव होते हैं, वैसे ही कर्म होते हैं।' कलि खोटा युग है। गोरख कहते हैं–सुनो रे अवधूत! गेडुए में जो होगा, वही तो टोंटी से बाहर

निकलेगा– **'हिरदा कै भाव हाथ में जाणिये, यहु कलि आई षोटी/बदंत गोरष सुनौं रे अवधू होई सु निकसै टोंटी।'** शब्द ही परम तत्त्व एवं परम सत्य है। गोरखनाथ अवधूत को शब्द प्राप्त करने का मार्ग दिखाते हुए कहते हैं–'शब्द प्राप्त करो!'

स्थान, पद, तीर्थ आदि को महत्त्व देना सांसारिक धंधा है। यह मंदा धंधा या अर्थहीन उपक्रम है। शब्द की प्राप्ति से परमात्मा जल में चंद्रमा की तरह दिखने लगता है– **'सबद बिंदौ रे अवधू थान-मान सब धन्धा।/आत्मा मधे प्रमात्मा दीसै, ज्यों जल मधे चंदा'।** गोरखनाथ कहना चाहते हैं जीवात्मा में ही परमात्मा का वास है। सच्चा योगी इस योग का अनुभव करता है। पद-प्रतिष्ठा सांसारिक व्यवसायों को चलाने के अस्थायी निमित्त मात्र हैं। इसीलिए गोरखनाथ ने 'सबद बिंदौ' की बात कही है। इससे कायिक शुद्धि मिलती है– **'सबद बिंदौ अवधू, सबद बिंदौ। सबदे सीझंत काया'।** कबीर एवं अन्य संत कवियों के यहाँ सबद साधना यहीं से गई है। बाह्य आचार संबंधी धार्मिक क्रियाकलापों पर प्रहार करते हुए गोरखनाथ ने अष्टांग को झूठा तक कह दिया– **'नव नाड़ी बहोतरि कोठा। ये अष्टांग सबै झूठा।'** शब्द को पहचानने के लिए ही योग साधना की जाती है क्योंकि शब्द ही ईश्वर है।

नाथपंथी गोरखनाथ को शिव मानते हैं। शिव संकटमोचक हैं। योग के प्रणेता हैं। शिवस्वरूपमय और अलग रास्ता बनाने वाले गोरखनाथ परमृब्रह्म पाने की राह दिखाते हुए कहते हैं कि योगी दशम द्वार से समाधिस्थ होता है और नाद तथा बिंदु के मेल से धूधूकार सुनता है। गोरखनाथ ने दशम द्वार को भी बंद कर अन्य मार्ग से परब्रह्म की खोज की है– **'उनमन जोगी दसवें द्वार। नाद व्यंद ले धूधूकार।/दसवें द्वारे देई कपाट। गोरख खोजी औरे बाट।'** इस प्रक्रिया में भटकता हुआ मन उन्मन हो जाता है। यही ब्रह्म-साक्षात्कार की पूर्व अवस्था है।

गोरखनाथ ने यह तमीज सिखाई कि जो स्वाँग में पूरा है और ज्ञान में अधूरा है, जो पेट का टूटा हुआ और दम्भ में शूर है, उसे योग नहीं प्राप्त होता। वह पाखंड कर लोगों को रिझाता रहता है– **'सांग का पूरा, ग्यान का ऊरा। पेट का टूटाए डिंभ का सूरा।/बदंत गोरखनाथ न पाया जोग। करि पाषंड रिझाया लोग।'**

ऐसा नाटक करनेवाले कथित धर्मगुरुओं ने ही गोरखधंधा फैलाया है। ये दिखावटी संत शैतान से ज्यादा खतरनाक हैं। उनसे सावधान रहने की सीख बार-बार गोरखनाथ देते रहे हैं। गोरखनाथ के समय से आज के हालात ज्यादा बदतर हैं। धर्म, योग और अध्यात्म की पंचसितारा दुकानें खुल गई हैं। मुनाफे के धरातल पर उनका धंधा मंदा नहीं है। उन पर डॉलर बरस रहे हैं। गुरुपद पर व्यभिचारियों और अपराधियों का कब्जा है। इससे जनमन में निराशा और संदेह व्याप्त है। सच्चा गुरु निराशा और संदेह से उबारता है। गोरखनाथ भौतिक साधनों को पाने की आशा और संदेह को बड़ा रोग बताते हैं। आशा से विपत्ति और संदेह से शोक की उत्पत्ति होती है। गुरु के मुख से शिक्षा प्राप्त किए बिना आशा और संदेह का विनाश नहीं होता– **'जे आसा ते आपदा, जे संसा ते सोग।/गुरुमुषि बिना न भाजसी, (गोरष) ये दूनो बड़ रोग।'** यहाँ आशा लोभ या लालच का पर्याय है। बुद्ध ने भी आशा को इच्छा के पर्याय रूप में रखते हुए उसे सभी दुखों का कारक बताया है।

गोरखनाथ ने दूसरों के लिए नहीं; अपने लिए भी आचरण के नियम स्थिर किए। गुरु महिमा को बनाए रखने के लिए वे अपने ही शिष्य मत्स्येन्द्रनाथ का शिष्यत्व स्वीकार करते हैं। वे कहते हैं–**'हे अवधूत, ईश्वर हमारा चेला है। मत्स्येन्द्रनाथ चेले का चेला।'** कहीं यह पृथ्वी निगुरी न हो जाए, इसीलिए हमने उल्टी स्थापना की अर्थात् मत्स्येंद्रनाथ को अपना गुरु बनाया–**'अवधू ईश्वर हमरै चेला। भणीजे मछींद्र बोलिए नाता/निगुरी पिरथी परलै जाती। ताते हम उलटी थापना थापी।'** मध्यकालीन संत कवियों ने गुरुपद महिमा गायन गोरखनाथ से ही सीखा है।

गोरखनाथ ने अनेक क्षेत्रों की यात्राएँ कीं। इन सांस्कृतिक यात्राओं में समाज और संस्कृति को खोखला करने वाले पाखंडों का विरोध करते हुए उन्होंने योगमार्ग को प्रशस्त किया। उनका असर हिंदी प्रदेशों की तमाम बोलियों तथा भारतीय भाषाओं के साथ-साथ जिन भाषाओं में योग पहुँचा; वहाँ दिखाई देता है। हिंदी में संत साहित्य, सूफी काव्य एवं सगुण भक्ति के आंदोलनों में गोरखनाथ और नाथपंथ की धमक सुनाई पड़ती है। 'गोरख जगायो जोग' कहकर राम भक्ति काव्यधारा के सगुण भक्त कवि तुलसी ने इसे स्वीकार भी किया है। संत ज्ञानेश्वर और संत नामदेव नाथपंथ से प्रभावित हैं। संत ज्ञानेश्वर और मराठी के आदि कवि मुकुंदराज (1127-1200 ई.) ने अपनी गुरु-परंपरा आदिनाथ से मानी है। सिख गुरु भी योग के तात्त्विक रूप को स्वीकार करते हैं। राजस्थानी भाषा में योग साहित्य की काफी मात्रा मिलती है। 'जसनाथी', 'निरंजनी', 'अलखिया' संप्रदाय का साहित्य योग साधना को अधिक महत्त्व देता है। डॉ. सूर्यपाल सिंह मानते हैं कि भारतीय भाषाओं के अतिरिक्त 'गोरखनाथ का प्रभाव आँकने के लिए केवल विभिन्न भाषाओं का साहित्य ही पर्याप्त नहीं है, बल्कि लोक-साहित्य को भी खँगालने की आवश्यकता है। लोक-साहित्य प्राय: चार रूपों–लोकगीत, लोककथा, लोकगाथा तथा लोकोक्तियों में मिलता है। इन चारों रूपों में गोरखनाथ जी के प्रभाव को अंकित करने वाले साहित्य को संगृहीत किया जाना चाहिए। लोकगाथाओं–जैसे आल्हा आदि में भी गोरखनाथ जी का उल्लेख मिला है। गोरखनाथ, भरथरी और गोपीचंद की कथाएँ प्राय: लोककथाओं के रूप में गाई जाती हैं।' गोरखनाथ योगाचार्य मात्र नहीं हैं, वे महान रचनाकार भी हैं। दुर्भाग्य से डॉ. पीतांबर दत्त बड़थ्वाल के संत-साहित्य संबंधी आलोचनात्मक कार्य को छोड़कर कवि गोरखनाथ के रचनात्मक योगदान का गंभीर विश्लेषण नहीं किया गया।

साहित्यिक एवं सांस्कृतिक धरातल पर भक्ति आंदोलन को सुदृढ़ पार्श्व के रूप में गोरखनाथ का योगमार्गी आंदोलन प्राप्त हुआ। डॉ. आद्याप्रसाद द्विवेदी के अनुसार 'संत साहित्य का अधिकांश बीज गोरखनाथ की साधना पद्धतियों में भरा हुआ है। गोरखनाथ के साहित्य में ईश्वरोपासना के बाह्य विधानों के प्रति उपेक्षा प्रकट की गई है। घट के भीतर ही ईश्वर की प्राप्ति पर जोर दिया गया है। वेदशास्त्रों के अध्ययन को व्यर्थ ठहराकर पंडितों के प्रति अश्रद्धा प्रकट की गई है। तीर्थाटन आदि निष्फल कहे गए हैं।' ये सारी बातें संपूर्ण भक्ति काव्य पर परिलक्षित होती दीखती हैं, लेकिन संत मत और विशेष रूप से कबीर साहेब पर उनका गहरा प्रभाव

दिखाई पड़ता है। कतिपय प्रसंगों और उनकी अभिव्यक्ति में तो गोरखनाथ और कबीर में अद्भुत साम्य दिखाई पड़ता है–**'यहु मन सकती, यहु मन सीव।/यहु मन लै जौ उन्मन रहै, तौ तीन लोक की बातां कहै।'**–गोरखनाथ की इस अवधारणा का भाष्य कबीर ऐसे करते हैं–**'इहु मनु सकती इहु मन सीउ,/इहु मनु पंच तत्त को जीउ।/इहु मन ले जउ उन्मनि रहै/तउ तीनि लोक की बातैं कहै।'** इन पंक्तियों में एक बड़ा कवि अपने पूर्ववर्ती बड़े कवि की कविता का, कविता में ही रचनात्मक विवेचन कर रहा है।

वेदों से संबद्ध योग छह दर्शनों में प्रमुख है। गीता के अनुसार 'योग न तो बहुत खाने वालों का है और न बिलकुल न खाने वालों का है। इसके लिए यथायोग्य आहार-विहार, शयन-जागरण, यथायोग्य कर्म ही विहित है।' इस कथन को गोरखनाथ ने इस तरह कहा है–**'अति आहार एंद्री बल हरै।/नासै ज्ञान मैथुन चित धरै'।** ऐसे भाव कबीर के यहाँ भी हैं। डॉ. कन्हैया सिंह के अनुसार–'कबीर पर गोरख के योग का प्रभाव है। कबीर की साधना षट् (अथवा अष्ट) चक्रभेदन और उन्मनी की अवस्था में स्थिर होने की है। साखियों और पदों में बार-बार इसके रूपक वे बाँधते हैं। कहीं 'झीनी चदरिया बीनने' के रूपक से 'अष्ट कमलदल चरखा' और 'सुखमन' तार से बीनने की बातें कहते हैं और कई पदों में इसकी व्यापक क्रियाओं का संकेत करते हैं–

अवधू! नादेव्यंद गगन गाजै, सबद अनाहद बोले।
अंतरगति नहिं देखै नेडा, ढूढ़त बन बन डोलै॥
सालिगराम तजौ सिव पूजौ सिर बरम्हा का काटूँ॥
सायर फोड़ि नीर मुकलाऊँ, कुवाँ सिला दै पाटूँ॥
चंद-सूर दुइ तूंबा करिहूं चित चेतन कली डांडी।
सुखमन तंत्री बाजन लगी एहि विधि त्रिष्णा खांडी॥
जपूँ न जाप हनू नहिं गुगल, पुस्तक लेइ न पढ़ाऊँ।
कहै कबीर परम पद पाया नहीं आऊँ नहिं जाऊँ॥

इसी साधना से जब आत्म-सिद्धि प्राप्त होती है, तब कबीर के अनुसार सहज समाधि की दूसरी श्रेणी प्रारंभ होती है–**'आँख न मूँदूँ कान न रूँधूँ काया कष्ट न धारूँ। खुले नयन से हसि देखूँ सुंदर रूप निहारूँ॥'** आँख मूँद कर कथित ध्यान क्या लगाना? शरीर को व्यर्थ कष्ट क्यों देना, परमात्मा का हँसकर, खुली आँखों से साक्षात्कार करना चाहिए।

कबीर के अनुसार जब जीव को जीवन मृतकता प्राप्त हो जाती है अर्थात् संपूर्ण कामनाओं से परे वह जीते जी मृतक बन जाता है, तभी सहज साधना संभव होती है और जीवन मृतकता योग की वैध साधना प्राप्त होती है। डॉ. कन्हैया सिंह के अनुसार 'गुरु गोरखनाथ भी जीवन मृतकता के द्वारा ही सच्ची दृष्टि प्राप्त होने की बात कहते हैं (गोरखनाथ सबदी 26), साथ ही वह सहजरहनी का उपदेश भी इसी क्रम में देते हैं (वही, सबदी 27)। गोरख योग साधना के पारिभाषिक शब्दों से कबीर की रचनाएँ भरी पड़ी हैं। उन्मनी दशा (**अब मन उलटि सनातन हुआ**), तीनों नदियों के मिलन को त्रिवेणी (**बंकनाल के अंतर पश्चिम दिसा भी बाट/**

नीझर झरै रस पीजिए भँवर गुफा के घाटा/त्रिवेणी मनाह न्हवाइए, सुरति मिलै जे हाथि। वहाँ न फिर मधजोइए सनकादिक मिलिहैं साथ) इत्यादि पदों से कबीर की वाणी भरी पड़ी है, पर कुछ पद ऐसे हैं, जो गोरखबानी से बहुत मिलते-जुलते हैं और उनमें कबीर ने गोरखनाथ की महत्ता को स्वीकारा है–

रामं गुन बेलड़ी रेए अवधू गोरखनाथ जांनी।
मा तिस रूपन छाया जाके, विरिध करै बिनु पांणी॥
बेलड़ियाँ दै अड़ी पहूँची, गगन पहूँची सैली।
सजग बेलि तब फूलन जागी, डाली कूपल मेल्ही॥

कबीर से पहले ऐसे विचार गोरखनाथ ने व्यक्त किए हैं। कबीर ने कई विचार गोरखबानी से लगभग शब्द-प्रति-शब्द उतार दिए हैं–

काटत बेली कृपण मेल्ही, सीचतड़ा कुम्हिलाणी।
तत बेली लोए ततबेली लो, अवधू गोरख जांनी।
डालन मूल पहुप नहिं छाया बिरिधा करै बिन पांणी।
काटत बेली कूपण मेल्ही सचितंड़ा कुम्हिलाए।
मछींद पसादै गोरख बोल्या नित्त नेवलडी थाए॥

गोरखनाथ परमतत्त्व शंभु को शरीर के भीतर ही स्वीकारते हैं। वे कहते हैं कि आत्मा उत्तम देव है, अज्ञानी जीव उसी की सेवा करना नहीं जानता, अन्य देवों को पूज-पूजकर व्यर्थ मरता है। इसी शरीर के नव द्वारों में नव नाथ हैं, त्रिकुटी में जगन्नाथ हैं, दसवें द्वार अर्थात् ब्रह्मरंध्र में केदार हैं। यदि योग की सच्ची युक्ति मिल जाए तो भवसागर पार किया जा सकता है–

गुरुदेव स्यंभदेव सरीर भीतरिये।
आत्मां उत्तिमं ताही की जांणी सेव
आन देव पूजि-पूजि इमही मरिये
नव द्वारे नवे नाथ, तृवेणी जगन्नाथ, दसवें द्वारि केदारं।
जोग जुगति सार तौ भी तिरिये पारे
कथंत गोरखनाथ विचार।

यही वास्तविक योग है। ऐसे ही अर्थ-संदर्भ कबीर के यहाँ भी हैं। कबीर भी कहते हैं–हे मन!.यहीं बैठ। इसी अंतरंग की साधना में केन्द्रित हो और कहीं मत जा। इसी हृदय-सरोवर में अविनाशी का निवास है। इसी सरोवर में करोड़ों तीर्थ हैं। इस काया में ही काशी है। इस काया में ही कमलापति और बैकुंठवासी का स्थान है–

रे मन बैठि कितै जिनि जासी,
हिरदै सरोवर है अविनासी।
काया मधे कोटि तीरथ, काया मधे कासी,
काया मधे कवलापति, काया मधे बैकुंठबासी।

अपने भीतर ही तीर्थ और परमात्मा को खोजने और पाने की यह भावयात्रा व्यक्ति को बेहतर मनुष्य बनाने की राह दिखाती है। गोरखनाथ और कबीर अपनी-अपनी युगीन विसंगतियों से लड़ रहे थे। इस लड़ाई में उनके विचार उनके सबसे बड़े

हथियार थे। कविता का इन समाज-सुधारक रचनाकारों ने कारगर औजार और हथियार; दोनों रूपों में इस्तेमाल किया है।

गोरखनाथ के समय में धर्म में पाखंड और विकृतियाँ व्याप्त थीं। वैसी ही कुरीतियाँ कबीर के समय में भी समाज को खोखला कर रही थीं। समाज के निम्न पायदान पर खड़ा व्यक्ति शोषण एवं उपेक्षा का शिकार था। धर्म की शरण भी उसे नसीब नहीं थी। ऐसे समय में गोरखनाथ एवं कबीर ने ईश्वर का एक ऐसा स्वरूप सामने रखा, जिसके लिए मन्दिर, मस्जिद और बाह्याचार जरूरी नहीं थे। डॉ. आद्याप्रसाद द्विवेदी के अनुसार 'गोरखनाथ का लक्ष्य था कि समाज निर्वेद, समरस और सुखी बने, आत्मतत्त्व का बोध सबमें हो। नाथपंथी योगी साधना द्वारा सात्त्विक, आध्यात्मिक जीवन का आदर्श बनें और सर्व समाज सज्जन, संतोषी, संयमी, स्नेहशील, अपरिग्रही और समभावयुक्त बने। इस उदात्त लक्ष्य की प्राप्ति गोरखनाथ और नाथयोगियों को हुई थी। भारतीय अध्यात्म चिंतन को यही गोरखनाथ जी की बहुत बड़ी देन है।' इनका दूरगामी गहरा असर पड़ा-'गुरु गोरखनाथ का प्रभाव ऐसा जादुई रूप से पड़ा कि संपूर्ण भारत में किसी-न-किसी रूप में योग और शिव-शक्ति का महत्त्व स्वीकार किया गया है। हिंदी में कबीर, नानक, दादू, मलूक, दरिया साहब आदि संत तो प्रभावित हुए ही, इसके साथ ही असमी के माधव कंदली उड़िया के बलरामदास, बंगाल के कृति वास की रचनाओं में योग की साधना, योगी पात्र और योगी वेश की उपस्थिति अपने समय से 500 वर्ष बाद तक गोरखनाथ के प्रभाव की सूचक है। हिंदी संत साहित्य पूरा का पूरा गोरखनाथ की साधना पद्धति से प्रभावित दीखता है। वही साधना, वही साधनामार्ग की शब्दावली, वही सात्विक-नैतिक जीवनादर्श, सब कुछ वही है। कबीर और उनकी परंपरा से पृथक् राजस्थान की मीरा तक गुरु गोरखनाथ और नाथपंथ से प्रभावित दीखती हैं।' डॉ. त्रिपाठी सूफी कवियों पर भी गोरखनाथ का प्रभाव रेखांकित करते हैं, संत और भक्त कवि तो भारतीय अध्यात्म परंपरा से आए थे। भारत के बाहर से आये सूफी आंदोलन पर भी गोरखनाथ का व्यापक प्रभाव परिलक्षित होता है। सूफी कवियों ने योग को अपनी साधना के अंग के रूप में स्वीकार किया, यद्यपि उनका अंतिम लक्ष्य प्रेम-साधना है। जायसी के 'पद्मावत' से लेकर मंझन की 'मधुमालती', कुतुबन की 'मृगावती', उसमान की 'चित्रावली', नूरमुहम्मद की 'अनुराग बाँसुरी' सभी के नायक, योगी बनकर निकलते हैं, वेष भी नाथ योगी का ही धारण करते हैं और साधना मार्ग भी वही रहता है। इस के मूल में कारण यह लगता है कि जब सूफी संत बाहर से भारत देश में आये तो लोगों को उन्हें अपने मत का प्रचार करने के मार्ग में सबसे बड़ी बाधा योगियों से हुई। उनका विरोध उनके वश का नहीं था। अत: उन्हीं के तथ्यों और तत्त्वों को अपने प्रेम मार्ग के साथ जोड़कर अपने पंथ के प्रचार में सभी सूफी जुटे थे।' नाथ, संत एवं सूफी कवि गोरखनाथ से प्रेरित होकर या टकराकर अपना रास्ता बनाते हैं। जहाँ तक नैतिक और सामाजिक मूल्यों का प्रश्न है, नाथ मत और संत मत में विशेष अंतर नहीं है। बाह्याचार का खंडन, जातिगत भेदभाव की व्यर्थता, पुस्तक ज्ञान और शास्त्र ज्ञान की अनुपयोगिता, शुद्धाचरण पर बल, स्त्री जाति को मायामूर्ति मानना, कथनी-करनी की एकता पर

बल, तीर्थ-व्रत का विरोध आदि बातें नाथों और संतों में समान रूप से पाई जाती हैं, किंतु इन समानताओं के बावजूद साधना-पद्धति के धरातल पर और भाषा के स्तर पर दोनों में अंतर है। नाथ मत और संत मत में भाषा की दृष्टि से एक अंतर यह है कि नाथ मत के सिद्धांत ग्रंथ संस्कृत भाषा में लिखे गए हैं, जबकि संतों की रचनाएँ मात्र हिंदी भाषा में ही हैं। संस्कृत को कूपजल तथा भाषा को बहता नीर बताकर जीवन की गतिशील प्रवृत्तियों को महत्त्व देने की प्रवृत्ति संत साहित्य के कवियों में स्पष्ट रूप से दीखती है।' सिद्ध, नाथ, सूफी, संत और यहाँ तक कि सगुण कविता में भी भाषा और भाव दोनों धरातलों पर गोरखनाथ की उपस्थिति परवर्ती हिंदी कविता में अलग से चमकती है।

3. चंदबरदाई
(रासो काव्य)

हिंदी का पहला महाकवि

चंदबरदाई का 'पृथ्वीराज रासो' हिंदी का सबसे बड़ा काव्य-ग्रंथ है। इसमें 10,000 से अधिक छंद हैं और तत्कालीन प्रचलित 6 भाषाओं का प्रयोग किया गया है। चंदबरदाई दिल्ली के अंतिम हिंदू सम्राट, महाराजा पृथ्वीराज के सामंत और राजकवि के रूप में प्रसिद्ध हैं। वे पृथ्वीराज चौहान के मित्र, सखा तथा राजकवि और हिंदी के आदि महाकवि थे। चंदबरदाई को हिंदी का पहला महाकवि और उनकी रचना 'पृथ्वीराज रासो' को हिंदी की पहली रचना होने का सम्मान प्राप्त है। इसकी भाषा को भाषा-शास्त्रियों ने पिंगल कहा है, जो राजस्थान में ब्रजभाषा का पर्याय है। इसलिए चंदबरदाई को ब्रजभाषा का भी प्रथम महाकवि माना जाता है। रासो की रचना महाराज पृथ्वीराज के युद्ध वर्णन के लिए हुई है। इसमें उनके वीरतापूर्ण युद्धों और प्रेम-प्रसंगों का कथन है। इसमें वीर और श्रृंगार दो ही रस हैं। चंदबरदाई ने इस ग्रंथ की रचना प्रत्यक्षदर्शी यानी आँखों देखा हाल दर्ज करने की शैली में की है।

हिंदी कविता के आदि कवि चंदबरदाई और उनकी रचना 'पृथ्वीराज रासो' ने साहित्य के विद्यार्थियों को, शोधार्थियों और इतिहासकारों को आज भी मुश्किल में डाला हुआ है। इस रचना और रचनाकार के होने को लेकर कई सवाल या निशान लगाए जाते रहे हैं। कुछ लोग चंद को एक काल्पनिक कवि और रासो को जाली रचना मानते हैं। उनके अनुसार चंद और उसकी रचना का अस्तित्व बिल्कुल काल्पनिक है। दूसरे वर्ग के इतिहासकार चंद नाम के कवियों को मानते हैं लेकिन उनकी रचना रासो को अर्ध-प्रमाणिक रचना मानते हैं, लेकिन तीसरे वर्ग के इतिहासकार इसे ऐसी रचना मानते हैं जिसके 69 सर्ग चंद द्वारा रचित और शेष सर्ग चंद के पुत्र जल्हण तथा मलय सिंह के द्वारा लिखे मानते हैं।

69 समय (खंड) अर्थात् अध्यायों में बँटा यह महाकाव्य कई दृष्टियों से खासा अहमियत रखता है। इसके केंद्र में पृथ्वीराज चौहान और संयोगिता की प्रेम गाथा है। चंद ने पृथ्वीराज के बारे में लिखा है कि जिस राजा की देह अजमेर की मिट्टी में मिली, जिसके रागपूर्ण वृत्त सांभर में हुए, जिसकी तलवार उसकी वीरता की कांति को वहन करती थी और जो शत्रु-दुर्ग को जला देता था वह वीर सोमेश्वर का पुत्र था जो युद्ध करने के लिए दीवाना था। वह हिलावन का निवासी था। उसे ब्रह्मा ने कवि चंद द्वारा दिल्ली में जगमगाने के लिए गठा था। पृथ्वीराज चौहान

का जन्म अजमेर में संवत् 1221 वि. में हुआ और मृत्यु संवत् 1238-1249 वि. में हुई है। उस समय के रिवाज के अनुसार उसका जन्म भोगविलास, युद्ध और आखेट के लिए हुआ था।

चंद ने रासो में पृथ्वीराज के 14 शत्रुओं का वर्णन किया है जिनसे पृथ्वीराज टकराया। इनमें गुजरात नरेश, मन्डोवर नरेश नाहर राय, शहाबुद्दीन गोरी, कन्नौज-अधिपति, जयचंद, महुवा के राजा परमाल, दिल्ली नरेश अनंगपाल इत्यादि 6 ऐतिहासिक पुरुष हैं और शेष 8 शत्रुओं का इतिहास में उल्लेख नहीं मिलता।

पृथ्वीराज तराइन के युद्ध में गोरी के हाथों वीरगति को प्राप्त हुआ। उसके देहांत के साथ-साथ हिंदू राज खत्म हो गया और गोरी के गुलाम कुतुबुद्दीन के द्वारा गुलाम वंश का राज्य आरंभ हुआ।

चंदबरदाई का जन्म संवत् 1181 और मृत्यु संवत् 1250 में हुई। उसका जन्म लाहौर में हुआ। पालन-पोषण अजमेर में होने के कारण वह पृथ्वीराज का बाल सखा, मित्र, मंत्री, सरदार, सामंत, कवि, इतिहासकार बना। पृथ्वीराज के चंद के अलावा कैमास और गुरु राय पुरोहित और दो मंत्री और थे। चंद मृत्युपर्यंत पृथ्वीराज के साथ रहा और उसका सहयोद्धा भी बना।

प्रो. बूलर आदि विद्वानों ने जयानक भट्ट द्वारा रचित 'पृथ्वीराज विजय' नामक संस्कृत काव्य के आधार पर चंद के अस्तित्व को स्वीकारने से इंकार कर दिया है। लेकिन गार्सा दा तासी चंदबरदाई को ही हिंदी के पहले महाकाव्य 'पृथ्वीराज रासो' का रचनाकार मानते हैं। उनका मत है कि यह कवि पृथ्वीराज का समकालीन था। आचार्य शुक्ल ने भी चंदबरदाई को पृथ्वीराज चौहान का राजकवि और सामंत माना है, परंतु इनके जन्मकाल के बारे में विद्वान् एकमत नहीं हैं। आचार्य शुक्ल के अनुसार इनका जन्म सं. 1225 (1168 ई.) में हुआ। ये जगात गोत्र के भट्ट ब्राह्मण थे तथा अदृश्य काव्य का निर्माण कर सकते थे। कवि चंद षड्-भाषा, व्याकरण, काव्य साहित्य, छंदशास्त्र, ज्योतिष, पुराण, नाटक आदि में पूर्णतः निष्णात थे। यह हमेशा पृथ्वीराज चौहान के साथ ही रहते थे। युद्ध, सभा, शिकार आदि सर्वत्र ये महाराज के साथ ही रहते थे। जब शहाबुद्दीन गोरी पृथ्वीराज चौहान को कैद करके गजनी ले गया तब ये 'पृथ्वीराज रासो' के लेखन का कार्य अपने पुत्र जल्हण को सौंपकर गजनी पहुँच गए। वहाँ उन्होंने पृथ्वीराज चौहान को मुक्त करने की योजना बनाई। पृथ्वीराज ने शब्दभेदी बाण चलाकर गोरी को मार दिया और बाद में चौहान और चंद एक-दूसरे को कटार मारकर शहीद हो गए।' मुनिजिनविजय ने लिखा है—इससे यह प्रमाणित होता है कि चंद कवि निश्चयतः एक ऐतिहासिक पुरुष थे और वह दिल्लीश्वर हिंदू सम्राट् पृथ्वीराज का समकालीन और उसका सम्मानित राजकवि था। उसी ने पृथ्वीराज के कीर्तिकलाप का वर्णन करने के लिए देशव्यापी प्राकृत भाषा में एक काव्य रचना की जो 'पृथ्वीराज रासो' के नाम से प्रसिद्ध हुई।

चंदबरदाई का 'पृथ्वीराज रासो' ऐसी महागाथा है जिसके सबसे अधिक रूपांतर उपलब्ध हैं। प्रचलन की दृष्टि से काशी नागरी प्रचारिणी सभा द्वारा प्रकाशित वृहद् रूपांतर उल्लेखनीय है। सर्गों या अध्यायों को कवि ने 'समय' शीर्षक दिया है। यह

उसके प्रखर कालबोध को रेखांकित करने वाला तथ्य है। इसमें 69 समय, 16,306 छंद और 2500 पृष्ठ हैं। भले ही इतिहासकार इसके महत्त्व को स्वीकार करते हैं। फिर भी इस ग्रंथ की प्रामाणिकता को लेकर विद्वानों के अलग-अलग मत हैं। यह भी महत्त्वपूर्ण तथ्य है कि अप्रामाणिक या अर्द्ध-प्रामाणिक मानने वाले विद्वान् भी इसे महत्त्वपूर्ण साहित्यिक कृति के रूप में स्वीकार करते हैं। इसे हिंदी साहित्य का प्रथम विकसनशील महाकाव्य भी माना जाता है। यानी यह अंतहीन महाकाव्य है। वास्तव में 'पृथ्वीराज रासो' एक विशालकाय महाकाव्यात्मक चरितकाव्य है। इसकी रचना संस्कृत, प्राकृत और अपभ्रंश से चली आती हुई चरित्र काव्य शैली में की गई है। इस महाकाव्य की कथा सहज गति से चलती है। कवि ने विशेष अवसरों पर विभिन्न मार्मिक प्रसंगों का बड़ा सुंदर नियोजन किया है। पृथ्वीराज की क्रीड़ा, शशिव्रता और पृथ्वीराज का पहला साक्षात्कार, संयोगिता का हरण, वियोग पीड़ा का वर्णन, गजनी के कारागृह में पृथ्वीराज का पश्चात्ताप और आखिर में चंदबरदाई से उनकी भेंट इत्यादि बेहद मानवीय प्रसंग बड़े कलात्मक हैं। 'पृथ्वीराज रासो' में वीर और श्रृंगार दोनों रसों का बेहतरीन संश्लेषण हुआ है।

'पृथ्वीराज रासो' निश्चित रूप से हिंदी का पहला महाकाव्य है, किंतु प्रामाणिकता की दृष्टि से यह उतना ही विवादास्पद ग्रंथ माना जाता है। इसकी प्रामाणिकता और अप्रामाणिकता को लेकर आज तक विवाद बना हुआ है। सर्वप्रथम फ्रांसीसी विद्वान् **गार्सा-द-तासी** ने सबसे पहले इस महाकाव्य को प्रामाणिक घोषित किया। **कर्नल टॉड** ने भी इसे प्रामाणिक समझकर इसके तीन हजार पद्यों का अंग्रेजी में अनुवाद भी किया। बंगाल की रॉयल एशियाटिक सोसाइटी ने इसके काव्य-सौंदर्य पर मुग्ध होकर इसका प्रकाशन आरंभ कर दिया। परंतु इसी बीच 1857 ई. में **डॉ. वूलर** को कश्मीर में जयानक भट्ट द्वारा रचित **'पृथ्वीराज विजय'** नामक संस्कृत रचना प्राप्त हुई। इस कृति में वर्णित घटनाएँ डॉ. वूलर को ऐतिहासिक दृष्टि से अधिक विश्वसनीय एवं प्रामाणिक प्रतीत हुईं और उन्होंने रासो का प्रकाशन रुकवा दिया। वूलर ने चंदबरदाई के 'पृथ्वीराज रासो' की प्रामाणिकता पर संदेह व्यक्त किया। इसी तरह भारतीय विद्वानों में सर्वप्रथम जोधपुर के कविराज मुरारीदान और उदयपुर के कविराज श्यामल दास को 'पृथ्वीराज रासो' की प्रामाणिकता पर संदेह हुआ। इन दोनों विद्वानों से प्रेरणा लेकर गौरी शंकर हीराचंद ओझा ने कुछ तर्क देकर इसे अप्रामाणिक सिद्ध करने का प्रयास किया। कुछ तथ्यों और तर्कों के आधार पर इसे प्रामाणिक और अर्द्ध-प्रामाणिक साबित करने वाले आलोचकों की भी कमी नहीं है। इस प्रकार 'पृथ्वीराज रासो' की प्रामाणिकता-अप्रामाणिकता को लेकर विद्वानों के तीन वर्ग बन गए हैं। प्रथम वर्ग उन विद्वानों का है जो 'पृथ्वीराज रासो' को पूरी तरह से प्रामाणिक मानते हैं और दूसरा वर्ग उन विद्वानों का है जो इस ग्रंथ को कतई अप्रामाणिक घोषित कर चुके हैं। तीसरा वर्ग उन विद्वानों का है जो इसे अर्द्ध-प्रामाणिक स्वीकार करते हैं।

अप्रामाणिक मानने वाले विद्वान्–विद्वानों का यह वर्ग चंदबरदाई और पृथ्वीराज चौहान को समकालीन नहीं मानता। बल्कि चंद कवि के अस्तित्व को भी नकारता है। इस वर्ग की मान्यता के अनुसार रासो पूर्णतया अप्रामाणिक और जाली रचना

है। इस पक्ष के समर्थकों में कविराज श्यामलदास, कविराज मुरारीदान, गौरीशंकर हीराचंद ओझा, डॉ. बूलर, मारिसन, मुंशी देवी प्रसाद तथा आचार्य रामचंद्र शुक्ल के नाम उल्लेखनीय हैं।

प्रामाणिक मानने वाले विद्वान्—विद्वानों का यह वर्ग 'पृथ्वीराज रासो' के वर्तमान रूप को प्रामाणिक मानता है और यह चंद कवि को पृथ्वीराज चौहान का समकालीन भी स्वीकारता है। इस वर्ग का यह भी मत है कि रासो के वर्तमान रूप में काफी अंश बाद में अलग-अलग कालखंड में जुड़ते गए हैं। ऐसा मानने वाले आलोचकों और साहित्येतिहासकारों में श्याम सुंदर दास, गार्सा-द-तासी, कर्नल टॉड, मथुरा प्रसाद दीक्षित, पं. मोहनलाल विष्णुलाल पांड्या, मिश्रबंधु आदि हैं।

अर्द्ध-प्रामाणिक मानने वाले विद्वान्—इस वर्ग के अनुसार कवि चंद पृथ्वीराज का समकालीन और रासो का लेखक था, लेकिन रासो का मूल रूप आज तक अप्राप्य है। जो रूप आज मौजूद है वह काफी परिवर्तित एवं परिवर्द्धित है। डॉ. सुनीति कुमार चटर्जी, मुनिजिन विजय, अगरचंद नाहटा और डॉ. हजारीप्रसाद द्विवेदी आदि विद्वान इसे अर्द्ध-प्रामाणिक मानते हैं। इस आधार पर भी चंदबरदाई का 'पृथ्वीराज रासो' निरंतर विकासशील श्रेणी की रचना सिद्ध होता है।

अप्रामाणिक मानने के कारण—इस ग्रंथ की अप्रामाणिकता के तीन, मुख्य कारण माने गए हैं—

घटनाओं की अशुद्धता—'पृथ्वीराज रासो' में ऐसी अनेक घटनाएँ हैं जो ऐतिहासिक प्रमाणों, शिलालेखों, ताम्रपत्रों तथा पृथ्वीराज विजय के आधार पर अशुद्ध हैं। रासो में दिए गए अधिकांश नाम और घटनाएँ इतिहास से मेल नहीं खाते। प्राचीन ग्रंथों तथा शिलालेखों में चौहान, चालुक्य, परमार राजपूतों को सूर्यवंशी माना गया है, जबकि रासोकार ने उनको अग्निवंशी माना है। इसके अतिरिक्त चौहानों की वंशावली, पृथ्वीराज की माता का नाम, माता का वंश, पुत्र का नाम तथा सामंतों के नाम ऐतिहासिक शिलालेखों और पृथ्वीराज विजय से भिन्न एवं अशुद्ध हैं। इतिहास के अनुसार पृथ्वीराज की माता का नाम कमला नहीं था और न ही वह अनंगपाल की बेटी थी। अनंगपाल उस समय दिल्ली का सम्राट नहीं था। जयपाल अनंगपाल का दौहित्र नहीं था और न ही वह राठौरवंशीय था। शिलालेखों में जयचंद को गहरवार क्षत्रिय बताया गया है। इसी प्रकार पृथ्वीराज और जयचंद की शत्रुता तथा संयोगिता स्वयंवर को भी कुछ आलोचकों ने काल्पनिक बताया है। गुजरात के राजा भीम का पृथ्वीराज द्वारा वध भी अशुद्ध है, क्योंकि राजा भीम के ही एक दान-पत्र से सिद्ध होता है कि वह पृथ्वीराज की मृत्यु के बाद 50 वर्ष तक जीवित रहा। पृथ्वीराज की बहन पृथा का विवाह समरसिंह से होना आदि भी गलत है, क्योंकि समरसिंह पृथ्वीराज के बाद 109 वर्षों तक जीवित रहा। रासो में पृथ्वीराज की आयु 36 वर्ष बताई गई है, जबकि इतिहास में उसकी मृत्यु तीस वर्ष की आयु में लिखी हुई है।

काल की असमानता—चंदबरदाई के 'पृथ्वीराज रासो' में दिए गए संवत् और तिथियाँ भी अशुद्ध हैं। कर्नल टॉड ने बताया कि रासो में दिए गए सम्वतों और ऐतिहासिक सम्वतों में सौ वर्षों का अंतर है। रासो में पृथ्वीराज की मृत्यु का उल्लेख

संवत् 1158 का है, जबकि इतिहास में संवत् 1220 बताया गया है। आबू पर्वत पर भीम चालुक्य का आक्रमण और शहाबुद्दीन के साथ हुए युद्ध की तिथियाँ भी अशुद्ध हैं। संवत् 1460 में हमीर महाकाव्य की रचना हुई। उसमें पृथ्वीराज का दिल्ली लौट आना, मेवाती-मुगल युद्ध, संयोगिता स्वयंवर आदि का कोई उल्लेख नहीं है। रासो के अनुसार शहाबुद्दीन गोरी की मृत्यु पृथ्वीराज द्वारा संवत् 1249 में हुई, परंतु इतिहास के अनुसार वह संवत् 1263 में गक्खरों द्वारा मारा गया था।

भाषा संबंधी अव्यवस्था–'पृथ्वीराज रासो' में अरबी-फारसी शब्दों का खुलकर प्रयोग हुआ। कुछ विद्वानों का विचार है कि रासो की भाषा चंदबरदाई के समय की नहीं है बल्कि यह 16वीं शताब्दी की ठहरती है। डॉ. धीरेंद्र वर्मा इसी आधार पर रासो को 16वीं शताब्दी की रचना मानते हैं। भाषा संबंधी अव्यवस्था से असंतुष्ट होकर **आचार्य रामचंद्र शुक्ल** ने कहा है–**"यह ग्रंथ न तो भाषा के इतिहास के और न ही साहित्य के जिज्ञासुओं के काम का है।"** इन ऐतिहासिक अशुद्धियों के आधार पर 'पृथ्वीराज रासो' को जाली ग्रंथ बताया गया है।

प्रामाणिकता के पक्ष में तर्क–ऐतिहासिक घटनाओं की अनुपस्थिति, काल-संबंधी असंबद्ध ब्यौरे और भाषा-विषयक अव्यवस्था इत्यादि असंगतियों पर विचार करते हुए भी 'पृथ्वीराज रासो' को प्रामाणिक रचना मानने वाले विद्वान इसकी प्रामाणिकता के पक्ष में हाथ उठाते हैं। इसे प्रामाणिक मानने वाले विद्वानों का मत है कि रासो में काफी प्रक्षिप्त अंश जुड़ते चले गए हैं जिससे उसका मूल रूप छिप गया है। अनेक प्राचीन कृतियों के साथ ऐसा सलूक हुआ है। रासो के लघु संस्करण में अधिक प्रक्षिप्त अंश नहीं हैं। वे इस बात को भी स्वीकार करते हैं कि चंद कवि पृथ्वीराज का समकालीन था। उन्होंने रासो के मूल रूप को अप्राप्य माना है। मोहनलाल विष्णुलाल पांड्या ने आनंद संवत् की कल्पना की है। उनके अनुसार रासो की सभी घटनाओं में 90 वर्ष जोड़ देने से सभी संवत् ठीक हो जाते हैं, लेकिन ऐसा करने पर भी रासो की कई तिथियाँ इतिहास से मेल नहीं खातीं।

अब तक रासो के चार संस्करण प्राप्त हो चुके हैं। पहले में लगभग 16306 छंद हैं, दूसरे में सात हजार, तीसरे में साढ़े तीन हजार और चौथे में केवल 1300 छंद हैं। मुनिजिनविजय का कहना है कि रासो का मूल रूप अल्पकाय था और उसकी भाषा भी अपभ्रंश थी। 'पुरातन' प्रबंध-संग्रह में चार छंद मिले हैं जो रासो की लघुतम प्रतियों में भी हैं। 'पृथ्वीराज रासो' पर आरोपित शंकाओं का खंडन करने वाले आलोचकों ने इसकी प्रामाणिकता के पक्ष में निम्नलिखित तर्क दिए हैं–

(1) मूल रासो जाली या अप्रामाणिक ग्रंथ नहीं है। उसकी रचना संवत् 1600 के आसपास नहीं हुई। रासो की लघुतम प्रतियों के आधार पर घटना-वैषम्य, काल-वैषम्य और भाषा संबंधी अव्यवस्था का भी समाधान हो जाता है लेकिन संभव है रासो का एक लघुतम संस्करण और भी है जो कि अब तक प्राप्त नहीं हो सका है।

(2) चतुर्थ संस्करण में राजपूत कुलों की आबू के अग्निकुंड से उत्पत्ति का उल्लेख नहीं है। इसमें यह भी लिखा है कि ब्रह्मा के यज्ञ से वीर चौहान मानिकराय उत्पन्न हुआ था।

(3) गौरी शंकर हीराचंद ओझा के अनुसार रासो की अशुद्ध वंशावली बीकानेर से प्राप्त लघुतम प्रति में नहीं है। फिर भी 'पृथ्वीराज विजय' की वंशावली से इसके कुछ नाम मेल नहीं खाते।

(4) अनंगपाल और पृथ्वीराज के संबंध की अशुद्धि तो इस प्रति में भी है।

(5) लघुत्तम प्रति में संयोगिता-स्वयंवर के वर्णन के स्थान पर इच्छिनी के विवाह का वर्णन है।

(6) पृथा का विवाह, शहाबुद्दीन-समरसिंह युद्ध, भीम सोमेश्वर और पृथ्वीराज-सोमेश्वर युद्ध आदि का इस प्रति में कहीं उल्लेख नहीं है। यहाँ पृथ्वीराज और पद्मावती के विवाह का प्रसंग भी नहीं है।

इन कारणों को देखते हुए कह सकते हैं कि 'पृथ्वीराज रासो' एक प्रामाणिक रचना है।

'पृथ्वीराज रासो' को अर्द्ध-प्रामाणिक रचना मानने के कारण–रासो को अर्द्ध-प्रामाणिक रचना स्वीकार करते हुए आचार्य हजारीप्रसाद द्विवेदी का कहना है कि इसका काव्यरूप 10वीं शताब्दी के साहित्य के अनुरूप है। इसमें प्राचीन कथानक रूढ़ियों का सुंदर निर्वाह हुआ है। इस ग्रंथ में संस्कृत, प्राकृत और अपभ्रंश साहित्य की प्रवृत्तियों का सुंदर निर्वाह हुआ है। रासो विशुद्ध ऐतिहासिक रचना न होकर काव्य-ग्रंथ है। इसमें इतिहास और कल्पना का सुंदर मिश्रण है। द्विवेदी का आगे कहना है कि इस महाकाव्य की रचना शुक-शुकी संवाद के रूप में हुई है। जिन सर्गों का आरंभ शुक-शुकी संवाद से होता है, हमें उन्हीं को प्रामाणिक मानना चाहिए। द्विवेदी जी ने विशैष रूप से आरंभिक अंश, इच्छिनी विवाह, शहाबुद्दीन का पकड़ा जाना, संयोगिता विवाह, कैमास वध तथा गोरी वध आदि प्रसंगों को प्रामाणिक माना है, परंतु डॉ. माता प्रसाद गुप्त द्विवेदी के उपरोक्त मत से सहमत नहीं हैं।

'पृथ्वीराज रासो' को प्रामाणिक मानने वाले विद्वानों का इसकी भाषा के बारे में भी यही तार्किक समाधान है। कवि चंद लाहौर के निवासी थे और उनके समय में मुसलमानों के आक्रमण शुरू हो चुके थे। कवि चंद के काल में लाहौर में अरबी-फारसी शब्दों का प्रचलन रहा होगा। इसलिए कवि ने रासो में अरबी-फारसी शब्दों का खुलकर प्रयोग किया है। भाषा के आधार पर इसे अप्रामाणिक सिद्ध नहीं कर सकते।

'पृथ्वीराज रासो' एक विशालकाय महाकाव्य है। इसके काव्य-सौंदर्य की प्रशंसा विद्वानों ने की है। इस ग्रंथ में कवि ने वीर रस एवं श्रृंगार रस का सुंदर संयोजन किया है। चंदबरदाई ने पृथ्वीराज के प्रेम प्रसंगों का वर्णन करके श्रृंगार रस के अनेक जीवंत चित्र निर्मित किए हैं। संपूर्ण 'पृथ्वीराज रासो' युद्धों के सजीव वर्णन से भरा पड़ा है। कवि ने युद्धों का जीता-जागता चित्रण किया है। कवि की प्रत्यक्ष अनुभूति के कारण वीर रस फूट-फूट पड़ता है। हास्य एवं शांत रस के अतिरिक्त अन्य सभी रसों का वर्णन भी इस महाकाव्य में हुआ है।

कवि ने षड्ऋतु वर्णन के माध्यम से प्रकृति का भी मनोरम चित्रण किया है। प्रकृति के उद्दीपन विभाव के अंतर्गत कवि की उत्कृष्ट कल्पना शक्ति और उसके

वर्णन-कौशल का परिचय भी मिलता है। 'पृथ्वीराज रासो' में नगर, विवाह, रण-सज्जा, युद्ध, शत्रु-विजय, जलकेलि, आखेट आदि के वर्णनों में कवि की वर्णन शक्ति का परिचय मिलता है। कवि ने अनेक प्रकार के वस्तुओं, घटनाओं एवं व्यक्तियों के वर्णनों में रुचि दिखाई है। उसके सूक्ष्म ब्यौरे आकर्षित करते हैं।

अभिव्यंजना कौशल की दृष्टि से देखने पर इसकी ओजस्वी भाषा प्रभावित करती है। चंदबरदाई संस्कृत, प्राकृत, राजस्थानी, पंजाबी व ब्रजभाषाओं के शब्दों का प्रसंगानुकूल एवं पात्रानुसार सफल प्रयोग किया है। प्रेम प्रसंगों में कवि ने कोमल शब्दावली का प्रयोग किया है। प्रक्षिप्त अंशों की अधिकता के कारण भाषा के विविध रूप दिखाई देते हैं। रासोकार ने काव्य के भाव-पक्ष को उभारने के लिए विविध अलंकारों का सफल प्रयोग किया है। कवि ने अनुप्रास और यमक सरीखे शब्दालंकारों का अत्याधिक प्रयोग किया है। परंपरागत अर्थालंकारों का प्रसंग एवं संदर्भ के अनुसार देखते ही बनता है। परंपरागत उपमानों का अनायास प्रयोग सहज एवं सफल रूप में किया गया है। कवि ने उपमा के साथ-साथ रूपक एवं अतिशयोक्ति अलंकारों के द्वारा भी अपने ग्रंथ को सजाया है। विविध छंदों का प्रयोग भी 'पृथ्वीराज रासो' में चंदबरदाई ने किया है। इस ग्रंथ में मात्रिक एवं वार्णिक दोनों प्रकार के लगभग 68 छंदों का प्रयोग किया गया है। छप्पय, गाथा, रोला, दूहा, सट्टक, पद्दरिया आदि प्रमुख छंदों का कथ्य के अनुरूप प्रयोग कवि के कलात्मक कौशल को साबित करता है। 'पृथ्वीराज रासो' के विवादास्पद होने के बावजूद यह कहने में कोई हिचक नहीं होनी चाहिए कि चंदबरदाई काव्य-कौशल में दक्ष समर्थ कवि हैं।

4. विद्यापति

(शृंगारपरक भक्ति काव्य)

अपरूप प्रेम का रूपक

प्राचीन आदिकालीन काव्य और पूर्वमध्यकालीन भक्तिकाव्य की संधि के कवि विद्यापति अपने अनूठे भाव संसार और दिलचस्प अभिव्यंजना प्रणाली के कारण महत्त्वपूर्ण कवि के रूप में सामने आते हैं। उन्होंने अपनी रचनाएँ संस्कृत, अवहट्ट और मैथिली भाषा में लिखी हैं। संस्कृत पर इनका असामान्य अधिकार था और इन्होंने अपनी अधिकतर रचनाएँ संस्कृत में ही लिखीं। एक ओर वे वीरगाथा काल का प्रतिनिधित्व करते हैं तो दूसरी ओर वे हिंदी में भक्ति और शृंगार की परंपरा के प्रवर्त्तक माने जाते हैं। 'कीर्तिलता' और 'कीर्तिपताका' में उनका वीर कवि का रूप है। पदावली में उनका शृंगारी रूप है और 'शैव सर्वस्व सार' में वे भक्तिभाव में झूमते हुए दिखाई पड़ते हैं। इस प्रकार भाव और भाषा की दृष्टि से इनकी रचनाओं को तीन भागों में विभाजित किया जा सकता है। भाषा के आधार पर इनकी रचनाएँ ये हैं–

(क) संस्कृत–(1) शैव सर्वस्वसार, (2) शैव सर्वस्वसार, प्रमाणभूत पुराण संग्रह, (3) भूपरिक्रमा, (4) पुरुष परीक्षा, (5) लिखनावली, (6) गंगा वाक्यावली, (7) दान वाक्यावली, (8) विभाग सार, (9) गया पत्तलक, (10) वर्ण कृत्य, (11) दुर्गा भक्ति तरंगिणी।

(ख) अवहट्ट–कीर्तिलता और कीर्तिपताका।

(ग) मैथिली–पदावली।

मैथिली को विद्यापति ने मुख्य काव्य भाषा बना दिया। आधुनिक जयदेव की तरह विद्यापति ने भक्ति और शृंगार की भेदक-रेखा को मिटा दिया था। उन्हें 'मैथिल कोकिल' और 'अभिनव जयदेव' इसीलिए कहा जाता है। संवत् 1407 विक्रमी में जन्मे विद्यापति को एक शिक्षित विद्यानुरागी और पांडित्य संपन्न परिवार मिला। उनके जन्म को लेकर अनेक मतभेद हैं। 1350 ई. से लेकर 1360 ई. के बीच उनकी जन्म-तिथि निर्धारित की जाती रही है, लेकिन अब अधिकांश विद्वान उनका जन्म संवत् 1407 विक्रमी मानते हैं। भाषा शैली के आधार पर इन्हें दरभंगा के 'बिसपी' गाँव में जन्मा मैथिली-भाषी कवि माना जा सकता है। इनका निधन संवत् 1507 के आसपास माना जाता है।

विद्यापति ने जयदेव के 'गीत-गोविंद' से प्रेरणा लेते हुए, राधा-कृष्ण विषयक कविता लिखनी शुरू की लेकिन उन्होंने प्रचलित भक्ति कविता की शक्ल, आस्वाद और बनावट बदल कर रख दी–

सजनी, अपरुब पेखलि रामा।
कनक-लेता अवलंबन ऊअल हरिन-हीन हिमधामा॥
नयन-नलिन दुइ अंजन रंजित, भौंह बिभंग-बिलासा॥
चकित चकोर-जोर बिधि बाँधल केवल काजर-पासा॥
गिरिबर-गरुअ पयोधर-परसित गिम गज-मोतिम हारा॥
काम कंबु-भरि कनक-संभु परि ढारम सुरसरि-धारा॥
पैसि पयाग जाग सत जागए, सोइ पाबए बहुभागी॥
बिद्यापति कह, गोकुल-नायक, गोपी-जन-अनुरागी॥

उन्होंने मौलिक प्रतिभा का प्रदर्शन करते हुए भक्ति में श्रृंगार का घालमेल कर दिया और भक्ति कविता तथा श्रृंगार कविता की नई शैलियों का सूत्रपात किया।

विद्यापति 'कीर्तिलता' राजा कीर्तिसिंह की वीरता और युद्ध संबंधी शौर्य का प्रबंध काव्य है। भारतीय भाषाओं के अतिरिक्त यह रचना अंग्रेजी में भी अनूदित हुई है। उनकी एक खंडित रचना 'कीर्ति पताका' में राजा शिवसिंह की कीर्ति का वर्णन है।

विद्यापति ने 'पदावली', और 'गोरक्षविजय' मैथिली में लिखी हैं। विद्यापति की 'पदावली' उनकी अद्‌भुत काव्य प्रतिभा का साक्ष्य है। विद्यापति की पदावली में सौंदर्य की अक्षय उत्सवधर्मिता है–

कबरी-भय चामरि गिरि-कंदर, मुख-भय चाँद अकासे॥
हरिन नयन-भय, सर-भय कोकिल, गति-भय गज बनबासे॥
सुंदरि, किए मोहि सँभासि न जासि।
तुअ डर इह सब दूरहि पड़ाएल। तोहें पुन काहि डरासि॥
कुच-भय कमल-कोरक जल मुदि रहु। घट परबेस हुतासे॥
दाड़िम-सिरिफल गगन बास करु। संभु गरल करु ग्रासे॥
भुज-भय पंक मृनाल नुकाएल। कर-भय किसलय काँपे॥
कबि सेखर भन, कत-कत ऐसन। कहब मदन-परतापे॥

डॉ. विजयेंद्र स्नातक के अनुसार पदावली में भाव-वर्णन मार्मिक, प्रौढ़ तथा सशक्त है। संयोग श्रृंगार के मादक चित्र हैं। चाहे वियोग-व्यथा का मार्मिक वर्णन, हृदय की तरलता और गहराई का सम्मिश्रण दोनों अवस्थाओं में समान रूप से विद्यमान है। वस्तुत: विद्यापति के प्रेम वर्णन में न तो मनोवैज्ञानिकता का अभाव है और न ही उसे सामाजिक अस्वस्थता का प्रतीक कहा जा सकता है। सौंदर्य के प्रति आसक्ति और प्रेमानुभूति मानव मन की ऐसी सहज प्रवृत्तियाँ हैं, जिन्हें झुठलाया नहीं जा सकता। नायिका के नखशिख-सौंदर्य को विद्यापति ने जिस शैली से अंकित किया है, वह अपूर्व है। एक चित्र देखिए–

खने खने नयन कौन अनुसरई। खने खने वान धूति तनु भरई॥
खने खने दसन छटा छुट हास। खने खने अधर आगे करु वास॥

चउकि चलए खने खने भलु मन्द। मनमथ पाठ पहिल अनुबंध॥
हिरदय मुकुल हेरि हेरि थोर। खने आँचर दए खने होय भोर॥
बाला सैसव तारुन भेट। लखए न पारिअ जेठ कनेठ॥
विद्यापति कह सुन वर कान। तरुनिम सैसव चिन्हर न जान॥

विद्यापति की पदावली में विरह-दशाओं का चित्रण भी अत्यंत मार्मिक बन पड़ा है। इसी तरह विद्यापति कवि का अभिव्यंजना-पक्ष भी पर्याप्त समृद्ध है। भाषा लालित्य तो उनके काव्य की अप्रतिम विशेषता है ही, आलंकारिक वर्णन में भी वे दक्ष हैं–

सहजहि आनन सुंदर रे, भौंह सुरेखलि आँखि।
पंकज-मधु पिबि मधुकर रे, उड़ए पसारल पाँखि॥
ततहि धाओल दुहु लोचन रे, जतहि गेलि बर नारि॥
आसा-लुबुधल न तेजए रे, कृपनक पाछ भिखारि॥
इंगित नयन तरंगित रे, बाम भौंह भेल भंग।
तखन न जानल तेसर रे, गुपुत मनोभव रंग॥
चंदन चरचु पयोधर रे, ग्रिम गज मुकुताहार॥
भसम भरल जनि संकर रे, सिर सुरसरि जलधार॥
बाम चरन अगुसारल रे, दाहिन तेजइत लाज॥
तखन मदन सर पूरल रे, गति गंजए गजराज॥
आज जाइत पथ देखलि रे, रूप रहल मन लागि।
तेहि खन सब गुन गौरव रे, सब धैरज गेल भागि॥
रूप लागि मन धाओल रे, कुच-कंचन-गिरि-साँधि॥
तें अपराधें मनोभव रे, ततहि धएल जनि बाँधि॥
बिद्यापति कवि गाओल रे, रस बुझए रसमंत।
रूपनराएन नागर रे, लखिमा देई सुकंत॥

नारी-देह के सौंदर्य-दर्शन को विद्यापति ने उत्सव बना दिया है। 'रूपनारायण' का मन, जिसका 'सहज आनन सुंदर' है; उसकी देहयष्टि में रम गया है। इसमें संदेह नहीं कि उनकी पद शैली ने सामान्य जनमानस को मुग्ध किया और राधा-कृष्ण की प्रेम-लीलाओं का गान करनेवाले परवर्ती कवि भी उनसे प्रभावित हुए बिना न रह सके।

अपनी रचना में उन्होंने राधा को नायिका और कृष्ण को जन-नायक बना दिया है। विद्यापति की पदावली का बाहरी साँचा भक्ति का है और आंतरिक अस्वाद श्रृंगार का देने वाली यह रचना एक खंडकाव्य के शिल्प में है। इसमें राधा-कृष्ण की लीलाओं के सरस चित्रण, शिव की अटूट भक्ति, गंगा का स्तुति गायन और रहस्यपरक पद भी मिलते हैं। कवि का मुख्य अभिप्रेत राधा-कृष्ण को आध्यात्मिक प्रेम को सांसारिक संदर्भों में व्याख्यायित करना है। इसमें मिलन, विरह, उत्सुकता और ऋतु संबंधी बिंब पाठकों को अपनी तरफ खींचते हैं। शुक्ल जी ने विद्यापति को जयदेव और सूरदास की श्रेणी का बड़ा कवि माना है।

विद्यापति के पद अपनी भाव संपदा के अतिरिक्त कवि की लोकदृष्टि और आकर्षक भाषा शैली के कारण एक नया अनुभव संसार खोल देते हैं। इस कवि

के परिवार में संस्कृत की पांडित्यपूर्ण परंपरा रही लेकिन यह कवि 'देसिल बयना सब जग मिट्ठा' अर्थात् देसी भाषा ही सबसे मीठी होती है, कहकर अपनी रचना में देश-भाषा को प्रतिष्ठित करता रहा। इनके भाषा विषयक वैशिष्ट्य की सराहना अनेक आलोचकों ने की है।

विद्यापति के पद बाद में विकसित होने वाली गीतिकाव्य परंपरा के ब्ल्यू प्रिंट हैं। उन्होंने ऐसी कोमल भाषा में सुकुमार भावों की प्रस्तुति की है कि एक-एक शब्द में गीत और संगीत गूँजते हैं। उनके गीत मिथिलांचल के साथ-साथ बंगाल में भी गाये जाते हैं। इनके बिना पारिवारिक और सांस्कृतिक अनुष्ठान पूर्णता प्राप्त नहीं कर सकते।

विद्यापति ने अपने पदों में राधा-कृष्ण के प्रेम को भौतिक प्रसंगों में बदल दिया है-

पथ-गति पेखलि मो राधा।
तखनुक भाव परान पए पीड़ए, रहल कुमुद-निधि साधा।।
ननुआ नयन नलिन जनि अनुपम, बंक निहारए थोरा।।
जनि सृंखल में खगबर बाँधल, दीठि नुकाएल मोरा।।
आध बदन ससि बिहसि देखाओल, आध पीहलि निअ बाहू।।
किछु एक भाग बलाहक झाँपल, किछुक गरासल राहू।।
कर-युग पिहित पयोधर-अंचल, चंचल देखि चित भेला।।
हेम-कमल जनि अरुनित चंचल मिहिर-तरे निंद गेला।।
भनई बिद्यापति, सुनह मधुरपति, इह रस केह पए बाधा।।
हास-दरस-रस सबहु बुझाएल नाल कमल दुइ आधा।।

उन्होंने अपनी पंक्तियों में इतनी गहरी संवेदना और भाव भर दिए हैं कि वह जैसे पाठक के मस्तिष्क में अमिट हो जाते हैं। विद्यापति ने प्रेम को भक्ति में बदल दिया है। डॉ. रामस्वरूप चतुर्वेदी के अनुसार विद्यापति प्रेमी-प्रेमिकाओं मात्र को कृष्ण-राधा के रूप में परिकल्पित करते हैं। जहाँ सच्चा प्रेम है वहाँ राधा और कृष्ण ही आश्रय आलंबन है, ऐसा उनका मानना लगता है। और राधा-माधव का यह रूप अपने में आराध्य है, इस प्रवृत्ति के कारण ही विद्यापति अपनी गहरी भक्ति भावना के बावजूद काव्य की ऐहिक परंपरा के अधिक निकट आते हैं। कई बार विद्यापति की भक्ति को एक पाखंड के रूप में देखा गया है। रामचंद्र शुक्ल ने अपने इतिहास के आदिकाल विषयक प्रकरण में तीखे व्यंग्य के साथ लिखा है, "आध्यात्मिक रंग के चश्मे आजकल बहुत सस्ते हो गए हैं। उन्हें चढ़ा कर जैसे कुछ लोगों ने 'गीत गोविंद' के पदों को आध्यात्मिक संकेत दिया है वैसे ही विद्यापति के इन पदों को भी।" आचार्य शुक्ल यहाँ इस अनुभव तक नहीं पहुँचते कि विद्यापति के ये पद अपनी श्रृंगार भावना के साथ सच्चे रूप में ऐहिक हैं, और उनकी तन्मयता की गहरी अनुभूति ही उन्हें आध्यात्मिक स्तर पर रूपांतरित कर देती है। इसके लिए पाठक या आलोचक को आध्यात्मिक रंग के चश्मे की जरूरत नहीं रहती। विद्यापति में वैष्णव की मर्यादा और शैव का तादात्म्य-भाव दोनों एक साथ मिलते हैं। काम-भाव और शरीर का सौंदर्य उनके यहाँ उत्सव-रूप में हैं। इसीलिए चिर-परिचित होते हुए भी वे चिर-नवीन हैं। यही कारण है जिससे मिलते-जुलते शारीरिक अनुभवों

की अलग-अलग पदों में आवृत्ति होने पर भी अपने तन्मयता भाव से वे सभी विशिष्ट हो उठते हैं। सिद्ध, नाथों और जैन कवियों, रासो रचनाकारों, अमीर खुसरो और विद्यापति के कृतित्व में आदिकाल हिंदी क्षेत्र के रचनात्मक वैविध्य की यों सच्ची प्रस्तावना प्रस्तुत करता है।

विद्यापति हिंदी के कवि थे या बांग्ला के, यह विवाद इस ओर तो संकेत करता है कि इस महत्त्वपूर्ण कवि ने दोनों भाषाओं की कविता को गहरे प्रभावित किया है। विद्यापति को लेकर एक वाद-विवाद संवाद और चला कि वे शृंगारी कवि हैं या भक्त कवि! विषयवस्तु के आधार पर विद्यापति की कविता शृंगारिक है। आचार्य शुक्ल के अनुसार विद्यापति के पद अधिकतर शृंगार के ही हैं, जिनमें नायिका और नायक राधा-कृष्ण हैं-

जहाँ-जहाँ पद-जुग धरई। तहिं-तहिं सरोरुह झरई॥
जहाँ-जहाँ झलकए अंग। तहिं-तहिं बिजुरि-तरंग॥
कि हेरलि अपरुब गोरि। पइठलि हिअ-मधि मोरि॥
जहाँ-जहाँ नयन-बिकास। ततहिं कमल-प्रकास॥
जहाँ लहु हास संचार। तहिं-तहिं अमिअ-बिथार॥
जहाँ-जहाँ कुटिल कटाख। तहँ-तहँ मदन-सर लाख॥
हेरइत से धनि थोर। अब तिन भुवन अगोर॥
पुनु किए दरसन पाब। अब मोर ई दुख जाब॥
विद्यापति कह जानि। तुअ गुन देहब आनि॥

डॉ. उमेश मिश्र ने भी ठीक ही कहा है कि "मिथिला में विद्यापति को कोई वैष्णव कवि नहीं कहता और न कोई इन्हें भक्त ही कहता है। सभी इन्हें शृंगारिक कहते हैं।" इसी भाँति पं. विश्वनाथ प्रसाद मिश्र भी विद्यापति को शृंगारी कवि मानते हुए लिखते हैं कि "विद्यापति ने हिंदी में जन-भाषा में शृंगारिक-रस के क्षेत्र के लिए मर्यादा बाँधकर चाहे कृष्ण भक्त कवियों का उतना उपकार न किया हो, पर शृंगार काल के कवियों के लिए वे बहुत बड़ा उपकार कर गए। विद्यापति का काव्य भक्ति काव्य है या नहीं, इस पर बहुत वाद-विवाद हुआ है। इस संबंध में इतना ही कहना है कि विद्यापति का कृष्ण-काव्य सूरदास या अन्य कृष्ण भक्त कवियों का सा कृष्ण काव्य नहीं है। यदि भक्ति काव्य माना भी जा सकता है, तो वैसा ही, जैसा बिहारी का, पद्माकर का इसी तरह डॉ. रामकुमार वर्मा ने भी विद्यापति को शृंगारी कवि मानते हुए स्पष्ट लिखा है कि विद्यापति ने राधा-कृष्ण का जो चित्र खींचा है, उसमें वासना का रंग बहुत ही प्रचंड है। आराध्यदेव के प्रति भक्त का जो पवित्र विचार होना चाहिए, वह उसमें लेशमात्र भी नहीं है। सख्यभाव से जो उपासना की गई है, उसमें कृष्ण तो यौवन में उन्मक्त नायक की भाँति हैं और राधा यौवन की मदिरा में मतवाली एक मुग्ध नायिका की भाँति। राधा का प्रेम-भौतिक और वासनामय प्रेम है। आनंद ही उद्देश्य है और सौंदर्य ही उसका कार्य-कलाप। यौवन ही से जीवन का विकास है।

इस चर्चा को समेटते हुए डॉ. द्वारिका प्रसाद सक्सेना ने ठीक लिखा है कि विद्यापति शृंगारी कवि हैं। इनके राधा और कृष्ण के प्रेम-संबंधी पदों में सर्वत्र भौतिक

एवं वासनामय प्रेम की ही प्रधानता है। इनके वय-संधि, नखशिख, सद्यःस्नाता, प्रेम-प्रसंग, दूती, नोंकझोंक, सखी शिक्षा, मिलन सखी-सम्भाषण, कौतुक; अभिसार छलना, मान, मान-भंग, विदग्ध-विलास, बसंत, विरह, भावोल्लास आदि से संबंधित समस्त पदों में भौतिक प्रेम एवं कामवासना का ही प्राधान्य है, कहीं भी जीवात्मा एवं परमात्मा के मिलन एवं विरह की ओर ध्यान नहीं जाता और न कहीं तनिक भी भक्ति-भावना की ही सुगन्ध आती है। ये सभी पद श्रृंगार-रस से आप्लावित हैं, इनमें वासना की बेगवती सरिता प्रवाहित हो रही है और इनमें आत्मा एवं परमात्मा के आध्यात्मिक जगत की अपेक्षा विलास-वासना एवं कामुकता के भौतिक जगत का ही चित्रण है, जिसमें कहीं कामी नायक लुक-छिपकर कामिनी नायिका के अंग-सौंदर्य को देख-देखकर उन्मुक्त हो रहा है, कहीं उसके साथ काम-क्रीड़ाएँ कर रहा है और कहीं कामिनी नायिका अपने प्रिय के विरह में तड़प रही है, अपने यौवन को कोस रही है, कामाग्नि में जल रही है तथा प्रिय से मिलने के लिए आतुर होकर मदन के तीक्ष्ण बाण का शिकार हो रही है–

ए सखि पेखल एक अपरूप। सुनइत मानब सपन-सरूप॥
कमल जुगल पर चाँदक माला। तापर उपजल तरुन तमाला॥
तापर बेढ़लि बिजुरि-लता। कालिंदी-तट घिरें-घिरें जाता॥
साखा-सिखर सुधाकर पाँति। ताहि नब पल्लब अरुनिम काँति॥
बिमल बिंबफल जुगल बिकास। तापर कीर थीर करु बास॥
तापर चंचल खंजन-जोर। तापर साँपिनि झाँपल मोर॥
ए सखि-रंगिनि, कहल निसान। हेरइत पुनि मोर हरल गिआन॥
कवि विद्यापति एह रस भान। सुपुरुख मरम तोहें भल जान॥

इस प्रकार इन पदों में श्रृंगार का ही प्राधान्य है, भक्ति का नहीं। वासनात्मक प्रेम का ही बाहुल्य है, आध्यात्मिक प्रेम का नहीं, और कामोद्दीपक भावों का ही प्राचुर्य है, साधन संबंधी भावों का नहीं। अतएव विद्यापति के इन पदों में रहस्यवाद के दर्शन करना व्यर्थ है, सख्य भाव की उपासना को ढूँढ़ना मिथ्या है और जीवात्मा-परमात्मा के संबंध की स्थापना करना कोरी खींचतान है। इनमें तो मानव की मूल भावना-काम का सांगोपांग चित्र अंकित किया गया है और इनका संबंध लौकिक जगत से है, परलौकिक से नहीं, क्योंकि इनमें जीवन के भौतिक आनंद का उज्ज्वल रूप अंकित है। आलौकिक ईश्वर को लौकिक बनाने के सिलसिले में विद्यापति ने कृष्ण की बजाय राधा की वंदना करते हुए अपनी कविता के लोक में मंगल प्रवेश किया है। उन्होंने राधा को ऐसी स्त्री छवि में बदल दिया है जिसके पीछे कृष्ण बेचैन हैं–

की लागि कौतुक देखलहँ सखि, निमिष लोचन आध।
मोर मन-मृग-मरम बेल, बिषम-बान बेआध॥
गोरस बिरस बासी बिसेखल, छिकहु छाड़ल गेह।
मुरलि निसान मो मन मोहल, बिकहु भेल संदेह॥
तीर तरंगिनि कदंब-कानन, निकट जमुना घाट।
उलटि हेरइत विपथ जाइत, चरन चीरग काँट॥

सुकृत सुफल, सुनह सुंदरि, बिद्यापति भन सार।
कंसदलन गोपाल सुंदर मिलल नंद कुमार॥

इससे यह पता चलता है कि विद्यापति को मानवीय स्वभाव की गहरी समझ थी। कृष्ण 'नंदक नंदन कदंब के तरु' पर बैठकर धीरे-धीरे मुरली नहीं बजा रहे बल्कि राधा के अपार रूप को देख-देखकर अधीर हो रहे हैं। विद्यापति ने एक प्रकार से पुरुषवादी विरह वर्णन प्रणाली को बदल दिया है।

विद्यापति ने राधा का नख-शिख वर्णन करते हुए 'अपरूपक रूप' के सम्मोहित करने वाले बिंब उपस्थित किए हैं। उन्होंने स्त्री देह को विशिष्ट बिंदुओं में बदल दिया है। इस नजरिए से उनका रूप-वर्णन बिल्कुल कैमरे से खींचे गए जीवित चित्रों की तरह लगता है। उसमें कोई कुंठा का भाव नहीं है न कोई दुराव-छिपाव है। वह राधा को जीवंत स्त्री बना देते हैं। उनका वर्णन कई जगह शास्त्रीय मर्यादाओं को तोड़ता है और उस सीमा का स्पर्श करने लगता है, जहाँ कविता निजी हो जाती है।

कृष्ण के प्रेम का वर्णन करते हुए वह एक नई वर्णन प्रणाली संभव करते हैं। जहाँ शायद पहली बार कविता में पुरुष रूप सौंदर्य प्रस्तावित किया गया है। विद्यापति कृष्ण को श्रृंगार रस का आलंबन साबित करते हुए सतपुरुष के रूप में प्रतिष्ठित करते हैं अर्थात् ऐसा संपूर्ण पुरुष जिसकी बाँसुरी की धीमी आवाज पर राधा बेचैन हो जाती है।

विद्यापति के सामने कविता की दो धाराएँ थीं—एक प्राचीन मैथिली की और दूसरी उत्तरकालीन अवहट्ठ की; विद्यापति ने दोनों प्रकार की भाषाओं को मिलाकर एक नई शैली की उद्भावना की। आश्रयदाताओं की प्रशंसा के बावजूद मैथिल-कोकिल ने लोक-अनुभूति के मर्म से अपनी कविता को रचा। मिथिला का कोई पर्व-त्योहार, विवाह और अन्य लोकोत्सव मैथिल-कोकिल के गीत के बिना अधूरा माना जाता है। लोक-संवेदना में इतने गहरे स्तर तक हिंदी में किसी दूसरे कवि की पैठ नहीं मिलती। इस अर्थ में डॉ. रामविलास शर्मा ने उन्हें मध्यकालीन नवजागरण का अग्रदूत माना है।

विद्यापति के श्रृंगार वर्णन की बहुत बड़ी विशेषता है कि उन्होंने अपने श्रृंगार वर्णन को सामंती श्रृंगार के सौंदर्य के उपभोग पक्ष से अलग रखा है। उनके श्रृंगारिक मनोभाव में लोकजीवन की सहजता है। उनके काव्य में किशोर और किशोरियों के प्रेम का सहज आकर्षण है, नवयौवन की चंचलता है और भावों की ऊहापोह है। वय:संधि के प्रकरण में विद्यापति अद्वितीय हैं—

सैसव जौवन दुहु मिलि गेल
स्त्रावन क पथ दुहु लोचन लेल
निरजन उरज हेरइ कत वेरि
हंसइ जे अपन पयोधर हेरि।

नवयौवन में किन मन:स्थितियों का विकास होता है, विद्यापति ने उसका मनोवैज्ञानिक दृष्टि से अध्ययन किया था। इन मन:स्थितियों के बीच जो प्रतिक्रिया होती है उसका विशद वर्णन विद्यापति के साहित्य में मिलता है। विद्यापति के नायक

और नायिका में बेचैनी है। वे चिर-किशोर हैं। उनका मनोभाव अशांत है, उसमें भावों की तरलता है और प्रिय से मिलने की आकांक्षा है। प्रेमानुभूति, यौवन और सौंदर्य के अतिरिक्त विद्यापति में सामान्य जीवन का चित्रण भी मिलता है। इनके कई पदों में मिथिला के गरीब लोगों का चित्र सामने आता है, जो अपनी हीन वित्तीय स्थिति के कारण अपनी आवश्यकताओं की भी पूर्ति नहीं कर पाते थे। प्रोषितपतिका नायिका अपनी हीन वित्तीय स्थिति के कारण पथिक को विभिन्न भाव-भंगिमा के द्वारा अपनी ओर आकृष्ट करने की चेष्टा करती है।

मिथिला में विद्यापति ने जिस तान को छेड़ा उसका प्रभाव मिथिला में ही सीमित न होकर असम, बंगाल, उड़ीसा तक जा पहुँचा। वस्तुतः मिथिला पूर्वी संस्कृति का केंद्र था। मिथिला में नीति काव्य दर्शन की दो धाराएँ एक-साथ प्रवाहित हो रही थीं। विद्यापति का संबंध इन दोनों धाराओं से था। पूरब के लोग मिथिला में पढ़ने-लिखने और कार्य करने आते थे। जब वे अपने प्रदेश लौटते थे तो मिथिला के गीत और भजन भी लेते जाते थे। इसी तरह से विद्यापति की कविताओं का प्रसार असम, बंगाल और उड़ीसा में हुआ। मैथिल-कोकिल की लयात्मक चेतना और गीतात्मक संवेदना से संपूर्ण पूर्वी भारत आनंदित हो उठा–

नदक नंदन कदंबक तरु तरे
धीरे-धीरे मुरली बजाय
समय संकेत निकेतन वैसल
बेरि-बेरि बोलि पठाव।

काव्य-शैली को रोचक एवं प्रभावशाली बनाने के लिए विद्यापति ने परंपरागत उपमानों एवं अलंकारों का प्रयोग किया है। इनके अधिकांश उपमान परंपरागत हैं, किंतु उनका प्रयोग बड़ी कुशलता से किया गया है। इनके उपमानों में भ्रमर, मालती, कनकलता, वल्लरी, सर्पिणी, कौआ, कोकिल आदि प्राकृतिक उपादानों का प्रयोग विशेष रूप से मिलता है।

मैथिली-गीत-परंपरा का क्षेत्र मिथिला तक ही सीमित नहीं रहा। चौदहवीं शताब्दी में मिथिला विद्या का केंद्र था तथा बंगाल, उड़ीसा आदि अन्य प्रांतों के विद्यार्थी यहाँ विद्याध्ययन करने के लिये आते थे जिससे उनके द्वारा इन गीतों का प्रचार समीपवर्ती प्रांतों में भी हो गया। बंगाल के प्रसिद्ध कवि चंडीदास ने विद्यापति की ही शैली का अनुगमन करते हुए 'कृष्ण कीर्तन काव्य' लिखा। दूसरी ओर चैतन्य देव के द्वारा विद्यापति के पदों का प्रचार समस्त उत्तर-पूर्वी भारत में हो गया। चैतन्य देव के कुछ अनुयायी ब्रज-प्रदेश में भी रहने लग गए जिनसे विद्यापति की परंपरा ब्रजभाषा में पहुँची। पुष्टि मार्ग के तथा अन्य कृष्ण-भक्त कवियों ने विद्यापति की परंपरा में भक्ति-रस का मिश्रण करके उसे नया जीवन, नयी शक्ति प्रदान की है।

विद्यापति के बाद कई कवियों ने मैथिली भाषा में गीति-रचना करके उनकी परंपरा को आगे बढ़ाया है। इन कवियों में गज सिंह चंद्रकला, दशावधान ठाकुर, कविशेर, भीष्म कवि, लोचन, गोविंददास, भूपतींद्र, भंजन इत्यादि का नाम उल्लेखनीय है। उनका जीवन-काल सोलहवीं-सत्रहवीं शती के मध्य पड़ता है। इनके अनंतर भी यह परंपरा उन्नीसवीं शती के अंत तक प्रचलित रही है। डॉ. जयकांत मिश्र

ने अपने शोध-प्रबंध 'हिस्ट्री ऑफ मैथिली लिट्रेचर' में इस परंपरा के कवियों का परिचय प्रस्तुत किया है जिससे इसकी महत्ता का बोध होता है। इन कवियों की रचनाएँ राग-तरंगिनी, शृंगार भजन, गीतावली, भाषा गीत आदि में संकलित हैं। सूरदास और अनेक रीतिकालीन कवियों पर विद्यापति का गहरा असर है।

विद्यापति के पद इस दृष्टि का प्रमाण हैं कि काव्य विषय भाषा और रूप को निर्धारित करते हैं। वस्तु के अनुरूप ही विद्यापति बिंब और उपमानों की ऐसी संपन्न भाषा शैली विकसित की है जिसमें सघन संगीत है। ऐसा संगीत जिसमें हर शब्द, हर अक्षर और यहाँ तक कि शब्द-अंतराल की गूँज भी देर तक मीठी धुन की तरह सुनाई पड़ती है। वस्तुतः आदिकालीन कविता विद्यापति सरीखे कवियों के कारण ही उत्कृष्ट बन पड़ी है। इस कवि ने अपने बाद आने वाले भक्त कवियों और उनके बाद आने वाले रीति कवियों को एक साथ प्रभावित किया है। इस संदर्भ में विद्यापति जैसे दूसरे कवि बहुत कम हैं। उनके यहाँ राधा की वंदना, सौंदर्य का नख-शिख-वर्णन और राधा-कृष्ण का प्रेम; ऐसे विषय हैं जिसका बाहरी साँचा भक्ति का है पर अंतर्वस्तु शृंगारिक है।

5. अमीर खुसरो
(लौकिक काव्य)

रैन भई चहुँ देस

हिंदी कविता को उसके शुरुआती दौर में ही कुछ अत्यंत प्रभावशाली कवि मिल गए। उनमें अमीर खुसरो अत्यंत महत्त्वपूर्ण रचनाकार हैं। आदिकालीन प्राचीन कविता का यह कवि अपनी बहुआयामी क्षमताओं के चलते अपने समकालीन और परवर्ती काव्य को प्रभावित करता रहा है।

'सुल्तानी', 'तुर्क' इत्यादि उपनाम वाले 'अबुलहसन अमीनुद्दीन' को 'अमीर तृतीय', 'तूती-ए-हिंदी' इत्यादि पदवियाँ बादशाहों ने दी थीं लेकिन जनता उन्हें 'खुसरो' के नाम से जानती रही और यह खुद को हिंदी का कवि कहते रहे। आचार्य शुक्ल के अनुसार पृथ्वीराज की मृत्यु (संवत् 1249) के 90 वर्ष पीछे खुसरो ने संवत् 1340 के आसपास रचना आरंभ की। उन्होंने गयासुद्दीन बलबन से लेकर अलाउद्दीन और कुतुबुद्दीन मुबारकशाह तक कई पठान बादशाहों का जमाना देखा था। अमीर खुसरो फारसी के बहुत अच्छे ग्रंथकार और अपने समय के नामी कवि थे। उनकी मृत्यु संवत् 1389 में हुई। वे बड़े ही विनोदी, मिलनसार और सहृदय थे, इसी से जनता की सब बातों में पूरा योग देना चाहते थे। जिस ढंग के दोहे, तुकबंदियाँ और पहेलियाँ आदि साधारण जनता की बोलचाल में उन्हें प्रचलित मिलीं उसी ढंग के पद्य, पहेलियाँ आदि कहने की उत्कंठा इन्हें भी हुई। उनकी पहेलियाँ और मुकरियाँ प्रसिद्ध हैं। उनमें उक्तिवैचित्र्य की प्रधानता थी, यद्यपि कुछ रसीले गीत और दोहे भी अमीर खुसरो ने कहे हैं। अमीर खुसरो के पिता अमीर सैफुद्दीन मोहम्मद तुर्किस्तान के 'लाचीनी' कबीले के मुखिया थे। वह 13वीं सदी में भारत आए। उन्होंने हिंदू मूल की स्त्री से विवाह किया। इससे यह हुआ कि अमीर खुसरो को घर पर ही ऐसा वातावरण मिल गया जिसमें कोई धार्मिक कट्टरपन नहीं था। दस वर्ष की उम्र में काव्य रचना शुरू करने वाले इस कवि को जब हजरत निजामुद्दीन औलिया जैसा गुरु मिला तो उनके उदात्त पारिवारिक संस्कार ज्यादा उदार हो गए और उनमें सूफियाना मूल्यों का प्रवेश हो गया। कुछ लोग अमीर खुसरो का जन्म स्थान दिल्ली मानते हैं, जबकि कवि के संकेतों से उनका जन्म स्थान पटियाली (ऐटा) उ.प्र. में होना सिद्ध होता है।

जन्मजात रचनाकार अमीर खुसरो आशु कवि थे। इसके अतिरिक्त वह इतिहासकार, शब्दकोष-निर्माता, ज्योतिषी, कुशल दरबारी, वीर योद्धा, उच्च श्रेणी

के सूफी दार्शनिक, संगीतज्ञ और अनेक संगीत रागों के आविष्कारक थे। तत्कालीन सुल्तानों का इतिहास भी अमीर खुसरो के साहित्य में सुरक्षित है। उनका फारसी भाषा में निबद्ध मनसवी 'खिज्रनामा' इस दिशा में अत्यंत विश्वसनीय तथा महत्त्वपूर्ण है। इसमें खुसरो ने अपने समय की उन ऐतिहासिक घटनाओं का समावेश किया है, जो कि अन्य समसामयिक इतिहास-ग्रंथों में नहीं मिलती हैं। उनके ग्रंथों के ऐतिहासिक हवाले अपेक्षाकृत अधिक विश्वसनीय हैं क्योंकि वे केवल समसामयिक ही नहीं थे, बल्कि उन घटनाओं के स्वरूप-निर्माण में उनका निजी योगदान भी रहा है। उन्होंने केवल ऐतिहासिक घटनाओं का परंपरागत ब्यौरा मात्र ही प्रस्तुत नहीं किया है बल्कि तत्कालीन सांस्कृतिक परिस्थितियों का भी सजीव अंकन किया है।

खुसरो प्रसिद्ध गवैये भी थे। ध्रुवपद के स्थान पर कौल या कव्वाली (काव्यावलि) बनाकर इन्होंने बहुत से नए राग निकाले थे, जो अब तक प्रचलित हैं। कहा जाता है कि बीन को घटाकर इन्होंने सितार बनाया था। संगीतज्ञ होने के नाते उनके साहित्य में संगीतात्मकता की मात्रा भी दृष्टिगोचर होती है। उन्हें आजीवन हिंदी कवि होने का गर्व था।

आदिकाल की विचारणीय सामग्री के रूप में एक महत्त्वपूर्ण तत्त्व है अमीर खुसरो के हिंदी कृतित्व का। पर यह सामग्री भाषा और संवेदना की दृष्टि से जितनी महत्त्वपूर्ण है पाठ की प्रामाणिकता की दृष्टि उतनी ही संदिग्ध। अमीर खुसरो ने शिष्ट काव्य-रचना फ़ारसी में की जो अपने प्रामाणिक रूप में सुलभ है। तब नवोदित, हिंदवी में लोक शैली की रचना है, इसीलिए उसका कोई व्यवस्थित और स्थिर रूप प्राप्त नहीं होता।

खुसरो के समय उत्तर भारत में संगीत और साहित्य की भाषा ब्रज थी, सो उन्होंने ब्रजभाषा में गीतों और कव्वालियों की रचना की, जो संगीत परंपरा में पीढ़ी-दर-पीढ़ी प्रचलित और सुरक्षित हैं। दिल्ली-मेरठ की चलती खड़ी-बोली में उन्होंने लोक-रंजन के लिए कुछ दोहे, मुकरियाँ और पहेलियाँ कहीं जो मौखिक रूप में लोक-रुचि के अनुसार बदलती, घटती-बढ़ती चली आई हैं। पर शिष्ट काव्य की रचना उन्होंने दरबार की भाषा फ़ारसी में ही की, जिससे कई राज्य-कालों में वे बराबर जुड़े रहे, और यह साहित्य पूरे व्यवस्थित रूप में सुरक्षित और संरक्षित है। यों, खड़ी बोली क्षेत्र में उस समय क्या घटित हो रहा था, इस जिज्ञासा का एक संक्षिप्त उत्तर खुसरो के बहुरूपी कृतित्व से मिल जाता है।

यह उनका ऐतिहासिक योगदान है कि उन्होंने प्राचीन दौर में ही सबसे पहले संस्कृत, फारसी या दूसरी शास्त्रीय भाषाओं की अपेक्षा जन-भाषा खड़ी-बोली में कविता लिखी। खुसरो की खड़ी-बोली में लिखी पहेलियाँ, दोहे और गीत देखिए :

एक थाल मोती से भरा। सबके सिर पर औंधा धरा।।
चारों ओर वह थाली फिरे। मोती उससे एक न गिरे।।

(आकाश)

एक नार ने अचरज किया। साँप मारि पिंजड़े में दिया।।
जों-जों साँप ताल को खाए। सूखे ताल साँप मर जाए।।

(दिया-बत्ती)

एक नार दो को ले बैठी। टेढ़ी होके बिल में पैठी॥
जिसके बैठे उसे सुहाय। खुसरो उसके बल-बल जाय॥

(पायजामा)

अरथ जो इसका बूझेगा। मुँह देखा तो सूझेगा॥

(दर्पण)

ऊपर प्रस्तुत काव्य-पंक्तियों में खड़ी-बोली का कितना निखरा हुआ रूप है। अब इनके स्थान पर शिष्ट ब्रजभाषा और परिष्कृत के रूप देखिए–

चूक भई कुछ वासों ऐसी। देस छोड़ भयो परदेसी॥

× × ×

एक नार पिया को भानी। तन वाको सगरा ज्यों पानी॥

× × ×

चाम मास वाके नहिं नेक। हाड़-हाड़ में वाके छेद॥
मोहिं अचंभो आवत ऐसे। वामें जीव बसत है कैसे॥

नीचे के दोहे और गीत बिलकुल ब्रजभाषा अर्थात् मुख प्रचलित काव्यभाषा में देखिए–

उज्जल बरन, अधीन तन, एक चित्त दो ध्यान।
देख में तो साधु है, निपट पाप की खान।
खुसरो रैन सुहाग की, जागी पी के संग।
तन मेरो मन पीउ को, दोउ भए एक रंग।
गोरी सोवै सेज पर, मुख पर डारै केस।
चल खुसरो घर आपने, रैन भई चहुँ देस।

लौकिक और शास्त्रीय ब्रजभाषा का चित्रण–

मोरा जोबना नवेलरा भयो है गुलाल। कैसे गर दीनी कस मोरी माल॥
सूनी सेज डरावन लागै, बिरहा अगिन मोहि डस-डस जाय।

ब्रजभाषा में रेखता की उपस्थिति–

हजरत निजामदीन चिश्ती जरज़री बख्श पीर।
जोइ-जोइ ध्यावैं तेइ-तेइ फल पावैं,
मेरे मन की मुराद भर दीजै अमीर॥

ब्रजभाषा तथा फारसी का गठबंधन–

जे हाल मिसकी मकुन तागफुल दुराय नैना, बनाय बतियाँ।
कि ताबे हिजाँ न दारम, ऐ जाँ! न लेहु काहें लगाय छतियाँ।
शबाने हिजाँ दराज चूँ जुल्फ व रोजे वसलत चूँ उम्र कीतह।
सखी! पिया को जो मैं न देखूँ तो कैसे काटूँ अँधेरी रतियाँ!॥

अमीर खुसरो ने भाषा संबंधी एकता का आदर्श उपस्थित किया है। आचार्य श्यामसुंदर दास का कहना है कि खुसरो के पूर्ववर्ती साहित्य में राजकीय मनोवृत्ति है उसे जन-साहित्य नहीं कहा जा सकता किंतु हम इनकी कविता में युग-प्रवर्त्तक का आभास पाते हैं। इनके साहित्य से भाषाशास्त्र में प्रचलित एक मजेदार भ्रम का निवारण हो जाता है, वह यह कि हिंदी का जन्म उर्दू से नहीं हुआ बल्कि उर्दू तो

हिंदी की एक शैली मात्र है, इसलिए इनके साहित्य का भाषा-विज्ञान की दृष्टि से भी अत्यंत महत्त्व है।

आचार्य शुक्ल के अनुसार यहाँ इस बात की ओर ध्यान दिला देना आवश्यक प्रतीत होता है कि 'काव्यभाषा' का ढाँचा अधिकतर शौरसेनी या पुरानी ब्रजभाषा का ही बहुत काल से चला आता था। इसलिए जिन पश्चिमी प्रदेशों की बोलचाल खड़ी होती थी, उनमें भी जनता के बीच प्रचलित पद्यों, तुकबंदियों आदि की भाषा ब्रजभाषा की ओर झुकी हुई रहती थी। अब भी यह बात पाई जाती है। इसी से खुसरो की हिंदी रचनाओं में भी दो प्रकार की भाषा पाई जाती है। ठेठ खड़ी बोलचाल, पहेलियों, मुकरियों और दो सखुनों में ही मिलती है—यद्यपि उनमें भी कहीं-कहीं ब्रजभाषा की झलक है। पर गीतों और दोहों की भाषा ब्रज या मुख-प्रचलित काव्यभाषा ही है।

अमीर खुसरो के काव्य में उक्ति-वैचित्र्य की प्रधानता है। आचार्य शुक्ल इनके साहित्य तथा भाषा के संबंध में लिखते हैं—"खुसरो के समय में बोलचाल की स्वाभाविक भाषा घिसकर बहुत-कुछ उसी रूप में आ गई थी जिस रूप में खुसरो में मिलती है। कबीर की अपेक्षा खुसरो का ध्यान बोलचाल की भाषा की ओर अधिक रहा है। खुसरो का लक्ष्य जनता का मनोरंजन था, पर कबीर धर्मोपदेशक थे, अतः बानी पोथियों की भाषा का सहारा कुछ न कुछ खुसरो की अपेक्षा अधिक लिए हुए है।" स्पष्ट है कि भाषा के नज़रिए से खुसरो ने नई ज़मीन तोड़ी है।

खुसरो के व्यक्तित्व और कृतित्व की विशेषता हिंदी के सेकुलर चरित्र की विशेषताएँ हैं। खुसरो के कृतित्व से एक और महत्त्वपूर्ण तथ्य उजागर होता है कि हिंदी का चरित्र एकदम आरंभ से ही असांप्रदायिक रहा है। डॉ. रामस्वरूप चतुर्वेदी के अनुसार वह सामासिक संस्कृति की सच्ची रचना है। हिंदू-मुसलमानों का जहाँ सीधा द्वंद्व हिंदी कवि ने चित्रित किया है वहाँ भी वह वीरों का युद्ध है, किसी एक पक्ष के प्रति घृणा या द्वेष उत्पन्न करने का प्रसंग नहीं, चाहे वह चंदबरदाईकृत 'पृथ्वीराज रासउ' हो या कि मलिक मुहम्मद जायसी द्वारा रचित 'पद्मावत'। खुसरो के यहाँ तो साहित्य और संगीत की जरूरतें एक-दूसरे में घुल-मिल गई हैं। अरस्तु ने संगीत को समाज के लिए उपादेय माना है क्योंकि वह धार्मिक उत्तेजनाओं को शमित करता है, और कविता को वह वांछनीय मानता है क्योंकि उसकी दृष्टि में कविता वासनाओं को परिष्कृत करती है। खुसरो ने दोनों को मिला दिया है—साहित्य को और संगीत को, और इसीलिए हिंदू और तुरक को। यह दृष्टि हिंदी की सिद्धों-नाथों से आरंभ हुई। ब्रजभाषा और फारसी के बीच में दिल्ली-मेरठ की खड़ी बोली का प्रयोग अमीर खुसरो कर रहे हैं। उन्होंने दो विपरीत प्रकार के धर्मों और इस्लाम के समन्वय का विराट् प्रयत्न किया। भाषिक और सांस्कृतिक समन्वय की प्रवृत्ति खुसरो की हिंदी कविता में अपेक्षाकृत कम मिलती है। उनके फारसी काव्य में यह प्रभूत परिमाण में सुलभ है।

अमीर खुसरो दरबार के फारसी पांडित्य से अलग लोकभाषा में जनता की अनुभूति को अभिव्यक्त करते हैं। उन्होंने जनता की भाषा को अपना बनाया था, इसलिए जनता भी उन्हें आज तक नहीं भूली है। मध्यदेश की भाषा खड़ी बोली

और ब्रजभाषा के विकास को समझने में खुसरो की रचनाओं से काफी मदद मिलती है। मध्यदेश के जनमानस में प्रचलित भाषा और जनता की सोच-समझ को जानने के लिए आदिकालीन हिंदी साहित्य में खुसरो का महत्त्व अतुलनीय है। विषय, भाव और भाषा इत्यादि धरातलों पर खुसरो का नजरिया गैर सांप्रदायिक और गंगा-जमुनी भारतीय संस्कृति का उदाहरण बनता है। खुसरो की कविता में हँसी-मजाक, मनोरंजन का पहलू है लेकिन उनका काव्य प्रयोजनहीन नहीं है। उनके काव्य में प्राप्त असांप्रदायिक भावना हमारे लिए महत्त्वपूर्ण उपलब्धि है। इस दृष्टि से हिंदू-मुस्लिम एकता के वे हिंदुस्तानी-मुसलमानों में पहले कवि हैं। अपनी मसनवी 'नुहे सिपह' में उन्होंने भारत की जो प्रशंसा लिखी है, वह इस बात का प्रमाण है कि खुसरो सच्चे मन से, अपने को भारतीय मानते थे। मुसलमान भारत के प्रति अपनी भक्ति करें, यह बात शायद उस समय भी मुस्लिम समाज में अच्छी नहीं समझी जाती। काव्यभाषा के रूप में खड़ी-बोली का चयन उनकी असांप्रदायिकता का प्रमाण है। इसकी ओर संकेत करते हुए रामधारीसिंह 'दिनकर' लिखते हैं-"दिल्ली के आस-पास प्रचलित खड़ी बोली में साहित्य-सृजन का काम, सबसे पहले खुसरो ने ही आरंभ किया था। उस समय मुसलमान अपनी कविताएँ फारसी में लिखते थे और हिंदू अपना साहित्य डिंगल अथवा अपभ्रंश भाषाओं में। हिंदू और मुसलमान दोनों ही यह जानते थे कि जनता की भाषा न तो अपभ्रंश थी, न फारसी, किंतु दोनों ही जातियों के कवि उन्हीं भाषा पर आसक्त थे, जिन्हें जनता नहीं समझती थी। अमीर खुसरो ने प्रचलित जनभाषा में रचना करके हिंदी और उर्दू के भविष्य की राह खोल दी। अतएव, वे खड़ी-बोली हिंदी और उर्दू दोनों ही भाषाओं के पिता हुए हैं।" दिनकर की यह पंक्तियाँ बताती हैं कि कवि खुसरो को संस्कृत, अरबी, फारसी, तुर्की इत्यादि का ज्ञान था। लेकिन वह जन और जमीन से जुड़े थे। उन्होंने जनता की भाषा में लिखना तय किया तो इससे यह पता चलता है कि उन्हें अपने समय और समाज का गहरा ज्ञान था।

कई आलोचक खुसरो के व्यक्तित्व में विरोधाभास देखते हैं। खुसरो खड़ी बोली हिंदी के प्रथम कवि माने जाते हैं, यद्यपि खड़ी-बोली का प्रभाव अपभ्रंश की कविताओं पर भी है। पर, जैसाकि प्रचलित विश्वास है कि खुसरो ने खड़ी बोली में पर्याप्त रचनाएँ कीं किंतु उनमें से अधिकांश नष्ट हो गईं। जो रचनाएँ उनके नाम पर उद्धृत की जाती हैं वे सर्वथा संदिग्ध हैं। लेकिन भारत की जमीन को इतना प्यार करनेवाले संवेदनशील कवि ने जनता की बोली को अवश्य अपनाया होगा। वे फारसी के श्रेष्ठ कवि थे। उनका खुद का दावा था कि वे फारसी कवि जामी के समकक्ष थे। डॉ. बच्चन सिंह के अनुसार वे ईरान और भारत के फारसी में लिखनेवाले चोटी के कवियों में एक थे। पर खुसरो में अनेक अंतर्विरोध थे। एक ओर वे मलिक छज्जू जलालुद्दीन, अलाउद्दीन खिलजी, तुगलक आदि के राजकवि थे तो दूसरी ओर सूफी फकीर निजामुद्दीन औलिया के पट्ट शिष्य। एक ओर दरबार था तो दूसरी ओर मठ। एक ओर वे कट्टर बादशाहों और मुल्लाओं से घिरे थे तो दूसरी ओर सूफी फकीरों से। एक ओर वे फारसी में लिखते थे तो दूसरी ओर खड़ी बोली में। एक ओर अलाउद्दीन की कट्टरता की अतिशयोक्तिपूर्ण प्रशंसा करते थे तो

दूसरी ओर सूफी फलसफे के प्रकाश में वीरानगी के सुल्तान पर मरसिया पढ़ते थे–**'मुल्के-दिल कर दी खराव तीरे-नाज़ / ब-दरीं वीरान सुलतानी हनोज।'** अर्थात् "तूने हृदय के देश को अपनी नाज़ की तलवार से उजाड़ डाला, अब इस वीराने में सुल्तान बनकर बैठा है!" दरबार और मठ में तालमेल बैठाने के सिवा खुसरो के सामने अन्य विकल्प न था। ऐतिहासिक साक्ष्य से उनकी धार्मिक कट्टरता सिद्ध है। पर देशभाषा और देश के प्रति उनका प्रेम स्मरणीय रहेगा।

खुसरो की फारसी रचनाएँ तो सुरक्षित हो गईं क्योंकि उस समय मुसलमानों में अरबी-फारसी का बोलबाला था तो हिंदुओं में संस्कृत का। ऐसी स्थिति में दिल्ली-मेरठ की आम जनता की बोली में लिखी जानेवाली कविताओं पर कौन ध्यान देता? कुछ लोगों का कहना है कि स्वयं खुसरो की दृष्टि में खड़ी बोली की रचनाओं का महत्त्व नहीं था। उन्होंने खड़ी बोली में जो कुछ लिखा, उसे मित्रों में बाँट दिया। उनका कहना है–**'जुज्वे चंद नज़्मे हिंदवी नस्ते दोस्तां कर्रा शुद।'**

इससे इतना तो स्पष्ट है कि उन्होंने हिंदी में कविताएँ लिखी थीं। उन्हें 'हिंदवी' पर गर्व था–**'चु मन तुतिए-हिंदम, अर रास्त पुर्सी / जे मन हिंदुई पुर्स, ता नाज गोयम।'** अर्थात् "मैं हिंदुस्तान की तूती हूँ, अगर तुम वास्तव में मुझसे कुछ पूछना चाहते हो तो हिंदवी में पूछो जिससे कि मैं कुछ अद्‌भुत बातें बता सकूँ।"

जीवन तथ्यों को उजागर करने वाले खुसरो के बारे में डॉ. रामकुमार वर्मा इनके काव्य का विवेचन करते हुए लिखते हैं–"उसमें न तो हृदय की परिस्थितियों का चित्रण है और न कोई संदेश ही। वह केवल मनोरंजन की सामग्री है। जीवन की गंभीरता से ऊबकर कोई भी व्यक्ति उससे विनोद पा सकता है। पहेलियों, मुकरियों और सुखनों के द्वारा उन्होंने कौतूहल और विनोद की सृष्टि की है। कहीं-कहीं तो उस विनोद में अश्लीलता भी आ गई है। उन्होंने दरबारी वातावरण में रहकर चलती हुई बोली से हास्य की सृष्टि करते हुए हमारे हृदय को प्रसन्न करने की चेष्टा की है। खुसरो की कविता का उद्देश्य यहीं समाप्त हो जाता है।" आगे चलकर डॉ. वर्मा इनके संबंध में लिखते हैं–"चारणकालीन रक्तरंजित इतिहास में जब पश्चिम के चारणों की डिंगल कविता उद्धत स्वरों में गूँज रही थी और उसकी प्रतिध्वनि और भी उग्र थी, पूर्व में गोरखनाथ की गंभीर धार्मिक प्रवृत्ति आत्मशासन की शिक्षा दे रही थी, उस काल में अमीर खुसरो की विनोदपूर्ण प्रकृति हिंदी साहित्य के इतिहास की एक महान् निधि है। मनोरंजन और रसिक का अवतार यह कवि अमीर खुसरो अपनी मौलिकता सदैव स्मरणीय रहेगा।"

दार्शनिक क्षेत्र में निजामुद्दीन औलिया उनके गुरु थे, तो काव्य क्षेत्र में 'सादी', अनबरी, सनही, कमाल इत्यादि शायर और उनकी रचनाएँ उन्हें दिशा दिखाने वाले प्रेरक सहसूत्र थे। दरबारी कवि होने के बावजूद उन्होंने बादशाहों को प्रसन्न करने के लिए कविता नहीं लिखी। हालाँकि वह सैनिक, सलाहकार और संगीतकार के रूप में ग्यारह सुल्तानों की सल्तनत से जुड़े रहे। उन्होंने अनेक काव्य रूप-गीत, पहेलियाँ, मुकरियाँ, दो सुखने, अनमेरियाँ, निस्बह, दोहा, गजल और गद्य इत्यादि प्रस्तावित किए। उनकी फारसी और हिंदी में लगभग सौ पुस्तकें मानी जाती हैं, हालाँकि अब तक उनका सारा साहित्य उपलब्ध नहीं हो सका है। हिंदी में गद्य

रचनाएँ आरंभ करने वाला यह रचनाकार 'खालिकबारी' जैसा हिंदी-फारसी का शब्दकोश काव्य शिल्प में लिखने में सक्षम था तो जनसामान्य के लिए 'ऋतुगीत' और पारिवारिक आयोजनों में गाए जाने वाले गीत लिखने के साथ-साथ स्वप्न में कृष्ण के दिखने पर 'हालात-ए-कन्हैया' जैसी कृष्ण स्तुति भी हिंदी में लिख सकता था।

जब हम इस महान कवि के योगदान को रेखांकित करते हैं तो हमें उनके साहित्य में कवि का समय और समाज, धर्म और संस्कृति, राजनीति इत्यादि का मिश्रण दिखाई देता है। इनमें तीव्र मानवीय हलचल और हृदय-स्पर्शी भाषा-शिल्प मिलता है। खुसरो ने साधारण दिखने वाले कीट-पतंगों, निर्जीव वस्तुओं, कारीगरों से लेकर भगवान और खुदा सबको काव्य विषय बनाया है। उनके यहाँ भारतीय पर्वों की उत्सवधर्मिता दिखाई देती है। वह मनोरंजन करने के साथ-साथ शिक्षा भी देती है।

उनकी चर्चित हिंदी गजल–

जब यार देखा नैन भर दिल की गई चिंता उतर,
ऐसा नहीं कोई अजब, राखे उसे समझाय कर।
जब आँख से ओझल भया, तड़पन लगा मेरा जिया,
हक्का इलाही क्या किया आँसू चले भर लाय कर।
तूँ तो हमारा यार है, तुझ पर हमारा प्यार है,
तुझ दोस्ती विसियार है, एक शब मिलो तुम आय कर।
जाना तलब मेरी करूँ, दीगर तलब किसकी करूँ,
तेरी जो चिंता दिल धरूँ, एक दिन मिलो तुम आय कर।
मेरो जो मन तुमने लिया, तुम उठा ग़म को दिया,
तुमने मुझे ऐसा किया, जैसा पतंगा आग पर।
'खुसरो' कहे बातें गज़ब, दिल में न लावे कुछ अजब,
कुदरत खुदा की है अजब, जब जिव दिया गुल लाय कर।

इस गजल में बाहरी ढाँचा परंपरागत विरह गजल का है। लेकिन बारीकी से देखा जाए तो इसमें आत्मा और परमात्मा के बिछोह का चित्रण है। सूफियाना रंगत में रँगी यह रचना आत्मा की बेचैनी को उस ऊँचाई तक पहुँचा देती है जहाँ तक आगे चलकर हिंदी के संत कवियों और सूफी कवियों की रचना ही पहुँच सकी है। इस रचना में विशेष बात यह है कि अमीर खुसरो ने पुरानी काव्य रूढ़ियों को नया बना दिया है जैसे उन्होंने 'शमा' और 'पतंगा' के रूपक को नया अर्थ दे दिया है।

इसी प्रकार विदा गीत–**'काहै को ब्याहि विदेश रे, लखि बाबुल मोरो'** में अमीर खुसरो ने भारतीय समाज में एक स्त्री की पीड़ा को आध्यात्मिक ऊँचाइयों पर पहुँचा दिया है। आज स्त्री विमर्शकार आदमी और औरत के जिस लैंगिक भेदभाव का विरोध करते हैं अमीर खुसरो ने पुराने समय में ही उसे मार्मिक शैली में कह दिया था–

भइया के दी है बाबुल महला-दुमहला,
हम को दी है परदेस, लखि बाबुल मोरे।
मैं तो बाबुल तोरे पिंजड़े की चिड़िया
रात बसे उड़ि जाऊं, लखि बाबुल मोरे।

ताक भरी मैंने गुड़िया जो छोड़ी,
छोड़ा दादा मियां का देस, लखि बाबुल मोरे।
प्यार भरी मैंने अम्मा जो छोड़ी
छोड़ी दादा जी की गोद, लखि बाबुल मोरे।
कोठे तले से पलकिया जो निकली
बिरना ने खाई पछाड़, लखि बाबुल मोरे।
परदा उठाके जो देखी,
आए बेगाने देस, लखि बाबुल मोरे।

अपने परिजनों से दूर होती स्त्री खुद को अपने पिता के बागों की कोयल, खेतों की चिड़िया, और यहाँ तक कि खूंटे से बँधी गाय कहती है, अर्थात् यह समाज का निर्मम नियम है कि एक पुरुष उसे दूसरे पुरुष के हाथों में बेजुबान पशु की तरह सौंप देता है जबकि वह स्त्री अपने पिता और भाइयों से महल या संपत्ति की कामना नहीं रखती, वह अपने परिजनों और सखियों की निकटता मात्र चाहती है। अमीर खुसरो ने अपनी एक बहुचर्चित कव्वाली–'**छाप तिलक तज दीनि रे, तोसे नैन मिलाइ के।**' में अपने उसी हुनर का प्रदर्शन किया है जिसके लिए वे आजतक जाने जाते हैं यहाँ उन्होंने गुरु के संकेत पर खुदा से मिलने के लिए सारे सांसारिक प्रलोभन छोड़ने की बात की है–

छाप-तिलक तज दीन्ही रे, तोसे नैना मिला के।
(1) **प्रेम बटी का मदवा पिलाके**
मतवारी कर दीन्ही रे, मो से नैना मिला के।
'खुसरो' निज़ाम पै बलि-बलि जइए,
मोहे सुहागन कीन्ही रे, मोसे नैना मिला के।
निज़ाम तोरी सूरत पे बलिहारी

(2) **सब सखियन में चुन्दर मेरी मैली**
देख हंसे नर-नारी।
अब के बहार चुंदर मोरी रंग दे
निज़ाम पिया रख ले लाज हमारी।

यहाँ आत्मा को उन्होंने स्त्री रूप में चित्रित किया है। इस कव्वाली में अमीर खुसरो अपने गुरु के अतिरिक्त कुतुब और फरीद जैसे प्राचीन कवियों को भी याद करते हैं। इतना ही नहीं उन्होंने शंकर भगवान को भी यहाँ याद किया है। लौकिक प्रेम-कविता का आभास देनेवाली इस रचना के गहरे आध्यात्मिक अभिप्राय हैं।

खुसरो के **दोहे** केवल दो पंक्तियों और कम शब्दों में ही देश और दुनिया, आत्मा और परमात्मा के अर्थ और आपसी संबंधों को उजागर कर देते हैं। '**गौरी सोवे सेज पर मुख पर डारे केस, चल खुसरो घर आपने रैन भई चहुँ देस॥**'–यह दोहा अमीर खुसरो ने अपने गुरु निजामुद्दीन औलिया की मृत्यु पर लिखा था। परमात्मा से आत्मा के विछोह से जीव जिस दीन-हीन स्थिति में खुद को पाता है उसे खुसरो '**देख मैं अपने हाल को रोऊँ, जार-ओ-जार / वै गुनवन्ता बहुत है, हम हैं**

औगुन हार।' में व्यस्त करते हैं। यहाँ आध्यात्मिक गुरु और ईश्वर समकक्ष हैं। गुणों के अनंत भंडार। चकवा-चकवी के रूढ़ प्रतीकों के माध्यम से अमीर खुसरो ईश्वर और जीव के संबंधों के निहितार्थ स्पष्ट करते हैं। प्रेम की नदी में डूबकर ही उबरा जा सकता है। **'खुसरो दरिया प्रेम का, सो उल्टी वाकी धार / जो उबरा सो डूब गया, जो डूबा हुआ पार।'** दोहे में खुसरो लौकिक प्रेम को अलौकिक अर्थ देते हैं। **'खुसरो पाती प्रेम की, बिरला बांचे कोय / वेद कुरआन पोथी पढ़े, प्रेम बिना का होय।'** वेद और कुरआन पढ़ने मात्र से कुछ नहीं होगा जब तक प्रेम की पाती न पढ़ी जाए। इस दिव्य प्रेम को बाँचने वाला अनूठा ही होता है।

यह कवि बार-बार कहता रहा... **'बहुत कठिन है डगर पनघट की'** यह कहकर वह अपने समय के अस्त-व्यस्त शासकों के बारे में भी बता रहा है। 'पनघट की डगर' केवल मोक्ष तक ही नहीं जाती बल्कि इस तीखे सच को भी व्यक्त करती है कि जीवन के असमतल पनघट तक डगमग कदमों तक जाने वाली सामान्य जनता बदहाल राजनीतिज्ञ और सत्ता से भी परेशान रहती है। अपने दोहों में अमीर खुसरो जहाँ सूफियों की करुणा व्यक्त करते रहते हैं, वहीं संत कवियों की तरह उन्होंने जीव की पीड़ा और दुनिया में उसके संघर्ष को व्यक्त किया है। यह बड़ा कवि भाषा और शिल्प के क्षेत्र में भी बड़ा कार्य कर गया है। सभी प्रकार की सांप्रदायिक संकुचित सीमाओं को तोड़कर अमीर खुसरो ने लोक प्रचलित काव्य रूपों का साहित्य में स्थान सुनिश्चित किया और जनता के मानस में व्याप्त उसके दुख-सुख की भाषा का कविता में प्रवेश कराया।

भक्तिकाल (पूर्वमध्यकाल)

6. कबीरदास
(निर्गुण संत कवि)

तजे मान अभिमाना

कबीर मध्यकालीन काव्य की निर्गुण धारा की ज्ञानाश्रयी शाखा के शिखर कवि हैं। आचार्य शुक्ल के अनुसार उनका जन्म काल जेठ सुदी पूर्णिमा, सोमवार, विक्रम संवत् 1436 माना जाता है। काशी में जन्मे और मगहर में संवत् 1575 को देह त्यागने वाले कबीर की वाणी का संग्रह 'बीजक' नाम से प्रसिद्ध है। जिसके तीन भाग किए गए हैं–रमैनी, सबद और साखी। इसमें वेदांततत्त्व, हिंदू-मुसलमानों को फटकार, संसार की अनित्यता, हृदय की शुद्धि, प्रेमसाधना की कठिनता, माया की प्रबलता, मूर्ति पूजा, तीर्थाटन आदि की असारता, हज, नमाज, व्रत, आराधना की गौणता इत्यादि अनेक प्रसंग हैं। सांप्रदायिक शिक्षा और सिद्धांत के उपदेश साखी के भीतर हैं जो दोहों में हैं। इसकी भाषा सधुक्कड़ी अर्थात् राजस्थानी, पंजाबी मिली खड़ी बोली है, पर रमैनी और सबद में गाने के पद हैं जिनमें काव्य की ब्रजभाषा और कहीं-कहीं पूरबी बोली का भी व्यवहार है। आचार्य शुक्ल की यह पंक्तियाँ कबीर की काव्य कला को स्पष्ट कर देती है–

''संत कवि कबीर सामान्य जन समाज के भीतर से परंपरा से प्राप्त विचार और अपनी सूक्ष्म अंतर्दृष्टि के आधार पर मनुष्य के मन में मनुष्य मात्र के अस्तित्व बोध की भावना जागृत करने में सक्षम हैं। कबीर अपने साधारण से जीवन में भी असाधारण संकल्प शक्ति के कारण युग-प्रतिनिधित्व कर सके हैं। कबीर अपने युग की परिस्थितियों और समस्याओं से भली-भाँति परिचित थे। स्वयं आर्थिक विपन्नताओं और सामाजिक दबावों में कार्यशील रहते हुए उन्होंने सक्रिय एवं जीवन्त दृष्टिकोण का परिचय दिया। कबीर-काव्य शास्त्रानुमोदित नहीं होकर 'आँखन देखी' और प्राथमिक प्रामाणिक अनुभवों पर आधारित है। कबीर उपेक्षित, तिरस्कृत जन-समाज के बीच से उठ खड़े हुए साधारण आदमी थे। इसलिए अपने आसपास के सामाजिक परिवेश के प्रति वह अधिक जागरूक थे।''

कबीर का काव्य आम आदमी का काव्य है। उन्होंने समाज के विभिन्न वर्गों के परस्पर संबंधों, सामाजिक विसंगति-विरोध के बीच सूत्रबद्धता, व्यक्ति और समाज के बीच सामंजस्य की भावना, आर्थिक विषमताओं को सहते हुए भी नैतिकता बनाए रखना, अभावजन्य परिस्थितियों में संतुलन, सामाजिक एवं मानसिक विवशताओं को सहते हुए भी हीनता का अनुभव न करना आदि बातों का सजीव आकलन

अपनी वाणी द्वारा किया है। समाज का यथार्थ वर्णन कबीर ने अपने साहसी और निर्भयतापूर्ण दृष्टिकोण द्वारा किया है। समाज में व्याप्त क्रूर और विषम वातावरण में भी कबीर अपना विरोध प्रकट करने का चारित्रिक साहस बनाए रहे–**'तू ब्राह्मन मैं कासी का जुलाहा, कहु मेरो मनुवा कैसे इक होई रे / मैं कहता हौं आँखिन देखी, तू कहता कागद की लेखी / मैं कहता सुरझाबनहारी, तू राख्यौं अरुझाई रे।'** मनुष्य समाज का अविभाज्य अंग है। कबीर का लक्ष्य वैयक्तिकता की भावना को सामाजिकता की भावना में विलय करना था ताकि मानव जाति के अंदर बहुजन हिताय की भावना पनप सके। कबीर युगीन समाज उनके 'बहुजन-हिताय' के लक्ष्य में एक बड़ी रुकावट थी। कबीर ने समाज के अंदर निजी स्वार्थों को तिरोभाव करने की भावना पैदा की। कबीर ने जन-समुदाय में आत्मपरक चेतना जागृत करके, जनमानस में लोकमंगलकारी बोध की भावना पैदा करने का सराहनीय प्रयास किया–**'अपना-सा दुख सबका जानै, ताहि मिले अविनासी / आदि मंधि अऊ अंत लौ, अबिहड सदा अभंग।'** कबीर मानव समाज के अंदर आस्था का बीजारोपण करके एक ऐसे समाज की स्थापना करना चाहते थे जिसमें परिवेशजन्य कोई भय न हो, सह-अस्तित्व की भावना हो, परिश्रम और कर्त्तव्य के प्रति निष्ठा की भावना हो; अपने इसी उद्देश्य को पूरा करने के लिए कबीर ने अपनी वाणी द्वारा समाज में व्याप्त विषमता को दूर करने का प्रयास किया। 'साहित्य जीवन की समीक्षा है'–संत साहित्य पर यह बात पूरी तरह लागू होती है। संत काव्य लोक-करुणा, लोक-संवेदना और लोकमंगल की भूमिका में प्रतिष्ठित है।

कबीर ने तत्कालीन जन-जीवन में व्याप्त संघर्ष, शोषण, सामंती प्रवृत्ति और रूढ़िवादिता का सशक्त विरोध अपनी वाणी द्वारा किया है। कबीर का विचार है कि सब मनुष्य एक ही मानव-समाज के अंग हैं। एक ही विशाल वृक्ष की विभिन्न शाखाओं के समान हैं, सबके मूल की ओर दृष्टि डालने पर उनमें कोई अंतर नहीं दीखता, इसी कारण उसमें एक-दूसरे को पृथक और ऊँच-नीच समझने का कोई आधार ही लक्षित नहीं होता है–**'काहै कौं कीजें पांडे छाति बिचारा। छोतिहीं तैं उपना सब संसारा / हमारे कैसे लोहू तुम्हारैं कैसें दूध। तुम्ह कैसें लहू तुम्हारे कैसें दूध / तुम कैसे ब्राह्ण पांडे हम कैसें सूद। छोति-छोति कहता तुम्हारी जए / तौं ग्रभवास काहे कौं आए। जनमत छोत मरत की छोति।'** कबीर ने सामाजिक शृंखला के मूल व्यक्ति के सम्मुख उच्चादर्श उपस्थित किया। उनका विचार था कि जब मनुष्य सर्वगुणसंपन्न, साहसी, परोपकारी होगा तो समाज का पथ अपने आप ही आलोकित होता जाएगा–**'अस्तुति निंदा आसा छांडैं, तजे मान अभिमाना / लोहा कंचन समि करि देखें, ते सुरति भगवाना।'** वर्ण-भेद, ऊँच-नीच की भावना तथा जातिगत भेद के कारण मनुष्य ईर्ष्या-द्वेष, घृणा-वैमनस्य के दलदल में फँस गया था। इस समस्या के निवारण हेतु कबीर ने परंपरागत पॉवर स्ट्रक्चरों से सीधी टक्कर ली–**'मुलां कहाँ पुकारैं दूरि / राम रहीम रह्या भर पूर्ति / यहु तो अलह गूँगा नाँहीं, देखै खलक दुनी दिल माँही।'** कबीर युगीन समाज को सांप्रदायिक वैमनस्य ने क्षत-विक्षत कर दिया। हिंदू-मुस्लिम संप्रदायों के लोग अपने आपको दूसरे से श्रेष्ठ सिद्ध करने में लगे रहते थे, जिससे सदैव सांप्रदायिक

तनाव बना रहता था। कबीर ने सांप्रदायिक एकता स्थापित करने का अथक परिश्रम किया– **'जौर न खुदाया मसीति बसत है, और मुलिक किस केरा / तीरथ मूरति राम निवास, दुहु में किनहूँ न हेरा।'** कबीर की दृष्टि में संपूर्ण सृष्टि, प्राकृतिक उपादान आदि सभी तत्त्व एकत्वपूर्ण हैं। हिंदू-मुसलमान एक ही ईश्वर की संतान हैं। इस आध्यात्मिक एकता को भूलना नहीं चाहिए तथा सभी संप्रदायों को मिलजुल कर रहना चाहिए– **'एकै पवन एकही पानी, एक ज्योति संसारा / एकहि खाक गढ़ै सब भांड़े, एकही सिरजनहारा।'** स्पष्ट है कि अपने समय के सामाजिक परिवेश में कबीर ने एक ओर रूढ़ि-आडंबरों से मुक्ति दिलाने का प्रयत्न किया तो दूसरी ओर भय-आतंक के उस वातावरण में आस्था, विश्वास का संचार करते हुए, निडर, निर्भय होने की प्रेरणा दी। कबीर ने सैकड़ों वर्षों से अंधविश्वासों, रूढ़ियों में जकड़ी मानवजाति की सुप्त चेतना को जगाने का प्रयास किया।

कबीर की भाषा-शक्ति सतह पर सरल और अर्थ के धरातल पर सघन है। तत्त्वदर्शी सुकवि और परिश्रमी जुलाहा, कबीर का व्यक्तित्व इन विरोधी लगते तत्त्वों से मिलकर निर्मित हुआ है। उसके कृतित्व पर भी इसकी स्पष्ट छाप है। कबीर की भाषा इससे अछूती कैसे रह सकती थी? मनुष्य-जीवन की महता नष्ट कर देनेवाले काल का भय जैसी जटिल मानवीय संवेदनाओं, चिंताओं को भाषा का अनुभव बनानेवाले कबीर सरीखे समर्थ कवि बहुत कम हैं।

कबीर की भाषा की शक्ति और क्षमता का परिचय उनके शब्द भंडार से मिलता है। उनका शब्द भंडार असीम था। तत्कालीन प्रचलित ब्रज, अवधी, खड़ी बोली, बुंदेली, राजस्थानी, भोजपुरी आदि बोलियों के अतिरिक्त पंजाबी, गुजराती इत्यादि भारतीय भाषाओं तथा अरबी-फारसी आदि विदेशी भाषाओं के लोक-प्रचलित शब्द उनके काव्य में अनायास और स्वाभाविक रूप से प्रयुक्त दिखाई पड़ते हैं। उन्होंने शब्दों का चयन जीवन के विस्तृत क्षेत्र से किया था। कबीर ने विभिन्न पेशों, वर्गों एवं वर्णों से शब्द-चयन किया है। उन्होंने कृत्रिम और जीवन रस से रहित शब्दावली की बजाय सक्रिय और जीवंत रस-संपन्न शब्दों के द्वारा कविता संभव की है। कबीर के शब्द मौलिक, सार्थक और अचूक हैं, उनके पर्याय निर्धारित करना असंभव है।

कबीर का शब्द ज्ञान गहन है। अरबी-फारसी का कबीर के समकालीन सांस्कृतिक राजनीतिक परिदृश्य पर गहरा हस्तक्षेप था। अरबी-फारसी क्रमश: तत्कालीन धर्म एवं राजभाषा के रूप में प्रचलित थीं। कबीर ने इन भाषाओं से परहेज नहीं किया क्योंकि कबीर शब्द-चयन की दृष्टि से सांप्रदायिक नहीं हैं। वह भाषा की इस संकीर्ण राजनीति से ऊपर थे। कबीर की कविता भाषा और समाज की उदात्त राजनीति का प्रामाणिक दस्तावेज है। इसलिए कबीर ने धर्म-संप्रदाय, क्षेत्रवाद या भाषाशास्त्रीय दृष्टि से शब्दों का चयन नहीं किया। बल्कि जनजीवन में रचे-बसे शब्दों से अपनी भाषा को अपूर्व रचनाशीलता प्रदान की है।

कबीर ने तत्सम, तद्‌भव, देशज शब्दों के अतिरिक्त, राजस्थानी, पंजाबी तथा अरबी-फारसी इत्यादि भाषाओं से उन शब्दों को चुना जो सरल हैं और भारतीय मानस में रच-बस गए हैं :

तत्सम शब्द : नीर, जल, गंभीर, कष्ट, क्रोध, उदार, पुनः, गगन, काम, मुनि, पावक, मद, लोभ, सज्जन, कुंडलिनी।

देशज : घूँट, जंजाल, बाँगर, पेड़, थोथा।

पंजाबी : लोड़ (जरूरत), बाझ (छोड़कर भागना), नाल (साथ में), लूण (नमक)।

राजस्थानी : डागल, अपूग।

तद्‌भव : साहस, कसनी, हजारी, अहरासी, अनियाले, मुसि, नेवली, कस।

अरबी : असरार, मुदकम, मीरां, सदके, जिबहे, हलाल, खालिक, साबित, विलायत।

फारसी : दीदार, मिहर, दरिया, दोजख, आब, खसम, कबीर, बिसमिल इत्यादि ऐसे ही कुछ शब्द हैं जो कबीर की विशिष्ट काव्यभाषा को विन्यस्त करते हैं।

कबीर ने पात्रानुकूल, समयानुरूप और विषम-संदर्भ को दृष्टि में रखकर शब्दों का इस्तेमाल किया। उन्होंने जब हिंदू विधि-विधानों का खंडन किया है, तब संस्कृत के तत्सम-तद्‌भव शब्दों का प्रयोग किया है और जब मुल्ला-मौलवी को फटकारा है तब फारसी-अरबी शब्दों का सहारा लिया है। इससे कथन में स्वाभाविकता आ गई है। सहज स्वाभाविक संप्रेषण के लिए यह अनिवार्य है। कबीर की भाषा विषयनिष्ठ है। आचार्य हजारीप्रसाद द्विवेदी के अनुसार राम के प्रति प्रेम और समर्पण की भावना में उनकी भाषा मधुर और गंभीर है; पर सामाजिक सुधार के क्षेत्र में वह बहुत कठोर और उत्तेजनापूर्ण है। मूर्त्ति-पूजा, अवतारवाद, तीर्थयात्रा एवं पुण्यार्जन हेतु नदियों में स्नान और इसी तरह की विधियों से परलोक में आनंद पाने की धारणाओं के विरोध में कबीर ने कड़ी भाषा का प्रयोग किया है। द्विवेदी जी ने कबीर की शब्द शैली का सूक्ष्म विश्लेषण किया है। वस्तुतः कबीर ने अपने अनुभव में साझेदारी के लिए साधु, सज्जन, संत, अवधूत, साधारण जन सभी को पुकारा। अलग-अलग प्रकार की अलग-अलग भाषा है, साधुओं और संतों के संबोधन वाली भाषा एवं भाषा बराबरी वाले व्यवहार की भाषा लोक समुदाय की लेन-देन की भाषा है, और जहाँ कबीर और उनके संबोध्य, उनके प्रियतम एक हो गए, वहाँ भाषा अत्यंत सरल हो गई है। अपनी बात को दूसरों तक संप्रेषित करने के लिए उसी की भाषा का प्रयोग शब्दों की गहरी समझदारी का परिचायक है। कबीर ने भाषा, शास्त्र से नहीं जीवन से सीखी थी। वे भाषा मर्मज्ञ थे। समय, विषय और पात्र के विषय में अधिकारपूर्वक लिखनेवाले कबीर के पास शब्दों का अक्षय भंडार है। वे भाषागत पूर्वग्रहों-बंधनों से परे हैं। उपयुक्त शब्द का असंदिग्ध प्रयोग, जटिल विषय को बातचीत की शब्दावली में कविता में ढालने का काम कबीर ही कर सकते हैं। कबीर के यहाँ कंटेंट (विषय) महत्त्वपूर्ण है; फॉर्म (रूप) नहीं। विषय का दबाव उनकी कविता का रूप निर्धारित करता है, उनकी भाषा इसका प्रमाण है।

कबीर ने अपने विभिन्न सामाजिक एवं सांस्कृतिक दृष्टिकोणों को अत्यंत सुंदर एवं अर्थपूर्ण पदों में संकलित किया है। इसमें माया, ब्रह्म, ज्ञान और रहस्य सभी का सामंजस्य है। इन पदों में कबीर की भक्ति भावना का विलक्षण रूप दिखता है। एक ओर कबीर निर्गुण ब्रह्म के उपासक हैं और यह मानते हैं कि ब्रह्म एक ऐसा अनुपम तत्त्व है जिसके मुँह, माथा आदि नहीं है। न वह रूपवान है, न कुरूप, वह पुष्पगंध से भी अधिक सूक्ष्म है, दूसरी ओर 'भावभगति' का सहारा लेते हुए

वे राम को अपना पति तथा अपने को नववधू के रूप में देखते हैं। इसमें कबीर की चेतना उस वधू के रूप में उपस्थित है, जिसकी आशा एवं आकांक्षा पूरी होनेवाली है। राम रूपी प्रियतम उसके यहाँ उससे विवाह करने आ रहे हैं, जिसके उल्लास में साधक रूपी वधू अपनी सहेलियों और सुहागिनों से कहती है कि तुम मेरे प्रियतम के स्वागत में मंगल गीत गाओ–**'दुलहनी गावहु मंगलचार, हम घरि आए हो राजा राम भरतार / तन रत करि मैं मन रत करिहूँ, पंचतत्त बराती / राँमदेव मोरैं पाँहुनैं आये मैं जोबन मैं माती / सरीर सरोवर बेदी करिहूँ, ब्रह्मा वेद उचार / राँमदेव सँगि भाँवरी लैहूँ, धंनि धंनि भाग हमार / सुर तेतीसूँ कौतिक आये, मुनिवर सहस अठयासी / कहै कबीर हँम ब्याहि चले हैं, पुरिष एक अबिनासी।'** प्रियतम राम के साथ पाँच तत्त्व, पाँच महाभूत भी हैं। जीवात्मा रूपी वधू कहती है कि आज मेरा सौभाग्य है कि मैं अपने प्रियतम के साथ फेरे लूँगी। इस मनोरम दृश्य को तैंतीस करोड़ देवता और अट्ठासी हजार मुनिगण भी कौतूहलपूर्वक देखेंगे तथा अन्य जीवात्माएँ मंगलगान करेंगी। सांगरूपक की मनोहर योजना ने कथ्यं को सरस बनाया है। एक अन्य पद में कबीर बताते हैं कि उन्होंने एक आश्चर्य देखा है जो साधना से संबंधित है–**'एक अचंभा देखा रे भाई, ठाढ़ा सिंघ चरावै गाई / पहलैं पूत पीछे भई माँई, चेला कै गुरु लागै पाई / जल की मछली तरवर ब्याई, पकरि बिलाई मुरगै खाई / बैलहि डारि गूंनि घरि आई, कुत्ता कूँ लै गई बिलाई / तलिकरि साषा ऊपरिकरि मूल बहुतभाँति जड़ लागे फूल / कहै कबीर या पद को बूझै, ताँकू तीन्यूँ त्रिभुवन सूझै।'** इस साधना में ज्ञानरूपी सिंह समस्त इंद्रियों अर्थात कर्मों का संचालन कर रहा है। माया के संबंध में कबीर बताते हैं कि माया ने विषय-वासना से पोषित जीवों को समाप्त कर दिया है। जो संसार में बद्ध विषय-वासना में लिप्त कुत्ते के समान निकृष्ट जीव थे उन्हें माया ने अपने बंधन में बाँध लिया है। आगे कबीर बताते हैं कि जो मनुष्य इस पद के अर्थ को हृदयंगम करेगा उसे त्रिभुवन का ज्ञान सहज प्राप्त हो जाएगा। ऐसे पदों का विस्तार कबीर उलट बाँसियों में करते हैं।

जीव को बंधन से छुटकारा पाने के लिए अर्थात मिथ्याज्ञान से निवृत्ति के लिए साधना की जरूरत होती है। ज्ञान के द्वारा माया अथवा अविद्या या भ्रम का निवारण हो जाता है अर्थात अज्ञान का आवरण फट जाता है। कबीर ज्ञान को एक प्रक्रिया के रूप में चित्रित करते हैं; जिसमें साधक के तनमन पर पड़ने वाले प्रभाव को कुटी या झोपड़ी के रूपक द्वारा स्पष्ट किया गया है–**'संतौ भाई आई ग्याँन की आँधी रे / भ्रम की टाटी सबै उडाँणी; माया रहै न बाँधी / हिति चित की द्वै थूँनीं गिराँनीं, मोह बलिंडा तूटा / त्रिस्नाँ छाँनि परि घर ऊपरि, कुबधि का भाँडाँ फूटा / जोग जुगति करि संतौ बाँधी, निरचू चुवै न पाँणीं / कूड़कपट काया का निकस्या, हरि की गति जब जाँणी / आँधी पीछैं जो जल बूठा, प्रेम हरि जन भींनाँ / कहै कबीर भाँन के प्रगटे उदित भया तम षींनाँ।'** कवि के अनुसार आँधी आने पर आड़ के लिए लगाई गई टट्टियाँ यानि छप्पर अथवा छाजन नष्ट हो जाते हैं। इसी तरह ज्ञान उत्पन्न होने पर समस्त भ्रम नष्ट हो जाते हैं और वास्तविक-अवास्तविक का भेद समझ में आ जाता है। माया के समस्त

बंधन समाप्त हो जाते हैं। जैसे प्रबल आँधी के वेग के कारण छप्पर को सहारा देनेवाले खंभे गिर जाते हैं उसी तरह ज्ञान-प्राप्ति के साथ प्रेम एवं आसक्ति के स्तंभ भी ढह जाते हैं, जिस कारण तृष्णा उत्पन्न करने की इच्छा समाप्त हो जाती है। तृष्णा समाप्त होते ही वासनाएँ भी समाप्त हो जाती हैं। तृष्णा खत्म होते ही इच्छाएँ मर जाती हैं और सुधीजनों को वस्तुस्थिति की जानकारी होती है कि बाहरी छप्पर बेकार है। इस तरह ज्ञान की प्रक्रिया अंत में सुखद बन जाती है। आँधी के बाद वर्षा की तरह व्यक्ति के भीतर प्रभु-प्रेम का रस बरसने लगता है, जिससे भक्त का तन-मन भक्ति रस में भीग जाता है। आँधी के चले जाने पर आसमान साफ हो जाता है और सूर्य दिखलाई देने लगता है। ज्ञान की प्रक्रिया के अंतिम चरण में आत्मज्ञान का सूर्य प्रकट हो जाता है और अज्ञान का अंधकार क्षीण होकर विलीन हो जाता है। पूरे पद में सांगरूपक अलंकार है।

• कबीर की भक्ति वैराग्य-प्रधान है। वैराग्य की चरमावस्था द्वारा सांसारिकता से पूर्ण-विमुख होकर भगवत-शरण ग्रहण ही कबीर का मार्ग है। कबीर के वैराग्य की परिणति सच्चे और अनन्य प्रेम में होती है। संसार से विरक्ति और राम में चरम आसक्ति ही कबीर के साधना-मार्ग की विशेषता है। कबीर रामरूपी धन को पाने के इच्छुक हैं और इसी कारण बार-बार अपने मन को समझाते हैं कि तू चेतनाशून्य मत हो अन्यथा माया रूपी चोर का शरीर में प्रवेश हो जाएगा और इसके प्रवेश होते ही संसार से विरक्ति के स्थान पर आसक्ति होने लगेगी–'**मन रे जागत रहिये भाई / गाफिल होइ बसत मति खोवै, चोर मुसै घर जाई / षट चक की कनक कोठड़ी बस्त भाव है सोई / ताला कूँचौ कुलफ के लागे, उघड़त बार न होई / पच पहरवा साइ गए हैं, बसतै जागण लागी / करत बिचार मनहीं मन उपजी नाँ कहीं गया न आया / कहै कबीर संसा सब छूटा राँम रतन धन पाया।।**' यहाँ कबीर शरीर को षट्चक्रों से युक्त स्वर्ण कोठरी मानते हैं जिसमें कुंडलिनी सुप्तावस्था में है। कुंडलिनी जब जाग जाती है तब शून्य की ओर अग्रसर होने लगती है। आगे वे कहते हैं कि अपने मन की वृत्तियों को अंतर्मुखी कर देने पर ही ब्रह्म प्राप्ति हुई है। कबीर प्रभु से निवेदन करते हुए कहते हैं कि आप अपने भक्तों के अंदर के संशय रूपी झगड़े को खत्म कर दो–'**झगरा एक नवेरो राँम / जें तुम्ह अपने जन सूँ काँम / ब्रह्म बड़ा कि जिनि रू उपाया, बेद बड़ा कि जहाँ थैं आया / यह मन बड़ा कि जहाँ मन मानैं, राम बड़ा कि राँमहि जानै / कहै कबीर हूँ खरा उदास, तीरथ बड़े कि हरि के दास।**' भक्तों में झगड़ा ब्रह्म और वेदों की श्रेष्ठता को लेकर है। कवि कहता है कि यह मन बड़ा है या वह प्रभु जिसमें अब यह रमता है, इन सबसे बड़े स्वयं आप हैं। इसी तरह तीर्थ बड़ा है या साधु संगति। कबीर इस सांसारिक झगड़े से उदास होकर प्रभु से इस समस्या से निदान के लिए विनती करते हैं क्योंकि प्रभु ही सर्वोपरि हैं।

निर्गुण भक्ति परंपरा में गुरु का सर्वाधिक महत्त्व है। गुरु की महत्ता की ओर संकेत करते हुए कबीर कहते हैं कि सद्गुरु की महिमा अपार है–'**सतगुर की महिमा अनँत, अनँत किया उपगार / लोचन अनँत उघाड़िया, अनँत दिखावणहार।**' उसका उपकार असीम है। उसने अनंत दृष्टि खोलकर उस प्रभु को दिखलाने की

कृपा की है जो काल से परे हैं। कबीर ने बताया है कि सद्गुरु कभी भी अपने शिष्यों को भटकते हुए नहीं देख सकते–'**पीछैं लागा जाइ था, लोक वेद के साथि / आगै थैं सतगुर मिल्या, दीपक दीया हाथि।**' जैसे ही उन्हें पता चलता है कि उसका शिष्य लोक एवं वेदविहित मार्ग का अंधानुकरण करते हुए अज्ञानरूपी अंधकार में भटक रहा है तो तत्काल वह आगे आकर उसके हाथ में ज्ञानरूपी दीपक थमा देते हैं, ताकि इस दीपक से शिष्य अज्ञानता को मिटा सके।

प्रेम की परिपक्वता एवं पूर्णता के लिए विरह आवश्यक है क्योंकि इसी के द्वारा आत्मा-परमात्मा की ओर और भी दृढ़ता के साथ उन्मुख होती है। भक्तिकाव्य की प्रत्येक शाखा में विरह का विधान मिलता है। विरह का अर्थ है विशेष रूप से रहित होने की अनुभूति। जब जीवात्मा (नायिका) का परमात्मा (नायक) से पूर्ण-तादात्म्य नहीं होता तो विरह की स्थिति बनती है। इसी स्थिति का वर्णन करते हुए कबीर बताते हैं कि उनकी आत्मा क्रौंच पक्षी के समान प्रियतम से मिलने के लिए रो रही है–'**अंबर कुंजाँ कुरलियाँ, गरजि भरे सब ताल / जिनि थे गोबिंद बीछुटे, तिनके कौण हवाल।**' आकाश ने क्रौंच और कुररि पक्षियों की विरहानुभूति से करुणार्द्र हो बरसकर समस्त ताल को जल से परिपूर्ण कर दिया है ताकि इन विरहणियों की पुकार को प्रभु सुन ले और समझ सके कि जब केवल एक रात्रि के वियोग से पक्षी की यह अवस्था हैं तो उस जीव का क्या हाल होगा जो अनेक जन्मों में प्रभु से बिछड़ा हुआ है। कवि विरहानुभूति को चकवा-चकवी के माध्यम से समझाते हुए कहता है कि चकवा और चकवी रात में अलग रहते हैं और प्रातःकाल होने पर दोनों मिल जाते हैं जबकि बेचारा जीव तो प्रभु से ऐसा वियुक्त हो गया है कि वह न तो रात में मिल पाता है और न ही दिन में–'**चकवी बिछुटी रैणि की, आइ मिली परभाति / जे जन बिछुटे राम सूँ, ते दिन मिले न राति।**' कबीर ने चेतना की तीनों अवस्थाओं में विरह की स्थिति को दर्शाया है–'**बासुरि सुख नाँ रैणि सुख, ना सुख सुपिनै माँहि / कबीर बिछुट्या राम सूँ नाँ सुख धूप न छाँह।**' दिन में व्यक्ति जागता है तब उसकी चेतना जाग्रत अवस्था में होती है। रात में व्यक्ति सोता है तब चेतना की सुषुप्ति नामक अवस्था होती है। स्वप्न चेतना की तीसरी अवस्था है। प्रभु से बिछुड़ी हुई आत्मा जाग्रत, सुषुप्ति और स्वप्न तीनों अवस्थाओं में उससे-मिलने को बेचैन रहती है। जिस कारण उसे धूप और छाँह किसी में भी सुख की प्राप्ति नहीं होती। कबीर के यहाँ विरहिणी जीवात्मा का और पंथी साधक या गुरु का प्रतीक है–'**बिरहनि ऊभी पंथ सिरि, पंथी बूझै धाई / एक सबद कहि पीव का, कब रे मिलैंगे आई।**' जैसे विरहिणी रास्ते के छोर पर खड़ी हुई प्रत्येक पथिक से पूछती है कि मेरे प्रियतम का कोई संदेश बता दो। वह कब आकर मिलेंगे। वैसे ही जीव संसार रूपी पथ पर खड़ा हुआ प्रत्येक साधक से पूछता है कि मेरे प्रियतम राम का कोई संदेश बता दो कि उनसे मेरा मिलन कब होगा। कवि की चेतना विरह भोगती हुई साधिका जैसी है जो अपने प्रियतम (राम) का रास्ता बहुत दिनों से देख रही हैं–'**बहुत दिनन की जोवती, बाट तुम्हारी राम / जिव तरसै तुझ मिलन कूँ मनि नाहीं विश्राम।**' वह सोचती है कि मेरे प्राण तुमसे मिलने के लिए तरस रहे हैं और इस वियोग

के कारण मुझे पल भर के लिए भी सुख की अनुभूति नहीं होती। विरहिणी कहती है कि मुझमें इतना सामर्थ्य नहीं है कि मैं तुझे अपने पास बुला लूँ और नहीं इतना सामर्थ्य है कि मैं तुम तक पहुँच सकूँ–'**आइ न सकौं तुझ पैं, सकूँ न तूझ बुझाइ / जियरा यौही लेहुगे, बिरह तपाइ तपाइ।**' अतः ऐसा लगता है कि इस विरह की अग्नि में मुझे तपा-तपाकर तुम मेरे प्राण ले लोगे। विरहिणी को अपनी विरह व्यथा की असहनीय अवस्था में यह इच्छा होती है कि वह अपने शरीर को जलाकर उसके भस्म से स्याही बना लें और अस्थियों को लेखनी बनाएँ, फिर इससे राम नाम लिखकर अपने प्रभु को भजें जिससे वे उसकी असहनीय समझ कर प्रसन्न होकर दर्शन दें–'**यहु तन जालौं मसि करौं, लिखौं राम का नाउँ / लेखणि करूँ करक की, लिखि लिखि राम पठाउँ।**' यह विरह में ही सुक्ति की अद्‌भुत अवस्था से उपजी काव्य पंक्तियाँ हैं।

'परचा कौ अंग' में कबीर ने आत्मा और परमात्मा के महामिलन का परिचय देते हुए ब्रह्म के स्वरूप के बारे में बताया है–'**देखौ कर्म कबीर का, कछु पूरब जनम का लेख / जाका महल न मुनि लहैं, सो दोसत किया अलेख।**' कबीर कहते हैं कि यह किसी पूर्व जन्म के पुण्य का परिणाम है कि जिस स्थान को बड़े-बड़े मुनि प्राप्त नहीं कर सके उसे वह प्राप्त हो गया है। कबीर ने बताया है कि हृदय में प्रभु प्रेम प्रकाशित होने पर आत्मा और परमात्मा के बीच अज्ञानवश जो भ्रम या संशय था वह नष्ट हो गया–'**पिंजर प्रेम प्रकासिया, जाग्या योग अनंत / संसा खूटा सुख भया, मिल्या पियारा कंत / प्यंजर प्रेम प्रकासिया, अंतरि भया उजास / मुख कसतूरी महमहीं, बाँणीं फूटी बास।**' इस कठिन प्रक्रिया को पूरा कर विरही जीवात्मा को प्रिय ब्रह्म मिलन का अमित सुख प्राप्त हुआ है। भगवान का साक्षात्कार होने पर जीव का प्रत्येक शब्द प्रेम-रस-सिक्त और सुवासित हो उठता है। इसी को कबीर ने 'कस्तूरी महमही' द्वारा व्यक्त किया है। कबीर ने अपनी साखी में ज्ञान और विरह का सुंदर सामंजस्य किया है–'**झल ऊठी झोली जली, खपरा फूटिम फूटि / जोगी था सो रमि गया, आसणि रही बिभूत / अगनि जू लागि नीर मैं, कंदू जलिवा झारि / उतर दषिण के पंडिता, रहे बिचारि बिचारि / गुर बाधा चेरा जल्बा, बिरहा लागी आगि / तिणका बपुड़ा ऊबर्‌या, गलि पूरे कै लागि।**' यह ज्ञानात्मक विरह रागात्मक विरह से कहीं अधिक श्रेयस्कर और प्रबल होता है। कवि कहता है कि योगाग्नि के प्रज्वलित होने पर शरीर की झोली जलकर क्षार हो जाती है, खोपड़ी रूपी खप्पर टूट-टूट कर टुकड़े-टुकड़े हो जाते हैं और जब काया का बंधन हो जाता है तब ब्रह्म की प्राप्ति आसान हो जाती है। ब्रह्म-मिलन की अग्नि तभी प्रज्वलित होती है, जब शिष्य पर गुरु की कृपा होती है।

कबीर ब्रह्मानंद के स्वरूप और उसके तज्जन्य भाव का वर्णन करते हुए कहते हैं कि जो इस रस का पान कर लेता है उसके सारे सांसारिक क्लेश और दुख दूर हो जाते हैं तथा वह आवागमन तथा जन्म-मरण के बंधन से छूट जाता है–'**कबीर हरि रस यौं पिया बाकी रही न थाकि / पाका कलस कुँभार का, बहुरि न चढ़हि चाकि / हरि रस पीया जाँणिये, जे कबहूँ न जाइ खुमार / मैंमंता घूँमत**

रहै, मौहौ तन की सार।' आगे कबीर कहते हैं कि प्रभु की मदिरा का पान उसी ने किया है जो कभी इस नशे से मुक्त नहीं होता। यह रंग तो ऐसा है जिस पर कोई दूसरा रंग चढ़ नहीं सकता। इसका पान कर लेने से वह मदमस्त हाथी के समान, इधर-उधर घूमने लगता है और उसे अपने शरीर की सुधि नहीं रहती। कबीर बताते हैं कि सहज साधक कौन है–'**सहज सहज सबकौ कहै, सहज न चीन्हैं कोइ / जिन्ह सहजैं विषिया तजी, सहज कही जै सोई।**' वे कहते हैं कि 'सहज' शब्द की रट तो सभी लोग लगाते रहते हैं, किंतु सहज शब्द का अर्थ कोई नहीं जानता। जो साधक सहज रूप से सारे विषय-विकारों का त्याग कर देता है, पाँचों इंद्रियों को अपने वश में कर लेता है, वहीं सहज साधक कहलाता है और ऐसे साधक को प्रभु का साक्षात्कार सहज ही हो जाता है। कबीर ऐसे साधुओं या बाह्याडंबरों पर प्रहार करते हैं जो केवल ऊपर से तो अच्छाई का चोला पहनते हैं और उनका हृदय विकार से भरा होता है–'**कबीर माला काठ की, कहि समझावै तोहि / मन न फिरावै आपणों, कहा फिरावै मोहि।**' वे कहते हैं काठ की माला फिराने से कोई लाभ नहीं होता इससे तो अच्छा है कि अपना मन संसार की ओर से फिराकर प्रभु भक्ति की ओर अग्रसर करना अर्थात माला फिराना सच्ची साधना नहीं है बल्कि सच्ची भक्ति तो अपने मन को सांसारिक माया-मोह से हटाकर प्रभु में केंद्रित करना है। आगे कवि कहते हैं कि हिंदू और मुसलमान अपने-अपने धर्म को सर्वश्रेष्ठ बताने के चक्कर में नष्ट हो गए–'**हिंदू मूये राम कहि, मुसलमान खुदाई / कहै कबीर सो जीविता, वह मै कहे न जाई।**' जबकि अच्छा यह है कि वे दोनों धर्मों को एक ही ब्रह्म में मानकर इस झगड़े में न पड़े कि कौन श्रेष्ठ है।

कबीर की कविता का विषय-क्षेत्र अत्यंत व्यापक है। भवसागर या सांसारिक प्रपंच से पार लगाने के लिए कबीर सद्गुरु की तरफ बड़ी उम्मीद से देखते हैं। गुरु की महिमा का गुणगान करने के साथ ही वे विषयों से छुटकारा पाने के लिए 'सुमिरन' का महत्त्व प्रतिपादित करते हैं। कबीर का विरह आध्यात्मिक ऊँचाइयों को छूने वाला है लेकिन उसके बड़े अर्थ मानवीय जीवन के संदर्भ में प्रस्तावित हुए हैं। यानी वह जीवन के ठेठ यथार्थ से टकराकर अर्थ पाने वाली विरह-भावना है। आत्मा को मोक्ष के लिए राम (परमात्मा) की दया की अनिवार्यता पर बल देने वाली कबीर की विरह-भावना से ही यह ज्ञान उपज सकता था कि परमात्मा आत्मा के भीतर कस्तूरी-रूप में मौजूद है। जिसका परिचय प्रेम के प्रकाश से हो जाता है; वह परमतत्त्व का परमसत्य पहचान लेता है।

कबीर जहाँ माया और कुसंगति से बचने की चेतावनी देते हैं, वहीं सत्संगति की आवश्यकता भी रेखांकित करते हैं। काल कबीर के यहाँ मृत्यु और समय दोनों संदर्भों में व्यक्त हुआ है। काल दरअसल उनके यहाँ सकारात्मक जीवनी-शक्तियों का नियामक तत्त्व है। अपने पदों में कबीर आत्मा-परमात्मा के साहचर्य-सूत्र को अनेक बिंबों और रूपकों द्वारा व्यक्त करते हैं। उनके यहाँ ज्ञान केंद्रीय महत्त्व की अवधारणा है।

7. रैदास
(निर्गुण संत कवि)

सब में हरि हैं, हरि में सब हैं

संत रैदास कबीर के समकालीन कहे जाते हैं। मध्ययुगीन संतों में रैदास का महत्त्वपूर्ण स्थान है। इनका समय सन् 1398 से 1518 ई. के आसपास का रहा होगा। अंत:साक्ष्य के आधार पर रैदास का चर्मकार जाति का होना सिद्ध होता है– **'नीचे से प्रभु ऊँच कियो है कह रैदास चमारा'**। संत रविदास काशी के रहने वाले थे। उन्हें रामानंद का शिष्य माना जाता है परंतु अंत:साक्ष्य के किसी भी स्रोत से रैदास का रामानंद का शिष्य होना सिद्ध नहीं होता। इनके अतिरिक्त रैदास की कबीर से भी भेंट की अनेक कथाएँ प्रसिद्ध हैं परंतु उनकी प्रामाणिकता संदिग्ध है। नाभादासकृत 'भक्तमाल' में रैदास के स्वभाव और उनकी चारित्रिक दृढ़ता एवं उच्चता का प्रतिपादन मिलता है। प्रियादासकृत 'भक्तमाल' की टीका के अनुसार चित्तौड़ की झालारानी उनकी शिष्या थीं, जो महाराणा सांगा की पत्नी थीं। इस दृष्टि से रैदास का समय सन् 1482–1527 ई. अर्थात विक्रम की सोलहवीं शती के अंत तक चला जाता है। कुछ लोगों का अनुमान कि यह चित्तौड़ की रानी मीराबाई ही थीं और उन्होंने रैदास का शिष्यत्व ग्रहण किया था। मीरा ने अपने अनेक पदों में रैदास का गुरु रूप में स्मरण किया है–**'गुरु रैदास मिले मोहि पूरे, धुरसे कलम भिड़ी / सत गुरु सैन दई जब आके जोत रली।'** रैदास ने अपने पूर्ववर्ती और समसामयिक भक्तों के संबंध में लिखा है। उनके निर्देश से ज्ञात होता है कि कबीर की मृत्यु उनके सामने ही हो गई थी। रैदास की आयु 120 वर्ष की मानी जाती है।

मध्ययुगीन संत रैदास के जन्म के संबंध में प्रामाणिक जानकारी उपलब्ध नहीं है। कुछ विद्वान काशी में जन्मे रैदास का समय 1482–1527 ई. के बीच मानते हैं। रैदास का जन्म काशी में चर्मकार कुल में हुआ था। उनके पिता का नाम 'रग्घु' और माता का नाम 'घुरविनिया' बताया जाता है। रैदास ने साधु-संतों की संगति से पर्याप्त व्यावहारिक ज्ञान प्राप्त किया था। जूते बनाने का काम उनका पैतृक व्यवसाय था और उन्होंने इसे अकुंठित भाव से अपनाया: वह अपना काम पूरी लगन तथा परिश्रम से करते थे। रैदास ने कर्म को ही पूजा बना दिया था। वे तत्परता से अपने व्यवसाय का काम करते थे और शेष समय ईश्वर-भजन तथा साधु-संतों के सत्संग में व्यतीत करते थे। कहते हैं, ये अनपढ़ थे, किंतु संत-साहित्य के ग्रंथों और गुरु-ग्रंथ साहब में इनके पद संकलित हैं। रैदास ने ऊँच-नीच की भावना तथा ईश्वर-भक्ति

के नाम पर किये जाने वाले विवाद को सारहीन तथा निरर्थक बताया और सबको परस्पर मिल-जुलकर प्रेमपूर्वक रहने का उपदेश दिया। वे स्वयं मधुर भक्तिपूर्ण मार्मिक भजनों की रचना करते थे और उन्हें तल्लीनता से सुनाते थे। उनका विश्वास था कि राम, कृष्ण, करीम, राघव आदि सब एक ही परमेश्वर के विविध नाम हैं। वेद, कुरान, पुराण आदि ग्रंथों में एक ही परमेश्वर का गुणगान किया गया है–'**कृस्न, करीम, राम, हरि, राघव, जब लग एक न पेखा / वेद कतेब कुरान, पुरानन, सहज एक नहिं देखा।**' सबको एक मानने का विचार देने वाले रैदास का विश्वास था कि ईश्वर की भक्ति के लिए सदाचार, परहित-भावना तथा सद्व्यवहार का पालन करना अत्यावश्यक है। अभिमान त्याग कर दूसरों के साथ सम्मानजनक व्यवहार करने और विनम्रता तथा शिष्टता के गुणों का विकास करने पर उन्होंने बहुत बल दिया। अपने एक भजन में उन्होंने कहा है–'**कह रैदास तेरी भगति दूरि है, भाग बड़े सो पावै / तजि अभिमान मेटि आपा पर, पिपिलक हवै चुनि खावै।**' रैदास के विचारों का तात्पर्य यही है कि ईश्वर की भक्ति बड़े भाग्य से प्राप्त होती है। अभिमान शून्य रहकर काम करने वाला व्यक्ति जीवन की क्षुद्रताओं से ऊपर उठ जाता है। जैसे विशालकाय हाथी शक्कर के कणों को चुनने में असमर्थ रहता है, जबकि लघु शरीर की चींटी इन कणों को सरलतापूर्वक चुन लेती है। इसी प्रकार अहंकार त्यागकर विनम्रतापूर्वक आचरण करने वाला मनुष्य ही ईश्वर का भक्त हो सकता है।

संत रैदास ने सत्य को अनुपम और अनिर्वचनीय कहा है। वह सर्वत्र एक समान है। एक रस है। जिस प्रकार जल में तरंगें हैं उसी प्रकार सारा विश्व उसमें लक्षित होता है। वह नित्य, निराकार तथा सबके भीतर मौजूद है। सत्य का अनुभव करने के लिए साधक को संसार के प्रति अनासक्त होना पड़ेगा। संत रैदास के अनुसार प्रेममूलक भक्ति के लिए अहंकार की निवृत्ति आवश्यक है। भक्ति और अहंकार एक साथ मुमकिन नहीं है। जब तक साधक अपने साध्य के चरणों में अपना सब कुछ अर्पण नहीं करता तब तक उसे लक्ष्य की प्राप्ति नहीं हो सकती।

संत रैदास मध्ययुगीन संक्रमण काल में हुए थे। मध्ययुग पतनकाल था। सवर्णों की भेदभावपूर्ण मानसिकता से दलित उपेक्षित और शक्तिहीन जीवन व्यतीत करने के लिए बाध्य थे। यह दूषित सामाजिक पर्यावरण रैदास सरीखे संतों को उद्वेलित करता था। रैदास की समन्वयवादी चेतना इसी का परिणाम है। उनकी सजग चेतना ने भारतीय समाज में जागृति का संचार किया और उनके मौलिक चिंतन ने शोषित और उपेक्षित शूद्रों में आत्मविश्वास का संचार किया। वह सवर्ण जातिवादी वर्चस्व के सामने साहसपूर्वक अपने अस्तित्व की घोषणा करने में सक्षम हो गए। मानवता की सेवा में अपना सर्वस्व समर्पण करनेवाले रैदास के मन में इस्लाम के लिए भी आस्था का समान भाव था। कबीर की वाणी में जहाँ आक्रोश की अभिव्यक्ति है, वहीं दूसरी ओर रैदास की रचनात्मक दृष्टि शांत और संतुलित है, जो दोनों धर्मों को समान भाव से मानवता के मंच पर लाती है। इस मायने में संत रैदास मानव धर्म के संस्थापक हैं। वर्णाश्रम धर्म को समूल नष्ट करने का संकल्प, कुल और जाति की श्रेष्ठता की मिथ्या सिद्धि संत रैदास द्वारा अपनाये गए समन्वयवादी मानवधर्म का ही एक अंग है जिसे उन्होंने मानवतावादी समाज के रूप में संकल्पित किया

था–**'जन्म जात मत पूछिये, का जात अरू पात। रविदास सूत प्रभ के कोउ नहि जात कुजात।** यह सार्वकालिक प्रगतिशील चेतना है।

रैदास ने भक्ति में रागात्मिका वृत्ति को महत्त्व दिया है। नाम मार्ग और प्रेम भक्ति उनकी अष्टांग साधना में ही है। रैदास की अष्टांग साधना पद्धति का विकास लोक में हुआ है। इसके बीज शास्त्र में हैं और पल्लवन उनकी स्वतंत्र स्वच्छंद चेतना का प्रवाह है। मन-वचन-कर्म में निष्कपट होने के कारण यह साधना मौलिक है।

रैदास की वाणी, भक्ति की सच्ची भावना, समाज के व्यापक हित की कामना तथा प्रेम से युक्त थी। इसलिए उनकी कविता का श्रोताओं के मन पर गहरा प्रभाव पड़ता था। उनके भजनों तथा वचनों से लोगों को ऐसी राह मिलती थी जिससे उनकी शंकाओं का संतोषजनक समाधान हो जाता था और लोग उनके अनुयायी बन जाते थे। उनकी वाणी का इतना व्यापक और गहरा प्रभाव पड़ा कि समाज के सभी वर्गों के लोग उनके प्रति श्रद्धालु बन गए। कहा जाता है कि मीराबाई उनकी भक्ति-भावना से बहुत प्रभावित हुईं और उनकी शिष्या बन गई थीं–**'वर्णाश्रम अभिमान तजि, पद रज बंदहिजासु की / संदेह-ग्रंथि खंडन-निपन, बानि विमुल रैदास की।'** संदेह-ग्रंथि को खोलने वाली यह विमल वाणी सार्वकालिक है।

रैदास निपट निरक्षर कहे जाते हैं। संत-मत के विभिन्न संग्रहों में उनकी रचनाएँ संकलित मिलती हैं। राजस्थान में हस्तलिखित ग्रंथों में रूप में भी उनकी रचनाएँ मिलती हैं। रैदास की रचनाओं का एक संग्रह 'बेलवेडियर प्रेस', प्रयाग से प्रकाशित है। इसके अतिरिक्त इनके बहुत से पद 'गुरु ग्रंथ साहिब' में भी संकलित मिलते हैं। रैदास की काव्यभाषा पर अरबी और फारसी का प्रभाव भी परिलक्षित होता है। इसका कारण रैदास के पदों का लोकप्रचलित होना ही प्रतीत होता है।

आज भी रैदास के उपदेश समाज के कल्याण तथा उत्थान के लिए अत्यधिक प्रासंगिक और महत्त्वपूर्ण हैं। उन्होंने अपने आचरण तथा व्यवहार से यह प्रमाणित कर दिया है कि मनुष्य अपने जन्म-जाति परिवार तथा व्यवसाय के आधार पर महान नहीं होता है। विचारों की श्रेष्ठता, निस्वार्थ सेवा, समाज के हित की भावना, तथा सद्व्यवहार जैसे गुण ही मनुष्य को महान बनाने में सहायक होते हैं। इन्हीं गुणों के कारण रैदास को अपने समय के समाज में अत्यधिक सम्मान मिला। यही उच्च मानवीय मूल्य रैदास की कविता में प्रस्तावित हुए हैं और इसी कारण आज भी लोग इन्हें श्रद्धापूर्वक स्मरण करते हैं। संत कवि रैदास उन महान संतों में अग्रणी थे, जिन्होंने अपनी रचनाओं के माध्यम से समाज में व्याप्त बुराइयों को दूर करने में महत्त्वपूर्ण योगदान किया। उनकी रचनाओं की विशेषता लोक-वाणी का अद्भुत प्रयोग है जिसका जनमानस पर अमिट प्रभाव पड़ता है।

रैदास की मधुर एवं सहज वाणी ज्ञानाश्रयी होते हुए भी ज्ञानाश्रयी एवं प्रेमाश्रयी शाखाओं के मध्य पुल का काम करती है। गृहस्थाश्रम में रहते हुए भी रैदास उच्च कोटि के विरक्त संत थे। उन्होंने ज्ञान-भक्ति का ऊँचा पद प्राप्त किया था। उन्होंने समता और सदाचार पर बहुत बल दिया। वे खंडन-मंडन में विश्वास नहीं करते थे। सत्य को शुद्ध रूप में प्रस्तुत करना ही उनका लक्ष्य था। रैदास का प्रभाव आज भी भारत में दूर-दूर तक फैला हुआ है। रैदास ने एक पंथ भी चलाया, जो रैदासी

पंथ के नाम से प्रसिद्ध है। इस मत के अनुयायी पंजाब, गुजरात, उत्तर प्रदेश आदि में पाये जाते हैं जो रैदासी या रविदासी कहलाते हैं। रैदास का अपना अलग प्रभाव पछाँह की ओर जान पड़ता है। 'साधौ संप्रदाय' जो फर्रूखाबाद और थोड़ा-बहुत मिर्जापुर में भी पाया जाता है, रैदास की परंपरा में कहा जा सकता है। रैदास ने अपना नया संप्रदाय नहीं चलाया था। साधू संप्रदाय के स्थापक बीरभान रैदास की शिष्य-परंपरा में आते हैं। इस संप्रदाय के अतिरिक्त स्वयं को रविदासी कहने वाले अनुयायी रैदास की बानी से प्रकाश ग्रहण करते हैं।

रैदास की विचारधारा और सिद्धांतों को संत-मत की परंपरा के अनुरूप ही पाते हैं। उनका सत्यपूर्ण ज्ञान में विश्वास था। उन्होंने भक्ति के लिए परम वैराग्य अनिवार्य माना है। परम तत्त्व सत्य है, जो अनिर्वचनीय है–'यह परमतत्त्व एकरस है तथा जड़ और चेतन में समान रूप से अनुस्यूत है। वह अक्षर और अविनश्वर है और जीवात्मा के रूप में प्रत्येक जीव में अवस्थित है। रैदास की साधना पद्धति का क्रमिक विवेचन नहीं मिलता है। जहाँ-तहाँ प्रसंगवश संकेतों के रूप में वह प्राप्त होती है।' रैदास अपने समय के प्रसिद्ध कवि और सुधारक थे। कबीर ने 'संतनि में रविदास संत' कहकर उनका महत्त्व स्वीकार किया इसके अतिरिक्त नाभादास, प्रियादास, मीराबाई आदि ने रैदास का सम्मान और महत्त्व दिया है।

संत-कवियों के काव्य-आदर्श कतई स्पष्ट थे। संत काव्य-मर्मज्ञ आचार्य परशुराम चतुर्वेदी के अनुसार संत-कवियों ने काव्य-सृजन करते समय अपना ध्यान न तो काव्य-कौशल की ओर दिया था, न उसमें कभी वे पूर्णरूप से सावधान ही रहे। उन्होंने अपने विचारों की अभिव्यक्ति एवं सिद्धांतों के प्रचारार्थ ही कुछ रचनाएँ प्रचलित शैलियों के अनुसार प्रस्तुत कर दीं। इनकी संख्या में क्रमशः वृद्धि के होते जाने से इनका कलेवर विशाल संत-साहित्य के रूप में परिणत हो गया। ये रचनाएँ न तो मनोरंजन के लिए की गई थीं, न इनका उद्‌देश्य कभी किसी प्रकार के 'यश' या 'धन' के उपार्जन का ही रहा। इनके रचयिताओं ने अपने सामने न तो 'कविता, कविता के लिए' का आदर्श रखा, न उन्मुक्त कल्पना के प्रभाव में विविध भावनाओं की सृष्टि कर अपना मनोराज्य स्थापित करने की कभी चेष्टा की। उनकी 'स्वानुभूति' में विश्वजनीन अनुभूति की व्यापकता थी और उनके आदर्श पद की स्थिति ठेठ व्यवहार से कहीं बाहर न थी। अपनी रचना के माध्यम को भी इसी कारण उन्होंने न तो उसके विषय से अधिक कभी महत्त्व दिया, न उसके शब्द एवं शैली में चमत्कार लाने के पीछे, उसके भाव सौंदर्य के प्रति वे कभी उदासीन हुए। इसके सिवाय, अपने उच्च-से-उच्च एवं गंभीर-से-गंभीर भाव को भी वे सदा सर्वसाधारण की ही भाषा में व्यक्त करते आए। उन्हीं के दृष्टांतों एवं मुहावरों द्वारा उन्होंने उसका स्पष्टीकरण भी किया। यह पंक्तियाँ महान संतकवि रैदास के संदर्भ में भी सटीक बैठती हैं।

भक्तिकालीन ज्ञानाश्रयी निर्गुण काव्यधारा के कवियों में कबीर के बाद रैदास या रविदास का नाम बड़े सम्मान के साथ लिया जाता है। रामानंद के बारह शिष्यों में रैदास भी हैं जो पेशे से चर्मकार थे। रैदास के शब्दों में कहें 'रैदास खलास चमारां' तथा 'ऐसी मेरी जाति विख्यात चमार' कथित रूप से निम्न जाति में जन्म होने के बावजूद रैदास के काव्य में कोई ग्लानि नहीं है। इसी आत्मविश्वास के कारण धन्ना और मीराबाई के

साथ ही कबीर ने भी इन्हें अत्यंत आदर के साथ याद किया है। ब्रह्मज्ञान विषयक विमर्श में कबीर ने कहा कि 'मैं बच्चा था, माँ की गोदी में चढ़ रास्ता पार कर आया हूँ, रैदास से पूछो, वे (रैदास) बड़े थे और माँ ने उनके सिर पर कुछ गट्ठर भी रख दिया था। वे ही रास्ते का मर्म बता सकते हैं।' (आचार्य हजारी प्रसाद द्विवेदी : हिंदी साहित्य की भूमिका, पृ. 54) स्पष्ट है कि अपने अर्जित ज्ञान और नैसर्गिक काव्य प्रतिभा के कारण रैदास अपने समकालीन कवियों में महत्त्वपूर्ण स्थान रखते हैं।

रैदास के जन्म के विषय में कोई प्रामाणिक जानकारी नहीं मिलती लेकिन उपरोक्त पंक्तियों के आधार पर कह सकते हैं कि रैदास वय में कबीर से बड़े रहे होंगे या दोनों के लगभग समवयस्क होने के प्रमाण हिंदी साहित्य के इतिहासकार देते हैं लेकिन मध्ययुगीन कवियों की भाँति उनकी निश्चित जन्म और मृत्यु तिथि के संदर्भ में केवल अनुमान ही लगाये गए हैं।

रैदास ने स्वयं को काशी का निवासी कहा है–'**जाके कुटुंब सब ढोर ढोवंत / फिरहिं अजहुं बनारसी आसपास / आचार सहित विप्र करहिं डंडवति / तिन तनै रविदास दासानुदास।**' इनकी कोई स्वतंत्र संकलित रचना उपलब्ध नहीं है। इनके चालीस पद गुरु ग्रंथ साहिब में संकलित हैं। मीरा ने रैदास से गुरुदीक्षा ली थी–'**गुरू मिल्या रैदास जी दीन्ही ज्ञान की गुटकी**' तथा '**रैदास संत मिले मोहीं सतगुरू दीन्ही सुरत सहदानी**' इत्यादि मीरा के पद इसी तथ्य की ओर संकेत करते हैं।

रैदास के पद अन्य संत कवियों की तरह भेद-ज्ञान, आर्त्तगति, वेदना, नश्वरता तथा आत्माभिलाषा की अभिव्यक्ति करते हैं। संतों में रैदास एक विनम्र कवि हैं। वे मानते हैं कि परमात्मा के साक्षात्कार का अनुभव अनूठा है तथा उसकी अभिव्यक्ति कठिन है–

ऐसे कछु अनुभौ कहत न आवै, साहिब मिलैतो को बिलगावै ॥टेक॥
सबमैं हरि है हरि में सबहै, हरि अपनो जिन जाना।
साखी नहीं और कोइ दूसर, जाननहार सयाना॥1॥
बाजीगर सो राचि रहा, बाजी का मरम न जाना।
बाजी झूठ सांच बाजीगर, जाना मन पतियाना॥2॥
मन थिर होइ त कोइ न सूझै, जानै जाननहारा।
कह रैदास बिमल विवेक सुख, सहज सरूप संभारा॥3॥

ईश्वर के साथ तदाकार हो जाने पर सबके साथ संबंध स्थापित हो जाता है। ईश्वर में ही सब कुछ समाहित है और वह सब जगह मौजूद है। इसे निर्मल और शुद्ध विवेक से जाना जा सकता है। रैदास ईश्वर के प्रति अनन्य भाव की भक्ति के उपासक थे। भक्ति का मूल मंत्र है–प्रेम। ईश्वर का साक्षात्कार करने के बाद मनुष्य वैरागी क्यों होगा? ईश्वर की निकटता और सहज उपस्थिति को रेखांकित करते हुए रैदास लिखते हैं कि अभिमानी और कामी लोग चातक और मृग की तरह प्यासे भटकते रहते हैं जबकि धरती पर ही जल मौजूद रहता है। जो जिसकी इच्छा करता है उसे वह मिल ही जाता है। अनन्य भाव से जो परमात्मा को पाना चाहे उसे वह अवश्य मिलेंगे यह कोई गोपनीय बात नहीं, इसे हर कोई जानता है–

ज्यों तुम कारन केसवे, अंतर लव लागी।
एक अनूपम अनुभवी, किमि होइ बिरागी॥टेक॥

एक अभिमानी चातृगा, बिचरत जगमांही।
यद्यपि जल पूरन मही, कहूँ वा रुचि नाहीं॥1॥
जैसे कामी देखि कामनी, हृदय सूल उपजाई।
कोटि वेदविधि ऊचरै, बाकी बिथा न जाई॥2॥
जो तेहि चाहै सो मिलै, आरतगति होई।
कह रैदास यह गोप नहि, जानै सब कोई॥3॥

रैदास ने वैराग्य और ज्ञान की तुलना में भक्ति को श्रेष्ठ सिद्ध किया है और भक्ति को सहज बताया है। जिसे आसानी से साधा जा सकता है। संत कविता में परमात्मा को प्रियतम और जीवात्मा को सुहागिन के रूप में भी परिकल्पित करने की परंपरा रही है। रैदास ने इसका संकेत करते हुए ईश्वर के साथ रहने के आनंद को मूल्यवान सिद्ध किया है–

सहकी सार सुहागनि जानै, तजि अभिमानु सुष रलीआ मानै।
तनु मनु देह न अंतरु राषै, अवरा देषि न सुनै अभाषै॥1॥
सो कत जानै पीर पराई। जाकै अंतरि दरदु न आई॥रहाउ॥
दुषी दुहागनि दुइ पष हीनी। जिनि नाह निंरतरि भगति न कीनी।
पुरष लात का पंथु दुहेला। संगि न साथी गवनु इकेला॥2॥
दुषीआ दरदवंदु दरि आइआ। बहुतु पिआस जवाबु न पाइआ।
कहि रविदास सरनि प्रभु तेरी। जिउ जानहु तिउ करु गति मोरी॥ 3॥

आचरण और कर्म का अंतर यानी भीतर और बाहर की दुविधा सच्चे भक्तों को नहीं होती। रैदास ने परमात्मा के सान्निध्य पाने के लिए अभिमान के परित्याग पर बल देते हुए कहा है कि दूसरे का दर्द वही जान सकता है जो स्वयं दर्द से गुजरा हो। एकांतिक साधना पर बल देते हुए वे कहते हैं कि परमात्मा यानी प्रियतम तक पहुँचने का मार्ग एकांकी होता है। वे ईश्वर से अपनी वेदना को व्यक्त करते हुए विनती करते हैं कि मेरे जैसे दुखी, पीड़ित और प्यासे व्यक्ति को अपनी शरण में ले लो। क्षणभंगुर दुनिया का उल्लेख भी संत कविता की एक मुख्य प्रवृत्ति रही है। रैदास संसार की क्षणभंगुरता और नश्वरता को भी उद्घाटित करते हैं–

जलकी भीति पवन का थंभा, रकत बुंद का गारा।
हाड मांस नाडी को पिंजरु, पंषी बसै बिचारा॥ 1॥
प्रानी किया मेरा किआ तेरा। जैसा तरवर पंषि बसेरा॥ रहाउ॥
राषहु कध उसारहु नीवाँ। साड़े तीनि हाथ तेरी सीवां॥ 2॥
बंके बाल पाग सिर डेरी। इक तनु होइगो भसम की ढेरी॥ 3॥
ऊँचे मंदर सुंदर नारी। राम नाम बिनु बाजी हारी॥ 4॥
मेरी जाति कमीनी, पांति कमीनी, ओछा जनमु हमारा।
तुम सरनागति राजा राम, कहि रविदास चमारा॥ 5॥

नश्वर शरीर को कई प्रतीकों द्वारा व्याख्यायित करते हुए रैदास कहते हैं कि पानी की दीवार (हाड़-माँस की संरचना) हवा का खंभा और रक्त के गारे से बने पिजड़े में एक पक्षी (आत्मा) रहता है। आत्मा और शरीर का संबंध इसी तरह का है। यह पिंजड़ा (शरीर) टूटने पर पंछी (आत्मा) मुक्त हो जाती है। रैदास कहते

हैं कि मैं तो ईश्वर (राम) की शरण में हूँ इसलिए मुझे चिंतित होने की जरूरत नहीं। सभी संत कवि परमात्मा के समीप के अभिलाषी हैं। वे साधु-संगति और भक्ति भाव को किसी भी स्थिति में खोना नहीं चाहते–

चित सिमरनु करउ नैन अविलोकनो, स्त्रवन बानी सुजसु पूरि राषउ।
मनु सु मधुकरु करउ चरन हिरदे धरउ, रसन अंम्रित रामनाम भाषउ॥1॥
मेरी प्रीति गोंविद सिउ जिनि घटै, मैं तउ मोलि महँगी लई जीअ सटे॥ रहाउ॥
साध संगति बिना भाउ नहीं ऊपजै, भाव बिनु भगति नहीं होइ तेरी॥2॥
कहै रविदास इक वेनती हरि सिउ, पैज राषहु राजा राम मेरी॥3॥

रैदास अपनी आत्माभिलाषा व्यक्त करते हुए ईश्वर से अनुरोध करते हैं कि मुझे अपने चरणों में स्थान दो। संत काव्य की अनेक महत्त्वपूर्ण प्रवृत्तियों को रैदास की इन कविताओं में सहज ही लक्षित किया जा सकता है।

रैदास के पद दरअसल भजन हैं। वहाँ भक्ति रस की अपार गहराई और शांति मिलती है। भक्त का आत्मसमर्पण और निरीहता एवं सरल, सहज अलंकारहीन शैली के कारण रैदास की पंक्तियाँ संत काव्यधारा में अलग से पहचान में आती हैं। आचार्य रामचंद्र शुक्ल के अनुसार, 'रैदास की भक्ति निर्गुण ढाँचे की जान पड़ती है। कहीं तो वे अपने भगवान को सबमें व्यापक देखते हैं–**'थावर जंगल कीट पतंगा पुरि रहव्यो हरियाई'** और कहीं कबीर की तरह परात्पर की ओर संकेत करके कहते हैं–**'गुन निर्गुन कहियत नहिं जाके।'** निर्गुण काव्य की सभी विशेषताएँ अपने काव्य में समेटने वाले रैदास सरीखे कवि के महान योगदान को रेखांकित करते आचार्य द्विवेदी के उल्लेखनीय कथन हैं–'अनाडंबर, सहज शैली और निरीह आत्मसमर्पण के क्षेत्र में रैदास के साथ कम संतों की तुलना की जा सकती है। यदि हार्दिक भावों की प्रेषणीयता काव्य का उत्तम गुण हो तो निस्संदेह रैदास के भजन इस गुण से समृद्ध हैं। सीधे-सादे संतों में संत कवि हृदयभाव बड़ी सफाई से प्रकट हुए हैं। और वे अनायास सहृदय को प्रभावित करते हैं। आत्मा-परमात्मा के परस्पर संबंध को 'तुम चंदन हम पानी' कहने वाले रैदास एक बड़े दर्शन को कविता में जैसे सबके लिए आसान कर देते हैं। रैदास के काव्य में संत कविता के सभी विशेषताएँ मिलती हैं। आचार्य परशुराम चतुर्वेदी के शब्दों में 'रैदासजी की रचनाओं की विशेषता उनमें लक्षित होने वाली सरल हृदयता एवं दैन्य तथा गहरे भगवत्प्रेम में पाई जाती है। उनका आत्मनिवेदन बहुत ही सुंदर, स्पष्ट तथा हृदयग्राही है और उनकी भक्ति का रूप प्रेम के रंग में सराबोर दिखलायी देता है। उनकी उपलब्ध रचनाओं के अंतर्गत हमें अन्य संतों की 'जोग जुगति' का प्रायः अभाव-सा ही दीखता है। एकांत-निष्ठा, सात्विक जीवन, विश्वप्रेम, दृढ़ विश्वास और आत्मसमर्पण के भाव ही उनमें अधिक पाये जाते हैं। रैदासजी की कथन-शैली के सर्वश्रेष्ठ उदाहरण उनकी उन आग्रहपूर्ण प्रार्थनाओं में मिलते हैं जो आत्मसंवेदन के साथ की गई हैं।' रैदास के पद भक्त हृदय की निष्कपटता, आत्मा का परमात्मा के प्रति सहज समर्पण और जनभाषा में गूढ़-दर्शन को संप्रेषणीय बनाने की रैदासीय शैली के कारण पाठक को उनकी काव्य-प्रतिभा का कायल बना देते हैं।

8. मलूक
(निर्गुण संत कवि)

जेते देखे आतमा, तेसे सालिगराम

हिंदी साहित्य के मध्ययुग में जो भक्ति काव्य रचा गया उसकी एक प्रमुख धारा निर्गुणपंथी कवियों की थी। ईश्वर के निराकार रूप को केंद्र में रखकर निर्गुण कवियों ने जो काव्य लिखा, वह कई अर्थों में क्रांतिकारी था। यह निर्गुणपंथी ही थे जिन्होंने वर्णाश्रम धर्म पर आधारित जाति-संप्रदायगत व्यवस्था को चुनौती दी और उसके खोखलेपन को उजागर किया है। इन कवियों में संत मलूक का नाम और काम अलग से पहचाना जाता है। मलूकदास नामधारी तीन संत हुए हैं। एक थे बैरागी बाबा, दूसरे थे कबीरदास के शिष्य और तीसरे संत कवि मलूकदास। पंथक पंथियों के आधार पर संत मलूकदास का जन्म सन् 1574 ई. में इलाहाबाद जिले के 'कड़ा' नामक गाँव में माना जाता है। इनके पिता का नाम लाला सुंदरदास था, जो जाति के खत्री थे। माता का नाम शांति देवी था। इनके पूर्वज पंजाब से आकर यहाँ बस गए थे। बचपन में इनका नाम मल्लू था। इनका कोमल हृदय था। ऊँचे-संस्कार मिले। मल्लू मलूकदास बन गया। यह संकेत एक महात्मा ने इनके बचपन में ही दे दिया था कि बड़ा होकर यह अपना नाम अमर कर जाएगा। इनकी वंश कुल-उपाधि कक्कड़ थी। अब उत्तरी भारत में बसे कक्कड़ पश्चिमी पाकिस्तानी से आए खत्री क्षत्रिय हैं, जिनका संबंध मुल्तान से रहा है। इनका संबंध संत मलूकदास की जाति से था अथवा नहीं; इस विषय में कुछ नहीं कहा जा सकता। भाषा प्रस्तुति में इस जाति का कोई आधार नहीं मिलता कि इनका संबंध मुल्तान या आसपास से रहा हो। उपलब्ध वाणी में साध भाषा हिंदी प्रयुक्त है। डॉ. हुकुमचंद राजपाल के अनुसार मलूक के भांजे तथा शिष्य प्रयाग निवासी सुथरादास ने इनकी एक परिचयी लिखी है जिससे पता चलता है कि इनके पितामह का नाम जठरमल था और इनके प्रपितामह वेणीराम थे। इनके तीन भाइयों—हरिश्चंद्र, शृंगारचंद्र और रामचंद्र का उल्लेख भी मिलता है। इनका प्रिय नाम मल्लू था। तीन भाई 'चंद्र' हैं और ये 'दास' कैसे बने? इसका संकेत मिलता है। हो सकता है मलूक चंद्र से 'मलूकदास' संत कबीर से दीक्षा लेने के पश्चात बने हों। यदि से कक्कड़ जाति के थे तो इन्हें 'कायस्थ' किस आधार पर माना जाता है यह विचारणीय है। आचार्य परशुराम चतुर्वेदी ने इन्हें कायस्थ मानने से असहमति प्रकट की है। इतना स्पष्ट है कि ये बचपन से साधु-स्वभाव के थे। इनके प्रारंभिक जीवन की कंबल बेचने वाली घटना इनके

बदलाव को रेखांकित करती है–इन्हें प्रभु का साक्षात्कार प्राप्त हुआ–इसमें मान्य है। संत मलूकदास के विवाहित होने का परिचय मिलता है। इन्होंने कभी भी गेरुआ वस्त्र धारण नहीं किए। इनके गुरु को लेकर भी विद्वानों में मतभेद व्याप्त हैं। गृहस्थ जीवन के संकेत अवश्य मिलते हैं। इन्होंने लगभग 108 वर्ष की आयु पाई थी। इनकी भ्रमणशीलता और बहुश्रुत होने का परिचय भी मिलता है। मलूक खत्री थे या कायस्थ; इससे कोई फर्क नहीं पड़ता क्योंकि इन संतकवियों ने इस तरह के वर्गीकरण को निरर्थक साबित किया है।

संत मलूकदास के नौ ग्रंथों का उल्लेख किया जाता है जो इस प्रकार हैं–'ज्ञानबोध', 'रतनखान', 'भक्त वच्छावली', 'पुरुष विलास', 'दस रत्न ग्रंथ', 'गुरु प्रताप', 'अलखबानी' तथा 'रामावतार लीला'। कुछ अन्य ग्रंथों का भी उल्लेख किया जाता है, पर इनकी प्रामाणिकता असंदिग्ध नहीं है। 'मलूकदास की बानी' को सभी ने अपने विवेचन, विश्लेषण को आधार बनाया है। गृहस्थ जीवन में रहते हुए इन्होंने आध्यात्मिक आदर्श को आत्मसात किया। संत मलूकदास तुलसीदास के समकालीन माने जाते हैं। जिस समय तुलसीदास अपनी कालजयी कृति 'रामचरितमानस' की रचना कर राम के मर्यादावादी उदात्त स्वरूप को अंकित कर रहे थे; लगभग उसी काल में मलूकदास ने निर्गुणपंथी होते हुए भी अवतार राम की कथा सविस्तार कही है। इस कथा लेखन की मूल प्रेरणा उन्होंने महर्षि वाल्मीकि द्वारा 'रामायण' से ली है तथा अपने युग में प्रचलित राम विषयक मान्यताओं को भी ग्रहण किया है। वह 'श्री राम अवतार लीला' शीर्षक से 'संत मलूक ग्रंथावली' में संकलित है। तुलसी ने राम कथा राम के रावण संहार के उपरांत अयोध्या लौटने तक पूरी कर दी है, किंतु इस लघु आकारपरक रचना में मलूक ने कथा को प्रसार देकर सीता के वन-गमन, लव-कुश कांड तथा अंत में क्रमशः लक्ष्मण के स्वर्ग सिधारने और स्वयं राम के निज धाम गमन की कथा कही है। अपनी राम-कथा को पूरी करते हुए मलूकदास बताते हैं–'**ब्रह्मा विष्णु महेश। सबहिन मिले आगे लियो।। / कीयो धाम परवेश। कहै मलूक अविगति हरि।।**' प्रचलित रामकथा के प्रमुखकथा-बिंदुओं को समेटते हुए मलूक ने रामकथा की समग्र काव्यात्मक प्रस्तुति की है।

बाबा मलूकदास ने 108 वर्ष की आयु प्राप्त की थी। बैशाख कृष्ण 14 संवत् 1739 को इन्होंने मुक्ति प्राप्त की। इनके जन्म और साधना की स्थली कड़ा थी। आज भी यहाँ इनका आश्रम है, समाधि है।

जाति-पाँति, अमीर-गरीब इत्यादि खांचों में बैठे मनुष्य को उसके आत्म सहित जानने की मलूक ने क्रांतिकारी पहल की थी। मलूक सरीखे कवियों ने यह काम किया। इस रास्ते उन्होंने ईश्वर प्राप्ति को जैसे आसान बना दिया–

छोटो बड़ों न घटि बढ़ि, आपुहिं सब प्रकास।
कहै मलूक अनादि हरि, साधन को विश्वास।।

एक ही आलोक से सबको आलोकित देखने वाली यह दृष्टि उन्होंने जन-साधारण को दी। जिससे यह विवेक विकसित हुआ कि आत्मा के धरातल पर सब बराबर हैं–

सर्वव्यापक आत्मा, सतगुरू दियो बताइ।
अब क्यों पाति तोरि कै, प्रतिमा पूजौं जाइ।।

परमतत्त्व ही आत्मा में व्याप्त है तो प्रतिमा की पुष्प-अर्चना क्यों की जाए? अर्थात् परमात्मा को ही पूजना चाहिए—

जेते देखे आतमा, तेसे सालिगराम।
बोलनहारा पूजिए, पत्थर से क्या काम॥

मनुष्यत्व के विकास की इस सहज-सरल पद्धति को विकसित करने के लिए संत कवियों को अनथक संघर्ष करना पड़ा।

संत-काव्य से पहले निरंकार ईश्वर को प्रेम के दायरे से बाहर दार्शनिक तत्त्व माना जाता था। वेदांत में सूफियों के प्रेमतत्व का समावेश कर इन कवियों द्वारा जो रचना-प्रणाली विकसित हुई उससे प्रेरणा-ग्रहण कर समाज में भी अनेक आमूलचूल सकारात्मक परिवर्तन घटित हुए। आचार्य शुक्ल ने ठीक ही लिखा है कि निर्गुणपंथी कवियों ने मनुष्यत्व की सामान्य भावना को आगे करके निम्न श्रेणी की जनता में आत्म-गौरव का भाव जगाया और भक्ति के ऊँचे-से-ऊँचे सोपान की ओर बढ़ने के लिए बढ़ावा दिया। कविता की इस मुहिम का कुशल नेतृत्व कबीर कर रहे थे और इसमें उनका साथ देने वाले कवियों में नानक, रैदास, दादू सरीखे संत कवियों के साथ मलूकदास भी एक प्रमुख रचनाकार थे।

सौ वर्ष से अधिक जीने वाले मलूक की दो पंक्तियाँ भाग्यवादियों को विशेष प्रिय हैं—

अजगर करै न चाकरी, पंछी करै न काम।
दास मलूका कह गए, सबके दाता राम॥

कई आलोचक इसे प्रक्षिप्त मानते हैं लेकिन सारी मुश्किलों से राम के भरोसे पार पाने की यह आकांक्षा दरअसल समूचे भक्तिकाल की कविता में है—

राम कहु राम कहु राम कहु बाउरे।
आसर न चूक भादू पारा भल दाऊ रे।

राम के गुण गाने, राम को चित्त में बसाने और केवल उनका ध्यान करने की यह भक्तिभावना, दुविधा से कतई मुक्त है—

राम जी के गुन गाऊ, राम जी सौं चितलाउ।
राम को लड़ाऊ नीके, राम को रिझाऊ रे॥
राम को हृदय बसाऊ, राम को मन में ध्याऊ।
राम जी के चरन कमल, चित्त लाऊ रे॥
कहत मलूक दास, छांड़ि दै तैं झूठी आस।
आनंद मगन होई कै, राम गुन गाऊ रे॥

यह एकनिष्ठ भक्ति है जो बुरे समय में शक्ति देती है। यह उस कथित धर्म-संस्कृति की ताकत का प्रतिपक्ष है जो खोखले चमत्कारों से भरमाती और भयभीत करती है। मध्ययुगीन परिवेश को सामने रखकर देखने पर संत साहित्य की महत्ता और भी बढ़ जाती है।

संत मन को वश में करने के लिए उसे किसी महत् के साथ जोड़ने की बात करते हैं। डॉ. हरदयाल के अनुसार, 'संतों का यह महत् वह परमसत्ता है जिसे उन्होंने विभिन्न नामों से द्योतित किया है। मलूकदास भी इसके अपवाद नहीं

हैं। उन्होंने इस महत् को जिस नामों से पुकारा है वे हैं–ब्रह्म, हरि, मुरारि, बृजराज, रघुपति, राम, अलख, निरंजन, पुरुष, गोविंद आदि। स्पष्ट है कि मलूकदास अन्य संतों की तरह नाम जिसका लें, लेकिन वे जिस परमसत्ता से मन को जोड़ते हैं वह निर्गुण, निराकार, अलक्ष्य और निरंजन है। इस विषय में उनमें कोई सांप्रदायिक कट्टरता नहीं है। वे शास्त्र से नहीं, लोक से जुड़े हैं। इसीलिए वे गज-ग्राह जैसे पौराणिक प्रसंगों का भी उपयोग करते हैं। इसके बावजूद न उनकी कर्मकांड में आस्था है न देवी-देवताओं में।' असल में संतों की निगाह में 'कुंजर चींटी पशु नर सबमें साहेब एक' हैं। संत अविनाशी प्रभु की प्राप्ति में ही निर्वाण देखते हैं–

किरतिम देव न पूजिए, ठेस लगै फूटि जाय।
कह मलूक शुभ आत्मा, चारों जुग ठहराय॥

कितना सार्थक व्यंग्य हैं। कृत्रिम या कथित देवता जरा ठेस लगने या तर्क के दायरे में आने भर से ध्वस्त हो जाते हैं। ऐसे पत्थर को पूजने से अच्छा है चक्की को पूजा जाय–

देवल पूजे कि देवता, कि पूजे पहाड़।
पूजन कों जाँता भला, पीस खाय संसार।

मलूक सरीखे द्वंद्व-मुक्त संत कवियों को संसार की हकीकत मालूम है कि यह संसार तो सराय है और शरीर नश्वर है–

उतरे आय सराय में, जाना है बड़ कोइ।
अटका आकिल प्रेमवश, ली भठियारी मोह॥

नश्वर प्रलोभन में पड़कर अजर-अमर को छोड़ने वाला जीव मूर्ख है–

सुंदर देही पाइ के, मत कोई करै गुमान।
काल दरेरा खायगा, क्या बूढ़ा क्या ज्वान॥

मलूकदास वैचारिक और सांसारिक द्वैत-भाव को छोड़कर सर्वव्यापक साँई की आराधना मन, वचन कर्म से करने की सलाह देते हैं–

सब घट मेरा साइंया, दुतिया भाउ बिसारी।
हित सों पूजा कीजिए, मन बच कर्म बिचारि॥

संसार परब्रह्म का रचा प्रपंच है; जो इसे जान लेता है उसका जीवन आसान हो जाता है–

कारन जग का ब्रह्म है और न कोऊ आहि।
यह प्रपंच सब ब्रह्म है जानहु निस्चै ताहि॥

मलूक का ब्रह्म-विचार असल में जीव की नियति से उपजा है। यह संत कवि वास्तविक संतभाव के पर्याय हैं। मलूकदास को संतों में संत मानते हुए शिवकुमार मिश्र कहते हैं, 'धर्म और धर्मशास्त्रों पर आधारित वर्ण, जाति, लिंग तथा संप्रदाय आदि के आधार पर आदमी और आदमी में फर्क करने वाली, भेदभावपूर्ण सामाजिक संरचना के खिलाफ, धर्म को संस्थागत बनाने के उपरांत, बाह्याचारों तथा तमाम पाखंडों को धर्म के नाम पर विज्ञापित करने वाली मानसिकता के खिलाफ, कर्त्ता को एक न मानकर अपनी-अपनी दलीलों से उसे अलग-अलग नामों से पुकारने तथा मजहब के नाम पर आदमी तो आदमी खुद कर्त्ता को बाँट देने की दुर्बुद्धि

के खिलाफ, कर्त्ता को एक और अखंड मानते हुए, समूचे चर-अचर जगत में उसकी व्याप्ति को विज्ञापित करते हुए, आदमी की शिनाख्त उसके वर्ण, जाति, धर्म, संप्रदाय आदि के आधार पर न करके, उसकी आदमीयत के आधार पर करते हुए मध्य युग में संतों की एक जो पूरी परंपरा सामने आई, मलूकदास, कबीर, रैदास, दादू, नानक आदि की तरह संतों की उसी परंपरा के एक बेजोड़ संत हैं।' मलूक ने संत काव्यधारा के पाट को चौड़ा किया है। निर्गुण शाखा को मलूकदास की देन रेखांकित करते हुए लक्ष्मीकांत वर्मा कहते हैं–'ज्ञान ही भक्ति का चरम बिंदु है। विज्ञान ज्ञान का विवेक पूर्ति प्रयोग है। इसीलिए जहाँ कहीं भी भक्ति का निरूपण किया गया है वहाँ विज्ञान को ज्ञान से बड़ा माना गया है। विज्ञान ही अपने आत्म-साक्षात्कार और विवेक से निर्भरा भक्ति की कोटि तक पहुँच सकती है। जब मैं नितांत मूर्खों के मुख से यह सुनता हूँ कि 'अजगर करे न चाकरी, पंछी करे न काम' तो लगता है कि एक परम कठिन साधना की उपलब्धि को एक खिलौना समझकर उससे खिलवाड़ किया जा रहा है। निर्भरा भक्त वह है जो सारे ब्रह्मांड का साक्षात्कार कर चुका हो। ब्रह्मांडमय हो चुका हो। जो शून्य आकाश में उस नक्षत्र से भी आत्म-साक्षात्कार करने की क्षमता रखता हो जो अभी जन्म ले रहा हो। जीवन एक प्रश्न-सा होता है। जब हम किसी अनंत ऊर्जा की शक्ति को एक मामूली गेंद समझकर उससे खेलने लगते हैं। यदि अज्ञानतावश वह गेंद कहीं फटा-टूटा तो वह खेलने वाले को भी नष्ट कर देगा और उस आत्म-साक्षात्कार की गूढ़तम शक्ति को भी नष्ट कर देगा तो जीवन का मूल स्रोत है। अन्य संत-साधकों ने निर्भरा भक्ति का प्रस्थापन नहीं किया है। मलूकदास का मूलाधार ब्राह्मी चेतना से शुरू होता है। उसके लिए जरूरी है कि 'वह सब रंग खेल सम रहे, दुविधा मनहि न आनै। कह मलूक कोई रावला, मेरे मन मानै।।' यह चेतना केवल ज्ञान की स्थिति नहीं है। यह ज्ञान के आगे विज्ञान की स्थिति है जो 'मेरे मन मनै' द्वारा रेखांकित होती है। इसी स्थिति के साक्षात्कार में ही यह बोध होता है। "अब मैं दृढ़ पदहिं समाना" अपने को अनहद पद के समान पाना ही अकर्म या निष्काम कर्म या निर्भरा भक्ति की ओर ले जाता है।' सब कछ ईश्वर पर छोड़ देने का यह भाव आलसीपन नहीं; सद्कर्मी द्वारा जीवन को अर्थ देने का उपक्रम है। चमत्कारप्रियता जहाँ जनता में व्याप्त प्रवृत्ति थी, वहीं कवि भी चमत्कार दर्शन करते थे। इन सब पाखंडों से दूर औरंगजेब के समकालीन मलूकदास ने ईश्वर को दिल के अंदर खोजने की राह दिखाई। उनके जीवनकाल में ही जयपुर, कड़ा (इलाहाबाद), गुजरात, मुलतान, पटना, नेपाल और काबुल में उनकी गद्दियाँ और मठ स्थापित हो चुके थे तो इसीलिए कि इनकी कविता में निरक्षर सताया हुआ जन-साधारण त्राण पा रहा था। अपने जीवन की कठिनाइयों से राहत पाने की खोज में मलूक के पास आने वालों में हिंदू-मुस्लिम दोनों ही थे क्योंकि मलूक का रास्ता जड़ता और कठमुल्लापन से भिन्न ईमान का रास्ता था–

कोउ साहब बंदते, हिंदू मुसलमान।
साहब तिनको बंदते, जिनका ठौर इमान।।

मलूक के यहाँ ईमान ही परम सांस्कृतिक मूल्य है।

मलूक के दो ग्रंथ 'रत्नखान' और 'ज्ञानबोध' की कविताओं में इनके समकालीनों पर खासा प्रभाव डाला है। उन पर मलूक की छाप साफ-साफ देखी जा सकती है। वैराग्य, मर्म और मानवीय प्रेम के साथ-साथ मलूक ने स्वयं को जानने का विवेक भी जनता को सिखाया–

अब तो अजपा जपु मन मोरे।
सुर नर असुर रहलुवा जाके, मुनि गंधर्व जाके चेरे।
दस औतार देखि मत भूलो, ऐसे रूप घनेरे॥
अलख पुरुष के हाथ बिकाने, जब तें नैन निहारे॥
अबिगत अगम अगोचर अबधू, संग फिरत हैं तेरे॥
कह मलूक तू चेत अचेता, काल न आवै नेरे॥

अब तो अजपा जपु मन मोरे के इस गायक ने किसी सम्राट् या सुल्तान की बजाय उस 'अलख पुरुष' का नाम जपने पर बल दिया, जिसका हालचाल, सुर, नर, असुर पूछते हैं और मुनि-गंधर्व उसकी चाकरी बजाते हैं। समय रहते सचेत होने वाले मनुष्य के नजदीक काल नहीं फटकता है। इस सत्य को जानने वाले मलूक अपने जीवन-काल में ही ईश्वर जैसे पूजे जाने लगे। इसका कारण यह भी था कि यह सबके लिए सुलभ थे–**'सब हिंद के हम, सबै हमारे। जीव जन्तु मोहि लगे पियारे॥ तीनों लोक हमारी माया। अंत कतहू से कोई नहिं पाया॥ छत्तिस प्वन हमारी जाति। हमही दिन औ हम हीं राति॥ हमहीं तरूवर कीट पतंगा। हमहीं दुर्गा, हमहीं गंगा॥ हमहीं मुल्ला, हमहीं काजी। तीरथ बरत हमारी बाजी॥ हमहीं दसरथ, हमहीं राम। हमरै क्रोध औ हमरे काम॥'** मलूक का संत काव्य परंपरा को ही प्रेरित नहीं करता बल्कि आज के महत्त्वपूर्ण कवि कथाकार उदयप्रकाश ने भी इससे प्रभावित होकर–'हम मैं ताना...हम हैं बाना' जैसा चर्चित पद लिखा–'नाद हमीं, अनुनाद हमीं, नि:शब्द हमीं गंभीरा। अंधकार हम, चाँद-सूरज हम, हम कान्हा, हम मीरा।' स्पष्ट है कि मलूक वाणी आज भी कवियों में वर्तमान है।

जन-भाषा में काव्य रचना की पहलकदमी संत कवियों ने ही की थी। मलूक ने भी जन-सामान्य में प्रचलित शब्दावली में अपनी पदावली विकसित की है–

नाम हमारा खाक है, हम खाकी वंदे।
खाकहिं ते पैदा किये, अति गाफिल गंदे॥
कबहुँ न करते बंदगी, दुनिया में भूले।
आसमान को ताकते, घोड़े चढ़ि फूले॥
जोरू लड़के खुस किये, साहब बिसराया।
राह नेकि की छोड़ि के, बुरा अमल कमाया॥
हरदम तिस को याद कर, निज वजूद सँवारा।
सबै खाक दर खाक है, कुछ समझ गँवारा॥
हाथी घोड़े खाक के, खाक खानखानी।
कहैं मलूक रहि जाएगा, औसाफ निसानी॥

ऊपर प्रस्तुत पंक्तियाँ इस तथ्य का उदाहरण हैं कि मलूक ने जन-भावनाओं को सुल्तान तक प्रेषित करने के लिए जिस शब्दावली का प्रयोग किया वह सीधे सत्ता को संबोधित करने वाली राजनीतिक, सांस्कृतिक पदावली है।

मलूकदास ने सांप्रदायिक आधार पर शब्दों को स्वीकार-अस्वीकार नहीं किया बल्कि उर्दू, फारसी, संस्कृत और अन्य भारतीय भाषाओं से विषयानुकूल शब्द ग्रहण कर अर्थ संपन्न समृद्ध कविता की रचना की है। आज हम जिस खड़ी बोली में पद लिख और बोल रहे हैं, उसे निर्मित करने में मलूक जैसे कवियों का महत्त्वपूर्ण योगदान है। मलूक के काव्य-शिल्प की चर्चा करते हुए शुक्ल जी ने उनकी सुव्यवस्थित और सुंदर भाषिक प्रणाली की प्रशंसा की है। मलूक के ललित पद-विन्यास और दोहा, चौपाई, कवित्त जैसे छंदों में प्रस्तावित कविता का मध्यकालीन साहित्य पर दूरगामी प्रभाव पड़ा–

देह आत्म भेद कहो जो। अब ताको देवहार कहो सो।।
देह आत्मा जेन न जाना। कहि देवहार ताका भ्रम माना।।
सो अब सुनुहु कहु गाऊँ। देह भेद करि झूठ देखाऊँ।।
भेद जुगुति की कैसें कै होई। चेतनि एक रूप है सोई।।
चेतनि महा जीउ भासौं यौं। लेजुरी महा सर्प भासी त्यौं।।
लेजुरी कीजो ग्यान एक दिन। सर्प रूप मानि लीन्हौं तिन्ह।।
त्यौं चेतनि सरूप की मूल। भ्रम तें भासो जग असथूल।।
कारन जग को ब्रह्म हैं और न कोई आहि।
यह प्रपंच सब ब्रह्म है जानहु निस्चै ताहि।

स्पष्ट है कि मलूक की कविता में कोई रूपगत चमत्कार या अतिरिक्त अलंकृति नहीं हैं बल्कि विषय और वस्तु का ऐसा सहज सामंजस्य मिलता है जो संत काव्य की अमूल्य देन है। मलूक के यहाँ रूप के धरातल पर गहरी संवेदनशीलता मिलती है।

भाव-विचार और उसकी अभिव्यक्ति की दृष्टि से मलूक द्वारा प्रस्तुत विषयवस्तु और संतुलित संयोजन उन्हें उपदेशक संत से अधिक एक ऐसे सुकवि के रूप में प्रस्तुत करता है जिसके यहाँ रचनात्मक स्फूर्ति और संपूर्णता मिलती है।

मानव-सेवा को ईश्वरीय आदेश मानने वाले मलूकदास ने 'दरदमंद' को ही 'दरबेस' कहा और अपना-सा दुख सबका मानने वाले को ईश्वर-प्राप्ति का संदेश दिया है। मलूक सरीखे कवि की कविताएँ आज भी प्रासंगिक हैं तो इसीलिए कि आज भी समाज शोषण, अन्याय और अत्याचार से मुक्त नहीं है। पीड़ित और वंचित लोग आज भी शोषक शक्तियों द्वारा सताए जा रहे हैं।

यह मार्मिक संत वाणी ही है जो शोषकों को सावधान करती है–

गर्व न करिये बावरे हरि गर्व प्रहारि।
गर्व ही तें रावणन गए पाया दुःख भारी।।
जलनि खुदी रघुनाथ को जिय नहिं सोहाती।
जीभ अभिमान है ताकी तोरत छाती।।
एक दया अरू दीनता गहि रहिए भाई।।
चरन गहो जाई साधू के रीझे रघुराई।।

एही बड़ा उपदेश है पर द्रोह न करिये।
कह मलूक हरि सुमिरि कै भौसागर तरिये।

परपीड़क, दमनकारी और शोषक ताकतों को समझाने का यह तरीका आज निरीह लगता है लेकिन यह निर्विवाद तथ्य है कि कुटिलता के बरक्स साधुता को मानवीय मूल्य हर युग में माना जाएगा। इस नजरिये से देखने पर मलूक वाणी का महत्त्व बढ़ जाता है क्योंकि दुनिया को बदलने का रास्ता मनुष्य को सही मनुष्य में बदलने के रास्ते से शुरू होता है–

जे दुखिया संसार में, खोवै तिनका सुक्ख।
दलिदर सौंपि मलूक को, लोगन दीजै सुक्ख।।

यही वास्तविक अध्यात्म है जबकि संकीर्णतावादी धर्म के नाम पर प्रपंच और आडंबर प्रचलित है। मलूक की कविता साबित करती है कि सच्चा पथ-प्रदर्शक वही हो सकता है जो दूसरों की पीड़ा से पीड़ित हो–**'मलूका सोई पीर है जो जाने पर पीर। जो पर पीर न जानहि, सो काफिर बे पीर।'** कथित मुक्तिदाताओं को छोड़कर मलूक ने 'आत्म राम' को पहचानने की बात कही–**'जाति हमारी आत्मा, नाम हमारा राम। / पाँच तत्त्व का पूतरा, आइ किया विश्राम।। / हरि तो सों तेरे निकट, तू पुनि फिरत उदास। / मृग कस्तूरी नाभि में, फिर फिर ढूँढ़े घास।।'**–जाहिर है मुक्ति का मार्ग पत्थर पूजकर नहीं, खुद को पहचान कर मिलेगा।

मलूक जैसे महत्त्वपूर्ण कवि को व्यवस्थित रूप में पढ़ना और समझना अभी शेष है। इसी क्रम में मलूक का हिंदी कविता में वास्तविक स्थान निर्धारित किया जा सकता है। यह कहना जरूरी है कि मलूकदास पहले की अपेक्षा आज ज्यादा जरूरी कवि हैं।

9. कुतुबन
(सूफी कवि)

मानुष प्रेम भएउ बैकुंठी

शेख कुतुबन के नाम से पहचाने जाने वाले सूफी कवि कुतुबन का जन्म 1515 ईस्वी में हुआ माना जाता है। कुतुबन शेख बुरहान के शिष्य थे और शेरशाह के पिता हुसैन शाह के समकालीन थे। ये सूफी प्रेम काव्य परंपरा के कवि थे। इनका प्रसिद्ध ग्रंथ 'मृगावती' है। इस ग्रंथ में लौकिक प्रेम की आड़ में अलौकिक प्रेम की बड़ी सुंदर अभिव्यंजना हुई है। कवि की भाषा अवधी तथा छंद दोहा एवं चौपाई है।

हिंदी की भक्तियुगीन कविता में संत निर्गुण काव्य और सगुण काव्य के साथ-साथ प्रेममार्गी सूफी काव्यधारा भी दिखाई देती है। इस काव्यधारा के बीज आदिकालीन अमीर खुसरो इत्यादि कवियों की कविता में भी देखे जा सकते हैं। लेकिन इसका वास्तविक विकास भक्तिकाल में हुआ। इस काव्यधारा के प्रमुख कवियों जायसी, मंझन, उसमान, कुतुबन इत्यादि ने प्रेम के द्वारा ईश्वर प्राप्ति का मार्ग दिखाया। इन कवियों ने भारतीय प्रेमाख्यानों को फारसी की मसनवी काव्य-शैली में प्रस्तावित किया। सूफी काव्य-धारा में परमात्मा को पत्नी और जीव को पति रूप में प्रदर्शित किया गया है। कुछ जगह पर यह प्रक्रिया उलट रूप में मिलती है, लेकिन सभी प्रेमाख्यानों में लौकिक प्रेम के माध्यम से अलौकिक प्रेम की अभिव्यक्ति हुई है।

सूफी प्रेमाख्यानक काव्यधारा के ज्यादातर कवि मुस्लिम थे लेकिन उन्होंने भाव और भाषा की सांप्रदायिक दीवारों को तोड़ा तथा उस समय की जन-भाषा अवधी में अपने प्रबंध काव्य लिखे। रूप-विधान की दृष्टि से उन्होंने परंपरित छंदों के साथ-साथ नए छंद भी रचे। इस काव्य प्रणाली के द्वारा सूफी कवियों ने प्रेम को आध्यात्मिक, उदात्त और मानवीय मूल्य की तरह व्यंजित किया। 'मृगावती' के रचनाकार कुतुबन के यहाँ भी यह विशेषताएँ दिख जाती हैं।

कुतुबन के बारे में अधिक जानकारियाँ नहीं मिलतीं। कुछ आलोचक इन्हें कुतुबन शेख और कुछ मियाँ कुतुबन के नाम से प्रस्तुत करते हैं। उनके मृत्यु संबंधी विवरण भी स्पष्ट नहीं हैं। दरअसल संत कवियों की तरह सूफी कवियों ने भी अपनी निजी विवरण देने में संकोच किया है।

निर्गुण संत कवियों के साथ ही एक दूसरी काव्यधारा भी प्रवाहित थीं, जिसे हिंदी-साहित्य के इतिहास-ग्रंथों में प्रेमाख्यानक काव्य के नाम से विश्लेषित किया

जाता है। भक्तिकाल को स्वर्ण युग बनाने में इस धारा के कवियों का योगदान भी किसी से कम नहीं है। प्रेमाख्यानक काव्य की दो धाराएँ प्राप्त होती हैं–एक धारा के कवि आध्यात्मिक प्रेम अर्थात् ईश्वरीय प्रेम का वर्णन करने में अपने कवि-कर्म की सार्थकता समझते हैं तो दूसरी धारा के कवि लौकिक प्रेम के आख्यानों को कविता के माध्यम से अंकित करते हुए उसे किसी अन्य लोक की अथवा अध्यात्म की कथा नहीं बनाते। इस दूसरी धारा के कवियों को हिंदी-साहित्य में वह श्रेष्ठ स्थान प्राप्त नहीं हो सका जो पहली धारा के कवियों को प्राप्त है।

सूफी प्रेमाख्यानक कवियों द्वारा भारतीय जनमानस में व्याप्त प्रेम-कथाओं को स्वीकार करने का शायद प्रमुख कारण यह था कि हिंदू जनता भी सूफी प्रेमाख्यान-काव्यों से कथा के स्तर पर तादात्म्य कर सके। कुछ विद्वानों ने एक अन्य प्रच्छन्न कारण की कल्पना की है। उनके मतानुसार सूफी संत कवि इस्लाम धर्म के प्रचार के लिए काव्य-प्रणयन में लीन हुए थे। किंतु, इन प्रबंधकाव्यों के अनुशीलन से ऐसा कोई उद्देश्य सिद्ध नहीं होता। हाँ, एकेश्वरवाद की भूमि पर इस्लाम की भावना की प्रतिष्ठा अवश्य होती है। मुल्ला दाऊद, जायसी, कुतुबन, मंझन, उसमान, शेख नबी आदि सूफी कवियों के काव्य तथा हिंदू कवियों में नंददास, नारायणदास, पुहकर आदि की रचनाएँ आध्यात्मिक प्रेमाख्यानक काव्य-परंपरा में प्रमुख हैं। दक्खिनी हिंदी में भी प्रेमाख्यानक परंपरा में लिखे आख्यान-काव्य उपलब्ध होते हैं। निजामी, मुल्ला वजही, गवासी, तवई आदि दक्खिनी हिंदी के प्रसिद्ध सूफी कवि हैं।

सूफी प्रेमाख्यानों का पल्लवन और विकास जिस क्षेत्र में हुआ वह भक्ति-आंदोलन का मुख्य केंद्र रहा। हिंदी की मध्ययुगीन कविता का यह रूप युग के महत्त्वपूर्ण ध्रुवों-राजाश्रय एवं धर्माश्रय को छोड़ लोकाश्रय में पनपा। लोक भूमि में पल्लवित पोषित होने के कारण ही इसमें लोक मन की साहित्यिक अभिव्यक्ति हुई। मनुष्यता के सामान्य भावों को अपने प्रेमाख्यानों द्वारा चरितार्थ कर इन्होंने एक संवाद-सेतु निर्मित किया, जहाँ व्यक्ति, संप्रदाय, मत, सिद्धांत, वाद की खाइयाँ अपने आप पट जाती हैं। उन्होंने मनुष्य के भीतर छिपे प्रेम की रचनात्मक भक्ति को पहचाना और युगीन-आवश्यकता की जमीन पर उसका प्रतिपादन किया– **'मानुष प्रेम भएउ बैकुंठी / नाहिं तो काह छार इक मूठी।'** मनुष्य प्रेम से ही बैकुंठ पाया जा सकता है।

सूफी कवियों जैसी उदार प्रकृति ही इस जीवन-शक्ति को उद्घाटित करने में समर्थ हो सकती है। वादों से जन्मी द्वैत दृष्टि के लिए ऐसा करना संभव नहीं है। सूफी कवियों ने न केवल अपने आख्यानों द्वारा बल्कि अपने मत, सिद्धांत, रहस्यानुभूति, काव्य-रूप, भाषा एवं अभिव्यक्ति के नाना रूपों द्वारा मनुष्य पात्र के भीतर विद्यमान तार को झंकृत किया। इस लक्ष्य को समन्वय दृष्टि से ही सिद्ध करना संभव था। परंपरा को रूढ़ि समझकर त्यागने की भूल करने वालों के लिए यह कविता एक चुनौती है। परंपरा और युग धर्म के समन्वय से ही सूफी रचनाकारों की कविता कालजयी एवं कालमयी हो गई। सूफी काव्यधारा अपने प्रेम भाव की सरसता एवं जनधर्मिता के कारण ही व्यापक स्वीकृति पा सकी।

सूफी प्रेमाख्यानक परंपरा के कुतुबन और अन्य कवि निर्गुणोपासक थे, किंतु ईश्वर विषयक वर्णनों में प्रतीकात्मक शैली को स्वीकार करने के कारण सगुण का आभास भी उनके काव्य में प्राप्त होता है। सूफी-संप्रदाय में आत्मा सदैव परमात्मा की प्राप्ति के लिए व्याकुल रहती है। इस व्याकुलता में ईश्वर का प्रेम ही उसका एकमात्र संबल है। यह प्रिय-वर्णन काव्य में नायक-नायिका के प्रेम-वर्णन के समानांतर ही है।

सूफी कवियों ने अपने काव्य के माध्यम से हिंदू-मुस्लिम संस्कृतियों के समन्वय का प्रयास किया है। यह प्रयास प्रत्यक्ष और परोक्ष दोनों रूपों में देखा जा सकता है। भारतीय दर्शन और संस्कृति के श्रेष्ठतम तत्त्वों का चित्रण पर इन कवियों का ध्यान रहा है। कबीर को यह श्रेय प्रदान किया गया है, किंतु वास्तविकता यह है कि कबीर ने हिंदू-मुस्लिम ऐक्य का कोई प्रयास नहीं किया था—यदि यह प्रयास कहीं काव्य के माध्यम से लक्षित होता है, तो इन्हीं प्रेमाख्यानों में ही। काव्य के माध्यम से भावात्मक एकता का यह प्रयास हिंदी भक्ति साहित्य की सबसे बड़ी उपलब्धि है।

सूफी संत काव्य परंपरा का समस्त काव्य सांस्कृतिक, सामाजिक एवं साहित्यिक स्तर पर अपने पूर्ववर्ती काव्य से सर्वथा भिन्न, किंतु जन-मानस के अति निकट है और समाज को आडंबर से मुक्त करनेवाला है। उसका संदेश ईश्वर-प्रेम के साथ मानवतावाद से भी परिपूर्ण है। भाव और भाषा के धरातल पर कुतुबन जैसे कवियों का काव्य सर्वजनसुलभ और संवेद्य है, इसलिए इस काल को 'स्वर्ण-काल' कहा गया है। आचार्य रामचंद्र शुक्ल ने 'मृगावती' के रचनाकार कुतुबन को भक्तिकालीन निर्गुणोपासक भक्तों की उस दूसरी शाखा यानी प्रेममार्गी सूफी काव्यधारा में रखा है जिन्होंने प्रेमगाथाओं के रूप में उस प्रेमतत्त्व का वर्णन किया है जो ईश्वर को मिलने वाला है तथा जिसका आभास लौकिक प्रेम के रूप में मिलता है। आचार्य शुक्ल के अनुसार कुतुबन चिश्ती वंश के शेख बुरहान के शिष्य थे और जौनपुर के बादशाह हुसैनशाह के आश्रित थे। अत: इनका समय विक्रम की सोलहवीं शताब्दी का मध्यभाग 'संवत 1550' था। इन्होंने 'मृगावती' नाम की एक कहानी चौपाई-दोहे के क्रम से सन् 909 हिजरी (संवत् 1558) में लिखी जिसमें चंद्रनगर के राजा गणपतिदेव के राजकुमार और कंचनपुर के राजा रूपमुरारी की कन्या मृगावती की प्रेमकथा का वर्णन है। इस कहानी के द्वारा कवि ने प्रेममार्ग के त्याग और कष्ट का निरूपण करके साधक के भगवत्प्रेम का स्वरूप दिखाया है। बीच-बीच में सूफियों की शैली पर बड़े सुंदर रहस्यमय आध्यात्मिक आभास और चमत्कार कुतुबन ने व्यंजित किए हैं।

कहानी का सारांश यह है—चंद्रगिरि के राजा गणपतिदेव का पुत्र कंचनपुर के राजा रूपमुरारी की पुत्री मृगावती नाम की राजकुमारी पर मोहित हुआ। यह राजकुमारी उड़ने की विद्या जानती थी। अनेक कष्ट झेलने के उपरांत राजकुमार उसके पास तक पहुँचा। पर एक दिन मृगावती राजकुमार को धोखा देकर कहीं उड़ गई। राजकुमार उसकी खोज में योगी होकर निकल पड़ा। समुद्र से घिरी एक पहाड़ी पर पहुँचकर उसने रुक्मिनी नाम की एक सुंदरी को एक राक्षस से

बचाया। उस सुंदरी के पिता ने राजकुमार के साथ उसका विवाह कर दिया। अंत में राजकुमार उस नगर में पहुँचा जहाँ अपने पिता की मृत्यु पर राजसिंहासन पर बैठकर मृगावती राज्य कर रही थी। वहाँ वह 12 वर्ष रहा। पता लगने पर राजकुमार के पिता ने घर बुलाने के लिए दूत भेजा। राजकुमार पिता का संदेश पाकर मृगावती के साथ चल पड़ा और उसने मार्ग में रुक्मिनी को भी ले लिया। राजकुमार बहुत दिनों तक आनंदपूर्वक रहा, पर अंत में आखेट के समय हाथी से गिरकर मर गया। उसकी दोनों रानियाँ प्रिय से मिलने की उत्कंठा में बड़े आनंद के साथ सती हो गईं–**'रुक्मिनी पुनि बैयहि मरि गई। कुलवंती सत सों सति भई / बाहर वह भीतर वह होई। घर बाहर को रहै न जोई / विधि कर चरित न जानै आनू। जा सिरजा सो जाहि निआनू।'** सती-प्रथा तत्कालीन समाज की एक नकारात्मक रूढ़ि थी। 'मृगावती' की कथा में यह प्रसंग कथानक को त्रासद अंत देता है।

कुतुबन की 'मृगावती' में नायक राजकुमार तथा नायिका मृगावती के प्रथम दर्शन-जन्य प्रेम का निरूपण अत्यंत भावात्मक शैली में हुआ है। मृगावती की प्राप्ति के लिए नायक योगी-वेश में घर से निकल जाता है तथा मार्ग में एक अन्य सुंदरी को किसी राक्षस के चंगुल से निकालकर उससे विवाह करता हुआ अंत में मृगावती को पाने में सफल हो जाता है। कथा की परिणति अपभ्रंश के जैन-काव्यों की परंपरा के अनुसार शांत रस में होती है, क्योंकि नायक की मृत्यु के अनंतर नायिकाओं का सती होना दिखाया गया है। इसकी भाषा अवधी है तथा दोहा-चौपाई छंदों का प्रयोग किया गया है। शैली में प्रायः सरलता, प्रवाह एवं सरसता मिलती है।

'मृगावती' के आख्यानपरक साँचे में परंपरित सूफी काव्यधारा की काव्य रूढ़ियाँ मौजूद हैं। कुतुबन की 'मृगावती' की कथा भी सांसारिक प्रेम की कहानी है जिसमें अलौकिक प्रेम का वर्णन है। कुतुबन ने इसकी कथावस्तु के विषय में स्वयं लिखा है–**'पहिले हिंदूह कथा अहह, फिन रे गान तुरकरू ले गहह / फिर हम खोल अरथ सब कहा, जोग सिंगार वीर रस अहा।'** वियोग-शृंगार और वीर रस से समन्वित कर कुतुबन काव्यार्थ प्रस्तावित करते हैं। मृगावती में चंद्रगिरि के राजा गणपति देव के पुत्र राजकुँवर और कंचनपुर की राजकुमारी मृगावती की प्रेम-कथा नियोजित है। कथानक सूफी काव्य रूढ़ियों का ही विस्तार है। अर्थात् यह कथा पहले हिंदुओं में प्रचलित थी। हिंदुओं से तुर्कों में आई। मैंने इस कथा का रहस्य समझाया है। इसमें योग के अतिरिक्त शृंगार तथा वीर रस का समावेश है।

यह प्रेमाख्यान वातावरण, छंद योजना, कथानक, नाटकीय घटनाक्रम और काव्य रूढ़ियों अर्थात् काव्यरूप की दृष्टि से भारतीय परंपरा के अधिक नजदीक है, फिर भी इसमें फारसी तत्त्व भी झलकता है। प्रायः भारतीय आख्यान सुखांत होते हैं। यहाँ नायक की मृत्यु और दोनों रानियों का सती हो जाना वर्णित है। इस प्रकार यह रचना सुखांत नहीं होकर त्रासदी से युक्त है। इसके दुखांत में भी निर्वेद या शांत की नियोजना है। कुतुबन इस धारातल पर जो नयापन आविष्कृत करते हैं

वह अपनी मौलिकता के कारण बेहद आधुनिक है। 'मृगावती' की भाषा साहित्यिक अवधी है, जिसमें आंचलिक शब्दों का बहुत अधिक प्रयोग किया गया है। यह भी अन्य सूफी प्रेमाख्यानों की तरह दोहा-चौपाई इत्यादि छंदों में रचित है।

कुतुबन अपनी काव्य रचना 'मृगावती' के आधार पर श्रेष्ठ सूफी कवियों में गिने जाते हैं। यह रचना जायसी की 'पद्मावत' से पहले लिखी गई। रचनाकार ने 'चंदायन' से शुरू होने वाली प्रेमाख्यानक प्रबंध परंपरा में अपना बड़ा योगदान दिया। लेकिन इस रचना के रचनाकार के बारे में अलग-अलग मत हैं। विशेष बात यह है कि अवधी भाषा में लिखी होने के बावजूद पद्मावत की तरह इसकी लिपि फारसी थी, लेकिन इसने शुरुआती हिंदी की रचनात्मकता को प्रस्तुत किया है। इसके मुख्य छंद, दोहे और चौपाई हैं लेकिन इनके साथ अरिल्ल, गाथा, सोरठा इत्यादि आदिकालीन एवं भक्तिकालीन छंद भी इस रचना में इस्तेमाल किए गए हैं।

'मृगावती' बुनियादी तौर पर प्रेम की कविता है। इसका 'दर्शन-खंड' सूफी-दर्शन और काव्यकला की दृष्टि से खासा महत्त्वपूर्ण है। इसका कथात्मक ढाँचा कल्पित प्रेम कहानी का है जिसके द्वारा कुतुबन ने सूफी दर्शन को व्यक्त किया है–'**सरवर तीर बरिस दिन रहा। (चाह?) कुरंगिनि मकु कोउ कहा / सिसिर हेउं औ सरद बसंता। ग्रीखम उखम न जानइ मंता / खटरितु देखत ऐसेहिं गई। बहु उपगार कथा बहु भई / दिन एक मारग जोवत अहा। उठा बवंडरा देखत रहा / फुनि आंखिन्ह तरास किछु आवा। आइ इंद्र अछरिन्ह देखरावा / देखत परा मुरुछि कै इन्ह कहं फुनि उठि बैठ संभारि / कोड करहिं रहसहिं सरवर महं खेलहिं सबइ धमारि।**' शुरू में ईश वंदना, पैगंबर की स्तुति, गुरु का महिमा गायन, शाहे वक्त की तारीफ, अपनी रचना का परिचय और इसके बाद मुख्य काव्य कथा की प्रस्तुति कुतुबन करते हैं। इसमें कुतुबन ने नायिका को परमात्मा और नायक को आत्मा के रूप में विश्लेषित किया है। परमात्मा की प्राप्ति के लिए आत्मा की लगातार बेचैनी, उनके मिलने-बिछुड़ने से उपजा तनाव इस कहानी को आगे बढ़ाते हैं–'**तब लगि ओइं देखीं अपछरा। चेत बिलान मुरुझि कै परा / भौंह धनुक गुन बान बिसारे। चतुरि सुभाएं हनां कटारें / (अ) धरन्ह उट्ठा प्रगट (ल) खाऊ। हिंए साल मधि किए अगाऊ / दिस्टि बान नहि चूकइ जाने। जइसन रोस पारधी ठाने / चक्खत बान चूक नहिं आहा। हनइ लाग निकसइ नहिं चाहा / जस मेंढा (?) उट्ठै दीएं उट्ठे घर जेउं (?) जात / छाड़ि चलीं घर अधमिंत पारधि हनेउ सो घात।**' कवि ने मध्यकालीन काव्य चमत्कारों का यहाँ भी इस्तेमाल किया है। राजकुमारी हिरणी के रूप में कहीं पर खो गई। राजकुमार राजकुमारी के वियोग में व्यथित होता है, लेकिन अपना संघर्ष जारी रखता है। कवि ने परमात्मा के रूप में वर्णित नायिका के नख-शिख सौंदर्य का विस्तारपूर्वक वर्णन किया है। उन्होंने यहाँ तक लिखा है कि गंधर्व, सुर, गण, नर, नाग, महादेव भी मृगावती के दरवाजे पर टकटकी लगाये बैठे रहते हैं लेकिन 'जेहि के भाग औ करम लीलाहरा। तोहि कर होई निमिख एक बार' यानि जिसके भाग्य, कर्म और ललाट पर लिखा

होता है उसी को निमिश भर के लिए मृगावती के दर्शन होते हैं। मृगावती असंख्य तारों के बीच दमकते हुए चंद्र के समान है–''**कहत' बात सब बाहिर भई। चीर संवारिन्हि पहिरन' लईं / राजकुंवर उन्ह 'देखइ' (लागा) / पहिरहिं चीर (संवारहिं मांगा) / कंबल बदन सब अहइं सो नारीं। रूप सुरूप सुभागि संवारी / अमिअ सिराए बदन जो अही। राय देखि चित चेत न रही / जेहि के नेह लागि अति कया। देखेसि 'ओही चाहि तेहि लिया' / चला धाइ तेहि 'ठाए' कहेसि 'परौं लै पाइ' / राजकुंवर कहं आवत 'देखिन्ह(न्हि)' सत्तौ चलीं उड़ाइ।**' उसे साधारण मनुष्य प्राप्त नहीं कर सकते। यह कहकर कवि ने परमात्मा रूपी नायिका को पाने के रास्ते आने वाली मुसीबतों की तरफ इशारा किया है लेकिन राजकुँवर एक जोगी की तरह सब कुछ त्याग कर नायिका को पाने के लिए चल देता है। उसे मार्ग कुमार्ग का ध्यान नहीं है। इसको ऊँचाई तक ले जाते हुए कवि कहता है–'**मरी मरी मरइए सोमरी मारीजिए। सोपै पेमे सुरारस पीए**' यानि जो मर-मर के मर जीता है वो जीवित रहता है और प्रेम का रस पीता है। मृगावती राजकुमार की पीड़ा को समझती है–'**वस्तु जो पावेहि सीधे मोला / तकर मरम न पावेहि भोला दानि।**' जो वस्तु आसानी से मिल सकती थी उसे पाने का आसान रास्ता यह भोला जीव नहीं जानता और कष्ट उठाता है। राजकुमार निरंतर कष्ट इसलिए उठाता है कि इस सफर में उसके सारे पाप धुल जाते हैं और उसे परमब्रह्म की प्राप्ति हो जाती है। आत्मा-परमात्मा से मिल जाती है। तत्कालीन व्यवस्था के अनुसार राजकुमार की मृत्यु के बाद उसकी दोनों रानियाँ उसी चिता पर सती हो जाती हैं और कोई भी भेद बाकी नहीं रहता। इस प्रकार यह रचना प्रेम पर अटूट विश्वास को व्यक्त करती है।

कुतुबन ने उपमान और बिंबों के माध्यम से अपनी बात सामने रखी है। उनके कुछ बिंब तो अद्‌भुत हैं–'**तब लगि ओइं देखीं अपछरा। चेत बिलान मुरुझि कै परा / भौंह धनुक गुन बान बिसारे। चतुरि सुभाएं हनां कटारें / (अ) धरन्ह उट्‌ठा प्रगट (ल) खाऊ। हिंए साल मधि किए अगाऊ / दिस्टि बान नहि चूकइ जाने। जइसन रोस पारधी ठाने / चक्खत बान चूक नहिं आहा। हनइ लाग निकसइ नहिं चाहा / जस मेंढा (?) उट्‌ठै दीएं उट्‌ठे घर जेउं (?) जात / छाड़ि चलीं घर अधमिंत पारधि हनेउ सो घात।**' इसी प्रकार उन्होंने प्रचलित जन भाषा के मुहावरे और लोकोक्तियों के माध्यम से ऐसी काव्य रचना संभव की है जिसमें व्यर्थ के अलंकार नहीं हैं।

सूफी काव्य-परंपरा में कुतुबन के दस्तख़त बड़े गहरे और अर्थवान हैं। अपनी उपलब्ध एकमात्र काव्यकृति 'मृगावती' के आधार पर ही कुतुबन मध्यकालीन हिंदी प्रेम कविता के महत्त्वपूर्ण रचनाकार साबित होते हैं। 'मृगावती' के भाव-पक्ष और शिल्प-पक्ष का विश्लेषण करते हुए कुतुबन की काव्यकला चमत्कृत करती है–'**लोयन सेत बरन रतनारे। कंवल पत्र पर भंवर संवारे / चपल बिलोल ते थिर न रहाहीं। जनौ गजमोती तहाँ भंवाहीं / मांते बिरह अइस मैं देखे। उलथि रहे तहं समुंद बिसेखे / मदन दीप पदमिनि चख बारी। धूमहिं सहज**

ते (?) पवन अधारी / कै संग बिछुरि (?) कुरंगिनि परी। भूली पंथ निहारइ खरी / अति तीखे ये दिप्प खर (तबहि?) छिनछिन (?) साल (?) / धाइ त चक्कित अति बल भए हम तन काल।' राजकुमारी यहाँ परमात्मा और राजकुमार आत्मा के प्रतीकार्थ प्रस्तावित करते हैं। प्रेम दुख की कथा है—सारी काव्यकथा इस कथा-सूत्र के आसपास बुनी गई है। कवि ने बिंब और प्रतीकों का ऐसा इस्तेमाल किया है कि काव्यार्थ इकहरा न रहकर अनेकार्थ व्यक्त करता है—**'संग न साथी मींत न अहा। को रे संदेस पिता 'सेउं' कहा / 'तेहि ठाएं' नहि आहि सयानां। को रे सींच को पानि जो आनां / को 'उचाइ' रस बचन सुनावै। पेम कथा कहि को रे 'जगावै' / 'धाइ' आइ जो देखइ पासा। मुख भेंभर तन आहि न सांसा / अमिअ सींचि बैठारि 'स (सं) भारी'। काह देखि तुइं गा बिसंभारी / कै सपनां कै सौतुख कै 'छर लागा तोहिं' आहि / रोगिया बेदन कहै बैद सो ओखद लावै ताहि।'** आमफहम शब्दावली में कवि ने सूफी-दर्शन की जटिलताओं को आसान बनाकर पेश किया है। प्रिय की प्रतीक्षा और रूप-श्रृंगार के अद्‌भुत दृश्य कुतुबन की कविता में मिलते हैं।

10. जायसी

(सूफी कवि)

कवि कल्पना और इतिहास

निर्गुण प्रेमाश्रयी शाखा के प्रमुख कवियों--कुतुबन, मंझन, उसमान, शेख नवी, कासिमशाह, नूर मुहम्मद, मुल्ला दाउद इत्यादि के बीच मलिक मुहम्मद जायसी की उपस्थिति अलग से पहचानी जाती है।

जायसी के जन्म और मृत्यु की कोई प्रामाणिक जानकारी उपलब्ध नहीं है। ये हिंदी में सूफी काव्य परंपरा के श्रेष्ठ कवि माने जाते हैं। ये अमेठी के निकट जायस के रहने वाले थे, इसलिए इन्हें जायसी कहा जाता है। जायसी अपने समय के सिद्ध फकीरों में गिने जाते थे, अमेठी के राजघराने में इनका बहुत मान था, जीवन के अंतिम दिनों में जायसी अमेठी से दो मील दूर एक जंगल में रहा करते थे। वहीं उनकी मृत्यु हुई। काजी नसरुद्दीन हुसैन जायसी ने, जिन्हें अवध में नवाब शुजाउद्दौला से सनद मिली थी, अपनी याददाश्त में जायसी का मृत्युकाल 4 रजब 949 हिंजरी लिखा है। यह काल कहाँ तक ठीक है, नहीं कहा जा सकता।

कवि जायसी का जीवन-वृत्तांत अन्य महान् कवियों के समान अनुमान और कल्पना का विषय है। आचार्य रामचंद्र शुक्ल ने अपनी रचना 'जायसी ग्रंथावली' में अंत:साक्ष्य और बाह्य साक्ष्य का सहारा लेते हुए उनके जीवन-वृत्त पर प्रकाश डालने का प्रयास किया है। 'आखिरी कलाम' रचना में जायसी ने स्वयं अपने जीवनकाल के बारे में लिखा है–**भा अवतार मोर नब सदी। तीस बरस ऊपर कवि बी॥**

अपनी अक्षय कीर्ति के आधार-स्तंभ महाकाव्य 'पद्मावत' में जायसी शाहेवक्त शेरशाह सूरी के बारे में लिखा है–**'शेरशाह दिल्ली सुलतान। चारहु खंड तपै जसमान॥'** कवि ने 'पद्मावत' का प्रारंभ-काल 974 हिजरी माना है–**'सन नव सै सैंतालिस अहा। चारहु आरंभ बैन कवि कहा।'** इन तमाम सहसूत्रों के बावजूद जायसी का जन्मकाल काफी विवादास्पद है। रामचंद्र शुक्ल ने जायसी का जन्मकाल सन् 1464 माना है, लेकिन कुछ विद्वान् उनका जन्मकाल 1494 ई. मानते हैं और यह कुछ सीमा तक उचित भी प्रतीत होता है, लेकिन इतना निश्चित है कि ये शेरशाह सूरी (सन् 1540-1585) तथा बाबर (सन् 1526-1530) के समकालीन थे– **'जायस नगर धरम अस्थानू। तहवां यह कवि कीन्ह बखानू॥'** जायस नगर उनकी जन्म और कर्मस्थली था। मलिक मुहम्मद जायसी अशरफ जहाँगीर और मेंहदी शेख बुरहान को अपना गुरु माना है। अमेठी के राज-दरबार में इनका बहुत सम्मान था। जायसी

की दैहिक कुरूपता और उनका कवियों के समान दृढ़ स्वाभिमान के किस्से भी मशहूर हैं। कुछ विद्वानों का मत है कि जायसी विवाहित थे इनकी कई संतानें थीं। किंतु वे सभी मकान की छत के नीचे दबकर मर गई थीं।

मलिक मुहम्मद जायसी सूफी सिद्धांतों के साथ-साथ हिंदू धर्म के प्रसिद्ध आख्यानों से भी गहराई से परिचित थे। वे कुरूप और एक आँख से अंधे थे। अपने सुप्रसिद्ध ग्रंथ 'पद्मावत' में अपना परिचय देते हुए उन्होंने लिखा है-'एक आँख कवि मुहम्मद गुनी।' 1542 ई. में अमेठी में ही जायसी का देहांत हो गया। आज भी उनकी कब्र वहाँ मौजूद है। जायसी, सूफी काव्य और जायस के पर्याय बन गए हैं। ये काने और देखने में कुरूप थे। कहते हैं कि शेरशाह इनके रूप को देखकर हँसा था। इस पर यह बोले 'मोहिका हँ सेसि कि कोहरहि? यानी मुझ पर हँस रहा है या मुझे बनाने वाले पर? इनके जीवनकाल में इनके शिष्य इनके बनाये भावपूर्ण कवित्तों का सामूहिक गायन करते थे। पद्मावत के अलावा 'आखिरी कलाम', 'अखरावट' और नवोपलब्ध काव्य 'कन्हावत' भी इनकी रचना है, किंतु 'कन्हावत' का पाठ प्रामाणिक नहीं लगता। 'अखरावट' में देवनागरी वर्णमाला के एक अक्षर को लेकर सिद्धांत संबंधी तत्त्वों से भरी चौपाइयाँ कही गई हैं। इस छोटी सी पुस्तक में ईश्वर, सृष्टि, जीव, ईश्वर प्रेम आदि विषयों पर विचार प्रकट किए गए हैं। 'आखिरी कलाम' में कयामत का वर्णन है। जायसी की अक्षय कीर्ति का आधार है 'पद्मावत', जिसके पढ़ने से यह प्रकट हो जाता है कि जायसी का हृदय कैसा कोमल और प्रेम की पीर से भरा हुआ था। लोकपक्ष और अध्यात्मपक्ष में, उसकी गूढ़ता, गंभीरता और सरसता विलक्षण दिखाई देती है।

हिंदी कविता अपने शुरुआती दौर से ही सैकुलर रही है। इसने धर्म संप्रदाय इसकी क्षुद्र सीमाओं से उठकर सभी रचनाकारों को सम्मान सहित अपनी उत्कृष्ट काव्य-परंपरा में स्थान दिया है। जिसके यहाँ मनुष्य की बेहतरी का विचार मौजूद है। मुल्लादाऊद (चंदायन) कुतुबन (मृगावती), जायसी (पद्मावत), मंझन (मधुमालती), उसुमान (चित्रावली), शेखनवी (ज्ञानदीप), नूर मोहम्मद (इंद्रावती) इत्यादि ऐसे अनेक रचनाकार हैं जिनका धर्म-मजहब बेशक मुस्लिम रहा है। लेकिन अपने सोच और समझ में ये रचनाकार भारतीय हैं। जायसी हिंदी के ऐसे कवियों में शामिल हैं जिनकी रचना 'पद्मावत' का स्थान महाकाव्य परंपरा में तुलसी के 'मानस' के बाद लिया जाता है। जायसी अपने समय के ऐसे निर्भीक सूफी कवि थे जो शेरशाह जैसे सुल्तानों से टकराए।

जायसी को हिंदू दर्शन ज्योतिष और योग का अच्छा ज्ञान था। वह इतने उदार थे कि अत्यंत प्रतिभाशाली कवि होने के बावजूद नम्रता से ये ही कहते थे कि वे पंडितों अर्थात् विद्वानों का अनुकरण करते हैं-'हौ पंडितन केर पछ लगा।' यह विनयशीलता सूफियों की मुख्य पहचान है।

जायसी ने शेरशाह सहित इब्राहिम लोदी, बाबर और हुमायूँ का काल भी देखा था। उन्हें एक लंबी उम्र मिली थी। अपने लंबे जीवन काल में उन्होंने कई महत्त्वपूर्ण ग्रंथ लिखे। सूफी काव्य परंपरा में उनका स्थान सर्वोच्च है। रायबरेली में 1494 में जन्मे जायसी ने सबसे बड़ा काम यह किया कि लौकिक प्रेम को दिव्य प्रेम

की अनुभूति बना दिया। उनके यहाँ प्रेम शरीर को अतिक्रमित कर देता है। प्रेम ऐसे उदात्त मानवीय मूल्यों के रूप में प्रतिष्ठित हो जाता है जिस में प्रिय परमात्मा के समक्ष बन जाता है। 'पद्मावत' में जायसी ने राजा, गंधर्व सेन की रूपवान पत्नी पद्मावती और राजा रत्नसेन के प्रेम का वर्णन किया है। जायसी ने इस कृति में कई नई उद्भावनाएँ की हैं। वस्तु संगठन की दृष्टि से देखें तो उन्होंने संस्कृत की सर्गबद्ध शैली की बजाय फारसी की मसनवी शैली में इसकी रचना की है। उन्होंने कहानी को जगह-जगह शीर्षक देकर विभाजित किया है।

इस महान प्रेम गाथा ने आने वाले कवियों को कथ्य रूप की दृष्टि से नए रास्ते दिखाए हैं।

जायसी के 'पद्मावत' में रत्नसेन पद्मावत और नागमती का जीवन संघर्ष है। यहाँ कवि ने हर पात्र को एक विशिष्ट प्रतीकार्थ दिया है। पद्मावती ईश्वर का प्रतीक है। रत्नसेन साधक का प्रतीकार्थ देता है। संसार का प्रतीकार्थ नागमती गुरु का प्रतीकार्थ, हीरामन तोता, शैतान का, राघव चेतन और माया का प्रतीकार्थ अलाउद्दीन इत्यादि प्रस्तावित करते हैं-

ता चित उर मन राजा कीन्हा।
हिय सिंहलो। बुधि पदमिनी चीन्हा॥
गुरु सुआ जेइ पंथ दिखावा।
बिन गुरू जगत को निरगुन पावा
राधवचेतन शैतान है और,
अलाउद्दीन सुल्तान माया है।

जायसीकृत इस 'पद्मावत' में प्रस्तुत प्रतीकार्थ खोलकर देखें तो जायसी की काव्य-दक्षता गहरा असर डालती है। यहाँ रत्नसेन प्रारंभ में चंचल मन का प्रतीकार्थ व्यंजित करता है लेकिन उसमें भी वह साधक का अर्थ विकसित कर लेता है। चित्तौड़ तन और रत्नसेन मन हैं। चित्तौड़ रूपी तन में बसा मन सामान्य इच्छाओं के बस में आकर दुनियावी वासनाओं से छूट नहीं पाता। रत्नसेन तन-केंद्रित है। उसकी कामनाएँ शारीरिक हैं। वह नागमती अर्थात् सांसारिक वासनाओं में फँसा रहता है। गुरु का प्रतीकार्थ-संपन्न हीरामन तोता उसे जीने की सही राह दिखाते हुए स्पष्ट करता है कि मनुष्य जीवन के अर्थ बड़े हैं। जीवन का उच्चतम लक्ष्य भी उसके हृदय में स्थित है। सिंहल रूपी हृदय के अंदर मौजूद सौंदर्य चेतना ही चरम लक्ष्य है। सहजबुद्धि अर्थात् पद्मावती को प्राप्त करके ही इस लक्ष्य को पाया जा सकता है। चित्तौड़ तन है। मन राजा है। हीरामन गुरु है। सिंहल द्वीप हृदय है। पद्मिनी प्रज्ञा या सहजबुद्धि है। नागमति सांसारिक वासना है। राघवचेतन शैतान है। अलाउद्दीन माया है। 'पद्मावत' के अंत में जायसी प्रतीकों के प्रति अपने प्रेम से परिचित कराते हैं। 'पद्मावंत' में इतनी घटनाएँ हैं और इतने सारे प्रतीक हैं कि कविता का अर्थ व्यंजित होता है। जैसे उन्होंने स्थानों-सिंहल इत्यादि को हृदय बताया और दिल्ली को परलोक। जायसी के आध्यात्मिक चिंतन का ढाँचा अन्योक्ति पद्धति पर खड़ा है। इसलिए कविता का अर्थ सतह पर नहीं मिलता उसे लक्षित करना पड़ता है या व्यंजना में उसकी तलाश करनी पड़ती है।

'पद्मावत' जैसे प्रबंध में जायसी ने रत्नसेन, षद्मावती और अलाउद्दीन जैसे इतिहास प्रसिद्ध पात्र लिए हैं। इतना ही नहीं; उन्होंने अनेक ऐतिहासिक घटनाएँ भी ली हैं। लेकिन 'पद्मावत' इतिहास न होकर कवि कल्पनाओं पर खड़ा बेहतर महाकाव्य है। यह अकेला ग्रंथ जायसी की अक्षय कीर्ति को अनंतकाल तक सुरक्षित रखने के लिए पर्याप्त है।

रहस्यवादी कवियों में भी जायसी का प्रमुख स्थान है। आचार्य रामचंद्र शुक्ल का मत है कि सच्चे भावात्मक सूफी रहस्यवाद के दर्शन जायसी काव्य में ही होते हैं। सूफी कवियों ने अपने प्रेम कथानकों में प्रेमिका को परमात्मा और प्रेमी को आत्मा के रूप में चित्रित किया है। जायसी ने भी अपने प्रमुख काव्य 'पद्मावत' में ऐसा किया है। जायसी के रहस्यवाद में हठयोग और भावात्मक, दोनों रूप मिलते हैं। उन्होंने 'सिंहलद्वीप' वर्णन में हठयोग की साधना-पद्धति का उल्लेख किया है। जायसी ने दाम्पत्य भाव से आत्मा-परमात्मा के संबंधों को ही व्यंजित किया है। यानी वे स्वकीया प्रेम के कवि हैं। दरअसल जायसी सरीखे सूफी कवियों ने पतनशील मध्यकाल में स्त्रियों को आदर देना सिखाया। उनकी कविता में व्यक्त स्त्री-छवि दूसरे मध्यकालीन कवियों से कतई अलग है। जायसी के यहाँ सघन प्रेम की पीर मिलती है। उनका संपूर्ण काव्य प्रेम की भावना से व्यंजित है। जायसी की प्रेम-अभिव्यंजना में रूप-वर्णन, नख-शिख और प्रकृति-वर्णन् में आध्यात्मिक और रहस्यात्मक संकेत हैं। पद्मावती के नख-शिख और रूप-वर्णन में कवि का ध्यान ब्रह्म के सौंदर्य की ओर आकृष्ट होता है। उसे चारों ओर ईश्वर की झलक दिखाई देती है। वे कहते हैं ब्रह्मांड का कण-कण, सूर्य, चाँद, नक्षत्र; उस ईश्वर के प्रकाश से प्रकाशित है-

"रवि, ससि, नखत दिपहिं ओही जोती।
रतन पदारथ मानिक मोती।
जहँ-जहँ विहँसि सुभावहि हँसी।
तहँ-तहँ छिटक जोति परगसी।"

कण-कण में ईश्वर देखना; मनुष्य-मात्र में परम तत्त्व देखना है। 'पद्मावत' जायसी के काव्यों में ही प्रमुख नहीं बल्कि समूचे हिंदी काव्य की उपलब्धि है। यह महाकाव्य काव्य-कला एवं भावोत्कर्ष के लिए बड़ा उदाहरण है। जायसी के इस प्रमुख प्रेम-काव्य का रचना काल लगभग 1521 ई. माना जाता है। 'पद्मावत' मसनवी शैली में लिखित महाकाव्य है। इसमें रत्नसेन और पद्मावती की लौकिक प्रेम-गाथा द्वारा अलौकिक प्रेम की सुंदर व्यंजना हुई है। अन्य सूफी काव्यों के समान इस प्रबंध-काव्य में लोक-प्रचलित कथाओं के साथ-साथ ऐतिहासिकता का भी बेहतरीन रचनात्मक संश्लेषण किया गया है। इस प्रकार 'पद्मावत' का पूर्वार्द्ध यदि काल्पनिक है तो उत्तरार्द्ध ऐतिहासिक है। यह एक ऐसा संतुलित महान् महाकाव्य है जिसमें प्रेम की साधना और सिद्धि, दोनों अवस्थाओं का सुंदर वर्णन हुआ है। जायसी इस रचना के माध्यम से हिंदुओं और मुसलमानों के फासले को कम करने में सफल हुए हैं। इसका कारण यह है कि जायसी ने कबीर के समान खंडनात्मक स्वर न अपनाकर मंडनात्मक स्वर अपनाया है। जायसी का रुझान तोड़-फोड़ करने की बजाय तोड़-फोड़ को ठीक करने की तरफ ज्यादा रहा है। इस महाकाव्य का

सांस्कृतिक और साहित्यिक, दोनों दृष्टियों से महत्त्व है। इसकी प्रबंध-कुशलता दर्शनीय है। इसमें वर्णित प्रेम एकांतिक न होकर लोक-पक्ष को ही समाहित किए हुए है।

सूफी कवियों की केंद्रीय काव्यभाषा अवधी रही है क्योंकि ज्यादातर सूफी कवि देश के पूर्वी भागों के निवासी थी, इसलिए इनकी काव्यभाषा अवधी होना स्वाभाविक है। अवधी का लोक-प्रचलित सरल एवं सरस रूप ही इनके यहाँ प्रयोग में लाया गया है। भाषा पर अधिकार प्रतिनिधि सूफी कवियों के यहाँ दिखाई देता है। परशुराम चतुर्वेदी के अनुसार-सूफी प्रेम-गाथा के कवियों का भाषा पर पूरा अधिकार सर्वत्र नहीं लक्षित होता। जायसी, जान कवि, उसमान और नूर मुहम्मद इस विषय में अधिक सफल जान पड़ते हैं। जायसी द्वारा किया गया शुद्ध और मुहावरेदार अवधी का प्रयोग तथा नूर मुहम्मद का संस्कृत शब्द-भंडार पर अधिकार विशेष रूप से उल्लेखनीय है। जायसी का भाषा वैशिष्ट्य सूफी काव्य-परंपरा के अन्य कवियों के लिए अनुकरणीय और सीखने का विषय रहा है। अवधी का निजी मिजाज इनकी भाषा में हर कदम पर देखा जा सकता है। आचार्य शुक्ल ने जायसी की भाषा के संबंध में लिखा है कि जायसी की भाषा बहुत ही मधुर है, पर उसका माधुर्य निराला है। वह माधुर्य 'भाषा' का माधुर्य है, संस्कृत का माधुर्य नहीं। वह संस्कृत की कोमलकांत पदावली पर अवलंबित नहीं। उसमें अवधी अपनी निज की स्वाभाविक मिठास लिए हुए है, मंजु 'अमंद' आदि की चाशनी उसमें नहीं है। जायसी की भाषा और तुलसी की भाषा में यह बड़ा भारी अंतर है। जायसी की पहुँच अवध में प्रचलित लोकभाषा के भीतर बहते हुए माधुर्य स्रोत तक ही थी...अवधी की खालिस, बेमेल मिठास के लिए 'पद्मावत' का नाम बराबर लिया जाएगा।

लोकभाषा की मिठास जायसी की कविता को कलात्मक बनाती है। सूफी काव्य-परंपरा में कुछ आख्यान राजस्थानी एवं ब्रजभाषा में भी लिखे गए। 'हंसावली', 'लखनसेन की पद्मावती' तथा 'माधवानलकामकंदला', 'ढोला मारूरा दूहा' आदि राजस्थानी में तथा नंददास की 'रूपमंजरी' और जान कवि के प्रेमाख्यान ब्रजभाषा में रचे गए हैं। लोकप्रचलित देशज एवं विदेशी शब्द भी इनके यहाँ देखे जा सकते हैं। इनमें अरबी, फारसी, तुर्की, तद्भव, भोजपुरी आदि भाषा के शब्द प्रमुख हैं। सूफी आख्यानकारों द्वारा प्रयुक्त मुहावरों एवं लोकोक्तियों में अवधी भाषा की गंध को अनुभव किया जा सकता है। अलंकारों के प्रयोग में परंपरा-पालन की प्रवृत्ति ही प्रमुख रही है। विषय के अनुरूप अतिशयोक्ति, उपमा, रूपक, उत्प्रेक्षा, समासोक्ति, अन्योक्ति का सुंदर प्रयोग देखा जा सकता है। अन्य अलंकार छुट-पुट रूप में इन प्रेमाख्यानों में दिखाई पड़ते हैं। सूफी कवियों की काव्यभाषा में अलंकार-विधान और छंद-योजना अनायास और सहज है। छंद प्रयोग की दृष्टि से भी इन्होंने फारसी की बहरों को न अपनाकर भाषा के अपने छंद विधान को अपनाया है। इनके द्वारा प्रयुक्त मुख्य छंद चौपाई, दोहा छंद है। इन कवियों के छंद-प्रयोग पर दृष्टि डालते हुए आचार्य द्विवेदी ने लिखा है—चौपाई और दोहा में काव्य लिखने की प्रथा पूर्वी प्रदेशों में ही पाई जाती है। पश्चिमी प्रदेशों की काव्य पद्धति पद्धड़िया बंध प्रथा थी। कभी-कभी दूसरे छंद भी व्यवहृत होते थे, परंतु साधारण प्रथा धत्ता ही की थी। इस प्रकार आठ पद्धड़िया या अलिल्लह छंद के बाद जो धत्ता दिया जाता था

उसे अपभ्रंश में 'कड़वक' कहते थे। चौपाई और दोहे का सबसे पुराना प्रयोग सरहपाद की रचनाओं में मिलता है। शुरू-शुरू में पाई जाने वाली सूफी कहानियों में पाँच-पाँच अर्द्धालियों के बाद दोहा देने का नियम था पर मलिक मुहम्मद जायसी ने आठ-आठ अर्द्धालियों पर दिया है। आगे चलकर यह प्रथा रूढ़ हो गई। किसी-किसी सूफी कवि ने दोहे का धत्ता न देकर अन्य छंदों का भी धत्ता दिया है। कितनी अर्द्धालियों के बाद धत्ता दिया जाएगा, इसका कोई नियम नहीं है। किसी ने पाँच, किसी ने छः, किसी ने सात अर्द्धालियों पर दोहा लिखा है। कभी-कभी नौ अर्द्धालियों पर भी दोहे का धत्ता मिलता है। इनके अतिरिक्त सूफी कवियों के यहाँ सोरठा, बरवै, कवित्त, सवैया, कुंडलिया तथा झूलना का प्रयोग दिखाई पड़ता है। खास बात यह है कि ब्रजभाषा, राजस्थानी और अवधी में रचे गए परवर्ती प्रेमाख्यान अपने रचना-विधान में जायसी के असर से बच नहीं सके हैं।

सूफी प्रेमाख्यानकार मलिक मुहम्मद जायसी अपनी अनूठी भाषा-प्रणाली की वजह से समूचे मध्यकाल में अलग से पहचाने जाते हैं। उनके शब्द दरअसल बोलते हुए सक्रिय चित्र हैं। जायसी मामूली लगने वाली एक पंक्ति में स्पष्ट, मनोरम और व्यापक संश्लिष्ट बिंब प्रस्तुत कर देते हैं। आचार्य शुक्ल ने जिस पंक्ति को उद्धृत किया है उसे यहाँ देखा जा सकता है–**'हीरा गहै सो विद्रुमधारा, विहँसत जगत होइ उजियारा।'** इसमें प्रस्तुत बिंब अधर और दाँत हैं। विद्रुम की धारा और हीरा उपमानों में इन दोनों प्रस्तुतों तक पहुँचते हैं। शास्त्रीय नज़रिये से यहाँ रूपकातिशयोक्ति है। सर्वाधिक चमत्कारपूर्ण बिंब क्रिया का है। प्रस्तुत यह है कि पद्मावती जब हँसती है तब उल्लास का प्रकाश सारे संसार में फैल जाता है। यहाँ अतिशयोक्ति का बेहद रचनात्मक का उपयोग भी है। कवि इन्हीं बिंबों तक पहुँचकर रुक नहीं जाता बल्कि 'जगत् होई उजियारा' द्वारा उषा की लालिमा और उसकी उस मुस्कान की रंगत तक भी ले जाता है जो उषाकाल में वनस्पति जगत से लेकर सभी प्राणी जगत को नया उल्लास प्रदान करती हैं। जायसी के 'पद्मावत' में रत्नसेन और पद्मावती जीव और ब्रह्म के प्रतीक है। रत्नसेन की बरात के आने पर पद्मावती के हुलास का वर्णन दर्शनीय है–

हुलसे नैन दरस मदमाते। हुलसे अधार रंग रस राते।
हुलसा वदन ओपर वि पाई। हुलसि हिया कंचुकि न समाई

यह जीवन की उल्लासित उत्सवधर्मिता है–

अंग अंग सब हुलसे कोई कतहूं न समाइ।
ठांवहि ठांव विमोही गइ मुरछा तन खाइ॥

रत्नसेन और पद्मावती के मिलन के अतींद्रिय बिंब नायिका की कामदशाओं को सजीव कर देते हैं–

बिनु जल मीन तलफ जस जीऊ। चातक भइउ कहत पिउ पिऊ।
जरिउ विरह जस दीपक बाती। पथ जोहत भई सीत ते बाती॥

ऐसे संयोग-केंद्रीय बिंबों के साथ विरह दग्ध बिंब भी 'पद्मावत' में मिलते हैं–

यह तन जारौं छार कै कहौं कि पवन उड़ाव।
मकु तेहि मारग उड़ि परै कंत धरै जहै पाँव॥

नागमति के विरह के अंतर्गत बारहमासा वर्णन में व्यक्त नायिका की आंतरिक मनोव्यथा के सजीव बिंब देखिए– **'जेठ जरै जग चलै लुवारा, उठहि बवंडर परहि अंगारा।'** जेठ के बाद आषाढ़ में उसकी दशा और भी दयनीय हो जाती है– **'चढ़ा आषाढ़ गगन घन गाजा, साजा बिरह बुंद दल बाजा॥'** ऐसे संश्लिष्ट बिंब-विधान जायसी सरीखे महाकवियों की रचनाओं में ही मिलते हैं। 'पद्मावत' की भाषा का तो वह बेशक पूरबी हिंदी के अंतर्गत आने वाली ठेठ अवधी है। तुलसी की अवधी कोरमकोर साहित्यिक है। जबकि जायसी ने दैनिक बोलचाल की अवधी से कमाल दिखाया है। देशज शब्दों की प्रमुखता, स्वच्छंदता, संगीतमयता और सटीक-सार्थक शब्द-योजना आदि इसकी अपनी विशेषताएँ हैं तो नये-पुराने, पूर्वी-पश्चिमी सभी प्रकार के शब्दों का प्रयोग इसकी उदारता का परिचायक है। इसमें व्याकरणीय दोष हैं किंतु स्वच्छता और व्यवस्था पर कवि ने भरसक ध्यान दिया है। इसकी एक प्रमुख विशिष्टता है–भावव्यंजक सूक्तिपरकता और उक्तिवैचित्र्य का गुण। कहावत और मुहावरे भी कहीं-कहीं मिलते हैं पर वे यों ही भाषा के स्वाभाविक प्रवाह में आये हुए हैं। दूसरी पुनरुक्ति और न्यून पदत्व जैसे काव्य-दोष, अशुद्ध वाक्य-रचना या असंगत शब्द का प्रयोग आदि कमियाँ भी यहाँ मिलती हैं। फिर भी अवधी की मीठी गूँज में गूँजती अवध की स्थानीय रंगत को जीवंत करने के नजरिये से 'पद्मावत' बड़ा उदाहरण बनता है।

तुलसी की अवधी शास्त्र से अर्जित है। जायसी ने 'पद्मावत' में तत्कालीन लोक भाषा अवधी का सफल प्रयोग किया है। लोक प्रचलित मुहावरों एवं लोकोक्तियों का प्रसंगानुकूल प्रयोग करके उसकी भाषा को प्रभावशाली एवं सारगर्भित बनाया है। दोहा एवं चौपाई जैसे प्रचलित छंदों का प्रयोग भी वहाँ अलग आस्वाद देता है। 'पद्मावत' में भाव-पक्ष एवं कला-पक्ष का सुंदर समन्वय है। डॉ. वासुदेव शरण अग्रवाल ने 'पद्मावत' के विषय में ठीक ही लिखा है, "इस कृति में प्रबंध-काव्य के अनेक गुण एकत्र हैं। मार्मिक स्थलों की बहुलता, उदात्त ऐतिहासिक कथावस्तु, भाषा की विलक्षण शक्ति, जीवन गंभीर सर्वांगीण अनुभव, सशक्त दार्शनिक चिंतन ये अनेक विशेषताएँ हैं।" कथ्यरूप के संतुलन की दृष्टि से यह महाकाव्य परवर्ती कवियों के लिए बड़ा उदाहरण बनता है। जीवन के लघु अनुभवों में महाकाव्य कैसे विन्यस्त होता है; जायसी का 'पद्मावत' इसका बेहतरीन प्रमाण है।

11. मंझन
(सूफी कवि)

एही रूप प्रगटे बहु भेसा

मंझन ने 'मधुमालती' में शह-ए-वक्त सलीम शाह सूर, अपने गुरु शेख मुहम्मद गौस एवं खिज्र खाँ का गुणानुवाद और अपने निवासस्थान तथा 'मधुमालती' की रचना के विषय का उल्लेख करते हुए स्पष्ट किया है कि उन्होंने 'मधुमालती' की रचना का प्रारंभ उसी वर्ष किया, जिस वर्ष सलीम अपने पिता शेरशाह सूरी की मृत्यु के पश्चात् शासक बना। इसलिए सूफी-काव्य-परंपरा के अनुसार कवि ने शाह-ए-वक्त सलीमशाह सूरी की अत्युक्तिपूर्ण प्रशंसा की है। शतारी संप्रदायी सूफी संत शेख मुहम्मद गौस मंझन के गुरु थे। जिनका पर्याप्त प्रभाव बाबर, हुमायूँ और अकबर तक पर भी था। बड़ी निष्ठा और बड़े विस्तार के साथ कवि ने अपने इस गुरु की सिद्धियों की प्रशंसा की है। उक्त उल्लेख को देखते हुए मंझन ऐतिहातिसक व्यक्ति खिज्र खाँ के कृपापात्र जान पड़ते हैं। मंझन जाति के मुसलमान थे। उन्होंने 'मधुमालती' में कनकगिरि नगर के राजा सूरजभान के पुत्र मनोहर और महारस नगर नरेश विक्रमराय की कन्या मधुमालती की सुखांत प्रेमकहानी कही गई। इसमें "जो सभ रस महँ राउ रस ताकर करौं बखान" कविस्वीकारोक्ति के अनुसार जो सभी रसों का राजा शृंगार रस है उसी का वर्णन किया गया है, जिसकी पृष्ठभूमि में प्रेम, ज्ञान और योग है। मंझन के जीवनदर्शन की मूलभित्ति ज्ञान-योग-संपन्न प्रेम है। प्रेम की जैसी असाधारण और पूर्ण व्यंजना मंझन ने की है वैसी किसी अन्य हिंदी सूफी कवि ने नहीं की। उनकी कविता गंभीर और आकर्षक है। मंझन के संबंध में कुछ भी ज्ञात नहीं है, केवल इनकी रची 'मधुमालती' की एक खंडित प्रति मिली है जिसमें इनकी उदारता, कोमल कल्पना और सहृदयता का पता लगता है। उसमें वस्तु-वर्णन विस्तृत और मार्मिक है।

मंझन जायसी के परवर्ती थे। 'मधुमालती' में नायक को अप्सराएँ उड़ाकर मधुमालती की चित्रसारी में पहुँचा देती हैं और वहीं नायक नायिका को देखता है। इसमें मनोहर और मधुमालती की प्रेमकथा के समानांतर प्रेमा और ताराचंद की भी प्रेमकथा चलती है। इसमें प्रेम का बहुत उच्च आदर्श सामने रखा गया है। सूफी काव्यों के नायक की प्रायः दो पत्नियाँ होती हैं, किंतु इसमें मनोहर अपने द्वारा उपकृत प्रेमा से बहन का संबंध स्थापित करता है। इसमें जन्म-जन्मांतर के बीच प्रेम की अखंडता प्रकट की गई है, इस दृष्टि से इसमें भारतीय पुनर्जन्मवाद की

बात की गई है, इस्लाम पुनर्जन्मवाद नहीं मानता। लोक के वर्णन द्वारा अलौकिक सत्ता का संकेत सभी सूफी काव्यों के समान इसमें भी पाया जाता है।

जैन कवि बनारसीदास ने अपने आत्मचरित में सन् 1603 के आस-पास की अपनी युवा वय की आसक्तिपूर्ण जीवनचर्या का उल्लेख करते हुए लिखा है कि उस समय मैं हाट-बाजार में जाना छोड़, घर में पड़े-पड़े 'मृगावती' और 'मधुमालती' नाम की पोथियाँ पढ़ा करता था–'**तब घर में बैठे रहैं, नाहिंन हाट बाजार। / मधुमालती, मृगावती पोथी दोय उचार॥**' स्पष्ट है कि मंझन की 'मधुमालती' को दूरगामी और गहरा प्रभाव युवा मानस पर पड़ता रहा है।

मंझन हिंदी प्रेमाख्यान काव्य-धारा के श्रेष्ठ सूफी कवि हैं। इस प्रेमगाथा काव्य-परंपरा में जायसी की 'पद्मावत' के बाद मंझन की रचना 'मधुमालती' के अंत:साक्ष्य के सिवा कुछ भी ज्ञात नहीं होता। यह मालूम हुआ है कि इस कवि का पूरा नाम गुफ्तार मियाँ मंझन था। वह एक उदारमन सूफी मुसलमान थे। 'मधुमालती' के आरंभ में प्रस्तुत परिचय से पता चलता है कि वह बादशाह शेरशाह सूरी की मृत्यु के पश्चात उसके पुत्र सलीमशाह के राज्यकाल के लगभग सन् 1540 ई. के आसपास विद्यमान थे और सन् 1545 ई. में उन्होंने 'मधुमालती' की रचना की थी।

आचार्य रामचंद्र शुक्ल के अनुसार इनकी रची हुई 'मधुमालती' की एक खंडित प्रति मिली है जिसमें इनकी विश्वसनीय कवि-कल्पना और स्निग्धसहृदयता का पता लगता है। 'मृगावती' के समान 'मधुमालती' में भी पाँच चौपाइयों (अर्द्धालियों) के उपरांत एक दोहे का क्रम रखा गया। पर 'मृगावती' की अपेक्षा इसकी कल्पना भी विशद है और वर्णन भी अधिक विस्तृत और हृदयग्राही है। आध्यात्मिक प्रेमभाव की व्यंजना के लिए प्रकृति के भी अधिक दृश्यों का समावेश मंझन में किया है। कहानी भी कुछ अधिक जटिल और लंबी है जो अत्यंत संक्षेप में इस प्रकार है–कनेसर नगर के राजा सूरजभान के पुत्र मनोहर नामक एक सोये हुए राजकुमार को अप्सराएँ रातों-रात महारस नगर की राजकुमारी 'मधुमालती' की चित्रसारी में रख आईं। वहाँ जागने पर दोनों का साक्षात्कार हुआ और दोनों एक-दूसरे पर मोहित हो गए। पूछने पर मनोहर ने अपना परिचय दिया और कहा–'मेरा अनुराग तुम्हारे ऊपर कई जन्मों का है। इससे जिस दिन मैं इस संसार में आया उसी दिन से तुम्हारा प्रेम मेरे हृदय में उत्पन्न हुआ।' बातचीत करते-करते दोनों एक साथ सो गए और अप्सराएँ राजकुमार को उठाकर फिर उसे घर पर रख आईं। दोनों जब अपने-अपने स्थान पर जगे तब प्रेम में बहुत व्याकुल हुए। राजकुमार वियोग से विकल होकर घर से निकल पड़ा और उसने समुद्र मार्ग से यात्रा की। मार्ग में तूफान आया जिसमें इष्ट-मित्र इधर-उधर बह गए। राजकुमार एक पटरे पर बहता हुआ एक जंगल में जा लगा, जहाँ एक स्थान पर एक सुंदर स्त्री पलंग पर लेटी दिखाई पड़ी–

सुर नग जहाँ लगि अहही। कोटि बरिस जौ अस्तुति कहहीं।
पाछें सभी पछिताईं कहाहीं। जस तैं तस हम जानहिं नाहीं।
कोटि बरिस जौ मन फिरि आवै बुधि बपुरी दहु कहवां पावै।
जगत क अन अहार कर दाता। करता रहता एक बिधाा।
त्रिभुवन चहु जुग एक अकेला। आपु अपान रूप बहुत खेला।

अलख निरंजन करता एक रूप बहुत भेस।
कतहूं बान भिखारी आदि नरेस।

पूछने पर जान पड़ा कि वह चितबिसरामपुर के राजा चित्रसेन की कुमारी प्रेमा थी, जिसे एक राक्षस उठा लाया था। मनोहर कुमार ने उस राक्षस को मारकर प्रेमा का उद्धार किया। प्रेमा ने मधुमालती का पता बता कर कहा कि वह मेरी सखी है। मैं उसे तुझसे मिला दूँगी। मनोहर को लिए हुए प्रेमा अपने पिता के नगर में आई। मनोहर के उपकार को सुनकर प्रेमा का पिता उसका विवाह मनोहर के साथ करना चाहता है। पर प्रेमा यह कहकर अस्वीकार कर देती है कि मनोहर मेरा भाई है और मैंने उसे उसकी प्रेमपात्री मधुमालती से मिलाने का वचन दिया है। दूसरे दिन मधुमालती अपनी माता रूपमंजरी के साथ प्रेमा के घर आई और प्रेमा ने उसके साथ मनोहर कुमार का मिलाप करा दिया। सवेरे रूपमंजरी ने चित्रसारी में जाकर मधुमालती को मनोहर के साथ पाया। जागने पर मनोहर ने तो अपने को दूसरे स्थान में पाया और रूपमंजरी अपनी कन्या को भला-बुरा कहकर मनोहर का प्रेम छोड़ने को कहने लगी। जब उसने न माना तब माता ने शाप दिया कि तू पक्षी हो जा। जब वह पक्षी होकर उड़ गई तब माता बहुत पछताने और विलाप करने लगी, पर मधुमालती का कहीं पता न लगा। मधुमालती उड़ती-उड़ती बहुत दूर निकल गई। कुँवर ताराचंद नाम के एक राजकुमार ने उस पक्षी की सुंदरता देख उसे पकड़ना चाहा। मधुमालती को ताराचंद का रूप मनोहर से कुछ मिलता-जुलता दिखाई दिया, इससे वह कुछ रुक गई और पकड़ ली गई। ताराचंद ने उसे एक सोने के पिंजरे में रखा। एक दिन पक्षी मधुमालती ने प्रेम की सारी कहानी ताराचंद से कह सुनाई जिसे सुनकर उसने प्रतिज्ञा की कि मैं तुझे तेरे प्रियतम मनोहर से अवश्य मिलाऊँगा। अंत में वह उस पिंजरे को लेकर महारस नगर में पहुँचा। मधुमालती की माता अपनी पुत्री को पाकर बहुत प्रसन्न हुई और उसने मंत्र पढ़कर उसके ऊपर जल छिड़का। वह फिर पक्षी से मनुष्य हो गई। मधुमालती के माता-पिता ने ताराचंद के साथ मधुमालती का ब्याह करने का विचार प्रकट किया। पर ताराचंद ने कहा कि 'मधुमालती मेरी बहन है और मैंने प्रतिज्ञा की है कि मैं जैसे होगा वैसे मनोहर से मिलाऊँगा।' मधुमालती की माता सारा हाल लिखकर प्रेमा के पास भेजती है। मधुमालती भी उसे अपने चित्त की दशा लिखती है। वह दोनों पत्रों को पढ़कर मेरे लिए दुख कर रही थी कि इतने में उसकी एक सखी आकर संवाद देती है कि राजकुमार मनोहर योगी के वेश में आ पहुँचा है। मधुमालती का पिता अपनी रानी सहित दलबल के साथ राजा चित्रसेन (प्रेमा के पिता) के नगर में जाता है और वहाँ मधुमालती और मनोहर का विवाह हो जाता है। मनोहर, मधुमालती और ताराचंद तीनों बहुत दिनों तक प्रेमा के यहाँ अतिथि रहते हैं। एक आखेट से लौटने पर ताराचंद, प्रेमा और मधुमालती को एक साथ झूला झूलते देख प्रेमा पर मोहित होकर मूर्च्छित हो जाता है। मधुमालती और उसकी सखियाँ उपचार में लग जाती हैं।

इसके आगे प्रति खंडित है। पर कथा के झुकाव से अनुमान होता है कि प्रेमा और ताराचंद का भी विवाह हो गया।

इसकी कथावस्तु के ज्ञात होता है कि सूक्ष्म ब्यौरे भी मंझन की दृष्टि में रहते हैं। डॉ. विजयेंद्र स्नातक के अनुसार—इसके वर्णन विस्तृत और हृदयग्राही है। मंझन

ने आध्यात्मिक प्रेम-भाव की व्यंजना के लिए प्राकृतिक दृश्यों का सुंदर वर्णन किया है। कहानी सपाटबयानी न होकर कुछ जटिल है और प्रेम के मार्ग में आनेवाली अनेक कठिनाइयों का इसमें वर्णन है–

आदिहिं आदि अंत ही अंता। एकहिं अरथ रूप जो अनंता।
एक अहै दोसर कोई नाहीं। तेहि सभ सिस्टि रूप मुख जाहीं।
ओहिं सों जियहिं जानि परवानां। त्रिभुवन निकट एक पै जानां।
दोसर ना कतहूं तुब्र जोरा। दरपन सिस्टि रूप मुख तोरा।
तोर खोज खोजत सो पावै। जो आपुन सभ खोज हेरावै।
सभ भेदनि कर भेदिया ओ सभ रसिक सुजान।
एहि सभ सिस्टि पिछौड़ी आपु एक गिरवान॥

इस कहानी में एक उपकथा का भी सम्मिश्रण कर दिया गया है, जिससे कहानी में जटिलता आ गई है। 'मधुमालती' अपने समय में प्रसिद्ध कृति रही होगी क्योंकि कई कवियों ने इसका नामोल्लेख किया है।

कवि ने नायक और नायिका के अतिरिक्त उपनायक और उपनायिका की भी योजना करके कथा को विस्तार दिया है, साथ ही प्रेमा और ताराचंद के चरित्र द्वारा सच्ची सहानुभूति, अपूर्व संयम और निःस्वार्थ भाव का चित्रण किया है। आचार्य रामचंद्र शुक्ल के शब्दों में जन्म-जन्मांतर और योन्यंतर के बीच प्रेम की अखंडता दिखाकर मंझन ने प्रेमतत्त्व की व्यापकता और नित्यता का आभास दिखाया है। सूफियों के अनुसार यह सारा जगत् एक ऐसे रहस्यमय प्रेमसूत्र में बँधा है जिसका अवलंबन करके जीव उस प्रेममूर्ति तक पहुँचाने का मार्ग पा सकता है। सूफी सब रूपों में उसकी छिपी ज्योति देखकर मुग्ध होते हैं, जैसा कि मंझन कहते हैं–

देखत ही पहिचानेउ तोही। एही रूप जेहि छँदर्यो मोही॥
एही रूप बुत अहै छपाना। एही रूप रब सृष्टि समाना॥
एही रूप सकती औ सीऊ। एही रूप त्रिभुवन कर जीऊ॥
एही रूप प्रगटे बहु भेसा। एही रूप जग रंक नरेसा॥

परमात्मा का विरह सूफियों के यहाँ जीवात्मा की प्रधान संपत्ति है जिसके बिना साधना के मार्ग में कोई प्रवृत्त नहीं हो सकता, किसी की आँख नहीं खुल सकती–

बिरह अवधि अवगाह अपारा। कोटि माहिं एक परै त पारा॥
बिरह की जगत अँविरथा जाही। बिरह रूप यह सृष्टि सबाही॥
नैन बिरह अंजन जिन सारा। बिरह रूप दरपन संसारा॥
कोटि माहिं बिरला जग कोई। जाहि सरीर बिरह दुख होई॥
रतन की सागर सागरहिं, गजमोती गज कोई।
चंदन कि बन-बन ऊपजै, बिरह कि तन-तन होई?

जिसके हृदय में वह विरह होती है उसके लिए यह संसार स्वच्छ दर्पण हो जाता है और इसमें परमात्मा के आभास अनेक रूपों में पड़ते हैं। तब वह देखता है कि इस सृष्टि के सारे रूप, सारे व्यापार उसी का विरह प्रकट कर रहे हैं। ये भाव प्रेममार्गी संप्रदाय के सब कवियों में पाये जाते हैं। 'मधुमालती' में डॉ. गणपति चंद्र गुप्त के अनुसार में प्रथम दर्शन-जन्य प्रेम के साथ-साथ पूर्व जन्म के प्रणय-संस्कारों

की भी महत्ता दिखाई गई है। महाभारत के उषा-अनिरुद्ध उपाख्यान की भाँति इस काव्य के नायक मनोहर को भी कुछ अप्सरायें एक रात्रि भर के लिए नायिका-महारस नगरी की राजकुमारी मधुमालती से मिला कर ले आती हैं। नायक को प्रणय-भावना के विकास का परिचय उसके मधुमालती की खोज में भटकने, समुद्र में बह जाने, प्रेमा के प्रेम को ठुकराने आदि से मिलता है। परंपरागत रूढ़ियों में नायक के पक्षी हो जाने आदि का निर्वाह इसमें भी हुआ है किंतु फिर भी इस काव्य में कवि की कुछ क्षेत्रों में मौलिकता भी दृष्टिगोचर होती है। एक तो कवि ने दो युवतियों को उपस्थित करते हुए भी नायक को सर्वथा एकनिष्ठ दिखाया है, वह दूसरी नायिका के विवाह-प्रस्ताव को अस्वीकार कर देता है। दूसरे, उसने भवभूति के मालती-माधव की भाँति दूसरी नायिका का विवाह नायक के मित्र से दिखा दिया है और तीसरे, उसने अपने काव्य की परिणति शांत-रस में न करके संयोग-शृंगार में की है। वस्तुत: प्रेम के उच्च स्वरूप की दृष्टि से यह रचना जायसी के 'पद्मावत' से भी उच्च कोटि की है क्योंकि उसमें तो नायक का प्रेम बहुपत्नीत्व के दोष से ग्रस्त है जब कि इसमें नायक का प्रेम अंत तक एकोन्मुख रहता है। इसमें अवधी भाषा तथा दोहा-चौपाई का ही प्रयोग हुआ है। इसकी शैली में सरलता और सरसता मिलती है।

मंझन की 'मधुमालती' में प्रेमाख्यानक प्रबंधकाव्यों की कथ्यरूपगत विशेषताएँ—मंगलाचरण, कल्पनाशील कथानक सुविन्यस्त कथातंत्र, दिलचस्प चरित्रांकन प्रचलित कथा-रूढ़ियाँ, पर्व-उत्सव, ऋतु-चित्रण, लोकविश्वास, रीतिरिवाज ऐंद्रीक प्रेम, अतींद्रिय सौंदर्य, नायक की वीरता साहसिकता, संघर्षशीलता का अतिशय वर्णन, ज्ञान-योग के समक्ष प्रेम का द्वंद्व, वीर, करुण, शांत वात्सल्य, शृंगार जैसे रस-ज्योतिष विचार, मिलन-विछोह के मार्मिक बिंब, रोचक घटना-प्रसंग इत्यादि का सरस, सहज गत्यात्मक अवधी में प्रस्तावित हुई हैं। 'मधुमालती' में जायसीकृत 'पद्मावत' जैसा आध्यात्मिक का विराट आयोजन नहीं मिलता। मंझन ने लेकिन इश्क-मिज़ाजी को इश्क-हकीकी बना दिया है यानी लौकिक प्रेम से अलौकिक प्रेम तक पहुँचने का रास्ता दिखा दिया है। अकुंठ प्रेम के गायक मंझन सच पूछिए तो उत्कृष्ट कथाकार भर हैं। महाकाव्यकार बनने का उन्हें मोह नहीं है। उनकी रचना केवल प्रेम-रसिक के लिए है। जो प्रेम के तत्त्वों के सरस निरूपण मात्र में रुचि रखता है, उसके लिए मंझन की रचना एक परम उत्कृष्ट कृति है, किंतु जो निरे काव्य-रसिक हैं, उन्हें वह नहीं संतुष्ट कर सकती है। मंझन की कला विषय के उत्तरदायित्वपूर्ण निर्वाह, सतर्कता, संयतता और सुरुचि का परिचय देती है। उनका लक्ष्य है प्रेम-रस, काव्य-रस नहीं और उसी की दृष्टि से हमें मंझन की इस कृति को देखना चाहिए, और यह कहना अनावश्यक होगा कि इस दृष्टि से देखने पर उनकी सफलता स्वत: दिखाई पड़ती है।

पाठालोचन के मर्मज्ञ विद्वान और 'मधुमालती' के संपादक डॉ. माताप्रसाद गुप्त इस उदार मुस्लिम कवि की आलोच्य कृति में कुछ अन्य महत्त्वपूर्ण तथ्य रेखांकित करते हुए कहते हैं कि यहाँ सृष्टि की रचना करने वाले ब्रह्मा की उत्पत्ति कमल से कही गई है। कवि स्वयं परमात्मा को 'ब्रह्म' कहता है। वचन की उत्पत्ति वह हरि मुख से बताता है। उस आदि शब्द को वह 'ओंकार' कहता है। वह विधाता

के द्वारा चार वेदों का निर्माण कहता है। ईश्वर-वंदना में उसे वह 'एकोंकार' कहता है और कथा भाव में वह हरि-स्मरण करता है। इसलिए मंझन अवश्य ही एक उदार मुसलमान कवि थे। हिंदू प्रतीकों का प्रयोग उनकी उदार धार्मिक वृत्ति का ही परिचायक है।

मंझन का जीवन दर्शन प्रेम-मूलक है। उनके विचारों का प्रासाद प्रेम की नींव पर खड़ा है। इसीलिए रचना के आदि में ही जहाँ उन्होंने ईश्वर, चार खलीफाओं, शाहे-वक्त, पीर, आश्रयदाता, और शब्द-ब्रह्म का गुणगान किया है, उन्होंने प्रेम और तदनंतर योग की स्पष्ट प्रतिपादन किया है। उनका कहना है कि प्रेम संसार में अमूल्य वस्तु है, विधाता ने प्रेम (को व्यक्त करने) के लिए ही संसार को उत्पन्न किया, और उसी प्रेम को ग्रहण कर वह स्वयं भी व्यक्त हुआ। प्रेमी की ज्योति से ही सृष्टि में प्रकाश हुआ, इसलिए प्रेम का समतुल्य संसार में नहीं है। बिरला ही कोई भाग्यवान इस प्रेम के सुहाग को प्राप्त करता है। जो इस प्रेम के यज्ञ में जीवन की आहुति देता है, वही वास्तविक राजा है। इस प्रेम की हाट में क्रय-विक्रय करना ही जीवन की सबसे बड़ी उपयोगिता है।

उनका कहना है कि संसार में जो कुछ भी इंद्रिय-गम्य है, वह प्रेम से परे कुछ भी नहीं है। प्रेम ही जीवन की ज्योति है। वह मृत्यु के परे अमरत्व देने वाला है। मंझन इसी प्रेम से उस दिव्य ज्ञान की उत्पत्ति मानते हैं, जिससे आत्मानुभूति प्राप्त होती है और जो जीव को सृष्टि के समस्त द्वंद्व से ऊपर ले जाकर आदि आनंद की उपलब्धि कराता है। मंझन का कहना है कि यह प्रेम सीखने से नहीं प्राप्त होता है, यह तभी प्राप्त होता जब कि दयालु ईश्वर दयावश इसे किसी को प्रदान करता है। वे जीव को इस सृष्टि का केंद्र-बिंदु मानते हैं, और कहते हैं सृष्टि के गृह में वही दीपक हैं। संसार के समस्त सुख-दुख इसी जीव को अनुभूत होते हैं जो कि देह से भिन्न है।

वे कहते हैं कि तेरा ही मुख त्रिभुवन का उज्ज्वल है। समस्त सृष्टि तेरे ही मुख के लिए दर्पण है। तेरी ही ज्योति से त्रिभुवन में प्रकाश विकीर्ण हुआ है। समस्त सृष्टि में व्यक्त तू ही है। सब कुछ तू ही है। दूसरा कोई नहीं है। तू सर्वत्र व्याप्त है। तू ही सब-कुछ है। तू पूर्ण है, और सर्वत्र तेरा ही कर्त्तव्य-भोक्तृत्व है।

एक मुसलमान होने के नाते यह कहने के लिए मंझन में एक असाधारण साहस और निर्भीकता की कल्पना करनी पड़ती है। यह विचारधारा उस युग के सामान्य सूफियों की पंक्ति से निकाल कर मंझन को ऐसे सूफी संतों की कोटि में ला बिठालती है जो इस्लाम से लगाव रखते हुए भी भारतीय अद्वैतवाद के खुले हुए समर्थक थे-

प्रेम प्रीति सुखनीधि के दाता। दुइ जग एकोंकारि विधाता।
बुधि प्रगास नाही तुअ ताईं। तुअ अस्तुति जे करौं गोसाईं।
तीनि भुअन चहुं जुगतैं राजा (?)। आदि अंत तोहि पै छाजा।
पंडित मुनिजन ब्रह्म विचारी। तुअ अस्तुति जग काहुं न सारी।
एक जीभि मैं कैसे खारौं। सहस जीभि चहुं नहि पारौं।
तीनि भुअन घट महं अनबन रूप बेलास।
एक जीभि कहुं ताहि कै कैसे अस्तुति करै हवास।।

'मधुमालती' में सूफीवादी अद्वैत आधारभूत विचारधारा के रूप में मौजूद है। यह मंझन की एक बड़ी विशेषता है। मंझन में प्रेम, ज्ञान और योग के तत्त्व स्पष्ट रूप से मिलते हैं–

एक अनेग भाउ परमेंसा। एक रूप काछें बहु भेसा।
तीनि लोक जहवां ठाईं। भोग कै अनबन रूप गोसाईं।
करता करै जगत जेत चाहै। जमु था जंमु रहै जमु आहै।
बाजू ठाउं बेररौ सभ ठाईं। निरगुन एक ओंकार गोसाईं।
गुपुत रूप परगट सभ ठाईं। बाझु रूप बहुरूप गोसाईं।
त्रिभुवन पूरि अपूरि कै एक जोति सभ ठाउं।
जोताहि अनबन मूरति मूरति अनबन नाउं।।

ऊपर के उनके कथनों को यदि ध्यानपूर्वक देखा जाए तो ज्ञात होगा कि मंझन के अनुसार चरम स्थिति अद्वैतता की है जो ज्ञान का एक स्वाभाविक परिणाम है, और उस ज्ञान की प्राप्ति प्रेम साधना से होती है जो जीवन की एकमात्र स्पृहणीय वस्तु है। कर्मयोग से भी उस अलौकिक सुख की अनुभूति संभव है जो ज्ञान से संभव है, किंतु कर्मयोग की यह साधना सबके लिए नहीं है। करोड़ों में किसी-किसी को ही प्राप्त है। कहा जा सकता है कि वह जीवन-साधना जिसकी प्राप्ति सब के लिए समान रूप से संभव है, मंझन के अनुसार प्रेम की है।

मंझन ने अपने प्रेम-दर्शन को बहुत स्पष्ट रूप से व्यक्त करने का प्रयत्न किया है। किसी भी अन्य हिंदी सूफी कवि ने इतनी पूर्णता के साथ उसे प्रस्तुत करने का यत्न नहीं किया है। यह विवृति कथा भाग में लेखक ने उस समय उपस्थित की है जब कथा-नायक मनोहर कथा की नायिका मधुमालती से पहली बार अप्सराओं की सहायता से साक्षात्कार-लाभ करता है। मधुमालती के प्रश्न करने पर बड़े विस्तार के साथ वह इस प्रेम का इतिहास उसके सामने रखता है। वह कहता है कि उन दोनों का यह प्रेम चिरंतन और शाश्वत है। उससे उसकी प्रीति और उसके विरह-जनित, दु:ख का संबंध उसी क्षण से है जिस क्षण से विधाता ने उसके प्राणों की सृष्टि की; वस्तुत: उसकी प्रीति के नीर से उसकी भूमिका (शरीर-निर्माण के तत्त्वों) को सान कर ही उसके शरीर की रचना हुई है।

मंझन कहते हैं कि इस प्रेम का रहस्य यह है कि प्रेमी और प्रेमिका आदि में एक साथ ही होते हैं। इतना ही नहीं, वे वस्तुत: एक होते हैं, और तदनंतर द्विधा हो जाते हैं : जैसे एक ही जल से दो मिट्टियाँ सानी गई हों, अथवा एक ही अग्नि दो स्थानों पर जला दी गई हो, अथवा एक ही भवन के दो द्वार निर्मित किए गए हों।

मंझन के यहाँ डॉ. गणपति चंद्रगुप्त के अनुसार कहना नहीं होगा कि प्रेम-योग का इतना विशद निरूपण हिंदी सूफी साहित्य में अन्यत्र नहीं मिलता है–

गरुअ तप गरुआ अवतारा। काबिल हिंद भएउ एक बारा।
उतर हेम गिरि लहिं परवानां। दक्खिन सेत बंध लहि आनां।
पच्छिउं भएउ रूम साम खाई। पूरब जलनिधि तीर दोहाई।
नौ खंड प्रिथमीं भएउ अनंदू। धरम दुदिस्टिल सत हरिचंदू।
दान खरग सरगहि लै लावौं। त्रिभुवन सिस्टि न पटतर पावौं।

नौखंड देइ असीसि पिरथमीं राज करहु जग मांह।
जौ लहि ससिहर सुर धुव कायेम जग पर छांह॥
जो बहु भेसन लोक समानां। सो कैसें कै जाइ बखानां।
त्रिभुवन भाउ जान सभ कोई। जो किछु भाउ होइ सो होई।
चारिहुं जुग परगट न छपाना। बिरला कौनहुं जानि पिछाना।
परगट दसहुं दिसा उजियारा। सरब लीन पै आपु निराशा।
जेइं अपुनां निजु ओहि चित लावा। बिधि ओहि पुनि वह गुपुत देखावा।
गुपुत रहै परगट जग बेरसै सरव बियापक सोइ।
दूजा कोइ न आहै भवा नहिं होइ॥

सुनने-समझे में मंझन का यह प्रेम-योग सुगम ही प्रतीत होगा किंतु वस्तुतः यह अत्यंत दुर्गम है, क्योंकि इसकी प्राप्ति दुःख को मोल लेने पर ही संभव होती है।

यह प्रेमामृत सचमुच, मंझन के अनुसार मरण के बिना नहीं प्राप्त होता है। यही इस प्रेम-साधना की सबसे बड़ी दुर्गमता है।

कथा को समाप्त करते हुए भी लेखक ने एकमात्र यही संदेह दुहराया है। वह कहता है कि इस जगत में अमरत्व लाभ करने का एकमात्र उपाय है प्रेम में मरना। मरे हुए को मृत्यु नहीं मारती है, इसलिए प्रेम में जो मरण का अनुभव कर लेता है, उसे काल भी नहीं मार सकता। एक बार प्रेम का यह साधक मरकर जीवन प्राप्त करता है, तो काल उसके निकट भी नहीं आता है। इसलिए यदि कोई दोनों जगत् में काल के भय से उबरना चाहता है तो उसे प्रेम की शरण में आना चाहिए।

'मधुमालती' की सारी कहानी इसी प्रकार मरकर अमर होने की कहानी है। जो इस लोकविश्वास को प्रमाणित करती है कि प्रेम में व्यक्ति मरकर ही जीवित होता है।

यह है प्रेम की साधना का मरण-मार्ग। जायसी भी इसी मरण-मार्ग का उपदेश अपने प्रेम-काव्य 'पद्मावत' में करते हैं। ये दोनों कवि दो विभिन्न सूफी संप्रदायों के थे। और मंझन कहने को जायसी के परवर्ती थे, किंतु उस युग में प्रकाशन के साधन नितांत अविकसित थे। इसलिए दोनों की प्रेम-साधनाओं में मरण-मार्ग की यह समान अनिवार्यता एक प्रकार से तत्कालीन समस्त सूफी प्रेम-साधना में उसकी अनिवार्य स्थितियों की ओर संकेत करती है। अभी तक वह जायसी की प्रेमसाधना की विशिष्टता ज्ञात होती थी, किंतु मंझन की रचना ने तत्कालीन सूफी धर्म में उसकी व्यापक प्रतिष्ठता को प्रमाणित कर दिया।

हिंदी के सूफी कवियों की काव्य भाषा ने लोक भाषा की सर्जनात्मक शक्ति को उजागर किया है--

सुहूं अब तेही कै बाता। परगट भा जेहिं विरह विधाता।
सइहिं सरीर सिस्टि जौ आवा। औरि सिस्टि सभ ओहि कर भावा।
उहई जोति प्रगट सभ ठाऊं। दीपक सिस्टि मुहम्मद नाऊं।
जेहि लगि दइय सिस्टि उपराजी। त्रिभुवन पेम दुंदुभी बाजी।
नाउं मुहम्मद त्रिभुवन राऊ। ओहि लागि भएउ सिस्टि कर चाऊ।
बाकी अंगुरी करिकै अग्यां चांद भएउ दुइ खंड।
वाकी धूरि जो पायंन लागी अचल भएउ ब्रह्मंड॥

हिंदी में सूफी कवियों के मत-सिद्धांत, संप्रदाय आदि की चर्चा तो खूब होती रही है पर काव्य भाषा पर कम से कम विचार किया है। इसलिए इन सूफी कवियों का कवि व्यक्तित्व धुँधला पड़ गया है। जबकि इन सूफी कवियों ने अवधी को चमका दिया है–

जेइं जग जनमि न तोहि पहिचानां। आहर जनम मुएं पछितानां।
जगत जनमि तेइं लहा न लाहा। जेइं तोहि बनु तोहि सों किछु चाहा।
करता किछु मन इंछा मोहि। तोहि सेतें पै. चाहौं तोही।
जैसें जिउ निस्चै तोहि जाना। तैसें जीभि न जाइ बखाना।
प्रस्तुति कौनि करों मैं तोरी। जो मन गुनि आनौं सो थोरी।
ग्यान पंखि कर गम जहवां लगि औ मंति कर पैठार।
तहवां लगि ते गमनब आगें को पै संभार॥

इन सभी कवियों ने तद्भव बहुल लोक भाषा को अपनाया है। केवल नामों में संस्कृत के तत्सम शब्दों का प्रयोग किया है। तत्सम में केवल संस्कृत ही नहीं अरबी-फारसी के शुद्ध रूप भी लिए गए हैं–

अब सुनु चहूं मींत कै बाता। सत नियाउ सास्तर के दाता।
प्रथमहि अबाबकर परवानां। सत गुर बचन मंत्त जिय जाना।
दूजें उमर नियाउ के राजा। जेइं सुत पितैं हना विधि काजा।
तीजें ठाउं राउ उसमाना। जेइं रे भेद बेद का जाना।
चौथें रूप अली सिंघ बहु गुनी। दान खरग जेइं साधी दुनी।
सत्त आदि सास्तर कर अउर रहे संघारि।
परगट करम-पै साधे गुपुत हियें करतार॥

यह सब होते हुए भी इन सूफी कवियों ने अवधी भाषा की लोकोक्तियों तथा मुहावरों को अपनी भाषा में डटकर स्थान दिया है।

निर्गुण प्रेममार्गी मंझन सरीखे सूफी कवियों ने हिंदी भाषा और साहित्य को प्रेम दर्शन की नवीन दृष्टि प्रदान की है–

गरुअ तप गरुआ अवतारा। काबिल हिंद भएउ एक बारा।
उतर हेम गिरि लहिं परवानां। दक्खिन सेत बंध लहि आनां।
पच्छिउं भएउ रूम साम खाई। पूरब जलनिधि तीर दोहाई।
नौ खंड प्रिथमीं भएउ अनंदू। धरम दुदिस्टिल सत हरिचंदू।
दान खरग सरगहि लै लावौं। त्रिभुवन सिस्टि न पटतर पावौं।
नौखंड देइ असीसि पिरथमीं राज करहु जग मांह।
जौ लहि ससिहर सुर धुव कायेम जग पर छांह॥

इन कवियों ने मानव जीवन के सर्वांग विकास पर अपना ध्यान केंद्रित किया। मनुष्य हृदय की क्षुद्रताओं को प्रेम ही हटा सकता है। उनके अनुसार मनुष्य से प्रेम ईश्वर से प्रेम करने का जीवन दर्शन ही इनका एकमात्र उद्देश्य है–

मूल मुहम्मद सभ जग साखा। बिधि नौ लाख मटुक सिर राखा।
ओहि पटतर दोसर कोई नाहीं। वह सरीर यह सभ परिछाहीं।
करता गुपुत सभैं पहिचानां। प्रगट मुहम्मद काहु न जाना।

अलख लखिय जेहिं पार न कोई। रूप मुहम्मद काछें सोई।
रूप क नाउं मुहम्मद धरा। अरथ न दोसर एकै करा।
ऊंचै कहौं पुकारि कै जगत सुनै सभ कोइ।
परगट नाउं मुहम्मद गपुत जो जानिय सोइ।।

इस धारा के सभी कवियों में धार्मिक संकीर्णता नहीं है। व्यापक विश्व बंधुत्व और विश्व दृष्टि के लिए वे सभी कवि पहल करते हैं–

साहि सलेम जगत भा भारो। जेइं भूंजी बर मेदिनी सारी।
जौ रे कोंपि पैरि पां चापै। इंदर कर इंद्रासन कांपै।
नौ खंड सात दीप सभ ठाऊं। भएउ भरम अति क्रित गा नाऊं।
अंतरिख कर अस राजा संभारा। जग महं कोइ न रहा जुझारा।
दसहुं दिसा मानी जग संका। खरग झार भइ खरभरि लंका।
प्रिथिमीं पति गुन गाहक दस और चारि निधान।
पर भुअ गंजन सापुरुस गरुव गरिस्ट सुजान।।

मंझन सरीखे सूफी कवियों की दृष्टि में लौकिक प्रेम और ईश्वरीय प्रेम में कोई फर्क नहीं है। इन सूफी कवियों ने भारतीय भक्ति आंदोलन की व्यापक शक्ति को जनता के हृदय तक पहुँचाया है। वास्तव में, यह हृदय की मुक्तावस्था में उपजा साहित्य है जो मानव के हृदय को मिलाने के लिए नवीन जीवन दृष्टि देता है।

12. तुलसी

(सगुण रामभक्त कवि)

लोकमंगल का गायक

तुलसीदास के जन्मकाल के विषय में अनेक मत हैं। बेनीमाधव दास द्वारा रचित गोसाईं चरित और महात्मा रघुबरदास कृत तुलसी चरित दोनों के अनुसार तुलसीदास का जन्म (1497) ई. में हुआ था। शिवसिंह सरोज के अनुसार सं. (1583) (1926 ई. के लगभग) हुआ था। पं. रामगुलाम द्विवेदी इनका जन्म सं. (1589) (1532 ई.) मानते थे। यह निश्चित है कि ये महाकवि 16वीं शताब्दी में विद्यमान थे। यह मान्य है कि तुलसी की मृत्यु सं. 1680 अर्थात् 1623 ई. में हुई। तुलसीदास मध्यकाल के उन कवियों में से हैं जिन्होंने अपने बारे में जो थोड़ा-बहुत लिखा है, वह बहुत काम का है। तुलसी का बचपन घोर दरिद्रता एवं असहायावस्था में बीता था। उन्होंने लिखा है, माता-पिता ने दुनिया में पैदा करके मुझे त्याग दिया। विधाता ने भी मेरे भाल (भाग्य) में कोई भलाई नहीं लिखी।

उनके जन्म-स्थान के विषय में काफी विवाद है। कोई उन्हें सोरों का बताता है, कोई राजापुर का और कोई अयोध्या का। उनकी रचनाओं में अयोध्या, काशी, चित्रकूट आदि का वर्णन बहुत आता है। इन स्थानों पर उनके जीवन का पर्याप्त समय व्यतीत हुआ होगा। बालकांड के एक दोहे में उन्होंने लिखा है कि मैंने राम-कथा 'सूकर खेत' में अपने गुरु के मुँह से सुनी। इस सूकर खेत (शूकर क्षेत्र) को कुछ विद्वान 'सोरों' मानते हैं, कुछ गोंडा जिले का 'सूकरेत'।

तुलसीदास द्वारा रचित 12 ग्रंथों को प्रामाणिक मानते हुए डॉ. विश्वनाथ त्रिपाठी कहते हैं कि दोहावली, कवित्त रामायण, (कवितावली), गीतावली, रामचरितमानस, रामाज्ञाप्रश्न, विनयपत्रिका, रामललानहछू, पार्वतीमंगल, जानकी मंगल, बरवै रामायण, वैराग्यसंदीपिनी श्रीकृष्णगीतावली इत्यादि उनकी प्रमुख रचनाएँ हैं। रामचरितमानस की रचना गोसाईं जी ने सं. 1631 अर्थात् 1574 ई. में प्रारंभ की जैसा कि उनकी इस अर्धाली से प्रकट है–**'संवत सोरह सौ इकतीसा। करउँ कथा हरिप्रद धरि सीर्सा।'** गोस्वामी तुलसीदास हिंदी के अत्यंत लोकप्रिय कवि हैं। उन्हें हिंदी का जातीय कवि कहा जाता है। उन्होंने हिंदी क्षेत्र की मध्यकाल में प्रचलित दोनों काव्य भाषाओं–ब्रजभाषा और अवधी में समान अधिकार से रचना की है। एक अन्य महत्त्वपूर्ण बात यह है कि उन्होंने मध्यकाल में व्यवहृत प्रायः सभी काव्यरूपों का उपयोग किया है। उन्होंने वीरगाथा काव्य की छप्पय पद्धति, विद्यापति और सूरदास की

गीत-पद्धति, गंग आदि कवियों की कवित्त सवैया पद्धति, रहीम के समान दोहे और बरवै, जायसी की तरह चौपाई-दोहे के क्रम से प्रबंध काव्य रचे। रामचंद्र शुक्ल के शब्दों में "हिंदी काव्य की सब प्रकार की रचनाशैली के ऊपर गोस्वामी जी ने अपना ऊँचा आसन प्रतिष्ठित किया है। यह उच्चता और किसी को प्राप्त नहीं।" तुलसी ने अपने जीवन और अपने युग के विषय में हिंदी के किसी भी मध्यकालीन कवि से ज्यादा लिखा है। तुलसी राम के सगुण भक्त थे, लेकिन उनकी भक्ति में लोकोन्मुखता थी। वे राम के अनन्य भक्त थे। राम ही उनकी कविता के विषय हैं। नाना काव्यरूपों में उन्होंने राम का ही गुणगान किया है, किंतु उनके राम परमब्रह्म होते हुए भी मनुज हैं और अपने देशकाल के आदर्शों से निर्मित है। तुलसी के राम ब्रह्म भी हैं और मानव भी।

तुलसी ने वाल्मीकि और भवभूति के राम को पुनः प्रतिष्ठित नहीं किया। उन्होंने रामचरितमानस में जिस राम को निर्मित किया, वे ब्रह्म होते हुए भी ऐतिहासिक स्थितियों के आधार पर व्यक्ति हैं। वे अपार मानवीय करुणा वाले हैं। 'गरीब निवाज' हैं, दरिद्रता रूपी रावण का नाश करनेवाले, और वाड़वाग्नि से भी भयंकर पेट की आग को बुझानेवाले हैं। तुलसी के राम, तुलसी के व्यक्तिगत संघर्ष और उनके युग की विषमता के आलोक में प्रकाशित हैं।

अपने समय और समाज की सच्चाइयों के यथार्थ चित्रण में तुलसी सबसे आगे रहे। अपने 'रामचरितमानस' में तुलसी ने अपने युग के सामाजिक जीवन, राजनीति, नैतिकता, धार्मिक विद्वेष, विलासिता, राज्य-समृद्धि, पारिवारिक रीति-रिवाज लौकिक व्यवहार, जन-दशा आदि का वर्णन करके युग-जीवन का एक मार्मिक चित्र अंकित किया है। कलियुग की दुरवस्था का चित्रण करते हुए तत्कालीन सामाजिक जीवन का हृदय विदारक बिंब प्रस्तुत किया है, जिसमें ब्राह्मणों को वेद बेचने वाला, राजा को प्रजा का भक्षण करने वाला बताया गया है। मनमाने ढंग से चलने वाले तथा गाल बजाने वालों को ही विद्वान कहा गया है। आडंबरपूर्ण एवं दंभी जीवन व्यतीत करने वाले संत बताए गए हैं। उस समय वही बुद्धिमान बताया गया जो पराया धन हरण करने में निपुण हो और वही गुणी कहा गया है जो झूठा और मसखरा हो। जो अमंगल वेश धारण करते हों, और भक्षाभक्ष का विचार न करते हों। उन्हें ही योगी, सिद्ध एवं पूज्य कहा है। इसी भाँति नारी, शूद्र, गुरु, शिष्य, माता-पिता, संतान, तेली, कुम्हार, चांडाल आदि समाज के सभी वर्गों के व्यक्तियों का वर्णन करते हुए तुलसी ने तत्कालीन युग का एक संश्लिष्ट चित्र प्रस्तुत किया है जिससे तत्कालीन जीवन के अंतर्गत व्याप्त आडंबरप्रियता, वंचकता, जड़ता, ईर्ष्या, द्वेष, स्वार्थपरता, विलासिता, अधार्मिकता, निरक्षरता, अत्याचार, अनाचार आदि का निरूपण मिलता है। यह उनके समय की तत्कालीन परिस्थिति से उपजी समस्याएँ थीं। ऐसे अंशों को पढ़कर ज्ञात होता है कि कवि के मन में समाज की उच्छृंखलता के लिए कितना क्षोभ था।

देश की दुर्गति से व्यथित तुलसी की रचनाओं में हमारा देश, उसकी प्रकृति, वन, नदियाँ, पशु-पक्षी, फसलें, भाषा, मुहावरे, सौंदर्य, कुरूपता सब बिखरे पड़े हैं। वे देश में बहुत घूमे थे और उन्हें देश से अपार प्रेम था। तुलसी को तत्कालीन नगर-जीवन का भी पर्याप्त अनुभव रहा होगा, किंतु वे बुनियादी तौर पर किसान

जीवन के कवि हैं। अपनी प्रसिद्धतम रचना के प्रारंभ में नदी का जो विशाल रूपक उन्होंने बाँधा है उससे प्रकट होता है कि उनका पर्यवेक्षण कितना गहरा था। इसी प्रकार चित्रकूट के कोल-किरातों का उन्होंने जो वर्णन किया है उससे लगता है कि उनमें तुलसी की गहरी आत्मीयता रही होगी।

सशक्त कथ्य और समर्थ रूप विधान के कारण तुलसी की कविताई को आज भी उत्कृष्ट उदाहरण माना जाता है। तुलसीदास जिस प्रकार ब्रजभाषा और अवधी-दोनों भाषाओं पर समान अधिकार रखते हैं उसी प्रकार प्रबंध और मुक्तक दोनों की रचना में भी कुशल हैं। वस्तुतः तुलसी ने गीतावली, कवितावली आदि में मुक्तकों में कथा कही है। यह विरोधाभास इसलिए संभव हुआ, क्योंकि इन मुक्तकों को एक साथ पढ़िए तो प्रबंध का; अलग-अलग पढ़िए तो वे स्वतंत्र मुक्तकों का आनंद देते हैं। इनमें 'विनयपत्रिका' की स्थिति विशिष्ट है। डॉ. रामविलास शर्मा के अनुसार 'रामचरितमानस' में तुलसी की करुणा समाजोन्मुख है, 'विनयपत्रिका' में वह आत्मोन्मुख है। व्यक्तिगत एकांतिक अनुभूतियों की अभिव्यक्ति की दृष्टि से विनयपत्रिका भक्ति काव्य में अनूठी है। तुलसी की कविता जीवन की विसंगतियों से उपजी करुणा से निर्मित होती है और सकारात्मक बदलावों की प्रेरणा देने वाली करुणा को उत्पन्न करती है। यह करुणा-केंद्रित कविता है।

तुलसी की काव्य कला में उनकी नाद-योजना अत्यंत महत्त्वपूर्ण है। वे वर्णानुप्रास के कवि हैं। उन्होंने बोली विशेषतः अवधी शब्दों में संस्कृत शब्दावली को ऐसा घुलाया है कि पूरी पदावली अवधी के ध्वनि प्रवाह में ढल जाती है। इसलिए वे हिंदी के सर्वाधिक स्मरणीय कवि हैं। उनकी पंक्तियाँ हिंदी भाषी जनता की बोली में घुल-मिलकर भाषा का मुहावरा बन गई हैं। कोई भी शब्दकार इससे बड़ी सिद्धि की कल्पना नहीं कर सकता। तुलसी की सर्वांगपूर्ण काव्यकुशलता का विश्लेषण करते हुए डॉ. प्रभाकर श्रोत्रिय ठीक कहते हैं कि उनकी साहित्यमर्मज्ञता, भावुकता और गंभीरता के संबंध में इतना और जान लेना भी आवश्यक है कि उन्होंने रचनानैपुण्य का भद्दा प्रदर्शन कहीं नहीं किया है और न शब्दचमत्कार आदि की खिलवाड़ों में वे फँसे हैं। अलंकारों की योजना उन्होंने ऐसे मार्मिक ढंग से की है कि वे सर्वत्र भावों या तथ्यों की व्यंजना को प्रस्फुटित करते हुए पाये जाते हैं, अपनी चमक-दमक दिखाते हुए नहीं। कहीं-कहीं लंबे-लंबे सांग रूपक बाँधने में अवश्य उन्होंने परंपरा का अनुसरण किया है। भाषा का प्रयोग उन्होंने भावों और विचारों को स्पष्ट रूप में रखने के लिए किया है, कारीगरी दिखाने के लिए नहीं। उनकी-सी भाषा की सफाई और किसी कवि में नहीं। सूरदास में ऐसे वाक्य मिलते हैं जो विचारधारा आगे बढ़ाने में कुछ योग देते नहीं पाये जाते, केवल पादपूर्त्यर्थ ही लाये हुए जान पड़ते हैं। इसी प्रकार तुकांत के लिए शब्द भी तोड़े गए हैं। खेद है कि भाषा की यह सफाई पीछे होने वाले बहुत कम कवियों में रह गई। सब रसों की सम्यक् व्यंजना उन्होंने की है, पर मर्यादा का उल्लंघन नहीं किया है। प्रेम और शृंगार का ऐसा वर्णन जो बिना किसी लज्जा और संकोच के सबके सामने पढ़ा जा सके, गोस्वामी जी का ही है। हम निस्संकोच कह सकते हैं कि यह एक कवि ही हिंदी को प्रौढ़ साहित्यिक भाषा सिद्ध करने के लिए काफी है।

बीसवीं शती के सबसे बड़े हिंदी आलोचक आचार्य रामचंद्र शुक्ल तुलसी को एक ओर अपना लक्ष्य कवि बनाते हैं और कोई पाँच सौ वर्ष पूर्व रचित साहित्य के मूल्यमान पर परंपरा और आधुनिकता का मूल्यांकन करते हैं, तो दूसरी ओर इस शती के सबसे बड़े मार्क्सवादी आलोचक रामविलास शर्मा तुलसी के काव्य सौंदर्य पर बृहत् ग्रंथ लिखते हैं। कथावाचक अपने रंग-ढंग से तुलसी को बाँचते हैं और चौपाल से चौपाटी तक उस पर चर्चा होती है। यह देखकर लगता है कि लोक और प्रबुद्ध जगत में एक-सा मान्य तुलसी जैसा कवि और उसका काव्य विश्व के साहित्येतिहास की अनोखी घटना है। और इसका रहस्य सिर्फ विलक्षण प्रतिभा में निहित नहीं होता, क्योंकि ऐसे रचनाकारों की दुनिया में क्या कमी? इसका रहस्य उस उदात्त, उन्मुक्त, सर्वसमावेशी और जोखिमभरी उत्कृष्टता में है जो मर्यादा के नाम पर रूढ़ियों को नहीं पोसती, जो मतवाद के नाम पर संकीर्णता को नहीं पालती, जो तलवार की धार पर चलती है और ऐसी भूमि पर अलख जगाती है जो किसी की नहीं और सबकी है। जैसे चौहद्दी मैदान में 'कबीरा' सोता है, वैसा ही तुलसी अपने राम का पुर उस चौरस्ते पर बनाता है जो न घर है और न वन है : तुलसी घर वन बीच में राम प्रेम पुर छाते हैं; यही मर्म है सर्वस्वीकृति का। तुलसी आज भी प्रासंगिक हैं, डॉ. प्रभाकर श्रोत्रिय के अनुसार, हमें लगता था कि तेजी से बदलने वाली 21वीं सदी में तुलसी अप्रासंगिक हो जाएँगे, पर इस भोग-प्रधान बाजार युग में तो वे और भी प्रसंगवान हो उठे हैं। वे भोग की जगह कर्म को केंद्र में रखते हैं–करम प्रधान बिस्व रचि राखा...। भले ही यह या ऐसे अनेक अंश आध्यात्मिक अभिप्राय से लिखे गए हों (क्योंकि वह उस युग की और तुलसी की भी अभिव्यक्ति का माध्यम था।) परंतु वे अपने वृत्त-युग में रहते हुए भी रचना-समय के साक्षी हैं, साथ ही 'सामाजिक' के गतिशील पाठ-समय की माँग पूरी करते हैं जहाँ केश कंबली की वीणा सुनते हुए हर व्यक्ति उसका अपने मन, कर्म और चेतना के अनुरूप आस्वाद ले रहा है; अपने-अपने बिंब बना रहा है, और ये सर्जनात्मक बिंब हैं। लेकिन इसके लिए केश कंबली जैसा वीणावादक चाहिए और तुलसी जैसा कवि जिसके हृदय के तार अपने सितार से ही नहीं, लोक-वीणा के तारों से जुड़े हों या लोक, दृश्य के परे दृश्यांतर और युगांतर में भी हों। 'कवितावली' और विनयपत्रिका से पता चलता है कि तुलसी को केवल लोकवादी भक्त कहना अपर्याप्त होगा; वह सबसे पहले संवेदनशील कवि हैं।

'कवितावली' में तुलसी रामकाव्य का नया पाठ देते हैं। यहाँ 'मानस' से ज्यादा सघन और गहन धरातल पर तुलसी का समय और समाज व्यक्त हुआ है। तुलसी को बार-बार अस्वीकृति और अपमान झेलना पड़ा। बार-बार उन पर अज्ञातकुलशील होने का आरोप लगाया गया। तुलसी ने कोई रियायत नहीं माँगी। माँग कर खाना और मस्जिद में सोना यहाँ जो तीखा व्यंग्य है वह भीतर तक भेद देता है। ऐसे ही देश में फैली अराजकता से उपजा भ्रष्टाचार और भुखमरी का जैसा दारुण वर्णन तुलसी करते हैं वह मर्म को चीरकर रख देता है– **'ऊँचे-नीचे करम, धरम-अधरम करि/पेट को ही बेचत बेटा-बेटकी'**–जैसी मार्मिक पंक्तियाँ देश और संवेदनशील मन में पड़े जिस अकाल की विकरालता की तरफ इशारा करती हैं उसके गहरे निहितार्थ हैं।

लोक मंगल के गायक, महान कवि तुलसी की 'कवितावली' ब्रजभाषा का महत्त्वपूर्ण ग्रंथ है। 'श्रीरामचरितमानस' की तरह सात कांडों में विभाजित 'कवितावली' में तुलसी ने राम के जीवन से जुड़े हुए कतिपय प्रसंगों का चयन करके, उनका सजीव वर्णन किया है। कवितावली का पहला कांड बालकांड है जिसमें कुल 22 छंद हैं। इन 22 छंदों में कवि ने राम बालरूप की झाँकी, बाललीला, धनुर्यज्ञ और परशुराम-लक्ष्मण-संवाद का चित्रण किया है। राम पैरों में घुँघरू, हाथों में पहुँची और गले में मणिमालाएँ एवं पीला झँगुला धारण किए हुए हैं–**'पग नूपुर औ पहुँची करकंजनि मंजु बनी मनिमाल हिएँ / नवनील कलेवर पीत झँगा झलकै पुलकैं नृपु गोद लिएँ / अरबिंदु सो आननु रूप मरंदु अनंदित लोचन-भृंग पिएँ / मनमो न बस्यौ अस बालकु जौं तुलसी जग में फलु कौन जिएँ। तनकी दुति स्याम सरोरुह लोचन कंजकी मंजुलताई हरैं / अति सुंदर सोहत धूरि भरे छबि भूरि अनंगकी दूरि धरैं / दमकैं दँतियाँ दुति दामिनि-ज्यौं किलकैं कल बाल-बिनोद करैं / अवधेसके बालक चारि सदा तुलसी-मन-मंदिर में बिहरैं।'** राम का मुख कमल के समान तथा उनका शरीर श्याम है, नेत्र कमल की शोभा को हरने वाले हैं, दाँत छोटे-छोटे हैं और तोतली वाणी मन के मोह लेने वाली है। उनके कानों में कुंडल सुशोभित थे और मुख पर घुँघराली लटाएँ लटक रही थीं। बाल रूप की झाँकी के बाद तुलसी ने बालक राम की बाल–चेष्टाओं का मनोहारी वर्णन किया है–**'कबहूँ ससि मागत आरि करैं कबहूँ प्रतिबिंब निहारि डरैं / कबहूँ करताल बजाइकै नाचत मातु सबै मन मोद भरैं / कबहूँ रिसिआइ कहैं हठिकै पुनि लेत सोई जेहि लागि अरैं / अवधेस के बालक चारि सदा तुलसी-मन-मंदिर में बिहरैं।'** कभी तो वह चंद्रमा माँगता है तो कभी जल में पड़े अपने ही प्रतिबिंब को देखकर डर जाता है और कभी तालियाँ बजाकर अपनी माता को हर्षित करता है और फिर कभी किसी भी वस्तु के लिए हठ करके रूठ जाता है और इच्छित वस्तु फिर प्राप्त करके ही मानता है।

कुछ बड़े होने पर राम अपने भाई और मित्रों के साथ सरयू नदी के किनारे घूमते फिरते हैं–**'सरजू बर तीरहिं तीर फिरैं रघुबीर सखा अरु बीर सबै / धनुहीं कर तीर, निषंग कसें कटि पीत दुकूल नवीन फबै / तुलसी तेहि औसर लावनिता दस चारि नौ तीन इकीस सबै / मति भारति पंगु भई जो निहारि बिचारि फिरी उपमा न पबै।'** उनके हाथ में छोटे-छोटे धनुष-बाण हैं, कमर में तरकस कसा हुआ है और शरीर पर नूतन पीतांबर सुशोभित है। किशोर होने पर वे जनकपुर के धनुष यज्ञ में विश्वामित्र के साथ सम्मिलित हुए। सीता के स्वयंवर में अन्य राजा लोग भी उपस्थित थे, जो गुण में वायु, इंद्र, अग्नि, सूर्य और कुबेर के समान थे तथा रूप में कामदेव और चंद्रमा से भी बढ़कर थे। उस उत्सव में बाणासुर और रावण-जैसे शूरवीर भी थे, जिन्हें संग्रामभूमि में सदा ही सकुशल रहने का अभिमान था। शिवजी के कठोर धनुष ने उन सब वीरों को बलहीन कर अपना बल बढ़ा रखा था। वज्र से कठोर और कछुए की पीठ से भी कड़े उस धनुष को कोई भी राजा नहीं चढ़ा पाया वही धनुष-भगवान राम के कर कमल का स्पर्श पाते ही टूट गया–**'छोनीमेंके छोनीपति छाजै जिन्है छत्रछाया / छोनी-छोनी छाए**

छिति आए निमिराज के / प्रबल प्रचंड बरिबंड बर बेष बपु / बरिबेकों बोले बैदेही बर काज के / बोले बंदी बिरुद बजाइ बर बाजनेऊ / बाजे-बाजे बीर बाहु धुनत समाज के / तुलसी मुदित मन पुर नर-नारि जेते / बार-बार हेरैं मुख औध-मृगराज के।' जिस समय राम ने शिव का धनुष तोड़ा, उस समय उसका प्रचंड शब्द ब्रह्मांड को पार कर गया और उसके आघात से सारे पर्वत, समुद्र और तालाब तथा अत्यंत भारी पृथ्वी डगमगाने लगी। दिग्गज लड़खड़ाने लगे, वराह, कच्छप और शेषनाग कुलबुलाने लगे और रावण मुँह के बल गिरने लगा।

सीता-स्वयंवर तुलसी की इस काव्य-दक्षता का साक्ष्य है जिससे पता चलता है कि वे कविता में नाटक या कहें दृश्य-काव्य आविष्कृत करने में समर्थ थे। धनुष-भंग प्रसंग के बहाने तुलसी परशुराम-लक्ष्मण का झगड़ा नहीं; असल में ब्राह्मण-क्षत्रिय का वर्णन संघर्ष चित्रित करते हैं। धनुष टूटते ही जहाँ पृथ्वी हिलने लगी थी वहीं पूरे, जनकपुर में प्रसन्नता का भाव छा गया–**'सियके स्वयंबर समाजु जहाँ राजनिको / राजनके राजा महाराजा जानै नाम को / पवनु, पुरंदरु, कृसानु, भानु, धनदु-से / गुनके निधान रूपधाम सोमु कामु को / बान बलवान जातुधानप सरीखे सूर / जिन्हकें गुमान सदा सालिम संग्राम को / तहाँ दसरत्थकें समत्थ नाथ तुलसी के / चपरि चढ़ायौ चापु चंद्रमाललामको।'** नगर में नगाड़े और आकाश दुदंभियाँ बजने लगीं। देवांगनाएँ विमानों पर चढ़कर गीत गाने लगीं। देवतागण फूल बरसाने लगे और उसी पल सीता ने राम के गले में जयमाला डाल दी। उस समय स्वार्थी और नीच राजाओं ने जाकर कुछ अनुचित बातें कहनी चाहीं पर भले और सज्जन राजाओं ने उन्हें समझाकर बिठा दिया। सुंदर राजमहल में राम दूल्हा बने और जानकी दुलहिन। विवाह के समय ब्राह्मणों ने वेद पाठ किया। उस समय जानकी अपने हाथ के कंगन में लगे हुए नग में आ रही राम की परछाईं को निहारने लगी और अपनी सारी सुधि भूल गई।

धनुष के टूटने का पता जैसे ही परशुराम को चला तो वे गरजकर बोले कि जिसने भी धनुष तोड़ा है वह राजसभा से बाहर निकल आए। मैं उसे वैसे ही पकड़ लूँगा जैसे सिंह हाथी को पकड़ता है–**भूपमंडली प्रचंड चंडीस-कोदंडु खंड्यौ / चंड बाहुदंडु जाको ताहीसों कहतु हौं / कठिन कुठार-धार धरिबेको धीर ताहि / बीरता बिदित ताको देखिये चहतु हौं / तुलसी समाजु राज तजि सो बिराजै आजु / गाज्यौ मृगराजु गजराजु ज्यों गहतु हौं / छोनीमें न छाड्यौ छप्यो छोनिपको छोना छोटो / छोनिप छपन बाँको बिरुद बहुत हौं।'** परशुराम की ऐसी वाणी सुनकर सभी राजा भयभीत हो ऐसे चुप हो गए जैसे उन लोगों ने मौन ग्रहण कर लिया हो। तभी लक्ष्मण परशुराम के तीखे वचन सुनकर रोष में भर आए और बोले–आपने जो अपने बारे में बताया है वह सब तो सही है किंतु अब तो शिव का धनुष टूट गया है, जो अब नहीं जुड़ सकेगा। आपका तो इस धनुष में तनिक भी हिस्सा नहीं था फिर आप इतना क्रोध क्यों कर रहे हैं। यह सुनते ही परशुराम और क्रोधित होते हुए विश्वामित्र से पूछने लगे कि यह गोरा और गरूर-गुमान से भरा छोटा लड़का किसका है। यह छोटे मुँह से बड़ा उत्तर दे रहा है। तब विश्वामित्र ने बड़ी विनम्रता से कहा कि मेरे यज्ञ की रक्षा के लिए महाराजा दशरथ ने इन्हें

मेरे संग कर दिया था– **'मखु राखिबे के काज राजा मेरे संग दए / दले जातुधान जे जितैया बिबुधेस के / गौतम की तीय तारी, मेटे अघ भूरि भार / लोचन-अतिथि भए जनक जनेस के / चंड बाहुदंड-बल चंडीस-कोदंडु खंड्यौ / ब्याही जानकी, जीते नरेस देस-देस के / साँवरे-गोरे सरीर धीर महाबीर दोऊ / नाम रामु लखनु कुमार कोसलेस के।'** इन्होंने ऐसे राक्षसों का नाश किया है जो इंद्र को जीतने वाले थे। इन्होंने अपने प्रताप से गौतम की स्त्री अहल्या का भी उद्धार किया है। इन साँवले और गोरे शरीरवाले बड़े वीर और धीर दोनों बालकों का नाम राम और लक्ष्मण है। ये कौशल नरेश महाराज दशरथ के राजकुमार हैं। यद्यपि भृगुनायक परशुराम जी बड़े सुयोग्यवीर थे तो भी अपने धनुष-बाण इन दोनों राजकुमारों को सौंप कर चले गए– **'काल कराल नृपालन्ह के धनुभंगु सुनै फरसा लिएँ धाए / लक्खनु रामु बिलोकि सप्रेम महारिस तें फिरि आँखि दिखाए / धीर सिरोमनि बीर बड़े बिनयी बिजयी रघुनाथु सुहाए / लायक है भृगुनायकु, से धनु-सायक सौंपि सुभायँ सिधाए।'** कवितावली में तुलसी ऐसे प्रसंगों को बड़ा स्पेस देते हैं जो अन्यथा छूट गए हैं या अप्रासंगिक रह गए हैं। 'विनयपत्रिका' में भी तुलसी निजी जीवन प्रसंगों की मार्मिक प्रस्तुति करते हैं।

'विनय-पत्रिका' हिंदी की शुरुआती 'पर्सनल' कविता का प्रारूप है। 'केशव! कहि न जाइ का कहिये'–कैसा आधुनिक तेवर है। 'कोउ कह सत्य, झूठ कह कोऊ' में जो गहन विमर्श है–वह 'विनयपत्रिका' को कालातीत कविता का उदाहरण बना देता है।

'विनयपत्रिका' और 'कवितावली' में कथ्य के साथ-साथ जो रूपगत विशेषताएँ तुलसी अर्जित करते हैं वह हिंदी काव्य की धरोहर हैं। यह ऐसी रचनाएँ हैं जहाँ तुलसी पाठकों और परवर्ती कवियों के लिए समकालीन बन जाते हैं।

तुलसी ने एक आदर्श समाज-धर्म, आदर्श चरित्र की प्रतिष्ठा द्वारा लोकहित एवं लोकमंगल की शिक्षा देते हुए संपूर्ण विश्व के मानवों के सम्मुख आदर्श जीवन की रूपरेखा प्रस्तुत की है। तुलसी का काव्य अपने अर्थ गांभीर्य, प्रभावशीलता, भाव सरसता, काव्य सौंदर्य एवं अभिव्यंजना में सर्वोपरि है। प्रत्येक वर्ग के बीच उसे आदर प्राप्त है और उससे संपूर्ण जन-जीवन प्रेरणा ग्रहण करता है। इसके साथ ही 'नाना पुराण निगमागम सम्मत' एवं 'छहों शास्त्र सब ग्रंथन को रस' होकर भी तुलसी की लोक-संग्रही कविता मौलिकता में श्रेष्ठ कविता है क्योंकि तुलसी ने अपनी अद्‌भुत रचना नैपुण्य, नवनवौन्मेषशालिनी प्रतिभा, विलक्षण उद्‌भावना शक्ति, उर्वर कल्पना एवं उत्कृष्ट काव्य कला के संश्लेषण से एक ऐसे अद्वितीय काव्य का निर्माण किया है जिसकी तुलना में कोई भी पूर्ववर्ती एवं परवर्ती काव्य नहीं ठहरता। यही कारण है कि तुलसीदास मार्मिक प्रसंगों के वर्णन, सुव्यवस्थित कथा-योजना, राम में भक्ति, शील एवं सौंदर्य की प्रतिष्ठा, वैचारिक समन्वय, उच्चकोटि की शिष्टता एवं सज्जनता की स्थापना तथा उत्कृष्ट शील-निरूपण करने वाले काव्य-शिल्प की दृष्टि से सर्वकालिक श्रेष्ठतम कवि हैं। तुलसी बेशक हिंदी के ऐसे कवि हैं जिनसे कई काव्य-पीढ़ियों के कवियों ने कविता करना सीखा। कुछ ने तुलसी से जुड़कर और कइयों ने तुलसी से टकराकर काव्य-मर्म समझा और कविता अर्जित की है।

13. सूरदास
(कृष्णभक्त कवि)

वात्सल्य और शृंगार का संश्लेषण

हिंदी कविता के शिरोमणि कृष्णभक्त कवि सूरदास का जन्म 1483 ई. के आस-पास हुआ था। उनकी मृत्यु अनुमान के अनुसार 1563 ई. के आस-पास हुई। इनके बारे में भक्तमाल और चौरासी वैष्णवन की वार्ता में थोड़ी-बहुत जानकारी मिल जाती है। आईने अकबरी और मुंशियात अब्बुलफजल में भी किसी संत सूरदास का उल्लेख है, किंतु वे बनारस के कोई और सूरदास प्रतीत होते हैं। अनुश्रुति यह अवश्य है कि अकबर बादशाह सूरदास का यश सुनकर उनसे मिलने आए थे। चौरासी वैष्णवन की वार्ता के अनुसार वे आगरा और मथुरा के बीच साधु या स्वामी के रूप में रहते थे। वल्लभाचार्य के दर्शन को गए और उनसे लीलागान का उपदेश पाकर कृष्ण-चरित विषयक पदों की रचना करने लगे। कालांतर में श्रीनाथ जी के मंदिर का निर्माण होने पर महाप्रभु वल्लभाचार्य ने इन्हें यहाँ कीर्तन का कार्य सौंपा।

सूरदास के विषय में जनश्रुति है कि वे जन्मांध थे। उन्होंने अपने को 'जन्म को आँधर' कहा भी है। किंतु डॉ. विश्वनाथ त्रिपाठी के अनुसार इसके शब्दार्थ पर अधिक नहीं जाना चाहिए। सूर के काव्य में प्रकृति और जीवन का जो सूक्ष्म सौंदर्य चित्रित है उससे यह नहीं लगता कि वे जन्मांध थे। उनके विषय में ऐसी कहानी भी मिलती है कि तीव्र अंतर्द्वंद्व के किसी क्षण में उन्होंने अपनी आँखें फोड़ ली थीं। उचित यही मालूम पड़ता है कि वे जन्मांध नहीं थे। कालांतर में अपनी आँखों की ज्योति खो बैठे थे। सूरदास अब अंधों को कहते हैं। यह परंपरा सूर के अंधे होने से चली है। सूर का आशय 'शूर' से है। शूर और सती मध्यकालीन भक्त साधकों के आदर्श थे।

सूरदास से पहले ब्रजभाषा में काव्य-रचना की परंपरा तो मिल जाती है, किंतु भाषा की यह प्रौढ़ता, चलतापन और काव्य का यह उत्कर्ष नहीं मिलता। ऐसा लगता है कि सूर ब्रजभाषा काव्य के प्रवर्तक न हों बल्कि किसी परंपरा के चरमोत्कर्ष हों। शुक्ल जी ने सूर को एक ओर जयदेव, चंडीदास और विद्यापति की परंपरा से जोड़ा है तो दूसरी ओर लोक-गीतों की परंपरा से। विद्यापति और सूरदास में जो निरीहता, तन्मयता मिलती है, अनुभूतियों को जिस प्रकार बाह्य प्रकृति के ताने-बाने में बुना गया है, यह लोकगीतों की विशेषता है। लगता है कि लोकजीवन और साहित्य में राधा-कृष्ण की जो परंपरा पहले से चली आ रही थी, वह भक्तिकाल में प्रकट

हुई। जयदेव का गीत गोविंद, विद्यापति की पदावली, चंडीदास का काव्य और सूरदास का सूर सागर उसी परंपरा से जुड़ा है।

सूरदास द्वारा रचित ग्रंथ 'सूरसागर', 'सूरसारावली' तथा 'साहित्यलहरी' है। 'सूरसागर' श्रीमद्भागवत पर आधारित है। इसके बारह स्कंध हैं। 'नागरी प्रचारिणी सभा' द्वारा प्रकाशित 'सूरसागर' में लगभग 5000 पद हैं। कहा जाता है कि सूरदास ने सवा लाख पदों की रचना की थी। महाप्रभु वल्लभाचार्य ने सूरदास को श्रीमद्भागवत की कथा को पदों में गाने का आदेश दिया था। 'सूरसागर' में कृष्ण जन्म से लेकर श्रीकृष्ण के मथुरा जाने तक की कथा अत्यंत विस्तार से फुटकल पदों में गाई गई है। भिन्न-भिन्न लीलाओं के प्रसंग लेकर इस सच्चे रसमग्न कवि ने अत्यंत मधुर और मनोहर पदों की झड़ी सी बाँध दी है। इन पदों के संबंध में पहली बात ध्यान देने की यह है कि चलती हुई ब्रजभाषा में सबसे पहली साहित्यिक रचना होने पर भी यह सुडौल और परिमार्जित है। यह रचना प्रगल्भ और काव्यांगपूर्ण है कि आगे होने वाले कवियों की श्रृंगार और वात्सल्य की उक्तियाँ सूर की जूठी सी जान पड़ती हैं। अत: सूरसागर किसी चली आती हुई गीति काव्य परंपरा का–चाहे वह मौखिक ही रही हो–पूर्ण विकास-सा प्रतीत होता है।

'सूरसारावली' 1106 छंदों की स्वतंत्र रचना है। इसमें सरसी और सार छंद का प्रयोग हैं। यह है तो 'सूरसागर' की अनुक्रमणिका, पर इसके तथा 'सूरसागर' के विषयों में कई स्थल पर अंतर है। इसीलिए इसे 'सूरसागर' की भूमिका न कहकर स्वतंत्र ग्रंथ कहा गया है। 'साहित्य लहरी' में 115 दृष्टिकूट पद हैं। श्रृंगार नायिका भेद तथा अलंकार इसका प्रतिपाद्य है। इसका रचनाकाल सं. 1607 वि. है।

सूरदास वात्सल्य और श्रृंगार के कवि हैं। शायद विश्व-साहित्य में कोई कवि वात्सल्य के क्षेत्र में उनके समकक्ष नहीं है। यह उनकी ऐसी विशेषता है कि केवल इसी के आधार पर वे साहित्य-क्षेत्र में अत्यंत उच्च स्थान के अधिकारी माने जा सकते हैं। बाल जीवन का पर्यवेक्षण एवं चित्रण, महान सहृदय और मानव प्रेमी व्यक्ति ही कर सकता है। सूरदास ने वात्सल्य और श्रृंगार का वर्णन लोक सामान्य की भाव-भूमि पर किया है। मार्मिकता, मनोवैज्ञानिकता, स्वाभाविकता जीवन के यथार्थ में ही होते हैं। फिर यथार्थ अपने विविध आयामों को अंत:संबंधित किए होता है। तुलसी की अपेक्षा सूर का विषय-क्षेत्र सीमित अवश्य है, किंतु सूर ने राधाकृष्ण की प्रेम लीला और कृष्ण की बाल लीला को प्रकृति और कर्म के विशुद्ध क्षेत्र का संदर्भ प्रदान कर दिया है। लोक-साहित्य से यह संदर्भ जुड़ा दिखलाई पड़ता है। सूर ने अपनी रचना में प्रकृति और जीवन के कर्म के क्षेत्रों को अचूक कौशल से उतार लिया है। लोक साहित्य की सहज जीवंतता जितनी सूर के साहित्य में मिलती है, हिंदी के किसी कवि में नहीं।

सूर का बाल-लीला वर्णन अपनी सहजता, मनोवैज्ञानिकता एवं स्वाभाविकता में अद्वितीय है। इनकी कविता बाल-चेष्टाओं के स्वाभाविक मनोहर चित्रों का भंडार है। यहाँ भक्ति ने भगवान का मानवीकरण कर दिया है। सूर के कृष्ण सामान्य गृहस्थ के बालक बन गए हैं, जो हठ करके आँगन में लोटने लगते हैं–'**काहें को आरि करत मेरे मोहन्! यों तुम आंगन लेटी।**' सूर के बिंब जीवन से प्रेरित जीवन देने

वाले बिंब हैं। यशोदा दही मथ रही थी। कृष्ण हठ करने लगे। आकर आंचल पकड़ लिया। दही भूमि पर ढुलक गया।

कृष्ण चलना सीख रहे हैं। पैर डगमगाते हैं। यशोदा हाथ पकड़कर उन्हें चलना सिखाती है–**'सिखावत चलन जसोदा मैया / अरबराय करि पानि गहावति डगमगात धरे पैयाँ।'** सूरदास के बाल लीला वर्णन में चित्रण ऐसा ही है कि जिसकी दृश्यता में जीवन स्पंदित है। पंक्तियाँ इतनी सहज हैं कि सपाट लगती हैं, किंतु उनमें मार्मिकता रची-बसी होती है। पाठक और श्रोता उस मार्मिकता को अचूक तौर पर ग्रहण करते हैं।

सूरदास के यहाँ राधा-कृष्ण का प्रेम परिचय से विकसित होता है। वह प्रकृति और कर्म-क्षेत्र की पृष्ठभूमि में पुष्पित-पल्लवित होता है। गोचारण जीवन में प्रकृति का पूरा अवकाश है। सूर के राधा-कृष्ण की प्रेम लीला में प्रकृति, गाएँ और ग्वाल-बाल का महत्त्वपूर्ण स्थान है। इसी से उनकी प्रेम लीला जीवन से कहीं कटी अलग-थलग नहीं है। राधा और कृष्ण के प्रथम परिचय का जो चित्र सूर ने खींचा है, वह उनके लोक परिचय का प्रमाण है। इस तथ्य का विश्लेषण करते हुए डॉ. विश्वनाथ त्रिपाठी कहते हैं कि साहित्य में प्रेम के सूत्रपात का ऐसा जीवंत चित्र बहुत दुर्लभ होगा–**'बूझत स्याम कौन तू गोरी / रहति, काकी है बेटी, देखी नहीं कहूँ ब्रज खोरी / काहे कौ हम ब्रज-तन आवति, खेलति रहति अपनी पौरी / सुनत रहति स्त्रवननि नंद ढोटा, करत फिरत माखन दधि चोरी / तुम्हारी कहा चोरि हम लैहें खेलन चलौं संग मिलि जोरी / सूरदास प्रभु रसिक सिरोमनि, बातनि भुरई राधिका भोरी।'** मुक्तकों में ऐसी स्वाभाविक संवाद योजना बड़ी मेहनत और हुनर से कमाई जाती है। सूर को इसमें कमाल हासिल है। सूरदास द्वारा चित्रित राधा-कृष्ण की प्रेम लीला दरअसल मध्यकालीन पराधीन-नारी का सहज एवं स्वाधीन प्रेम-वर्णन है। सूरदास के समय अर्थात् 16वीं शती में ब्रज में नारियों को यह स्वाधीनता नहीं थी, जिसका वर्णन 'सूरसागर' में मिलता है। यह सच है कि रास-लीला का साधनात्मक अर्थ भी है, जहाँ गोपियाँ साधकों की प्रतीक हैं, किंतु काव्य का प्रतीकार्थ ही ठीक नहीं होता उसका साधारण या वाच्यार्थ भी संगत होता है। गोपियाँ लोक-लाज तजकर घर की चारदीवारी ही नहीं तोड़तीं, ये कृष्ण की बाँसुरी सुनकर उस सामाजिक व्यवस्था को भी तोड़ती हैं, जो नारियों को पराधीन रखती है। जिस तरह तुलसी ने मध्यकालीन भारत में दैहिक, दैविक, भौतिक तापों से रहित 'रामराज्य' का स्वप्न देखा है, वैसे ही सूर ने कृष्ण कथा और रास-लीला के माध्यम से एक ऐसा सर्वसुखद स्वप्न देखा है, जिसमें नारी और पुरुष दोनों समान तौर पर स्वाधीन हैं। रास-लीला सुख-विभोर मानवता का सजीव गतिमय स्पंदित चित्र है। यहाँ मनुष्य सृष्टि के साथ ताल, लय, गीत, प्राण अनुभूति सभी तरह से तल्लीन और विभोर हो गया है। ऐसा स्वप्न जो अखंड अनुभूति का हो, सूर ने देखा। तुलसीदास नारी पराधीनता को महसूस करते थे, उसकी पीड़ा का चित्रण कर सकते थे, किंतु सामाजिक निषेधों में अंतर्निहित अमानवीयता को सूरदास की तरह तोड़ नहीं सकते। यह नारी स्वाधीनता का नया विमर्श है।

सूर की बड़ी भारी विशेषता है नवीन प्रसंगों की उद्‌भावना। आचार्य रामचंद्र शुक्ल के शब्दों में प्रसंगोद्‌भावना करने वाली ऐसी प्रतिभा हम तुलसी में नहीं पाते।

बाललीला और प्रेमलीला दोनों के अंतर्गत कुछ दूर तक चलने वाले न जाने कितने छोटे-छोटे मनोरंजक वृत्तों की कल्पना सूर ने की है। जीवन में एक क्षेत्र के भीतर कथावस्तु की यह रमणीय कल्पना ध्यान देने योग्य है।

राधाकृष्ण के प्रेम को लेकर कृष्णभक्ति की जो काव्य परंपरा चली उसने लीलापक्ष अर्थात् बाह्य विधान की प्रधानता रही है। इसमें केलि, विलास, रास, छेड़छाड़, मिलन की युक्तियों आदि बाहरी बातों का ही विशेष वर्णन है। प्रेमलीन हृदय की अनुभूति की व्यंजना कम है। वियोग वर्णन में कुछ संचारियों का समावेश मिलता है पर वे रूढ़ और परंपरागत है। उनमें उद्भावना बहुत थोड़ी पाई जाती है। भ्रमरगीत के अंतर्गत अलबत्ता सूर ने इस पक्ष का भी विस्तृत उद्घाटन किया है। प्रेमदशा के भीतर की न जाने कितनी मनोवृत्तियों की व्यंजना गोपियों के वचनों द्वारा होती है।

'सूरसागर' का सबसे मर्मस्पर्शी और वाग्वैदग्धपूर्ण अंश 'भ्रमरगीत' है जिसमें गोपियों की वचनवक्रता अत्यंत मनोहरिणी है। ऐसा सुंदर उपालंभ काव्य और कहीं नहीं मिलता। उद्धव तो अपने निर्गुण ब्रह्मज्ञान और योगकथा द्वारा गोपियों को प्रेम से विरत करना चाहते हैं और गोपियाँ कभी उनको मूर्ख भर बनाती हैं, कभी उनसे अपनी विवशता और दीनता का निवेदन करती हैं। उद्धव के बहुत बकने पर वे कहती हैं–**'ऊधो! तुम अपनो जतन करो / हित की कहत कुहित की लागै, किन बेकाज रजौ? / जाय करौ उपचार आपनों, हम तो कहति हैं जी की / कछू कहत कुछवे, कहि डारत धनु देखियत नहिं नीकी।'** सूर ने इसमें सगुणोपासना का निरूपण बड़े ही मार्मिक ढंग से–हृदय की अनुभूति के आधार पर किया है, तर्क पद्धति पर नहीं–किया है। सगुण-निर्गुण का यह प्रसंग सूर अपनी ओर से लाए हैं जिससे संवाद में रोचकता आ गई है। भागवत में यह प्रसंग नहीं है।

प्रेम और कर्मण्यता के गर्वीले तनावों और अंतःसूत्रों से बुनी सूर की कविता डॉ. प्रभाकर श्रोत्रिय के अनुसार उन्हें न केवल अन्य कृष्ण भक्तों से अलग करती है। बल्कि अपने पूर्ववर्ती विद्यापति और परवर्ती बिहारी की निपट शृंगारिक लालसा और समकालीन नंद दास की निपट तार्किकता से भी अलग करती है–**'ऊधो अब नहीं स्याम हमारे। मधुबन बसत बदलि से गे वे माधव मधुप तिहारे।'** जैसी भाव प्रवण तीखी बात न तो शृंगारिक लालसा भर है, न सूखी तार्किकता; वह लोक की मेधा, प्रखरता, भावानुभूति और उपालंभ की अभिव्यक्ति है।

भक्ति की सीमा को लाँघकर सूर ने प्रेम की जिस गरिमा को स्थापित किया उसने प्रेम को भक्ति और सामाजिक शील में बदल दिया। गोपियों ने जब उद्धव से कहा था कि 'पाके चोर हृदय के कपटी तुम कारे और वोऊ' (तुम और 'वह' कृष्ण दोनों की कलूटे, पक्के चोर और मन के कपटी हो!) तो दरअसल उन्होंने कपट, दिखावटी नेह और उपदेशात्मकता की भर्त्सना के बहाने कहा यह था कि प्रेम ही शील है, प्रेम ही मर्यादा, प्रेम ही समस्त मूल्यों का प्रतिमान है। यह ठीक है कि भक्ति मार्ग की पारंपरिक धारणा के कारण यह अधिक संभव हुआ, परंतु यहाँ एक सर्जक की भूमिका से भी इंकार नहीं किया जा सकता। तुलना के लिए हम तुलसी के आदर्श और आध्यात्मिकता के तनाव, प्रेममार्गियों के आध्यात्मिक

प्रतीकीकरण और सिद्धांतनिरूपण के उलझावों को ले सकते हैं। जिनमें प्रेम और लीला को लौकिक और सहज मानने में रुकावटें आती हैं।

कृष्ण-काव्य का अध्ययन करने पर ज्ञात होता है कि सूरदास के काव्य में माधुर्य एवं सौंदर्य तथा भक्ति-भावना का जो आकर्षक रूप विद्यमान है, वैसा अन्यत्र नहीं मिलता। सूर ने कृष्ण की जन्मभूमि ब्रज, यमुना, मधुवन, कदंब, वृंदावन आदि के प्रति जो श्रद्धा जाग्रत की है तथा कृष्ण के रूप-सौंदर्य में जो आकर्षण उत्पन्न किया है, वैसा कार्य अन्य कोई कवि नहीं कर सका है। कृष्ण काव्य प्रणेता सूर के चिर ऋणी हैं, क्योंकि अपनी सरस राग-रागनियों में कृष्ण की ऐश्वर्य माधुरी, क्रीड़ा-माधुरी, वेणु माधुरी, रूप-माधुरी का वर्णन करते हुए सूर ने अपने गीतों द्वारा एक अद्भुत आध्यात्मिक वातावरण की सृष्टि की है और श्रीकृष्ण के अत्यंत मधुर एवं सौंदर्य-संपन्न आकर्षक रूप को मानवीय बनाकर जनता के सामने रखा है, जिससे त्रस्त भारतीय मन आकृष्ट होकर कृष्ण में राहत पाता है। इसलिए सूर वास्तव में कृष्ण-काव्य-धारा के मुख्य प्रतिनिधि और हिंदी की कृष्ण-काव्य-धारा के वास्तविक नेता हैं।

सगुण कृष्णभक्ति धारा के अग्रणी कवि सूरदास ने निर्गुण ब्रह्म की अपेक्षा सगुण ब्रह्म को सुगम एवं सुलभ मानकर सगुण रूप की लीलाओं का गान किया है। बल्लभ संप्रदाय में दीक्षित होने से पहले सूर द्वारा रचित विनय के पदों में आत्मदीनता, सांसारिक भोग-विलास में लिप्त जीवन की तुच्छता, संसार की नश्वरता, हरिभजन का आग्रह तथा माया की नश्वरता का वर्णन है। सूरदास निर्गुण निराकार ब्रह्म के संबंध में कहते हैं कि वह मन और वाणी से अग्राह्य है–'**अबिगत-गति कछु कहत न आवै / ज्यौं गूँगें मीठे फल कौ रस अंतरगत ही भावै / परम स्वाद सबही सु निरंतर अमित तोष उपजावै / मन-बानी कौं अगम-अगोचर, सो जाने जो पावै / रूप-रेख-गुन जाति जुगति-बिनु निरालंब कित धावै / सब विधि अगम बिचारहिं तालैं सूर सगुन-पद गावै।**' वह रूप, आकृति, गुण, जाति और युक्ति से रहित एवं तर्क से परे है। उसका अनुभव तो गूँगे की स्वाद की भाँति है, ऐसे ब्रह्म को अगम्य समझकर सूरदास सगुण रूप की लीलाओं का ही गान करते हैं। इसके पीछे वे तर्क देते हैं कि जिस प्रकार गूँगा व्यक्ति गुड़ की मिठास को अनुभव तो करता है पर उस अनुभव को बता नहीं सकता तो फिर उस अनुभव का क्या औचित्य। इसी तरह निर्गुण भक्ति में भले ही अनुभव हो लेकिन जब उसका पता नहीं चले तो क्या फायदा। सूरदास माया के जंजालों का वर्णन करते हुए कहते हैं कि मैंने काम और क्रोध का जाम तथा कंठ में विषय-वासनाओं की माला पहन रखी है, साथ ही कमर में माया रूपी फेंट बाँध ली है तथा मस्तक पर लोभ का तिलक लगा रखा है–'**अब मै नाच्यौ बहुत गुपाल / काम-क्रोध को पहिरि चोलना, कंठ विषय की माल / महामोह के नूपुर बाजत, निंदा-सब्द-रसाल / भ्रम-भोयौ मन भयौ पखावज, चलत असंगत चाल / तृष्णा नाद करति घट भीतर, नाना बिधि दै ताल / माया को कटि फेटा बाँध्यौं, लोभ-तिलक दियौ भाल / कोटिक कला काछि दिखराई, जल-थल सुधि नहिं काल / सूरदास को सबै अविद्या, दूरि करौ नँदलाल।**' इन सारी माया-लोभ रूपी प्रपंचों से केवल हे नंदलाल! आप ही मुक्त कर सकते हैं।

गोकुल लीला प्रसंग में कृष्ण के जन्म के बाद का चित्रण मिलता है–'**जसोदा हरि पालनै झुलावै / हलरावै, दुलरावै मल्हावै, जोइ-सोइ कछू गावै / मेरे लाल कौ आउ निंदरिया, काहै न आनि सुवावै / तू काहै नहिं बेगहिं आवै, तोको कान्ह बुलावै / कबहुँक पलक हरि मूँदि लेत हैं, कबहुँ अधर फरकावै / सोबत जानि मौन ह्वै रहि, करि करि सैन बतावै / इहिं अंतर अकुलाइ उठे हरि, जसुमति मधुरै गावै / जो सुख सूर अमर-मुनि दुरलभ, सो नँद भामिनि पावै।**' यशोदा उन्हें पालने में झुला रही हैं। वे उन्हें दुलारती हैं। गीत गाकर सुलाना चाहती हैं, जिससे उन्हें नींद आ जाए। बालक कृष्ण यह सुनकर अपनी आँखें बंद करते हैं तो उन्हें सोता हुआ समझकर माँ यशोदा जैसे ही उठना चाहती हैं वैसे ही कृष्ण आँखें खोल देते हैं और यशोदा पुनः गीत-गाकर सुलाने का प्रयास करने लगती हैं। इसे देखकर सूरदास कहते हैं जो सुख देवताओं और मुनियों को नहीं मिला वह सुख नंद पत्नी यशोदा को प्राप्त हो रहा है। कृष्ण के बाल सौंदर्य का मनोहारी चित्रण देखिए–'**सोभित कर नवनीत लिए / घुटुरुनि चलत रेनु तन मंडित, मुख दधि लेप किए / चारु कपोल, लोल लोचन, गोरोचन-तिलक दिए / लट-लटकिन मनु मत्त मधुप-गन मादक मधुहि पिए / कठुला-कंठ, बज्र केहरि-नख, राजत रुचिर हिए / धन्य सूर एकौ पल इहिँ सुख, का सत कल्प जिए।**' कृष्ण के मुख पर दही लगा है। नेत्र और गाल अत्यंत सुंदर हैं तथा घुँघराली लटें मुख के चारों ओर लटकी हैं। उनके चेहरे पर झुक आई घुँघराली लटें ऐसी लगती हैं मानो कमल का पराग पीकर मस्त हुए भौंरे मँडरा रहे हों। वह गले में शेर का नाखून पहने हुए हैं। इस मनोहारी चित्र को देखकर सूरदास कहते हैं कि इसे देखने के सुख का एक पल भी सैकड़ों जीवन के जीने से अच्छा है। कृष्ण यशोदा से दही और रोटी माँगते हुए कहते हैं कि माँ मुझे सुंदर पकी हुई मोटी रोटी मक्खन के साथ दो नहीं तो मैं यहीं आँगन में लेटा रहूँगा–'**गोपालरांइ दधि माँगत अरु रोटी / माखन सहित देहि मेरी मैया, सुपक सुकोमल, मोटी / कत हौ आरि करत मेरे मोहन तुम आँगन मैं लोटी / जो चाहौ सो लेहु तुरतहीं, छाँड़ौं यह मति खोटी / करि मनुहारि कलेऊ दीन्हौ, मुख चुपर्‌यौ अरु चोटी / सूरदास कौ ठाकुर ठाढ़ौ, हाथ लकुटिया छोटी।**' इस बाल भोले मन की बात सुनकर यशोदा कहती हैं कि हे मोहन, तुम आँगन में लोटकर हठ क्यों कर रहे हो। जो तुम्हें चाहिए उसे ले लो और अपनी जिद छोड़ दो। तत्पश्चात यशोदा उन्हें खाने का सामान देकर उनके शरीर पर उबटन लगाकर उनकी चोटी सँभालने लगती हैं।

सूरदास प्रमुख रूप से प्रेम, सुंदरता, मधुरता एवं मानव की अन्यान्य कोमल भावनाओं के कवि हैं। जब कभी और जहाँ कहीं भी सूर को सुंदरता और मधुरता के चित्रण का अवसर मिला है, उसका वर्णन उन्होंने तन्मयतापूर्वक किया है। सूरदास ने अपने श्रृंगार वर्णन में राधाकृष्ण के प्रेम को ब्राह्मार्थ विधान से भी सज्जित किया है। उसमें क्रीड़ा, विलास, रास, संयोग की विधियाँ और छेड़-छाड़ की बातें ही प्रमुख हैं। राधा से कन्हैया का संग बचपन से है। राधा और कृष्ण के प्रथम मिलन का चित्रण है–'**खेलत हरि निकसे ब्रज-खोरी / कटि कछनी पीतांबर बाँधे, हाथ लए भौंरा, चक, डोरी / मोर-मुकुट, कुंडल स्रवननि बर, दसन-दमक दामिनि छबि**

छोरी / गए स्याम रवि-तनया कैं तट, अंग लसति चंदन की खोरी / औचक ही देखी तहँ राधा, नैन बिसाल भाल दिए रोरी / नील बसन फरिया कटि पहिरे, बेनी पीठि रुलति झकझोरी / संग लरिकिनी चलि इत आवति, दिन-थोरी, अति छबि तन-गोरी / सूर स्याम देखत हीं रीझे, नैन-नैन मिलि परी ठगोरी।' कृष्ण जब खेलते हुए ब्रज की तंग गलियों में निकले तो उनके कमर में कछनी और पीतांबर बँधा हुआ है। उनके हाथ में लट्टू है। माथे पर मोर का मुकुट है, कानों में श्रेष्ठ कुंडल और दाँतों की चमक ने बिजली की छवि को छीन लिया है। खेलते-खेलते जब वे यमुना के तट पर जाते हैं तो एक सुंदर लड़की (राधा) को देखते हैं, जिसने नीला वस्त्र तथा कमर में घाघरी पहन रखी है। उसके पीठ पर झकझोरती हुई चोटी हिल रही है। कृष्ण को लगता है कि यह लड़की भले ही कम उम्र की है लेकिन वह अत्यधिक सुंदर है। सूरदास कहते हैं कि कृष्ण राधा को देखते ही पहली नजर में उस पर रीझ गए और उसके रूप का उनपर जादू-सा असर होने लगा। राधा और कृष्ण के बीच के संवाद को सूर ने नाटकीय दृश्य में बदल दिया है–**'बूझत स्याम कौन तू गोरी / कहाँ रहति, काकी है बेटी, देखी नहीं कहूँ ब्रज-खोरी / काहे कौं हम ब्रज-तन आवति, खेलति रहति आपनी पौरी / सुनत रहतिँ स्त्रवननि नँद-ढोटा, करत फिरत माखन-दधि-चोरी / तुम्हरौ कहा चोरि हम लैहैं, खेलन चलौ संग मिलि जोरी / सूरदास प्रभु रसिक-सिरोमनि, बातनि भुरइ राधिका भोरी।'** कृष्ण राधा से पूछते हैं कि तुम कौन हो, कहाँ रहती हो, और किसकी बेटी हो? आज से पहले मैंने तुम्हें कभी ब्रज की गलियों में नहीं देखा है। तब राधा कहती हैं कि मैं तो अपने घर के द्वार पर ही खेलती हूँ और माखन तथा दही चोर कृष्ण की कहानी-सुनती रहती हूँ। उत्तर तो चुभने वाला था, पर नारियों की न-न में स्वीकृति का आभास पानेवालों की दृष्टि में कन्हैया के लिए एक असाधारण-सी बात थी। खैर कृष्ण राधा को अपने साथ खेलने के लिए कहते हैं। जिसे देखकर-सूरदास कहते हैं कि रसिक सिरमौर कृष्ण ने भोली राधा को अपनी बातों में फुसला लिया।

सूरदास का संयोग वर्णन जितना विस्तृत एवं पूर्ण है उनका वियोग वर्णन भी उतना ही व्यापक तथा विस्तृत है। वियोग की जितनी अंतर्दशाएँ हो सकती हैं वे सब सूर के वियोग वर्णन में पाई जाती हैं। गोपियों की वियोग दशा का सूर ने जो धाराप्रवाह का मार्मिक वर्णन किया है उसमें न जाने कितनी मानसिक दशाओं का संचार हो गया है। गोपियों द्वारा कृष्ण के प्रति दर्शनाभिलाषी की भावना का चित्रण है–**'अँखियाँ हरि दरसन की प्यासी / देख्यौ चाहति कमलनैन कौं, निसि-दिन रहति उदासी / आए ऊधौ फिरि गए आँगन, डारि गए गर फाँसी / केसरि तिलक मोतिनि की माला, बृंदावन के बासी / काहू के मन की कोउ जानत, लोगनि के मन हाँसी / सूरदास-प्रभु तुम्हरे दरस कौं, करवट लैहौं कासी।'** गोपियाँ उद्धव को उलाहना देते हुए कहती हैं कि वृंदावनवासी श्रीकृष्ण एक दिन हमारे जीवन रूपी आँगन में आकर हमें असह्य पीड़ा देकर चले गए। तभी से हम उनकी एक झलक के लिए बेचैन हैं। वे कब आएँगे और हमारी बेचैनी खत्म होगी। गोपियाँ उद्धव से पूछती हैं–हमें यह तो बताओ यह निर्गुण ब्रह्म किस देश में रहता

है?–'**निरगुन कौन देस कौ वासी / मधुकर कहि समुझाइ सौंह दै, बूझति साँचि न हाँसी / को है जनक, कौन है जननी, कौन नारि, को दासी / कैसे बरन, भेष है कैसौ, किहिं रस मैं अभिलाषी / पावैगी पुनि कियौ आपनौ, जो रे करैगौ गाँसी / सुनत मौन ह्वै रह्यौ बावरी, 'सूर' सबै मति नासी।**' उसके माता-पिता कौन हैं? उसका रंग कैसा है, उसका वेष कैसा है? यह पूछते-पूछते गोपियों का तीखा व्यंग्य अमर्ष भाव में बदल जाता है और वे कहने लगती हैं कि अब हमारे हृदय को तुम निर्गुण विषयक चर्चा से अधिक मत दुखाओ, अन्यथा इस दुख में यदि हमने तुम्हें कुछ कह दिया तो तुम्हें बुरा लग जाएगा। सूरदास कहते हैं कि गोपियों की ऐसी बात को सुनते ही उद्धव ठगे से मौन हो गए और उनसे कुछ कहते नहीं बना तथा वे गोपियों की भक्ति और प्रेम के समक्ष स्तब्ध हो गए।

योग मार्ग की साधना मन की साधना पर निर्भर होती है। उद्धव भी गोपियों को अपने मन को निर्गुण ब्रह्म में लगाने, त्रिकुटी लगाने, विषयों से अलग रखने को कहा है। गोपियाँ उद्धव से बड़ी सरलता से निर्गुण ब्रह्म से अपने मन को अलग रखने की बात करते हुए कहती हैं कि हे उद्धव! हमारा मन तो एक ही है, दस और बीस नहीं है–'**ऊधौ मन न भए दस बीस / एक हुतौ सो गयौ स्याम सँग, को अवराधै ईस / इंद्री सिथिल भई केसव बिनु, ज्यौं देही बिनु सीस / आसा लागि रहति तन स्वासा, जीवहिँ कोटि बरीस / तुम तौ सखा स्याम सुंदर के, सकल जोग के ईस / सूर हमारैं नंद-नंदन बिनु, और नहीं जगदीस।**' एक मन जो था वह श्रीकृष्ण के साथ मथुरा चला गया है तो आपके निर्गुण ब्रह्म की आराधना कौन करे। आगे गोपियाँ आशा के सहारे अपने जीवन को चलाने की बात कहती हैं। गोपियाँ उद्धव से कहती हैं कि आप तो कृष्ण के सखा हो और उनके बारे में बहुत कुछ जानते हो, तो आप उन्हीं के बारे में बताओ जिससे हमारे हृदय में प्रसन्नता जगे। गोपियाँ श्रीकृष्ण के सगुण रूप के प्रति अपनी दृढ़ आस्था व्यक्त करती हुई उद्धव से कहती हैं कि हमारे लिए श्रीकृष्ण हारिल पक्षी की लकड़ी के समान हैं–'**हमारैं हरि हारिल की लकरी / मनक्रम बचन नंद-नंदन उर, यह दृढ़ करि पकरी / जागत सोवत स्वप्न दिवस-निसि, कान्ह-कान्ह जकरी / सुनत जोग लागत है ऐसौ, ज्यौं करुई ककरी / सु तौ ब्याधि हमकौं लै आए, देखी सुनी न करी / यह तौ सूर तिनहिं लै सौंपौ, जिनके मन चकरी।**' जिस तरह हारिल पक्षी लकड़ी को अपने चंगुल में हमेशा दबाए रखता है उसी तरह श्रीकृष्ण मन, वाणी और कर्म तीनों में हमारे साथ हैं। तब तुम अपना निर्गुण ब्रह्म लेकर क्यों हमारे पास चले आए। वे कहती हैं इस निर्गुण ब्रह्मोपासना का उपदेश आप उसे दो जिसका मन चंचल है। हमारे लिए आपके योग की जरूरत नहीं है क्योंकि हमारे हृदय में श्रीकृष्ण का प्रेम पहले से ही बसा हुआ है–'**ऊधौ सुधि नाहीं या तन की / जाइ कहौ तुम कित हौ भूले, हमऽब भई बन-बन की / इक बन ढूँढि सकल बन ढूँढे, बन बेलि मधुबन की / हारि परी बृंदावन ढूँढत, सुधि न मिली मोहन की / किए विचार उपचार न लागत, कठिन बिथा भई मन की / सूरदास कोउ कहै स्याम सौं, सुरति करैं गोपिनि की ।**' गोपियों के वियोग का अतिरंजना पूर्ण वर्णन हुआ है। निर्गुण ब्रह्म का उपहास करती हुई गोपियाँ उससे

पूछती हैं कि हे उद्धव गोपियों के वियोग की यह आग शरीर तक में न सीमित रहकर प्रकृति की प्रत्येक वस्तु में व्याप्त हो गया है। गोपियाँ उन्हें वन में, वन की समस्त लताओं में ढूँढ़ती हैं। और जब श्रीकृष्ण उन्हें नहीं मिलते हैं तो उनके हृदय में असह्य पीड़ा जगती है जिसे देखकर सूरदास कहते हैं कि इस पीड़ा के संदर्भ में कोई जाकर कृष्ण से कहे ताकि श्रीकृष्ण गोपियों की विरह-पीड़ा दूर कर सकें। यहाँ सूर ने प्रकृति का उद्दीपन विभाव में चित्रण किया गया है–**'बिन गुपाल बैरिन भई कुंजै / तब वै लता लगति तन सीतल, अब भई विषम ज्वाल की पुंजै / बृया बहति जमुना, खब बोलत, बृथा कमल-फूलनि अति गुंजै / पवन, पान घनसार, सजीवन, दधि-सुत्त किरनि भानु भईं भुजै / यह उधौ कहियौ माधौ सौ, मदन मारि कीन्ही हम लुंजै / सूरदास प्रभु तुम्हारे दरस कौ, मग-जोवत अँखियाँ भई घुंजै।'** संयोग के पल में गोपियों को प्रकृति की जो वस्तुएँ अच्छी लगती थीं, आज श्रीकृष्ण के बिना वे सब काटने को दौड़ती हैं। गोपियाँ परिस्थितिजन्य इस विषमता का उल्लेख उद्धव से कर रही हैं और उन्हें बता रही हैं कि श्रीकृष्ण से जाकर कह देना कि उन्हें देखते-देखते गोपियों की मनोदशा का सजीव चित्र उकेरा है–**'ऊधौ तिहारे पा लागति हौं, बहुरिहुँ इहिँ ब्रज करबी भाँवरी / निसि न नींद भोजन नहिँ भावैं, चितवत मग भइ दृष्टि झाँवरी / वहै बृन्दाबन, वहै कुंज-घन, वहै जमुना, वहै सुभग साँवरी / एक स्याम बिनु कछू न भावै, रटति फिरतिं ज्यौ बकति बावरी / चलि न सकति मग डुलत धरत-पग, आवति बैठत उठत ताँवरी / सूरदास-प्रभु आनि मिलावहु, जग मैं कीरति होइ रावरी।'** श्रीकृष्ण के वियोग में दुखी होकर राधा उंद्धव से प्रार्थना करती है कि हे उद्धव! मैं आपके चरणों में पड़ती हूँ। आप किसी प्रकार एक बार श्रीकृष्ण का चक्कर ब्रज में लगवा दो। मुझे श्रीकृष्ण की विरह में कुछ भी अच्छा नहीं लगता है। मुझे तो श्याम रंग श्रीकृष्ण के बिना दूसरा कोई भी अच्छा नहीं लगता। मैं अपने आप को भी इस विरह में भूल गई हूँ। मेरी दशा विरह में ऐसी हो गई है कि मैं तनिक भी कहीं जाना चाहती हूँ तो चक्कर खाकर गिर पड़ती हूँ। जब उद्धव वापिस कृष्ण के पास आकर गोपियों और राधा की विरह के संदर्भ में बताते हैं तो कृष्ण कहते हैं कि हे उद्धव! ब्रज मुझसे भूलता नहीं–**'ऊधौ मोहिं ब्रज बिसरत नाहीं / बृन्दावन गोकुल बन उपवन, सघन कुंज की छाहीं / प्रात समय माता जसुमति अरु, नंद देखि सुख पावत / माखन रोटी दह्यौ सजायौ, अति हित साथ खवावत / गोपी ग्वाल बाल सँग खेलत, सब दिन हँसत सिरात / सूरदास धनि-धनि ब्रजबासी, जिनसौ हित जदुनाथ।'** वृंदावन, गोकुल वन तथा वहाँ के सघन कुंजों की छाया को मैं कैसे भूल सकता हूँ। इसी तरह प्रातः में माता यशोदा और नंद को देखकर जो सुख मिलता था वह अब कहाँ मिल पाता है। गोपों तथा ग्वाल-बाल के साथ वह सारा दिन खेलना और हँसना आज भी मेरी स्मृति में उसी तरह विराजमान है। यह देखकर सूरदास कहते हैं कि ब्रज-निवासी धन्य हैं जिनसे कृष्ण को इतना प्रेम है।

सूरदास की ब्रजभाषा माधुर्य तथा प्रसाद गुण की धनी है। समूची भाषा प्रणाली भावानुकूल है। चित्रात्मकता, बिंबात्मकता तथा संगीतात्मकता सूर की भाषा की प्रमुख विशेषताएँ हैं। उपमा, अनुप्रास, सांगरूपक, अतिशयोक्ति, संदेह, प्रतीप तथा उत्प्रेक्षा

सूर के प्रिय अलंकार हैं लेकिन यह सायास या आरोपित नहीं है। भावपक्ष तथा कलापक्ष दोनों की दृष्टि से सूर की भाषा समृद्ध है। सूर के दृष्टिकूटों की भाषा जरूर दुरूह है, बोधगम्य नहीं है। मुहावरों और लोकोक्तियों के साथ-साथ सूर की भाषा में तत्सम, तद्‌भव तथा देशज शब्दों का अनूठा समन्वय है। सूर की भाषा ने इस प्रकार से विभिन्न भाषाओं के शब्दों को ग्रहण करके ब्रजभाषा को समर्थ, सशक्त एवं समृद्ध बनाया है, उसके बोलचाल के रूप को सँवारकर शुद्ध साहित्यिक रूप प्रदान किया है और उसे विविध राग-रागनियों के अनुकूल ढालकर नाद-सौंदर्य एवं संगीतात्मकता से उसमें अर्थ की अनेकायामी गूँजें आविष्कृत की हैं।

तथ्य यह है कि सूर ने भावमयी भाषा का प्रयोग करते हुए सरस काव्य की सृष्टि की है। सूर के काव्य में वैसे अनेक भाव रसों का वर्णन है, परंतु वात्सल्य एवं शृंगार का ही प्राधान्य है और ये दोनों भक्ति-रस के अंग बनकर आए हैं। इस तरह सूर का काव्य भक्ति रस का भंडार है। उसमें सख्य, दांपत्य एवं वात्सल्य भावों के द्वारा अनन्य प्रेममयी भक्ति का प्रतिपादन हुआ है और विविध सुर एवं तालों के द्वारा विलक्षण संगीत की सृष्टि हुई है। सूर के सभी पद संगीत शास्त्र सम्मत विविध राग-रागनियों से सुसज्जित हैं। वैसे काव्यशास्त्र की दृष्टि से उन्हें घनाक्षरी पद के नाम से अभिहित किया जाता है। ये सभी पद नाना प्रकार के अलंकारों, गुणों एवं रसों से ओतप्रोत होने के कारण ब्रजभाषा के शृंगार माने जाते हैं और ऐसे उन्नत एवं उच्च कोटि के सरस पदों की रचना करने के कारण सूर 'सूर्य' कहलाते हैं। उनकी उत्कट काव्य-प्रतिभा से चमत्कृत होकर ही किसी विद्वान् ने सूर के बारे में 'तत्त्व-तत्त्व सूरा कही' कहकर अपने भाव व्यक्त किए हैं। निःसंदेह सूर ब्रजभाषा के कवि सम्राट् हैं। उनकी कविता में मर्मस्पर्शी तीव्रता, जीवनदायिनी संजीवनी-शक्ति, हृदयाकर्षक संगीतात्मकता, अंतःकरण को प्रभावित करनेवाली उत्कृष्ट काव्य-कला तथा विलक्षण उद्‌भावना शक्ति के दर्शन होते हैं और सूर ने अपने नैसर्गिक संगीत द्वारा ब्रजभूमि एवं ब्रजभाषा को 'स्वर्गदपि गरीयसी' के पद पर प्रतिष्ठित किया है।

कृष्ण-काव्य-धारा को भारतव्यापी बनाने का श्रेय सूरदास को प्राप्त है। वैसे विद्यापति और सूरदास के बीच में कोई शृंखला नहीं दिखाई देती, क्योंकि विद्यापति ने मैथिल भाषा के अंतर्गत श्रीकृष्ण की प्रेममयी माधुर्य भावना को अपने गीतों में सँजोया है और सूर ने ब्रजभाषा के अंतर्गत भक्ति-भावना से युक्त इस प्रेम-तत्त्व का गान किया है। इस संदर्भ में डॉ. द्वारिका प्रसाद सक्सेना कहते हैं कि सूर मैथिल-कोकिल विद्यापति की परंपरा में न आकर, ब्रज के उन लोक-गीतकारों की परंपरा में आते हैं, जिनके नाम तो विस्मृत हो चुके हैं, किंतु जिनके गीत सूर से पहले भी ब्रज-प्रदेश के घर में मिलते हैं। यह गीत कृष्ण की भक्ति भावना से परिपूर्ण है। आचार्य रामचंद्र शुक्ल ने भी इसी बात का समर्थन करते हुए लिखा है कि "सूरसागर किसी चली आती हुई गीति-काव्य-परंपरा का—चाहे वह मौखिक ही रही हो—का पूर्ण विकास-सा प्रतीत होता है।" परंतु अभी तक ब्रज के उन लोक गीतकारों का क्रमबद्ध साहित्य उपलब्ध नहीं हुआ है। इस कारण सूर को ब्रज के लोक-गीतकारों का पूर्ण विकसित रूप मानते हुए भी हिंदी साहित्य के विद्वान अभी

तक सूर को ही ब्रजभाषा के गीतों का प्रवर्तक मानते हैं और सूर के गीतों का संबंध विद्यापति के गीतों से ही जोड़ते हैं, क्योंकि लिखित रूप में अभी तक यह प्रामाणित साहित्य उपलब्ध हुआ है।

मध्यकाल में सूर सरीखे कवि ने हिंदी कविता का केंद्र पूर्व से बदलकर पश्चिम कर दिया था। उन्होंने कविता की शक्ल भी बदलकर रख दी। तुलसी जैसे बड़े कवि को भी अवधी के साथ-साथ ब्रजभाषा में कविता लिखनी पड़ी। सूर ने कविता कम लिखी है लेकिन कविता को जिया ज्यादा है। सूर-काव्य के शब्द-प्रतिशब्द में कवि की अनिवार्य उपस्थिति है। सूर काव्य का नाभिकीय केंद्र वात्सल्य है। शृंगार के लिए भी इस कवि ने स्पेस निर्मित किया है लेकिन उनके कोरस की मुख्य आवाज भक्ति की है। ऐसी भक्ति जिसमें विनय है।

सूर के यहाँ विलक्षण आत्मव्यंग्य भी मिलता है। यह आत्मदया नहीं उपजाता क्योंकि इसमें सच्ची आत्मालोचना है। विनय के पदों में कवि जहाँ 'मन' के बहाने से खुद को संबोधित करता है, वहाँ यह गहरे आत्मज्ञान में बदल जाता है। सूर जैसी विनयशीलता समूची हिंदी कविता में दुर्लभ है लेकिन यह कोई ओढ़ी हुई मुद्रा नहीं है न दिखावटी आरोपण है।

सूर वात्सल्य के सार्वकालिक उस्ताद हैं। सूर बाल-सौंदर्य के ऐसे सूक्ष्मतम डिटेल्स कविता में लाते हैं कि उस कथित 'समझदारी' पर शक होता है जो उन्हें जन्मांध मानती है। कृष्ण-सौंदर्य के निमित्त से सूर पुरुष सौंदर्य को कविता का अनुपम अनुभव बना देते हैं।

काव्य रूप के धरातल पर भी सूर ऐसा काव्य-शिल्प अर्जित करते हैं जो समर्थ कवियों के ही बस की बात है। जैसा महाकाव्यात्मक विन्यास उनके मुक्तकों में मिलता है या सहज कविता का जैसा भेदक और मर्मस्पर्शी सौंदर्य सूर का काव्य-संभव करता है; वह मध्यकाल में विरल है। वहाँ बेहतरीन भक्तिकाव्य की बानगी देखी जा सकती है।

14. मीराबाई

(संप्रदाय निरपेक्ष रचनाकार)

प्रेम का अक्षत सौंदर्य

मीरा का समय और समाज जटिलताओं का बीहड़ है। ऐसे में नारी पराधीनता और मीरा का सामंती रूढ़ियों के प्रति विद्रोह जीवन संघर्ष, मीरा की कृष्ण भक्ति तथा मीरा की विरह का अलगपन चेतना को झटके देता है। मीरा की कविता का विषय और उनकी प्रेमानुभूति और प्रेमविह्वलता ऐसे धरातल हैं जिनके कारण मध्यकालीन काव्य-विवेक में दूर तक दिखने वाला और देर तक बना रहने वाला फर्क पैदा हुआ है। मीरा की कविता की भाषागत और शिल्पगत विशेषताएँ भी कई मध्यकालीन काव्य-रूढ़ियों को तोड़ती हैं।

मेड़तिया के राठौर रत्नसिंह की पुत्री, राव दूदा की पौत्री और जोधपुर को बसाने वाले प्रसिद्ध राव जोधा की प्रपौत्री मीरा का जन्म संवत् 1573 में चौकड़ी नाम के एक गाँव में हुआ था और विवाह उदयपुर के महाराणा कुमार भोजराज के साथ हुआ था। आचार्य शुक्ल के अनुसार मीरा आरंभ से ही कृष्णभक्ति में लीन रहा करती थीं। विवाह के उपरांत थोड़े दिनों में इनके पति का परलोकवास हो गया। ये प्रायः मंदिर में जाकर उपस्थित भक्तों और संतों के बीच श्रीकृष्ण भगवान् की मूर्ति के सामने आनंदमग्न होकर नाचती और गाती थीं। कहते हैं कि इनके इस राजकुलविरुद्ध आचरण से इनके स्वजन लोकनिंदा के भय से रुष्ट रहा करते थे। यहाँ तक कहा जाता है कि इन्हें कई बार विष देने का प्रयत्न किया गया, पर भगवत् कृपा से विष का कोई प्रभाव इन पर न हुआ। घरवालों के व्यवहार से खिन्न होकर ये द्वारका और वृंदावन के मंदिरों में घूम-घूमकर भजन सुनाया करती थीं। जहाँ जातीं वहाँ इनका देवियों का-सा सम्मान होता। मीराबाई की मृत्यु द्वारका में संवत् 1603 में हुई थी।

नरसीजी का माहरो, गीत गोविंद की टीका, मीरानी गरीबी, मीरा के पद, राग सोरठो के पद, रास गोविंद इत्यादि रचनाओं को आचार्य शुक्ल मीरा की रचनाएँ मानते हैं। 'नरसीजी का माहरो' में नरसी मेहता के भात भरने की कथा का उल्लेख है। 'गीत गोविंद की टीका' अभी तक अप्राप्य है। 'रास गोबिंद' के संबंध में अनुमान है कि उन्होंने रचा होगा। 'राग सोरठो' के पद में मीरा, कबीर और नामदेव के पदों का संग्रह है। मीरानी गरबी या गीत के गीत रास मंडली के गीतों के समान गाये जाते हैं। उनकी कही जाने वाली ग्यारह रचनाओं–*गीतगोविंद की टीका, नरसीजी*

का मायरा (अथवा माहरो), *राग सोरठ का पद, मलार राग, राग गोविंद, रुक्मणी मंगल, नरसी मेहता की हुण्डी, चरीत* (चरित्र), *स्फुट पद* इत्यादि में से केवल *स्फुट पद* ही मीरा की प्रामाणिक रचना है, अन्य रचनाओं में से कुछ तो किसी अन्य कवि द्वारा रचित हैं तथा कुछ लोक-प्रचलित जनश्रुतियों अथवा किंवदंतियों के आधार पर मीरा के नाम से संबद्ध हो गई हैं। मीरा के स्फुट पद '*मीराबाई की पदावली*' नाम से प्रकाशित हैं। मीरा के पद गुजराती, राजस्थानी, पंजाबी, खड़ी बोली आदि में मिलते हैं। ऐसा प्रतीत होता है कि 'दास मीरा लाल गिरधर' अथवा 'मीरा के प्रभु गिरधर नागर' नाम से उनके पद बाद में जोड़े जाते रहे हैं। मीरा के अन्य ग्रंथ या तो मिलते नहीं और जो मिलते भी हैं, वे अपूर्ण हैं। इसलिए मीरा के साहित्य के महत्त्व के अंकन के लिए इनके उपलब्ध पदों पर ही निर्भर रहना पड़ता है।

कबीर, सूर, तुलसी आदि संत कवियों की तरह मीरा भक्त हैं। उनका भावलोक आराध्य के प्रति उन्मुख अनुभूतियों से संपन्न है। उनके अपने जीवन के सम-विषम अनुभव उसे और गहरा बनाते हैं। लोकजीवन से अकृत्रिम निकटता के चलते उनकी भाषा अर्थ की गहरी शक्ति से अधिक सक्षम और संवेद्य हो उठती है–'**म्हारो परनाम बाँके बिहारीजी / मोर मुकुट माथाँ तिलक बिराज्याँ, कुंडल, अलकाँकरी जी / अधर मधुर धर वंशी बजावाँ, रीझ रिझवाँ, ब्रजनारी जी / या छब देख्याँ मोह्याँ मीराँ; मोहण गिरवरधारीजी।**' संत समाज का निरंतर संपर्क भी इस अभिव्यक्ति को सहज कलात्मक परिपूर्णता एवं समृद्धि देता है तथा मीरा का संपूर्ण काव्य भावों की वैविध्यमय गहराई और अनूठी संप्रेष्यता से संपन्न हो जाता है।

मीरा का काव्य उन विरल उदाहरणों में है जहाँ रचनाकार का जीवन और काव्य एक-दूसरे में घुल-मिल गए हैं–'**वस्याँ म्हारे णेणण माँ नंदलाल / मोर मुगट मकराक्रत कुंडल अरुण तिलक सोहाँ भाल / मोहन सूरत साँवरा सूरत णेणा बण्या विशाल / अधर सुधाा रस मुरली राजाँ उर ब्रैजंता माल / मीराँ प्रभु संतौ सुखदायाँ, भगत बछल गोपाल।**' परस्पर के संपर्क से वे एक-दूसरे को समृद्ध करते हैं। डॉ. रामस्वरूप चतुर्वेदी के अनुसार इसका अर्थ यह भी है कि जीवन-वृत्त से अलग किए जाने पर इस काव्य की सर्जनात्मक क्षमता घट जाती है। मिलता-जुलता नारी-चरित्र होने के कारण गोपियों की विरह-भावना का अध्यारोपण मीरां पर आसानी से हो जाता है। उनका काव्य सूर द्वारा विस्तार में चित्रित गोपियों की विरहोन्मुखता का 'डिटेल' या ब्यौरा है। जीवन-वृत्त में ब्रज की गोपियों से, और रचना-धर्मिता में सूरदास से एकबारगी साम्य मीरां के पदों में अतिरिक्त तीव्रता भरता है।

पूर्वमध्यकालीन भक्ति कविता में मीरा संप्रदाय निरपेक्ष रचनाकार के रूप में सामने आती हैं। उनके यहाँ साकार-निराकार या दूसरा कोई दार्शनिक द्वंद्व नहीं है। मीरा की कविता कृष्ण प्रेम से उपजी कला का प्रमाण है–'**तनक हरि चितवाँ म्हारी ओर / हम चितवाँ थें चितवो णा हरि, हिवड़ों बड़ो कठोर / म्हारी आसा चिवतणि थारी, ओर णा दूजा दौर / ऊभ्याँ ठाढ़ी अरज करूँ छूँ करताँ करताँ भोर / मीराँ के प्रभु हरि अविनासी देस्यूं प्राण अँकोर।**' उन्होंने अधिक

नहीं लिखा लेकिन प्रेम से संबंधित जितनी यादगार पंक्तियाँ मीरा की कविता में मिलती हैं उतनी किसी अन्य भारतीय कवि के यहाँ नहीं मिलतीं। उनकी पदावली इस बात का प्रमाण है कि 'दरद दीवाणी', लोग-लाज त्यागने वाली, गिरिधर के आँगन में नाचने वाली, नाच-नाचकर अपने रसिक को रिझाने वाली, कुल की मर्यादा को चिढ़ाने वाली यह मीरा ही है जो गोविंद को मोल लेने का साहस रखती है। मीरा ने श्रीकृष्ण के विविध रूपों का साक्षात्कार किया है–'**आली री म्हारे णेणाँ बाण पड़ी / चित्त चढ़ी म्हारे माधुरी मूरत, हिवड़ा अणी गड़ी / कब री ठाड़ी पंथ निहाराँ, अपने भवण खड़ी / अटक्याँ प्राण साँवरों प्यारों, जीवण मूर जड़ी / मीरा गिरधर हाथ विकाणी, लोग कह्याँ बिगड़ी।**' कृष्ण उनके प्रिय, पति, सखा और उद्धारक हैं। इसके अनुरूप ही उनके भावजगत में उज्ज्वल रति, निर्दोष उन्मुक्तता, भावावेश और विनय आदि का प्रकाश दिखाई देता है। कृष्ण के प्रति दृढ़ अनुरक्ति ने मीरा के व्यक्तित्व को अद्‌भुत आत्मविकास दिया है। वे स्वाधीन और गरिमामयी हैं। उनके जीवन के बड़े आध्यात्मिक उद्‌देश्य उन्हें संकीर्ण सामंती समाज की क्षुद्रताओं के प्रति विद्रोही और विरक्त बनाते हैं। डॉ. कृष्णदत्त पालीवाल के अनुसार मीरा की इस शक्ति से आहत पुरुष सत्तात्मक समाज हजारगुनी क्रूरता और कपट के साथ उनपर टूट पड़ता है, किंतु मीरा विचलित नहीं होतीं–'**म्हाँ गिरधर आगाँ नाच्यारी / णाच णाच म्हाँ रसिक रिझावाँ, प्रीत पुरातना जाँच्याँ री / स्याम प्रीत रो बाँधि घूँघर्‌याँ मोहण म्हारो साँच्याँरी / लोक लाज कुलरा मरजादाँ जगमाँ णेक णा राख्याँरी / प्रीतम पल छण णा बिसरावाँ, मीराँ हरि रँग राच्याँरी।**' इस प्रकार मीरा की आत्माभिव्यक्ति में एक ओर यदि कृष्णभक्ति का अमृत है तो दूसरी ओर इस अमृत के सहज प्रकाश में बाधक रूढ़िवादी समाज के निर्मम अत्याचारों के विषय से अनवरत संघर्ष भी है। संभवत: इसीलिए मीरा ने कृष्ण के लोकरक्षक, लोकरंजक स्वरूप में अपने जीवन के समस्त अभावों की पूर्ति देखी है। कृष्ण-प्रेम उन्हें जीवन के विषम और पीड़ादायी स्थिति से सहज ही मुक्त करता है–'**माई री म्हा लियाँ गोविंदाँ मोल / थें कह्याँ छाणे म्हाँ काँ चोड्डे, लियाँ बजंता ढोल / थें कह्याँ मुँहोधो म्हाँ कह्याँ सुस्तो, लिया री तराजाँ तोल / तण वाराँ म्हाँ जीवण वाराँ, वाराँ अमोलक मोल / मीराँ कूँ प्रभु दरसण दीज्याँ, पूरब जणम की कोल।**' मीरा का यह प्रेम मानवीय, प्रगाढ़ और प्रत्यक्ष है। इसमें अतिशय तीव्रता है किंतु यह उच्छृंखल नहीं है। कृष्ण की अद्‌भुत सम्मोह छवि उन्हें प्रेम विवश कर देती है। उनका संपूर्ण अस्तित्व तीव्र उत्कंठित प्रेम की मार्मिक गुहार में रूपांतरित हो जाता है। मीरा का काव्य उनकी भक्ति की सहज अभिव्यक्ति है। मीरा में काव्य की कलात्मक निपुणता के लिए आग्रह या प्रयत्न नहीं है।

मीरा की कविता का बुनियादी तत्त्व उनके हृदय से निकले सहज प्रेमोच्छ्‌वास का साकार रूप है। उनकी वृत्ति एकांतत: और समग्रत: प्रेम-माधुरी में ही रमी है–'**पग बाँध घूँघर्‌याँ पाच्यांरी / लोग कह्या मीराँ बावरी, सासु कह्याँ कुलनासाँ री / बिख रो प्यालो राणा भेज्याँ, पीवाँ मीराँ हाँसाँ री / तण मण वार्‌याँ परि चरिणामाँ दरसण अमरित प्यास्याँ री / मीराँ रे प्रभु गिरधर नागर, धारी सरणाँ**

आस्याँ री।' अपने आराध्य 'गिरधर गोपाल' की विलक्षण रूप-छटा के प्रति उनकी अनन्य आसक्ति अनेकत्र शब्द-धारा बनकर फूट पड़ी है। कृष्ण-प्रेम में मतवाली मीरा ने मन ही मन उनके मधुर मिलन के स्वप्न सँजोकर आनंद की अनेकविध व्यंजना की है, किंतु उनकी कविता का प्रमुख रस विप्रलम्भ शृंगार है। प्रेमोन्मादिनी मीरा का एक-एक पद उनके हृदय की इस आकुलता का परिचायक है– **'बिरहनी बावरी सी भई / ऊँची चढ़ि अपने भवन में टेरत हाय दई / ले अंधेरा मुख अंसुवन पोंछत उघरे गात सही / मीरा के प्रभु गिरधर नागर बिछुरत कछु न कही।।**' निराशा के अँधेरे से घिरे मुख पर आँसू प्रेम-बावरी विरह-व्यथित मीरा के दर्द को प्रेम का पर्याय बना देते हैं।

वियोग शृंगार के अतिरिक्त मीरा-काव्य में शांत रस की भी व्यंजना हुई है। सांसारिक धन-वैभव की क्षणभंगुरता का बारम्बार उल्लेख करते हुए उन्होंने निर्वेद-भाव की अभिव्यक्ति की है। उनकी भक्ति भाव-पद्धति और शास्त्रीय पद्धति दोनों दृष्टियों से सारयुक्त है, किंतु उसमें शास्त्र दृष्टि स्पष्टत: सीमित और भाव-पक्ष सबल है। वास्तव में माधुर्य और दैन्यभाव उनके काव्य में घुल-मिलकर एक हो गए हैं।

मीरा की कविता का विषय उनकी आत्मानुभूतियाँ और जीवनानुभव है। उनका आत्म उनके आराध्य 'गिरधर नागर' के विविध अनुभवों से विकसित और समृद्ध है। प्रेम ही उनके जीवन और भक्ति का सर्वोत्तम सार है। इस प्रेम की प्रेरणा मीरा स्वयं हैं। अपनी बाल्यावस्था में ही वे श्रीकृष्ण की कल्याणकारी मनोहर छवि की ओर आकृष्ट हुईं तथा यह रूपासक्ति उत्तरोत्तर दृढ़ और प्रगाढ़ प्रेम में रूपांतरित होती गई– **'हेरी म्हा तो दरद दिवाणाँ म्हाराँ दरद न जाण्याँ कोय / घायल री गत घायल जाणयाँ, हिबड़ो अगण सँजोय / जौहर की गत जौहर जाण्याँ, क्या जाण्याँ जिण खोय / दरद को मार्यां दर दर डोल्याँ वैद मिल्या णा कोय / मीराँ री प्रभु पीर मिटाँगा जब वेद साँवरो होय।**' मीरा की आत्माभिव्यक्ति की पुरुषसत्तात्मक तंत्र ने उनको मनमानेपन के रूप में प्रचारित किया। मीरा एक सामान्य से भिन्न हैं। यही नहीं वे भक्ति आंदोलन के अन्य भक्तों से भी विशिष्ट थीं। कबीर या तुलसी जैसे संतों के लिए संसार के प्रलोभन एक बड़ा संकट थे। स्वयं निर्बल पड़ने पर वे अपने प्रभु से आत्मबल और कृपा प्रदान करने की याचना करते थे। मीरा इस संसार या इसके संबंध और भोग-विलास आदि के प्रचंड आकर्षण से कभी विचलित नहीं हुईं, जबकि वे इनके बीचोबीच बैठी हुई थीं। वे इनसे सहज ही मुक्त या विरक्त थीं। गिरधर नागर से कृपा प्रार्थना वे भी करती हैं, परंतु इसलिए कि इसी में उनकी आत्मा रमती है। वे कहती हैं– **'म्हाँरी आसा चितवणि थारी, और णा दूजा दौर'**- उनका एकमात्र संकट कृष्ण से विछोह है। डॉ. पालीवाल के अनुसार 'गिरधर नागर' के बिना उन्हें सब जग सूना लगता है। हरिविमुख संसार को वे 'दुर्जन या कूड़ा' कहकर धिक्कारती हैं। महल, अटारी, गहने, कपड़े से बाँधकर रखना चाहने वाला राणा उनके लिए वृक्षों में करील के वृक्ष के समान बैरी और अप्रिय है। वे साफ कहती हैं कि– **'सीसोद्यो रूठ्यो म्हाँरो कोई करलेसी / म्हे तो गुण गोविंद का गास्याँ, हो माई / राणो रूठ्याँ बाँरो देस रखासी / हरि रूठ्याँ 'कुम्ह लास्या' हो, माई।**' राणा के रूठने से कोई फर्क नहीं पड़ता; कृष्ण

के रूठने को जीवन-मरण छिपा है। इस प्रकार गोविंद का गुणगान ही मीरा की कविता का विषय है। गोविंद की शक्ति से मीरा निर्भय और विवेकवान होती हैं। मध्ययुगीन पुरुष सत्तात्मक समाज को मीरा की यह स्वाधीनता और साहस सह्य नहीं है। वह उन पर विपत्ति की तरह टूट पड़ता है। मीरा के आत्मनिवेदन में इन अमानवीय अनुभवों के अध्याय भी खुले हैं, किंतु मीरा के गिरधर नागर ने उनके जीवन के समस्त विष को अमृत कर दिया है।

मीरा ने गिरधर नागर के रूप में साक्षात पूर्णता को वरण किया है। वे कहती भी हैं कि-**'मीरा के प्रभु गिरधर नागर, बर पायो है पूरो।'** ऐसा वर पाने को कभी वे पूर्वजन्म का भाग्य कहती हैं तो कभी इसे 'प्रीत पुराणी' के परिणाम के रूप में देखती हैं। इसमें उन्हें कोई संदेह नहीं कि ऐसे प्रियतम का प्रेम बड़े भाग्य से मिलता है। मीरा ने इस प्रेम को पाने के करोड़ों यत्न किये हैं। इन प्रयत्नों की पराकाष्ठा 'प्राणों को अंकोर कर दे देने' के रूप में दिखाई पड़ती है। यह चरम समर्पण का वह रूप है जिसके लिए हजारी प्रसाद द्विवेदी ने दलित द्राक्षा की तरह स्वयं को निचोड़कर दे देने का रूपक दिया है। मीरा ने भी अपना सब कुछ मनमोहन पर वार दिया है-**'को बिरहिनी को दुख जाँणै हो / जा घट बिरहा सोइ लखि है, कै कोई हरिजन मानै हो / रोगी अंतर बैद बसत है, बैद ही ओखद जाँणै हो / बिरह दरद उरि अंतरि माँही, हरि विणि सब सुख काँनै हो / दुगधा आरण फिरै दुखारी, सुरत, बसी सुत माँनै हो / चात्रग स्वाति बूंद मन माँही, पीव उकलाँणै हो / सब जग कूड़ो कंटक दुनिया, दरध न कोई पिछाँणै हो / मीराँ के पति रमैया, दूजो नहिं कोइ छाणै हो।'** प्रेम और कलंक के संसारी रूपमात्र से परिचित समाज उनके इस अनूठे भाव को समझ नहीं पाता। वह उन्हें बिगड़ी हुई कहता है। मीरा को भी इस हरि विमुख लोक की कोई परवाह नहीं है। उनका एकमात्र अभीष्ट हरि से मिलन है। वे प्रत्येक क्षण इस मिलन की आशा और प्रतीक्षा से उत्कंठित हैं। अलौकिक प्रभु से लौकिक जगत में मिलन संभव नहीं। फलतः वे अपने रोम-रोम से साकार प्रतीक्षा बन जाती हैं। वे एक ऐसी विरहिणी हैं जो प्रियतम के बिना क्षण भर भी जीना नहीं चाहतीं। उनका कुटुंब उनके हरि से मिलन का विरोधी है। वह उन्हें बंधन में रखने के अनेक उपाय करता है। डॉ. पालीवाल रेखांकित करते हैं कि कहीं-कहीं मीरा ने भी खंडिता नायिका की तरह 'जोगिया' के अन्यत्र रम जाने पर उसे उलाहना दिया है। वे उस रसिक के कठोर हृदय की खबर लेती हैं। मीरा के लिए यह प्रीति दुखदाई तो हुई है, किंतु यही उनका परम आकांक्षित है। वे जानती हैं कि इस दुख का उपचार भी गिरधर नागर के पास ही है। मीरा ने श्रीकृष्ण के लोक रक्षक लीलास्वरूप का भी चित्रण किया है। यहाँ वे प्रभु की भक्त वत्सलता के प्रसंगों का स्मरण करती हुई विनय के शांत परम भाव में भी अवस्थित दिखाई देती हैं। मीरा की आत्माभिव्यक्ति में उनके कृष्ण के प्रति अनुरक्तिपूर्ण विविध अनुभवों की ही प्रधानता है। उनका भक्त व्यक्तित्व अन्य भक्त कवियों के समान ज्ञान से नहीं अपितु प्रेम से रूपांतरित होता है। सतसंग आदि को उन्होंने अपने प्रिय से अतिशय और अनवरत निकटता के लिए चुना है। इस प्रकार वे अपने कृष्ण भक्त मन और प्राणों के लिए अनुकूल वातावरण का

निर्माण करती हैं और यह अब तक स्पष्ट हो चुका है कि इसके लिए उन्होंने कितना कठिन संघर्ष किया है।

मीरा साधु समाज में रमती हैं। हरि स्मरण और हरिभजन के द्वारा उनका चित्त निरंतर उज्ज्वल होता है। वे अपने शीलव्रत में दृढ़ होती हैं। वे वही शृंगार करती हैं जो प्रिय को भाता है। इस प्रकार मीरा के सारे प्रयत्न अपने प्रियतम कृष्ण के मनोनुकूल बन उनमें समर्पित होने के लिए हैं। कहीं-कहीं वे काम, क्रोध, मद, मोह आदि में लिप्त आत्माओं को प्रभु के प्रति प्रेरित होने के लिए उपदेश भी देती हैं, किंतु वह उनका प्रधान भाव नहीं है। मीरा की कविता उपदेश नहीं अपितु अनुभव प्रधान है। इसीलिए वे अन्य सगुण-निर्गुण कवियों से विशिष्ट हैं। मीरा की भक्ति और इस भक्ति के लिए उनका कठिन संघर्ष दोनों ही असाधारण है–**'यहि बिधि भक्ति कैसे होय / मण की मैल हियतें न छूटी, दियो तिलक सिर धोय / काम कूकर लोभ डोरी, बाँधि मोहिं चंडाल / क्रोध कसाई रहत घट में, कैसे मिले गोपाल / बिलार विषया लालची रे, ताहि भोजन देत / दीन हीन ह्वै सुधा रत से, राम नाम ण लेत / आपहि आप पुजाय के रे, फूले अँग ण समात / अभिमान टीला किये बहु कहु, जल कहाँ ठहरात / जो तेरे हिय अंतर की जाणे, तासों कपट ण बणे / हिरदे हरि को नाम ण आवै, मुख तें मनिया गणे / हरि हितु से हेत कर, संसार आसा त्याग / दास मीराँ लाल गिरधर, सहज कर वैराग्य।'** मीरा का हरि विमुख अमानवीय संसार से संघर्ष एक सच्चाई है। कहना न होगा कि यह मात्र अपने भीतर के आलस्य, लोभ, प्रमाद या कामनाओं से संघर्ष जैसा आसान नहीं है। यह रूढ़िवादी सामंती समाज के प्रत्यक्ष अवरोधों से सीधी और बहुत कठिन लड़ाई है। ये शक्तियाँ बहुत संगठित और समृद्ध हैं। मीरा का काव्यलोक इन सामंती स्त्री विरोधी शक्तियों के अंतर्विरोधों को भी उजागर करता है। मीरा ने इस समाज की वास्तविकता में अंतर्निहित विडंबनाओं को भी रेखांकित किया है।

दरअसल मीरा ने प्रेम को लिखा नहीं है, प्रेम को गाया है। गा वही सकता है जो दर्द को जीवन मान सके और उभर वही सकता है जिसमें डूबने की हिम्मत हो। मध्यकालीन अधिकतर पारिवारिक सामाजिक और सांस्कृतिक नियम स्त्री को बाँधने की जंजीरें हैं।

साधुसमाज में आत्माभिव्यक्ति के द्वारा ये सच्चाइयाँ सहज ही प्रकाशित हो जाती हैं। इसीलिए 'सतसंग' मीरा के लिए मात्र प्रभु से अनवरत निकटता का ही उद्यम नहीं है, अपितु इस समाज में मीरा स्त्री के प्रति असहिष्णु समाज के प्रत्येक अत्याचार को खोल कर कहती हैं। इसी प्रकार कृष्ण भी उनकी वैयक्तिक मुक्तिमात्र का साधन नहीं हैं। मीरा ने समूचे स्त्री समाज को पराधीन और व्यक्तित्वहीन बनाकर रखने वाली सामंती विधि निषेधों के लिए इस 'गिरधर नागर' के द्वारा भारी चुनौती दी है।

भक्ति आंदोलन का मुख्य सार वर्णव्यवस्था विरोध के रूप में पहचाना जाता है। इसके द्वारा ऐसे कल्याणकारी ईश्वर का विधान संभव हुआ जिसने मनुष्य को वर्ण, जाति या संप्रदाय से ऊपर उठाकर उसे मानवमात्र की आत्मगरिमा में प्रतिष्ठित

किया। मीरा के गिरधर नागर के द्वारा इस आंदोलन में स्त्री मुक्ति का पक्ष भी जुड़ा। यह अनायास नहीं है कि मीरा ने भक्त वत्सल प्रभु की करुणा को रेखांकित करने के लिए जिन प्रसंगों को चुना है वे प्राय: करमाबाई, अहल्या, गणिका, द्रौपदी आदि की मुक्ति से संबंधित हैं। उनके प्रभु जग का उद्धार करने वाले हैं और उनकी दृष्टि में स्त्री-पुरुष या ऊँची-नीची जाति में कोई भेद नहीं है। मध्यकालीन जड़ जाति व्यवस्था में जकड़े समाज में इस प्रकार के प्रसंगों का उल्लेख कितना कठिन और क्रांतिकारी रहा होगा, इसे सहज ही समझा जा सकता है। सामंती समाज के विषम अनुभव कबीर या तुलसी जैसे कवि के लिए भी कठिन हैं, किंतु पुरुष होने के नाते पराधीनता उनका अनुभव नहीं है। मीरा ने 'पराधीनता' की अमानवीय यातनाओं को झेला है और व्यक्त किया है। प्रभु के प्रति समर्पित होती हुई मीरा अपनी आत्माभिव्यक्ति के द्वारा वस्तुत: अपने 'आत्म' का संधान भी करती है। यही कारण है कि उनकी कविता का विषय मात्र भक्तिभाव का निवेदन न होकर एक स्वाधीन स्त्री की आत्माभिव्यक्ति पर पहरे बैठाने वाले समाज के अनुभवों की भी अभिव्यक्ति है। संभवत: इसीलिए मीरा के यहाँ गोपन कुछ भी नहीं है; न तो उनका कृष्ण के प्रति अनन्य प्रेम जो अपनी अलौकिकता के बावजूद विकृत सामंती प्रवृत्तियों द्वारा लांछित किया जाता है और न इन प्रवृत्तियों के अधीन काम करने वाले समाज के अत्याचार।

मीरा की यह समाज सजगता असाधारण है। उनकी भक्ति और उनका आत्मसंघर्ष दोनों की गति एक साधु और मानवीय समाज की रचना के प्रति है। यह मीरा ही है जो पशुओं की तरह जंजीरों से बँधने से इंकार करती हैं। आज यह सहज ही सोचा जा सकता है कि जो कथित कुलीन समाज एक औरत को भक्ति करने से इसलिए रोकता है कि वह स्त्री है, वह उस समय कितना निर्मम रहा होगा। इस प्रकार मीरा का काव्य कृष्ण के प्रति उनकी अनुरक्ति और इस अनुरक्ति के प्रति प्रतिकूल समाज के अनुभवों की अभिव्यक्ति है। वे अपने राग या भक्ति मात्र के प्रति एकाग्र समाज निरपेक्ष भक्त नहीं है। मध्ययुगीन समाज की वे प्रवृत्तियाँ, जो विशेष रूप से स्त्री के दमन के प्रति उत्तरदायी हैं, मीरा के काव्य में प्रश्नांकित हुई हैं। मीरा ने अभिव्यक्ति के लिए प्रगीत मुक्तकों का कलेवर चुना है। उनके पद उनके अनुभवों से संबद्ध हैं और इनके भीतर एक महाकाव्यात्मक अंतर्संबद्धता प्रवाहित है। मीरा की कविता के विषय पर विचार करते हुए हमें उनके पदों के व्यापक सामाजिक-सांस्कृतिक संदर्भ की पहचान करनी चाहिए। मीरा के पदों से उनका स्वयं का जो व्यक्तित्व उभरता है वह गरिमामय, साधु और साहसी है। कृष्ण के प्रति एकनिष्ठ प्रेम से उसे अमृत और गरल को अलग करके देखने की द्वंद्वात्मक दृष्टि दी है। उनके द्वारा निर्मित कृष्ण की छवि में भी उनके अपने भाव-अभाव के विविध संदर्भ प्रतिबिंबित हुए हैं। कुल मिलाकर यह कृष्ण छवि अपने सौंदर्य से ज्यादा अपनी सर्वजन उपकारक क्षमता के कारण मीरा के हृदय में बसती है। अपने आत्मनिवेदनों में मीरा अपने अभावों और दु:खों की गठरी खोलती अवश्य हैं किंतु कहीं भी दुख से दबी हुई कातर या विगलित नहीं दिखाई देतीं। उनका आत्मबोध प्रखर और पूर्ण है। कहना न होगा कि कृष्ण उनकी पूर्णता के नियामक हैं।

मीरा ने भक्ति को प्रेम और प्रेम को भक्ति बना दिया है। दरअसल उनकी भक्ति सामाजिक जर्जर रूढ़ियों की खिलाफत है। इस धरातल पर मीरा, कबीर, तुलसी, सूर सहित अन्य मध्यकालीन भक्त कवियों से अधिक प्रगतिशील है।

मध्ययुगीन भक्तिकाव्य धारा में मीरा की पहचान कृष्ण के प्रति उनकी अद्‍भुत अनन्य प्रेम भावना के द्वारा बनती है। यह अनुरक्ति अपने चरम रूप में घटित होती हुई उनके व्यक्तित्व का पर्याय बन जाती है। मीरा के यहाँ प्रेम की गहन अनुभूति और जटिल बेचैनी है। प्रेम स्वाभाविक रूप से एक व्यापक और उदात्त भाव है। इसकी प्रेरणा से मानवमन की समस्त ग्रंथियाँ खुल जाती हैं तथा वह अनवरत आत्मप्रसार को प्राप्त होता है। ऐसी स्थिति में यदि यह प्रेम 'गिरधर नागर' जैसे साक्षात पूर्णता के प्रति निवेदित हो तो इसकी शक्ति का कहना ही क्या? मीरा का 'गिरधर नागर' के प्रति प्रेम उनकी जीवनानुभूति से अभिन्न है। इसमें घुलमिल कर मीरा ने अपना समस्त व्यक्तिगत और सामाजिक अनुभव बाँटा है या जिया है। वे इसे अपने जीवनानुभवों की शक्ति से विकसित करते हुए अत्यंत अकृत्रिम और मानवीय धरातल प्रदान करती हैं। मीरा अपने प्रभु को अपनी लौकिक वेदनाओं और अपेक्षाओं के अनुरूप रचती हैं। इसलिए उनकी छवि यहाँ अन्य कृष्णभक्त कवियों द्वारा निर्मित छवि से विशिष्ट हो जाती है। निस्संदेह मीरा का प्रेम अलौकिक सर्वव्यापक प्रभु के प्रति है किंतु यह एक कुलीन परिवार की स्त्री द्वारा कुल और समाज के विधि निषेधों के तिरस्कार के साथ घटित होता है–**'जमना के तीरे-तीरे धेनु चरावै, बंसी मैं गावै मीठी बानी / तन मन धन गिरधर पर वारूँ, चरण कँवल मीराँ लपटानी।'** या **चित्त चढ़ी मेरे माधुरी मूरत, उर विच आन अड़ी / कब की ठाड़ी पंथ निहारूँ, अपने भवन खड़ी॥** सर्वस्व समर्पण की पराकाष्ठा देखिए–**'मीराँ गिरधर हाथ बिकानी, लोग कहैं बिगड़ी।'** मीरा कृष्ण को अध्यात्म के रहस्यवाद में लुप्त नहीं करतीं। मीरा के बारे में डॉ. गणपति चंद्र गुप्त कहते हैं–कहने वाली यहाँ एक बात स्पष्ट है कि मीरा का नायक सगुण कृष्ण ही है। जहाँ भी वे उनका चित्रण करती हैं, वहीं वे मोर-मुकुटधारी, पीतांबरधारी, गिरवर-धारी, वंशीवाले के रूप में उपस्थित होते हैं, अतः जो लोग मीरा को रहस्यवादिनी सिद्ध करना चाहते हैं, उन्हें इन उदाहरणों को न भूल जाना चाहिए। रहस्यवादी भी अपने प्रभु के सौंदर्य का चित्रण करता है, परंतु उसे वह किसी अवतार-विशेष का रूप नहीं देता। वह किसी एक ही रूप में ईश्वर का साक्षात्कार नहीं करता अपितु प्रकृति और जगत् के कण-कण में उसकी सत्ता के दर्शन करता है। इसके विपरीत मीरा ने प्रकृति के सौंदर्य की प्रायः उपेक्षा की है। उनके काव्य में प्रकृति यदि आई भी है तो अपने मोहक रूप में नहीं अपितु विरह-व्यथा को उद्दीप्त करने वाले दाहक रूप में ही। पर मीरा के माधुर्य भाव को श्रद्धामिश्रित अनुराग या शुद्ध भक्ति भाव के रूप में स्वीकार नहीं किया जा सकता। वे कृष्ण के चारित्रिक गुणों एवं महान् कार्यों से प्रभावित नहीं होतीं अपितु उनकी रूप-माधुरी से ही आकर्षित होती हैं। मीरा के शब्दों में–**'जब से मोहि नंद-नंदन दृष्टि पड़्यौ भाई / तब से लोक-परलोक कछु न सुहाई/'** दृष्टि प्रिय-केंद्रित हो गई है–**'नैणा लोभी रे वहुरि सके नहिं आइ।'** आँखें किसी और को देख ही नहीं रहीं–**'चंचल निपट अटक नहीं मानैं**

परहथ नये बिकाय।' मीरा का माधुर्यभाव श्रद्धाजन्य नहीं, सौंदर्यजन्य है। इस दृष्टि से उनके माधुर्य भाव की स्थिति सगुण-भक्ति एवं निर्गुण-प्रणय के बीच में पड़ती है। उनका माधुर्य संबंध क्षणिक एवं स्थायी या केवल इस जन्म तक सीमित नहीं है, वह जन्म-जन्म का स्थायी संबंध है। मीरा के माधुर्य भाव का लक्ष्य केवल मिलन है, मुक्ति नहीं। मीरा का माधुर्य भाव स्वकीय भाव से ओतप्रोत है। वे अपने को कृष्ण की प्रेयसी नहीं, पत्नी मानती हैं। उसमें स्थूल शृंगारिकता, वासना, कामुकता एवं अश्लीलता का अभाव है। उसमें सौंदर्यानुभूति, प्रणय-वेदना एवं विरह की गंभीरता की व्यंजना सहज रूप में हुई है।

प्रेम तो प्रत्येक युग की स्त्री के लिए वर्जित फल है। मीरा ने इस वर्जित फल की मादकता के अनुभव का कोई वर्णन छोड़ा नहीं है। मीरा अपने प्रिय को अलौकिक, उन्मुक्त और ऐंद्रिक बना देती है।

मीरा की भाषिक प्रणाली

मीरा ने भक्तिकालीन काव्य-भाषा में एक नया तेवर जोड़ा है। उन्होंने राजस्थानी को आधार भाषा बनाते हुए उसमें ब्रज, गुजराती और पंजाबी जैसी भाषाओं के भाषिक अनुभव शामिल किये हैं। इसलिए उनकी काव्य-भाषा आकर्षित करती है। मीरा विषय के अनुरूप भाषा को इतना लचीला बना देती है कि जटिल अनुभूतियों को भी सहजता से कह देना संभव हो गया है। उन्होंने अपना मंतव्य ऐसे बिंबों के माध्यम से व्यक्ति किया है कि सारी तस्वीर साकार हो जाती है।

मीरा मूलतः भक्त है। उनका काव्य उनकी भक्ति भावना का सहज प्रकाशन है। यह अभिव्यक्ति उनके व्यक्तित्व की सहजता और मानवीयता से अभिन्न है। मीरा की भक्ति के संदर्भ में डॉ. पालीवाल कहते हैं कि भक्ति ने उन्हें उदात्त, निर्कुण्ठ और निर्वैयक्तिक बनाया है। मीरा की काव्य भाषा का स्रोत उनके अपने जीवनानुभव हैं। मीरा ने अपनी भावनाओं की अभिव्यक्ति के लिए एक अनुकूल और उन्मुक्त वातावरण निर्मित करने का संघर्ष किया। साधु समाज में उठना-बैठना, भजन-कीर्तन आदि उनका एक ऐसा ही प्रयत्न था। इस समाज में प्रभु की बंदगी चाहने वाले प्रत्येक भक्त का स्वागत था। मीरा के भाव-जगत, भाषा और शिल्प को इन संतों की अभिव्यक्ति विधि ने अवश्य प्रभावित किया होगा। इसके अतिरिक्त, लोक-जीवन से मीरा की गहरी निकटता थी। उनकी अकृत्रिम, आडंबर से पूरी तरह से मुक्त किंतु अभिव्यक्ति सक्षम तथा कला को जीवनी शक्ति से संयुक्त कर रूप लेने वाली भाषा का स्रोत यह लोक-जीवन ही है। राग-विराग को कहने-सुनने के लोक प्रचलित रूपों का मीरा ने बहुत सुंदर उपयोग किया है। उनकी भाषा सादी, सहज और मार्मिक है। उसमें जीवन के सहज रागात्मक मानवीय स्रोत खुलते हैं। गतिशील और मानवीय आशय का विकसित स्वरूप उनकी भाषा की स्वाभाविक प्राणवत्ता का विधान करता है। वस्तुत मीरा ही नहीं, अपितु समूची भक्ति परंपरा का काव्य अपने अर्थ की गहरी शक्ति पर निर्भर है। भक्त कवियों का भाव जगत भावों और अनुभवों से संपन्न है। जीवन से सहज रागात्मक जुड़ाव के चलते उनकी यह अनुभव समृद्धि बढ़ती जाती है और भाषा की क्षमता में भी निखार आता है।

समाज में निर्कुण्ठ मिलने-जुलने से उसमें एक अनूठी सार्वदेशिकता रूप लेती है। इस तथ्य को अनदेखा करते हुए आलोचक मीरा की काव्यभाषा की अंदरूनी ताकत और बाहरी कौंध को रेखांकित नहीं करते। डॉ. गणपति चंद गुप्त का मानना है कि मीरा की भाषा लोक-प्रचलित तत्कालीन राजस्थानी है जिसमें राजस्थानी मुहावरों एवं लोकोक्तियों का प्रयोग प्रचुर मात्रा में हुआ है। राजस्थानी ओजपूर्ण भाषा है, किंतु मीरा के माधुर्य से सुनकर वह भी मधुर हो उठी है। अलंकार, रीति-युग, ध्वनि, वक्रोक्ति आदि के प्रयोग का प्रयास मीरा ने नहीं किया, किंतु भावना की प्रेरणा से उनका प्रादुर्भाव सहज ही हो गया है। डॉ. विजयेंद्र स्नातक के अनुसार मीराबाई के काव्य की भाषा सामान्यत: राजस्थानी मिश्रित ब्रज है। उनके पदों में गुजराती भाषा का विशेष पुट है। खड़ी बोली और पंजाबी का भी उनकी कविता में पर्याप्त प्रभाव दिखाई देता है। संगीत एवं छंद-विधान की दृष्टि से मीरा का काव्य उच्च कोटि का है। उनके पद विभिन्न राग-रागनियों में बद्ध हैं। इन पदों में यत्र-तत्र विभिन्न छंदों का भी उपयुक्त निर्वाह हुआ है। भावना प्रधान होने के कारण उनके काव्य में अलंकारों की सायास योजना कहीं दिखाई नहीं देती। अनुभूति के सहज-मार्मिक प्रवाह में उपमा, रूपक, उत्प्रेक्षा आदि अलंकार स्वत: उनकी वाणी का अनुसरण करते चले हैं। डॉ. रामस्वरूप चतुर्वेदी ने मीरा की काव्य-भाषा को लेकर लंबी जिरह की है। आचार्य परशुराम चतुर्वेदी को उद्धृत करते हुए उन्होंने लिखा है कि कबीर की तरह मीराबाई की काव्यभाषा के आधार पर कई बोली-रूप मिश्रित हैं। 'मीराबाई की पदावली' की भूमिका में परशुराम चतुर्वेदी ने दिखाया है कि मीरा की कविता में चार भाषा-स्तरों का प्रयोग है–

1. **राजस्थानी–**

   थें तो पल उघाड़ो दीनानाथ, मैं हाजिर-नाजिर कब की खड़ी
   साजनियाँ दुसमण होय बैठ्याँ, सब ने लगूँ कड़ी

2. **ब्रजभाषा–**

   यह विधि भक्ति कैसे होय
   मण की मैल हिय तें न छूटी, दियो तिलक सिर धोय

3. **पंजाबी–**

   हो काँनाँ किन गूँथी जुल्फाँ कारियाँ

4. **गुजराती–**

   प्रेमनी-प्रेमनी-प्रेमनी रे, मने लागी कटारी प्रेमनी
   जल-जमुनाँ माँ भरवाँ गयाँताँ, हती गागर माथे हेमनी रे

इस प्रसंग में अंतर्वर्ती शाखा की आधुनिककालीन भाषाओं और उनकी पारस्परिक स्थिति के संबंध में ग्रियर्सन का मंतव्य अनायास स्मरण हो आता है। ग्रियर्सन ने लिखा है, "जिस प्रकार पंजाबी उत्तर-पश्चिम में मध्य देश की प्रसरित भाषा का प्रतिनिधित्व करती है, उसी प्रकार राजस्थानी उसके दक्षिण-पश्चिम में प्रसरित भाषा का प्रतिनिधित्व करती है। इस अंतिम प्रसार-कार्य में मध्यदेश की भाषा राजस्थानी क्षेत्र से होती हुई गुजरात के समुद्र तट तक पहुँच गई है। यहाँ यह गुजराती का रूप धारण कर लेती है।" (भाषा-सर्वेक्षण 1:1, पृ. 314) मीरा की काव्यभाषा

के उपर्युक्त विविध आधार मानो ग्रियर्सन के इस भाषावैज्ञानिक पर्यवेक्षण को व्यावहारिक रूप में संपुष्ट करते हैं, और ब्रजभाषा-राजस्थानी- पंजाबी-गुजराती की तात्त्विक एकता को प्रदर्शित करते हैं। ब्रज से द्वारका तक चलनेवाली कृष्ण-भक्ति की यात्रा ने जैसे इन भाषा-रूपों को परस्पर मिला दिया हो। मीरा की अपनी काव्य-यात्रा इसी के समानांतर है। यहाँ यह स्मरणीय है कि मीरा ने अपने पूरे के पूरे पद इन अलग-अलग बोली-रूपों में नहीं लिखे, वरन् अधिकतर उनकी आधार-भाषा में इन कई भाषिक तत्त्वों का मिश्रण हो गया है, प्रधानता ब्रज और राजस्थानी की है।

मीरा की काव्यभाषा में सर्जनात्मक क्षमता कम है। सूर या तुलसी जैसा भाषा का कुशल प्रयोग नहीं दिखाई देता। यहाँ लोकगीतों की तरह सीधी अभिव्यक्ति पर बल है, लाक्षणिक प्रयोग बीच-बीच में जहाँ-तहाँ भले मिल जाएँ। नारी होने के कारण मीरा की तन्मयता और विरह-भावना कुछ अपने-आप से प्रामाणिक लगती है, उनके पदों का भाषिक गठन उतना सशक्त नहीं है। उदाहरण के लिए लोकगीत जैसे सीधे वर्णन द्रष्टव्य हैं—

दादुर मोर पपीहा बोले, कोयल सबद सुनावै
घुँमर घटा ऊलर होइ आई, दामिन दमक डरावै

अथवा

(इक) कारी अँधियारी बिजली चमके, बिरहिणी अति डरपाये रे
(इक) गाजै बाजै पवन मधुरिया, मेहा अति झड़ लाये रे

यहाँ सीधा परंपरित वर्णन है, भाषिक प्रयोग से कोई विशिष्ट अर्थ-क्षमता उत्पन्न नहीं होती। लोकगीतों की तरह 'दादुर मोर पपीहा बोले...' वाली पंक्ति तो इसी रूप में कई पदों में आती है। वर्णन का ढंग और कहीं-कहीं हल्का अप्रस्तुत विधान कृष्ण-काव्य के प्रसिद्ध रचयिता सूर का अनुकरण करता है, पर वहाँ भी बेपरवाही अधिक है। इसीलिए कुछ पद विधान में सूर जैसे लग सकते हैं, पर उनमें वैसा निखार नहीं। कुल मिलाकर मीरा के काव्य में व्यक्तिगत तन्मयता का विस्तार अधिक है, कविता का दक्ष संप्रेषण कम। इस दृष्टि से कबीर आदि संत कवियों के समान ही मीरा की भाषा भी अपनी जनोन्मुखता के कारण निखरती चली गई है। उसमें अर्थ को वैविध्य में रचने की अद्भुत क्षमता आयी है। मीरा के व्यक्तित्व में कहीं कोई छद्म नहीं है। उनका प्रत्येक अनुभव व्यक्त होने के लिए है। इसके अंतर्गत कोई भी भाव किसी भी कारण से मीरा के लिए दुविधा नहीं है। मीरा की काव्य रचना की पूरी प्रक्रिया में उनका कोई सत्य संसार से ओझल रखने के लिए नहीं है। इसीलिए किसी प्रकार की रहस्यात्मकता या कविता की जटिल अन्विति मीरा का प्रयत्न नहीं है। मीरा का सत्य गहरा, छद्म-रहित और संबोधित है। मीरा इसे जग के ज्ञान और अनुभव का हिस्सा बना देने के लिए व्यग्र हैं। वे कहती हैं—

माई री म्हा लियां गोविंदा भोल॥टेक॥
थे कह्यां छाणे म्हां काचोड्डे लिया बजन्ता ढोल॥

मीरा की अभिव्यक्ति का संबंध उनके भावों से है। ये भाव अपनी आंतरिक रागात्मक अंतर्संबद्धता के साथ उनके संक्षिप्त कलेवर वाले पदों में एक संश्लिष्ट

अन्विति लेते हैं। उनके पास कहने के लिए आत्मानुभूति के तमाम गहरे सघन रूप हैं तथा इनमें उनके आत्मसंघर्ष का सत्य भी शामिल है। इस प्रकार के आत्मनिवेदन से मीरा की एक आत्म-छवि भी उभरती है, किंतु वे यहाँ क्रमिक विकास की सुविस्तारित अन्विति संपन्न कथा नहीं कह रही हैं और न ही कोई चरित्र गाथा। इसलिए उनके पदों में अनेक भावों की पुनरावृत्ति भी है। मुक्तक पदों में भावों की संक्षिप्त अन्विति की स्थिति में भाषा का काम और महत्त्वपूर्ण हो जाता है। भाषा का काम अनुभूति की समग्रतः अभिव्यक्ति है। अर्थ की शक्ति के द्वारा अभिव्यक्ति क्षमता संपन्न कवियों को भी शब्दों को अनुभूति से जग के अभिज्ञ रह जाने की बात कहती हैं, किंतु यहाँ वे भाषा के असामर्थ्य से अधिक अपने गहरे भावों के प्रति जग की अभिज्ञता ही चिह्नित करना चाहती हैं। गिरधर विमुख जग में उनके सत्य से साक्षात्कार की क्षमता कहाँ? मीरा की भाषा मुख्यतः राजस्थानी है। कुछ पदों में ब्रज और गुजराती भाषा का प्रयोग भी दिखाई देता है। मीरा की भाषा में पंजाब, मध्यप्रदेश और पूर्वी प्रदेशों की प्रचलित भाषा के कुछ शब्द भी मिल जाते हैं। विशेष ध्यान देने की बात यह है कि मीरा के पद मौखिक परंपरा में सर्वाधिक प्रचलित हुए इसलिए उनकी भाषा का अपने मूल रूप में बने रहना संभव नहीं लगता। उनके कई पदों के भिन्न-भिन्न रूप मिल जाते हैं, अर्थात् लोक उन्हें अपने अनुरूप ढालता चला गया है।

अपनी कविता के माध्यम से मीरा ने सीमित संवेदना-संसार में असीमित अर्थ-सौंदर्य-संपन्न कविता का उदाहरण प्रस्तुत किया है। मीरा मध्यकालीन कविता में जैसी स्त्री-भाषा और भाव का समावेश करती हैं, उससे हिंदी कविता अर्थ के धरातल पर बड़ी होती है। गोपाल के अतिरिक्त दूसरे किसी की उपस्थिति नहीं होना, गोविंद को मोल लेना, गिरधर के रंग में रंगना, साँवरे, हरि के रंग में रँगना-यह ऐसी रचनात्मक जिद से उपजे भाव हैं जिन्हें एक स्त्री ही व्यक्त कर सकती है। मीरा ने भक्ति को विरह और विरह को भक्ति बनाकर निर्गुण-सद्‌गुण, भक्त-संत-कविता के सारे खाँचों को तोड़फोड़ दिया है। इस सिलसिले में उन्होंने निजी कविता का ऐसा साँचा बनाया है जिसमें खुलापन और असीमित अर्थ-संभावनाएँ हैं। मीरा की कविता में राम-कृष्ण या सगुण-निर्गुण का भी भेदभाव नहीं है। यह सब मीरा ने अपने समय की उस काव्य भाषा में संभव किया है जो सबको आसानी से समझ में आती है।

15. गंग

(संप्रदाय निरपेक्ष कवि)

मंद मंद गावै पारब्रह्म नहिं पावै

गंग के नाम से प्रसिद्ध गंगाप्रसाद का नाम अकबरी दरबारी कवियों–नरहरि, मनोहर, बीरबल, ब्रक्ष, तानसेन, रहीम, चतुर्भुजदास, आसकरण, पृथ्वीराज, टोडरमल इत्यादि के साथ लिया जाता है। इनकी कविता में वाग्वैदग्ध्य से संपन्न आकर्षक कथन मिलते हैं। भाषा के धरातल पर भी इनके यहाँ सुविन्यस्त रचाव मिलता है। गंग समस्यापूर्ति में निपुण किसी भी विषय में तुरंत कविता करने वाले आशुकवि थे। भक्तिकाल के आखिरी दौर के महत्त्वपूर्ण कवि गंग की कविता में परवर्ती रीतिकालीन कविता की आहट सुनाई देती है। उन्हें आने वाली कविता का भान हो गया था। आचार्य शुक्ल ने फुटकल कवि-वर्ग में रखकर उनका केवल नाम गिनाया है। गार्सा द तासी ने गंग के विषय में दर्ज किया है–"सी. डब्लू प्राइस ने अपने 'हिंदी एंड हिंदुस्तानी सेलेक्शंस' (हिंदी और हिंदुस्तानी संग्रह) शीर्षक महत्त्वपूर्ण ग्रंथ की भूमिका में उनका हिंदी के अत्यंत प्रसिद्ध रचयिताओं में उल्लेख किया है।" बाह्य साक्ष्यों के अनुमान पर गंग का जन्म 1538 और मृत्यु 1617 के आसपास मानी जाती है। गंग के विषय में यह प्रसिद्ध है कि शाहजहाँ की प्रशंसा में छंद रचने के कारण नूरजहाँ ने गंग को हाथी के पैर से कुचलवा दिया था–"गंग जैसे गुनी को गयंद सों चिराइए।" इस दुर्घटना से पहले गंग ने यह नीतिविषयक दोहा कहा–'कबहुँ न भडुआ रन चढ़ै न बाजी बंब/ सरस-सभाहि प्रनाम करि, विदा होत कवि गंग।' केशव के संबंध में प्रेत होने की चर्चा के साथ गंग के हाथी द्वारा कुचले जाने का कथन कई कवियों ने किया है–'एक भये प्रेत, एक मींजि मारे हाथी।' गंग प्रसिद्ध कवि थे। जाहिर है कि ये मामूली हवाले हैं। इनमें गंग जैसे कवि के व्यक्तित्व की खास जानकारी नहीं मिलती है। भिखारीदास ने उनके काव्य के बारे में टिप्पणी करते हुए कहा है–'तुलसी गंग दुवो भए सुकविन के सरदार।' गंग की कविता व्यंग्यात्मक और पैनी थी। इसका उन्हें खामियाजा भी भुगतना पड़ा जबकि गंग को उनकी कलात्मक रचनाशीलता के कारण रहीम ने उनके एक छंद पर 36 लाख रुपये का पुरस्कार दिया था। गंग की प्रमुख रचनाएँ हैं–'गंगपदावली', 'गंग पचीसी', 'भाषा कवित्त', 'गंग रत्नावली', 'खानखाना चरित्र', 'चंद छंद बरनन की महिमा' और 'गंग कवित्त' आदि। इसमें लगभग 400 छंद की रचना 'गंग कवित्त' काव्य-मूल्य की दृष्टि से महत्त्वपूर्ण कृति है।

भक्तिकाल के अंतिम चरण के ख्यातिप्राप्त गंग कवि का संबंध राजदरबारों से रहा था। अनेक राजा, बादशाह और सामंतों के संबंध में उनकी कविता में अंतरंग हवाले दर्ज हैं। उनके द्वारा रचे गए 'गंग कवित्त' में स्त्री-सौंदर्य और श्रृंगार की सूक्ष्म अनुभूतियों की उद्दाम अभिव्यक्ति है। श्रृंगार के इतर भक्ति-विषयक प्रसंगों में जीवन का मर्म, अनुभव और विपुल ज्ञान चमत्कृत करता है। मनुष्य और दुनिया के बुनियादी तत्त्वों को गंग ने सार्थक और अद्वितीय शैली में व्यंजित किया है। कथ्यरूप की बारीकी प्रभावशाली है। गंग की व्यापक अनुभूति और प्रौढ़ गंभीर अभिव्यक्ति के कारण ही उन्हें सुकवि कहा जाता था।

कवि गंग की कविता का मुख्य वर्ण्य-विषय श्रृंगार है। नीति, भक्ति, प्रकृति और राज-प्रशस्ति इत्यादि अभिव्यक्तियाँ भी इनकी कविता में मिलती हैं। गंग ने सभी रचनाएँ मुक्तक छंदों में लिखी हैं। इनमें विषयगत विविधता है। गंग की एक रचना 'चंद छंद बरनन की महिमा' वर्णनात्मक कथ्य है। इसमें अकबर द्वारा चंदबरदाई के 'पृथ्वीराज रासो' सुनने का वृत्तांत कहा गया है। इसमें पद्य के साथ गद्य का संश्लेषण है। कहना होगा कि गंग कवि की कविता अनेक प्रकार के भावों और वर्णन शैलियों से संपन्न है।

कविता लिखने में कवि-कल्पना का निर्विवाद महत्त्व है। कवि-भाव में ही कल्पना निहित रहती है। गंग के यहाँ भावुकतावादी कल्पना की अधिक उपस्थिति दिखती है। नृसिंह का खंभे से प्रकटीकरण, गज-ग्राह-प्रसंग बाल-कृष्ण प्रसंग, मृग अंग-प्रत्यंग दान-प्रसंग इत्यादि काव्य-प्रसंगों में कवि की कल्पना का संदर्भ जुड़कर अपूर्व काव्य सौंदर्य उभारता है। इन प्रसंगों में गंग ने रूपक, संदेह अलंकार और उपमा इत्यादि अलंकारों के माध्यम से कवि-कल्पना को आकर्षक बनाया है। 'चंद छंद बरनन की महिमा' कवि-कल्पना की दृष्टि से बेजोड़ रचना है। गंग की कल्पना रीतिकालीन कविता से भी आगे की ऊहात्मक या दूरारूढ़ कल्पना है। एक प्रसंग में नायिका यमुना में खुद को निहार रही है और उसकी आँखों के सौंदर्य का विस्तार इतना हो गया है कि सारा परिदृश्य यमुनामय हो गया है–'जमना जल नैन निहारत जमना जमना जमना जमना।' गंग कवि के श्रृंगार के संयोग एवं वियोग के अनेक कल्पनाशील प्रसंग मर्मस्पर्शी हैं। एक पद में गंग कल्पना करते हैं कि नायिका ने हाथी की चाल, सिंह की कमर, उसके मुख ने चंद्रमा और नाक ने तोता चुरा लिया–'गयंद की चोरी चाल, मयंद की लयंक चोर्‌यों, मुख तेरे चंद चोर्‌यो, नासा चोरी कीर की' निहितार्थ यह है कि सभी नायिका के सौंदर्य के सामने कमतर हैं। कल्पना की उच्छल उड़ान को प्रकृति वर्णन और खासकर बसंत, ग्रीष्म, वर्षा, शरद और शिशिर इत्यादि ऋतु-वर्णन में देख सकते हैं। वर्षा-वर्णन-प्रसंग में गंग कल्पना करते हैं–'मोर करे मोर कारी घटा घनघोर घेरी, दादुर की टेर, मो करेजे चुभ जाइगी।' वर्षा की बूँदें विष-समान है। बारिश नहीं आँसू बरस रहे हैं–"बुँदिया बरसे विषु के इषु ह्वै", और "बदरा बरसै अँसुवां बरसावै" आदि कथन भी गंग की कल्पनाशीलता का प्रमाण हैं। देह-सौंदर्य की उत्सवधर्मिता मनाते हुए गंग नायिका की दमक त्वचा के बिंब को कविता का अनुभव बना देते हैं।

गंग सरीखे भक्तिकालीन कवि के काव्य में सर्वाधिक श्रृंगार रस का वर्णन हुआ है। स्त्री श्रृंगार की संयोग और विप्रलंभ दोनों दशाओं वाले अनेक छंद 'गंग कवित्त' में मिलते हैं। कवि ने स्त्री रूप-चित्रण उभारने में महारत दर्शायी है। उनकी नायिका की दैहिक सुंदरता दिव्य है। जैसे केले का भीतरी भाग होता है। उसका वर्णन सोने जैसा है-''केलि को सो गाभो तन, कुंदन सी जोति जगै।'' गंग ने नायिका के नखशिख का वर्णन करने का कोई मौका नहीं गँवाया है। नायिका के नेत्र, मुख, वक्ष, केश, कटि, नितंब आदि का ऐसा चित्रण किया है जिसमें ऐंद्रिकता और माँसलता है। उसकी आँखों का सौंदर्य भी विस्फारित करने वाला है-'दीरध ढरारे महाडोरे रतनारे लगे। कारे तहाँ तारे अति बारे जे सुरंग है।।' और 'अधर बंदुक से, कच बादर से, दसन दामिनी सी, वक्ष चकवा से हैं।' गंग ने पुरुष-सौंदर्य का चित्रण भी किया है। नायक का रूप चित्रित करते हुए उन्होंने लिखा-''मृग ते सरस विराजत विसाज दृग।'' गंग कवि के रूप-चित्रण में कोमलता है। गंग चारण-भाट परंपरा में आते हैं। भाट होने के कारण इनके यहाँ प्रशस्ति गायन है। तत्कालीन मुस्लिम दरबारी वातावरण से भी कवि प्रभावित हैं। उनके श्रृंगार-वर्णन में घनघोर श्रृंगारिकता है। चपल नायिका नायक की भाव-भंगिमा और विकलता को भाँप जाती है-'आवे लाल दौरि दुरि देखौ मेरी पीठ पीछे।' स्त्री की गर्दन पर भी आँखें होती हैं। यह ठेठ स्त्री-अनुभवय है। वह पुरुष के मन में उफनते काम भाव को भाँप जाती है। यह दरबारी नायिका है। इसके होंठ कामजन्य बेचैनी और पान से रँगे हुए हैं-'अधर तमोल भीजे विद्रुम से झलकै'' काम-लोलुपता को गंग ने श्रृंगार के प्रसंगों में चित्रित किया है। इस प्रेम व्यापार में नायिका की चेष्टाएँ असल में कामदशाएँ हैं। नायिका वर्ग या प्रकारों का विश्लेषण करने के क्रम में नायिकाओं की दूती और नायिकाओं के विविध भेद गंग ने वर्णित किए हैं। गंग ने श्रृंगार के फलक को बड़ा किया है। संयोग की तरह वियोग श्रृंगार भी गंग ने तल्लीनता से वर्णित किया है। वियोग की पूर्वराग, मान और प्रवास-तीन दशाओं के अनुभव गंग के यहाँ मिल जाते हैं। भगिनी नायिका का चित्र बनाते समय गंग कल्पनालोक छोड़कर, जीवन के यथार्थ को उभारते हैं-'काहू के पांइ परे न पसीजति पाहन की पुतरी तै विसेखी।' रूठी हुई नायिका, नायक के पैर पड़ने से भी पसीज नहीं रही। इसी तरह प्रवास में ''कमल कलि सौं कुँमलाइ मुख गई है, दीपक मलीन ना मलीन तेरो मान री।'' नायिका का मुख भले ही मलीन हो गया हो, उसका मान बरकरार है।

श्रृंगार के अतिरिक्त गंग की कविता में चार और रस-वीर, अद्भूत, वीभत्स और भयानक की मुख्य उपस्थिति है। कवि जिस परिवेश में रहता है वह उसकी कविता की पृष्ठभूमि बनता है। यानी उसकी रसानुभूति उसके देशकाल से प्रभावित होती है। गंग भी इस नियम के अपवाद नहीं थे। दरबारी वातावरण में वीररस के कई प्रसंग गुँथे थे-'खलभलित सेस कवि गंग भनि, अमित, तेज रवि रथ खस्यो।' रस के धरातल गंग के यहाँ सबसे अधिक जगह श्रृंगार घेरता है। उनकी कविताओं में 'मचो घमासान तहाँ तोप तीर बान चले।' साम्राज्य-विस्तार की लालसा से किए गए युद्ध लाशों के ढेर लगा देते हैं-'चोंथ-चोंथ खात गीध चर्ब मुख चोपरी।' गंग के यहाँ भयानक रस भी उभरता है-'नवल नवाब खान खाना जू

तिहारे त्रास, देसपति धुनि सुनत निसान की।' इसके अलावा अद्‌भुत की प्रस्तावना भी उनके यहाँ हुई है।

गंग की काव्य-भाषा ब्रज है। उन्होंने प्रसंगानुकूल शब्द-चयन कर अपनी अभिव्यक्ति को समर्थ बनाया है। भाषिक या कहें शब्दावली के धरातल पर गंग उन्मुक्त कवि हैं। उनकी कविता में ब्रज के साथ अपभ्रंश, खड़ी बोली, अवधी, राजस्थानी, अरबी-फारसी आदि भाषाओं की मिश्रित शब्दावली की वजह से अर्थ-संपन्न ऐसी भाषा निर्मित हुई है जिसमें सरसता, प्रवाह, व्यंग्य और भावानुकूलता इत्यादि विशेषताएँ हैं। कवि की रचना का काव्य-शिल्प मुक्तक है। शब्दावली और कथ्यरूप की दृष्टि से गंग की कविता का पैटर्न दरबारी है। इस प्रबंध-मुक्त कविता में स्वच्छंद भाव-संवेदना मिलती है। उनकी शब्द-ग्रहण प्रवृत्ति भी निबंध है। तत्सम, तद्‌भव, देशज और विदेशी शब्दों का प्रयोग गंग की भाषा में मिलता है। वहाँ हंस, कर्य, कमला-प्रचंड जैसे तत्सम शब्द और हाथी, जीभ, पंच्छी जैसे तद्‌भव शब्द तथा छबीले ढोटा जैसे देशज शब्द एवं खलग जंग जैसे अरबी-फारसी शब्द मिलते हैं।

गंग की दृश्यात्मकता गहरा असर डालती है। गंग के चित्र सक्रिय हैं। वे भावों को साकार उपस्थित करने वाले बिंबों के कवि हैं। गज और ग्राह, नृसिंह, मृग और कृष्ण की लीलाओं के दृश्य और श्रव्य इत्यादि अनेक बिंब उनकी कविता में हैं। 'ठनन ठनन' जैसी ध्वनि वाले श्रव्य बिंब इसके उदाहरण हैं। गंग अलंकार-प्रिय हैं। उनकी कविता में अनुप्रास, यमक, उपमा, उत्प्रेक्षा, संदेह आदि अलंकार प्रमुखता से मिलते हैं। गंग की अलंकार-योजना सहज है। यही उनकी काव्य-भाषा को सौंदर्य प्रदान करती है–'दीनबंधु दीनानाथ द्रौपदी पुकारत' में गंग अनुप्रास का प्रवाह संभव करते हैं तो 'सारी के धरत सारी सारी सरकता' में यमक, 'दामिनी सी' में उपमा, 'ते मानहु दद्धि समुद्र ते' में उत्प्रेक्षा, 'कमान भौहे' में रूपक, 'देह भयो दूबरो कि नेह तज्यो दीननि सौ' में संदेह अलंकार गंग के यहाँ मिलते हैं। गंग काव्यार्थ की दृष्टि से अभिधा की बजाय लक्षणा से काम लेते हैं–'मन गयो री बूड़ि, संकर विधचूरन, स्वांग अनेक करो'। उनका काव्यार्थ लाक्षणिक है। इसके लिए गंग लोकोक्ति और मुहावरों का भी प्रयोग करते हैं–"नदी के किनारे रूख को लो ठहराइगो" लोकोक्ति और 'गद्‌दी के मुसद्‌दी भए' तथा 'जीभ बै गई, मन लै गई' आदि मुहावरे उनके यहाँ मिलते हैं। तत्कालीन काव्य-प्रणाली के अनुसार गंग से अपने काव्य-कथनों को असरदार बनाया है। नृसिंह के वर्णन में ओज गुण है, शृंगार के प्रसंगों में माधुर्य गुण है और मृग के दाता होने के वर्णन में प्रसाद गुण हैं। कथ्यरूप की दृष्टि से सुकवि कहे जाने वाले गंग की वाणी बहुत चुभने वाली थी जिसकी कीमत उन्हें जान देकर चुकानी पड़ी। दूसरी तरफ काव्य-रसिक उनका सम्मान करते थे। एक बार उन्होंने रहीम खानखाना को एक छप्पय सुनाया था जिससे खुश होकर रहीम ने उन्हें छत्तीस लाख रुपये दिये थे। आचार्य शुक्ल ने गंग की शृंगारिकता, व्यंग्य, अन्योक्ति और अतिशयोक्ति की दृष्टि से प्रशंसा की है। डॉ. रामकुमार वर्मा ने उनकी भाषा की प्रशंसा करते हुए कहा है–"इनकी रचना देखने से ज्ञात होता है कि इनका भाषा पर पूर्ण अधिकार था।" असल में गंग की भाषा विविधता भरी है। उसमें ब्रजभाषा की कोमलकांत मधुरता है–'ऐहो दीनबंधु अब दीन कहूं दलिगो' तो खड़ीबोली

का स्वरूप भी गंग की भाषा में मिलता है–'ऊखरस कछू न मयूख रस नीरस है।' अपभ्रंश का प्रभाव भी उनकी शब्दावली में है–'उड़त ऐन अब्बीर कुसुम खिच्चिय निचोरे'/ साथ ही अवधी के शब्द जैसे जैबो, दैबो और राजस्थानी के प्रयोग जैसे फट्यौ टूट्यौ के अलावा गंग ने फारसी और हिंदी की एक-एक पंक्ति का मिश्रित प्रयोग भी किया है–

एक समै घर तें निकसी सखियान के सग जु सांवली सूरत
रंग जो नाज़ नमूद सनम् बेताब शदम् अफज़ूंद कदूरत।

ऐसे प्रयोग आदिकालीन कवि अमीर खुसरो की याद दिलाते हैं।

गंग की भाषा की विविधता उस समय का युग सत्य था। अनेक भाषाओं का ज्ञाता या भाषा-निपुण होना वैसे भी पुराने कवियों की निजी विशेषता थी। गंग की भाषा उस विविधता से पूर्ण है।

गंग की कविता शृंगारी है। जीवन और जगत का व्यापक और गंभीर अनुभव होने के कारण उनकी वाणी में भक्ति, प्रकृति, लोक-व्यवहार, समाज, नीति, राजप्रशस्ति आदि के भाव हैं। भक्ति भाव से भावित गंग सूर, तुलसी की तरह भक्त कवि नहीं थे। वे बिहारी, विद्यापति, मतिराम इत्यादि कवियों जैसे भक्त कवि कहे जा सकते हैं। अनन्य भाव से किसी इष्टदेव के प्रति समर्पित भी वे नहीं रहे। भगवान के अनेक अवतारों के प्रति श्रद्धा गंग के यहाँ दिखाई देती है। कृष्ण की अनेक लीलाओं का गंग ने भक्तिभाव से वर्णन किया है। राधा के साथ रमण करने वाले कृष्ण, रंगभूमि में कंस को मारने वाले कृष्ण, काली नाग को नाथने वाले कृष्ण, देवकी के पुत्र और बलराम के भाई कृष्ण के कई रूप गंग की कविता में मिलते हैं। गंग ने कृष्ण की लीलाओं का भक्तिपूर्ण भाषा में वर्णन किया है–

कहे कवि गंग ब्रज बूड़त बचा लीन्हो।
इंद्र की घटाई में जो फेरि आस छाई है।
बच्छन के पाछे पर बांधे मोर पच्छन के।
जमुना के कच्छन में नाचत कन्हाई है।

गोवर्धनधारी कृष्ण हो या मोरमुकुटधारी गोपालक कृष्ण या फिर द्रौपदी के रक्षक कृष्ण; गंग ने कृष्ण के लोकरक्षक रूपों का वर्णन किया है। जब एकवस्त्रा द्रौपदी पुकार करती है तो उसकी आन बचाने के लिए द्वारिका से कृष्ण दौड़कर आते हैं। प्रह्लाद, गजराज, परीक्षित आदि पर की गई कृष्ण-कृपा को भी गंग ने याद किया है। गंग के कृष्ण विष्णु के अवतार हैं। विष्णु के संदर्भ में भी गंग ने कृष्ण को याद किया है। 'गिरि के धरनहार', 'गैबर के रच्छपार', 'गरूर के असवार', 'जानकी के जानि', 'जामवंत के जमैया', 'बालि बैरी'–ये सब नाम उनके लिए एक हैं। कृष्ण और विष्णु गंग के इष्ट हैं। असल में गंग इस धरातल पर समन्वयवादी हैं। उनके यहाँ 'तौलौ ग्राह ग्रीवा पै अगारू चक्रचलि गो' विष्णु-अवतार मिलता है तो 'नाग लपटाये नाग नंदनी लगाये तन, भसम चढ़ाए नाह नांगे नांगे डोलि है।'- शिव भी मिलते हैं–'जय जय जय नृसिंह वपु'- कहकर गंग नृसिंह को पूजते हैं। 'बलिको छलि के प्रभु राज लियो, तिहलोह की तीनहु पैंर करी' जैसी पंक्तियों में बामन अवतार की शक्ति से गंग अभिभूत होते हैं। 'सदासुख राम-जस जानि कवि

गंग कहै, कहिबे के नाते राम नाम ठहराइगो।' जैसे प्रसंगों में गंग को राम याद आते हैं तो 'नाथ की सपथ तोहि त्रिपथ गामिनी गंगा, सुपथ लगाऊ जैसे कुपथ न जाऊ मैं' कहकर वे गंगा की शपथ खाते हैं और 'जमनाजल नैन निहारत ही जमना, जमना, जमना, जमना, देखिये न जमलोक जमना के नहाये ते।' इत्यादि प्रसंगों में गंग यमुना की व्यापकता महसूस करते हैं। असल में गंग सरीखे संप्रदाय-निरपेक्ष कवि एकेश्वरवादी नहीं थे लेकिन शृंगारपरक काव्य-रचना करने के बावजूद उनके यहाँ यह विचार भी मिलता है कि धन-लोलुप मनुष्य भगवान का स्मरण नहीं करता है। धन-संचय करता रहता है। सब कुछ यहीं रखा रह जाता है–'कहै कवि गंग देखि लै विचार करि, / मूँदि देहु आँख तब लाखे कौन काम के'। अंत में केवल ईश्वर का नाम ही साथ देता है। फिर भी मनुष्य इस सत्य को अनदेखा करता है–'रहेगा न राज रजमानी न पवन पानी/ राम नाम लेत जीभ ऐंडी बेंडी जात है'। गंग ईश्वर की अहैतुकी कृपा का वर्णन करते हैं–'मंद मंद गावै पारब्रह्म नहिं पावै / जाहि जसुदा खिलावै मेरो महा बलदाई है।' गंग का ईश्वर लोककल्याण और लोकरंजन करने वाला है। पतित उद्धारक 'पतित उधारन, दुख नाशन, लोक कल्याणकारी, विपत्ति हारी और भक्त वत्सलता' इत्यादि गंग के इष्ट के गुण हैं।

गंग ने अपने समय, समाज और संस्कृति का वर्णन किया है। उनकी कविता बताती है कि उस समय का वर्णन किया है। ब्राह्मण, क्षत्रिय, वैश्य और शूद्र इत्यादि वर्णों में समाज बँटा हुआ था। ब्राह्मण पूजनीय थे। उनके प्रताप से पापों के नाश की बात गंग ने कही है। भृगु का उदाहरण देते हुए गंग तत्कालीन समाज में ब्राह्मणों की स्थिति को दर्शाते हैं। स्वयं को भी कवि ने जनेऊ धारण करने वाला ब्राह्मण कहा है। 'रंग चढ्यौ रजपुत' कह कर उन्होंने क्षत्रिय का स्मरण किया है। वैश्यों का किसी न किसी संदर्भ में वर्णन गंगं ने किया है–'बनिया जो खाय तो लुटात देत नाज को' समाज के और भी वर्णों-वर्गों का गंग ने वर्णन किया है। वे जाट, तेली, नाई, धोबी, कुम्हार, भील, चांडाल, हिजड़े आदि की भूमिका को समाज में रेखांकित करने वाले तत्कालीन बहुत कम कवियों में से हैं।

गंग की कविता एक हिस्सा नीति-विषयक है। वहाँ उन्होंने समाज के अलग-अलग प्रवृत्तियों और वर्गों के व्यक्तियों की प्रकृति को अंकित किया है। उनके अनुसार साधु अच्छे व्यक्ति होते हैं। उनके पास जाने से दुख दूर होते हैं–'सोच घटे कछु साधु की संगति', जबकि मूर्ख व्यक्ति की निकटता से ज्ञान घटता है। मूढ़ की मित्रता भी ठीक नहीं। राजा के साथ गंग ने रंक की स्थितियों को भी परखा है–'रंक रिषीसुर पामर पंडित' इसी तरह गंग ने दानी और कंजूस की आदतों और स्वभाव का विश्लेषण किया है। चोर, साहूकार, गँवार, गुणीजन, शूरवीर, कायर, दुर्जन विश्वासघाती, मूर्ख पंडित, भिखारी, योगी, बधिक, मुनि, वेश्या कुलवंती, धनी, दरिद्र–इन अलग-अलग परस्पर विरोधी व्यक्तियों से जो समाज बना था; गंग ने इनका प्रामाणिक विश्लेषण किया है।

समाज के रीति-रिवाजों और संस्कारों का वर्णन गंग के काव्य में हुआ है। विवाह के अवसर पर कन्यादान का मार्मिक वर्णन हो, उत्सवों का वर्णन या मृत्यु के विषाद का वर्णन गंग की कविताओं में इन्हें देखा जा सकता है। परिवार के

वास्तविक अर्थ क्या हैं? उसमें माता, पुत्र, भाई, पत्नी और पुत्र इत्यादि संबंधों का क्या महत्त्व है तथा स्त्री-पुरुषों के आपसी संबंध का अर्थ क्या है–इसे भी गंग ने वर्णित किया है। उन्होंने स्त्री-सौंदर्य की आकर्षक छवियाँ अंकित की हैं। उनके यहाँ ऐसी स्त्री-छवि है जो बनाव-शृंगार से परहेज नहीं करती। गंग ने स्त्री-सौंदर्य के प्रसाधनों का पर्याप्त चित्रण मिलता है। उस समय स्त्रियाँ साड़ी पहनती थीं–'सारी के धरत सारी-सारी सरकत है।' गंग ने परंपरागत भारतीय पहनावों–ओढ़नी, चीर और चोली में सजी स्त्रियों का वर्णन किया है कि स्त्रियों के लंबे केश चोटियों और वेणी में बँधे हैं। उनके शरीर पर सजे मणि कंठहार, आरसी, चूड़ी इत्यादि उनके सौंदर्य बढ़ा रहे हैं। इत्र, फुलेल, चंदन, चोवा जैसे मुस्लिम दरबारी प्रसाधनों के वर्णन भी गंग की कविता में शाही भोग-विलास के चित्रण के संदर्भ में आये हैं।

गंग ने शिविका, गिलम गलीचा आदि के द्वारा समाज के उपभोग-सुख को प्रदर्शित किया है। हाथी और घोड़े की सहायता करते हुए ऊँचे घराने के व्यक्ति शिकार इत्यादि खेलों से मन बहलाते थे। तोप, तीर, बान, नगाड़े, फौज इत्यादि युद्ध से जुड़े अस्त्र-शस्त्रों का वर्णन भी गंग ने किया है।

गंग ने अनेक प्रकार के लोक में प्रचलित विश्वासों और चमत्कारों का वर्णन किया है। भक्ति के अलावा धर्म के बाह्याचारों का चित्रण, तुलसी की माला, पूजा की सामग्री, पुत्र जन्म आदि के वर्णन उनके धार्मिक विश्वास के सूत्र हैं। गंगा एवं यमुना स्नान, भूत, प्रेत, मंत्र, शकुन, शराब आदि के प्रसंग मध्यकालीन चमत्कारवादी मानसिकता को साबित करते हैं। अंधविश्वासों, भूत इत्यादि में विश्वास–'देव भूत लाग्यौ होई दीया दिखराइये।' तंत्र-मंत्र के साधन और 'तारा मंत्र पाइये' इत्यादि प्रसंग भी गंग के यहाँ मिलते हैं। गंग के केवल 400 छंद उपलब्ध हैं। उनके आधार पर कहा जा सकता है कि इस कवि की कविता हमें मध्यकालीन बोध के यथार्थ स्वरूप से परिचित कराती है।

16. नंददास

(कृष्णभक्ति कवि)

बुद्धि बनाम भावना का द्वंद्व

वल्लभाचार्य एवं उनके पुत्र विट्ठलनाथ द्वारा संस्थापित 8 भक्तिकालीन कवि, जिन्होंने अपने विभिन्न पदों एवं कीर्तनों के माध्यम से भगवान श्रीकृष्ण की विभिन्न लीलाओं का गुणगान किया। अष्टछाप के कवियों–सूरदास, नंददास, कृष्णदास, परमानंददास, कुम्भनदास, चतुर्भुजदास, छीस्वामी, गोविंदास्वामी के साथ-साथ मध्यकालीन कृष्णाश्रयी शाखा के कवियों कृष्णभक्त कवियों–मीराबाई, नरोत्तमदास, रहीम, रसखान, विद्यापति में नंददास का नाम सम्मान के साथ लिया जाता है। इनका जन्म सन् 1533 में सोरूह के पास रामपुर गाँव में हुआ। सांसारिक प्रेम में असफल होने के बाद और अपने गुरु विट्ठलनाथ के फटकारने के बाद नंददास विरक्त हो गए। पुष्टिमार्ग में दीक्षित नंददास को कई आलोचक दूसरे कृष्णभक्त कवि 'सूरदास' के स्तर का रचनाकार मानते हैं। नंददास विद्वान और काव्यकला संपन्न कवि के रूप में सामने आते हैं। इनकी काव्य-कला से प्रभावित होकर एक कहावत का निर्माण हुआ–'और कवि गड़िया, नंददास जड़िया।' यानि जिस प्रकार अति बौद्धिकता संपन्न क्लिष्ट कवि को केशव की तरह 'कठिन-काव्य का प्रेत' कहा जाता है। उसी प्रकार कलावादी कवियों को नंददास सरीखा जड़िया कवि माना जाता है। इनके प्रसिद्ध ग्रंथ इस प्रकार हैं–'भ्रमर गीत', 'रासपंचाध्यायी', 'रुक्मणि मंगल', 'पदावली'। सन् 1586 में गोवर्धन क्षेत्र में नंददास का देहांत हो गया।

भँवर गीत परंपरा में नंददास का 'भ्रमरगीत' महत्त्वपूर्ण है। इसमें निर्गुण सगुण संप्रदायों का परस्पर वाद-विवाद संवाद है। कवि ने भक्ति को सबसे ऊपर रखा है। शुरुआत में बुद्धिवादी उद्धव कृष्ण का संदेश लेकर गोपियों को कृष्ण के प्रति आसक्त होने की बजाय निर्गुण ब्रह्म से योग का संदेश देते हैं–

ऊधव का उपदेश सुनो ब्रज-नागरी
रूप सील लावण्य सबै गुन आगरी
प्रेम-धुजा रस रुपिनी, उपजावत सुख पुंज
सुंदरस्याम विलासिनी, नववृंदावन कुंज
सुनो ब्रज-नागरी

कहन स्याम संदेस एक मैं तुम पे आयौ
कहन समै संकेत कहूँ अवसर नहिं पायौ
सोचत हीं मन में रह्यो, कब पाऊँ इक ठाऊँ
कहि संदेस नंदलाल को, बहुरि मधुपुरी जाऊँ
सुनो ब्रज-नागरी

प्रेम में प्रेम न करने के उपदेश तीर की तरह चुभते हैं। उद्धव के कथित ज्ञान से तिलमिलाई गोपियाँ जिस ठेठ देशज तर्क प्रणाली से उद्धव के ज्ञान-भवन को ध्वस्त करती हैं उसे नंददास ने नाट्यरूपक के शिल्प में व्यंजित किया है। यह काव्य प्रसंग एक दिलचस्प प्रश्नोत्तरी है। निरक्षर लेकिन प्रेम से संपन्न सीधी-सादी गोपियाँ, ब्रह्म इत्यादि बड़े मसलों की जगह प्रेम की भाषा समझती हैं–

काऊ कहे रे मधुप प्रेम षट्पद पसु देख्यो
अ...लौं यहि ब्रजदेस माहि कोऊ नहि विसेख्यो
द्वै सिंग आनन ऊपर ते, कारो पिरो गात
खल अमृत सम मानहीं अमृत देखि डरात
बादि यह रसिकता

कोऊ कहे रे मधुप ग्यान उलटो लै आयौ
मुक्त परे जे फेरि तिन्हें पुनि करम बतायौ
वेद उपनिषद सर जे मोहन गुन गहि लेत
तिनके आतम सुद्ध करि, फिरि फिरि संथा देत
जोग चटसार मैं

विरह संतप्त गोपियाँ उद्धव को उल्टा या निरर्थक कहकर उलाहने देती हैं। गोपियों की तानाकशी बेहद तीखी है। उनके पैने व्यंग्य वाणों का लक्ष्य कभी उद्धव बनते हैं, कभी कृष्ण–

कोऊ कहे रे मधुप तुम्हें लज्जा नहीं आवे
सखा तुम्हारे स्याम कूबरी नाथ कहावे
यह नीची पदवी हुती गोपीनाथ कहाय
अब जदुकुल पावन भयौ, दासी जूठन खाय
मरत कह बोल को

उद्धव को गोपियाँ कोई खास प्राथमिकता नहीं देतीं। और उन्हें सीधे–'सखा सुन श्याम के' कहकर उनकी हर बात का करारा और बेबाक करने वाला तीखा जवाब देती हैं। वे कृष्ण को चोर और रस का लोभी बताती हैं–

ताहि छिन एक भंवर कहूंते तहं आयौ
ब्रजवनितन के पुंज माहि, गुंजत छबि छायौ
चढ्यो चहत पग पगनि पर, अरुन कमल दल जानि
मनु मधुकर उधो भयो, प्रथमहिं प्रगट्यो आनि
मधुप को भेष धरि

कोऊ कहे रे मधुप भेष उनही कौ धारयौ
स्याम पीत गुंजार बैन किंकिनि झनकारयौ
वा पुर गोरस चोरिकै, फिरि आयो यहि देस
इनको जनि मानहुं कोऊ, कपटी इनको भेस
चोरि जनि जय कछु

गोपियाँ कृष्ण को प्रेम में एकनिष्ठ नहीं मानतीं। इसके लिए वे कुब्जा को उत्तरदायी मानती हैं। वे कुब्जा के घर को 'कुब्जातीर्थ' कहती हैं। नंददास का भँवरगीत नीरस दार्शनिकता पर प्रेम की विजय का गान है–

धन्य धन्य जे लोग भजत हरि को जो ऐसे
अरु जो पारस प्रेम बिना पावत कोउ कैसे
मेरे या लघु ग्यान को, उर मद कह्यो उपाध
अब जान्यौ ब्रज प्रेम को, लहत न आधौ आध
वृथा स्त्रम करि थक

अपने वैचारिक संप्रदाय के अनुसार कवि तत्त्ववाद की बजाय आध्यात्मिक प्रेम को विजयी दिखाता है।

इसके बावजूद गोपियों की प्रेमभावना के उच्छलावेग के सामने दार्शनिक उद्धव कई बार निरंतर हो जाते हैं। गोपियों को समझाने में असफल होने पर ज्ञानी उद्धव वापिस जाकर कृष्ण को समझाते हैं कि कृष्ण, वृंदावन जाकर गोपियों को दिलासा दें–

पुनि पुनि कहैं जु जाय चलो वृंदावन रहिये
प्रेम पुंज कौ प्रेम जाय गोपिन संग लहिये
और काम सब छाँरि कै, उन लोगन सुख देहु
नातरु टूट्यो जात है अब हि नेह सनेहू
करौगे तो कहा

इस प्रसंग में उद्धव भी भावुक हो जाते हैं। उद्धव और कृष्ण रोने लगते हैं–

सुनत सखा के बैन नैन भरि आये दोऊ
विवस प्रेम आवेस रही नाहीं सुधि कोऊ
रोम रोम प्रति गोपिका, ह्वै रहि सांवर गात
कल्प तरोरुह सांवरो ब्रजवनिता भईं पात
उलहि अंग अंग तें

नंददास का 'भँवर गीत' एक ऐसी सरस रचना है जिस में रोला, दोहा, छंद का ऐसा अद्भुत योग कवि ने किया है कि समूची रचना गाई जा सकती है।

नंददास की सर्वाधिक प्रतिष्ठित कृति 'रासपंचाध्यायी' है। पाँच अध्यायों में प्रस्तावित इस खंड-काव्य में रासलीला के प्रसंग हैं। इस पर श्रीमद्भागवत के दशम् स्कंद के 29-33 से अध्यायों का असर है। कवि का प्रिय रोला छंद इस रचना में भी है। इसमें प्रकृति के भी आकर्षक बिंब हैं। यहाँ भी ज्ञान और प्रेम का द्वंद्व है। कृष्ण विरह-दग्ध और प्रेम में आतुर गोपिकाओं को नारी-धर्म की शिक्षा देते हैं, लेकिन उनका घर संसार केवल कृष्ण हैं। कृष्ण मजबूर होकर उनके

साथ विहार करते हैं और अंतर्ध्यान हो जाते हैं। गोपियाँ उन्हें हर जगह खोजती हैं। वृक्षों, लताओं, नदियों सभी से ऐसे मार्मिक प्रश्न करती हैं कि उनकी पीड़ा हिला देती है–

"विरहा कुल है गई–
बताहु प्राण प्यारे"

यह प्रेम की ऐसी बेचैनी है जिसमें आध्यात्मिक उदात्त मौजूद है। इस में प्रेम अलौकिक हो जाता है और ऐसे आनंद का अनुभव होता है, जिसमें जीवनी शक्ति मौजूद है।

'रासपंचाध्यायी' कवि नंददास की काव्यकला का बेहतरीन सबूत है। इसमें शृंगार ऐसे वर्णित किया गया है कि करुण और शांत रस एक साथ महसूस होते हैं। यह प्रबंध जयदेव के 'गीत गोविंद' और विद्यापति की 'पदावली' की परंपरा में आता है।

नंददास ने 'रूपमंजरी', 'विरहमंजरी' और 'रसमंजरी' जैसे नायिका-भेद ग्रंथ तथा 'अनेकार्थ मंजरी' और 'नाम मंजरी' जैसे पर्यायवाची कोष और पदावली में कृष्ण-लीलाओं का वर्णन किया है। 'रूपमंजरी' एक ऐसा प्रबंध काव्य है जिसमें कवि यह भावना व्यक्त करता है कि एकनिष्ठ समर्पित प्रेम से किसी को भी पाया जा सकता है।

नंददास ने अलंकारों को ऐसा नियोजित किया है कि वे सायास नहीं लगते। कोमल और मधुर भावों के अनुरूप इन्होंने भाषा प्रणाली विकसित की है। अष्टछाप के इस प्रसिद्ध कवि के यहाँ बिंब विधान भी उच्चकोटि का मिलता है।

प्रेम के जीवंत दृश्य नंददास ने अंकित किए हैं। ऐसे काव्य-प्रसंगों में स्त्री-पुरुष का शाश्वत मित्र-भाव महसूस किया जा सकता है–

रुचिर चित्रसारी सघन कुंज में मध्य कुसुम-रावटी राजै।
चंदन के रूख चहुँ ओर छवि छाय रहे,
फूलन के अभूषन-बसन, फूलन सिंगार सब साजै॥
सीयर तहखाने में त्रिविध समीर सीरी,
चंदन के बाग मध चंदन-महल छाजै।
नंददास प्रिया-प्रियतम नवल जोरि,
बिधना रची बनाय, श्री ब्रजराज विराजै॥

नंददास की कविता-पंक्तियों में प्रिया-प्रियतम के नवयुगल जिस प्रेम भाव को जीते हैं वह ब्रजभूमि में घटित हुआ लेकिन सार्वकालिक और सार्वभौमिक बन गया। चिर युवा कृष्ण के बालकृष्ण की लीलाओं में भी नंददास का मन रमा है–

छोटो सो कन्हैया एक मुरली मधुर छोटी,
छोटे-छोटे सखा संग छोटी पाग सिर की।
छोटी सी लकुटि हाथ छोटे वत्स लिए साथ,
छोटी कोटि छोटी पट छोटे पीतांबर की॥
छोटे से कुंडल कान, मुनिमन छुटे ध्यान
छोटी-छोटी गोपी सब आई घर-घर की।

नंददास प्रभु छोटे, वेद भाव मोटे-मोटे,
खायो है माखन सोभा देखहुँ बदन की॥
फूलन की माला हाथ, फूली सब सखी साथ,
झाँकत झरोखा ठाडी नंदिनी जनक की।
देखत पिय की शोभा, सिय के लोचन लोभा,
एक एक ठाडी मानौ पूतरी कनक की॥
पिता सों कहत बात, कोमल कमल गात,
राखिहौ प्रतिज्ञा कैसे शिव के धनक की।
नंददास हरि जान्यो, तृन करि तोरयो ताहि,
बाँस की धनैया जैसे बालक के कर की॥

बालकृष्ण की सभी वस्तुएँ उनकी आयु के अनुरूप छोटी-छोटी हैं लेकिन उनसे जीवन बड़ा बनता है। कृष्ण लीला-स्थली का नंददास ने भावभीना चित्रण किया है-

आज वृंदाविपिन कुंज अद्भुत नई
परम सीतल सुखद स्याम सोभित तहाँ,
माधुरी मधुर और पीत फूलन छई॥
विविध कदली खंभ, झूमका झुक रहे,
मधुप गुंजार, सुर कोकिला धुनि ठई।
तहाँ राजत श्री वृषभानल की लाडिली,
मनों हो घनस्याम ढिंग उलही सोभा नई॥
तरनि-तनया-तीर धीर समीर जहाँ,
सुनत ब्रजबधू अति होय हरषित मई।
नंददास निनाथ और छवि को कहै,
निरखि सोभा नैन पंगु गति ह्वै गई॥

दृश्य-अदृश्य सभी रूपों में कृष्ण वृंदावन में मौजूद हैं। उनकी उपस्थिति हर्ष का संचार कर रही है। इससे जीवन के सक्रिय दृश्य साकार हो जाते हैं। इसीलिए नंददास के बिंब रुके हुए नहीं हैं, उनमें जीवन की गति है-

तपन लाग्यौ घाम, परत अति धूप भैया, कहँ छाँह सीतल किन देखो।
भोजन कूँ भई अबार, लागी है भूख भारी, मेरी ओर तुम पेखो॥
बर की छैयाँ, दुपहर की बिरियाँ, गैयाँ सिमिट सब ही जहँ आवै।
नंददास प्रभु कहत सखन सों, यही ठौर मेरे जीय भावै॥

नंददास ने कृष्ण-काव्य के रासलीला प्रसंग को आत्मा-परमात्मा विरह-मिलन द्वंद्व में बदल दिया है। इस सिलसिले में उन्होंने परकीया प्रेम से पुष्ट ऐसी भक्ति-प्रणाली को प्रस्तावित किया है, जाहँ लोक, वेद, मर्यादा इत्यादि की वर्जनाओं या विधि-निषेध से कतई मुक्त बेशर्त और बेहिचक सर्वस्व समर्पण में आधारित भक्ति प्रेम का भाव व्यंजित होता है। गोपियाँ शास्त्रीय नजरिये से पुष्टि-पुष्ट जीव हैं। कृष्ण-प्रेम की 11 आसक्तियाँ या अवस्थाओं को गोपियाँ जीती हैं। गुण माहात्म्य आसक्ति, रूपासक्ति, पूजासक्ति, स्मरणासक्ति, दास्यासक्ति, सख्यासक्ति, कांतासक्ति, वात्सल्यासक्ति, आत्मनिवेदनासक्ति, तन्मयासक्ति और परम विरहासक्ति-'नारद भर्क्ति सूत्र' में

विश्लेषित यह प्रेम-दशाएँ या भाव हैं। नंददास के 'भँवरगीत' की गोपियों से यह आसक्तियाँ बाँधती हैं। वे उदार और निष्कपट मन से इन्हें स्वीकार कर दूसरी भवबाधाओं या आसक्तियों से मुक्त हो जाती हैं।

शास्त्रीय धारातल पर ये उदात्त प्रेम-अवस्थाएँ हैं। रीतिकाल में घनघोर शृंगारिकता के चलते ये कामदशाओं में बदल गई। यहाँ प्रेम देहातीत है। रीतिकाल में प्रेम केवल देह केंद्रित हो गया। नंददास की गोपियों (चरम विरहासक्ति) की तन्मयासक्ति में बदल जाती है–'विह्वल ह्वै परीं ब्रज बनिता मुरझाया दै जल छींट प्रबोधहीं उद्धव बैन सुनाया' नंददास के यहाँ कृष्ण के प्रति गोपियों की स्मरणासक्ति उनकी रूपासक्ति का विकास है–'सुनि मोहन संदेस रूप सुमिरन ह्वै आयो/ पुलकित आनन कमल अंग आवेस जानयो।' गोपियों के प्रेम की पीर इतनी मार्मिक है कि उद्धव प्रिय मित्र कृष्ण के प्रति अपना रोष व्यक्त करने से खुद को रोक नहीं पाते–'करुनामयी रसिकता तुम्हरी है सब झूठी।' केवल 75 पदों का यह 'भँवरगीत' क्रमबद्ध संवाद-शिल्प में नियोजित है। सपाटबयानी को नंददास वर्णन की एकरसता के बचा ले जाते हैं। सरस संवाद-योजना के कारण प्रश्नोत्तर शैली में तर्कशील गोपियों की प्रबुद्धता उनके आधुनिक होने का आभास देती है।

नंददास की काव्य-भाषा दर्शन और तर्क के बावजूद क्लिष्ट या दुरूह नहीं है। अपने 'भँवरगीत' में उन्होंने प्रयोगशीलता प्रदर्शित करते हुए रोला एवं दोहा को मिलाकर चार पंक्तियों के आविष्कृत छंद में 10 मात्राओं की टेक दी है। उनके रचनाकर्म में सरल भावानुकूल ऐसी ध्वन्यात्मक भाषा आकर्षित करती है। नाटकीयता जिसकी आत्मा और व्यंग्य जिसका प्राण है। आचार्य हजारी प्रसाद द्विवेदी ने नंददास की भाषा-प्रणाली की सराहना करते हुए लिखा है कि 'शब्द अनुप्रासों की झंकारों से नंददास ऐसे वातावरण की सृष्टि करते हैं कि पाठक अभिभूत हो जाता है। शब्दों की ध्वनि और अर्थ की गंभीरता एक-दूसरे से स्पर्धा करती हुई आगे बढ़ती है।' नंददास की आकर्षक और अर्थ संपन्न शब्दावली के संदर्भ में डॉ. रामकुमार वर्मा कहते हैं कि 'शब्दों का विकृत रूप कहीं भी देखने में नहीं आता। सभी शब्द यथास्थान इस प्रकार सजे हुए हैं मानो किसी ने रत्नों को जड़ दिया हो।' सचमुच नंददास जड़िया हैं। असल में नंददास की कविता अभिधा में अर्थ-व्यंजित करने की कलाकारी का बेहतरीन उदाहरण है।

17. नरोत्तमदास
(कृष्णभक्त कवि)

नैन के जल सो पग धोए

नरोत्तमदास हिंदी के मध्यकालीन कृष्णभक्त कवि हैं। उनकी प्रमुख रचनाएँ–'सुदामा चरित', 'ध्रुव-चरित', 'विचार माला' इत्यादि हैं। नरोत्तम दास के मुख्य वर्ण्य विषय–कृष्ण और सुदामा की आदर्श मित्रता का चित्रण है। उन्होंने मानवीय दरिद्रता और भावुकता का मर्मस्पर्शी अंकन प्रवाहपूर्ण सरस ब्रजभाषा में किया है। नरोत्तमदास ने काव्यात्मक नाट्य शैली का इस्तेमाल किया है। दोहा, कवित्त, सवैया, कुंडली इत्यादि उनके छंद हैं। नरोत्तमदास का जन्म संवत् 1550 विक्रम (तदनुसार 1493 ईसवी) के लगभग वर्तमान उत्तर प्रदेश के सीतापुर जिले में हुआ और मृत्यु संवत् 1605 (तदनुसार 1542 ईसवी) में हुई। आचार्य हजारी प्रसाद द्विवेदी ने नरोत्तमदास के जन्म का उल्लेख संवत् 1545 में होना स्वीकार किया है। इस प्रकार अनेक विद्वानों के मतों के आधार पर इनके जीवनकाल का निर्धारण उपलब्ध साक्ष्यों के आलोक में 1493 ई. से 1582 ई. के बीच किया गया है। इसके अतिरिक्त इनके संबंध में अन्य प्रामाणिक अभिलेखों में जार्ज ग्रियर्सन का अध्ययन है, जिसमें उन्होंने महाकवि नरोत्तमदास का जन्मकाल संवत् 1610 माना है। दरअसल नरोत्तमदास के जन्मकाल के संबंध में अनेक विद्वानों ने अपने-अपने मत प्रगट किए हैं परंतु शिव सिंह सेंगर और जार्ज ग्रियर्सन के मत अधिक समीचीन एवं प्रामाणिक प्रतीत होते हैं। जिसके आधार पर 'सुदामा चरित' का रचना काल संवत् 1582 में न होकर सन् 1582 अर्थात् संवत् 1636 होता है। हिंदी साहित्य में ऐसे लोग विरले ही हैं जिन्होंने मात्र एक या दो रचनाओं के आधार पर हिंदी साहित्य में अपना स्थान सुनिश्चित किया है। एक ऐसे ही कवि हैं, नरोत्तमदास, जिनका एकमात्र खंड-काव्य 'सुदामा चरित' मिलता है, जो हिंदी साहित्य की अमूल्य धरोहर मानी जाती है। 'शिव सिंह सरोज' में संवत् 1602 तक इनके जीवित होने की बात कही गई है। उन्हें ठाकुर महाशय के रूप में भी जाना जाता था कहा जाता है कि नरोत्तम दास राजा कृष्णनंद दत्त और नारायणी देवी के पुत्र थे। नरोत्तम दास अपनी भक्ति कविता के लिए जाने जाते हैं जिसमें वह भावनात्मक रूप से राधा और कृष्ण की तीव्र भावनाओं का वर्णन काव्यात्मक नाट्य शैली में करते हैं। कृष्ण और सुदामा की आदर्श मित्रता, दरिद्रता और भावुकता का सफल चित्रण नरोत्तमदास ने किया है।

नरोत्तमदास के 'सुदामा चरित' के संबंध में आचार्य रामचंद्र शुक्ल ने कहा है–यद्यपि यह छोटा है पर इसकी रचना बहुत सरस और हृदयग्राहिणी है और कवि की भावुकता का परिचय देती है। भाषा भी बहुत परिमार्जित है और व्यवस्थित है। बहुतेरे कवियों के समान अरबी के शब्द और वाक्य इसमें नहीं हैं। डॉ. रामकुमार वर्मा ने नरोत्तमदास के काव्य के संदर्भ में लिखा है–कथा संगठन, नाटकीयता, विधान, भाव, भाषा, द्वंद्व आदि सभी दृष्टियों से नरोत्तमदास कृत 'सुदामा चरित' श्रेष्ठ रचना है। 'ध्रुव-चरित', (28 छंद) रसवती पत्रिका के 1968 अंक में प्रकाशित रचना के अलावा 'विचारमाला' एवं 'नाम संकीर्तन जैसे अबतक अप्राप्त ग्रंथ भी नरोत्तम दास के माने जाते हैं। पं. गणेश बिहारी मिश्र 'मिश्रबंधु विनोद' के हवाले से कहते हैं कि 1900 की खोज में इनकी कुछ अन्य रचनाओं 'विचार माला' तथा 'ध्रुव-चरित' और 'नाम-संकीर्तन' के संबंध में भी जानकारियाँ मिलती हैं परंतु इस संबंध में अब तक प्रामाणिकता का अभाव है। नागरी प्रचारिणी सभा, वाराणसी की एक खोज रिपोर्ट में भी 'विचारमाला' एवं 'नाम-संकीर्तन' की अनुपलब्धता का वर्णन है। 'ध्रुव-चरित' आंशिक रूप से उपलब्ध है, जिसके 28 छंद रसवती पत्रिका में 1968 अंक में प्रकाशित हुए। डॉ. नगेंद्र ने अपने ग्रंथ रीतिकालीन कवियों की सामान्य विशेषताएँ, खंड-2, अध्याय-4 में सबसे पहले सवैयों का प्रयोग करने वाले कवियों की श्रेणी में नरोत्तमदास की हस्तलिखित 'सुदामा चरित' के 9 पृष्ठ प्राप्त करने का भी दावा किया है।

मध्यकालीन से आधुनिक कविता कई मायनों में अलग है। पुरानी कविता में जहाँ ऊहात्मकता अर्थात् दुरारूढ़ कल्पना और चमत्कारप्रियता प्रमुख थी, आधुनिक कवियों ने इस तिलिस्म को तोड़ लिया। चमत्कार की बजाय सहजता और दूर की कौड़ी लाने की बजाय अपने आस-पास के यथार्थ संसार का तार्किक और सजल वर्णन आधुनिक कवि करने लगे। हालाँकि विषय की दृष्टि से कई प्राचीन प्रसंगों को आधुनिक कवियों ने उठाया। लेकिन उसकी बुनावट, विश्लेषण और प्रस्तुतिकरण में आधुनिक दृष्टि काम करती रही। मध्यकालीन कविता में भी कई ऐसे कवि थे, जिनके यहाँ जीवन को समझने का आधुनिक रवैया और सोच मिलती है। इस नजरिए से 16वीं शताब्दी के कवि नरोत्तमदास का नाम लिया जा सकता है। उन्होंने 'ध्रुव चरित', 'विचार वाला' और 'सुदामा चरित' जैसी रचनाएँ लिखीं। लेकिन अभी तक उनकी एक कृति 'सुदामा चरित' मिलती है। इसे लंबी कविता के उल्लेखनीय कवि लीलाधर जगूडी हिंदी की पहली लंबी कविता मानते हैं। उनके अनुसार लंबी कविता के आधुनिक प्रतिमानों पर यह रचना खरी उतरती है।

श्रीमद् भागवत के दशम स्कंद से नरोत्तमदास ने 'सुदामाचरित' के कथा बीज लिए हैं। सुदामा और कृष्ण के मित्र भाव को प्रस्तुत करने वाला यह खंड-काव्य संक्षिप्त कथानक के बावजूद रोचक और संगठित है। इसके कथा बिंदुओं में भावुकता और बौद्धिकता दोनों का संश्लेषण मिलता है। कहानी में कई नाटकीय मोड़ हैं। जन-प्रचलित चमत्कारपूर्ण घटनाओं के अवशेष भी इसमें हैं। कवि ने सुदामा के साथ कृष्ण का भी चरित्र चित्रण इतने कौशल से किया है कि कृष्ण, सुदामा की

पत्नी, रुक्मणि इत्यादि चारों पात्र बिल्कुल मानवीय नजर आते हैं। ऐसे कई मार्मिक प्रसंग हैं जो सच्ची मित्रता को उजागर कर देते हैं–

कैसे बिहाल,
कंटक जाल लगे,
हाय! महादुख पाए,
पानी परात को हाथ छुओ नहीं,
नैनन के जल सों पग धोए।

इस रचना में कवि ने मानवीय स्वभाव की मनोवैज्ञानिक व्याख्या की है। मनुष्य का जीवन सुख और दुख से मिलकर बना है। मनुष्य अपनी सहजवृत्ति के अनुसार हमेशा सुखों की तरफ बढ़ता है लेकिन दुख उसके सामने कई रूपों में हाजिर हो जाता है। अभाव और गरीबी जैसे दुख मनुष्य के चरित्र ही नहीं, उसकी आत्मा को भी आहत करते हैं। इनकी मार से व्यक्ति के व्यक्तित्व में हीनता, ग्लानि, क्षोभ जैसे नकारात्मक भाव स्थायी तौर पर बस जाते हैं। तुलसी ने भी लिखा था कि गरीबी से बढ़कर कोई दुख नहीं है। नरोत्तमदास ने 16वीं शताब्दी में गरीबी का इतना दिल दहला देने वाला वर्णन किया है कि आज का व्यावहारिक मशीनी मनुष्य भी भाव-विगलित हो जाता है–

कौदों सेवा जुरतों,
भरी पेट,
न चाहती हौ दाध दुध मिठौती–
टूटों तबाह अरू फूटी कठौती।

यह ऐसा बिंब है जो साधनहीन मनुष्य के संसार को उजागर कर देता है। उसे दही, दूध, मिठाई नहीं चाहिए। केवल पेट भरने लायक मोटा अनाज मिल जाने से ही उसका काम चल जाएगा। वस्त्रों के अभाव में सारी सर्दियाँ सिसकारी लेकर बीत गईं। तवा टूट गया है, दाल पकाने वाली हाँडी फूट गई है। पहनने के लिए पगड़ी और तन ढकने के लिए कपड़े नहीं हैं। स्पष्ट है कि वह वर्णन केवल एक व्यक्ति विशेष सुदामा का नहीं है। यह गरीब देश के बहुजन समाज का वर्णन है। नरोत्तमदास ने केवल सवा सौ छंदों के माध्यम से सुबोध ब्रजभाषा में अपने समय और समाज की सच्चाइयों को उजागर कर दिया है। उन्होंने जन-मानस में प्रचलित सवैया, कवित्त और दोहा जैसे अपने पसंदीदा छंदों का ही ऐसा इस्तेमाल किया है कि दो पात्रों की आपसी बातचीत पढ़ने वाले को साक्षात् घटित होती दिखाई देती है। दरअसल नरोत्तमदास ने यथार्थवादी कविता की ऐसी प्रणाली प्रस्तुत की है जिसका विकास उनके बाद आने वाले कवियों ने किया है।

रीतिकाल (उत्तरमध्यकाल)

18. केशवदास
(रीतिबद्ध कवि)

भाषा और कथ्य की शास्त्रीय उपस्थिति

रीतिकाल के रीतिसिद्ध कवि केशवदास (जन्म : अनुमानतः 1555 विक्रमी) और मृत्यु (अनुमानतः 1618 विक्रमी) हिंदी साहित्य के रीतिकाल के एक प्रमुख स्तंभ हैं। वे संस्कृत काव्यशास्त्र का परिचय कराने वाले हिंदी के प्राचीन आचार्य और कवि हैं। उनका जन्म सनाढ्य ब्राह्मण कुल में हुआ था। उनके पिता का नाम काशीराम था जो ओरछा नरेश मधुकरशाह के विशेष प्रिय पात्र थे। मधुकरशाह के पुत्र महाराज इंद्रजीत सिंह इनके मुख्य आश्रयदाता थे। वे केशव को अपना गुरु मानते थे। 'रसिकप्रिया' के अनुसार भी केशव ओरछा राज्यांतर्गत तुंगारराय के निकट बेतवा नदी के किनारे स्थित ओरछा नगर में रहते थे। केशवदास इंद्रजीत सिंह के दरबारी कवि, मंत्री और गुरु थे। इंद्रजीत सिंह की ओर से इन्हें इक्कीस गाँव मिले हुए थे। वे आत्मसम्मान के साथ विलासमय जीवन व्यतीत करते थे। संवत् 1608 के लगभग जहाँगीर ने ओरछा का राज्य वीरसिंहदेव को दे दिया। केशव कुछ समय तक वीरसिंह के दरबार में रहे, फिर गंगातट पर चले गए और वहीं रहने लगे।

केशवदास संस्कृत के प्रखर विद्वान थे। उनके कुल में भी तत्कालीन कुलीन भाषा संस्कृत का ही प्रचार था। उनके सेवक भी संस्कृत बोलते थे। संस्कृत छोड़ हिंदी भाषा में कविता करना उन्हें कुछ अपमानजनक-सा लगा–

भाषा बोल न जानहीं, जिनके कुल के दास।
तिन भाषा कविता करी, जड़मति केशव दास॥

केशव बड़े भावुक और रसिक व्यक्ति थे। कहा जाता कि एक बार वृद्धावस्था में वे किसी कुएँ पर बैठे थे। वहाँ पानी भरने के लिए आई हुई कुछ स्त्रियों ने उन्हें बाबा कहकर संबोधन किया। इस पर उनकी पीड़ा क्लैसिक किस्म की है।

केशवदास के नौ प्रामाणिक ग्रंथ माने जाते हैं : रसिकप्रिया, कविप्रिया, नखशिख, छंदमाला, रामचंद्रिका, वीरसिंहदेव चरित, रतनबावनी, विज्ञानगीता और जहाँगीर जसचंद्रिका। केशव दरबारी कवि थे। अन्य दरबारी कवियों की भाँति उन्होंने भी अपने आश्रयदाता राजाओं का यशोगान किया है। 'वीरसिंहदेव चरित' और 'जहाँगीर जसचंद्रिका' उनकी ऐसी ही रचनाएँ हैं। केशव का दूसरा रूप आचार्य का है। 'कवि-प्रिया' और 'रसिक-प्रिया' में उन्होंने संस्कृत के लक्षण, ग्रंथों का अनुवाद किया और उदाहरणस्वरूप अपनी कविताओं की रचना की।

'रामचंद्रिका' का विषय राम-भक्ति है किंतु केशव कवि पहले थे, भक्त बाद में। इसलिए उनमें भक्ति-भावना की अपेक्षा काव्य-चमत्कार के प्रदर्शन की भावना अधिक है। 'विज्ञान गीता' में केशव ने वैराग्य से संबंधित भावनाओं को व्यक्त किया है। रसिकप्रिया केशव की प्रौढ़ रचना है यह काव्यशास्त्र संबंधी ग्रंथ है। इसमें रस, वृत्ति और काव्यदोषों के लक्षण-उदाहरण दिए गए हैं। नाट्यशास्त्र, कामसूत्र और रुद्रभट्ट का शृंगारतिलक इसके मुख्य आधारग्रंथ हैं। कविप्रिया काव्यशिक्षा संबंधी ग्रंथ है जो इंद्रजीतसिंह की रक्षिता और केशव की शिष्या प्रवीणराय के लिए प्रस्तुत किया गया था। यह कविकल्पलतावृत्ति और काव्यादर्श पर आधारित है। 'रामचंद्रिका' उनका सर्वाधिक प्रसिद्ध महाकाव्य है जिसकी रचना में प्रसन्नराघव, हनुमन्नाटक, कादंबरी आदि कई ग्रंथों से सामग्री ग्रहण की गई है। रतनबावनी में मधुकरशाह के पुत्र रतनसेन, वीरसिंह चरित में इंद्रजीतसिंह के अनुज वीरसिंह तथा जहाँगीर जसचंद्रिका में जहाँगीर का यशोगान किया गया है। विज्ञानगीता, प्रबोधचंद्रोदय के आधार पर रचित उपदेशपरक काव्य है।

केशव अलंकारवादी आचार्य कवि थे। उन्होंने भामह, उद्भट और दंडी आदि अलंकार संप्रदाय के आचार्यों का अनुसरण किया है। उन्होंने अलंकारों के दो भेद माने हैं–साधारण और विशिष्ट। साधारण के अंतर्गत वर्णन, वर्ण्य भूमिश्री-वर्णन और राज्यश्री-वर्णन आते हैं। इस तरह वे अलंकार्य और अलंकार में भेद नहीं मानते। यह अलंकारवादी अवधारणा काव्यकल्पलतावृत्ति और अलंकारशेखर पर आधारित है। अलंकारों के प्रति विशेष रुचि होने के कारण केशव कठिन काव्य के प्रेत कहे गए हैं। विशिष्ट प्रबंधकाव्य 'रामचंद्रिका' प्रबंधनिर्वाह, मार्मिक स्थलों की पहचान, प्रकृतिवर्णन आदि की दृष्टि से सामान्य रचना है। परंपरा-पालन तथा अधिकाधिक अलंकारों को समाविष्ट करने के कारण वर्णनों की भरमार है। चहल-पहल, नगरशोभा, साजसज्जा आदि के वर्णन में केशव का मन अधिक रमा है। संवादों की योजना में नाटकीय तत्त्वों की उपस्थिति के कारण, केशव को विशेष सफलता मिली है। प्रबंधों की अपेक्षा मुक्तकों में उनकी सरलता व्यक्त हुई है।

राजदरबारों की साज-सज्जा के बीच रहने के कारण केशव की प्रवृत्ति प्रकृति में नहीं रही। उनका प्रकृति-चित्रण दोषपूर्ण है। उसमें परंपरा का निर्वाह अधिक है, मौलिकता और नवीनता कम। वर्णन करने में कहीं-कहीं केशव ने काल और स्थान का भी ध्यान नहीं रखा है। अलंकारों के बोझ से दबी प्रकृति अपना सहज सौंदर्य खो बैठी है। प्रकृति के संबंध में केशव की कल्पनाएँ कहीं-कहीं पर बड़ी असंगत और अरुचिकर हो गई हैं। अरुण सूर्य को कापालिक काल का रक्त से भरा कपाल बना देना कविता को अरुचिकर बना देता है–'**कै सोनित कलित कपला यह / किल कपालिक काल को।**' काव्य-चमत्कार-प्रदर्शन ऐसे स्थलों में रुचिपूर्ण हो जाता है।

दरबारी कवि होने के कारण केशव की कविता में राजदरबारों की वाक्पटुता मिलती है। संवादों की योजना में उन्हें असाधारण सफलता मिली। उनक् संवाद अत्यंत आकर्षक हैं। उनमें राजदरबारों जैसी हाजिर-जवाबी और शिष्टता है। उनके द्वारा चरित्रों का उद्घाटन सुंदर ढंग से हुआ है। जनक-विश्वामित्र संवाद, लव-कुश संवाद, सीता-हनुमान संवाद इसी प्रकार के संवाद हैं।

अंगद-रावण-संवाद देखिए-

रावण

गेंद करेउं मैं खेल की, हर-गिरि केशोदास।
सीस चढ़ाए आपने, कमल समान सहास॥

अंगद

जैसो तुम कहत उठायो एक गिरिवर,
ऐसे कोटि कपिल के बालक उठावहीं।
काटे जो कहत सीस काटन घनेरे घाघ,
मगर के खेले कहा भट-पद पावहीं॥

ऐसे स्थलों पर केशव की कविता नाटक में बदल जाती है।

आचार्य केशवदास उच्चकोटि के विद्वान थे। उनके काव्य में कल्पना और मस्तिष्क का योग है। उनका ध्यान जितना पांडित्य-प्रदर्शन की ओर था उतना भाव-प्रदर्शन पर केशव ने ध्यान नहीं दिया है। पांडित्य-प्रदर्शन की इसी प्रवृत्ति के कारण कुछ आलोचकों ने केशव को हृदय-हीन कवि कहा है, किंतु पांडित्य प्रदर्शन के साथ-साथ केशव के काव्य में ऐसे अनेक स्थल हैं जहाँ उनकी भावुकता और सहृदयता साकार हो उठी है।

अशोक वाटिका में हनुमान सीता को रामचंद्र की मुद्रिका देते हैं। मुद्रिका के प्रति सीता का कथन कितना भावपूर्ण है-

श्रीपुर में बन मध्य है, तू मग करी अनीति।
कहि मुंदरी अब तियन की, को करि हैं परतीति॥

संवेदना की मार्मिकता के कारण निर्जीव वस्तु जीवंत हो जाती है।

केशवदास हिंदी साहित्य के प्रथम आचार्य हैं। हिंदी में सर्वप्रथम उन्होंने ही काव्य के विभिन्न अंगों का शास्त्रीय पद्धति से विवेचन किया। यह ठीक है कि उनके काव्य में भाव पक्ष की अपेक्षा शिल्पगत चमत्कारों की प्रधानता है। पांडित्य-प्रदर्शन के कारण उन्हें कठिन काव्य के प्रेत कह कर पुकारा जाता है किंतु उनका महत्त्व बिल्कुल समाप्त नहीं हो जाता। आचार्य रामचंद्र शुक्ल के शब्दों में केशव की रचना में सूर, तुलसी आदि की सी सरलता और तन्मयता चाहे न हो पर काव्यांगों का विस्तृत परिचय करा कर उन्होंने आगे के लिए मार्ग खोला। केशवदास एक श्रेष्ठ कवि थे। सूर और तुलसी के पश्चात हिंदी-काव्य-जगत में उन्हीं की ही गणना की जाती है-

सूर सूर तुलसी ससी उडुगन केशवदास।
अबके कवि खद्योत सम जहँ-तहँ करत प्रकाश।

केशवदास प्रकांड कोटि के विद्वान कवि थे। यह सूर और तुलसी के समकालीन थे। लेकिन उन दोनों कवियों के विपरीत केशव हमेशा राजदबारों में रहे और इनकी प्रतिभा से चकित होकर इनके आश्रयदाता इंद्रजीत सिंह ने 21 गाँव इनके नाम कर दिए, इतना ही नहीं अकबर के मित्र और साहित्यकार बीरबल ने इन्हें बीरबल की प्रशंसा में लिखित एक छंद पर छः लाख रुपये पुरस्कार में दिए। यह इतने महत्त्वपूर्ण थे कि सन् 1602 में जब अकबर ने इनके आश्रयदाता इंद्रजीत सिंह पर एक करोड़

का जुर्माना किया तो केशवदास ने अकबर से मिलकर उस जुर्माने को माफ करवा दिया। केशवदास की राजनीतिक मामलों में भी गहरी समझ थी। इसके अतिरिक्त संगीत में भी उनका दखल था। दूसरे भक्त कवियों के विपरीत केशव योग की बजाय जीवन के भोग पक्ष में अधिक रमे और एक दरबारी नर्तकी रायप्रवीण के साथ उनके इतने प्रगाढ़ संबंध थे कि उसके लिए उन्होंने अपनी चर्चित कृति 'कविप्रिया की रचना की। एक ओर चर्चित काव्य 'रामचंद्रिका' में उन्होंने राम-विवाह के प्रसंग में रायप्रवीण का साहित्यिक योगदान शामिल किया है।

केशवदास के प्रसिद्ध ग्रंथ सात हैं। अपनी मृत्यु तक केशव ने काव्य-रचना की। इस कवि को हिंदी कविता में दो प्रकार से याद किया जाता है। पहला तो यह कि इनकी कविता में अतिशय दुरूहता है। दूसरा भक्ति कविता में इनका व्यक्तित्व दूसरे कवियों के विपरीत रीतिकालीन है। इसके कारण इन्हें हिंदी कविता का रसिक संत कवि कहा जाता है। और इसका चरम उदाहरण यह है कि जीवन के अंतिम पहर में जब इस वयोवृद्ध कवि को यानि लगभग अस्सी वर्ष के आस-पास एक युवती ने बाबा कह दिया था तो उससे यह इतने पीड़ित हुए कि यह प्रसिद्ध दोहा निकल पड़ा–

केशव केसनी अस करी, जस अरी हूं न कराहि,
चंद्रवदन मृगलोचनी बाबा, कहि-कहि जाहि।

अर्थात् ईश्वर शत्रु के बाल भी सफेद न करे। क्योंकि सुंदर स्त्रियाँ उसे बार-बार बाबा कहती हैं।

केशवदास संस्कृत के मर्मज्ञ आचार्य भी थे। उन्होंने संस्कृत की बजाय, काव्यशास्त्र का अलंकार पक्ष अपनी शैली में विश्लेषित किया। 'कविप्रिया' के अलावा 'रसिकप्रिया' में उन्होंने रस के विभिन्न अंगों पर विचार विमर्श किया। लेकिन उनकी ख्याति स्वतंत्र आचार्य कवि की नहीं रही। क्योंकि शास्त्रीय पक्ष की अपेक्षा इन ग्रंथों में उनकी कवि-प्रतिभा ही अधिक उजागर हुई।

केशव की ख्याति का आधारस्तंभ उनकी राम-काव्य विषयक रचना 'रामचंद्रिका' है। यह तुलसी की 'रामचरितमानस' के लगभग ढाई दशक बाद प्रकाश में आई। इसकी संरचना और विषयवस्तु पर वाल्मीकि रामायण, अध्यात्म रामायण और कादंबरी का प्रभाव है। इसके अतिरिक्त 'प्रसन्न राघव' और हनुमान्नाटक से भी केशव ने काफी सामग्री ली है। यह ग्रंथ 39 प्रकाशों में प्रस्तावित किया गया है। अंतिम प्रकाश में केशव ने सीता-निर्वासन, लव-कुश जन्म और राम के साथ उनके पुत्रों के युद्ध का वर्णन भी किया है। केशव ने पूर्व उपलब्ध राम-विषयक सामग्री का बेहतरीन उपयोग किया है। केशव की प्रबंध प्रकल्पना पर विद्वानों ने सवाल या निशान खड़े किए हैं। दरअसल तुलसीकृत मानस से तुलना किए जाने से केशव की 'रामचंद्रिका' नुकसान में रही है। आलोचकों में केशव की बौद्धिकता पर निशाना साधते हुए उन्हें कठिन काव्य का प्रेत तक कहा है और यह सिद्ध किया है कि वह ऐसे हृदयहीन कवि हैं जिनमें संवेदनशीलता बिल्कुल नहीं है। यह ठीक है कि केशव की 'रामचंद्रिका' में प्रबंध-संतुलन नहीं है। कई प्रसंग अनावश्यक रूप से बड़े हैं। कुछ इतने संक्षिप्त हैं कि कवि का मंतव्य अपर्याप्त रह जाता है और कई

महत्त्वपूर्ण प्रसंगों की तरफ केशव ने केवल इशारा किया है। केशव दरबारों में रहते थे। सेना, युद्ध, नगर और राजनीति का उन्हें प्राथमिक अनुभव था। इसलिए ऐसे वर्णनों में वे तन्मय हो जाते हैं। दूसरे केशव की अभिरुचि अत्यंत नाटकीय है। इसलिए वह बातचीत की शैली में व्यक्त संवाद योजना में दिलचस्पी लेते हैं। दरअसल आधुनिक काव्य-नाटकों के बीज 'रामचंद्रिका' में मिलते हैं। ऐसे कई प्रसंग हैं जिनमें पात्रों की बातचीत उनके और दूसरे चरित्रों का चारित्रिक गठन सुनिश्चित करते हैं और कथा प्रसंग को आगे बढ़ाते हैं। विशेषकर विश्वामित्र-जनक-संवाद, परशुराम-राम-संवाद, रावण-अंगद-संवाद और लव-कुश के साथ अंगद-संवाद ऐसे प्रसंग हैं जहाँ कविता एक बेहतरीन नाटकीय शिल्प में प्रस्तुत होती है। ऐसे प्रसंगों में केशव संवादों के द्वारा पात्रों के अंतर्बाह्य चरित्र और उसके मनोविज्ञान को उजागर कर देते हैं।

केशव ने प्रकृति का विशेषकर नदियों—सरयू, गंगा, गोदावरी और समुद्र का भी अच्छा चित्रण किया है। इस कवि ने अपनी काव्य-प्रणाली सबसे अनूठी रखी है। इसके अतिरिक्त उन्होंने अपनी मुख्य काव्य-भाषा ब्रजभाषा में बुंदेलखंडी के अतिरिक्त अरबी, फारसी का भी रचनात्मक प्रयोग किया है, लेकिन केशव की कविता प्रसंगों की विषम योजना के कारण जटिल हो गई है। उसमें इतनी अधिक प्रतीकात्मकता है कि एक साथ एक से अधिक विपरीत अर्थ प्रसंग उभरते हैं, लेकिन यह उनके काव्य की एक सीमा है केवल इससे उनकी कविता को कमजोर नहीं मानना चाहिए। उनकी दुरूह पदावली की अस्पष्टता में भी एक सौंदर्य निहित है और उसको भी पसंद करने वाले काव्य मर्मज्ञ मिल जाते हैं।

केशव ने अपने काव्य का माध्यम ब्रजभाषा को बनाया, परंतु ब्रजभाषा का जो ढला हुआ रूप सूर आदि 'अष्टछाप' के कवियों में मिलता है वह केशव की कविता में नहीं है। केशव संस्कृत के प्रकांड पंडित थे। उनकी भाषा संस्कृत से अत्यधिक प्रभावित है। उन्होंने संस्कृत के तत्सम शब्दों को ही नहीं, संस्कृत की विभक्तियों को भी अपनाया है। कहीं-कहीं तो उनके छंदों की भाषा संस्कृत ही जान पड़ती है—

रामचंद्र पद पद्म वृंदारक वृंदाभिवंदनीयम्।
केशवमति भूतनया लोचनं चंचरीकायते।।

केशव की भाषा में बुंदेलखंडी भाषा का भी काफी मिश्रण मिलता है। खारक (छोहरा), थोरिला (खूँटी), दुगई (दालान), गौरमदाइन (इंद्रधनुष) आदि जैसे बुंदेली शब्दों का प्रयोग बराबर उनके काव्य में हुआ। अवधी भाषा के शब्दों का भी प्रयोग मिलता है। जैसे—इहाँ, उहाँ, दिखाउ, रिझाउ आदि।

केशव ने कहीं-कहीं तो शब्दों को गढ़ लिया है। जैसे—चाप से चापकीया। अप्रचलित शब्दों के प्रयोग में भी उन्होंने पूरी तरह स्वच्छंदता से काम लिया। जैसे—आलोक (कलंक), लांच (रिश्वत), नारी (समूह) आदि। जल के अर्थ में विष शब्द का प्रयोग केशव की भाषा में ही मिलता है—

विषमय यह गोदावरी, अमृतन को फल देति।
केशव जीवन हार को, दुख अशेष हर लेति।।

संस्कृत और बुंदेलखंडी के अत्यधिक प्रभाव, लंबी-लंबी शब्द-योजना अप्रचलित शब्दों के प्रयोग आदि के कारण केशव की भाषा में कहीं-कहीं अत्यंत क्लिष्टता आ गई है।

प्रकार की दृष्टि से केशव की भाषा के तीन रूप हैं—संस्कृत प्रधान, द्वित्व प्रधान और हिंदी-प्रधान भाषा। बेशक केश्व की काव्य-भाषा टकसाली नहीं है किंतु वैविध्यपरक अवश्य है। इसकी शब्दावली विपुल है। जिसमें संस्कृत, हिंदी (ब्रज, अवधी, बुंदेलखंडी), अरबी और फारसी आदि के साथ-साथ प्राकृत-अपभ्रंश तक के शब्द और उनके विविध रूप-प्रकार देखे जा सकते हैं। 'सुवरण को सोधत फिरत, कवि, व्यभिचारी, चोर' की उक्ति को कहने वाले केशव को अच्छे वर्ण (और शब्दावली) की खोज भी थी, पहचान भी, जानकारी और प्रयोग करने की कला भी उन्हें बखूबी आती थी। इस भाषा में कुछ व्याकरणिक कमियाँ भी हैं (यथा-लिंग-वैपर्यय, विभक्ति दोषादि) और उनके काव्य-दोष भी, अप्रचलित-क्लिष्ट शब्द-प्रयोग भी हैं और पंडिताऊ प्रयोग भी। फिर भी, निजीपन, मौलिक प्रयोग, नये-नये मिश्रण, शास्त्रीय अनुशासन और चमत्कार भरी सजीवता आदि इस भाषा को विशिष्ट बना देते हैं।

केशव की भाषा का सामान्य रूप अपेक्षाकृत सुगम है। उसमें कहावतों और मुहावरों का भी पात्र और प्रसंग की जरूरत के हिसाब से प्रयोग हुआ है। लाज मरना कहावत का एक प्रयोग देखिए—

कहि केशव अपनि जांघ उघारि के,
आपहि लाजन की मरिई।

केशव के कठिन कवि-कर्म की इस भाषा को बल प्रदान करने वाला एक प्रमुख तत्त्व रहा है—मुहावरे-लोकोक्तियाँ; जिनका प्रयोग यहाँ पंक्तियाँ स्पष्ट करती हैं कि उक्ति को समर्थता देने वाले और प्रभावोत्पादक बनाने के लिए केशव ने किया है। ऐसे ही कुछ प्रयुक्त मुहावरे-लोकोक्तियाँ हैं—कीन्हीं कान गुन मानिहौ, गजा परै, अंग-अंग फूलै, नाच-नचाइ, बाराबाट करना, घर घालना (आदि मुहावरे) तथा फाट्यो दूध न आवै हाथ, कटि सौ पटु बाध्यौं, ऊँटहि ऊँट कटारहि भावै, प्यास बुझावत, ओस के चाटै, तातै है दूध सिराई न पीजै, पीपर का पितराई न जाई (लोकोक्तियाँ)।

केशव को अलंकारों से विशेष मोह था। उनके अनुसार—

जदपि सुजाति सुलच्छनी, सुबरन सरस सुवृत्त
भूषन विन न विराजहीं कविता बनिता भित्त॥

इसीलिए केशव की अलंकारवादी कहा जाता है। उनकी कविता में विभिन्न अलंकारों का प्रयोग दिखाई देता है। कुछ जगह अलंकारों के बोझ से कविता के भाव दब गए हैं और पाठक को केवल चमत्कार ही हाथ लगता है। जहाँ अलंकार-योजना के प्रति केशव को आग्रह नहीं है, वहाँ उनकी कविता अत्यंत मर्मस्पर्शी और सरस है। उपमा-अलंकार का एक उदाहरण देखिए—दशरथ-मरण के उपरांत भरत जब महल में प्रवेश करते हैं तो वे माताओं को वृक्षविहीन लताओं के समान पाते हैं—

मंदिर मातु विलोक अकेली।
ज्यों बिनु वृक्ष विराजत बेली॥

अलंकारों की ऐसी अनायास उपस्थिति केशव के यहाँ कम है। 'नगन जो भूषनहीन' जैसी धारणाओं को प्रकट करने वाले केशव की कविता का वैशिष्ट्य और उनके अलंकार-संयोजन में उजागर हुआ है। केशव अलंकारों के ज्ञाता ही नहीं, निर्माता भी थे और उन्होंने पग-पग पर चमत्कारप्रियता के आधिक्य में अपनी इस कला का भरपूर परिचय दिया है। उनकी समस्त रचनाओं में अलंकारविहीन छंद शायद ही कोई हो। इसी कारण ये रचनाएँ अलंकार की दृष्टि से वैविध्यमयी और विचित्रमयी भी बन पड़ी हैं। उनकी अलंकारपूर्ण रचना के कुछ और उदाहरण निम्नलिखित हैं–

(क) भावोत्प्रेरक अलंकार योजना

'धरै एक बेनी मिली मैल सारी।
मृनाली मनो पंक तें काढ़ि डारी॥'

'श्री रघुनाथ जबै मनि देखी, जी महँ भाग दसा सम लेखी।
फूलि उठ्यो मन ज्यों निधि पाई, मानहुँ अन्धसु दीठि सुहाई॥'

(ख) मौलिक अलंकार योजना

'भृकुटि कुटिल बहु भायत भरी। भाल लाल दुति दीसत खरी॥
मृगमद तिलक रेख जुग बनी। तिनको सोभा सोभित घनी॥'
जनु जमुना खेलति सुभ गाथ। परसन पितहि पसारे हाथ॥

केशव को अलंकारों की झड़ी लगा देने का विशेष शौक था। कह सकते हैं कि 'उनमें सूझ है, कल्पना वैभव है, काव्य-रीति का सम्यक् ज्ञान है, वर्णन की क्षमता है और संस्कृत की महत्त्वपूर्ण काव्य-कृतियों का अध्ययन है, किंतु परिस्थितियों के अनुकूल औचित्य का ध्यान रखते हुए वर्ण्य-विषय के स्वरूपानुसर अलंकार-योजना की ओर उन्होंने ध्यान नहीं दिया है। इसलिए, कहीं वे कोरे चमत्कारवादी हैं तो कहीं शुष्क पंडित, कहीं रूढ़िवादी हैं तो कहीं असंगत अलंकार-विधान करने वाले भी प्रतीत होते हैं। राजसी तड़क-भड़क, वैभव-विलास के बची रुद्ध मनःस्थिति पूर्ण जीवन बिताने के कारण भी, वे असंगत और संकीर्ण मानदंडों को त्यागने में असमर्थ रहे हैं। जहाँ कहीं वे अपने को भूल गए हैं, वहाँ उनके अलंकार, काव्य की रमणीयता वृद्धि में निश्चित ही सहाय्यक हुए हैं। निःसंदेह अधिकतर तो उनकी कविता-कामिनी आभूषण, से बोझिल है, यहाँ तक कि कहीं-कहीं भाराक्रांत होकर स्वाभाविक जीवन के लिए छटपटाने लगती है।

केशव की शैली पर उनके व्यक्तित्व की मोहर साफ दिखाई देती है। इस संदर्भ में उन्होंने अपने किसी पूर्ववर्ती कवि का अनुसरण नहीं किया! अनेक कवियों की कविताओं के बीच उनकी कविता को सरलता से पहचाना जा सकता है। केशव की शैली प्रौढ़ और गंभीर है। पांडित्य-प्रदर्शन के कारण वह कुछ दुरूह हो गई है।

केशव दास ने अपनी कविता में अनेक स्थलों पर विविध रसों की उत्कृष्ट व्यंजना की है। केशव मूल रूप से श्रृंगार और वीर रस के कवि हैं। श्रृंगार के

दोनों पक्षों को उन्होंने अपनाया है। वीरोचित उत्साह के मार्मिक वर्णन में तो वे अपना सानी नहीं रखते। शत्रुघ्न के बाणों से मूर्छित लव के लिए विलाप करती हुई सीता के प्रति कुश का कथन कितना उत्साहपूर्ण है–

रिपुहिं मारि संहारिदल यम ते लेहुं छुड़ाय।
लवहिं मिलै हों देखिहौं माता तेरे पाय॥

श्रृंगार और वीर रस का ऐसा संश्लेषण आखिरी दौर के रीतिकालीन कवियों के यहाँ दिखाई देता है।

छंदों के विषय में भी केशव का ज्ञान अपार था। जितने प्रकार के छंदों का प्रयोग उन्होंने किया हिंदी साहित्य में किसी ने नहीं किया। 'रामचंद्रिका' में तो छंदों की विविधता इस सीमा तक पहुँच गई है कि आचार्य शुक्ल सरीखे विद्वानों ने तिलमिलाकर उसे शब्दों का अजायबघर कह दिया है। केशव ने लिखा है–**'रामचंद्र की चंद्रिका बरनति हौं बहु छंद।'** केशव की छंद योजना संस्कृत साहित्य की छंद योजना है। उन्होंने कवित्त, सवैया, दोहा आदि छंदों का भी सफलतापूर्वक उपयोग किया है।

छंद-योजना-काव्य में छंद की अनिवार्यता स्वीकारने वाले केशव छंद के कुशल प्रयोक्ता तो हैं ही, नये-नये छंदों के मौलिक आविष्कारक भी हैं। अकेली 'रामचंद्रिका' में ही उन्होंने 121 से भी अधिक छंदों का प्रयोग कर दिखाया है तो साथ ही-साथ 'सुगीत', 'मनोरमा' और 'कमल' जैसे नवछंदों का निर्माण भी किया है। कहीं-कहीं तो उन्होंने जयकरी, चंचला, मरहट्टा रसिक प्रिया, दोधक, हरिलीला, नलिनी, जैसे अप्रचलित छंद भी प्रयुक्त किये हैं।

केशवदास उन भक्तिकालीन कवियों में हैं जिनके यहाँ परवर्ती रीतिकालीन कविता की प्रवृत्तियाँ मिलने लगती हैं। अपने कृतित्व में ही नहीं व्यक्तित्व और जीवन-व्यवहार में भी केशव रीतिकाल को ही जी रहे थे। वे ऐसे राम भक्त कवि हैं जो दरबारों में रहे। उन्होंने भक्ति कविता में रीतिकालीन श्रृंगार भावनाओं का प्रवेश कराया। वे औचित्य-प्रतिभा और रचनाकर्म में संतुलन स्थापित नहीं कर सके लेकिन शास्त्र में रचनाशीलता का परिक्रम उन्होंने किया है।

19. मतिराम
(रीतिबद्ध कवि)

भाषा का लालित्य

रीतिकालीन रीतिबद्ध कवि मतिराम का जन्म 1617 और निधन 1736 में हुआ। उनकी प्रमुख कृतियाँ 'फूल-मंजरी', 'ललित-ललाम', 'मतिराम-सतसई', 'रसराज' इत्यादि हैं। मतिराम भूषण, चिंतामणि और नीलकंठ के भाई थे। संयोग से चारों भाई कवि थे। मतिराम ब्रजभाषा काव्य के कोमलकांत कवि हैं। मतिराम की 'फूल मंजरी' के हर दोहे में एक फूल का वर्णन है। 'ललित ललाम' में ऐतिहासिक घटनाएँ कविता का अनुभव बनी हैं तथा 'सतसई' में श्रृंगार एवं नीति के दोहे हैं। 'रसराज' इनका उत्कृष्ट ग्रंथ है, जो रसिकों का प्रिय रहा है। इसमें प्रेम की विभिन्न छवियों के सजीव बिंब प्रस्तुत किए गए हैं।

भाषा-लालित्य की दृष्टि से रीति-युग में मतिराम सरीखे कवि कम ही मिलेंगे, जिन्होंने, बरवै और सोरठा को छोड़कर तत्कालीन प्रचलित सभी श्रृंगारिक छंदों में समान अधिकार दिखाते हुए सफलता के साथ रचना की है। मतिराम का सबसे प्रिय छंद सवैया रहा है जिसमें उन्होंने प्रौढ़तम ग्रंथ 'रसराज' लिखा है, किंतु दोहा और कवित्त आदि छंदों पर भी उनका अधिकार तत्कालीन कवियों के समान ही था। उनकी रचनाओं में से एक भी छंद ऐसा नहीं निकाल सकते, जो उनकी प्रतिभा के अनुकूल न हो। उनके कवित्त और दोहे भी पराकाष्ठा को पहुँचे हुए हैं। वीर रस वाले प्रसंगों में छप्पय और धनाक्षरी के प्रयोग भी सशक्त हैं।

मतिराम का आचार्य रूप 'ललित ललाम' में दिखता है। वे ऐसे शब्द और भाव लाते हैं कि अनायास अलंकार-विधान संभव हो जाता है। एक उदाहरण देखिए जिसमें प्रतीप, स्वभावोक्ति, काकु, लोकोक्ति और अनुप्रास आदि अलंकार एक साथ अनायास चले आये हैं–

कुंदन को रंग फीको लगै, झलकै अति अंगन चारु गोराई,
आँखनि में अलसानि, चितौनी में मंजु विलासिनि की सरसाई।
को बिन मोल बिकात नहीं, 'मतिराम' लहैं मुसकानि मिठाई,
ज्यों-त्यों निहारिए नेरे हैं नैननि, त्यौं-त्यौं खरि निकरै सी निकाई।

बेशक एक ही छंद में नायिका के विभिन्न अंगों का अलग-अलग वर्णन काव्य की भाषा के प्रवाह और प्रभाव में कहीं भी बाधक नहीं बनते। भाषा की ऊष्मा हर शब्दों में महसूस होती है।

आरंभ में 'ललित-ललाम' एवं 'रसराज' को ही मतिराम की रचना माना जाता रहा। किंतु में नवीनतम शोध के परिणामस्वरूप कुछ अन्य ग्रंथ भी प्राप्त हुए। शिवसिंह सेंगर ने 'शिवसिंह सरोज' में उनके द्वारा रचित ग्रंथों की संख्या तीन मानते हुए उनके नाम 'ललित-ललाम', 'रसराज' और 'छंदसार पिंगल' स्वीकार किए हैं। मिश्रबंधुओं ने 'मिश्रबंधु विनोद' में 'ललित-ललाम', 'रसराज', 'छंदसार पिंगल', 'साहित्य-सार', 'लक्षण-शृंगार' और 'अलंकार पंचाशिका' के नाम दिए हैं। 'साहित्य सार' तथा 'लक्षण-शृंगार' के विषय में लिखा है कि ये ग्रंथ अभी तक हमारे देखने में नहीं आए हैं और 'अलंकार पंचाशिखा' की सूचना भर रही है। 'हिंदी नवरत्न' के चतुर्थ संक्षिप्त, संस्करण में 'मतिराम सतसई' का भी नाम आया है। पं. कृष्ण बिहारी मिश्र ने मतिरामकृत ग्रंथों के नाम 'फूलमंजरी', 'रसराज', 'छंदसार पिंगल', 'ललित-ललाम', 'मतिराम सतसई', 'साहित्यसार', 'लक्षण शृंगार' तथा 'अलंकार पंचाशिका' माने हैं। उन्होंने 'वृत्त कौमुदी' को मतिराम की रचना नहीं माना है। आचार्य रामचंद्र शुक्ल ने 'ललित-ललाम', 'छंदसार पिंगल', 'रसराज', 'साहित्य सार', 'लक्षण- शृंगार' और 'मतिराम-सतसई' को मतिराम की रचना माना है। डॉ. त्रिभुवन सिंह के मतानुसार, मतिराम द्वारा रचित 'फूलमंजरी', 'रसराज', 'छंदसार', 'ललित-ललाम', 'मतिराम सतसई', 'साहित्य सार', 'लक्षण शृंगार', 'अलंकार पंचाशिका' इत्यादि ग्रंथ प्रामाणिक माने जाने लगे हैं। डॉ. महेंद्र कुमार के अनुसार अब तक मतिराम के नाम से केवल सात ग्रंथ ही पूर्ण अथवा अपूर्ण रूप में देखने के लिए प्राप्त हो सके। जो रचना काल की दृष्टि से इस क्रम में प्रतीत होते हैं—'फूलमंजरी', 'रसराज', 'ललित-ललाम', 'मतिराम-सतसई', 'अलंकार पंचाशिका', 'छंदसार पिंगल', 'वृत्त कौमुदी'। इसके अतिरिक्त एक अन्य ग्रंथ 'बरवै नायिका' भी है जो इनके द्वारा संपादित कहा जाता है। प्रस्तुत ग्रंथों के अंतर्गत 'रसराज', 'ललित ललाम', 'मतिराम सतसई' मतिराम की सर्वाधिक प्रसिद्ध रचनाएँ हैं। पं. कृष्ण बिहारी मिश्र ने मतिराम ग्रंथावली में उनकी इन्हीं तीन रचनाओं का संकलन किया है। डॉ. महेंद्र कुमार ने 'साहित्य सार' तथा 'लक्षण-शृंगार' को मतिराम की अनुपलब्ध रचनाएँ माना है। इसका कारण इन रचनाओं का उपलब्ध न होना है। इसलिए इन ग्रंथों के मतिरामकृत सिद्ध होने पर 'फूलमंजरी', 'रसराज', 'ललित-ललाम', 'सतसई', 'अलंकार', 'पंचाशिका', 'छंदसार पिंगल' तथा 'वृत्त कौमुदी' को ही उनकी रचना मानना ठीक रहेगा।

'फूलमंजरी' ही वास्तव में मतिराम की पुस्तकों में से ऐसी रचना है जो संवेदना, और भाषा की दृष्टि से उनकी सर्वप्रथम कृति ठहरती है। इस रचना के भाव कवि की किशोरावस्था के रोमानी आवेग हैं। इसमें 60 दोहे हैं। एक दोहे को छोड़कर 59 दोहों में फूलों का वर्णन है। पं. कृष्ण बिहारी मिश्र के अनुसार वर्णन शैली और शब्द माधुर्य आदि गुणों की दृष्टि से इसके दोहे मतिराम की अन्य रचनाओं के ही समान हैं, उक्ति चमत्कार में जो कमी दिखाई पड़ती है। वह इस अनुमान को पुष्ट करती है कि यह कवि की प्रथम रचना है। 'फूलमंजरी' में मतिराम ने स्वकीया प्रेम का ही वर्णन किया है और किशोरवय के उद्दाम प्रेम की उच्छलता के इसमें दर्शन होते हैं। कुछ शब्द जैसे—सरस, पैंडो, निहाल, मजलिस आदि अपने विशेष प्रयोग क्रे कारण रीतिकालीन काव्यभाषा की विशेषता बन गए हैं जिसके

कारण मतिराम की कविता रीतिकाल के कवियों की वाणी से अलग दिखने लगती है। इन विशेषताओं के अतिरिक्त इनकी कविता का प्रसाद गुण 'फूलमंजरी' में भी देखा जा सकता है।

'फूलमंजरी' का रचनाकाल 1678 माना गया है। इस रचना के अंतिम दोहे से पता चलता है कि इसकी रचना सम्राट जहाँगीर की आज्ञा से आगरे में की गई। भाषा शैली की दृष्टि से इस रचना में सधाव नहीं है, व्याकरण की दृष्टि से भी इसके प्रयोगों में शुद्धता नहीं है। इसमें साहित्यिक ब्रजभाषा न होकर बोलचाल की ब्रजभाषा है, उसमें प्रसाद गुण है। 'फूलमंजरी' भाव अथवा भाषा की दृष्टि से रीतिकालीन ब्रजभाषा साहित्य के उत्तम ग्रंथों की कोटि में तो नहीं आती परंतु भारतीय गृहस्थ का जो सजीव चित्र इसमें मिलता है वह उस दौर में मिलना दुर्लभ है।

मतिराम द्वारा रचित ग्रंथों में 'रसराज', कलेवर की दृष्टि से 'छंदसार संग्रह' को छोड़कर सबसे बड़ा है। मतिराम की प्रसिद्धि भी इसी ग्रंथ के कारण हुई इसलिए इसकी प्रामाणिकता में किसी प्रकार का भी संदेह नहीं किया जा सकता। डॉ. महेंद्र कुमार के मतानुसार पं. कृष्ण बिहारी मिश्र ने मतिराम ग्रंथावली में जो गणेश स्तुति और कवि-निवेदन-विषयक क्रमशः एक सवैया और दो दोहे मूल के आरंभ हैं परंतु इससे पुष्टि ही होती है, निराकरण नहीं। 'रसराज' में श्रृंगार रस के अंतर्गत सम्मिलित नायिका-भेद का वर्णन है। 'रसराज' की विशेषता है उसमें दिए गए उदाहरण। ये उदाहरण मौलिक तो हैं ही, उनसे मतिराम की कवित्व शक्ति का भी परिचय मिलता है। छंदों के अंतर्गत कवि का सच्चा कवि-हृदय झलकता है। इसमें नायक-नायिका के सौंदर्य का स्थूल वर्णन नहीं है, कवि ने मार्मिक भावों के द्वारा उनका चित्रण किया है। 'रसराज' का रचना काल सं. 1690 से 1700 माना गया है। 'रसराज' की रचना के समय मतिराम किसी राजा के आश्रय में नहीं थे। इसलिए इसमें भावपरक खुलापन है।

भाषा की दृष्टि से यदि 'रसराज' को देखा जाए तो इसमें ब्रजभाषा का निखरा हुआ रूप दिखाई देता है। इसमें सरस और सरल संस्कृत शब्दावली है, अरबी और फारसी के शब्द मतिराम की काव्यभाषा को गति देते हैं। विवेचन की दृष्टि से लक्षण-रचना में चाहे मतिराम ने संस्कृत की पुस्तक-विशेष का अनुवाद प्रस्तुत कर दिया है लेकिन इससे यही सिद्ध होता है कि उन्हें अपने विषय का पूरा ज्ञान था। इस ग्रंथ की उत्कृष्टता का अंदाजा इस बात से ही हो जाता है कि इस पर कई उत्कृष्ट कवियों ने टीकाएँ लिखी हैं। वास्तव में रीतिकाल के रससिद्ध ग्रंथों में 'रसराज' का स्थान अग्रगण्य है।

'ललित-ललाम' मतिराम का अलंकार संबंधी ग्रंथ है। इसका रचना काल सं. 1718 से सं. 1721 वि. के बीच माना गया है। इसकी रचना बूँदी के महाराज भाऊसिंह की आज्ञानुसार हुई। 'ललित-ललाम' मतिराम की ही कृति है, इसमें किसी प्रकार का संदेह नहीं हो सकता। ऐतिहासिक दृष्टि से भी यह किसी इतिहास-प्रसिद्ध घटना के विरुद्ध नहीं पड़ता। इसमें जिन बूँदी-नरेश भाऊसिंह की प्रशस्ति के छंद मिलते हैं उनमें सत्य तो अंकित है ही, उनके पूर्वजों का वर्णन भी इतिहास के अनुकूल है। इसमें संदेह नहीं कि कवि के वर्णन अत्युक्ति-पूर्ण हो गए हैं और होते भी क्यों नहीं,

यह अलंकार का ग्रंथ है और 'भाऊसिंह रीझि उन्हें' यानी उन्हें रिझाने के लिए इसकी रचना की गई है। किंतु फिर भी कहीं इतिहास की सीमाओं का उल्लंघन नहीं किया गया है। 'ललित-ललाम' में 401 छंद हैं जिनमें 50 सवैये, 73 कवित्त, 8 छप्पय, 270 दोहे हैं। 96 छंद उदाहरणस्वरूप प्रस्तुत किए गए हैं। इस रचना में 360 छंदों में अलंकार-निरूपण किया गया है, जिनमें से 146 दोहे लक्षण-परक हैं। उदाहरणों में 60 छंद महाराज भाऊसिंह की प्रशस्ति के तथा 3 छंद उनके पूर्वजों की प्रशंसा के हैं। शेष छंदों में शृंगारिक, भक्ति, उद्धव-गोपी-संवाद विषयक, नीति के और चित्र काव्य के उदाहरण हैं। 'ललित-ललाम' में केवल अर्थालंकारों को ही वर्ण्य-विषय बनाया गया है। यह ग्रंथ अप्पय दीक्षित के 'कुवलयानंद' से अत्यधिक प्रभावित है।

भाषा की दृष्टि से इसकी भाषा माधुर्य संयुक्त प्रसाद गुण-संपन्न है। वीर रस की प्रधानता होने के कारण ओज गुण का मिश्र है। इसमें न तो बनावट है और न ही प्रादेशिकता। यहाँ मतिराम संस्कृत शब्दावली संयुक्त शुद्ध ब्रज का प्रयोग करते हैं। मतिराम फारसी शब्दों का प्रयोग करने में भी नहीं हिचके हैं।

मतिराम 'सतसई' मतिराम की ही रचना है। इसमें किसी भी प्रकार से संदेह नहीं किया जा सकता। भाषा, भाव और शैली की दृष्टि से इसकी प्रामाणिकता सिद्ध है। इसके ऐसे दर्जनों छंद हैं जो मतिराम के प्रसिद्ध ग्रंथों–'रसराज' और 'ललित-ललाम' से उद्धृत हैं। सतसई के अन्य दोहों में मतिराम के नाम का प्रयोग भी इसी बात की पुष्टि करता है। 'सतसई' मतिराम द्वारा समय-समय पर रचे गए दोहों का संकलन है। 'सतसई' में कुल मिलाकर 703 दोहे हैं, जिनमें से 112 दोहे 'रसराज' तथा 71 दोहे 'ललित-ललाम' में से लिए गए हैं। 'सतसई' के अंतिम शतक में 16 दोहे भोगनाथ की प्रशंसा में दिए गए हैं। 'सतसई' का मुख्य विषय शृंगार है। सौंदर्य-वर्णन के अलावा उद्दीपन, अनुभाव-योजना, नायिका भेद, संयोग तथा वियोग इस रचना के अन्य विषय हैं। भारतीय गृहस्थ जीवन के स्वस्थ प्रेम का चित्रण 'मतिराम सतसई' को अन्य रीतिकालीन सतसइयों से अलग कर देता है।

सतसई की रचना सं. 1738 वि. के आस-पास हुई होगी। इसकी रचना महाराज भोगनाथ के लिए की गई। महाराज भोगनाथ के राज्य एवं समय के विषय में अभी तक कुछ ज्ञात नहीं है। इसकी भाषा सरस और माधुर्य गुण से पूर्ण है। भाव और भाषा दोनों दृष्टियों से सतसई मतिराम की प्रौढ़ कृति है और उसका सतसई परंपरा में अपना अलग स्थान है।

'अलंकार पंचाशिका' की रचना करते समय मतिराम 'कुवलयानंद' तथा मम्मट के 'काव्य-प्रकाश' से प्रभावित रहे हैं। इसे अधिकांश विद्वान किंहीं अन्य मतिराम की रचना स्वीकार करते हैं। किंतु इस ग्रंथ की वर्ण्य-वस्तु की 'ललित-ललाम' से तुलना करने पर दोनों में बहुत अधिक समानता प्रतीत होती है। भाषा की दृष्टि से भी दोनों ग्रंथों में गांभीर्य, प्रवाह और प्रौढ़ता की समानता मिलती है। मतिराम की भाषा की विशेषताएँ 'अलंकार पंचाशिका' में अनेक स्थलों पर देखने को मिलती है। प्रसाद गुण और ओज-गुण की यहाँ प्रधानता है। 'ललित-ललाम' की भी यही विशेषता है। विकास की दृष्टि से भी भाषा और विवेचन–दोनों में ही 'अलंकार पंचाशिका' 'ललित-ललाम' की अपेक्षा अधिक प्रौढ़ प्रतीत होती है। इन सभी बातों

को ध्यान में रखते हुए यही कहा जा सकता है कि 'अलंकार पंचाशिका' मतिराम की ही रचना है। किसी अन्य मतिराम की नहीं। 'अलंकार पंचाशिका' में मूल रूप से 50 अलंकार ही रहे हैं। जिनमें से केवल 40 अलंकारों का ही वर्णन प्राप्त होता है। इस रचना में ज्ञानचंद की वीरता का वर्णन अत्यंत ओजपूर्ण और स्वाभाविक है। इसमें मतिराम ने वीर-रस की प्रस्तुति की है।

'छंदसार संग्रह' भाव, भाषा-शैली एवं वर्ण्य-वस्तु के आधार पर मतिराम की कृति है। डॉ. महेंद्र कुमार के अनुसार, 'छंदसार संग्रह', 'ललित-ललाम' और 'अलंकार पंचाशिका' के निकट होने तथा अन्य ऐतिहासिक तथ्यों के कारण, 'रसराज' के रचयिता-प्रसिद्ध मतिराम की ही कृति है। 'छंदसार-संग्रह' का अन्य नाम 'वृत्त कौमुदी' भी है। इसमें मतिराम ने छंद-विवेचन संबंधी अनेक ग्रंथों से सार रूप में भिन्न-भिन्न छंदों को ग्रहण कर उन्हें प्रस्तुत किया है। इसमें अपने आश्रयदाता स्वरूपसिंह बुंदेला के दान की प्रशंसा की है। मतिराम के नाम से प्राप्त ग्रंथों में से केवल छः प्रामाणिक ग्रंथ ही उपलब्ध हैं। इनके अतिरिक्त दो ग्रंथ—साहित्यगार तथा 'लक्षण शृंगार' इस समय अप्राप्य हैं। शृंगार और वीर मतिराम के विषय हैं। मतिराम ने अपने आश्रयदाताओं की शूरवीरता के साथ-साथ शत्रु पक्ष पर पड़े उनके आतंक का भी बड़ा स्वाभाविक चित्रण किया है—

मनो भजी अरितियन कौ पकरन को दृढ़ दाप।
भावसिंह कोदिसनि में फैलतः प्रबल प्रताप।।

इसमें बताया गया है कि दीवान भावसिंह का प्रबल प्रताप दसों दिशाओं में फैला हुआ है। इस प्रताप को देखकर लगता है कि पहले उनके गर्वीले, अहंकारी और घमंडी शत्रुओं की पत्नियाँ उनके आतंक के कारण घर छोड़कर भाग गईं। वे अब छिपने का प्रयत्न कर रही हैं। उन्हीं को पकड़ने के लिए यह प्रताप चारों ओर उनका पीछा करते हुए सर्वत्र फैल गया है। भावों के इतने डिटेल्स, या कहें सूक्ष्मता विरल है। मार्मिकता के साथ अनुभवों की सच्चाई भी मतिराम के यहाँ है—

विपिन सरन के चरन तकौ राव ही के
चढ़ौ गिरि पर वै तुरंग परवर मैं।
राखौ परिवार कौ कि आपनीये हठ राज,
संपत्ति दे मिलौ के नगारै दे समर मैं।
कहे मतिराम रिपु रानी निज नाहीन सौं,
बोलै यो डरानी भावसिंह जू के डर मैं।
बैर तो बढ़ायों कहयो काहू कौ न मान्यौ, अब,
दांतनि तिनुका कै कृपान गहौ कर मैं।।

यहाँ कवि शत्रु रमणियों के भय का वर्णन करते हुए कहता है कि वे अपने पतियों से कह रही हैं कि भावसिंह से लड़ने का हठ कर लो या अपने परिवार की रक्षा हेतु बिना शर्त दाँत में तिनका दबाकर उनके सामने आत्मसमर्पण कर दो।

भावसिंह ही नहीं, मतिराम के एक अन्य आश्रयदाता ज्ञानचंद भी जब शिकार पर जाते हैं तो जाते समय नगाड़ों की आवाज सुनकर बड़े-बड़े गढ़पति गढ़ छोड़कर भाग जाते हैं। उन्होंने इशारे में ही बड़े से बड़े राजा को जीत डाला। इतना ही नहीं,

जब उनकी सेना कूच करती थी तो शत्रु अपनी पत्नियों को बिलखती छोड़कर वनों में ही भाग जाते हैं–

सुरुज सिकार खेले मुहुम पहार पति,
भार रह्यौ पनगढ़ ढार सौ लखढ़ि कै।
कहै 'मतिराम' नाद सुनत नगारन की
नगन के गढ़पति गढ़ तजे कढ़ि कै।
सोहे दलवृंद मै गयन्द पर ग्यानचंद
बरवत बिलंद रही सोभा ऐसी कढ़ि कै।
मेरे जान मेघ के ऊपर अभारी कसी,
मघवा मही को सुख लेन आयो चढ़ि कै।।

मतिराम अपने आश्रयदाताओं और उनकी सेना की प्रशंसा करते हुए अतिरेक से बचते हैं। काव्य रचना में उनका आग्रह किसी एक भाषा के प्रति नहीं रहा। मतिराम की काव्य भाषा ब्रजभाषा है। मतिराम उत्तम भाषा का प्रयोग करने में माहिर थे। उन्होंने भावों के अनुरूप ही भाषा का प्रयोग किया है। सरल, मधुर और प्रचलित शब्दों का चयन वे बड़ी ही बुद्धिमत्ता से करते हैं।

मतिराम की काव्य–भाषा बनावटीपन से कतई मुक्त है। यह सरस, सरल और अकृत्रिम तथा भाव–प्रसंगानुकूल भी है। आचार्य रामचंद्र शुक्ल का यह निष्कर्ष ठीक है कि मतिराम की कविता की शब्दावली में अशक्त शब्दों की भरती कहीं नहीं है। जितने शब्द और वाक्य हैं, वे सब भावव्यंजना में ही प्रयुक्त हैं। मतिराम के यहाँ गैरजरूरी आलंकारिकता भी नहीं है। आचार्य शुक्ल उनकी भाषिक सफाई की तारीफ़ करते हुए आगे कहते हैं–'मतिराम की सी रस स्निग्ध और प्रसाद पूर्ण भाषा रीति का अनुकरण करने वालों में बहुत ही कम मिलती है।' भाषा की सरलता, सुबोधता, स्वाभाविकता, प्रवाहशीलता, सुकुमारता और आकर्षण आदि मतिराम–काव्य में है। मतिराम भाषा की आत्मा पहचानते हैं। कहीं–कहीं शब्दों की तोड़–मरोड़, बेढंगा प्रयोग, अन्य भाषा शब्दों का असंगत प्रयोग जैसे–(विरची, इलाज, सुलाज) आदि ऐसे ही कुछ दोष हैं, इनकी संख्या अधिक नहीं। कृष्णबिहारी मिश्र से सहमत होते हुए कहा जा सकता है–कविवर मतिरामजी से बढ़कर अच्छी भाषा लिखने में कोई कवि समर्थ नहीं हुआ।...भाषा–सौंदर्य में कई कवि उनके बराबर अवश्य हैं, पर उनसे बढ़कर कोई नहीं। इस भाषा–सौंदर्य का ही एक प्रबल माध्यम है–कवि की विस्तृत, मिश्रित और सटीक शब्दावली। मतिराम का शब्द भंडार विपुल है। इसमें ब्रज के साथ–साथ प्राकृत–अपभ्रंश के विविध प्रकार के शब्द भी हैं और नये, विदेशी अरबी–फारसी के शब्द भी जो मुस्लिम प्रभाव की देन हैं। कवि ने इन शब्दों को ब्रज के अनुकूल ढाल दिया गया है। यह शब्दावली व्याकरणसम्मत है।

जहाँ तक प्रश्न है गुण–रीति का तो मतिराम में निश्चय ही प्रसाद की प्रमुखता है। शृंगार में और वीर–प्रसंगों में ओज उनके यहाँ मिलते हैं। रीति–वृत्ति, तीनों शब्द शक्तियाँ तथा लोकोक्ति–मुहावरे भी एकदम सशक्त होकर मतिराम की कविता में प्रयुक्त हुए हैं। कह सकते हैं कि व्याकरण और सौष्ठव, शब्द और उसके विविध प्रकार, गुण और रीति, अलंकार और छंद यानि सभी दृष्टियों से, स्वयं कवि के

शब्दों में, यही कह सकते हैं कि–'ज्यों-ज्यों निहारिए नेरे ह्वै नैननि त्यों-त्यों खरी निकरै सी निकाई'।

रीतिकाल के कवियों की मतिराम का शब्द-भंडार भी काफी समृद्ध है। इसमें किसी प्रकार का संदेह नहीं किया जा सकता कि उन्होंने अपनी अभिव्यक्ति को अधिक मार्मिक और सरस बनाने के लिए ब्रजभाषा के शब्दों को अधिक प्रयोग किया है, लेकिन साथ ही उन भाषाओं के शब्दों को भी पर्याप्त संख्या में ग्रहण किया है जिनके शब्द तत्कालीन साहित्यिक ब्रजभाषा के बिना किसी संकोच के अपना लिये थे। उनकी काव्य भाषा में संस्कृति अरबी, फारसी जैसी समृद्ध भाषाओं के शब्द उनके भाषा-वैविध्य और भाषिक खुलेपन का परिचायक है।

मतिराम ने अपनी कविता में संस्कृत के तत्सम शब्दों का अपेक्षाकृत अधिक प्रयोग किया है–

प्रान प्रिया मन-भावन संग अनंग तरंगीन रंग पसारे।
सारी निसा 'मतिराम' मनोहर केलि के पुंज हजार उघारे॥
होत प्रभात चल्यौ चहे प्रीतम सुंदरि के हिय मैं दुखभारे।
चंद सोआनन दीप सी दीपति स्याम सरोज से नैन निहारे॥

इस छंद में अनंग तरंगनि, मनोहर केलि के पुंज, प्रभात, सुंदरि, आनन दीप, सरोज शब्द संस्कृत के ठेठ तत्सम शब्द हैं। यह अपने सहज माधुर्य के कारण कवि की भाषा का अंग बन गए हैं। मतिराम के स्तुतिपरक छंदों में संस्कृत का श्लोक है। ऊपर लिखा गया ऐसा ही छंद है। नीचे प्रस्तुत पंक्तियों में भी इसे देखा जा सकता है–

मुकुट मोर पर पुंज मँजु सुरधनुष बिराजत।
पीत बसन छन-नवीन छन-छन छबि छाजत॥
बचन मधुर गंभीर घोष बरषत प्रमोद वर।
वृंदावनवर बाल-बेलि वृंदन विलासकर॥
'मतिराम' सकल संताप हर भावसिंह भूपाल मन।
गोवन्दि नंद नंदन सुखद घन सुंदर आनंद घन।

जहाँ कहीं भी मतिराम की कविता में संस्कृत के शब्द आये हैं उन्हें शुद्ध तत्सम रूप में ही रखा गया है, परंतु आवश्यकता पड़ने पर उन्हें ब्रजभाषा की प्रकृति के अनुकूल ढालने का प्रयास भी किया गया है। संस्कृत के तत्सम शब्द तद्‌भव बन गए हैं।

दरप सौं गरी वह दरपन देख्यौ जौ लौं,
तौलौं प्रान प्यारी के उरोज हरि परसै।
नरवतावलि नरव इंदुमुख तनुदुति दीप अनूप।
होति निसा नंदलाल मन लखै तिहारौ रूप॥

'दरप', 'दरपन', 'प्रान', 'परसै', 'नरवतावलि', 'तनुदुति' इसी प्रकार के शब्द हैं। एक और उदाहरण देखिए–

मोर परवानि किरीट बन्यौ मुकतानि के कुंडल सोन बिलासी।
चारु चितौनि चुभी 'मतिराम' सुग्यों बिसरै मुसकानि सुधा-सी॥

यहाँ पंख का बहुवचन परवानि और मुक्ता का बहुवचन मुकतानि ब्रजभाषा की प्रकृति के अनुरूप ही है। इसके अतिरिक्त 'चारु चितौनि', 'सुक्यों बिसरै मुसकानि' तद्भव रूप में ढाले हुए हैं।

दरबारी वातावरण के कारण मतिराम ने अरबी-फारसी शब्दों का भी प्रयोग किया है। इनके प्रयोग से एक ओर वातावरण-सृष्टि में सहायता मिलती है दूसरी ओर नाद-सौंदर्य उत्पन्न हुआ है। इन्हें भी अधिकतर कवि ने ब्रजभाषा की प्रकृति के अनुरूप ढाला है–

क. 'मतिराम' कहै जाहि 'साहिबी फबति है।

ख. ऐसे सब खलक तैं सकल सकिलि रही।

ग. साहनि सौं अकसिबौं हाथिन कौ बकसिबौ।

घ. संगूर फतूहैं सदा जासों अनुरागतीं।

ङ. लसज गूजरी ऊज री बिलसत लाल इजार।

यहाँ 'साहिबी', 'खलक', 'अकसिबौ', 'फतूहै' और 'इजार' शब्द क्रमशः अरबी-शब्दों–'साहिब', 'खलक', 'अकस', 'फतूह' और 'इजार' के ब्रजभाषा में ढले हुए रूप हैं।

अरबी शब्दों के अलावा मतिराम ने फारसी की शब्दावली का भी रचनात्मक इस्तेमाल किया है–

क. हियै हजारन के हरै बैठी लाल बजार।।

ख. बखत बिलंद मुख सुंदर सरदचंद,
देखि करि गरद गुमान-होत काम को।

ग. साहनि सौ अकसिबौ हाथिन को बकसिवौ।।

इसी प्रकार 'हजार', 'बखत', 'बिलंद', 'गरद', 'साहनि' और 'बकसिबौ' शब्द क्रमशः फारसी शब्दों–'हजार', 'बाजार', 'बुलन्द', 'गर्द', 'शाह' और 'बख्श' के परिवर्तित रूप है। मतिराम ने अरबी-फारसी के शब्दों को उनके शुद्ध रूप में भी प्रयुक्त किया है–

क. सौतिनि की मजलिस जुरी पौसत के से फूल।

ख. मौज के सिंगार भावसिंह महादानि के।

ग. देखि करि गरद गुमान होत काम को।

इनमें 'मजलिस' और 'मौज' अरबी के तथा 'गुमान' फारसी भाषा के शब्द हैं। ब्रजभाषा में अरबी-फारसी के संश्लेषण से ऐसा नाद उत्पन्न होता है जो अन्य किसी भाषा के शब्दों द्वारा उत्पन्न नहीं किया जा सकता–

क. दरद गरीबन को बक्सौ गनीमन कौं।
गनीमन को गरब को बकसौ।।

ख. गरबी गनीम बरगीन को दहति है।

ब्रजभाषा के साथ जितना निकट का संबंध अपभ्रंश और प्राकृत भाषा का रहा है उतना किसी अन्य भाषा का नहीं रहा। इस निकटता के कारण ही इन भाषाओं के अनेक शब्द अपने मूल और विकसित दोनों ही रूपों में ब्रजभाषा में इतने घुल-मिल गए हैं कि उन्हें अलग करके नहीं रखा जा सकता। जैसे–

क. बूझै सरवनिहु सौं दुख गोवै।

ख. धरै पौन के सामुहै।

ग. सौतिन के लोचननि लौन सो लगाइये।

घ. छाय रह्यो हियरा दुख सौं।

ङ. चंचल लोइनि हवनि परि।

इनमें 'गोवै', 'सामुहै', 'लौन', 'हियरा', 'लोइनिं' जैसे अनेक शब्दों का प्रयोग हुआ है। कुछ उदाहरण और देखिए–

क. आयो है सयानप गयो है अयान मन।

ख. नाह के ब्याह की चाह सुनी।

ग. औरन के जस तेरे जस में मिलत ऐसे।

घ. हाथ में तिहारे खग्ग जीति को जमान है।

इनमें अयान, नाह, जस, खग्ग आदि के अतिरिक्त और भी ऐसे शब्द हैं जैसे-साईं, नेहु, कित्ति, मेह ये सब अपने अविकृत रूप में देखने को मिलते हैं। इन सबके अतिरिक्त मतिराम ने वीरगाथाकाल के कवियों के समान कुछ शब्द गढ़े भी हैं और ये शब्द अपभ्रंश की प्रकृति के अनुरूप हैं। उदाहरण के लिए–प्रगट्टियउ, प्रगट्टत, निघट्त, फट्टिसउ ऐसे ही शब्द हैं।

कहना होगा कि मतिराम का शब्द-भंडार पर्याप्त समृद्ध है और उन्होंने विषय के अनुरूप शब्दों का चयन किया है। मतिराम ने शब्दों का प्रयोग भी स्वच्छता और संयम के साथ किया है। उन्होंने भूषण और देव के समान शब्दों को न तो तोड़ा-मरोड़ा है और न शब्दों का ऊबड़-खाबड़ प्रयोग किया है। कहीं-कहीं नाद-सौंदर्य लाने के लिए शब्दों का मनमाना प्रयोग किया है। कहीं-कहीं नाद-सौंदर्य लाने के लिए शब्दों को लचीला भी किया है परंतु इतना भी नहीं कि काव्यार्थ समझने में कोई कठिनाई हो।

मतिराम की भाषिक बुनावट की एक विशेषता अर्थ-ध्वनन भी है। इसके लिए उन्होंने ऐसे स्वर व्यंजन-समूह वाले शब्दों का चयन किया है जिनसे उनकी मिश्रित ध्वनि के अनुरूप बनकर उसके बिंब को और भी स्पष्ट कर देती है। मतिराम ने इस प्रकार के ध्वन्यात्मक शब्दों का प्रयोग करके अपनी अभिव्यक्ति को संगीत की दृष्टि से ही नहीं अर्थ-ग्रहण की दृष्टि से भी समर्थ और सशक्त बना दिया है–

सेत सारी सोहत उजारी मुखचंद की-सी
महलनि मन्द मुसक्यान की महमही।
अँगिया के ऊपर ह्वै उलही उरोज ओप
उर 'मतिराम' माल मालती डहडही।
माँजे मंजु मुकुर से मंजुल कपोल गोल
गोरी की गुराई गोरे गात गहगही।
फूलनि की सेज बैठी दीपति फैलाय लाय
बेला को फुलेल फूली-सी लहलही।।

इसमें 'महमही', 'डहडही', 'गहगही' और 'लहलही' शब्दों में अंतर्भूत स्वर-व्यंजन ध्वनियाँ तो क्रमशः मुस्कान की स्फूर्ति, मालती माला की ताजगी, गौरवर्ण की चटक तथा बेलि की बहार की अनुभूति करा रही हैं। इनके साथ ही 'उजारी',

'उलही', 'ओप', 'गोल' और 'फुलेल' जैसे अपने आप में मामूली लगने वाले शब्द भी अपने विशिष्ट अर्थों को ध्वनित कर रहे हैं, इसी प्रकार–

उमड़ि घुमड़ि दिग मंडल मैं मँडि रहे
झूमि-झूमि बादर कुहू की निसि कारी मैं।
आगमन चाहि चकचौंध रह्यौ जब तक
जगर मगर आभरन के नगन भौ।

अथवा

मदजल झरत झुकत जरकस झूल
झालरिनी झलकत झुंड मुकतानि के।
अंगनि उतंग जैतवार जोर जिन्हैं
चिक्करत दिक्करि हलत कलकत हैं।

वाच्यार्थ को मुख्य काव्यार्थ बनाने की हिकमत मतिराम के यहाँ खूब है। अभिव्यक्त विषय की अनुभूति होने से पहले किसी तरह की दिमागी कवायद यहाँ नहीं करनी पड़ती। दूसरा बदलाव यानी इसे सूक्ष्मता की ओर जबरन ले जाना अधिक चारुता उत्पन्न नहीं करता। काव्यशास्त्र में वाच्यार्थ के इस रूप को 'गुणीभूत व्यंग्य' नाम से जाना जाता है। मतिराम अभिधा के इन दोनों तथ्यों से परिचित थे, यही कारण है कि वह अपनी रचनाओं में उच्चकोटि का सौंदर्य प्रस्तावित कर सके हैं–

सोय रही रति अंत रसीली अनंत बढ़ाय अनंग तरंगनि।
केसरि रवौरि रची तिय के तन पीतम और सुबास के संगीन॥
जागि परि 'मतिराम' सरूप गुमान जनावत भौंह के भंगनि।
लाल सों बोलति नाहिन बाल सु पौंछति आँखि अंगौछति अंगनि।

यहाँ रसीली, पौंछति, आँखि, अंगौछति, अंगनि आदि शब्दों का वाच्यार्थ अपने सौंदर्य सहित इतना उजागर हो रहा है कि इसमें किसी प्रकार की सूक्ष्मता को खोजना या उसके स्थान पर अन्य समानार्थक शब्दों को रखना उसकी तन्मयता और सरसता को नष्ट करना है–

बिपिन सरन कै चरन तकौ राव ही के
चढ़ौ गिरि पर कै तरंग परवर मैं।
राखौ परिवार कौं कि अपनी ए हठ, राज
संपत्ति दै मिलौ के नगारै दै समर मैं॥
कहै 'मतिराम' रिपुरानी निज बाहनि सौं
बोलौं यौ डरानी भावसिंह जू के डर मैं।
बैर तो बढ़ायोकह्यौ काहू कौ न मान्यौ अब
दाँतनि तिनूका कै कृपान गहौ कर मैं॥
यहाँ सरल वाक्यों में वाच्यार्थ ही सुंदर है।

कुशल कवि अपनी रागात्मक अनुभूतियों के आवेग को जब प्रवाहित करने को तत्पर होता है तो कई बार सामान्य वाच्यार्थ विधायक शब्दावली की जगह विशिष्ट अनुभूतियों को विलक्षणता प्रदान करने के लिए लक्षणा और व्यंजना शब्द-शक्ति का अवलंबन लेता है। शब्दार्थ क्षिप्र वेग के साथ बहे चले आते हैं। लक्षणा काव्य-विषय

के गुणों को निकट ले आती है और व्यंजना से इन गुणों के अंतरंग कौशल की झलक मिल जाती है। लाक्षणिक और व्यंजक शब्दों के प्रयोग में मतिराम ने बड़ा कौशल दिखाया है। लक्षणा शब्द-शक्ति का उदाहरण इन पंक्तियों में दिखता है–

तुम कहा करो कान काम तैं अटकि रहे
तुमकौं न दोस सो तो ओपनोई भाग है।
आय मेरे भौन बड़े भोर उठि प्यार ही तै
अति हरबनन बनाय बाँधी पाग है।
मेरे ही वियोग रहे जागत सकल राति
गात अलसात मेरो परम सुहाग है।
मनहु की जानी प्रान प्यारे 'मतिराम' यहै
नैननि हूँ माहि पाइयतु अनुराग है।

लाक्षणिक शब्दों के समान व्यंजक शब्दों का प्रयोग भी मतिराम ने बड़ी सफाई से किया है–

मलय समीर लागौ चलन सुगंध सीरो
पथिकन कीने परदेसन तैं आवने।
मतिराम सु कवि सपूहीन सुमन फूले।
कोकिल मधुप लागे बोलन सुहावने।।
आयो है बसंत भए पल्लवित जलजात
तुम लागे चलिबे की चरचा चलावने।
रावरी तिया को तरवर सरवरन के
किसलै कमल ह्वै हैं बारक बिछावने।।

मतिराम के यहाँ अभिधा, व्यंजना, लक्षणा इन तीनों शक्तियों का प्रयोग मिलता है। इन तीनों ने उनकी भाषा में सरल सरसता और चुस्त, मर्मस्पर्शिता का संचार किया है।

मतिराम की कविता में विशिष्ट अर्थ लोकोत्तर चमत्कार की सृष्टि करते हैं–

(क) "रतिनायक सायक सुमन सब जगजीतन वार।
कुबलयदल सुकुमार तन मन कुमार जय मार।।"

(ख) "नागरि नैन कमान सर करत न ऐसी पीर।
जैसे करत गँवारि के दृग धुनुहीं के तीर।।"

यहाँ 'रतिनायक सायक', 'कुबलयदल', 'सुकुमार', 'मन कुमार', 'नागरि नैन कमान सर', 'दृग धुनुहीं' पदावली समस्त है, जो अपनी इस विशेषता के कारण ही भाषा में शब्दों की कसी हुई बुनावट कविता में उक्ति-वैचित्र्य उपस्थित कर रही है–'मान रहोई नहीं मनमोहन मानिनी होय सो मान मनायौ।' यहाँ मान शब्द का दूसरा अर्थ 'सम्मान' लेकर वक्रता उत्पन्न की गई है–जब सम्मान नहीं रहा तो मान (रुष्ट होना) किस बात का।

मतिराम की भाषा काव्यार्थ की दृष्टि से सफल है। भाषा की सफाई और त्वरा के धरातल पर मतिराम की गणना रीतिकाल के इने-गिने कवियों में होती है–**"कामिनी दामिनी दमक सी बरनि कौन पै जाइ / डीठी नहीं ठहराइयै डीठीन ही ठहराय।।"**

उनकी कविता में अलंकारों का बोझ, कृत्रिमता और दुरूहता नहीं है। उसमें लालित्य, स्वाभाविकता, प्रवहमयता है–**"स्याम रूप अभिराम अति सकल बिमल गुन धाम / तम निसिदिन 'मतिराम' की मति बिसरौ मति राम।** शब्दों का प्रसंग के अनुकूल चयन और उनका विदग्धतापूर्वक प्रयोग उनकी भाषा पर अधिकार का प्रमाण है। भाषा संदर्भ के सभी उपकरणों का प्रयोग कर उन्होंने अपनी काव्य भाषा को इतना आकर्षक और मोहक बना दिया है। मतिराम की काव्य-भाषा ने भावों को चमकदार बना दिया है।

मतिराम अपने अभिराम बिंबों के कारण जाने जाते हैं। नायिका के रूप में वर्णन, हाथियों के अंगों के उभार, विशालता, शक्ति आदि के सजीव चित्र उभारने में उन्हें महारत हासिल है। मतिराम ने हाथियों के साथ पर्वतों के बिंब प्रस्तुत कर उनके प्रभाव को और बढ़ा दिया है। कवि ने इन दृश्यबिंबों में केवल शरीर का बाह्य चित्र ही अंकित नहीं किया है, पात्र की क्रियाओं का भी वर्णन किया है–

अगँनि उतंग जंग तैतवार जोर जिन्है
चिक्करत दिक्करि हलत कलकत है।
कहै मतिराम सैन सौभा के ललाम अभि
राम जरकस झूल झापै झलकत है।।

स्थिर चित्रों के साथ मतिराम के काव्य में गति चित्र भी मिलते हैं। उदाहरण के लिए देखिये–

कहै मतिराम नभ-नदि के कुसुम सम
उड़े उड़गन सुंड अनिल उड़ाए तै।
मद जल धार बरषत जिमि धाराधर
धकनि सों धुक्करै धरनिधर धाए तैं।

इनमें जीवन की शक्ति है। चित्रों के अतिरिक्त मतिराम के काव्य में ऐसे अनेक चित्र हैं जिनके द्वारा कवि ने अपनी आश्रयदाता की प्रशस्ति की है, उसके गुणों की ओर संकेत किया है। इन चित्रों की उभरी रेखाओं में वर्ण्य वस्तु का सौंदर्य प्रदर्शित करने के साथ मतिराम ने आश्रयदाता का गुणगान किया है–

ऐसे गज बकसे दिवान हुहुँ दीननि कों
मरिाम गुन बरनैं उदारि पानि कै।
फौज के सिगाँर हाथी औरा महिपाल के
मौज के सिगार भावसिंह महांदानि के।

मतिराम ने अपनी अनुभूति को, पदार्थ के बाहरी रूपाकार को अथवा घटना को सजीव बनाने के लिए रेखाओं के साथ रंगों का प्रयोग भी किया। वर्षा ऋतु में अमावस्या की रात्रि के कृष्ण पक्ष में घर से निकली कृष्णाभिसारिका के चित्र में काले रंग का प्रयोग किया गया है तो हाथियों की जरीदार झूल का वर्णन करते समय सुनहरे रंग की छटा दिखाई देती है। मतिराम के काव्य में ऐसे भी छंद हैं जहाँ एक साथ अनेक रंगों का प्रयोग किया गया है–

कुंदन के आंग माँग मोतिन सवारी सारी
सोहत किनारी वारी केसरि के रंग की।

कहै मतिराम मनि मंजुल तरौना छोटो
नथुनि बिराजै गज मुकतन संग की।
कुसुम के हार हियो हरति कुसंमी आंगी
सके को बरीन आभा उरज उतंग की।

मतिराम के काव्य में श्रव्य बिंब उन छंदों में मिलते हैं जहाँ वर्षा के उमड़ते-गरजते बादलों का चित्रण है या हाथियों के चलने, चिंघाड़ने का अथवा युद्ध-वर्णन है-

उड़त नवत टूटि फूटि मिटि फाटि जात
विकल सुखावत बैरी दुखिन समोय से।
तूल से तिनका से तरोवर तोयद से
तारा से तिमिर से तमीपति से तोय से।

कुसुम बेलों के चित्रों में घ्राण और स्पर्श बिंब भी आकर्षक है। इस प्रकार बिंब योजना की दृष्टि से मतिराम का काव्य पर्याप्त समृद्ध है।

मतिराम ने शृंगार रस की कविता लिखने के साथ अपने आश्रयदाता के गुण-शौर्य, पराक्रम, दानशीलता का प्रशस्ति गान किया है। मतिराम के शृंगार-रस के काव्य में न तो बिहारी के काव्य जैसी शृंगारिकता है और न महाकवि देव जैसी मस्ती। डॉ. महेंद्र कुमार के अनुसार उनमें नायक-नायिकाओं के प्रेम का सरल शब्दावली में संयत वर्णन जो अपने आप में इस कवि की सरल और संयत प्रकृति का सूचक है। मतिराम का चिंता-विन्मुक्त नायक भी अप्रत्यक्ष रूप से उन्हीं के व्यक्तित्व का प्रतिनिधि मान लिया जाए तो अनुचित न होगा। वह दांपत्य जीवन को महत्त्व देते हैं। अपने आश्रयदाताओं से संबद्ध कविता में मतिराम ने अपने आश्रयदाताओं की प्रशंसा वहीं तक ही है, जहाँ तक वह सत्य से परे न हो--उन्होंने सीमाओं का अतिक्रमण नहीं किया। मतिराम को कविता में झूठ बोलना पसंद नहीं था। सरल स्वभाव के मतिराम परनिंदा नहीं करते थे और प्रशंसा करने में संकोच नहीं करते थे। मतिराम को व्यक्ति की परख थी। वह व्यवहारकुशल भी थे। इसी गुण के कारण वे अनेक राजाओं का संरक्षण, आश्रय और धन यानी पद-प्रतिष्ठा प्राप्त करने में सफल रहे।

मतिराम की प्रतिभा के कारण महाराज हम्मीर ने तो इनका अपने राज्य में होना ही अपने लिए बड़ी गौरव की बात समझी थी। यह सच है कि काव्य शास्त्र के क्षेत्र में इनका अध्ययन सीमित था लेकिन कवि-पक्ष समृद्ध था। डॉ. महेंद्र कुमार के अनुसार इनका सबसे अधिक अध्ययन था मनुष्य के भावों का, इसलिए उनके चित्रण में ये जितने सफल हो सके हैं, उतने रीतिकाल के अधिकांश कवि नहीं हो पाए। वास्तव में, युग का वातावरण और परंपरा मार्ग में न पड़ती तो इस श्रमशील कवि से और भी उत्कृष्ट काव्य की अपेक्षा की जा सकती थी।

20. देव
(रीतिबद्ध कवि)

रीतिबद्ध शृंगारिक भावुकता

रीतिकालीन काव्य में देव अपनी महत्त्वपूर्ण उपस्थिति दर्ज कराने वाले रीतिबद्ध कवि हैं। सर्वांगनिरूपक आचार्य कवियों में देव का उल्लेखनीय स्थान होने के बावजूद उन्हें आजीविका के लिए लगातार संघर्ष करना पड़ा। अपने आश्रयदाताओं की तलाश में उन्होंने पुराने छंदों में नए छंद जोड़कर ग्रंथ तैयार किए। अभी तक उनके प्राप्त ग्रंथों में 'प्रेमचंद्रिका', 'देवचरित्र', 'देव प्रभाकर' और 'देवमायाप्रपंच' को छोड़कर इनके शेष ग्रंथ काव्यशास्त्रीय हैं। 'देवप्रभाकर' कई जगह 'संगीत रत्नाकर' के नाम से मिलता है। इसमें संगीत विषयक विचार विमर्श है। इनका सर्वाधिक महत्त्वपूर्ण काव्य 'प्रेमचंद्रिका' है। इसमें रीतिकालीन दिखावटी प्रेम की अपेक्षा ऐसे प्रेम का स्वरूप वर्णित है जो उदात्त मानवीय मूल्यों में बदल जाता है। 'देवशतक' देव की अंतिम रचनाओं में है। इसमें वैराग्यपूर्ण दार्शनिक संवेदनाएँ व्यक्त की हैं। 'देवचरित्र' कृष्ण चरित्र पर आधारित प्रबंध है। 'देवमायाप्रपंच' संस्कृत के 'प्रबोध चंद्रोदय' का काव्यानुवाद है। काव्यशास्त्रीय ग्रंथों में 'भाव-विलास' रस-अलंकार-निरूपक ग्रंथ है जो नायिका-भेद के कारण रीति-शास्त्रीय ग्रंथों में आता है। 'शब्दरसायन', 'सुखसागर तरंग', 'अष्टयाम' इत्यादि 'काव्यांग'–निरूपक ग्रंथ हैं।

इटावा उत्तर-प्रदेश के निवासी देव का वास्तविक नाम देवदत्त था। उनका जन्म संवत् 1730-31 और मृत्यु 1824-25 मानी जाती है। उन्हें लंबी आयु मिली थी। डॉ. नगेंद्र के अनुसार, देव रीतिकाल के प्रमुख प्रतिनिधि हैं। आचार्य शुक्ल के अनुसार ग्रंथों की अधिक संख्या के संबंध में यह जान रखना भी आवश्यक है कि देव अपने पुराने ग्रंथों के कवित्तों को इधर दूसरे क्रम में रखकर एक नया ग्रंथ प्राय: तैयार कर दिया करते थे। इससे वे ही कवित्त बार-बार इनके अनेक ग्रंथों में मिलेंगे। 'सुखसागर तरंग' प्राय: अनेक ग्रंथों से लिये हुए कवित्तों का संग्रह है। 'रागरत्नाकर' में राग-रागनियों के स्वरूप का वर्णन है। 'अष्टयाम' तो रात-दिन के भोगविलास की दिनचर्या है जो मानो उस काल के अकर्मण्य और विलासी राजाओं के सामने कालयापन विधि का ब्यौरा पेश करने के लिए बनी थी। यानी यह राजाओं के भोग-विलास की समय-सारणी थी। 'ब्रह्मदर्शन पचीसी' और 'तत्त्वदर्शन पचीसी' में जो विरक्ति का भाव है वह बहुत संभव है कि अपनी कविता के प्रति लोक की उदासीनता देखते-देखते उत्पन्न हुई हो।

देव ने भक्ति कविता भी लिखी, जिसके केंद्र में वैराग्य था। उन्होंने आचार्य पद पाने की लालसा में काव्यशास्त्रीय ग्रंथों की रचना की लेकिन देव बुनियादी तौर पर रीतिकालीन शृंगारिक कवि हैं। आचार्य शुक्ल ने देव की काव्य-भाषा में अनेक त्रुटियाँ होने के बावजूद भावनिर्वाह में उन्हें सफल करार दिया है। डॉ. जगदीश गुप्त का मानना है कि देव कवित्त प्रधान आचार्यत्व का प्रतिनिधित्व करते हैं। इन्होंने भाषा के शिल्प सौष्ठव, अर्थ-समृद्धि और अलंकरण पर विशेष ध्यान दिया है। देव कवि थे और आचार्य रूप में प्रतिष्ठित होना चाहते थे। देव के काव्य में इंसानी मन और स्वभाव का अत्यंत सूक्ष्म चित्रण हुआ है। प्रेम-उत्सुक मन की अस्थिरता का जीवंत दृश्य इस पद में देव ने उभारा है–

मुरति जो मनमोहन कही मनमोहिनी के स्थित ह्वै थिरकी सी।
देव गोपाल को बोल सुने छतियाँ सियरति सुधा छिरकी सी।
नीके झरोखे ह्वै झाँकि सकै नहिं नैनहिं लाज घटा, घिरकी सी।।
पूरन प्रीति हियै हिरकी खिरकी खिरकीन फिरै फिरकी सी।।

देव की कविता में केवल संयोग शृंगार का वर्णन नहीं है, उनके यहाँ वियोग के ऐसे मर्मस्पर्शी प्रसंग हैं जिनसे करुणा उपजती है। भाव, रूप और चेष्टा इत्यादि को देव, दृश्यों के माध्यम से कविता का यादगार अनुभव बना देते हैं। उनके दृश्यों में प्रेम, मिलन, राग के सघन प्रसंग हैं। छंद की गति, शब्द की वर्णमैत्री और सरस नाद सौंदर्य देव की कविता की विशेषताएँ हैं। अपनी रूपगत विशेषताओं और भाव की सरस उपस्थिति के कारण देव की कविता रीतियुग की प्रतिनिधि कविता का उदाहरण बन जाती है–

माखन सों मन दूध सों जीवन है दधि सों अधिकौ उरई ठी।
जा छबि आगे सुधाकर छोंछि समेत सुधा बसुधा सब मीठी।
नैनन नेह चुवै कहि 'देव' बुझावत बैन बियोग अँगीठी।
ऐसी रसीली अहीरी अहै कहौ क्यौं न लगै मनमोहनै मीठी।।

कवि देव के ग्रंथों के बारे में कोई निश्चित जानकारी अभी तक प्राप्त नहीं हुई है। कोई इनके ग्रंथों की संख्या 52 बतलाता है और कोई इन्हें 72 ग्रंथों का रचयिता स्वीकार करता है। रामचंद्र शुक्ल ने इनके ग्रंथों की संख्या 72 तथा 52 ही स्वीकार की है। वैसे डॉ. नगेंद्र के अनुसार अभी तक कुल मिलाकर इनके 19 ग्रंथ ही प्राप्त हुए हैं। इनमें से 14 ग्रंथ प्रकाशित हो चुके हैं और 5 ग्रंथ हस्तलिखित हैं। प्रकाशित ग्रंथों के नाम हैं–(1) भावविलास, (2) अष्टयाम (3) भवानी-विलास, (4) रस-विलास, (5) प्रेम-चंद्रिका, (6) राग-रत्नाकर, (7) सुजान-विनोद, (8) जगद्दर्शन पचीसी, (9) आत्मदर्शन पचीसी, (10) तत्त्वदर्शन पचीसी (11) प्रेम-पचीस, (12) शब्द रसायन, (13) सुख-सागर-तरंग और (14) शिवाष्टक।

शेष पाँच हस्तलिखित ग्रंथों के नाम इस प्रकार हैं–(15) प्रेम तरंग, (16) कुशल-विलास, (17) जाति-विलास, (18) देव चरित्र और (19) देव-माया-प्रपंच (नाटक)।

देव आचार्य और कवि दोनों रूपों में हमारे सामने आते हैं। डॉ. गणपतिचंद्र गुप्त ने देव के विस्तृत काव्य क्षेत्र के बारे में लिखा है कि वह एक उल्लेखनीय

आचार्य कवि हैं। उनका विषय क्षेत्र पर्याप्त व्यापक है, उनमें आचार्य कवियों की परंपरा की प्रायः सभी प्रवृत्तियों–शास्त्रीयता, शृंगारिकता, भक्ति, नीति, दर्शन, संगीत-कला आदि का निरूपण हुआ है। शास्त्रीय तत्त्वों के प्रतिपादन के क्षेत्र में उन्होंने अपने संस्कृत-साहित्य के व्यापक ज्ञान का परिचय देते हुए काव्य-शास्त्र, काम-शास्त्र, दर्शन-शास्त्र आदि के विभिन्न अवयवों–शृंगार रस, नायिका-भेद, शब्द-शक्ति, ध्वनि, अलंकार आदि का निरूपण उन्होंने कई ग्रंथों में किया है। 'रस-विलास' में रस के विभिन्न अवयवों तथा नायिका-भेद एवं दूतिका-भेद का प्रतिपादन किया गया है। उनकी यह विशेषता है कि इन्होंने नायिका का वर्गीकरण आठ आधारों–जाति, कर्म, गुण, देश, काल, वय, प्रकृति एवं सत्व–पर किया है। 'भवानी-विलास' और 'भाव-विलास' में भी इन्हीं विषयों को लिया गया है। 'काव्य-रसायन' में शब्द-शक्ति, रीति, गुण रस, अलंकार, ध्वनि आदि का विवेचन विस्तार से किया गया है। देव ने काव्य-शास्त्र के उन सभी पक्षों को लिया है जो उस युग में मान्य थे। इसी प्रकार 'प्रेम-चंद्रिका' में काम-शास्त्र व 'राग-रत्नाकर' में संगीत-शास्त्र की सामग्री का उपयोग किया गया है। भक्ति, वैराग्य एवं तत्त्व-दर्शन संबंधी विषयों का प्रतिपादन 'तत्त्व-दर्शन पच्चीसी', 'आत्म-दर्शन-पच्चीसी', 'जगद्दर्शन-पचीसी' में किया गया है। 'देव-चरित्र' एक खंडकाव्य है तथा 'देव-माया-प्रपंच' अनूदित नाटक है। देव में चाहे मौलिकता अधिक न हो किंतु अध्ययन-क्षेत्र की व्यापकता, विषय-क्षेत्र-विस्तार, भेदों की संख्या-विस्तार एवं शैली-वैविध्य की दृष्टि से उन्हें इस परंपरा के कवियों में शीर्ष स्थान प्राप्त है।

कवि देव ने साहित्यिक ब्रजभाषा में कविता-रचना की है। देव ने जिस सुसमृद्ध ब्रजभाषा का प्रयोग किया है उसकी संपूर्ण शक्तियों को विकसित करने का श्रेय सूरदास को है। नंददास ने उसे सुसंस्कृत एवं परिष्कृत बनाया है, बिहारी ने उसे समास-शक्ति प्रदान की और मतिराम ने उसमें सरसता का संचार किया है। कवि देव का शब्द-भंडार अत्यंत विशद एवं व्यापक है। उन्होंने संस्कृत के तत्सम एवं तद्भव शब्दों के साथ-साथ प्राकृत, अपभ्रंश, फारसी और उत्तर-भारत की अन्य बोलियों के शब्दों का प्रयोग अत्यंत स्वाभाविकता के साथ किया है। देव की भाषा पर गहराई से विचार करते हुए डॉ. रामस्वरूप चतुर्वेदी देव और बिहारी की भाषागत विशेषताओं की तुलना के प्रसंग में देव के छंद विधान और अलंकार योजना की प्रशंसा करते हुए उनकी काव्य-भाषा की बारीकी और तराश को रेखांकित करते हैं। देव की कविता को रीतिकाल की श्रेष्ठतम रचनात्मक उपलब्धि माना गया है। हिंदी आलोचना में बिहारी और देव का मूल्यांकन बहुत कुछ तुलनात्मक रूप में होता रहा है, और अनवरत तुलना का औचित्य काफी सीमा तक समझा जा सकता है। दोनों कवियों की काव्यभाषा परिनिष्ठित ब्रजभाषा है, और उसके साथ दोनों का पूरा तादात्म्य है। पर इस प्रसंग में यह परिलक्षित किया जा सकता है कि ब्रजभाषा के नाद-सौंदर्य की परख देव में अपेक्षया अधिक है। बिहारी में भाषिक तराश और शृंगारिक भाव का वैविध्य है, पर दोहे के विधान में उन्हें वह सूक्ष्म लय सुलभ नहीं जो देव अपने कवित्त और सवैयों में विकसित करते हैं और जो इसीलिए कालांतर में रीतिकाल के प्रतिनिधि छंद बन जाते हैं।

देव की कविता में अनुप्रास और यमक हर जगह तो नहीं पर अधिकतर- अलंकार की ऊपरी सजावट के स्तर से गहरे उतरकर भाषिक विधान का अंग बन गए हैं। देव की यह ध्वनि-संवेदनशीलता समूचे रीतिकाल में अप्रतिम है। इसका सबसे महत्त्वपूर्ण साक्ष्य यह है कि कवि का अनुप्रास-विधान अपने अच्छे छंदों में कवित्त या सवैये छंद की गति और लय के अनुकूल चलता है। देव के वृंदावन-विषयक प्रसिद्ध छंद का वैशिष्ट्य इस ध्वन्यात्मक विधान में ही है–

हौंही ब्रज वृंदावन, मोही में बसति सदा,
जमुना तरंग स्याम रंग अवलीन की।
देव बेई सुंदर, सघन वन देखियत
कुंजन में सुनियत गुंजन अलीन की।
बंसीबट तट नटनागर, नचत मो में,
रास के बिलास की मधुर धुनि बीन की।
तनक-तनक तामें झनक चुरीन की।

यहाँ अनुप्रासिक शब्दों की स्थिति और पंक्ति के टुकड़े (भरि रही-भनक-भनक-तालताननि की-तनक-तनक-तामें-झनक चुरीन की) कवित्त की यति और लय के अनुकूल चलते हैं। वृंदावन के रास का संगीत पूरे छंद में उमड़ने लगता है। शब्दालंकार–अनुप्रास और यमक–अलग से ध्यान न खींच कर भाषिक विधान में पर्यवसित हो जाते हैं। डॉ. रामस्वरूप चतुर्वेदी के अनुसार देव के यहाँ नए किस्म के व्याकरण की उपस्थिति है। देव की काव्यभाषा में भाषिक तराश बहुत-कुछ वैसी ही मिलती है जैसी बिहारी के दोहों में है। बल्कि इस प्रकार के बहुत से प्रयोग दोनों कवियों में एक जैसे हैं–ऐहैं प्रत्यय जोड़ कर बने विशेषण–'ललचौंहें', 'रिसौंहैं', 'सतर' विशेषण से बनी नामधातु 'सतराइ'-इयै अथवा-ऊ अव्यय-प्रत्यय के शब्द-विधान 'बौरियै', 'जीऊ'। समय-प्रवाह की व्यापक अवधारणा के लिए ब्रजभाषा का संक्षिप्त-सा शब्द 'खन', और ऐसे अन्य अनेक प्रयोग देव की भाषा के ठेठ और सहज रूप को प्रमाणित करते हैं।

व्याकरणिक तराश की तुलना में, जैसा संकेत किया गया, ध्वन्यात्मक तराश देव की काव्यभाषा में अधिक प्रभावशाली जान पड़ती है। करुणा और श्रृंगार के प्रसंग में मूर्द्धन्य ध्वनियों का प्रयोग परंपरा से निषिद्ध रहा है पर देव की ध्वन्यात्मक तराश में मूर्द्धन्य ध्वनियों की कठोरता विलीन हो जाती है। संभाव्य विरह के संदर्भ में नायिका के आँसुओं का वर्णन है–'ठाढ़ी बड़े खन की बरसै बड़री अँखियानि बड़े-बड़े आँसुनि।' यहाँ सवैये की इस अंतिम पंक्ति में मूर्द्धन्य ध्वनियों (ठ्,ड्,ढ्) की छः बार आवृत्ति हुई है। इन कठोर मूर्द्धन्य ध्वनियों का अनुशासन कवि ने अपने विशिष्ट ढंग से किया है। 'ठाढ़ी' और 'बड़े' के साथ 'खन' रख कर (ठाढ़ी बड़े खन) कवि ने ह्रस्व और अनुनासिक ध्वानियों की सहायता से छंद के ध्वन्यात्मक वातावरण को कोमल बनाया है। इसी तरह से 'बड़ी' विशेषण में-री प्रत्यय जोड़ कर फिर आगे विषय 'आँख' को 'अँखियान' बना कर (बड़री अँखियानि) कवि नेत्रों की करुणा और विवशता को सहज भाव से व्यंजित कर रहा है। और इस प्रकार आँसुओं के वर्णन के बीच मूर्द्धन्य ध्वनियाँ जैसे पिघल जाती हैं। बिहारी में

ब्रज जीवन के नटखटपन और 'लँगरई' का चित्रण अधिक है, जो उनके शब्द-चयन और व्याकरणिय चुस्ती के माध्यम से संभव होता है। देव की ध्वनि संबंधी संवेदनशीलता के कारण उनके अच्छे छंदों में कोमलता और तन्मयता का सूक्ष्म वातावरण अंतर्व्याप्त है। देव के छंद ध्वन्यार्थ के बढ़िया उदाहरण हैं।

देव ने गहरे असर डालने वाली अभिव्यंजना प्रणाली जन्मजात प्रतिभा और निरंतर अभ्यास के मिश्रण से पाई गई है। विषयानुसार शब्द-चयन, भावात्मक शैली और कहीं-कहीं शब्दों और वाक्यों तक का मनमाना प्रयोग करने वाले देव पर टिप्पणी करते हुए आचार्य शुक्ल लिखते हैं-'कवित्व शक्ति और मौलिकता देव में खूब थी पर उनके सम्यक् स्फुरण में उनकी रुचि-विशेष प्राय: बाधक हुई है। कभी-कभी वे कुछ बड़े और पेचीदे मजमून का हौसला बाँधते थे, पर अनुप्रास के आडंबर की रुचि बीच ही में उसका अंग-भंग करके सारे पद्य को कीचड़ में फँसा छकड़ा बना देती थी। भाषा में कहीं-कहीं स्निग्ध प्रवाह न आने का एक कारण यह भी था। देव भाषा को लचीला बनाने के क्रम में ऐसा कर गए हैं। नियमबद्ध व्याकरण से अलग हटकर आज भी कई रचनाकार छूट लेते हैं। ऐसा करने में भाषा का ही विकास होता है। देव ऐसी भाषा देने में सफल रहे हैं, जो जड़ हो चुकी रीतिकालीन शब्दावली में तोड़-फोड़ करती है। इसके लिए देव कई जगह भाषा की शुद्धता की परवाह किए बिना भाषिक धरातल पर अशुद्ध होने का जोखिम भी उठाते हैं। बेशक देव की भाषा में व्याकरणगत कमियाँ, दोहराव और अलंकारों के विशेष आग्रह के बावजूद देव की कविता अत्यंत सरस और जीवित है-

सांसन ही में समीर गयो अरु आँसुन ही सब नीर गयो ढरि।
तेज गयो गुन लै अपनी अरु भूमि गई तनु की तनुता करि।।
देव जियें मिलिबेई की आस कै, आसहु पास अकास रह्यो भरि।
जा दिन ते मुख हेरि हरै हँसि हेरि हियो जु लियो हरिजू हरि।।

कई जगह उनकी काव्य-प्रणाली अतिरिक्त आलंकारिता के कारण बोझिल भी हो गई है। इसके बावजूद मनोभाव का जीवंत चित्रण और विशेषकर मन:स्थिति की व्याकुलता के आकर्षक बिंब देव कुशलता से प्रस्तुत करते हैं। डॉ. रामस्वरूप चतुर्वेदी के अनुसार देव में बिंबों का कुशल और संवेदनशील रूप समूचे रीतिकालीन काव्य में उनकी अलग पहचान करा देता है। भक्ति और रीतिकालीन कवियों में कृष्ण के श्याम वर्ण का दुर्निवार आकर्षण प्राय: एक अभिप्राय की तरह चलता है। देव ने इस आकर्षण-भाव को दो अलग-अलग बिंबों में अलग-अलग मन:स्थितियों के अनुकूल रचा है। दोनों कवि के प्रसिद्ध छंद हैं, यहाँ उनके उत्तरार्द्ध उद्धृत हैं-

लै मखतूल गुहे गहने, रस मूरतिवंअ सिंगार कै चाख्यौ
साँवरे लाल कौ साँवरो रूप में नैननि में कजरा करि राख्यौ।
आँखिन में तिमिर अमावस की रैनि जिमि,

जम्बु रस बुंद जमुना जल तरंग में।
गौं ही मन मेरो मेरे काम कौ न रह्यौ माई,
है कवि समान्यो स्याम रंग

यहाँ पहले छंद में गोपी को श्याम वर्ण इतना आकर्षक लगता है कि उसने अपने सारे श्रृंगार को श्याममय बना लिया है, अंततः श्याम के रंग का विस्तार उसके नेत्रों के काजल में संकेंद्रित हो गया है। कवि ने इस बात का संकेत भी दे दिया है कि श्रृंगार का वर्ण स्वयं श्याम है। दूसरे छंद में कृष्ण के अगाध श्याम सौंदर्य-सिंधु में गोपियों की विभोरता का वर्णन है, जहाँ अक्षरों की स्याही सारी सृष्टि में परिव्याप्त हो गई है। यों एक अनुभव-प्रक्रिया के दो पक्ष–श्रृंगार और भक्ति–का वैशिष्ट्य इन छंदों में अलग-अलग बिंबों में अंकित हुआ है। यहीं दोनों की बिंब प्रक्रिया का अंतर सामने आता है। पहले छंद में श्रृंगार की आधिपत्य-भावना व्यंजित हुई है श्याम रंग को अपने में समो लेने में। दूसरे छंद में भक्ति की तन्मयता और आत्मसमर्पण है, श्याम सिंधु में अपने को डुबो देना है आधिपत्य और आत्मसमर्पण-रीतिकालीन काव्यानुभव के उभय पक्ष श्रृंगार और भक्ति की ये दोनों मन:स्थितियाँ कवि के इन बड़े सधे हाथों से रचे बिंबों में से विकसित हुई हैं।

कवि देव के बिंब संश्लिष्ट, सजीव एवं गतिशील हैं–

सहर-सहर सोंधो सीतल समीर डोलै,
घहर-घहर घन घेरि कै घहरिया।
झहर-झहर झुकि झीली झरि लायो 'देव'
छहर-छहर छोटी बूँदन छहरिया॥
हहर-हहर हँसि-हँसि के हिंडोरें चढ़ी,
थहर-थहर तनु कोमल थहरिया।
फहर-फहर होत पीतम को पीत पट,
लहर-लहर होत प्यारी की लहरिया॥

राधा-कृष्ण के झूला झूलने के इस संश्लिष्ट बिंब में शीतल समीर का चलना, बादलों का घुमड़ना, बूँदों का बरसना, राधा का हँस-हँसकर हिंडोले पर चढ़ना, उसके शरीर का थर-थर काँपना, कृष्ण के पीतांबर का फहरना, राधा की चुनरी का लहराना–इतने सारे बिंब एक साथ जीवित हो जाते हैं।

देव ने वृंदावन में कृष्ण की रासलीला का साकार बिंब प्रस्तुत किया है। इसी प्रकार का एक प्राकृतिक बिंब देखिए–

वा चकई कौं भयो चित चीतो चितौति चहूँ टिसि चाय सों नाची।
है गई छींन छपाकर की कवि जामिनि जोन्ह मनो जम जाँची॥
बोलत बैरी विहंगम देव, सो सौतिनिके घर संपत्ति माची।
लोहु पियो जो वियोगिनि को, अहै सामुहें लाल पिसाचिनि प्राची॥

यहाँ उषाकाल में चकवी का प्रसन्न होना, चंद्रमा का क्षीण होना, रात बीतने पर चाँदनी का फीका पड़ना, पक्षियों का बोलना, लाल प्राची दिशा को वियोगिनी का रक्त पीने वाली पिशाचिनी होने की अद्भुत लेकिन सहज और विश्वसनीय कल्पना है।

देव ने भौतिक जगत के अलावा माननीय भावों के भी सांद्र बिंब निर्मित किए हैं–

पाइँ परै पलिका पै प[illegible]ी, जिय संकति सोतिन होत न सौंहीं।
ऐंचि कसी फुँफुदी की फुँदी, भुज दाबी दुहूँ छतियाँ हुलसौंहीं॥

काँपि कपोलनि, चाँपि हथेरिन, झाँपि रही मुख डीठि लसौंही।
त्यों सकुचोंही, उचोंही, रुचोंही, समोंही, हँसोहीं, रिसोहीं, रसोहीं॥

यहाँ हास, अभिलाष, मान, गर्व आदि कई भावों के बिंब एक साथ उपस्थित होते हैं। देव सरीखे रीतिकालीन कवि के यहाँ भक्ति और अध्यात्म के अनुभव भी बिंबों में व्यक्त हैं–

हाय कहा कहौ चंचल या मन की गति में मति मेरी भुलानी।
हौं समुझाय कियो रस-भोग न देव तऊ तिसना बिनसानी॥
दाड़िम दाख रसाल-सिता मधु ऊख पिये और पियूष से पानी।
पै न तऊ तरुनी-तिन के अधारान के पीबे को प्यास बुझानी॥

यहाँ मन में मौजूद रस-भोग की प्रबल इच्छा का बिंब उभरता है।

ऐसे ही यहाँ देव ने ब्रह्म का बिंब कितनी जीवंतता के साथ अंकित किया है–

अंतर जाके निरंतर ते उपजे बिनसे तिन माँहि समाई।
बाहर भीतर सो अध ऊरध पूरि रह्यो सु अकास की नाईं॥

इसी तरह देव ने मानव के मन में मौजूद आत्मा रूपी परमात्मा का बिंब प्रस्तुत किया है–

तो मैं जो उठत बोलि ताहि क्यों न मिलैं डोलि,
खोलिए हिए में दिए कपट-कपाट हैं।

देव ने भिन्न-भिन्न अनुभव क्षेत्रों के बिंबों द्वारा अपनी संवेदना का चित्रण करते हुए अपने अभिव्यंजना कौशल को सजीवता, सरसता एवं मार्मिकता के साथ व्यक्त किया है।

देव ऐसी कविता संभव करते हैं जिसमें संयोग-शृंगार के विरल चित्र हैं। उन्होंने वियोग से उपजी करुणा के मार्मिक चित्र भी खींचे हैं, लेकिन संयोग-शृंगार को शब्दबद्ध करने में दूसरे रीतिकालीन कुछ ही कवि हैं जो देव की बराबरी कर पाए हैं। जहाँ देव मानवीय भावों का वर्णन करते हैं, नायक-नायिका के स्वरूप को चित्रित करते हैं या चेष्टाओं को उभारते हैं वहाँ उनकी कविता उत्कृष्ट बिंब में बदल जाती है। इन बिंबों में शब्दों की वर्ण-मैत्री छंदों की गतियति रसपूर्ण लय और नाद जिस काव्य सौंदर्य का सृजन करते हैं वह देखते ही बनता है–देव की कविता में रचनात्मक सच्चाई मिलती है। डॉ. विजयेंद्र स्नातक के अनुसार उनकी रचनाओं में अनुभूति की सच्चाई, भाव-गांभीर्य, रसार्द्रता, गीतितत्त्व, शैलीगत कांति एवं उज्ज्वलता प्रचुर मात्रा में उपलब्ध होती है। वास्तव में देव के काव्य में रीति परंपरा की सारी सीमाएँ होते हुए भी, एक ऐसी अंतर्दृष्टि मिलती है जो जीवन को समग्र देखते हुए भावनाओं को उदात्त धरातल पर स्थापित करती है। आत्मसम्मान की भावना भी उनमें अन्य कवियों की अपेक्षा अधिक दिखाई देती है। उनका जीवन व्यवस्थित नहीं था, वह भ्रमणशीलता और अस्थिरता में व्यतीत हुआ। उनका सौंदर्य-बोध भी औरों की अपेक्षा अधिक परिष्कृत है। कारण यह कि उन्होंने जीवन के विभिन्न पक्षों का स्वयं अनुभव किया था। आचार्य शुक्ल के शब्दों में कहें तो देव के यहाँ मानवीय प्रेम का तीव्र आवेश है। प्रेम प्रसंगों में इनकी मनोवृत्ति अधिक रमी है। उनके किसी भी पद को उठाकर देख लीजिए उसमें प्रेम का आवेग इतना अधिक मिलेगा कि सहज ही उसकी

रस चेतना की गंभीरता का आभास मिल जायेगा। आचार्य शुक्ल इनके संबंध में लिखते हैं–'इनका–सा अर्थ–सौष्ठव और नवोन्मेष विरले ही कवियों में मिलता है। रीतिकाल के कवियों में ये बड़े ही प्रगल्भ और प्रतिभासंपन्न कवि थे इसमें संदेह नहीं।' देव के काव्य–वैभव के संबंध में कह सकते हैं कि उनकी रचनाओं में कल्पना–वैभव भी कम नहीं है। इस संबंध में यह कहना अनुचित न होगा कि उनके समस्त शृंगारी काव्य की रसार्द्रता में कल्पना की ऊँची उड़ान का पर्याप्त योग रहा है। जिसे मूर्तरूप प्रदान करने के लिए उन्होंने साधारणतः ऐसे चित्रों की योजना की है, जिनमें प्रत्येक रेखा अपना विशिष्ट महत्त्व तो रखती ही है, साथ में रंग–वैभव और प्रधान–सामग्री ने उसमें और भी सौंदर्य–सृष्टि की है। देव के स्थिर और दोनों प्रकार के चित्रों में गतिशील कवि की भावना का आवेश अपने आप में उभरता–सा दिखाई देगा और यही कारण है कि सहृदय को उसके धरातल तक पहुँचने में देर नहीं लगती। यद्यपि इन चित्रों में कहीं–कहीं क्लिष्टता आ गई है। इसका कारण कवि का दृष्टि दोष न मानकर उसकी भावना का आवेग ही मानना चाहिए। विशेष बात यह है कि देव मूल रूप से शृंगार–निरूपक कवि है जैसाकि डॉ. गणपति चंद्र गुप्त कहते हैं। देव के शृंगार–निरूपण का सबसे अधिक मार्मिक अंश है, उनके वाचिक अनुभावों का, जिनमें नायिका का दैन्य, रोष, उपालंभ आदि की अभिव्यक्ति सर्वोत्कृष्ट रूप में हुई है :

(अ) आहन जात अहीर अहैं, तुम्हैं कान्ह, कहा कहो, की पीर न!

(आ) ऐसे निरमोही सदा मोही में बसत,
अरु मोही ते निकस फेरि मोहि न मिलत हो!

(इ) मंद मुसक्याय लै, समाय जी में ज्याय लैरे,
प्याइले पियूष प्यासी, अधर सुधा की हैं!

(ई) कहा लगि लाल कछू कहिए, इतनी सहिए सब रावरे काज!

(उ) साथ में रखिए नाथ उन्हें, हम हाथ में चाहति चारि चुरी ये!

(ऊ) सब तें सब भाँति भली हरिनी, निसि वासर पास रहै पिय के!

इस प्रकार की सरस उक्तियों को देखकर कहना पड़ता है कि प्रणयानुभूति की व्यंजना अत्यंत सूक्ष्म, कोमल एवं मार्मिक रूप में करने की दृष्टि से देव इस परंपरा के सर्वश्रेष्ठ कवि हैं। कुछ विद्वानों ने इनकी बिहारी से हीनता या उच्चता के प्रश्न को लेकर पर्याप्त वाद–विवाद किया है, किंतु ये दोनों दो भिन्न क्षेत्रों के कवि हैं। बिहारी के पास पांडित्य है, अभ्यास है, दृष्टि की सूक्ष्मता है और शब्दों का अगाध भंडार है तो देव के पास अध्ययन–क्षेत्र की व्यापकता, दृष्टि का विस्तार, अनुभूतियों की तरलता, छंदों की कमनीयता एवं भाषा की कोमलता है। जहाँ तक सौंदर्य के सूक्ष्म चित्रण का प्रश्न है, नायिकाओं की मुँह–बोलती तस्वीर खींचने की बात है बिहारी देव से बहुत आगे हैं किंतु भावों की तरल अभिव्यक्ति, प्रणय की गंभीरता एवं छंदों की झंकार की दृष्टि से देव के समक्ष बिहारी शुष्क, उदास और फीके से दिखाई पड़ते हैं। देव का काव्य क्षेत्र भी व्यापक है; संयोगकालीन दृश्यों की जैसी विविधता उसमें है उसका 'बिहारी सतसई' में अभाव है। वियोगानुभूतियों के क्षेत्र में तो देव के वैभव के सम्मुख बिहारी अकिंचन से प्रतीत होते हैं। देव

की भाव-प्रवणता से बिहारी की शुष्क कल्पनाशीलता की कोई तुलना नहीं। रीतिकालीन आचार्य कवियों में देव का बड़ा स्थान बेशक न हो लेकिन देव एक महत्त्वपूर्ण रीति कवि हैं। एक ऐसे भाषा सर्जक कवि जिनके यहाँ बोलचाल की सरस और रमणीय भाषा का उत्कृष्ट विधान मिलता है। रीति-निरूपण के रूप में विकसित रीति-काव्य-राधा के आचार्य कवियों में तो देव अपना कोई विशेष स्थान नहीं बना पाये हैं, जबकि शृंगार-वर्णन के रूप में विकसित रीति-काव्य-राधा के कवियों में देव की गिनती ऊँचे दर्जे के कवियों में की जाती है। क्योंकि देव में प्रेमानुभूति की गहनता है, उनकी सौंदर्य-चेतना प्रौढ़ एवं प्रांजल है, उनकी भावमूलक रचनाओं में पाठकों को रसमग्न करने की पूरी क्षमता है। उनकी काव्यात्मा समृद्ध है। उनकी भाषा में कौंध, संगीत एवं नादात्मक सौंदर्य है और उनकी सूक्ष्म, कोमल एवं स्निग्ध अभिरुचि ने कविता को अधिक सरस एवं मार्मिक बनाया है। यही कारण है कि रीतिबद्ध काव्यधारा में देव का महत्त्वपूर्ण स्थान है। कह सकते हैं कि देव ने रीतिकालीन बड़े कवि बिहारी को अच्छी टक्कर दी है। इसलिए आज भी आलोचक देव की कविता को वस्तु और रूपगत धरातलों पर एक चुनौती की तरह लेते हैं।

अपने जिस खास कहने के अंदाज़ के लिए देव जाने जाते हैं, उससे कतई अलग जाकर कई जगह अपने ही मुहावरे में तोड़फोड़ भी करते हैं। यह बड़े रचनाकार की प्राथमिक खूबी है कि वे अपना शैली-स्थापत्य ही नहीं; वस्तु-चयन में भी जोखि़म उठाए। ऐसा करते हुए देव की जानी-पहचानी छवि से बिल्कुल अलग दूसरी तस्वीर नज़र आती है–'**हैं उपजे रज-बीज ही ते बिनसे हू सबै छिति छार कै छाँड़े / एक-से देखु कछू न बिसेखु ज्यों एकै उन्हार कुम्हार के भाँड़े / तापर ऊँच, औ नीच बिचारि बृथा बकि बाद बढ़ावत चाँड़े / बेदनि मूँदु, कियो इन दूँदु कि सूदु अपावन पावन पाँड़े।**' कवि देव, समता-सिद्धांत प्रस्तावित करते हुए कहते हैं कि सारे मनुष्य रक्त और वीर्य से उत्पन्न हुए हैं। सब एक दिन राख में मिल जाएँगे और नष्ट हो जाएँगे। सब एक जैसे दिखते हैं, किसी में कोई अंतर नहीं है जैसे कुम्हार के सारे बर्तन एक समान दिखते हैं। मनुष्यों में आपसी ऊँच-नीच का विचार आपस में विवाद पैदा करता है। वेदों को बंद करके रख देना चाहिए क्योंकि इन्होंने द्वंद्व भेदभाव पैदा किया और कहा कि शूद्र अपवित्र है और ब्राह्मण पवित्र है।

भक्ति का वास्तविक अर्थ जानकर कवि देव ईश्वर प्राप्ति की राह सुझाते हैं–'**कथा मैं न कंथा मैं न, तीरथ के पंथा मैं न/ पोथी मैं, मैं, न पाथ मैं, न साथ की बसीति मैं / जटा मैं न, मुंडन न, तिलक त्रिपुंडन न / नदी-कूप-कूंडन अन्हान दान-रीति मैं / पैठ-मठ-मंडल न, कुंडल कमंडल न / माला-दंड मैं न, देव देहरे की भीति मैं / आपु ही अपार पारावार प्रभु पूरि रह्यो / पाइए प्रगट परमेसुर प्रतीत मैं।**' उनके अनुसार ईश्वर न कथा-वाचन या श्रवण से मिलता है। ग्रंथ-पठन या तीर्थ में भी उसे नहीं पाया जा सकता। न सत्संग से वह मिलता है। जटा बढ़ा लेने से, सिर मुड़ा लेने से या तिलक-त्रिपुंड लगाने से भी उसकी प्राप्ति नहीं होती है। संन्यास लेकर मठ में बसने, कुंडल, माला-दंड इत्यादि धारण करने या देवालय की दीवारों में भी वह नहीं मिलता। आत्मा में ही

परमात्मा का वास होता है। वह अपार पारावार मनुष्य के भीतर ही होता है। उस परमेश्वर को प्रेम द्वारा पाया जा सकता है। उसे बाहर ढूँढ़ना व्यर्थ है।

देव कई जगह आधुनिकों से भी अधिक आधुनिक लगते हैं। अप्रत्यक्ष रूप से देव स्वामियों की आलोचना करते हैं कि वे अपने नौकरों में असंभव गुण ढूँढ़ते हैं–**'पावक मैं बसि आँच लगै न, बिना छत खाँड़े कि धार पै धावै / मीत सों भीत, अभीत अमीतसों, दुक्ख सुखी, सुख मैं दुख पावै / जोगी ह्वै आठ हु जाम जगै, अठजामनि कामनि सौं मनु लावै / आगिलो पाछिलो सोचि सबै फल कृत्य, तब भृत्य कहावै।'** आग में रहे लेकिन आँच नहीं लगे। बिना कवच या सुरक्षा के तलवार की धार पर दौड़े, मित्र से डरे, अमित्र से नहीं डरे। दुख में सुखी रहे और सुख में दुखी यानी सुख की यहाँ तक इच्छा नहीं करे कि सुख से उसे दुख हो। योगी होकर आठों पहर जागे रहे। आगे-पीछे सोचकर यानी स्वामी का हित देखकर काम करे तभी अच्छे सेवक कहलाये। ऐसे ही प्रिय के नख-शिख सौंदर्य का वर्णन करते हुए देव प्रेम में दर्शन-मिलन का बड़ी भूमिका को रेखांकित करते हैं–**'औचक ही चितई भरि लोचन वा रस के बस ह्वै चुकी चेरियै / मोहक मोहूपै हौं नहीं सूझत बूझत स्याम घने तम घेरियै / आनँद के मद के नद मैं मनु बूड़ि गयो हद मैं नहिं हेरियै / कै उलटो सब लोक लगै किधौं 'देव' करी उलटी मति मेरियै।'** यह उनका पसंदीदा और कई बार आजमाया हुआ काव्य विषय है।

भाषा के नजरिये से भी देव बड़े कलाकार हैं। व्याकरण के अनुसार 'कला' शब्द की व्युत्पत्ति तीन प्रकार से बतायी गई है–कल्+अच्+पाट। मूल धातु 'कल्' का अर्थ है–आवाज करना, गिनती करना। 'आवाज' अथवा 'ध्वनि' से अभिप्राय है–(1) अव्यक्त से व्यक्त की ओर गमन। (2) 'कवि' और 'लास्य' के प्रथमाक्षरों से मिलकर ही 'कला' शब्द बना है। कवि का अर्थ है–'चतुर' जबकि 'लास्य' का अर्थ है–नृत्य अथवा उछल-कूद। कला के प्रसंग में लास्य का अर्थ है–कवि का लालित्य, शोभन और मधुर अभिव्यंजन। इसी के द्वारा कवि के अव्यक्त भाव, शब्दों के माध्यम से और आनंदातिरेक के कारण नृत्य करने लगते हैं। दूसरे शब्दों में, कवि-कल्पना का मूर्त्त लास्य ही कला है। (3) 'कं लाति ददातीति कला' अर्थात् वह जो सौंदर्य की अभिव्यक्ति के द्वारा सुख प्रदान करे। क+ला। क=कामदेव, सौंदर्य, प्रसन्नता हर्ष, आनंद। ला=देना। जहाँ तक प्रश्न है–इसके प्रमुख साधनों का तो भाषा, छंद, अलंकार, प्रतीक तथा बिंबादि इसी के प्रमाण हैं। इसलिए कवि की काव्य-कला की कलापक्षीय उपलब्धियों का निर्धारण करना इन्हीं तत्त्वों के आधार पर ठीक रहता है। इस नजरिये से देव की कविता का खासा महत्त्व है।

देव की काव्य-भाषा ब्रज थी जो कवि को समृद्ध रूप में प्राप्त हुई थी। यह उसके समय में सर्वमान्य प्रचलित भाषा भी बन चुकी थी। कवि ने उसका विपुल अध्ययन किया था। इटावा और दिल्ली में ही अधिकांश समय तक रहने के कारण इस भाषा को कवि की मातृभाषा और कार्यभाषा भी कह सकते हैं। सच तो यह है कि कवि का व्यापक और विविध शब्दकोश, उसकी शब्द-पकड़ की सामर्थ्य और पात्र-प्रसंगानुकूल शब्दावली चयन करने की क्षमता ने उसकी काव्य-भाषा को

अत्यंत काव्यमय और गुण-संपन्न भी बना दिया– **'हाय दई यहि काल के ख्याल मैं फूल-से फूलि सबै कुम्हिलाने / देब अदेव बली बल-हीन चले गए मोह की हौसहि लाने / या जग बीच बचै नहिं मीचु पै, जे उपजे ते मही मैं मिलाने / रूप, कुरूप, गुनी, निगुनी, जे जहाँ जनमे, ते तहाँई बिलाने।'** कवि ने एक ओर इसको यदि संस्कृत की तत्सम शब्दावली से युक्त किया है तो दूसरी ओर अरबी-फारसी की सरल-प्रचलित शब्दावली का समावेश करके शब्दावली-विस्तार भी दिया है। मुख्य बात तो यह है कि इस समृद्ध भाषा में प्रत्येक प्रकार के शब्दों का समाहार अकृत्रिम रूप से हुआ है। तत्सम, तद्भव, देशी और विदेशी सभी प्रकार के शब्दों का प्रयोग इतनी कुशलता से हुआ है कि वे भाषा में घुलमिल गए हैं– **'देव न देखति हौं दुति दूसरी, देखे हैं जा दिन ते ब्रज-भूप मैं / पूरि रही री वही धुनि कानन, आनन आन न ओप अनूप मैं / ए अँखियाँ सखियाँ न हमारियैं जाय मिली जलबुंद ज्यौं कूप मैं / कोटि उपाय न पाइए फेरि, समाय गई रँगराय के रूप में।'** देव की काव्य-भाषा में शब्द ऊपर से नहीं थोपे गए हैं। उनके अस्तित्व से भाषा का प्रवाह कहीं भी अवरुद्ध नहीं हुआ है। यही बात मुहावरों-कहावतों पर भी चरितार्थ होती है। सबसे अधिक तो इस पात्र-प्रसंगानुकूल शब्दावली की स्वाभाविकता, प्रवाहमयता, अद्भुत नाद-सौंदर्यात्मकता, माधुर्य गुण-प्रधानता तथा अपने युगानुरूप 'वैदग्ध-भंगी-भणिति' प्रभावित करती हैं। वाक्-कौशल से परिपूर्ण होना एवं अभिव्यक्ति-सक्षम होना आदि इस काव्य-भाषा की अपनी विशेषता अथवा उपलब्धियाँ हैं– **'धार मैं धाइ धसीं निरधार ह्वै, जाय फँसी उकसी न अबेरी / री अँगराई गिरी गहिरी गहि फेरे फिरी न घिरी नहि घ्यैरी / देव कछू अपनो बसु ना रसु लालच लाल चितै भई चेरी / बेगिही बूड़िगई पँखियाँ मधु की मखियाँ भई मेरी।'** दूसरी ओर शब्द-व्यय की अधिकता या अर्थ की अल्पता, तुक-मोह में शब्दों की जरूरत से ज्यादा तोड़-मरोड़, अशुद्ध-असंगत वाक्य-विन्यास, निरर्थक शब्दों का प्रयोग, वचन-लिंग-कारक-क्रिया-वाच्यादि के अनेकानेक दोष देव के आचार्यत्व (कम-से-कम भाषा-ज्ञान) के विषय में भी प्रश्नचिह्न लगाते हुए मिलते हैं। यह दोष कवि-विवशता, असावधानी, हस्तलिखित प्रतिलिपि-रूपों की अधिकता तथा युग-स्थिति के ही परिणाम हैं।

देव न तो अलंकारवादी थे, न चमत्कार प्रिय। रसवादी आचार्य होने से उनके काव्य में अलंकार काव्योक्ति को भूषित करने वाले अलंकार रूप में ही मिलते हैं। इसीलिए उनकी कविता स्वयं उन्हीं के शब्दों में, 'अलंकार पहिरे अधिक अद्भुत रूप लखाति।' देव ने प्रचलित अलंकारों को ही प्रयुक्त किया है। जिनमें उपमा और स्वभावोक्ति उन्हें अधिक प्रिय हैं या फिर अनुप्रास और रूपक। सच तो यह है कि कवि के हृदयगत भाव विषय के दबाव से अनायास अलंकारमयी भाषा में उतरते गए हैं– **'उज्जल कपोल अरुनाधर मधुर बोल / लोल चकचौंध सो अमंद मंद हास को / चीकने चिबुक चारु नासिका मुकुत भारु / ललित लिलार बेदी बंदन बिलास को / कंचन किनारी झुमकारी मैं करन-फूल / सीस-फूल हीरा लाल मोतिन उजास को / 'देव' ज्यों उदित हंदु-मंडल अखंड मुख / मंडल के आस-पास मंडल प्रकास को।'** देव की महत्त्वपूर्ण उपलब्धि तो यह

है कि देव ने न केवल नवीन उपमानों का प्रयोग ही किया है बल्कि परंपरित उपमानों को भी नया जामा पहनाया है। मानवीकरण में तो उनको विशिष्ट सफलता मिली है। अलंकार रूप में मानवीकरण को विशेष प्रतिष्ठा बहुत बाद में, छायावादी-युग में ही प्राप्त हो पाई है। उपमा के कई नए भेदों का विवेचन और प्रयोग भी देव की अपनी उपलब्धिगत विशिष्टताएँ हैं।

छंद को 'कविता-कामिनी की गति' कहने तथा सवैया जैसे परंपरागत छंद में 4 नए भेद जोड़ अपनी मौलिकता को प्रदर्शित करनेवाले देव ने मुक्तक छंदों को ग्रहण किया है। दोहा, सोरठा, त्रोटक, छप्पय, कुंडलियाँ और भुजंगप्रयात आदि छंदों के उदाहरण भी उनके यहाँ पर्याप्त मात्रा में मिल जाते हैं। फिर भी सवैया और कवित्त उनके सर्वाधिक प्रयुक्त, प्रिय और सफल छंद रहे हैं। सवैया के तो उन्होंने 11 रूप प्रयुक्त किए हैं। आठ परंपरागत और तीन मौलिक। शास्त्रीय रूप से मानें तो 12 भेद हैं। इतना ही नहीं, उन्होंने इसकी भगण, सगण उजगणाश्रित तीनों ही लयों को प्रयुक्त किया है। इसी भाँति कवित्त या घनाक्षरी जैसे छंद को शृंगार-काव्य में पहली बार डटकर प्रयोग करना, उसकी शृंगारानुकूल मार्दव, लोच और झंकृति प्रदान करना–**'कैसी कुलबधू, कुल कैसो, कुलबधू कौन / तू है यह कौन पूँछै काहू कलटाहि री / कहा भयो तोहि, कहा काहि, तोहि मोहि कीधौं / कीधौं और का ह्वै और कहा न तौ काहि री / जाति ही सौ जाति, को है जाति, कैसे जाति, एरी / तोसों हौं रिसाति, मेरी मोसों न रिसाहि री / लाज गहु, लाज गहु, लाज गहिबे ते रही / पंच हँसिहैं री, हौं तौ पंचन ते बाहिरी।'** कोमल-अनुप्रासमय वर्णों का प्रयोग करना, वीप्सा अलंकार-लघु अक्षर और कोमल स्वरों एवं अनुप्रासयुक्त पदों की आवृत्ति करना आदि देव की इस क्षेत्र की अपनी महत्त्वपूर्ण विशिष्टताएँ हैं। 33 अक्षरों वाले 'देव घनाक्षरी' छंद का आविष्कार देव की एकदम मौलिक उपलब्धि है। कहना न होगा कि भावानुरूपता, नाद-ध्वनि या संगीत से ओतप्रोत होना, लय, गति-यति आदि का पूरा-पूरा समन्वय करना आदि शास्त्रीय गुण भी इनमें खूब मिलते हैं। एक छंद देखिए–

अरुन, उदोत, सकरुन ह्वै अरुन नैन
तरुनी-तरुन तन तूमत फिरत हैं।
कुंज-कुंज केलि कै नवेली बाल-बेलिन सौं
नायक पवन बन झूमत फिरत हैं।
अम्ब कुल-बकुल समीड़ि मीड़ि पांडरनि
मल्लिकाति भीड़ि घने घुमत फिरत हैं।
द्रुमन-द्रुमन दल घूमत मधुप 'देव'
सुमन-सुमन मुख चूमत फिरत हैं।

देव की कविता में प्रतीक अपेक्षाकृत कम हैं। उनके प्रतीक परंपरागत भी हैं। कवि ने एक ओर तो उनको नवीन अर्थ प्रदान किए हैं और दूसरी ओर कुछ नए प्रतीक भी प्रयुक्त करके मौलिक उपलब्धि का परिचय दिया है। कहना न होगा कि इनमें रूप, धर्म और प्रभाव तीनों का साम्य-निर्वाह हुआ है। अशोक (नायिका की प्रसन्नता), लता (तन्वंगी), पपीहा (विरत), हारिल (तपस्या), स्वकीया (आदर्शवादी

पत्नी), अभिसारिका (नायिका की सम्भोगेच्छा), जनश्रुति (बुद्धि), सहजानंद-शांतानंद-लिंगानंद (रसिक व्यक्ति), ओस का हार-कागद की छतरी (क्षणभंगुरता) तथा मोम का मंदिर (हृदय) आदि ऐसे ही कुछ प्रमाण हैं। देव द्वारा प्रस्तावित प्रतीक विरल लेकिन सशक्त हैं।

देव ने वैराग्यपरक और श्रृंगारपरक दोनों ही प्रकार के बिंबों का काव्य में प्रयोग पर्याप्त मात्रा में किया है किंतु उसे सफलता दूसरे अर्थात् श्रृंगारपरक स्थलों पर ही अधिक मिली है। इसमें भी रूप-सौंदर्य विषयक बिंबों के आयोजन में तो उसने अत्यधिक प्रभाव ही उत्पन्न नहीं किया बल्कि अपनी मौलिकता, अपूर्व क्षमता और काव्य-कौशल का भी पूरा-पूरा परिचय दे दिया है– **'जिन जान्यौ बेद, ते तौ बाद कै बिदित होहिं / जिन जान्यो लोक, तेऊ लीक पै लहि मरौ / जिन जान्यौ तपु, तीनौं तापन सो तपौ, जिन / पंचागिनि साध्यौ, ते समाधित परि मरौ / जिन जान्यौ जोत, तेऊ जोति लै जरि मरौ / हौं तौ 'देव' नंद के कुमार / तेरी चेरी भई / मेरो उपहास क्यों न कोटिन करि मरौ।'** सुर-सुरा-सुंदरी के युग-वातावरण में और स्वभाव से ही एकदम रसिक और राग-वृत्ति के उपासक देव के लिए यह स्वाभाविक भी था। सच तो यह है कि देव के बिंब-विधान में संवेदनात्मक, अलंकरण प्रभविष्णुता, प्राणवत्ता तथा क्रमबद्धता तो है ही, इसके अतिरिक्त वस्तु-जगत् से भावनात्मक संबंध स्थापित करने की भी क्षमता है। उसका हर एक बिंब कवि अथवा पात्र की मनोदशा-विशेष, स्थिति-विशेष, दृष्टिकोण-विशेष तथा ईमानदार अनुभूति और कवि की कला-कुशलता का प्रतिनिधित्व करता है।

21. पद्माकर
(रीतिबद्ध कवि)

भाव और भाषा की अनेकरूपता

रीतिकाल के अंतिम चरण के प्रसिद्ध कवि पद्माकर बहुमुखी प्रतिभा के सृजक हैं। वे रस-सिद्ध शृंगार-कवि परंपरागत लक्षण-ग्रंथ आचार्य, युगीन प्रशस्तिपरक वीर प्रबंध-काव्यकार, प्रबंध और मुक्तक शैलियों के प्रयोक्ता भी हैं। शृंगार, वीर, अध्यात्म, रीति-नीति आदि युगीन सभी विषयों में काव्य-रचना करने वाले प्रतिनिधि कवि पद्माकर प्रमुख रूप से रीति या परंपरायुक्त शृंगार कवि हैं। पद्माकर की रचनाशीलता ने उनके समवर्ती तथा परवर्ती कवियों के काव्य को प्रभावित किया।

पद्माकर का जन्म वर्तमान मध्यप्रदेश के सागर जनपद में 1753 ई. में हुआ। 80 वर्ष की आयु में सन् 1833 ई. में कानपुर में उनका देहांत हुआ। पद्माकर का शृंगार-वर्णन स्थूल-मांसल अधिक है, सूक्ष्म-मानसिक कम है। औदात्य का तो उसमें सर्वथा अभाव है। एकांतिक ऐंद्रिक उत्तेजक प्रेम-शृंगार का वर्णन ही अधिक हुआ है। इसी कारण जीवन की विविध परिस्थितियों में पनपने वाले उदात्त प्रेम-शृंगार का अभाव रहा है इत्यादि आक्षेप पद्माकर पर लगते हैं। बावजूद इसके पद्माकर रीतिकाल के श्रेष्ठ कवि हैं। उनका काव्य उनके समकालीन देव, बिहारी, मतिराम आदि श्रेष्ठ कवियों की श्रेणी का काव्य है।

रीतिकाल के कवियों में रीतिबद्ध कवि पद्माकर का विशिष्ट महत्त्व है। उनका 'जगद्विनोद' महत्त्वपूर्ण रीति-ग्रंथ है जिसमें कुल छह प्रकरणों और 731 छंदों में नौ रसों का विवेचन है। उनका 'पद्माभरण' अलंकार-निरूपण का ग्रंथ है। पद्माकर ने नवरसों का प्रतिपादन भानुदत्त की 'रसमंजरी' आदि संस्कृत रचनाओं के आधार पर किया है, किंतु उन्होंने लक्षण-प्रस्तुतिकरण में अपने मौलिक उदाहरणों पर भरोसा किया है। यही इस रचना का रचनात्मक वैशिष्ट्य है। पद्माकर ने परंपरा-निर्वाह करते हुए शृंगार रस के विस्तृत वर्णन के अंतर्गत नायक-नायिका भेद, दूति-वर्णन षड्ऋतुवर्णन, भाव वर्णन, संयोग-वियोग आदि के लक्षण-उदाहरण प्रस्तुत किए हैं। इस काव्यांग-निरूपण में पद्माकर ने जिस सुगमता और सुबोधता के साथ लक्षण और उदाहरण कवित्त, सवैया या दोहा में इत्यादि छंदों के उदाहरण रचे हैं, वह रीतिकालीन-शृंगारिक कविता के श्रेष्ठ उदाहरण हैं।

पद्माकर का 'पद्माभरण'-(रचनाकाल सन् 1781) अलंकार विवेचन एवं अलंकार शिक्षण ग्रंथ है। 'जगद्विनोद' (सन् 1811) 'नवरस' विषयक ग्रंथ है। 'हिम्मत

बहादुर विरुदावली' (सन् 1792 के लगभग) वीररस प्रधान रचना है। 'प्रताप सिंह विरुदावली' जयपुर के संवाई महाराज प्रताप सिंह का यशोगान है। इसके अतिरिक्त 'राम रसायन', 'ईश्वर पचीसी' (जयपुर नरेश ईश्वरीयसिंह का यशोगान), 'भाषाहितोपदेश', 'प्रबोध-पचासा', 'गंगा लहरी' इत्यादि ग्रंथ पद्माकर की कविताई के कीर्तिस्तंभ हैं। उनकी कविता के विषय शृंगार, भक्ति तथा राजप्रशस्ति हैं। इन विषयों की अभिव्यक्ति में इन्हें जो सफलता मिली है उसका मूल आधार कथ्य तथा अभिव्यक्ति की रमणीयता है। पद्माकर अन्य अनेक रीतिकालीन कवियों के समान भावों के साथ खिलवाड़ करते हुए उसे उपहास की सीमा तक पहुँचाने के स्थान पर अद्भुत कल्पना शक्ति का ऐसा प्रयोग करते हैं कि भावों की सरलता तथा मधुरता पाठक के हृदय पर अपना सम्मोहक एवं रसात्मक प्रभाव छोड़ जाती है। इनमें केशव के समान पैनी अंत:दृष्टि, मतिराम के समान भावों की सरलता तथा बिहारी के समान अपूर्व कल्पना-शक्ति है। दुरूहता का परित्याग करते हुए, भावानुरूप शब्द-योजना के माध्यम से संगीत-सृष्टि कर कथ्य का हृदयस्पर्शी बिंब प्रस्तुत देना पद्माकर के काव्य-शिल्प की अनूठी विशेषता है।

पद्माकर के काव्य में रीतिकालीन काव्य-कला का चरमोत्कर्ष परिलक्षित होता है। रीतिकाल के इस अंतिम आचार्य कवि पद्माकर की काव्यगत विशेषताओं के संदर्भ में डॉ. विजयेंद्र स्नातक कहते हैं कि अनुप्रासों का आवेगमय प्रयोग, भावों का अकृत्रिम प्रवाह, स्वेच्छा से शब्द-निर्माण तथा रूढ़िगत वस्तु-वर्णन, पद्माकर की कविताओं की विशेषता है। जैसे भाषा और भाव सहज रूप में रचनाओं में आए हैं उन्होंने पद्माकर की रचनाओं में असाधारण सौंदर्य भर दिया है–

पीतम के संग ही उमगि उड़ि जैबे कों,
न एती अंग-अंगनि परंद पखियाँ दई।
कहै 'पद्माकर' जे आरती उतारैं चौंर ढ़ारैं,
श्रम हारैं, पै न ऐसी सखियाँ दई।
देखि दृग द्वै ही सौं न नेक हू अघैये,
इन ऐसे झुकाझुक में झपाक झखियाँ दई।
कीजै कहा राम स्याम-आनन बिलोकिबे, कों,
बिरँचि बिरचि न अनंत अँखियाँ दई।।

पद्माकर को अपने समय में अतिशय सफलता प्राप्त हुई और उन्होंने ब्रजभाषा को समृद्ध बनाने में काफी योगदान दिया।

पद्माकर भी मतिराम के समान भाषा और भाव की प्रवाहमयी सहजता के कारण लोकप्रिय हैं, किंतु पद्माकर की कविता शृंगार, भक्ति और वीरता तीनों भूमियों पर समान अधिकार के साथ रस का संचार करती है। विभिन्न भावों के अनुरूप भाषा को सहज तौर पर ढाल लेने में ये सिद्ध थे। आचार्य रामचंद्र शुक्ल के शब्दों में इनकी भाषा में वह अनेक रूपता है जो एक बड़े कवि में होनी चाहिए। भाषा की ऐसी अनेकरूपता गोस्वामी तुलसीदास जी में दिखाई पड़ती है। पद्माकर के काव्य में कहीं-कहीं विदग्धता भी मिलती है लेकिन वह केंद्रीय भाव में ढल जाती है। पद्माकर में बिहारी की तरह समुचित बाह्य चेष्टाओं की योजना द्वारा आंतरिक

भाव को व्यंजित करने की प्रतिभा थी। किंतु इनमें चमत्कारप्रियता नहीं, या नहीं के बराबर मिलती है।

इनकी वीर रस की कविताओं में भूषण की तरह ही वीरोचित ओज तो है, किंतु भाषा व्यवस्थित बनी रहती है। पद्माकर की 'गंगा लहरी' में एक शांत कामी चित्त की कातरता और गंगा के माहात्म्य पर अटूट श्रद्धा दिखलाई पड़ती है। पद्माकर के काव्य में बुंदेलखंड की प्रकृति का सजीव चित्रण हुआ है–

पात बिन कीन्हे ऐसी भाँति मन बेलिन के,
परत न चीन्हे जे ये लरजत लुंज हैं।
कहै 'पद्माकर' बिसासी या बसंत के,
सु ऐसे उतपात गात गोपिन के भुंज हैं।
ऊधो यह सूधो सो संदेसो कहि दीजो भले,
हरि सों, हमारे ह्याँ ना फूले बन-कुंज है।
किंसुक गुलाब कचनार औ अनारन की
डारन पै डोलत अंगारन के पुंज है।।

इनके काव्य-भाषा में अनुप्रासों की छटा देखते ही बनती है–

मल्लिकन मंजुल मलिंद मतवारे मिले,
मंद-मंद मारुत मुहीम मनसा की है।
कहै 'पद्माकर' त्यों नदन नदीन नित,
नागर नवेलिन की नजर नसा की है।
दौरत दरेरौ देत दादुर सु दुंदे दीह,
दामिनी दमंकत दिसान में दसा की है।
बहलति बुंदनि बिलोकौ बगुलाकन बाग,
बंगलान बेलिन बहार बरसा की है।।

बिहारी और पद्माकर को रीतिकाल के दो छोर कहा जा सकता है। बिहारी रीतिकाल के प्रारंभिक श्रेष्ठ कवि हैं तो पद्माकर अंतिम। यह कालावधि लगभग दो सौ वर्षों की है। पद्माकर की कविता की विशेषता यह है कि वे भावों को व्यंजित करने में समर्थ सजीव चित्र खींच देते हैं। डॉ. विश्वनाथ त्रिपाठी की इन निष्पत्तियों के बाद संक्षेप में रीति-काव्य की सैद्धांतिकी और उसके आधार पर पद्माकर की कविताई के वैशिष्ट्य को परखना ठीक रहेगा। दरअसल रीति का शाब्दिक अर्थ पद्धति, प्रणाली, पटिपाटी या परंपरा होता है। हिंदी कविता के उत्तर मध्यकाल यानी रीतिकाल में रीति का निहितार्थ उस कविता के लिए रूढ़ हो गया जिसके अंतर्गत कवि किसी काव्यशास्त्रीय तत्त्व का निरूपण करते हुए उसका छंदोबद्ध उदाहरण प्रस्तुत करता था। कुछ आलोचक 'रीति' का अत्यंत व्यापक अर्थ ग्रहण करते हुए कहते हैं कि समूचे उत्तरमध्यकाल की समस्त काव्य-प्रवृत्तियाँ-काव्यांग-निरूपण, लक्षण-ग्रंथों की रचना, रीतिबद्ध या रीति-सिद्ध काव्य-अर्थात् समस्त रीति-काव्य, रीतिमुक्तकाव्य, वीरकाव्य, नीतिकाव्य, दक्खिनी हिंदी काव्य, भक्तिकाव्य–सबकुछ पूर्वमध्यकाल से ही परंपरा रूप में प्रचलित होने के कारण रीति या परंपरा का काव्य है पर रीति से तात्पर्य शास्त्र ही है। इस दृष्टि से रीतिकाव्य के अंतर्गत काव्यांग

या काव्यशास्त्र-निरूपक रचनाएँ अर्थात् लक्षण ग्रंथ या रीति-ग्रंथ और लक्ष्य ग्रंथ अर्थात् जिसमें लक्षण-निरूपण तो नहीं, किंतु शास्त्रीय आधार पर काव्य रचना हुई है, इन्हीं रचनाओं को रीतिबद्ध या रीतिसिद्ध काव्य कहा गया है। उल्लेखनीय है कि लक्षण या रीति-ग्रंथ भी तीन प्रकार के रचे हुए हैं। पहली तरह के रीतिग्रंथ वे हैं जिनमें कवि एक शिक्षक की भूमिका में रीति-कर्म निभाता है। यह संस्कृत के आचार्यों के अनुकरण या कहें तत्कालीन उर्दू-फारसी के उस्ताद-शागिर्द की तरह अपने आश्रयदाता सामंतों को काव्यांगों के लक्षण-उदाहरण और काव्य-विषय समझाने के लिए काव्य कवियों ने रचना की। ऐसे लक्षण ग्रंथकार, जिन्होंने लक्षण अपने दिए हैं और उदाहरण दूसरे कवियों, उनके लक्षण-ग्रंथों को मौलिक स्वरचित कविताएँ भी प्रस्तुत नहीं कीं। ऐसे कथित रचनाकारों को आचार्य या कवि, किसी भी श्रेणी में नहीं रखा जा सकता। उदाहरण के लिए जसवंत सिंह का 'भाषाभूषण', रसरूप का 'तुलसीभूषण', दूलह का 'कविकुल कंठाभरण' आदि ऐसी रीति-कृतियाँ इसी श्रेणी की हैं।

दूसरी तरह के रीति-ग्रंथ, जिनमें विविध काव्यरूपों, काव्यांगों और काव्यसिद्धांतों का काव्य समग्र सैद्धांतिक निरूपण संस्कृत के साहित्य-दर्पण, काव्य-प्रकाश, काव्यादर्श आदि ग्रंथों के आधार पर किया गया है, उनके कवियों को कवि के साथ-साथ आचार्य भी कहा जा सकता है। इनमें मौलिक विवेचन और सिद्धांत प्रतिपादन की क्षमता कम है लेकिन हिंदी काव्यशास्त्र निर्माण के आरंभिक काल में इन कवियों—चिंतामणि (कविकुलकल्पद्रुम), भिखारीदास (काव्य-निर्णय), देव (शब्द रसायन), कुलपति (रसरहस्य) आदि आचार्य कवियों का अपना महत्त्व है।

तीसरी तरह के रीतिग्रंथ जिनमें, अलंकार, छंद आदि एकाध काव्यांग का निरूपण करना ही कवियों का उद्देश्य रहा है। उनमें भूषण का 'शिवराजभूषण', पद्माकर का 'जगद्विनोद' और 'पद्माभरण', भिखारीदास का 'रस-निर्णय', ग्वाल का 'रसरंग', देव का 'रसविलास', मतिराम का 'ललितललाम' आदि प्रमुख हैं। इनमें रस, अलंकार अथवा छंदादि के लक्षणों के साथ उदाहरण प्रस्तुत करके ग्रंथकारों ने अपने कविकर्म को प्रतिष्ठित किया है। इनमें ज्यादातर रस-निरूपी ग्रंथ हैं। श्रृंगार रस के निरूपण में विशेष अभिरुचि दिखाते हुए सृजकों ने श्रृंगार रस के ही सांगोपांग वर्णन और सरस उदाहरण प्रस्तुत किए हैं। विशेषज्ञता प्रदर्शित करते हुए कवियों ने श्रृंगार रस से संबंधित विषयों—नायक-नायिका भेद निरूपण संबंधी ग्रंथ, नख-शिख रूप-निरूपण, षड्ऋतु वर्णन, बारहमासा आदि पद-विशिष्ट रचनाएँ लिखी हैं। श्रृंगारपरक रचनाओं की अतिशयता के कारण इस काल के कवियों की प्रमुख प्रवृत्ति रीतिबद्ध और रीतिमुक्त प्रेम और श्रृंगार-वर्णन की रही है। इनके अतिरिक्त स्वच्छंदप्रेम-काव्यधारा, सूफी प्रेमाख्यानक काव्य, दक्खिनी हिंदी काव्य-धारा आदि भी प्रेम और श्रृंगार से रहित नहीं हैं। यानी इस काल की काव्य-प्रवृत्तियों-रीतिकाव्य, रीतिबद्ध श्रृंगारकाव्य, रीतिमुक्त प्रेमकाव्य, प्रेमाख्यानक काव्य, दक्खिनी हिंदी काव्य इत्यादि का संबंध प्रेम और श्रृंगार से है। वीरकाव्य, नीतिकाव्य और भक्तिकाव्य इत्यादि अन्य युगीन काव्य प्रवृत्तियों में भी प्रेम और श्रृंगार की प्रत्यक्ष-अप्रत्यक्ष उपस्थिति देखी जा सकती है। इसलिए उत्तरमध्यकाल

को अनेक आलोचक शृंगारकाल भी कहते हैं। आलोच्य कवि पद्माकर की रचनाएँ इस तथ्य का प्रमाण हैं कि वे रीतिकाल के उन थोड़े से कवियों में हैं जिनके यहाँ सर्वरस-निरूपण की कारीगरी है–

भाल पै लाल गुलाल सों गेरि गरैं गजरा अलबेलो।
यों बनि बानिक सों 'पद्माकर' आये जु खेलन फाग तौ खेली।
पै इक या छबि देखिबे के लिये मो बिनती कै न झोरिन झेलौ।
रावरे रंग-रंगी अंखियान में ए बलबीर अबीर न मेलौ।

आचार्य रामचंद्र शुक्ल के अनुसार रीतिकाल के कवियों में सहृदय समाज इन्हें बहुत श्रेष्ठ स्थान देता आया है। ऐसा सर्वप्रिय कवि इस काल के भीतर बिहारी को छोड़ दूसरा नहीं हुआ है। इनकी रचना की रमणीयता ही इस सर्वप्रियता का एकमात्र कारण है। रीतिकाल की कविता इनकी और प्रतापसाहि की वाणी द्वारा अपने पूर्ण उत्कर्ष को पहुँचकर फिर ह्रासोमुख हुई। अत: जिस प्रकार ये अपनी परंपरा के परमोत्कृष्ट कवि हैं उसी प्रकार प्रसिद्धि में अंतिम भी। देश में जैसा इनका नाम गूँजा वैसा फिर आगे चलकर किसी और कवि का नहीं। काव्यांग-निरूपण में पद्माकर अधिक मौलिक नहीं हैं लेकिन जिस सहजता और स्वाभाविकता के साथ उन्होंने कवित्त-सवैया या दोहा में लक्षण उदाहरण रचे हैं, वह उन्हें इस धारा के कवियों में श्रेष्ठ स्थान प्रदान करती है। उनके कवित्त सवैये रीतिकालीन शृंगार के अनूठे बिंबों की चमकती पंक्तियाँ हैं–

स्वेद को भेद न कोऊ कहै ब्रत आँखिन हूँ अँसुवान को धारो।
त्यों 'पद्माकर' देखती हौ तनकौ तन कंप न जात सँभारो।
ह्वैवेंधो कहा को कहा गयो यों दिन द्वैक ही तें कछु ख्याल हमारो।
कानन में बसी बाँसुरी की धुनि प्रानन में बस्यो बाँसुरीवारो।

आचार्य शुक्ल के शब्दों में मतिराम जी के 'रसराज' के समान पद्माकर जी का 'जगद्विनोद' भी काव्यरसिकों और अभ्यासियों दोनों का कंठहार रहा है। वास्तव में यह शृंगार रस का सारग्रंथ-सा प्रतीत होता है। इनकी मधु कल्पना ऐसी स्वाभाविक और हावभावपूर्ण सजीव मूर्तिविधान करती है कि पाठक मानो प्रत्यक्ष अनुभूति में मग्न हो जाता है। ऐसी सजीव मूर्तिविधान करने वाली कल्पना बिहारी को छोड़कर और किसी कवि में नहीं पायी जाती। ऐसी कल्पना असमर्थ पदावली के बीच व्यर्थ फड़फड़ाया करती है। कल्पना और वाणी के साथ जिस भावुकता का संयोग होता है वही उत्कृष्ट काव्य के रूप में विकसित हो सकती है। भाषा की सब प्रकार की शक्तियों पर इस कवि का अधिकार दिखाई पड़ता है। कहीं तो इनकी भाषा स्निग्ध, मधुर पदावली द्वारा एक सजीव भावभरी प्रेम मूर्ति खड़ी करती है, कहीं भाव या रस की धारा बहाती है, कहीं अनुप्रासों की मीलित झंकार उत्पन्न करती है, कहीं वीरदर्प से क्षुब्ध वाहिनी के समान अकड़ती हुई और कड़कती हुई चलती है और कहीं प्रशांत सरोवर के समान स्थिर और गंभीर होकर मनुष्य जीवन को विश्रांति की छाया दिखाती है। सारांश यह कि इनकी कविता में वह अनेकरूपता है जो एक बड़े कवि में होनी चाहिए। भाषा की ऐसी अनेकरूपता गोस्वामी तुलसीदास जी में दिखाई पड़ती है।

अनुप्रास की प्रवृत्ति तो हिंदी के प्राय: सब कवियों में आवश्यकता से अधिक है। पद्माकर भी उनके प्रभाव से नहीं बचे हैं–

जाहिरै जागति सी जमुना जब बूड़ै बहै उमहै वह बेनी।
त्यों 'पद्माकर' हीर के हारनि गंग तरंगन कों सुखदेनी।
पायन रंग सों रंगि जाति सी भांति ही भाँति सरस्वती सेनी।
पैरे जहाँई जहाँ ब्रज बाल तहाँ तहाँ ताल मैं होति त्रिबेनी।।

पर थोड़ा ध्यान देने पर यह प्रवृत्ति इस अरुचिकर सीमा तक कुछ विशेष प्रकार के पद्यों में ही मिलेगी। जिनमें से जानबूझकर चमत्कार प्रकट करना चाहते थे। अनुप्रास की दीर्घ शृंखला अधिकतर इनके वर्णनात्मक (डिस्क्रिप्टिव) पद्यों में पायी जाती है। जहाँ मधुर कल्पना के बीच सुंदर कोमल भाव का स्पंदन है वहाँ की भाषा बहुत ही चलती है, स्वाभाविक और साफ-सुथरी है। अनुप्रास भी है तो बहुत संयत रूप में। भावमूर्तिविधायिनी कल्पना का क्या कहना है? पद्माकर ऊहा के बल पर कारीगरी के मजमून बाँधने के प्रयासी कवि न थे। हृदय की सच स्वाभाविक प्रेरणा इनमें थी। लाक्षणिक शब्दों के प्रयोग द्वारा कहीं-कहीं ये मन की अव्यक्त भावना को ऐसा मूर्तिमान कर देते हैं कि सुनने वालों का हृदय आप-से आप हामी भरता है। यह लाक्षणिकता भी इनकी एक बड़ी भारी विशेषता है। बच्चन सिंह के अनुसार पद्माकर के यश का आधार 'जगद्विनोद' है। इसमें नायिका का सौंदर्य, हाव, उद्दीपन विभाव अधिक प्रभावशाली बन पड़े हैं। ऋतु-वर्णन भी उद्दीपनात्मक है। उत्सवों के वर्णन सबसे अधिक उल्लासपूर्ण बन पड़े हैं।' जहाँ रूप-वर्णन है, चमत्कार की योजना वहाँ भी है। पद्माकर का रंगमय सौंदर्यविधान मतिराम और देव की नायिका के सौंदर्य-वर्णन से भिन्न है। इस वर्णन में कवि तटस्थ है। मतिराम की नायिका में मांसल ऐंद्रिकता है और देव की नायिका में नयनोत्सव। नायिका-भेद लिखते हुए इस काल के प्रत्येक कवि की अपनी विशेषता भी है। पद्माकर नायिका के संयोग-वियोग के प्रसंगों को ऋतुओं और त्योहारों से जोड़कर शृंगार-वर्णन को उत्सवपूर्ण बना देते हैं। इसके फलस्वरूप शारीरिक आकर्षण के साथ मानसिक आकर्षण भी सगुंफित हो उठता है। फाग उनका सबसे प्रिय त्योहार है। इसके साथ जुड़े हुए अनुराग की फाग का एक दृश्य देखिए–

या अनुराग की फाग लखौ जँह रागती राग किसोर किसोरी।
त्यों पद्माकर घालि, घली, फिरि लाल ही लाल गुलाल की झोरी।।
जैसी की तैसी रही पिचकी कर काहू न केसरि रंग में बोरी।
गोरिन के रंग भीजिगो साँउरे के रंग भीजि गो गोरी।।

फाग खेलने के लिए कृष्ण और गोपियाँ एकत्र हैं। पिचकारियाँ केसर के रंग में डुबोई भी नहीं गईं। वास्तविक फाग हुआ नहीं। फिर भी ऐसा लगा कि दोनों पक्षों पर गुलाल उँडेल दिया गया हो। साँवले कृष्ण गोपियों के रंग में और गोपियाँ कृष्ण के रंग में डूब गईं। यह भीगना आंतरिक है, इस अनुराग-फाग में कितनी तन्मयता है–

फाग की भीड़ के अनुराग का एक सामूहिक बाह्य दृश्य देखिए–

फाग की भीर अभीरन तें गहि गोबिंदै लै गई भीतर गोरी।
भाई करी मन की 'पद्माकर' ऊपर नाय अबीर की झोरी।।

छीन पितंबर कम्मर तें सु बिदा दई मीड़ि दई कपोलन रोरी।
नैन नचाइ, कह्यो मुसक्याइ, लला, फिर आइयो खेलन होरी॥

जो लोग उत्तर भारत की होली के हुड़दंग से परिचित हैं, वे इसे रचनात्मक स्तर पर अनुभव कर सकते हैं। फाग की भीड़ लगी हुई है। गोपों के बीच कृष्ण विराजमान हैं। फाग का यह हुड़दंग किसी गोपी के घर के बाहर हो रहा है। इतने में गोपी बाहर आयी और कृष्ण को खींचकर भीतर ले गई। अबीर-झोली कृष्ण के ऊपर उड़ेल दी गई। पीतांबर छिन गया और कृष्ण एकदम नंगा। कपोलों पर अबीर रगड़-रगड़कर लगाया गया। अंतिम पंक्ति में आँखों के नचाने के साथ मुस्कराना और 'लला' संबोधन के साथ पुनः होली खेलने का आमंत्रण। 'एकहि बार आस सब पूजी।' नाट्यमान शब्दों के प्रयोग द्वारा सारा बिंब अत्यंत मर्मस्पर्शी बन जाता है।

पद्माकर में पृष्ठभूमि के रूप में फाग-वर्णन भरा पड़ा है। 'राबरे रंग रँगी, अँखियान में एक बलवीर न मैलौ', 'ऊधम ऐसो मचो ब्रज में रंग तरंग उमंगनि सीचैं', 'बीर अबीर अभीरन को दुख भाषैं बनै न बने बिन भाषैं', 'फागुन में का गुन बिचारि न दिखाई देत', 'आई ही खेलन फाग इहाँ वृषभान पुरा तें सखी संग लीनै', 'कढ़िगो अबीर पै अहीर को कढ़ै नहीं' आदि में बुंदेलखंड का उत्सवप्रिय जीवन बोलता है।

होली के साथ वसंत-वर्णन रीतिकालीन कवियों को प्रिय रहा है। पद्माकर ने वसंत और होली को मिला दिया है। वसंत विरह की ज्वाला को धधका देता है। पद्माकर के वियोग श्रृंगार में प्रकृति की रंगत अद्भुत है–

लागत बसंत के सु पाती लिखी प्रीतम कों
प्यारी परबीन के हमारी सुधि आनबी।
कहै पद्माकर इहाँ को यों हवाल।
बिरहानल की ज्वाल सो दावानल तें मानबी।
ऊब की उसासन को पूरे परगास सो तौ
निपट उदास पौन हूं ते पहिचानबी।
नैनन को ढंग अभंग पिचकारिन तें
गातन को रंग पीरे पातन ते जानबी॥

विशेष तथ्य यह है कि संयोग-वर्णन हो या वियोग-वर्णन, किसी रीति के ढाँचे को तोड़ना संभव नहीं था। संयोग-वर्णन में भी रूढ़ियाँ कम नहीं हैं। ऊँचे उरोज देखना देवराज का राज्य पाना है। विपरीत रति का वर्णन युगधर्म था। शिशिर के पाला के विरोध में मसाला जुटाने में पद्माकर किसी से उन्नीस नहीं हैं, बल्कि बीस ही होंगे। गजक, सुरा, सुंदरी तान, दुशाला आदि के सामने शिशिर की एक भी नहीं चल सकती थी। इसका विस्तार ग्वाल ने किया है। फिर भी उसमें नयी उद्भावनाओं के लिए अवकाश है। पर वियोग-वर्णन में गहराई नहीं है क्योंकि सामंती समाज में यह लगभग अनुपस्थित है। जो जीवन में नहीं है, वह कविता में क्या होगी? किंतु पद्माकर का काव्य-सौंदर्य ऋतुओं और त्यौहार के साथ जीवन को मिलाने में है। इससे उसमें रस आ जाता है, जीवन जीने योग्य बनते हैं। बुंदेलखंड के लोकजीवन में फागोत्सव का विशेष महत्त्व है। उनकी रचनाओं में रची-बसी

यह लोक संस्कृति काव्य को उल्लास के रंग में बोर जाती है। उनकी रचनाओं का मूल स्वर इसी उल्लास और मस्ती में है–

आई खेलि होरी घर नवलकिसोरी कहूँ,
बोरि गई रंग में सुगंधिनी झकोरै है।
कहै 'पद्माकर' इकंत चलि चौकी चढ़ि,
हारन के बारने तैं फंद बंद छोरै है।
घाँघरे की घूमनि सु ऊरन दुबीचैं पारि,
आँगीहू उतारि सुकुमारि मुख मौरै है।
दंतनि अधर दाबि दूनरि भई सी चापि,
चौवर पचैअर के चूनरि निचोरै है॥

पद्माकर की भाषा अन्य कवियों की अपेक्षा अधिक लोकोन्मुख है, जिसमें बुंदेलखंडी रंग और मैदानी नदी का प्रवाह है।

स्पष्ट है कि यह उन्मुक्त श्रृंगार और प्रेम अपने लोक से जुड़ा है। श्रृंगार और प्रेम के सूक्ष्म संश्लिष्ट वर्णन पद्माकर को रीतिकाव्यधारा का विशिष्ट कवि सिद्ध करते हैं। उनके श्रृंगार-चित्रण में कायिक, वाचिक तथा सात्विक अनुभावों द्वारा रस सृष्टि हुई है। श्रृंगार-चित्रण में बाह्य पक्ष की प्रधानता है।

हृदय की आंतरिक प्रेमानुभूतियों की मार्मिकता पद्माकर के प्रेम-चित्रण में कम है। घनआनंद जैसी गंभीर विरहानुभूति, बिहारी जैसा भाव वैविध्य, ठाकुर आदि रीतिमुक्त कवियों जैसी स्वाभाविकता और स्वच्छंदता कम होने भी वाग्विदग्धता, चमत्कार-प्रियता, चित्रात्मकता और भाषा-शैली का सौंदर्य पद्माकर के श्रृंगारकाव्य की ऐसी विशेषताएँ हैं जो उन्हें श्रेष्ठ कवियों की श्रेणी में रखती हैं। गणपतिचंद्र गुप्त के अनुसार पद्माकर की लेखनी तत्कालीन युग के सभी प्रचलित विषयों-श्रृंगार, वीर और भक्ति-भावना पर चली है फिर भी उनकी काव्य शक्ति का सर्वोत्कृष्ट प्रमाण श्रृंगार-विषयक रचनाओं में ही मिलता है। नायिका की विभिन्न मुद्राओं एवं चेष्टाओं ने निरूपण एवं उसकी मानसिक दशाओं के चित्रण में इन्हें अद्भुत सफलता प्राप्त हुई है। विरह वेदना की अभिव्यक्ति भी इन्होंने अत्यंत-मार्मिक शब्दों में की है। होली के विभिन्न दृश्यों के माध्यम से नायक-नायिका के प्रथम साक्षात्कार, प्रेमोद्भव, प्रणयजन्य आकुलता आदि का जैसा सरस वर्णन इनके काव्य में मिलता है वह अन्यत्र दुर्लभ है। यह केवल कुछ पंक्तियाँ द्रष्टव्य हैं–

ऐरी! इन नैनन के नीर में अबीर घोरि,
बोरि पिचकारी चित चोर पै चलाइ आऊँ?

– – – – –

धोइ-धोइ हारी 'पद्माकर' तिहारी सौंह,
अब तो उपाय एकौ चित पै चढ़ै नहीं।
कैसी करौं? कहाँ जाऊँ?
कासों कहौं? कौन सुनै?
एरी! मेरे बीर, जैसे-जैसे इन आंखिन ते,
कढ़िगो अबीर पै अहीर को कढ़ै नहीं!

भाव-पक्ष की ही भाँति इनका कला-पक्ष भी प्रौढ़ है। उक्ति-वैचित्र्य एवं चमत्कार-प्रदर्शन की प्रवृत्ति अन्य रीतिबद्ध कवियों की भाँति इनमें भी मिलती है, किंतु वह भावानुभूति के मार्ग में बाधक सिद्ध नहीं होती। एक ओर वे अपनी चित्रांकन-शक्ति के बल पर नायिकाओं की अनेक छवि-भरी झाँकियाँ प्रस्तुत करते हैं तो दूसरी ओर उनकी सरस उक्तियाँ नवयुवती बालाओं के हृदय की प्रणयानुभूतियों का परिचय देती हैं। कहीं-कहीं अनुप्रासों का प्रयोग भी इन्होंने अत्यधिक मात्रा में किया है, किंतु वह अरुचिकर प्रतीत नहीं होता–

छाजति छबीली छति छहरि छरा औ छोर,
भोर उठि आई केलि मन्दिर के द्वार पर।
एक पग भीतर सु एक देहरी पै धरै,
एक कर कंज एक कर है किवार पर।

भाषा पर इनका पूरा अधिकार दिखाई पड़ता है तथा वह सरलता, स्वाभाविकता एवं व्यंजकता के गुणों से युक्त है–

अंकहू न लागी पै कलंकिनी कहाई या तें,
अरज हमारी एक या ही असरिये।
सांझ के सबेरे दिन दसवें दिवारी फाग,
कबहूँ, भले जू भूले आइबो तो करिये।।

पद्माकर के यहाँ मासूम तार्किकता भी है–

को ही मैं तिहारी? तू तो मेरी प्रान पियारी, अजी,
होती तो पियारी तब रोती कहो काहे को!

स्पष्ट है कि पद्माकर रीतिकाव्य धारा के प्रमुख कवि हैं। वह लक्षण-ग्रंथकार साहित्याचार्य नहीं विदग्ध कवि हैं। देव, बिहारी, मतिराम भूषण पद्माकर, घनानंद सरीखे कवियों को अगर भक्तियुगीन परिवेश मिलता तो यह रीतिबद्ध श्रृंगारिक, रीतिकार शिक्षक या वीररसात्मक प्रशस्तिगायक नहीं होते साथ ही हिंदी कविता का चेहरा कुछ और ही होता।

पद्माकर ने श्रृंगार के अपूर्व बिंब आविष्कृत किए हैं। संयोग-वियोग की अवस्थाओं को त्यौहारों, ऋतुओं से जोड़ना भी पद्माकर को प्रिय रहा है–

या अनुराग की फाग लखौ, जहँ राजत राग किसोर किसोरी।
गोरिन के संग भिजिगो साउरौं, साउरें के रंग भीजिगो गोरी।

वियोग को लेकर उनका रवैया यथार्थवादी है–

पावस बनाऔ तो न विरह बनाऔ।
जो विरह बनायौ तो न पावस बनाऔ।।

शाब्दिक क्रीड़ा भी पद्माकर के यहाँ खूब है–

उपक्कै तपक्कै धड़क्कै महा हैं,
प्रलै चिल्लिका सी भड़क्कै जहाँ हैं।

रीतिकालीन कवियों की तरह उन्होंने पुरस्कार की इच्छा की है–

संपति सुमेर की कुबेर की जो पावै ताहि,
तुरत लुटावत विलंब उर धारै ना।

जीवन के अंत में पद्माकर शृंगार के धुँधलके से छूटकर अध्यात्म के निर्वेद में गए–

या जगजीवन को है यहै फल,
जो छल छाँडि भजै रघुराई।

पद्माकर तैलंग ब्राह्मण थे। इनके पिता मोहनलाल भट्ट का जन्म बाँदा में हुआ था। ये पूर्ण पंडित और अच्छे कवि भी थे, जिसके कारण इनका कई राजधानियों में अच्छा सम्मान हुआ था। ये कुछ समय तक नागपुर के महाराज रघुनाथ राव के यहाँ रहे, फिर पन्ना के महाराज हिंदूपति के गुरु हुए और कई गाँव प्राप्त किए। वहाँ से वे फिर जयपुर नरेश महाराज प्रतापसिंह के यहाँ जा कर रहे जहाँ इन्हें कविराज शिरोमणि की पदवी और अच्छी जागीर मिली। उन्हीं के पुत्र सुप्रसिद्ध पद्माकर हुए। पद्माकर कई स्थानों पर रहे। सुगरा के अर्जुनसिंह ने इन्हें अपना मंत्र गुरु बनाया। संवत् 1849 में ये गोसाईं अनूपगिरि उपनाम हिम्मतबहादुर के यहाँ गए जो बड़े अच्छे योद्धा थे और पहले बाँदा के नवाब के यहाँ थे, फिर अवध बादशाह के यहाँ के बड़े अधिकारी हुए थे। इनके नाम पर पद्माकर ने 'हिम्मतबहादुर विरुदावली' नाम की एक वीर रस की पुस्तक लिखी।

संवत् 1856 में ये सतारा के महाराज रघुनाथ राव के यहाँ गए और एक हाथी, एक लाख रुपया और दस गाँव पाए। इसके बाद पद्माकर जयपुर के महाराज प्रतापसिंह के यहाँ पहुँचे और वहाँ बहुत दिनों तक रहे। महाराज प्रतापसिंह के पुत्र महाराज जगतसिंह के समय में भी ये बहुत काल तक जयपुर रहे और उन्हीं के नाम पर अपने प्रसिद्ध ग्रंथ 'जगद्विनोद' की रचना की है।

जयपुर में भी इन्होंने अपना अलंकार ग्रंथ 'पद्माभरण' बनाया जो दोहों में है। ये एक बार उदयपुर के महाराज भीमसिंह के दरबार में भी गए थे जहाँ इनका बहुत अच्छा सम्मान हुआ था। महाराणा साहब की आज्ञा से इन्होंने गणगौर के मेले का वर्णन किया था।

महाराज जगतसिंह का परलोकवास संवत 1860 में हुआ। उसके अनंतर ये ग्वालियर के महाराज दौलत राव सिंधिया के दरबार में गए और यह कवित्त पढ़ा–

मीनागढ़ बंबई सुमंद मंदराज बंग,
बंदर को बंद करि बंदर बसावैगो।
कहै पद्माकर कसकि कासमीर हू को,
पिंजर सों घेरि के कलिंजर छुड़ावैगो।
बाँका नृप दौलत अलीजा महाराज कबौं,
साजि दल पकरि फिरंगिन दबावैगो।
दिल्ली दहपट्टि, पटना हू को झपट्ट करि,
कबहूँक लत्ता कलकत्ता को उड़ावैगो।

सिंधिया के दरबार में भी इनका अच्छा मान हुआ। कहते हैं कि वहाँ सरदार ऊदा जी के अनुरोध से इन्होंने हितोपदेश का भाषानुवाद किया था। ग्वालियर से ये बूँदी गए और वहाँ से फिर अपने घर बाँदा में आ रहे। अंतिम दिनों में पद्माकर रोगग्रस्त रहा करते थे। उसी समय इन्होंने 'प्रबोधपचासा' नामक विराग और भक्तिरस

से पूर्ण ग्रंथ बनाया। अंतिम समय निकट जान पद्माकरजी गंगा तट के विचार से कानपुर चले आए और वहीं अपने जीवन के शेष सात वर्ष पूरे किए। अपनी प्रसिद्ध 'गंगालहरी' इन्होंने इसी समय के बीच बनाई थी।

'रामरसायन' नामक वाल्मीकि रामायण का आधार लेकर लिखा हुआ एक चरितकाव्य भी इनका दोहे-चौपाइयों में है पर उसमें इन्हें सफलता प्राप्त नहीं हुई। संभव है वह ग्रंथ इनका न हो।

मतिराम के 'रसराज' के समान पद्माकर का 'जगद्विनोद' भी शृंगार रस की आधार रचना है। इनकी मधुर कल्पना ऐसी स्वाभाविक और सक्रिय दृश्यात्मकता उपस्थित करती है कि पाठक प्रत्यक्ष अनुभूति में मग्न हो जाता है-

आई संग आलिन के ननद पठाई नीठि,
सोहत सोहाई सीस ईडरी सुपट की।
कहैं पद्माकर गंभीर जमुना के तीर,
लागी घट भरन नवेली नेह अटकी।
ताही समै मोहन जो बाँसुरी बजाई, तामें,
मधुरी मलार गाई ओर बंसीवट की।
तान लागे लटकी, रही न सुधि घूँघट की,
घर की, न घाट की, न बाट की, न घट की

ऐसा जीवंत बिंब विधान करने वाली कल्पना और वाणी के संयोग से उत्कृष्ट काव्य का सृजन पद्माकर ने किया है।

भाषा की सब प्रकार की शक्तियों पर इस कवि का अधिकार दिखाई पड़ता है। कहीं तो इनकी भाषा स्निग्ध, मधुर पदावली द्वारा एक सजीव भाव भरी प्रेममूर्ति खड़ी करती है-

गोकुल के, कुल के, गली के गोप गाँवन के
जौ लगि कछू को कछू भाखत भनैनहीं।
कहैं पद्माकर परोस पिछवारन के
द्वारन के दौरे गुन-औगुन गनै नहीं
तौ लौं चलि चातुर सहेली! याही कोद कहूँ
नीके कै निहारै ताहि, भरत मनै नहीं।
हौं तौ स्याम रंग में चोराइ चित चोराचोरी
बोरत तौ बोरयो, पै निचोरत बनै नहीं

कहीं भाव या रस की धारा बहाती है, कहीं अनुप्रास की झंकार उत्पन्न करती है, कहीं प्रशांत सरोवर के समान स्थिर और गंभीर होकर मनुष्य जीवन को विश्रांति की छाया दिखाती है। लाक्षणिकता भी इनकी भाषा की एक बहुत बड़ी विशेषता है-

फागु की भीर, अभीरिन में गहि गोंवदै लै गई भीतर गोरी।
भाई करी मन की पद्माकर, ऊपर नाई अबीर की झोरी
छीनि पितंबर कम्मर तें सु बिदा दई मीड़ि कपोलन रोरी।
नैन नचाय कही मुसुकाय, लला फिर आइयो खेलन होरी

भांषा विचारों को व्यक्त करने का एक सहज साधन है। कवि रचना कर्म करता हुआ भाषा से सहज रूप में संबद्ध हो जाता है। काव्य के उसके भावों की अभिव्यक्ति भाषा के माध्यम से होती है। कभी-कभी भावों के सहज उच्छलन को व्यक्त करने के लिए प्रत्येक शब्द को ढूँढ़ना पड़ता है। कभी कवि के पास शब्दों का इतना व्यापक भंडार होता है कि भाव सहज रूप में उसमें विन्यस्त होते जाते हैं। इस धरातल पर पद्माकर ने बड़ा काम किया है। चित्रात्मकता, लाक्षणिकता, सांकेतिकता, प्रतीकात्मकता और संगीतात्मकता की दृष्टि से पद्माकर की कविता की भाषा अलग से चमकती है।

पद्माकर ने भावाभिव्यंजना के लिए सांकेतिक और बिंब विधायक दो पक्षों से काम लिया है। उनकी सांकेतिक भाषा-विधान में अर्थबोध और बिंबात्मकमता दोनों हैं—

भाग के भीरे अभीरन ते गहि गोविंद लै गई भीतर गोरी।
भाई करी मन की पद्माकर ऊपर नाई अबीर की झोरी।।

छिन पितम्बर कमर ते सु बिदा दई मीड़ित कपोलन रोरी।
नैन नचाइ कहा मुसकाइ लला फिरि आइयो खेलन होरी।।

पद्माकर के यहाँ व्यंजना-प्रधान भाषा कम है लेकिन लाक्षणिकता भरपूर है। भावों को मूर्त रूप में चित्रित करने में उन्हें महारत हासिल है—

किनरी नरी है छरी है छविदार परी।
टूटि सी परी है कि परी है परजंक पर।

यहाँ पर परी शब्द अपना प्रचलित अर्थ रखते हुए भी सुंदर नारी का बोधक है। मनोहरी कर्म के कारण अथवा स्त्री जाति से संबंध रखने के कारण तात्कर्म्य अथवा साजात्य संबंध से यहाँ शुद्ध लक्षणा है। इसी प्रकार अभिधा का पद्माकर ने सांकेतिक इस्तेमाल करते हुए भाषा की वाचक शक्ति से मुख्यार्थ का चमत्कार उभारा है—

गुलगुली गिलमें गलीचा है गुनीजन हैं,
चाँदनी है चिक है चिरागन की माला है।
कहै पद्माकर त्यों गजक गिजा है सजी,
सेज है सुराही है सुरा है और प्याला है।
सिसिर के पाला ते न व्यापक कसाला तिन्हैं,
जिनके अधीन एते उदित मसाला हैं।
तान तुक ताला है, विनोद के रसाला हैं,
सुबाला हैं, दुसाला हैं, बिसाला चित्रसाला है।।

इस वर्णन में अद्भुत रचाव है। इसमें रीतिकालीन परिवेश साकार हो जाता है।

प्रतीकात्मकता पद्माकर की कविता की रूपगत विशेषता है। असल में प्रत्येक प्रतीक अपने मूल में बिंब होता है और मौलिक रूप में लगातार विकसित होकर प्रतीक बन जाता है। प्रतीक स्वयं गौण होता है, मुख्यता उस दिशा की

होती है जिधर वह निरंतर संकेत करता है। यही उसका बिंब से मौलिक अंतर है। पद्माकर की कविता में प्रस्तुत प्रतीकों के तीन वर्ग इस प्रकार से हैं–

(1) **वनस्पति जगत से संबंधित प्रतीक**–अशोक (नायिका की प्रसन्नता), लता (तन्वंगी) द्रुम पंकन फूल (नायिका की प्रफुल्लता)।

(2) **प्राणी जगत से संबंधित प्रतीक**–भौंरा (लुब्ध नायक), चकोरी (विरहिणी नायिका), पपीहा (विरह), मोर (प्रसन्नता), कपोल (सहन शक्ति से मुक्त निरीह), हासिल (तपस्या) सारस-सारसी (औज्ज्वल्यता, दम्पति), हंस (विवेक), मीन (प्रेमजन्य विह्वलता) तथा उलूक (दुर्भाग्य या विरहावस्था) आदि व्यक्तिगत आधार पर इनको किशोरावस्था की नारी-लुब्धता की भावना (भौंरा) मादकता भरी मस्ती, किशोरी (गजगामिनी और चकोरी) आदि का प्रतीक माना जा सकता है।

(3) **घरेलू जीवन से संबंधित प्रतीक**–माखन (यौवन की स्निग्धता), उजरा यौवन (वासनात्मक प्रगाढ़ता), सुलुनाई (सलौना सौंदर्य), दीपशिखा (विरह में पल-पल, कण-कण, जलने-गलने), मकरन्द (मिठास), दामिनी (प्रकाश की चकाचौंध), स्वकीया (आदर्श पत्नी), परकीया (प्रेमजन्य व्याकुलता से भरी नारी), अभिसारिका (नायिका की सम्भोगेच्छा), मुग्धा, मध्या, प्रगल्भा (विनय, संकोच, लज्जा तथा यौवनपरक प्रवृत्ति की निष्क्रियता), (तीव्र मिलनेच्छा या यौन कामना) आदि।

इस प्रतीक विधान के आधार पर पद्माकर की भाषागत विलक्षणता को पहचाना जा सकता है–

शोभित स्वकीया गुन मन गनती मैं तहाँ,
तेरे नाम ही की एक रेखा रेखियतु है।
कहै पद्माकर पगी यों पति प्रेम ही में,
पद्मिनी तोसी तिया तू ही वेखियतु है।
सुबरन रूप वैसो तैसो शील सौरभ है,
याही ते तिहारौ तनु धन्य लेखियतु है।
सोने में सुगंध नाहिं, सुगंध में सुन्यौं न सोनो?
सोनो और सुगंध तामे दोनों देखियातु हैं।

यहाँ पर सोना नायिका के शरीर के वर्ण तथा सुगंध पद्मिनी नायिका के शरीर से निकलने वाली गंध का प्रतीक है।

चित्रात्मकता और नादात्मकता पद्माकर की कविता की दो बड़ी विशेषताएँ हैं। उन्होंने अपने काव्य में वर्णों का इस ढंग से प्रयोग किया है कि उससे नादात्मकता स्वाभाविक रूप से फूटती है तथा स्वर लहरी से संगीत गूँजने लगता है–

सजि ब्रजबाल नंदलाल सो मिलै के लिए,
लगनि लगा लगि में लमिक लमकि उठै।
कहै पद्माकर चिराग जैसी चाँदनी-सी,
चारयो और चौकाने में चमकि-चमकि उठै।

झुकि-झुकि झूमि-झूमि झिल-झिल झेल-झेल,
झरहरी झापन में झमकि झमकि उठै।
दर-दर देखौ दरीखानन में दौरी-दौरी,
दुनि-दुरि दामिनी-सी दमकि-दमकि उठै।

यहाँ पर पाँचवें-छठे चरण में 'झ' तथा सातवें-आठवें में 'द' वर्ण की आवृत्ति के कारण नाद तत्त्व की उपस्थिति हो गई है।

भाषा को सुसज्जित एवं भावपूर्ण बनाने के लिए कवि भाषा में अलंकारों का प्रयोग करते हैं। पद्माकर ने भी अपनी भाषा को सजाया है। उन्होंने त्रिवेणी का एक अभेद रूपक दिया है। इसी प्रकार का एक चित्रण है जिसमें नवयौवन उत्तुंग उरोजों के अनंत सौंदर्य को देखकर मानो शैशव और यौवन का युद्ध हुआ और इसमें शैशव पराजित होकर भाग गया–

छाई उरोजन की छवि यों, पद्माकर देखत ही एक चौंधे।
भाजि गई लरिकाई मनो लरिकै दुहुँ दुन्दुभि औंधे॥

कवि ने शब्द श्लेष के चमत्कार से व्याजस्तुति अलंकार को स्पष्ट किया है–

हाँ तो पंचभूत ताजिबे को तक्यो तोहि पर,
तैं तो कर्याके मोहि भलो भूतन को पाति है।
कहै पद्माकर सु एक तन तारिबे को,
कीन्हें तन ग्यारह कहौ से कौन गति है॥
मेरे भाग गंग यहै लिखी भागीरथी,
तुम्हैं कहिए कछुक तौ कितेक मेरी मति है।
एक भव सूल आयौ मेटिबे को तेरे कूल,
तोहि ता त्रिसूल देत बार न लगति है॥

अपने कथन में पद्माकर ने उक्ति-वैचित्र्य का सौंदर्य उत्पन्न करते हुए विशिष्ट चमत्कार उत्पन्न किया है–

(क) कब लखिहौं इन दृगन सों वा मुख की मुसक्यान।

(ख) ता खिन तें इन आँखिन ते न कढ़्यो वह माखन चाखन हारो।

(ग) हौं इहि बाग की मालिनी हौं इत आए भले तुम हौ बनमाली।

इन पंक्तियों में 'इहि' के द्वारा बाग की सुंदरता का 'वा' के द्वारा मुख की सुंदरता का तथा 'वह' के द्वारा कृष्ण की रस लोलुपता का संवरण किया गया है।

कभी-कभी इसे क्रिया-वैचित्र्य के द्वारा भी व्यक्त किया गया है। कवि नायिका की आंतरिक अभिलाषा का ऐसा चित्रण करते हैं कि नायिका स्वयं मुख से कुछ न कहकर गुलाब के गजरे को गैल में फेंककर नायका को रोकने का प्रयास करती है–

गो गृह काज गुवालन के कहे देखिये कौ कहूँ दूरि को खेरो।
माँगे बिदा चले मोहिनी सो पद्माकर मोहन होत सबेरो॥

फेंट गही न गही बहियाँ न गरो गहि गोविनद गौन ते फेरो।
गोरी गुलाब के फूलन को गजरा लै गुपाल की गैल में गेरो॥

पद्माकर के काव्य में तीन प्रकार के छंद मिलते हैं–दोहा, कवित्त और सवैया। दोहे का प्रयोग लक्षणों के लिए हुआ है। पद्माकर ने लक्षण और उदाहरण दोहे में दिये गए हैं। 'जगद्विनोद' में नायिका-नायिकाओं, सखी, दूती इत्यादि के अनुभावों के लक्षण दोहे में हैं। 'गंगालहरी' में छप्पय, हरिगीतिका, भुजंग, प्रयात, त्रिभंगी, हाकल, डिल्ला, पद्धरि, नराच और अमृत ध्वनि है। पद्माकर ने लय और तुक का छंद-योजना में विशेष ध्यान रखा है। कलात्मक अभिव्यंजनात्मक छंदोबद्ध सौंदर्य पद्माकर काव्य का एक विशेष गुण है। मधुरता और सरसता उनके छंद विधान की आंतरिक विशेषता है।

रीतिकाल के सभी कवियों को आचार्यत्व और कवि का कर्म का एक साथ करना पड़ा है। यह राजदरबार में आश्रय पाने के लिए आवश्यक था। इसका दूसरा कारण यह भी हो सकता है कि काव्यगुणों से हीन रसिक जनों को काव्य में निहित चमत्कार को समझाने के लिए पहले उसके लक्षण को बतलाना, जिससे कि पाठक या श्रोता उस काव्य में अभिव्यक्त की हुई भावनाओं को समझ सकें तथा चमत्कार को ग्रहण कर उसका आनंद उठा सकें। रीतिकाल में भाषा, अलंकार, उपमान, प्रतीक सभी कुछ निश्चित थे। ऐसी स्थिति में केवल अभिव्यक्ति में नवीनता उत्पन्न करके ही काव्य चमत्कार को स्पष्ट किया जा सकता था। पद्माकर ने इसके लिए अनुप्रास अलंकार को अपनाया और इसके माध्यम से या तो चित्रात्मकता को अभिव्यक्ति दी या नाद सौंदर्य की गहरी गूँज उत्पन्न की है।

पद्माकर काव्यकला से संपन्न श्रेष्ठ कवि थे। उनका रीतिकालीन कवियों में एक विशिष्ट स्थान है। उनमें घनआनंद वाली रीतिमुक्त कवियों की भावुकता, बिहारी जैसे रीतिसिद्ध कवि की वचन वैदग्धता तथा केशव जैसी रीतिबद्धता है। उनकी श्रेष्ठता काव्य-रीति की रक्षा में है। उनकी काव्य-कलागत विशिष्टताएँ और तत्संबंधी उपलब्धियाँ भी यदि एक ओर उनकी मौलिकता की परिचायक हैं तो दूसरी ओर उनके काव्य की उत्कृष्टता की साक्षी भी। यही कारण है कि उनके समकालीन तथा परवर्ती कवियों ने उनका अनुकरण किया है।

22. भिखारी दास
(रीतिबद्ध कवि)

आचार्य कवि का कवि-कर्म

रीति काल के कवि भिखारी दास प्रतापगढ़ अवध के पास टयोंगा गाँव के रहने वाले श्रीवास्तव कायस्थ थे। इन्होंने अपना वंश परिचय दिया है। इनके पिता कृपालदास, पितामह वीरभानु, प्रपितामह राय रामदास और वृद्ध प्रपितामह राय नरोत्तमदास थे। भिखारी दास के पुत्र अवधेश लाल और पौत्र गौरीशंकर थे जिनके अपुत्र मर जाने से वंश परंपरा खंडित हो गई।

भिखारी दास के ग्रंथ इस प्रकार हैं–'रससारांश संवत', 'छंदार्णव पिंगल', 'काव्यनिर्णय', 'शृंगार निर्णय', 'नामप्रकाश कोश', 'विष्णुपुराण भाषा', 'छंद प्रकाश', 'शतरंजशतिका', 'अमरप्रकाश', 'काव्यनिर्णय' में भिखारी दास ने प्रतापगढ़ के सोमवंशी राजा पृथ्वीसिंह के भाई बाबू हिंदूपतिसिंह को अपना आश्रयदाता लिखा है। राजा पृथ्वीपति संवत् 1791 में गद्दी पर बैठे थे और 1807 में दिल्ली के वजीर सफदरजंग द्वारा छल से मारे गए थे। ऐसा जान पड़ता है कि संवत् 1807 के बाद इन्होंने कोई ग्रंथ नहीं लिखा। इस प्रकार इनका कविता काल संवत् 1785 से लेकर संवत् 1807 तक माना जा सकता है।

काव्यांगों के निरूपण करने वाले आचार्य कवियों में भिखारी दास का सर्वोच्च स्थान है। इन्होंने छंद, रस, अलंकार, रीति, गुण, दोष, शब्दशक्ति आदि सब विषयों का विस्तृत प्रतिपादन किया है। इनकी विषय प्रतिपादन शैली उत्तम है। आलोचनाशक्ति भी इनमें दिखाई देती है। हिंदी काव्यक्षेत्र में परकीया प्रेम की प्रचुरता को सबसे पहले इन्होंने ही रेखांकित किया। इनसे पहले इस प्रकार के वर्णन को रस की दृष्टि से रसाभास के अंतर्गत माना जाता रहा है। भिखारी दास ने देखा कि बहुत से स्थलों पर तो राधाकृष्ण का नाम आने से देवकाव्य का आरोप हो जाता है और दोष का कुछ परिहार हो जाता है, पर सर्वत्र ऐसा नहीं होता। इससे भिखारी दास ने स्वकीया का लक्षण ही कुछ अधिक व्यापक करना चाहा और कहा–

श्रीमाननि के भौन में भोग्य भामिनी और।
तिनहूँ को सुकियाह में गनैं सुकवि सिरमौर।

साहित्यदर्पण में नायिकाओं के स्वभावज अलंकार 18 कहे गए हैं–लीला, विलास, विच्छित्ति, विव्वोक, किलकिंचित, मोट्टायित्ता, कुट्टमित्ता, विभ्रम, ललित, विहृत, मद, तपन, मौग्धय, विक्षेप, कुतूहल, हसित, चकित और केलि। इनमें से अंतिम आठ

को लेकर भिखारी दास ने भाषा में प्रचलित दस हावों में जोड़ दिया। इन्होंने संस्कृत के मुख्य सिद्धांत ग्रंथों के सब विषयों का समावेश और तत्कालीन प्रचलित साहित्यशास्त्र का सम्यक् अध्ययन करने के बाद अपने निष्कर्ष दिए हैं। इस क्षेत्र में भिखारी दास ने अधिक गंभीर काम किया है, पर उनके लक्षण व्याख्या के बिना अपर्याप्त और कहीं-कहीं भ्रामक हैं और उदाहरण भी कुछ स्थलों पर अशुद्ध हैं। जैसे–उपादान लक्षण, इसका लक्षण भी अशुद्ध है और उसी के अनुरूप उदाहरण भी अशुद्ध है। भिखारी दास भी अन्य रीतिकालीन आचार्यों के समान कवि के रूप में ही हमारे सामने आते हैं।

श्रृंगार ही रीतिकालीन मुख्य विषय था। देव ने भिन्न-भिन्न देशों और जातियों की स्त्रियों के वर्णन के लिए 'जातिविलास' लिखा, जिसमें नाइन, धोबिन, सब हैं, पर भिखारी दास ने रसाभाव या मर्यादा का ध्यान रख इनको आलंबन के रूप में न रखकर दूती के रूप में रखा है। इनके 'रससारांश' में नाइन, नटिनी, धोबिन, कुम्हारिन, बरइन, सब प्रकार की दूतियाँ हैं। भिखारीदास में देव की अपेक्षा अधिक रसविवेक था। इनका 'श्रृंगारनिर्णय' अपने ढंग का अनूठा काव्य है। भिखारीदास ने साहित्यिक और परिमार्जित भाषा का व्यवहार किया है। इनके उदाहरण मनोहर और सरस हैं। भाषा में शब्दाडंबर नहीं है–

वाही घरी तें न सान रहै, न गुमान रहै, न रहै सुघराई।
दास न लाज को साज रहै न रहै तनकौ घरकाज की घाई।
हयाँ दिखसाधा निवारे रहौ तब ही लौ भटू सब भाँति भलाई।
देखत कान्हैं न चेत रहै, नहिं चित्त रहै, न रहै चतुराई।।

शब्द चमत्कार दूर की सूझ या दूरारूढ़ कल्पना से भी भिखारी दास बचे हैं। इनकी रचना कलापक्ष में संयत और भावपक्ष में रसरंजक और आकर्षक है–

नैनन को तरसैए कहाँ लौं, कहाँ लौ हियो बिरहागि मै तैए।
एक घरी न कहूँ कल पैए, कहाँ लगि प्रानन को कलपैए?
आवै यही अब जी में बिचार सखी चलि सौति हुँ, कै घर जैए।
मान घटै ते कहा घटि है जु पै प्रानपियारे को देखन पैए।।

विशुद्ध काव्य के अतिरिक्त भिखारी दास ने नीति की सूक्तियाँ भी बहुत सी कही हैं जिनमें उक्ति वैचित्र्य अपेक्षित होता है। देव की सी ऊँची आकांक्षा या कल्पना जिस प्रकार इनमें कम पाई जाती है। उसी प्रकार उनकी सी असफलता भी कहीं नहीं मिलती। अपनी बात मनचाहे ढंग से कहने की पूरी सामर्थ्य इनमें थी–

उधो! तहाँई चलौ लै हमें जहँ कूबरि कान्ह बसैं एक ठौरी।
देखिए दास अघाय अघाय तिहारे प्रसाद मनोहर जोरी
कूबरी सों कछु पाइए मंत्र, लगाइए कान्ह सों प्रीति की डोरी।
कूबरीभक्ति बढ़ाइए बंदि, चढ़ाइए चंदन बंदन रोरी

रीतिकाल के महत्त्वपूर्ण आचार्य कवियों में भिखारीदास की उपस्थिति अलग से रेखांकित की जा सकती है। उत्तर प्रदेश के एक गाँव में जन्मे इस कवि ने काव्यशास्त्र में महत्त्वपूर्ण काम करने के अलावा कोष भी तैयार किए। यह ऐसे आचार्य कवि के रूप में सामने आते हैं। जिसने स्तरीय लक्षण ग्रंथ लिखने के अलावा अच्छी कविताएँ भी लिखी हैं।

भिखारीदास में रीतिकालीन आचार्यों वाली अर्थ और यश अर्जित करने की इच्छा और अपने पांडित्य का दंभ नहीं है। उन्होंने संस्कृत काव्यशास्त्र का गंभीर विश्लेषण किया। इसके अलावा अपने समय में प्रचलित ब्रजभाषा काव्यशास्त्र की भी उन्हें गहरी समझ थी और उस युग की कविता से काव्य परिदृश्य से वे सुपरिचित थे। इसलिए उनके यहाँ अपने समय और समाज की रुचि का संतुलन दिखाई देता है। उन्होंने अपने युग की कविता को आधार बनाते हुए काव्यांग रचना की। दूसरे कथित आचार्यों की तरह उन्होंने पूर्व प्रचलित रचना और शास्त्र को निगल कर उगला नहीं। बल्कि अपनी कल्पना शक्ति और शास्त्रीय समझ के आधार पर इस क्षेत्र में नई जमीन तोड़ने की कोशिश की।

भिखारीदास के यहाँ स्वतंत्र चिंतन और स्वाभाविक मेघा का योग मिलता है। उन्होंने अपने आश्रयदाताओं और काव्य रसिक समाज को अनदेखा नहीं किया। सबसे बड़ी बात यह है कि उन्होंने सबसे ऊपर अपने समय की जरूरतों को रखा। इसीलिए आचार्य विश्वनाथ मिश्र ने रीतिकालीन आचार्य कवि देव के बराबर इस कवि को बिठाते हुए लिखा। अपनी किताब 'हिंदी साहित्य का अतीत' (भाग-2) में लिखा, "भिखारीदास ने जो भी नूतन सरणी रखी है वह विमर्शपूर्वक है, भले ही उसका महत्त्व न हो। हिंदी में विशेष उद्भावना के लिए संस्कृत के आचार्य कुछ छोड़ नहीं गए थे। इसलिए यानि किसी की दृष्टि नवीन विचार परंपरा की ओर जाती है तो यही उसके लिए बहुत बड़ी बात है।" यह पंक्तियाँ बताती हैं कि इस कवि ने विमर्श करते हुए नई काव्य आलोचना प्रणाली प्रस्तावित करने की कोशिश की।

भिखारीदास का एक बड़ा महत्त्व यह कि उन्होंने काव्यभाषा पर विचार ही नहीं किया बल्कि दूसरों को भी विचार करना सिखाया। उनके समय में आगरा और दिल्ली के बीच में फैले ब्रजक्षेत्र की भाषा का केंद्रीय महत्त्व था। आचार्य भिखारीदास ने समूचे मध्यकाल के कवियों की काव्यभाषा पर विचार-विमर्श किया और यह दृष्टि दी कि भाषा केवल स्थान विशेष की धरोहर नहीं होती है। अपने 'काव्य निर्णय' में वह यह दृष्टि दे रहे थे कि केवल साहित्य के बड़े केंद्रों में रहनेवाले कवियों की काव्यभाषा को ही अंतिम नहीं मानना चाहिए। और इसके लिए वहाँ रहना भी जरूरी नहीं है। भाषा ज्ञान के लिए कवियों की कविता ही पर्याप्त है। देखा जाए तो इस सिलसिले में भिखारीदास भाषा को प्रांतीय संकीर्णताओं से मुक्ति दिलाने का प्रयास भी कर रहे हैं। उन्होंने जिन कवियों को आधार बनाया है वे केवल ब्रज-प्रदेश के नहीं है। उनमें हिंदू और मुसलमान दरबारी और दरबार से दूर रहने वाले दोनों हैं। वहाँ अगर हिंदू कवि हैं तो रसखान, रसलीन, रहीम, मुबारक, आलम इत्यादि मुस्लिम कवि भी सम्मान के साथ मौजूद हैं। इस आचार्य कवि ने केशव और मंझन जैसे दरबारी कवियों को लिया है तो सूर एवं तुलसी सरीखे दरबारों से दूर रहने वाले कवियों की कविता भी अनदेखी नहीं की है। उनके यहाँ तो राम और कृष्ण काव्य का भी भेद नहीं है। इतना जरूर है कि उन्होंने अपनी निजी पसंद के चलते और भाषा के विविध प्रकारों या कहे कि भाषिक-विविधता के कारण तुलसी और गंग कवि को सुकवियों का सरदार कहा है। तुलसी की कविता में राम का दरबार है जबकि गंग कवि अकबर के दरबारी

कवि हैं। इस सिलसिले में भिखारीदास ने दूसरे कवियों के साथ भाषिक तुलना करते हुए तुलनात्मक आलोचना की भी नींव रखी है। इस आचार्य ने अपनी कविताओं से उदाहरण चुनने के साथ-साथ दूसरे कवियों की श्रेष्ठ कविताओं से उदाहरण लिए हैं। इसीलिए उस समय कविता करने के इच्छुक कवियों में, भिखारी दास के 'श्रृंगार निर्णय', 'काव्य निर्णय', 'रस सारांश', 'छंदावरण पिंगल' जैसे काव्यशास्त्रीय ग्रंथ अत्यंत लोकप्रिय थे।

आचार्य भिखारीदास ने संस्कृत और समूचे भाषाशास्त्रीय काव्यांग-विवेचन में पहली बार कविता में तुकों का महत्त्व रेखांकित किया है। रीतिकाल में लक्षण-ग्रंथकार कवियों—केशव, देव, श्रीपति, पद्‌माकर इत्यादि की परंपरा में आचार्य भिखारीदास एक महत्त्वपूर्ण आलोचक कवि हैं। उन्होंने अपने 'काव्यनिर्णय' में यह बताया है कि ईश्वर काव्य रचना की शक्ति जन्मजात प्रदान करता है। ऐसा प्रभावशाली सुकवि काव्य रीति समझकर और लोक अनुभव से ज्ञान प्राप्त कर महान कवि बन जाता है। यानि प्रतिभा, शास्त्रअध्ययन, लोक जीवन का ज्ञान और अभ्यास इन सभी से मिलकर महान कविकर्म संपन्न होता है। स्वयं इस कवि ने अपने लक्षण ग्रंथों में उदाहरणों के रूप में अपनी जो कविता प्रस्तुत की है उनसे उनकी श्रेष्ठ काव्य प्रतिभा का पता चलता है। यहाँ तक कि दूसरे प्रतिभाशाली कवियों की श्रेष्ठ कविताओं से ही उन्होंने उदाहरण चुने हैं। एक कवि के रूप में उन्होंने संस्कृत, प्राकृत, अपभ्रंश, अरबी, फारसी इत्यादि का मिश्रण अपनी ब्रजभाषा को समृद्ध बनाने के लिए किया है।

वह अपने समय के ऐसे कवि हैं जिनके यहाँ आत्म-आलोचना के रूप में सूक्ष्म और भेदने वाला व्यंग्य भी मिलता है। जब वह कहते हैं कि अगर आने वाले कवि उनकी कविता पर रीझकर उसकी सराहना करेंगे तो वह कविता होगी नहीं तो यह संतोष करना होगा कि उन्होंने कविता के रूप में राधा-कृष्ण के नाम को याद किया है—'आगे की सुकवि रीझि है / सू तो कविताई न तू राधिका कन्हाई सुमिरन कौ बहानौ है।' (काव्यनिर्णय) यहाँ उनके समय और समाज की क्रीटिक मौजूद है। इस कवि को यह भी स्पष्ट है कि उनकी कविता काव्य-रसिकों के लिए है। यानि उनकी दृष्टि में दरबार में प्रशंसा पाने की अपेक्षा सहृदयों से कविता पर सराहना मिलना बड़ी बात है। उनके सामने एक स्पष्ट पाठक वर्ग है और कविता को लेकर यह स्पष्ट धारणा कि काव्यार्थ ध्वनित होना चाहिए। इसलिए उन्होंने रस और ध्वनि से संपन्न कविता लिखी है—

अब तो बिहारी के वे बानक गए री, तेरी
तन दूति केसर को नैन कसमीर भो।
श्रौन तुव बानी स्वाति बूँदन के चातक भे,
साँसन को भरिबो दुरपदजा को चीर भो
हिय के हरष मरु धारनि को नीर भो, री!
जियरो मनोभव सरन को तुनीर भो।
एरी! बेगि करि कैं मिलापु थिर थापु, न तौ
आपु अब चहत अतनु को सरीर भो

उनकी कविता में काव्य-रस का आनंद मिलता है। इसके अलावा उन्हें नारी मनोविज्ञान की भी गहरी समझ है–

कढ़ि कै निसंक पैठि जाति झुंड झुंडन में,
लोगन को देखि दास आनंद पगति है।
दौरि दौरि जहीं तहीं लाल करि डारित है,
अंक लगि कंठ लगिबे को उमगति है
चमक झमक वारी, ठमक जमक वारी,
रमक तमक वारी जाहिर जगति है।
राम! असि रावरे की रन में नरन में,
निलज बनिता सी होरी खेलन लगति है

इसीलिए प्रेम और शृंगार के वर्णन में सामाजिक मर्यादा का उन्हें गहरा ध्यान है। उन्होंने भक्ति की आड़ में स्त्री-पुरुष संबंधों के सतही बिंब नहीं खींचे। इसी नजरिए से आचार्य शुक्ल ऊँचे दर्जे का कवि मानते हैं। उनके यहाँ स्त्री सौंदर्य के लिए दीपशिखा, हेमलता, कमला-बिमला इत्यादि वर्ग मिलते हैं। ऐसा नहीं है कि उनकी नजर से दरबारी वातावरण ओझल हो गया है। लेकिन ऐसे प्रसंगों में भी उन्होंने अद्‌भुत संतुलन दिखाया है–

अंखियाँ हमारी दईमारी सुधि बुधि हारीं,
मोहूँ तें जु न्यारी दास रहै सब काल में।
कौन गहै ज्ञानै, काहि सौंपत सयाने, कौन
लोक ओक जानै, ये नही हैं निज हाल में
प्रेम पगि रही, महामोह में उमगि रहीं,
ठीक ठगि रहीं, लगि रहीं बनमाल में।
लाज को अंचै कै, कुलधरम पचै कै, वृथा
बंधान सँचै कै भई मगन गोपाल में

हालाँकि वे रीति कवि हैं, नीति कवि नहीं हैं।

भाषा के धरातल पर भी उन्होंने बड़ा काम किया है। संस्कृत से लेकर प्राकृत, अवधी, कन्नौजी, बुंदेली, अरबी-फारसी इत्यादि से परहेज नहीं किया है। यहाँ तक कि उनकी ब्रजभाषा में खड़ी बोली का शुरुआती रूप भी मिलता है क्योंकि वे अपने समय की जनभाषा और लोक मुहावरों का कविता में प्रवेश करवा रहे थे। इसलिए समूचे रीतिकाल में शायद वे अकेले कवि हैं; जो आलोचक और कवि दोनों धरातलों पर सार्थक कवि करने वाले रचनाकार माने जाते हैं।

23. बिहारी
(रीतिसिद्ध कवि)

शास्त्रीय साँचे में ढली कविता

रीतिकालीन कविता में अपने विशिष्ट मार्मिक सौंदर्यबोध के कारण रीतिसिद्ध कवि बिहारी अलग से पहचाने जाते हैं। आचार्य शुक्ल ने इनका जन्म ग्वालियर के पास बसुबा गोविंदपुर गाँव में संवत् 1660 वि. के आसपास माना है। विश्वनाथप्रसाद मिश्र ने शोध-परीक्षण करके इन्हें सं. 1652 वि. में ग्वालियर में जन्मा बताया है। इनका बचपन ओरछा बुंदेलखंड में बीता और जवानी में वे अपनी ससुराल मथुरा में बस गए। इनके पिता 'केसो केसौराय' नामक कोई अल्प-ज्ञात कवि थे, ऐसा बताया जाता है। डॉ. गणपति चंद्र गुप्त ने रीतिकाल के प्रसिद्ध कवि केशवदास को इनका पिता बताया है। उनके अनुसार बिहारी के पूर्वजों के बारे में भी यह विवाद रहा है कि वे प्रसिद्ध कवि केशवदास के पुत्र थे या किसी अन्य केशवदास के? हमने ठोस प्रमाणों के आधार पर निश्चित किया है कि इनके पिता प्रसिद्ध कवि केशवदास ही थे। केशवदास का जीवन-काल, निवास-स्थान, व्यक्तित्व, काव्य-प्रवृत्तियाँ आदि तो इस दृष्टि से बिहारी के अनुकूल पड़ती हैं, इसके अतिरिक्त केशवदास के वंश-वृक्ष में भी उनके एक पुत्र का नाम बिहारीदास मिलता है। अत: अब इसमें कोई संदेह नहीं है कि सतसईकार बिहारी प्रसिद्ध कवि केशवदास ('रामचंद्रिका' के रचयिता) के पुत्र थे।' डॉ. गुप्त का यह मत सर्वमान्य नहीं हो सका।

बिहारी ने अपनी कविता तीन क्षेत्रों–रीति, भक्ति, नीति–में प्रस्तावित की है। उन्हें आलोचक शास्त्र काव्यों के कवि या काव्य कवि कहते हैं। 'बिहारी सतसई' की रचना की प्रेरणा बिहारी को जयपुर-नरेश महाराजा जयसिंह से मिली थी। कहते हैं कि एक बार ये आमेर गए हुए थे। वहाँ महाराजा अपनी नव-विवाहिता रानी के प्रेम में मुग्ध होकर महल में ही पड़े रहते थे। जिससे राज्य संबंधी सारे कार्यों में अव्यवस्था हो रही थी। ऐसी स्थिति में बिहारी ने किसी प्रकार अपना नीचे प्रस्तुत दोहा महाराजा के पास पहुँचा दिया–

नहिं पराग नहिं मधुर मधु, नहिं विकास इहि काल।
अली कली ही सों फस्यो, आगे कौनु हवाल॥

जिसे पढ़कर उनकी आसक्ति दूर हो गई। उन्होंने प्रसन्न होकर बिहारी को ऐसी और कविताएँ बनाने का आदेश दिया। सतसई रचना के संबंध में यही घटना अनुश्रुति के रूप में प्रचलित है।

बिहारी ने स्वयं स्वीकार किया है, उनका लक्ष्य सतसई को अनेक स्वादों से युक्त करने का रहा (करी कमाई सतसई भरी अनेक स्वाद) अर्थात् उन्होंने अपने युग की रुचि के अनुकूल सभी विषयों का समावेश इसमें करने का प्रयत्न किया। इसमें शृंगार रस की प्रमुखता होते हुए भी भक्ति, नीति, ज्योतिष आदि विषयों की भी उपस्थिति मिलती है। डॉ. गणपति चंद्र गुप्त के अनुसार बिहारी ने केवल एक ही ग्रंथ 'बिहारी सतसई' की रचना अनुमानतः 1700 वि. में की। इस एक ही उपलब्ध काव्य ग्रंथ ने उन्हें ऐसी अक्षयकीर्ति प्रदान की जो किसी दूसरे कवि को नहीं मिल पाई। बिहारी ने अपने दोहों में वैराग्य, प्रशस्ति, हास्य-व्यंग्य सबका समावेश किया है किंतु युगानुकूल उनमें शृंगारपरक नायिका भेद, नखशिख, षड्ऋतु और बारहमासे का वर्णन अधिक है।

बिहारी को कई आलोचक अलंकारवादी मानते हैं क्योंकि उनके दोहों में कई-कई अलंकारों का सहज विन्यास मिलता है। उनके यहाँ अलंकार प्रेषणीयता को बढ़ाने में ही सहयोगी सिद्ध होते हैं। रस ध्वनि के उदाहरणों की भरमार होने के कारण बिहारी ध्वनि-संप्रदाय के ही अनुगामी है। बिहारी ने दोहा जैसा छोटा छंद चुना पर उसमें न तो कहीं न्यूनपदत्व है न अधिक पदत्व है। जो एक ओर तो संस्कृत की 'आर्या' से मिलता-जुलता है दूसरी ओर उर्दू-फारसी के 'शेर' से और प्राकृत से तो उद्भूत ही लगता है। विश्वनाथ प्रसाद मिश्र ने बिहारी के दोहा छंद-प्रयोग के बारे में कहा है कि 46 वर्णों में ही भाव की सारी सामग्री या 'रस का समूचा चक्र' स्थापित करने के कारण इस क्षेत्र में कवि को ऐसी अभूतपूर्व सफलता मिली कि परवर्ती क्या पूर्ववर्ती कवियों को भी ऐसी दुर्लभ थी। सतसइयों की परंपरा में हिंदी का यह ग्रंथ सबसे अनूठा और अपनी दीप्ति में अनुपम है। इनकी भाषा और भावव्यंजना की क्षमता ही ऐसी थी कि आचार्य शुक्ल को इन्हें रीतिकाल के अन्य सामान्य कवियों के वर्ग से हटाकर रीतिकाल के रीतिसिद्ध ग्रंथकार वर्ग के उत्कृष्ट कवियों में स्थान देना पड़ा और आचार्य मिश्र को बिहारी के लिए एक अलग वर्ग की कल्पना करनी पड़ी। डॉ. बच्चन सिंह ने बिहारी को रीतिमुक्त कवियों में परिगणित किया। क्लासिकल वर्ग में उन्होंने बिहारी को इस वर्ग का प्रतिनिधि कवि स्वीकार किया। कहा जा सकता है कि बिहारी प्रतिभाशाली कवि थे, परंतु उन्होंने काव्याभ्यास के बाद ही कविता रचने की ओर ध्यान दिया था। इसीलिए उनके काव्य में काव्य-निपुणता का चरम विकास संभव हुआ। बिहारी का मुख्य स्वर शृंगार का है।

बिहारी के अतिरिक्त इतिहास ग्रंथों में रीतिबद्ध कवियों में बेनी कवि, बेनी प्रवीन, कृष्ण कवि (बिहारी सतसई के टीकाकार), रामसहाय पजनेस और राजा मानसिंह द्विजदेव का भी उल्लेख इसी श्रेणी में मिलता है। बिहारी की भाषा और भावों को दक्षता से अभिव्यक्त करने की क्षमता के कारण 'बिहारी सतसई' मुक्तक काव्य परंपरा की एक अग्रगामी रचना है।

आलोचक 'बिहारी सतसई' को अलंकार निरूपक ग्रंथ मानते हैं और कई आलोचक उसे नायक-नायिका भेद ग्रंथों की श्रेणी में रखते हैं लेकिन 'बिहारी सतसई' में सभी अलंकारों का प्रयोग नहीं मिलता और दूसरी तरफ उसमें केवल नायिका का शृंगार वर्णन मिलता है। बिहारी की भाव संपदा की तारीफ आचार्य शुक्ल सहित

आज के आलोचक भी करते हैं। बिहारी ने इस सतसई के अतिरिक्ति और कोई ग्रंथ नहीं लिखा। यही एक ग्रंथ उनकी इतनी बड़ी कीर्ति का आधार है। यह बात साहित्य क्षेत्र के इस तथ्य की घोषणा कर रहा है कि किसी कवि का यश उसकी रचनाओं के परिमाण के हिसाब से नहीं होता, गुण के हिसाब से होता है। आचार्य शुक्ल के अनुसार मुक्तक कविता में जो गुण होना चाहिए वह बिहारी के दोहों में अपने चरम उत्कर्ष को पहुँचा है, इसमें कोई संदेह नहीं। मुक्तक में प्रबंध के समान रस की धारा नहीं रहती जिसमें कथा प्रसंग की परिस्थिति में अपने को भूला हुआ पाठक मग्न हो जाता है और हृदय में एक स्थायी प्रभाव ग्रहण करता है। इसमें तो रस के ऐसे छींटे पड़ते हैं जिनसे हृदयकलिका थोड़ी देर के लिए खिल उठती है। यदि प्रबंधकाव्य एक विस्तृत वनस्थली है तो मुक्तक एक चुना हुआ गुलदस्ता है। इसी से यह सभा-समाजों के लिए अधिक उपयुक्त होता है। उसमें उत्तरोत्तर अनेक दृश्यों द्वारा संगठित पूर्ण जीवन या उसके किसी एक पूर्ण अंग का प्रदर्शन नहीं होता, बल्कि कोई एक रमणीय खंड दृश्य इस प्रकार सहसा सामने ला दिया जाता है कि पाठक या श्रोता कुछ क्षणों के लिए मंत्रमुग्ध-सा हो जाता है। इसके लिए कवि को मनोरम वस्तुओं और व्यापारों का एक छोटा-सा स्तवक कल्पित करके उन्हें अत्यंत संक्षिप्त और सशक्त भाषा में प्रदर्शित करना पड़ता है। अत: जिस कवि में कल्पना की समाहारशक्ति के साथ भाषा की समाहारशक्ति जितनी अधिक होगी उतनी ही वह मुक्तक की रचना में सफल होगा। यह क्षमता बिहारी में पूर्ण रूप से विद्यमान थी। इसीलिए बिहारी दोहे जैसे छोटे छंद में इतना रस भर सके हैं। इनके दोहे क्या हैं, रस के छोटे-छोटे छींटे हैं। इसी से किसी ने कहा–

सतसैया के दोहरे, ज्यों नावक के तीर।
देखत में छोटे लगैं, बेधैं सकल शरीर।।

बिहारी की रसव्यंजना का पूर्ण वैभव उनके अनुभावों के विधानों में दिखाई पड़ता है। अधिक स्थलों पर तो इनकी योजना की निपुणता और उक्तिकौशल के दर्शन होते हैं, पर इस विधान से इनकी कल्पना की मधुरता झलकती है। अनुभावों और हावों की ऐसी सुंदर योजना कोई श्रृंगारी कवि नहीं कर सका है। नीचे की हावभरी सजीव मूतियाँ देखिए–

बतरस लालच लाल की, मुरली धरि लुकाई।
सौंह करै, भौंहनि हँसे, दैन कहै, नटि जाई।।
नासा मोरि, नचाइ दृग, करी कका की सौंह।
काँटे सी कसकै हिए, गड़ी कँटीली भौंह।।
ललन चलन सुनि पलन में, अँसुवा झलकै आइ।
भई लखाई न सखिन्ह हू, झूठै ही जमूहाइ।।

भावव्यंजना या रसव्यंजना के अतिरिक्त बिहारी ने वस्तुव्यंजना का सहारा भी बहुत लिया है–विशेषत: शोभा या कांति, सुकुमारता, विरहताप, विरह की क्षीणता आदि के वर्णन में बिहारी की अद्‌भुत काव्य-क्षमता दिखाई देती है।

बिहारी ने अल्पमात्रा में नीति कविता भी लिखी है उनमें कवि ने दैनंदिन अनुभवों को भावव्यंजक सूक्तकथनों में बदल दिया है। यहाँ यह उल्लेखनीय है कि यह

कवि किसी भी प्रकार के दार्शनिक मतवाद से दूर रहा। अपनी भक्तिपरक रचनाओं में वह एक भक्त कवि की तरह आराध्य का वर्णन करते हैं और उनकी नीतिपरक कविता समाज के जर्जर पक्षों पर व्यंग्य करती है। बिहारी रीतिबद्ध और रीतिमुक्त दोनों प्रकार के अतिवादों से मुक्त हैं।

बिहारी रीतिवादी कवियों की तरह शृंगार और प्रेम के कवि हैं। डॉ. गणपति चंद्र गुप्त ने यह ठीक लिखा है कि बिहारी का प्रेम संबंधी दृष्टिकोण यथार्थवादी है। वे प्रेम के समक्ष धर्म, नीति और मर्यादा को उपेक्षणीय घोषित नहीं करते फिर भी दबे स्वर में यह स्वीकार करते हैं कि 'यौवन के दिनों में ऐसी भूल सी हो जाती हैं।' ज़ाहिर है ऐसा बिहारी अमर्यादित प्रेम के संदर्भ में कर रहे हैं। प्रेमानुभूतियों के अंतर्गत उन्होंने रूप-लिप्सा, प्रणयोद्बोधन, प्रेमजन्य औत्सुक्यादि का चित्रण अत्यंत मार्मिक शब्दों में किया है, किंतु अन्य परिस्थितियों के निरूपण में प्राय: असफल रहे हैं। विरह-वर्णन के क्षेत्र में तो उनकी यह असफलता अपनी चरम सीमा तक पहुँच जाती है। वहाँ वे अतिशयोक्ति एवं उक्ति-वैचित्र्य का ऐसा असंगत प्रयोग करने लगते हैं कि उनकी उक्तियाँ विरहिणी के प्रति सहानुभूति जगाने के स्थान पर हास्य की रचना करने लगती हैं—

आड़ै दै आने बसन, जाड़े हू की राति।
साहसु कै के नेह बप, सखी सवै ढिग जाति॥
सुनत पथिक मुँ माह निसि चलत लुवै उहि गाम।
बिनु बूझे बिनु ही कहै जियति विचारी बाम॥

नायिका के सौंदर्य का चित्रण बिहारी सतसई में चार प्रकार से किया है—नख-शिख वर्णन के रूप में, भावों के उदाहरणों के रूप में, स्वाभाविक मुद्राओं के रूप में और सौंदर्य से समन्वित प्रभाव के रूप में। नख-शिख वर्णन में अलंकारों के द्वारा सौंदर्य की नाप-जोख ही की गई जो पाठक की बुद्धि को भले ही चमत्कृत कर दे, हृदय पर उसका कोई मार्मिक प्रभाव नहीं पड़ता। शेष तीनों क्षेत्रों में ही कवि की रसिक दृष्टि का परिचय मिलता है। नायिका के हावभाव उजागर करती बिहारी की पंक्तियाँ देखिए—

जदपि नाहि नाही बदन लगी जक जाति।
तदपि भौह हाँसी भरिनु हाँसी यै ठहराति॥

ऐसे ही मुद्राओं की स्वाभाविक छवि अपनी तरफ खींचती है—

अहे, दहेडी जिनि धरे, जिनि तू लेहि उतारि।
नीकै है छीकै छुवै, ऐसेहिं रहि नारि॥

बिहारी सौंदर्य का समन्वित प्रभाव उत्पन्न करने में सफल होते हैं—

अंग-अंग छबि की लपट, उपटति जाति अछोह।
खरी पातरीऊ तऊ, लगै भरी सी देहै

आचार्य शुक्ल ने उनकी 'सतसई' में व्यक्त विषयवस्तु का सम्यक मूल्यांकन किया है। बिहारी ने यद्यपि लक्षण ग्रंथ के रूप में अपनी 'सतसई' नहीं लिखी है, पर 'नखशिख', 'नायिकाभेद', 'षट्ऋतु' के अंतर्गत उनके सब शृंगारी दोहे आ जाते हैं और कई टीकाकारों ने दोहों को इस प्रकार के साहित्यिक क्रम के साथ रखा

भी है। जैसा कि कहा जा चुका है, दोहों के बनाते समय बिहारी का ध्यान लक्षणों पर अवश्य था। इसीलिए आचार्य शुक्ल ने बिहारी को रीतिकाल के फुटकल कवियों में न रख, उक्त काल के प्रतिनिधि कवियों में ही रखा है। बिहारी की कृति का मूल्य जो बहुत अधिक आँका गया है उसे अधिकतर रचना की बारीकी या काव्यांगों के सूक्ष्म विन्यास की निपुणता की ओर ही मुख्यत: दृष्टि रखने वाले पारखियों के पक्ष से समझना चाहिए—उनके पक्षों से समझना चाहिए जो किसी हाथी-दाँत के टुकड़े पर महीन बेलबूटे देख घंटों वाह-वाह किया करते हैं। पर जो हृदय के अंतस्तल पर मार्मिक प्रभाव चाहते हैं, किसी भाव की स्वच्छ निर्मल धारा में कुछ देर अपना मन मग्न रखना चाहते हैं, उनका संतोष बिहारी से नहीं हो सकता। बिहारी का काव्य हृदय में किसी ऐसी लय या संगीत का संचार नहीं करता जिसकी स्वरधारा कुछ काल तक गूँजती रहे। यदि घुले हुए भावों का आभ्यंतर प्रवाह बिहारी में होता तो वे एक-एक दोहे पर ही संतोष न करते। मार्मिक प्रभाव का विचार करें तो देव और पद्‌माकर के कवित्त-सवैयों का-सा गूँजने वाला प्रभाव बिहारी के दोहों का नहीं पड़ता दूसरी बात यह है कि भावों का बहुत उत्कृष्ट और उदात्त स्वरूप बिहारी में नहीं मिलता। कविता उनकी श्रृंगारी है, पर प्रेम की उच्च भूमि पर नहीं पहुँचती, नीचे ही रह जाती है।

'बिहारी सतसई' में नीति और भक्ति की बजाय श्रृंगार का अद्‌भुत वर्णन मिलता है। डॉ. गणपति चंद्र गुप्त के अनुसार बिहारी की कविता में श्रृंगार का अद्‌भुत वर्णन मिलता है। बिहारी के श्रृंगार वर्णन की सीमाएँ संकुचित हैं। बिहारी के भक्ति और नीतिविषयक दोहे भी श्रृंगारिकता से मुक्त नहीं हैं। नीति का उपदेश देने के लिए भी बिहारी ने नारी अंगों से ही सामग्री ली है। नये अधिकारियों द्वारा किस प्रकार एक का अधिकार दूसरे को दे दिया जाता है, इसे समझाने के लिए वे उस बाला का उदाहरण प्रस्तुत करते हैं जिसकी कटि की गुरुता नव-यौवन के द्वारा उरोजों को दे दी गई है। कुसंगति का प्रभाव सिद्ध करने के लिए भी उन्हें दूर नहीं जाना पड़ता—कुटिल भृकुटि के सान्निध्य से नायिका की चितबन का टेढ़ा हो जाना प्रत्यक्ष प्रमाण है। दुष्ट प्रकृति के लोग संपत्ति पाकर किस प्रकार तन जाते हैं, इस तथ्य को भी वे नवयौवना के उन्नत स्तनों के आधार पर सिद्ध करते हैं।

बिहारी के भक्ति संबंधी वे दोहे जिनमें उन्होंने आत्म-निवेदन किया है, श्रृंगारिकता से मुक्त हैं, किंतु शेष दोहों में रसिक वृत्ति का ही रंग है। बिहारी के आराध्य गोबर्द्धन-धारण की गंभीर बेला में भी किशोरी बाला राधा को देखकर रोमांचित हो उठते हैं। इसी प्रकार ब्रह्म की सूक्ष्मता का प्रतिपादन करने के लिए भी वे नारी की सूक्ष्म कटि को आधार बनाते हैं। वैद्यक, ज्योतिष एवं गणित के कुछ सिद्धांतों का प्रतिपादन भी वे नारी-अंगों के आधार पर करते हैं। दरअसल बिहारी के काव्य की मूल प्रवृत्ति श्रृंगारिकता और रसिकता ही है, अन्य प्रवृत्तियाँ गौण हैं। नारी का नख-शिख बिहारी के लिए एक ऐसा कल्पवृक्ष है जिसकी छाया में उन्हें धर्म, दर्शन, नीति, श्रृंगार, ज्योतिष, गणित आदि सब कुछ उपलब्ध हो जाता है।

उनके श्रृंगार-वर्णन का क्षेत्र भी सीमाओं में इस प्रकार आबद्ध है कि वे उससे बाहर निकलने का प्रयत्न बहुत कम करते हैं; और यदि कभी बाहर निकलते भी

हैं तो उनकी दृष्टि प्रेम के कुत्सित एवं घिनौने दृश्यों पर ही पड़ती है। यदि 'सतसई' के आधार पर ही तत्कालीन समाज की कल्पना की जाए तो ऐसा प्रतीत होगा कि नैतिकता, पवित्रता एवं आदर्शवादिता तो मानो उस युग में नष्ट हो गए थे। उनकी नायिकाएँ घर में देवरों की कुटिल चेष्टाओं से पीड़ित हैं; छत पर पड़ोसियों से कलुषित संबंध स्थापित करती हैं और बाहर भिखारियों और कथावाचकों से आँख लड़ाती हैं। बिहारी ने ही नहीं–इस परंपरा के अन्य कवियों ने भी परकीया के प्रसंग में ऐसा किया किंतु एक तो उन्होंने इसके पीछे प्रेम की ऐसी सूक्ष्म अनुभूतियों का उद्रेक दिखाया है, जिसके प्रवाह में पड़कर पाठक की दृष्टि उनके चरित्र के कलुषित पक्ष की नहीं देख पाती; दूसरे, उन्होंने वर्णन की ऐसी शैली को अपनाया है जिससे उनकी नायिकाओं के प्रति पाठक की सहानुभूति ही होती है–घृणा नहीं जबकि बिहारी में इसका अभाव है।

शैली की दृष्टि से बिहारी की प्रशंसा में बहुत कुछ कहा गया है; उनमें कल्पना की समाहार-शक्ति बहुत है। थोड़े में अधिक कह देने की कला में भी वे सिद्धहस्त हैं तथा भाषा पर उनका पूरा अधिकार है, आदि। इसमें कोई संदेह नहीं कि उपर्युक्त विशेषताएँ उनमें विद्यमान हैं, किंतु अनेक स्थानों पर ये काव्यत्व की पोषक होने के स्थान पर बाधक भी होती हैं। समास-शैली के कारण इनमें अनेक स्थानों पर अस्पष्टता, दुरूहता एवं क्लिष्टता आ गई है। बिहारी का मूल्यांकन करते समय यह भी न भूल जाना चाहिए कि उनके बहुत-से दोहे गाथा–सप्तशती, अमर-शतक, भतृहरि-शतक, आर्या-सप्तशती तथा अन्य पूर्ववर्ती हिंदी कवियों के काव्य पर आधारित हैं; इस प्रकार के दोहे बिहारी की अनुवाद-कला के प्रमाण हैं न कि काव्य-कला के।

बिहारी में काव्य-प्रतिभा, काव्यानुभूति एवं भावाभिव्यक्ति की अपेक्षा अध्ययन की गंभीरता, चिंतन की प्रौढ़ता एवं भाषाधिकार की कुशलता ही अधिक दृष्टिगोचर होती है। फिर भी कुछ क्षेत्रों में–सौंदर्यानुभूति, रसिकता एवं व्यंग्यात्मकता के क्षेत्र में–उन्होंने अच्छी सफलता प्राप्त की है तथा सभी प्रकार के पाठकों की रुचि का ध्यान रखकर चलने के कारण उन्हें पर्याप्त लोकप्रियता भी प्राप्त हुई है; इसलिए बिहारी बेशक अपने युग के ऊँचे कवियों में स्थान पाने के अधिकारी हैं। डॉ. गणपति चंद्र गुप्त के आरोपों का उत्तर देते हुए डॉ. विजयेंद्र स्नातक ने उन्हें एक महत्त्वपूर्ण रीतिकवि घोषित किया है। उनके दोहों को पढ़कर कुछ समालोचकों ने यह आक्षेप भी किया है कि बिहारी ने संस्कृत के ग्रंथों से भावापहरण किया है किंतु यही बात यत्र-तत्र लक्षित होने पर भी पूर्णतः सत्य नहीं है। इस आक्षेप का निराकरण पं. पद्मसिंह शर्मा ने अपने ग्रंथ में किया है। कुछ आलोचकों ने देव और बिहारी को लेकर तुलनात्मक दृष्टि से विचार व्यक्त किया है। किंतु उस प्रकार की समीक्षा से बिहारी सतसई पर कोई लांछन नहीं लगाया जा सकता है। बिहारी रीतिकालीन मुक्तक काव्य परंपरा के सर्वश्रेष्ठ बेजोड़ कवि हैं। उन्होंने अपनी प्रौढ़ रचनाओं से मुक्तक काव्य शैली को ब्रजभाषा में प्रतिष्ठित किया।

बिहारी की भाषा प्रणाली और अभिव्यंजना शिल्प इस दृष्टि से विशिष्ट है कि उन्होंने केवल दोहा, छंद में साहित्यिक ब्रजभाषा के माध्यम से सब कुछ कह दिया है। बिहारी की भाषा को हम अपेक्षाकृत शुद्ध ब्रजभाषा कह सकते हैं। उनके समय

में ब्रजभाषा का क्षेत्र अत्यंत विस्तृत हो चुका था। बिहारी की भाषा चलती हुई ब्रजभाषा का साहित्यिक रूप है।

बिहारी का शब्द-गठन और वाक्य-विन्यास पर्याप्त सुव्यवस्थित हैं। बिहारी ने सबसे पहले शब्दों की एकरूपता और प्रांजलता पर ध्यान दिया और भाषा में परिष्कार का मार्ग प्रशस्त किया। साहित्यिक ब्रजभाषा का रूप इनकी ही भाषा में सर्वप्रथम निखार को प्राप्त हुआ है। आगे चलकर घनआनंद और पद्माकर ने उसे और अधिक परिष्कृत किया है। बिहारी की भाषा में बुंदेलखंडी और पूर्वी का प्रभाव है। पूर्वी के प्रयोग तुक के आग्रह और प्रयोग-बाहुल्य के कारण हुए हैं। बुंदेलखंडी के प्रयोग सहज रूप में शैशव के अभ्यास के कारण आये थे। इनकी भाषा में समास-शक्ति पूर्ण रूप में विद्यमान है। कहीं-कहीं पर अरबी-फारसी के शब्द इज़ाफा, ताफ़ता, विलनवी, कुतुबनुमा, रोज इत्यादि शब्दों का प्रयोग भी मिलता है। इन्होंने भाषा को प्रेषणीय बनाने के लिए लोकोक्तियों और मुहावरों का प्रयोग किया है। नाद-सौंदर्य इनकी भाषा का एक सहज गुण है। बिहारी ने माधुर्य गुण के अनुकूल शब्द-चयन किया है। भाषा के अलंकरण के लिए इन्होंने यमक, अनुप्रास वीप्सा आदि शब्दालंकारों का प्रयोग किया है। कुछ लोग बिहारी पर भाषा के काठिन्य का दोष लगाते हैं। पर वह निराधार है। आचार्य विश्वनाथप्रसाद मिश्र, बिहारी की भाषा के संबंध में लिखते हैं–"बिहारी की भाषा पर वास्तविक अधिकार था। उनके बाद भाषा पर अच्छा अधिकार दिखाने वाले मतिराम, पद्माकर आदि कुछ ही प्रवीण कवि हुए हैं। आधुनिक समय में रत्नाकर ने वैसा ही अधिकार दिखाया है। इसलिए बिहारी को भाषा का पंडित कहना चाहिए।" भाषा की दृष्टि से बिहारी की बराबरी करने वाला, भाषा पर वैसा अधिकार दुर्लभ है। सतसई में ध्वनि काव्य के उत्कृष्ट उदाहरण मिलते हैं। नपे-तुले शब्दों में किसी वस्तु, भाव या विषय का वर्णन करते हुए मन के भीतर उमड़ने वाले परस्पर विरोधी तीव्र आवेगों-संवेगों को पकड़कर दोहों में पिरो देना उनकी पैनी दृष्टि और निरीक्षण शक्ति का ही प्रमाण है। श्रृंगार रस के संयोग वर्णन में तो यह कृति अप्रतिम है।

बिहारी सतसई के दोहे तीन वर्ग में बाँटे जा सकते हैं। पहला वर्ग श्रृंगार वर्णन का है जिसमें उन्होंने नायिका-भेद, रूप-वर्णन, यौवन, संयोग-वियोग आदि को लिया है। दूसरा वर्ग भक्ति का है। भक्ति के ये दोहे संख्या की दृष्टि से कम हैं किंतु मार्मिकता की दृष्टि से उनका स्थान रीतिकाव्य में अलग पहचाना जाता है। तीसरा वर्ग नीतिपरक दोहों का है। नीतिपरक दोहे बिहारी के अपने जीवनानुभव के आधार पर रचे गए हैं और सूक्तिपरक हैं।

बिहारी के दोहों में प्रेम, श्रृंगार, सौंदर्य, नखशिख वर्णन, नायक-नायिका भेद एवं रसों की सफल प्रस्तुति मिलती है। इसकी रचना मुक्तकों के रूप में हुई है और मुक्तक रचना में जो गुण होना चाहिए वह 'बिहारी-सतसई' में उपलब्ध होती है। बिहारी बुनियादी तौर पर श्रृंगारिक कवि थे। रीतिकालीन काव्य परंपरा में शास्त्रीय परंपरा से स्वतंत्र रहते उन्होंने अपने इस मुक्तक काव्य में कई स्थलों पर राधा के अपूर्व रूप सौंदर्य काव्य अलौकिक सौंदर्य, नायक-नायिका विवेचन, नायिका का नखशिख वर्णन, नायिका-भेद और रसों आदि का वर्णन किया है और अलंकारों

को भी अपने काव्य में पिरोया है। बिहारी ने अपने दोहों में रूप-वर्णन के अंतर्गत जिन वर्ण्य-विषयों पर समावेश किया है वे हैं–तन की कांति, वेशभूषा, वस्त्र-आभूषण एवं नायक-नायिका के कौमार्य और सुकुमारता आदि का चित्रण। बिहारी ने सौंदर्य के जो बिंब उभारे हैं वे उनके छोटे-से दोहे में भी जीवन्त हो जाते हैं। बिहारी का रूप-वर्णन अन्य कवियों से अलग है। उन्होंने शुद्ध श्रृंगारिक दृष्टि से रूप का वर्णन किया है। बिहारी की वाक्यरचना व्यवस्थित है और शब्दों के रूप का व्यवहार एक निश्चित प्रणाली पर है। आचार्य शुक्ल मानते हैं कि यह बात बहुत कम कवियों में पायी जाती है। ब्रजभाषा के कवियों में शब्दों को तोड़-मरोड़ कर विकृत करने की आदत पायी जाती है। भूषण और देव ने शब्दों का बहुत अंग-भंग किया है और कहीं-कहीं गलत शब्दों का व्यवहार किया है। बिहारी की भाषा इस दोष से बहुत कुछ मुक्त है। दो-एक स्थल पर ही 'स्मर' के लिए 'समर', 'ककै', ऐसे कुछ विकृत रूप मिलेंगे। जो यह भी नहीं जानते कि कांति को 'संक्रमण' (अप सक्रोन) भी कहते हैं, 'अच्छ' साफ के अर्थ में संस्कृत शब्द है, 'रोज' रुलाई के अर्थ में आगरे के आसपास बोला जाता है और कबीर, जायसी आदि द्वारा बराबर व्यवहृत हुआ है, 'सोनजाइ' शब्द-स्वर्णजाति से निकला है–जूही से कोई मतलब नहीं, संस्कृत में 'वारि' और 'वार' दोनों शब्द हैं और 'वार्द' का अर्थ भी बादल है, 'मिलान' पड़ाव या मुकाम के अर्थ में पुरानी कविता में भरा पड़ा है, चलती ब्रजभाषा में 'पिछानना' रूप ही आता है, 'खटकति' का रूप बहुवचन में भी यही रहेगा, यदि पचासी शब्द उनकी समझ में न आयें तो बेचारे बिहारी का क्या दोष?

बिहारी ने कविता ऐसी भाषा में प्रस्तावित की है जिसमें जीवन की रगड़ और चमक है। यह कवि रीतिकालीन प्रवृत्तियों तथा अंशों में परिसीमाओं का प्रतिनिधित्व करती है। बिहारी ने ब्रजभाषा की कोमलकांत पदावली में विपर्यय लाने के लिए प्रयोग किए। उन्होंने ब्रजभाषा में अभिध्वनन, अनुकूलन तथा चुभन जैसे गुणों को लाने का बड़ा काम किया है। बिहारी को उर्दू के दरबारी कवियों से होड़ लेनी थी इसलिए ब्रजभाषा में अपेक्षित चुस्ती और चुभन का लाना आवश्यक था। ब्रजभाषा में भी कुछ अवयवों और प्रत्ययों का समायोजन जरूरी था ताकि उसमें सांकेतिकता, लाक्षणिकता और अतिरिक्त रूप में बिंबात्मकता आ सके। इस प्रयोजन के लिए बिहारी ने ब्रज़भाषा को खूब तराशा और उसे एक नई धार दी। बिहारी ने अपने समय की काव्यभाषा को परिष्कृत किया। भाषा संबंधी जो महत्त्वपूर्ण काम बिहारी ने किया उसे घनआनंद और पद्माकर ने आगे बढ़ाया। बिहारी की ब्रजभाषा पर बुंदेलखंडी और पूर्वी का खास असर है। उन्होंने जनमानस में व्याप्त मुहावरों, लोकोक्तियों के साथ-साथ अरबी, फारसी के भी शब्दों का अच्छा इस्तेमाल किया है। इसके इलावा उन्होंने अलंकारों के व्यर्थ बोझ से अपनी कविता को बचाने की हरसंभव कोशिश की है। इसके बावजूद कुछ आलोचक बिहारी की भाषा के अतिरिक्त रूप से सजावटी बताते हैं; इसका उत्तर विजयेंद्र स्नातक देते हैं। बिहारी ने काव्य भाषा के धरातल पर एक बड़ा काम यह करने की कोशिश की है। भाषा ऐसी हो जिनमें कम-से-कम शब्दों में अधिक-से-अधिक बात कही जा सके। दरअसल उनके दोहों की बनावट को देखें तो हम पाते हैं कि वह अपने समय में लोकप्रिय

दो पंक्तियों के शेर में दिलकश बात कहने वाल उर्दू शायरों से टक्कर लेना चाहते थे। डॉ. विजयेंद्र स्नातक ने ठीक कहा है कि उनकी भाषा में ब्रजभाषा का माधुर्य है। बिहारी ब्रज-प्रदेश में उत्पन्न हुए थे, ब्रजभाषा के संस्कारों से पूर्णत: परिचित थे और इसलिए उन्होंने शब्द-अर्थ को ब्रजभाषा माधुर्य में डुबोकर प्रस्तुत किया है। शब्द को चमकाने, कांतिमय बनाने की कला में वे सिद्धहस्त थे। उनकी भाषा प्रौढ़ प्रांजल, मधुर और सरस है।

बिहारी की भाषा प्रवाहमयी तथा साहित्यिक है। वाक्य-रचना व्यवस्थित है। और शब्दों के रूप का व्यवहार एक निश्चित प्रणाली पर है। बिहारी की भाषा में तोड़-मरोड़कर शब्दों को रखने का दोष नहीं है। बिहारी का भाषाविषयक योगदान इसलिए भी महत्त्वपूर्ण है कि उन्होंने ऐसी भाषा अर्जित करने का प्रयास किया जो एक उत्कृष्ट काव्य भाषा का उदाहरण बन सके। डॉ. रामस्वरूप चतुर्वेदी ने बिहारी में रीतिकालीन भाषा बनावट रेखांकित करते हुए उनकी शब्दावली की पड़ताल की है। बिहारी में रीतिकालीन भंगिमाएँ बहुत अच्छी तरह देखी जा सकती हैं। शब्दों की तराश पर विशेष बल है, जिसे दो रूपों में कवि ने बनाया है। कुछ शब्दों का ध्वन्यात्मक अनुकूलन करके ('पिय' का जगह-जगह 'प्यौ' रूप द्रष्टव्य है, जो केंद्रीय ब्रजभाषा की ओकारांत प्रकृति के अनुकूल है), और कुछ शब्दों में हल्के-से प्रत्यय लगा कर ('सतरौहें' या 'सवादिलु' जैसे विशेषण) बिहारी ने इन शब्द-रूपों को नया संस्कार दिया है। ध्वन्यात्मक और व्याकरणिक दोनों स्तरों पर कवि की यह भाषिक तराश रीतिकालीन मनोवृत्ति और मुगलकालीन बारीक-पसंदी के समानांतर चलती है। इस संदर्भ में बिहारी को रीतिकालीन काव्यभाषा का प्रतिनिधि सृष्टा कहा जा सकता है।

क्षेत्रीय दृष्टि से इसका एक कारण यह है कि बिहारी ने कुछ बुंदेली शब्द-रूपों के साथ अपने काव्य में मथुरा-आगरा की ओ-रूप प्रधान केंद्रीय ब्रजभाषा का प्रयोग किया है। भाषा और संस्कृति का अविच्छिन्न संबंध है। इसलिए यह स्वाभाविक है कि बिहारी के श्रृंगार वर्णनों में ब्रजक्षेत्र की तत्कालीन संस्कृति का केंद्रीय रूप प्रतिफलित हो। बिहारी की नायिका; शास्त्रीय ग्रंथों से बाहर—अपनी सज्जा, बोली-बानी और चेष्टाओं में ठेठ ब्रज की युवती है। राधा-कृष्ण की भक्ति और श्रृंगार की जीवंत परंपरा बिहारी के माथुर चतुर्वेदी संस्कार के साथ बड़े सहज भाव से मिल गई है, जिसके फलस्वरूप उनके काव्य में एक ओर काव्यशास्त्रीय अभिप्रायों की श्रृंखला है, और दूसरी ओर ब्रज की स्वच्छंद और रसमय जीवन-पद्धति है। स्वच्छंद और उन्मुक्त जीवन, प्रेम के विविध रूप और साथ ही उपपति तथा जारज संतान के संकेतों से युक्त बिहारी का संसार उनकी भाषा में पूरी तरह से रच गया है। ब्रज की लंबी साहित्यिक परंपरा के बीच, बिहारी की रचना उनकी अपनी ही उक्ति का स्मरण कराती है—

अनियारे, दीरघ दृगनु किती न तरुनि समान।
वह चितवनि औरे कछू, जिहि बस होत सुजान

कविता की भाषा में अप्रस्तुत-विधान की दृष्टि से संज्ञा शब्दों का महत्त्व निर्विवाद है। शब्दों के माध्यम से भी अभिव्यक्ति की बहुत-सी भंगिमाएँ संभव होती हैं।

छोटे और निर्विकार-से दीखनेवाले अव्यय शब्द पूरे के पूरे वाक्य में अर्थ को कैसे विकसित करते हैं, यह बिहारी की काव्यभाषा में देखा जा सकता है। यहाँ उर्दू शायरी का भाषिक विधान स्मरण आता है, जहाँ 'ही', 'भी' या 'गोया' जैसे छोटे शब्द समूचे अर्थ में गुणात्मक अंतर उपस्थित कर देते हैं। हिंदी कविता में रीतियुगीन काव्य से इस अकिंचित अव्यय शब्दों की सृजनात्मक पहचान बढ़ी है। आधुनिक खड़ी बोली कविता के आरंभिक युग में पुनः अव्ययों को अंत्यज की तरह मानकर उन्हें बेगार में डाल दिया गया; मैथिलीशरण गुप्त की कविता अव्यय के अपव्यय का बहुत अच्छा उदाहरण है। फिर खड़ी बोली काव्यभाषा एक स्तर पर मैथिलीशरण गुप्त के बाद से लेकर नयी कविता तक क्रमशः अव्ययों के उत्तरोत्तर सार्थक प्रयोग का इतिहास कही जा सकती है। डॉ. रामस्वरूप चतुर्वेदी ने बिहारी की भाषिक सोच का विस्तार नई कविता तक देखते हुए यह विवेचन किया है कि बिहारी में अव्यय ब्रज की समीकरण प्रिय प्रकृति के कारण बहुत बार संज्ञा शब्द-रूप से संश्लिष्ट रहते हैं 'औरै' में-ऐ (ही), 'छांहौ' में-औ (भी) न केवल इन शब्द-रूपों को, वरन् पूरे के पूरे वाक्य के अर्थ को रूपांतरित कर देते हैं। इसी प्रकार से 'ई' और 'ऊ' के प्रयोग हैं। कुछ उदाहरणों से ये और स्पष्ट होंगे–

औरे-(ऐ = ही)

राति-रमी रति देति करि औरे प्रभा प्रभात
वह चितवनि औरै कछू, जिहि बस होत सुजान

औ-(भी)

देखि पुपहरी जेठ की छाँहौं चाहति छाँह
वाकौ अति अनखाहटौ मुसकाहट-बिनु नाहिं

ऊ-(भी)

लपट बुझावत बिरह की कपट-भरेऊ आइ

ई-(ही)

इन दुखिया अँखियानु की सुखु सिरज्यौई नाँहि

ही, हू और भी जैसे सामान्य अव्यय-रूपों की तुलना में उनके ये ध्वन्यात्मक रूपांतर (-ए, -ओ, -ऊ, -ई) प्रत्यय की तरह प्रयुक्त होकर अर्थ को और सघन बनाते हैं–'इन दुखिया अँखियान को सुखु सिरज्यौई नाँहिं' में मानो विरहिणी की सारी वेदना और विवशता अव्यय-प्रत्यय–'ई' में संकेंद्रित हो गई है। दूसरी तरह का उदाहरण यह प्रसिद्ध दोहा है–'नितप्रति पून्यौई रहै आनन-ओप-उजास', यहाँ भी अतिशयोक्ति का स्रोत-ई अव्यय है। परवर्ती उर्दू शायरी अपनी भाषिक चुस्ती के लिए विख्यात है। अव्ययों के सार्थक प्रयोग की दृष्टि से गालिब की कुछ पंक्तियाँ उदाहरण-रूप में प्रस्तुत हैं, रीतिकाव्य और उर्दू शायरी की तुलना का यह एक और महत्त्वपूर्ण बिंदु है–

ज़िंदगी यों भी गुज़र ही जाती
क्यों तिरा राहगुज़र याद आया।
रेख्ते के तुम्हीं उस्ताद नहीं हो, 'गालिब'
कहते हैं, अगले ज़माने में कोई 'मीर' भी था

वाक्य में संज्ञा और क्रिया के प्रधान शब्दों को इन उपसर्ग-प्रत्यय-अव्ययों की सहायता से परिमार्जित-संशोधित करना, इस रूप में कि ये उपसर्ग-प्रत्यय-अव्यय अपना गुणात्मक महत्त्व विकसित कर लें, आलोचना के मुहावरे में 'तराश' कहलाएगा, जो हिंदी क्षेत्र की उत्तरमध्यकालीन काव्यभाषा को एक खास भंगिमा देता है। रीतिकाल में ब्रजभाषा की तराश के लिए बिहारी ठीक ही विख्यात हैं। डॉ. रामस्वरूप चतुर्वेदी ने बिहारी की उत्तरमध्यकालीन काव्यभाषा को नया भाषिक संस्कार देने वाला बड़ा कार्य बताते हुए यह तुलना की है कि क्यों बिहारी ने उर्दू शेर के सामने दोहा जैसा छोटा छंद रखा है। जो उर्दू कविता के शेर से तुलनीय है। ग़ज़ल का संपूर्ण विधान स्वतंत्र अस्तित्व लिए हुए इन शेरों से बनता है, जो कथा-वस्तु के स्तर पर एक-दूसरे से संबद्ध होते हुए भी अपनी भाषिक संरचना में अलग है। मध्यकाल में दोहे और शेर का मुक्तक रूप दरबारी परंपरा के काव्य से जुड़ा हुआ है। जिस भाषिक तराश का अभी उल्लेख किया गया है। उसकी रचनात्मक आवश्यकता बहुत कुछ मुक्तक शैली के इन छोटे छंदों के चुनाव से भी संबद्ध है। उपसर्ग, प्रत्यय अथवा अव्यय जैसे छोटे शब्द या शब्दांशों का महत्त्व इस संदर्भ में अच्छी तरह समझा जा सकता है। इन कवियों को छोटे से छोटे शब्द का सही और पूरा सार्थक उपयोग कर लेना था, वे सिर्फ चरणपूर्ति के लिए इन अव्ययों का अपव्यय नहीं कर सकते थे। दोहा तो रीतिकाल के ही कवित्त और सवैये की तुलना में बहुत छोटा छंद है। रीतिकालीन कवियों में बिहारी और देव के बीच श्रेष्ठतर रचनाकार कौन है, इस पुराने विवाद में पड़े बिना भी यह जरूर कहा जा सकता है कि रीतिकालीन मनोवृत्ति के श्रेष्ठ प्रतिनिधित्व की दृष्टि से आचार्य शुक्ल ने पद्‌माकर, घनआनंद और बिहारी की विशेष प्रशंसा की है। पद्‌माकर और बिहारी की तुलना के संदर्भ में आचार्य शुक्ल ने पहचाना है कि उनकी मधुर कल्पना ऐसी स्वाभाविक और हावभावपूर्ण मूर्तिविधान करती है कि पाठक मानो मग्न हो जाता है। ऐसा सजीव मूर्तिविधान करने वाली कल्पना बिहारी को छोड़ कर और नहीं पाई जाती। आचार्य विश्वनाथ मिश्र और आचार्य शुक्ल ने रीतिबद्ध कवियों में पद्‌माकर की, रीतिमुक्त कवियों में घनआनंद की और रीतिसिद्ध कवियों में बिहारी की सराहना ऐसे ही नहीं की है। दरअसल काव्यवस्तु और काव्यभाषा दोनों धरातलों पर बिहारी अपने समय के कवियों के साथ-साथ बाद में आने वाली काव्य पीढ़ियों के लिए चुनौती प्रस्तुत करने वाले कवि रहे हैं। कई बार लगता है कि अगर बिहारी भक्तिकाल में हुए होते तो वह कबीर, तुलसी, सूर जैसे उत्कृष्ट संत और भक्त कवि होते क्योंकि उनमें गजब की काव्य प्रतिभा थी।

24. रसखान

(रीतिमुक्त भक्त कवि)

ब्रजभाषा की कोमल प्रखरता

रसखान का जन्म सन् 1548 से लेकर सन् 1590 के बीच माना जाता है। उनका मूल नाम सैयद इब्राहिम था और वे दिल्ली के आस-पास के रहने वाले थे। कृष्ण-भक्ति ने उन्हें ऐसा मुग्ध कर दिया कि गोस्वामी विट्ठलनाथ से दीक्षा ली और ब्रजभूमि में जा बसे। सन् 1628 के लगभग उनकी मृत्यु हुई। 'सुजान रसखान' और 'प्रेमवाटिका' उनकी उपलब्ध कृतियाँ हैं। 'रसखान रचनावली' के नाम से उनकी समग्र रचनाओं का संग्रह मिलता है।

प्रमुख कृष्णभक्त कवि रसखान की अनुरक्ति न केवल कृष्ण के प्रति प्रकट हुई है बल्कि कृष्ण-भूमि के प्रति भी उनका अनन्य अनुराग व्यक्त हुआ है। उनके काव्य में कृष्ण की रूप-माधुरी, ब्रज-महिमा, राधा-कृष्ण की प्रेम-लीलाओं का मनोहर वर्णन मिलता है। वे अपनी प्रेम की तन्मयता, भाव-विह्वलता और आसक्ति के उल्लास के लिए जितने प्रसिद्ध हैं उतने ही अपनी भाषा की मार्मिकता, शब्द-चयन तथा व्यंजक शैली के लिए। उनके यहाँ ब्रजभाषा का अत्यंत सरस और मनोरम प्रयोग मिलता है, जिसमें जरा भी शब्दाडंबर नहीं है। नंददास के पदों की तरह रसखान की कविता भावावेग से भरी है–

प्रेम प्रेम सब कोउ कहत, प्रेम न जानत कोइ।
जो जन जानै प्रेम तो, मरै जगत क्यों रोइ॥
कमल तंतु सो छीन अरु, कठिन खड़ग की धार।
अति सूधो टेढ़ौ बहुरि, प्रेमपंथ अनिवार॥

गोकुल गाँव रसखान की नसों में रक्त की तरह बह रहा है। वे पक्षी रूप में जन्म लेकर कालिंदी तट पर खड़े कदंब डाल पर बसेरा करना चाहते हैं–

मानुस हौं तो वही रसखान बसौं मिलि गोकुल गाँव के ग्वारन।
जो पसु हौं तो कहा बस मेरो, चरौं नित नंद की धेनु मँझारन॥
पाहन हौं तो वही गिरि को, जो धर्‌यो कर छत्र पुरंदर धारन।
जो खग हौं तो बसेरो करौं मिलि कालिंदीकूल कदंब की डारन॥

रसखान के फाग सवैय्ये भारतीय मन की उत्सवधर्मिता के साक्ष्य हैं। इस मिट्टी से सने हैं। उनमें यहाँ का संगीत गूँज रहा है–

मिली खेलत फाग बढ़्यो अनुराग सुराग सनी सुख की रमकै।
कर कुंकुम लै करि कंजमुखि प्रिय के दृग लावन को धमकैं।
रसखानि गुलाल की धुंधर में ब्रजबालन की दुति यौं दमकै।

रसखान एक कृष्ण भक्त मुस्लिम कवि थे। कृष्ण भक्त रीतिकालीन रीतिमुक्त कवियों में रसखान का अत्यंत महत्त्वपूर्ण स्थान है। रसखान को रस की खान कहा गया है। उनकी तरह सरस काव्य सृजन करने वाले कवियों के लिए यह प्रतिष्ठित उपनाम की तरह इस्तेमाल होने लगा। रसखान के काव्य में भक्ति और शृंगार की बराबर उपस्थिति मिलती है। रसखान कृष्ण भक्त हैं और वे कृष्ण के सगुण और निर्गुण के यानी साकार और निराकार रूप दोनों के प्रति आसक्त हैं। रसखान के यहाँ प्रेम श्रद्धा में बदल गया है। रसखान के सगुण कृष्ण वे सारी लीलाएँ करते हैं, जो कृष्ण लीला में प्रचलित रही हैं। जैसे बाललीला, रासलीला, फागलीला, कुंजलीला आदि। उन्होंने अपने काव्य की सीमित परिधि में इन असीमित लीलाओं को बखूबी बाँधा है। मथुरा में रसखान की समाधि है।

भारतेंदु हरिश्चंद्र ने जिन मुस्लिम हरिभक्तों के लिये कहा था, इन 'मुसलमान हरिजनन पर कोटिन हिंदू वारिए' उनमें रसखान का नाम सबसे ऊपर है। बोधा और आलम भी इसी परंपरा में आते हैं। रसखान के जन्म के संबंध में विद्वानों में मतभेद पाया जाता है। अनेक विद्वानों ने इनका जन्म संवत् 1615 ई. माना है और कुछ ने 1630 ई. माना है। सय्यद इब्राहीम 'रसखान' का जन्म कई विद्वानों के अनुसार सन् 1590 ई. में हुआ था। चूँकि अकबर का राज्यकाल 1556-1605 है, ये लगभग अकबर के समकालीन हैं। उनकी मृत्यु के बारे में कोई जानकारी नहीं मिल पाई। यह भी बताया जाता है कि रसखान ने भागवत का अनुवाद फारसी में किया।

रसखान के अनुसार गदर के कारण दिल्ली श्मशान बन चुकी थी, तब दिल्ली छोड़कर वह ब्रज (मथुरा) चले गए। ऐतिहासिक साक्ष्य के आधार पर पता चलता है कि उपर्युक्त गदर सन् 1613 ई. में हुआ था। उनकी बात से ऐसा प्रतीत होता है कि वह उस समय वयस्क हो चुके थे। रसखान का जन्म संवत् 1590 ई. मानना अधिक संतुलित प्रतीत होता है। भवानी शंकर याज्ञिक का भी यही मानना है। अनेक तथ्यों के आधार पर उन्होंने अपने मत की पुष्टि भी की है। ऐतिहासिक ग्रंथों के आधार पर भी यही तथ्य सामने आता है। यह मानना अधिक संतुलित प्रतीत होता है कि रसखान का जन्म सन् 1590 ई. में हुआ था। रसखान के जन्म-स्थान के विषय में भी कई मतभेद हैं। कई विद्वान उनका जन्म-स्थल पिहानी अथवा दिल्ली को मानते हैं। शिवसिंह सरोज तथा हिंदी साहित्य के प्रथम इतिहास तथा ऐतिहासिक तथ्यों के आधार पर रसखान का जन्म-स्थान पिहानी जिला हरदोई माना जाए।

कृष्ण-लीला-संदर्भ मध्यकालीन कवियों के यहाँ कई अर्थ-प्रसंगों में उभरे हैं। ब्रजभाषा और कृष्ण-काव्य परस्पर पर्याय बनकर जिन कृष्ण कवियों के यहाँ प्रस्तुत हुए हैं उनमें रसखान अनिवार्य महत्त्व के कवि हैं। सरस, सरल और प्रवाहपूर्ण ब्रजभाषा का उन जैसा प्रयोग बहुत कम कवियों में दिखाई देता है। उनकी भाषा माधुर्य और प्रसाद गुणों से सराबोर है। बोलचाल की भाषा को रसखान ने साहित्यिक सौंदर्य प्रदान किया। रसखान के सवैये भाव और भाषा की दृष्टि से सार्थक हैं।

रसखान ने अलंकरण की चमत्कार-प्रदर्शन की प्रवृत्ति न अपनाकर स्वाभाविक रूप में उपमा, रूपक, उत्प्रेक्षा आदि अर्थालंकारों और अनुप्रास, श्लेश, वक्रोक्ति आदि शब्दालंकारों का प्रयोग किया है। रसखान ने सवैया छंद का बड़े मन से प्रयोग

किया है और इस छंद को सरसता, संगीतात्मकता, प्रवाहात्मकता के गुणों से संभवित करके पूर्णता प्रदान की है। सवैये के अलावा रसखान ने कवित्त और दोहा छंद का भी सफल प्रयोग किया है। आचार्य शुक्ल के अनुसार ये दिल्ली के एक पठान सरदार थे। इन्होंने 'प्रेमवाटिका' में अपने को शाही खानदान का कहा है–

देखि गदर हित साहिबी, दिल्ली नगर मसान।
छिनहिं बादसा बंस की, ठसक छाँड़ि रसखान॥

संभव है पठान बादशाहों की कुलपरंपरा से इनका संबंध रहा हो। ये बड़े भारी कृष्णभक्त और गोस्वामी विट्ठलनाथजी के बड़े कृपापात्र शिष्य थे। 'दो सौ बावन वैष्णवों की वार्ता' में इनका वृत्तांत आया है। उक्त वार्ता के अनुसार ये पहले एक बनिये के लड़के पर आसक्त थे। एक दिन इन्होंने किसी को कहते हुए सुना कि भगवान् से ऐसा प्रेम करना चाहिए जैसे रसखान का उस बनिये के लड़के पर है। इस बात से मर्माहत होकर ये श्रीनाथजी को ढूँढ़ते-ढूँढ़ते गोकुल आए और वहाँ गोसाईं विट्ठलनाथजी से दीक्षा ली। यही आख्यायिका एक दूसरे रूप में भी प्रसिद्ध है। कहते हैं जिस स्त्री पर ये आसक्त थे वह बहुत मानवती थी और इनका अनादर किया करती थी। एक दिन ये श्रीमद्भागवत का फारसी तर्जुमा पढ़ रहे थे। उसमें गोपियों के अनन्य और अलौकिक प्रेम को पढ़ इन्हें ध्यान हुआ कि उसी से क्यों न मन लगाया जाय जिस पर इतनी गोपियाँ मरती थीं। इसी बात पर ये वृंदावन चले आए। 'प्रेमवाटिका' के इस दोहे का संकेत लोग इस घटना की ओर बताते हैं–

तोरि मानिनी तें हियो फोरि मोहिनी मान।
प्रेमदेव की छबिही लखि भए मियाँ रसखान॥

इन प्रवादों से कम से कम इतना अवश्य सूचित होता है कि आरंभ से ही ये बड़े प्रेमी जीव थे। वही सांसारिक दैहिक प्रेम अत्यंत गूढ़ भगवद्भक्ति में परिणत हुआ। प्रेम के ऐसे सुंदर उद्गार इनके सवैयों में निकले कि जनसाधारण प्रेम या श्रृंगार संबंधी कवित्तसवैयों को ही 'रसखान' कहने लगे–जैसे 'कोई रसखान सुनाओ।' रसखान अर्थात् रस की खान, परंतु उनका असली नाम सैयद इब्राहिम था और उन्होंने अपना नाम केवल इस कारण रखा ताकि वे इसका प्रयोग अपनी रचनाओं पर कर सकें। इनकी भाषा बहुत चलती सरल और शब्दाडंबरमुक्त होती थी। शुद्ध ब्रजभाषा का जो चलतापन और सफाई इनकी और घनानंद की रचनाओं में है, वह अन्यत्र दुर्लभ है। इनका रचनाकाल संवत् 1640 के उपरांत ही माना जा सकता है क्योंकि गोसाईं विट्ठलनाथजी का गोलोकवास सं. 1643 में हुआ था। 'प्रेमवाटिका' का रचनाकाल सं. 1672 है। अत: उनके शिष्य होने के उपरांत ही इनकी मधुर वाणी स्फुरित हुई होगी। इनकी कृति परिमाण में तो बहुत अधिक नहीं है पर जो है वह प्रेमियों के मर्म को स्पर्श करनेवाली है। इनकी दो छोटी-छोटी पुस्तकें अब तक प्रकाशित हुई हैं–'प्रेमवाटिका' (दोहे) और 'सुजान रसखान' (कवित सवैया)। और कृष्णभक्तों के समान इन्होंने गीतकाव्य का आश्रय न लेकर कवित्त सवैयों में अपने सच्चे प्रेम की व्यंजना की है। ब्रजभूमि के सच्चे प्रेम से परिपूर्ण रसखान अपने सवैये में, मनुष्य रूप में गोकुल गाँव के ग्वाल पशु रूप में नंद की

धेनु बनकर जन्म लेना चाहते हैं। इतना ही नहीं 'लकुटी अरु कामरिया' पर त्रिपुर-वैभव को त्यागकर नेबी उदात्त भावभूमि पर खुद को रसखान प्रतिष्ठित कर लेते हैं–

या लकुटी अरु कामरिया पर राज तिहूँ पुर को तजि डारौं।
आठहु सिद्धि नवौ निधि के सुख नंद की गाय चराय बिसारौं।।
नैनन सों रसखान सबै ब्रज के बन बाग तड़ाग निहारौं।
केतक ही कलधौत के धाम करील के कुंजन ऊपर वारौं।।

रसखान की कविता में अनुप्रास की सुंदर छटा होते हुए भी भाषा की चुस्ती और सफाई कहीं नहीं जाने पाई है। बीच-बीच में भावों की बड़ी सुंदर व्यंजना है। लीलापक्ष को लेकर इन्होंने बड़ी आकर्षक रचनाएँ की हैं। भगवान प्रेम के वशीभूत हैं, जहाँ प्रेम है वहीं प्रिय है, इस बात को रसखान इस प्रकार कहते हैं–

ब्रह्म मैं ढूँढ्यो पुरानन गानन, वेदरिचा सुनी चौगुने चायन।
देख्यो सुन्यो कबहूँ न कहूँ वह कैसे सरूप ओ कैसे सुभायन।।
टेरत हेरत हारि पर्‌यो, रसखान बतायो न लोग लुगायन।
देख्यो दुरो व कुंज कुटीर में बैठो पलोटत राधिका पायँन।।

रसखान का वृत्तांत 'दो सौ बावन वैष्णवन की वार्ता' में मिलता है, और उससे उजागर होता है कि ये लौकिक प्रेम से कृष्ण-प्रेम की ओर उन्मुख हुए–रसखान ने सवैयों में कृष्ण का लीलागान किया है। रसखान को सवैया छंद में महारत हासिल थी। उनके सवैये सरस, सहज, प्रवाहमय हैं। उनके उच्च स्तर के सवैयों की मार्मिकता का आधार दृश्यों और बाह्यांतर स्थितियों की योजना में है। वही योजना रसखान के सवैयों के ध्वनि-प्रवाह में भी है। ब्रजभाषा का ऐसा सहज प्रवाह बहुत कम मिलता है। रसखान सूफियों का हृदय लेकर कृष्ण की लीला पर काव्य रचते हैं। उनमें उल्लास, मादकता और उत्कृष्टता, तीनों का संयोग है। ब्रज-भूमि के प्रति जो मोह रसखान की कविताओं में दिखलाई पड़ता है, वह उनकी विशेषता है। रसखान प्रेम-भावना की अछूती स्थितियों की य़ोजना करते हैं। इसलिए रसखान के यहाँ दूसरों की कही बातें कम मिलेंगी। निम्नलिखित सवैयों में गोपियों की जिस मनोदशा का चित्र प्रस्तुत किया गया है, वह समूचे भक्ति काव्य में दुर्लभ है–

मोर पखा सिर ऊपर राखिहौं, गुंज की माल गरे पहिरौंगी।
ओढ़ि पितांबर लै लकुटी बन, गोधन ग्वारिन संग फिरौंगी।
भावतो सोई मेरो रसखानि सो तेरे कहे सब स्वाँग करौंगी।
या मुरली मुरलीधर की अधरान धरी अधरा न धरौंगी।

अर्थात् सब स्वाँग किया जा सकता है, किंतु कृष्ण के अधरों पर रखी हुई मुरली को अपने अधरों पर रखने का स्वाँग नहीं किया जाएगा। रसखान जीवन का स्वाँग नहीं रचते, सरल जीवन को सहजता से रचते हैं। डॉ. लक्ष्मीसागर वार्ष्णेय के अनुसार रसखान इस बात के प्रमाण हैं कि कृष्ण-भक्ति के अंतर्गत मधुर भाव ने सब प्रकार के बंधन तोड़कर अन्य धर्मावलंबियों को भी आकृष्ट किया। वे विट्ठलनाथ से दीक्षा लेकर कृष्ण-प्रेम में तन्मय हो उठे। रसखान के प्रेम में जितना रस है उतना बहुत कम कवियों में मिलता है। अन्य कृष्ण-भक्त कवियों की भाँति गीतिकाव्य न अपनाकर उन्होंने कवित्त-सवैयों में सच्चे प्रेम की अभिव्यंजना की।

उनका लौकिक प्रेम ही भगवद्भक्ति में परिणत हो गया था। उनकी रचनाओं में ब्रजभाषा का सहज और स्वाभाविक रूप मिलता है।

रसखान की चार रचनाएँ प्रामाणिक मानी जा सकती हैं–'सुजान रसखान', 'प्रेमवाटिका', 'दानलीला', 'अष्टयाम'। 'सुजान रसखान' स्फुट छंदों का संग्रह है जिसमें 181 सवैये, 17 कवित्त, 12 दोहे तथा 4 सोरठे हैं। इन छंदों का प्रतिपाद्य भक्ति, प्रेम, राधा-कृष्ण की रूप-माधुरी, वंशी-मोहिनी एवं कृष्ण-लीला संबंधी अन्य सरस प्रसंग हैं। 'प्रेमवाटिका' के अंतर्गत कवि ने राधा-कृष्ण को प्रेमोद्यान के मालिन-माली मानकर प्रेम के गूढ़ तत्त्व का सूक्ष्म निरूपण किया है। यह 53 दोहों की लघु कृति है। 'दानलीला' केवल 11 छंदों का छोटा-सा पद्य-प्रबंध है, जिसमें कवि ने प्रसिद्ध पौराणिक प्रसंग को राधा-कृष्ण संवाद के रूप में चित्रित किया है। 'अष्टयाम' में संकलित कई दोहों के अंतर्गत कृष्ण के जागरण से शयन तक की दिनचर्या एवं विभिन्न क्रीड़ाओं का वर्णन है। इसमें भक्ति का आधार हटा दिया जाए तो कृष्ण के व्यक्तित्व में तत्कालीन सामंती जीवन झलकने लगता है। रसखान ने कृष्ण के लीला-प्रसंगों में तन्मय होकर उस समय और समाज के कुलीन वर्ग के जीवन को व्यक्त किया है।

रसखान की गणना प्रमुख भक्त कवियों में की जाती है। डॉ. लक्ष्मीसागर वार्ष्णेय के अनुसार वे भक्त और कवि से भी पहले एक सहृदय भावुक व्यक्ति हैं। उनका अंतस् प्रेम ताप की उष्णता से विगलित होकर मानो विविध भाव-सरणियों के रूप में उमड़ पड़ा है। उनकी इस ऐकांतिक प्रेममयी उमंग ने उनके काव्य को सचमुच 'रस की खान' बना दिया है। बादशाह वंश के जन्मजात मुसलमान रसखान ने स्वयं को राज्यलिप्साजन्य द्वंद्व से मुक्त कर जिस श्रद्धा, प्रेम और भक्तिमय रस-सागर में निमज्जित किया, उसी में उनके वास्तविक काव्य-व्यक्तित्व का मधुर रूप ढला। काव्य-रचना उनका साध्य नहीं था और न ही उनकी वाणी का विलास यश-धन प्राप्ति के निमित्त था। उन्होंने तो अनंत-अलौकिक रस के आगार श्रीकृष्ण के लीला गान के रसास्वादन में ही स्वयं को कृत-कृत्य समझा–

'त्यों रसखानि वही रसखानि जु है रसखानि, तो है रसखानी।' दरअसल कृष्ण विषयक लीला रस-वर्षण ने ही रसखान को रसखान बनाया।

प्रेम तत्त्व के निरूपण में रसखान को अद्भुत सफलता प्राप्त हुई है, उनका प्रेम-वर्णन बड़ा सूक्ष्म, व्यापक एवं विशद है। उनके काव्य का प्रमुख रस श्रृंगार है, जिसके आलंबन हैं–श्रीकृष्ण। उनके रूप पर मुग्ध राधा एवं गोपिकाओं की मन:स्थिति के चित्रण के माध्यम से रसखान ने श्रृंगार की मधुर अभिव्यंजना की है। श्रृंगार के उपरान्त रसखान-काव्य में चित्रित दूसरा प्रमुख रस वात्सल्य है। श्रीकृष्ण के बाल-रूप की माधुरी का वर्णन उन्होंने यद्यपि गिने-चुने छंदों में ही किया, पर उनकी काव्यात्मक गरिमा सूर और तुलसी के बाल वर्णन की समता करती है–

धूरि में अति शोभत स्याम जू वैसी बनी सिर सुंदर च्रोटी।
खेलत खात फिरै अंगना पग पैंजनि बाजति पीरी कछोटी।।
वा छवि को रसखानि विलोकत बारत काम कलानिधि कोटी।
काग के भाग बड़े सजनी हरि हाथ सों ले गयो माखन रोटी।।

कृष्ण-लीलाओं के अलावा रसखान ने कृष्ण द्वारा कालिया-दमन, कुवलया-वध का भी वर्णन किया है जिसमें कृष्ण का लोकरक्षक रूप चित्रित है, किंतु ऐसे पद कम हैं। कृष्ण के अतिरिक्त शिव और गंगा की स्तुति भी उन्होंने की है जिससे इनकी समन्वयवादी प्रवृत्ति उजागर होती है।

रसखान ने राधा और कृष्ण के सौंदर्य का वर्णन परंपरागत नायक-नायिका के रूपांकन की नख-शिख पद्धति से नहीं किया है। सुंदर राधा यौवनालंकारों से सज्जित हैं। रसखान ने कृष्ण के सौंदर्यांकन में अधिक रुचि ली है पर उनके उन्हीं अंगों, वस्तुओं और चेष्टाओं का उल्लेख किया है जिनसे वे प्रभावित हुए हैं—आँख, बाल, पीतांबर, मुस्कान, चितवन आदि। इनका सौंदर्य-निरूपण परिष्कृत और सुसंस्कृत है।

रसखान ने प्रकृति का चित्रण तीन रूपों में किया है। प्रकृति इनके कृष्ण की विहार-भूमि है इसलिए यमुना, कुंज, लता, द्रुम इनके आकर्षण का केंद्र रहे हैं। प्रकृति का उद्दीपन रूप भी चित्रित हुआ है। **'हूक सी सालत है हिय में जब बैरिन कोयल कूक सुनावत'** संयोग में सुखदायी प्राकृतिक उपादान वियोग में दग्ध करते हैं।

रसखान ने मुक्तक काव्य-रूप अपनाया, प्रबंध-रचना में इनकी रुचि नहीं थी। इनके मुक्तक दो प्रकार के हैं—शृंगार मुक्तक तथा स्वतंत्र मुक्तक। इनमें भावाभिव्यंजना की ऐसी एकतानता है जो इन्हें गीतिकाव्य के निकट ला देती है।

अपने आसपास सौंदर्य ढूँढ़ लेने वाले रसखान सरीखे कवि की काव्य भाषा शुद्ध, परिमार्जित एवं साहित्यिक ब्रज है। माधुर्य एवं प्रसाद गुण के सहज समावेश ने उनकी काव्य-भाषा को अत्यंत सरस और सजीव बना दिया है। विभिन्न लाक्षणिक प्रयोगों के कारण इसमें जो चुटीलापन आ गया है, उससे इसकी अर्थवत्ता और बढ़ गई है। कोरे शब्द-चमत्कार से मुक्त रहकर रसखान ने सिद्ध कर दिया है कि सरल और स्वाभाविक भाषा में रचित काव्य सहृदयों के हृदय को अधिक आनंद प्रदान करता है। अलंकार-मोह का उनके काव्य में अभाव है। वे प्रेम और शृंगार के कवि हैं। उन्होंने अपने विषय के अनुरूप सवैया, कवित्त एवं दोहा छंद को काव्य-रचना के माध्यम के रूप में चुना है। अपने युग में संपूर्ण कृष्णभक्ति-काव्य के गेय पदों में रचे जाने की परंपरा होते हुए भी रसखान द्वारा कवित्त और सवैया छंद को अपनाना उनकी स्वच्छंद वृत्ति का सूचक है। वे किसी परंपरा के बंधन में नहीं बँधे। उनकी भक्ति किसी सांप्रदायिक सिद्धांत में बद्ध नहीं है। उनका प्रेम निरूपण सूफियों की प्रेम पद्धति का अनुकरण न होकर स्वच्छंद है। उनका शृंगार-चित्रण किसी 'रीति' विशेष में सीमित नहीं है। उनकी भक्ति हृदय की मुक्त साधना है और उनका शृंगार वर्णन भावुक हृदय की उन्मुक्त अभिव्यक्ति हैं। उनके काव्य में उनके स्वच्छंद मन के सहज उद्गार हैं। इसीलिए उन्हें स्वच्छंद काव्य-धारा का प्रवर्तक कहा जाता है। रसखान ने कविता की जड़ हो रही भाषा को भी स्वच्छंद किया है।

रसखान की काव्य-भाषा शुद्ध ब्रजभाषा है। साहित्यिक शब्दावली के साथ लोकभाषा या ब्रज की स्थानीय उपबोलियों के शब्द भी प्रयुक्त हुए हैं। इन्होंने रीतिकालीन कवियों की तरह शब्दों का अपव्यय नहीं किया। मुहावरों के प्रयोग में रसखान दक्ष हैं। एक पंक्ति में अनेक मुहावरों की सहज योजना इस प्रकार हुई है

कि मुहावरों का रूप बिगड़ा नहीं है तथा भाषा की सुबोधता और स्वच्छता भी बढ़ी है। इनकी भाषा स्वाभाविक, प्रवाहमयी और नाद-सौंदर्य से संपन्न जीवंत भाषा है।

रसखान ने सवैया, कवित्त और दोहा छंद अपनाए। छंदिक सौंदर्य की वृद्धि के लिए इन्होंने शब्दों के रूपों में परिवर्तन किए तथा अंत्यानुप्रास और संगीत का संश्लेषण किया। अलंकारों में अनुप्रास, उपमा, उत्प्रेक्षा और रूपक इन्हें विशेष प्रिय रहे हैं। रसखान के काव्य में शृंगार रस के संयोग और वियोग दोनों रूप मिलते हैं। वियोग के चित्र अपेक्षाकृत कम हैं, किंतु संयोग के प्रसंग इनकी साधिकार अभिव्यक्ति का परिचायक हैं। वात्सल्य रस के दो-एक उदाहरण ही मिलते हैं, पर उनमें भी रसखान की काव्य-कला की मनोरम व्यंजना हुई है। संसार की नश्वरता के अंकन में शांत रस की उपस्थिति मिलती है। रसखान का काव्य भाव एवं कला दोनों ही दृष्टियों से समृद्ध है। इनकी भाषा साहित्यिक और लोक-प्रचलित शब्दों से संयुक्त तत्कालीन भाषा-स्वरूप का प्रतिनिधित्व करती है। रसखान ने माधुर्य गुण युक्त सरस, सहज प्रवाहमयी भाषा को अपनी अभिव्यक्ति का माध्यम बनाया है।

भाषा के नजरिये से रसखान सरीखे मध्ययुगीन कवि ने सहज भाषा की ताकत को पहचाना है। भक्ति, प्रेम तथा शृंगार की त्रिवेणी में तैरने वाले रसखान की तन्मयता उनके सवैयों और कवित्तों में स्पष्ट दिखायी देती है। उन्हें कृष्ण का काली कमली पहले लकड़ी लेकर गोचारण के लिए जाने वाले तथा करील के कुंजों में विहार करने वाला रूप प्रिय है। वे बाह्याचारों--योगासन, पंचाग्नि सेवन, जप-तप, संयम, प्राणायाम आदि को निरर्थक तथा कृष्ण भक्ति और उनके दर्शन की लालसा को प्रमुख मानते हैं। उन्हें अपने इष्ट के उद्धारक रूप पर अखंड विश्वास है, इसीलिए किसी अन्य देवी-देवता की पूजा-अर्चना उन्हें अनावश्यक लगती है। उन्हें विश्वास है कि द्रौपदी, गणिका, गज, गिद्ध, अहल्या तथा प्रह्लाद का उद्धार करने वाले कृष्ण उन्हें अर्थात् कवि को विस्मृत नहीं कर सकते।

कृष्ण के सौंदर्य का अंकन करते हुए कवि ने दिखाया है कि श्याम वर्ण के कृष्ण के नेत्रों के सौंदर्य के सम्मुख नेत्रों के परंपरागत उपमान खंजन, मीन तथा कमल भी मलिन पड़ जाते हैं। उनके चंद्रमा सरीखे मुख पर लटकती घुँघराली लटें चंद्र का चुंबन लेने के लिए लालायित चाँदनी लगती है। कानों में सुशोभित मकराकृति कुंडल, मुकुट में मोरपंख और वक्ष-स्थल पर बनमाला अत्यंत सुंदर लगती है। उनके पीतांबर की छवि बिजली की चमक को भी फीका कर देती है तथा उनकी मुरली की ध्वनि गोपियों को इतना व्याकुल कर देती है कि वे लौकिक पारिवारिक मान-मर्यादा को भी भूल जाती हैं तथा रात्रि में विहार करने के लिए कृष्ण के समीप पहुँच जाती हैं। कुंजों में विश्राम करते कृष्ण के पैरों को दबाकर राधा उनकी थकान को मिटाने का प्रयास करती हैं। यहाँ स्त्री का दासीभाव नहीं है। यह स्वकीया प्रेम है। दांपत्य भाव है। पुरुष यहाँ सामंत नहीं है। साथी है। अन्यान्य है। यह दृश्य कवि को विभोर कर देता है तथा वह अपना सर्वस्व उन पर निछावर करने के लिए तैयार हो जाता है।

अपने 'हिंदी भाषा और साहित्य का इतिहास' में डॉ. अमरप्रसाद जायसवाल ने लिखा है–'सभी कृष्णभक्त कवियों ने अपने काव्य के लिए ब्रजभाषा का ही

प्रयोग किया है। इन कवियों की ब्रजभाषा वृंदावन में प्रचलित भाषा है। इस भाषा के सौष्ठव और माधुर्य ने बंगाल की भाषा को भी प्रभावित किया। इस भाषा की महत्ता केवल इस बात से स्पष्ट होती है कि रीतिकाल से लेकर आधुनिक काल तक यही भाषा कविता भाषा बनी है। यह ब्रजभाषा जन-प्रचलित भाषा है। जहाँ पर कई बार शब्दों का रूप व्याकरण–सम्मत नहीं रहा। सूर जैसे अनेक कवियों ने तथा रीतिकालीन देव, बिहारी जैसे कवियों ने इस भाषा को जो सौंदर्य और सौष्ठव दिया वह समस्त हिंदी साहित्य में आज भी अद्वितीय है। भाषा का इतना संपन्न तथा शक्तिशाली स्वरूप कदाचित ही कहीं देखने को मिले। कृष्णभक्त कवियों ने ब्रजभाषा को इस प्रकार से परिमार्जित किया कि लगभग 600 वर्ष तक यही भाषा संपूर्ण उत्तरी भारत पर अपना आधिपत्य चलाती रही। ब्रजप्रदेश और ब्रजभाषा रसखान के यहाँ अधिक अर्थसंपन्न हो जाते हैं। डॉ. विजयेंद्र स्नातक के अनुसार रसखान की भक्ति भावना का एक क्षेत्र धर्मोपासना भी है। यद्यपि कृष्ण भक्त कवियों ने वृंदावन धाम का वर्णन प्रचुर मात्रा में किया है किंतु रसखान ने वृंदावन को सर्वश्रेष्ठ धाम मान कर उसका बहुत ही मोहक पदों में वर्णन किया है। रसखान वृंदावन को सामान्य नगर या आवास स्थान न मानकर भगवान कृष्ण का सर्वोच्च पूज्य स्थान मानते हैं। उनकी दृष्टि में करोड़ों स्वर्ग भी पुण्यस्थली वृंदावन की तुलना में समर्थ नहीं। धाम-स्तुति का ऐसा चित्ताकर्षक काव्यमयी भाषा में वर्णन अन्यत्र दुर्लभ है। ब्रजभाषा रसखान के यहाँ भाषा की स्थानीय ताकत को बढ़ाती है। इसीलिए ब्रजप्रदेश रसखान का केंद्रीय काव्य-विषय है। डॉ. लक्ष्मीसागर वार्ष्णेय के अनुसार रीतिकालीन काव्य ने ब्रजभाषा को जो अलंकृत और कलात्मक रूप प्रदान किया, वह भी कृष्ण-काव्य के कवियों द्वारा भाषा को प्रौढ़ता प्रदान करने के कारण सम्भव हो सका था। कृष्ण-काव्य ने हिंदी साहित्य को अनेक विषय प्रदान कर उसका विकास किया। गीति-काव्य को भी कृष्ण-काव्य से प्रोत्साहन प्राप्त हुआ। नंददास जैसे कुछ कवियों ने रोला, दोहा आदि छंदों का अवश्य प्रयोग किया, किंतु अधिकतर कवियों ने विभिन्न राग-रागनियों में पद बाँध कर संगीतात्मकता का परिचय दिया और शांत रस का सुंदर निरूपण किया। हिंदी भाषा और प्रेम काव्य के विकास में बेशक रसखान जैसे ब्रजभाषा के रचनाकारों की अहम भूमिका है।

25. भूषण

(रीतिमुक्त वीरकाव्यधारा-कवि)

शृंगार में वीर रस का विपर्यय

रीतिबद्ध वीरकाव्यधारा के कवि भूषण के जीवनवृत्त के बारे में विद्वान एकमत नहीं हैं। आचार्य शुक्ल ने भूषण का जन्म संवत् 1670 विक्रमी अर्थात् सन् ई. 1617 तथा मृत्यु सं. 1772 अर्थात् सन् ई. 1715 बताई है। इस तरह भूषण की कुल आयु 102 वर्ष की ठहरती है। लेकिन एक अन्य समीक्षक भागीरथ प्रसाद दीक्षित यह मानते हैं कि भूषण सं. 1739 अर्थात् सन् 1682 में जन्मे थे। शिवसिंह सैंगर विक्रमी संवत् 1738 तथा ग्रियर्सन सन् 1660 ई. को भूषण का जन्मवर्ष मानते हैं। सामान्य तौर पर इनका जन्म सं. 1670 वि. में और निधन सं. 1772 वि. में हुआ माना जाता है।

विश्वनाथ प्रसाद मिश्र ने कवि भूषण के आश्रयदाताओं में–साहूजी, बाजीराव, चिंतामणि, अवधूतसिंह, हृदयराम सोलंकी, जयसिंह, रामसिंह, अनिरुद्धसिंह, कुमाऊँ नरेश, छत्रसाल तथा छत्रपति शिवाजी बताए हैं। आचार्य शुक्ल के अनुसार वीररस के ये प्रसिद्ध कवि, चिंतामणि और मतिराम के भाई थे। चित्रकूट के सोलंकी राजा रुद्र ने इन्हें 'कविभूषण' की उपाधि दी थी। तभी से ये भूषण के नाम से ही प्रसिद्ध हो गए। इनका असल नाम क्या था, इसका पता नहीं है। ये कई राजाओं के यहाँ रहे। अंत में इनके मन के अनुकूल आश्रयदाता, जो इनके वीरकाव्य के नायक हुए, छत्रपति शिवाजी मिले। पन्ना के महाराज छत्रसाल के यहाँ भी इनका बड़ा मान हुआ। कहते हैं कि महाराज छत्रसाल ने इनकी पालकी में अपना कंधा लगाया था जिस पर इन्होंने कहा था–'सिवा को बखानौं कि बखानौं छत्रसाल को'। ऐसा प्रसिद्ध है कि इन्हें एक-एक छंद पर शिवाजी से लाखों रुपये मिले।

भूषण की रचना की प्रणाली मुक्तक है। उन्होंने वीररसात्मक छंदों में अलंकार-निरूपण किया है। उनमें महाकाव्य लिखने की प्रतिभा थी। उनके पास धीरोदात्त नायक-शिवाजी तथा छत्रसाल थे और उपनायक औरंगजेब। भूषण के रचना-वैभव को लक्षित करते हुए आचार्य शुक्ल के यह शब्द उल्लेखनीय हैं–रीतिकाल के भीतर शृंगाररस की प्रधानता रही। कुछ कवियों ने अपने आश्रयदाताओं की स्तुति में उनके प्रताप आदि के प्रसंग में उनकी वीरता का भी थोड़ा-बहुत वर्णन अवश्य किया है पर वह शुष्क परंपरापालन के रूप में ही होने के कारण ध्यान देने योग्य नहीं है। ऐसे वर्णनों के साथ जनता की हार्दिक सहानुभूति कभी नहीं हो सकती थी। पर भूषण ने जिन दो नायकों की कृति को अपने वीरकाव्य का विषय बनाया

वे अन्याय दमन में तत्पर, हिंदू धर्म के संरक्षक, इतिहास-प्रसिद्ध वीर थे। उनके प्रति भक्ति और सम्मान की प्रतिष्ठा हिंदू जनता के हृदय में उस समय भी थी और आगे भी बराबर बनी रही या बढ़ती गई। इसी से भूषण के वीररस के उद्‌गार सारी जनता के हृदय की संपत्ति हुए। भूषण की कविता कविकीर्ति संबंधी एक अविचल सत्य का दृष्टांत है। जिसकी रचना को जनता का हृदय स्वीकार करेगा उस कवि की कीर्ति तब तक बराबर बनी रहेगी, जब तक स्वीकृति बनी रहेगी। क्या संस्कृत साहित्य में, क्या हिंदी साहित्य में; सहस्रों कवियों ने अपने आश्रयदाता राजाओं की प्रशंसा में ग्रंथ रचे, जिनका आज पता तक नहीं है। पुरानी वस्तु खोजनेवालों को ही कभी-कभी किसी राजा के पुस्तकालय में, कहीं किसी घर के कोने में उनमें से दो-चार इधर-उधर मिल जाते हैं। जिस भोज ने दाने देकर अपनी इतनी तारीफ कराई उसके चरितकाव्य भी कवियों ने लिखे होंगे पर उन्हें आज कौन जानता है?

शिवाजी और छत्रसाल की वीरता के वर्णनों को कोई कवियों की झूठी खुशामद नहीं कह सकता। वे आश्रयदाताओं की प्रशंसा की प्रथा के अनुसारण मात्र नहीं हैं। इन दो वीरों का जिस उत्साह के साथ सारी हिंदू जनता स्मरण करती है उसी की व्यंजना भूषण ने की है। वे हिंदू जाति के प्रतिनिधि कवि हैं। जैसा कि आरंभ में कहा गया है। शिवाजी के दरबार में पहुँचने के पहले वे अन्य राजाओं के पास भी रहे। उनके वीरता, शौर्य प्रताप आदि की प्रशंसा भी उन्हें अवश्य ही करनी पड़ी होगी। पर वह झूठी थी, इसी से टिक न सकी। पीछे भूषण को अपनी उन रचनाओं से विरक्ति ही हुई होगी। इनके 'शिराजभूषण', 'शिवाबावनी' और 'छत्रसालदशक', ये ग्रंथ ही मिलते हैं। इनके अतिरिक्त 3 ग्रंथ कहे जाते हैं—'भूषणउल्लास, दूषणउल्लास', 'भूषणहजारा'। 'शिवराजभूषण', भूषण का अलंकार ग्रंथ है। इसकी रचना सं. 1724 वि. से संपूर्ण हुई थी। इससे 1730 वि. से पूर्व की ऐतिहासिक घटनाओं का उल्लेख है। 'शिवराजभूषण' के 372 छंदो में दोहा, कवित्त, सवैया, छप्पय, गीतिका, हरिगीतिका तथा अमृतध्वनि आदि प्रमुख हैं। अलंकारों के लक्षण-ग्रंथ के रूप में यह मुक्तक रचा गया। यह भूषण के वीर-काव्य का श्रेष्ठ रूप है। वीर रस-प्रधान इस ग्रंथ में महाराज शिवाजी की युद्धवीरता, पराक्रमशीलता, दानवीरता और अत्याचारियों की कायरता और भय का अत्युक्तिपूर्ण वर्णन अतिरंजित होते हुए भी वीरता का यथार्थ चित्र है। शिवाजी के व्यक्तित्व और घटनाओं का इसमें वास्तविक ऐतिहासिक वर्णन है।

'शिवाबावनी' में 52 छंद हैं। इसमें शिवाजी की प्रशस्ति में एक-से-एक बढ़कर छंद हैं। 'शिवराजभूषण' की तुलना में इसकी रचनाएँ अधिक प्रौढ़ हैं। इसमें प्रबंध-काव्य की-सी रमणीयता है और एक-एक छंद का एक-एक पद भावोत्पादक है। यह सं. 1730 वि. के बाद की रचना है। इसमें शिवाजी की यश-कीर्ति का भव्य वर्णन है। 'छत्रसाल शतक' में मात्र 10 छंद हैं। आरंभ में दो दोहे हैं और फिर 8 कवित्तों में बुंदेला-नरेश महाराज छत्रसाल की प्रशस्ति है। स्फुट छंद उन राजाओं के बारे में हैं, जिनके यहाँ भूषण का आना-जाना था। इनमें कुछ छंद शिवाजी के पौत्र साहूजी तथा जयपुर नरेश जयसिंह के बारे में हैं। इनमें अल्पमात्रा में शृंगार का आस्वाद है। भूषण वीररस के अप्रतिम कवि हैं। रीति काल की शृंगारिक प्रवृत्ति

से हटकर वीररसात्मक कविता द्वारा भूषण ने प्रचलित युगीन परिपाटी के विरुद्ध वीररस की कविता को प्रतिष्ठित किया। कवि भूषण आचार्यत्व की गरिमा प्राप्त करने में सफल नहीं हुए। उनका लक्षण-काव्य, उदाहरण काव्य की तुलना में सदोष है। उन्होंने एक ही व्यक्ति पर जबर्दस्ती अलंकार गढ़ने की चेष्टा की है। भूषण की कविता में वीर के साथ-साथ रौद्र तथा भयानक रसों की भी उपस्थिति है। उन्होंने शिवाजी की प्रशस्ति में वीररस के चारों भेदों–दयावीर, दानवीर, धर्मवीर तथा युद्धवीर का अच्छा निर्वाह किया है।

वीरकाव्य के प्रणेता होने के कारण भूषण की कविता ओजगुणमयी है। उनकी कविता में प्रचलित शब्दों की बहुलता है। शब्दों को मनमाने ढंग से तोड़ा-मरोड़ा भी खूब है। कहीं-कहीं तो मूल शब्द विकृत भी हो गए हैं। उन्होंने अरबी-फारसी के शब्दों के प्रयोग में भी स्वच्छंदता से काम लिया है–उनके छंदों में यत्र-तत्र अवधी, बुंदेलखंडी, मराठी तथा खड़ी बोली के शब्द भी हैं। आचार्य रामचंद्र शुक्ल ने ठीक ही लिखा है--जो कविताएँ इतनी प्रसिद्ध हैं उनके संबंध में यहाँ यह कहना वे कितनी ओजस्विनी और वीरदर्पपूर्ण हैं, दोहराव मात्र होगा। यहाँ इतना ही कहना कि आवश्यक है कि भूषण वीररस के ही कवि थे। इधर उनके दो-चार कवित्त, शृंगार के भी मिले हैं, पर वे गिनती के योग्य नहीं हैं, रीतिकाल के कवि होने के कारण भूषण ने अपना प्रधान ग्रंथ 'शिवराजभूषण' अलंकार के ग्रंथ के रूप में बनाया। पर रीतिग्रंथ की दृष्टि से, अलंकारनिरूपण के विचार से यह उत्तम ग्रंथ नहीं कहा जा सकता। लक्षणों की भाषा भी स्पष्ट नहीं है और उदाहरण भी कई स्थलों पर ठीक नहीं हैं। भूषण की भाषा में ओज की मात्रा तो पूरी है पर वह अधिकतर अव्यवस्थित है। आमतौर पर व्याकरण की अवहेलना की गई है और वाक्यरचना भी कहीं-कहीं गड़बड़ है। इसके अतिरिक्त शब्दों के रूप भी बहुत बिगड़े हुए हैं और कहीं-कहीं बिलकुल गढ़ंत के शब्द रखे गए हैं। पर जो कवित्त इन दोनों से मुक्त हैं वे बड़े ही सशक्त और प्रभावशाली हैं।

वीरकाव्य की दृष्टि से भूषण हिंदी काव्यधारा के वरिष्ठ कवि हैं। वे सच्चे अर्थों में राष्ट्रीय कवि थे। लोकमंगल उनका ध्येय था। भूषण-काव्य में युगीन जन-चेतना बखूबी आंदोलित हो रही थी। उनकी रचनाओं में मध्यकालीन जातीय चेतना का अच्छा निरूपण मिलता है। जातीयता तथा राष्ट्रीयता भूषण की कविता का प्राणतत्त्व हैं। विश्वनाथ त्रिपाठी के अनुसार भूषण ओज के कवि हैं। उनकी कविता में टंकार के साथ-साथ झंकार भी सुनाई पड़ती है। वे कभी-कभी व्यंग्य भी करते हैं–'दारा की न दौर यह रार नहीं खजुबे की।' उनके यहाँ जो थोड़ी बहुत भाषागत अव्यवस्था मिलती है, उसका कारण उत्साह का अतिरेक हो सकता है। भूषण काव्यरीति में वीरता को ढालने वाले कवि हैं। उनके काव्य में श्लेष आदि का पूरा उपयोग मिलता है। काव्यगुणों से संपन्न वीरकाव्यधारा में भूषण होने का क्या महत्त्व है, इसका विवेचन करना दिलचस्प होगा।

वीरकाव्य के बीज आदिकालीन काव्य में मिलते हैं। यह प्रवृत्ति मध्यकाल में विकसित हुई। इस काल में ऐसे ऐतिहासिक वीरकाव्य का सृजन हुआ जिसमें राष्ट्रीयता का स्वर प्रबल था। आदिकालीन वीरगाथाकार कवियों का उद्देश्य अपने आश्रयदाता

राजाओं का प्रशस्तिगान था। उन्होंने अपने राजा की वीरता का अत्युक्तिपूर्ण वर्णन किया है। रीतिकालीन वीरकाव्य में यद्यपि अधिकतर कवियों ने अपने आश्रयदाता का प्रशस्ति गायन किया है, किंतु यह अतिशयोक्तिपूर्ण होते हुए भी, ऐतिहासिक यथार्थ से रहित नहीं है। इस काल के कवियों के अधिकतर वीरनायक वस्तुतः राष्ट्रीय नायक थे। छत्रपति शिवजी, छत्रसाल, हिम्मत बहादुर आदि इस युग के राष्ट्रनायक इतिहास-प्रसिद्ध महापुरुष हैं। इस काव्यधारा के कवियों में भूषण का महत्त्वपूर्ण स्थान है। आदिकालीन वीरकाव्य के मूल में प्रेम और शृंगार था, जैसे उस युग के प्रमुख वीरकाव्य 'पृथ्वीराज रासो' में भी पृथ्वीराज और संयोगिता के प्रेम का मूल आधार है, किंतु उल्लेखनीय तथ्य यह है कि इस काल का वीरकाव्य स्वतंत्र रूप से वीरकाव्य है। भूषण, लाल, सूदन, पद्माकर आदि वीर काव्यकारों ने सच्ची वीरता का चित्रण वर्णन करके जनमानस की वीर भावना को जगाया।

रीतिकालीन वीरकाव्य प्रबंध और मुक्तक दोनों रूपों में रचा गया। यद्यपि 'पृथ्वीराज रासो' जैसा वृहद् प्रबंध इस काल में नहीं रचा गया, फिर भी पद्माकर कृत 'हिम्मत बहादुर विरुदावली', गोरेलाल कृत 'छत्रप्रकाश', सूदन कृत 'सुजान चरित', जोधराज कृत 'हम्मीर रासो', 'खुमान चरित' आदि प्रबंधात्मक वीरकाव्य महत्त्वपूर्ण हैं। इनमें वीर भावनाओं की अभिव्यक्ति हुई है। जोधराज का 'हम्मीर रासो' आदिकालीन रासोकाव्य परंपरा की अंतिम रचना है। सूदन का भाषा-शिल्प भूषण से मिलता है।

आदिकाल के बाद और रीतिकाल से पहले भक्तिकालीन काव्य में भी तुलसी के यहाँ राम और हनुमान का तथा सूर की कविता में कृष्ण इत्यादि नायकों के शौर्य-पराक्रम के कई वर्णन मिलते हैं लेकिन वहाँ वीररसात्मक प्रसंग शांत रस के अंग-रूप में निंयोजित हुए हैं। रीतिकाल में देशकालगत सामाजिक-राजनीतिक-पर्यावरण बदलने से जो परस्पर युद्धों और संघर्षो का वातावरण बना, कविता में उसकी अभिव्यक्ति के लिए डॉ. द्वारिका प्रसाद सक्सेना के अनुसार वीरों में उत्साह भरने के लिए तथा जनता में जोश एवं उत्साह जाग्रत करने के लिए वीररसात्मक काव्यों की आवश्यकता हुई और कवियों ने उसी की पूर्ति हेतु विपुल वीर-काव्यों का निर्माण किया। सुविधा की दृष्टि से इन संपूर्ण वीर-काव्यों को पाँच भागों में विभाजित किया जाता है—शुद्ध वीर-काव्य, रासो-पद्धति पर निर्मित शृंगार मिश्रित वीर काव्य, भक्ति-भावित वीर-काव्य, अनूदित वीर-काव्य और दरबारी कवियों का प्रकीर्ण वीर-काव्य। इनमें से शुद्ध वीर-काव्य के अंतर्गत भूषण, श्रीधर, लाल, सूदन और पद्माकर के काव्य आते हैं, किंतु इनमें भूषण सर्वोपरि हैं। दूसरे रासो-पद्धति पर निर्मित शृंगार मिश्रित वीर-काव्य के अंतर्गत वे काव्य आते हैं जिनमें किसी वीर के शौर्य एवं पराक्रम के साथ-साथ उसके शृंगारमय जीवन का भी विशद निरूपण मिलता है। इस वर्ग के काव्यों में से जोधराज कृत 'हम्मीर रासो', चंद्रशेखर कृत 'हम्मीर हठ', सूर्यमल कृत 'वंश-भास्कर' आदि प्रसिद्ध हैं। तीसरे, भक्ति-भावित वीर काव्य के अंतर्गत वे वीर-रसात्मक काव्य आते हैं, जिनमें राम, हनुमान, दुर्गा, नृसिंह आदि देवी-देवताओं को माध्यम बनाकर वीर भावों का ओजस्वी विवरण मिलता है। इनमें से मनियारसिंह कृत 'हनुमान छब्बीसी', गणेश कृत 'हनुमान पच्चीसी' खुमान कृत 'हनुमान-नखशिख' और 'नृसिंह-चरित्र', गुरु गोविंदसिंह कृत 'गोविंद

रामायण' तथा 'हनुमान चरित्र' आदि प्रसिद्ध हैं। चौथे, अनूदित वीर-काव्य के अंतर्गत वे वीररसात्मक रचनाएँ आती हैं, जो 'महाभारत' को आधार बनाकर उसके अनुवाद के रूप में लिखी गई हैं। इनमें बहुत कवियों ने महाभारत के प्रसंगों को लेकर स्वतंत्र फुटकल छंद भी जोड़ दिये हैं। इनमें से कुलपति कृत 'द्रोण-पर्व, गणेश पुरी कृत 'कर्ण पर्व', सबलसिंह चौहान कृत 'महाभारत', छत्र कृत 'विजय-मुक्तावली' आदि प्रसिद्ध हैं। पाँचवें, दरबारी कवियों द्वारा रचित प्रकीर्ण वीर-काव्य के अंतर्गत वे काव्य आते हैं, जिनमें इन कवियों ने अपने-अपने आश्रयदाताओं को काव्य का विषय बनाकर उनके शौर्य एवं पराक्रम का अत्यंत अतिशयोक्तिपूर्ण वर्णन किया। इनमें से बहुत ऐसे राजा एवं शूर-सामंत भी हैं, जो पराक्रमी तो नहीं हैं कि उनका स्थान जनता के हृदय में हो, परंतु फिर भी उनकी प्रशंसा खूब बढ़ा-चढ़ाकर की गई है। ऐसे काव्यों में से केशव कृत 'बीरसिंह देव चरित्र' और 'रतन-बावनी', मान कृत 'राज-विलास', श्रीधर कृत 'जंगनामा', सदानंद कृत 'राजा भगवंतसिंह', सूदन कृत 'सुजान चरित', पद्माकर कृत 'हिम्मत-बहादुर-विरुदावली', 'जगद्विनोद' और 'प्रतापसिंह-विरुदावली', हरिनाथ कृत 'केसरसिंह समर', जोगीदास कृत 'राजा भगतसिंह', विभुनेश भट्ट कृत 'शुंभुजीत रामसा', शिवनाथ कृत 'रासा भैयाबहादुर सिंह का' आदि प्रसिद्ध हैं। इनकी संख्या अधिक है और इन सभी काव्यों में वीर रस का ही प्राधान्य है। इस विश्लेषण से स्पष्ट है कि रीतिकाल में विपुल वीर-काव्य का सृजन हुआ लेकिन सही अर्थों में वीरकाव्यकार भूषण ही हैं। डॉ. बच्चन सिंह इसीलिए कहते हैं कि वीर रस की कविताएँ तो अन्य लोगों ने भी लिखीं पर शृंगार रस, नायिका-भेद का मुख वीररस की ओर मोड़ने का श्रेय भूषण को है। जब हिंदी काव्य नायिका-भेद और नखशिख-वर्णन में लगा हुआ था, भूषण ने इतिहास की उस प्राणवान धारा को पहचाना जो औरंगजेबी अत्याचार के विरुद्ध बह रही थी। इस धारा के भगीरथ शिवाजी थे। भूषण ने अपनी रचनाओं से शिवाजी का प्रशस्तिगान कर अत्याचार-विरोधी धारा को थोड़ा और गतिशील बना दिया। प्रशस्तिकार तो और भी थे। पर उनकी प्रशस्तियों का मूल आधार ही झूठा था। भूषण की प्रशस्तियाँ जातीय जीवन की पक्षधर और अत्याचार के विरुद्ध सक्रिय थीं। इसलिए भाषा की गड़बड़ी के बावजूद उनकी वीर दर्पोक्तियाँ जनता की जबान पर हैं।

उनकी प्रत्येक उक्ति उत्साह भाव एवं ओज गुण से युक्त हैं; जैसे-

'इंद्र जिमी जृंभ पर, बाडव सुअंभ पर / रावन सदंभ पर रघुकुल राज हैं / पौन बारिवाह पर, संभु रतिनाह पर / ज्यों सहस्त्रबाहु पर राम द्विजराज हैं / दावा द्रुम दंड पर, चीता मृग झुंड पर / भूषण बितुंड पर जैसे मृगाराज हैं / तेज तम-अंश पर, कान्ह जिमि कंस पर / त्यौ म्लेच्छ बंस पर सेर शिवराज है।'

शिवाजी की यह अत्युक्तिपूर्ण प्रशंसा चाटुकारिता की प्रवृत्ति से प्रेरित नहीं है। भूषण की वीर-भावना में वीरता की उदात्त रूप से अभिव्यंजना हुई है।

भूषण ने तत्कालीन समाज के सम्मुख शारीरिक शौर्य, युद्ध-पराक्रम, चारित्रिक उच्चता तथा व्यवहारकुशलता का आदर्श प्रस्तुत किया है। भूषण के दोनों वीर नायक असाधारण तेज, अलौकिक ओज, अद्वितीय साहस एवं अद्भुत पराक्रम के उज्ज्वल आदर्श हैं। भूषण ने इन वीरों के शौर्य एवं पराक्रम का वर्णन करके तत्कालीन समाज

की प्रसुप्त वीर-भावना को जाग्रत किया है। पद-दलित राष्ट्र को उन्नति की ओर अग्रसर किया है और भयभीत एवं संत्रस्त जाति को निर्भय एवं निडर बनाने का प्रयास किया है। भूषण की इस वीर-भावना में आदर्श नायक के गुण विद्यमान हैं, आदर्श वीर के भाव विद्यमान हैं और राष्ट्र-पुरुष के कर्त्तव्य विद्यमान हैं, जिनका अनुसरण करके कोई भी राष्ट्र उन्नति के शिखर पर पहुँच सकता है, कोई देश अपनी खोई हुई आजादी को फिर पा सकता है और कोई भी समाज अपनी खोई हुई प्रतिष्ठा को दुबारा स्थापित कर सकता है। यही कारण है कि भूषण का वीर-काव्य इतिहास और कल्पना से संयुक्त होते हुए भी यथार्थ की ठोस नींव पर स्थित है और भारत की संस्कृति, भारत की वीरता तथा भारत की राष्ट्रीयता का दिग्दर्शन है। कहना न होगा कि भूषण रीतिकाल ही नहीं आज तक की हिंदी कविता के श्रेष्ठ वीर काव्य के सृजक हैं लेकिन उनसे एक शिकायत तो की ही जा सकती है कि शिवाजी और छत्रसाल सरीखे वीर नायकों का संघर्षशील तेजस्वी व्यक्तित्व तथा अद्‍भुत काव्य-प्रतिभा के होते हुए भूषण ने शिवाबावनी के 52, छत्रसाल दशक के 10 और शिवराज भूषण के पदों को मिलाकर दो सौ मुक्तक छंद ही रचे और महाकाव्य न लिखकर अपनी प्रतिभा से न्याय नहीं किया। बावजूद इसके कथ्य और रूप दोनों धरातलों पर भूषण हिंदी के बड़े कवि ठहरते हैं।

भूषण के अभिव्यंजना सामर्थ्य को देखने पर पता चलता है कि उन्होंने अपने समय की कविता के विषय को ही नहीं बदला प्रचलित ब्रजभाषा की प्रेम, वात्सल्य, भक्ति और शृंगार जैसी कोमल शब्दावली को ओज और तेज से भर दिया है। 150 वर्षों से प्रचलित वह भाषा जिसे सूरदास ने सजाया था, नंददास ने इसमें लालित्य भरा था, गोस्वामी तुलसीदास ने इसे परिष्कृत किया था, रसखान ने इसमें चुस्ती और माधुर्य की सृष्टि की थी, बिहारी ने इसे समास-शक्ति-संपन्न बनाया था और मतिराम ने इसमें सरसता एवं सरलता का संचार किया था। उसी सुललित एवं सुमधुर ब्रजभाषा को भूषण ने अपनी वीर-भावना के अनुकूल, ओजमयी एवं सशक्त बनाने का प्रयास किया, जिसमें ब्रजभाषा का लालित्य समाप्त हो गया और पुरुष वर्ण-प्रधान, कठोर एवं द्वित्ववर्णमयी हो गया। डॉ. रामदहिन मिश्र के हवाले से डॉ. सक्सेना कहते हैं कि वीर रस के अनुकूल वही भाषा होती है, जिसमें ओज-गुण-व्यंजक वर्णों की प्रधानता होती है, जिसमें संयुक्त वर्णों का बाहुल्य होता है और जो ट, ठ, ड, ढ से युक्त द्वित्व वर्णों वाली होती है। भूषण ने इसीलिए कोमल एवं ललित ब्रजभाषा को वीर, रौद्र एवं भयानक रसों के अनुकूल ढालने के लिए कठोर वर्ण-प्रधान बनाया और यह प्रवृत्ति भूषण की कविता में चरम सीमा पर पहुँच गई, क्योंकि भूषण ने जहाँ अमृत-ध्वनि छंदों में शिवाजी की सूरत-विजय का ओजपूर्ण वर्णन किया है, वहाँ भूषण की ब्रजभाषा पुरुष-वर्ण-प्रधान, द्वित्ववर्णमयी तथा ओजगुण व्यंजक ट, ठ, ड, ढ के द्वित्व वर्णों वाली हो गई है। डॉ. बच्चन सिंह के शब्दों में कहें तो वीररस की कविता में द्वितवर्णों और संयुक्ताक्षरों के प्रयोग की जो परिपाटी चली आ रही थी, भूषण ने उसी का अनुसरण किया। उनकी कविता में अरबी, फारसी और तुर्की के शब्द भी उस काल के अन्य कवियों की रचनाओं की अपेक्षा अधिक पाये जाते हैं। मुगलों से बराबर युद्ध करते हुए मराठों की अपनी भाषा में विदेशी

शब्दों का आना स्वाभाविक था। भूषण को अपनी रचनाओं के माध्यम से शिवाजी के शौर्य को शत्रुओं तक संप्रेषित भी करना था। इसलिए इसे संप्रेषणीयता का तकाजा भी समझना चाहिए। जहाँ कहीं औरंगजेब और उसके मुसाहिबों का प्रसंग आया है वहाँ कवि खड़ी बोली की छौंक डाल देता–'शिवाजी की बढ़ाई और, हमारी लघुताई क्यों कहत गरौ परिबे को पातसाह गरजा।' मुसलमानों ने इस बोली को आगे बढ़ाने में विशेष योग दिया है, इस तथ्य से इनकार नहीं किया जा सकता। भूषण की भाषा-शैली पर कई आक्षेप भी लगाए गए हैं। डॉ. गणपति चंद्र गुप्त के अनुसार भूषण की भाषा-शैली के संबंध में कहा गया है कि उसमें शब्दों के रूप विकृत हैं तथा मनगढ़ंत शब्दों का प्रयोग हुआ है–इसमें कोई संदेह नहीं कि आज के वे साहित्यकार जो भाव विशेष का ध्यान रखें बिना सभी विषयों का निरूपण एक जैसी शैली में कर देने को अभ्यस्त हैं, भूषण की शैली को दोषपूर्ण बतायेंगे किंतु जो लोग भावों के अनुरूप शैली में परिवर्तन के औचित्य को स्वीकार करते हैं, वे अवश्य ही इसे दोष के स्थान पर गुण मान सकते हैं। हमें यह नहीं भूलना चाहिए कि भूषण ने यह सब कुछ अपने काव्य में ओज गुण के संचार के लिए ही किया था–अपितु यह कहना और अधिक उचित होगा कि उत्साह के अतिरेक में कही गई शब्दावलियों में स्वतः ही ऐसा किया गया है। उनकी इसी विशेषता के कारण उनके युद्ध-संबंधी वर्णन अत्यंत प्रभावोत्पादक हो गए हैं जैसे–**दुग्ग पर दुग्ग जीते सरजा शिवाजी गाजी / उग्ग पर उग्ग नीचे रुंड मुंड फरके / भूषन भनत बाजे जीते के नगारे मारे / सारे करनाटी भूप सिंहल को सरके / मारे सुनि सुभट वनारें वारे उद्‌भट / तारे लगे फिरन सितारे गढ़ घर के / बीजापुर बीरन के गोलकुंडा धीरन के / दिल्ली उर मीरन के दाड़िम से दर के॥** इस प्रकार के ओजपूर्ण छंदों को देखते हुए कहना पड़ता है कि भूषण ने भाषा की सारी शक्तियों को वीर रस के क्षेत्र में झोंक दिया है। उसकी अर्थ-शक्ति से ही काम नहीं लिया अपितु उसके नाद और शब्द-रूपों से भी पर्याप्त काम लिया है; इसलिए उसे उसका अतिरिक्त गुण ही माना जाना चाहिए। कह सकते हैं कि भूषण ने संस्कृत, पाकृत ब्रजभाषा, अरबी, तुर्की, फारसी, मराठी इत्यादि भाषाओं के शब्द सम्मिश्रण से अपनी काव्य भाषा को समृद्ध किया, यह युगीन आवश्यकता थी।

भूषण ने जहाँ नूतन शब्द-निर्माण में कार्य-कुशलता एवं रचना-चातुर्य दिखाते हुए ब्रजभाषा के शब्द-भंडार की वृद्धि की है, उसे वीर-रसानुकूल बनाया है, उसमें युगानुकूलता उत्पन्न की है, उसे अधिक वेगपूर्ण एवं प्रगतिशील बनाया है, उसे विविध भावों के निरूपण की शक्ति प्रदान की है, उसमें भाव-प्रेषणीयता के गुण का समावेश किया है। और उसे अधिकाधिक भावाभिव्यंजक बनाया है, दूसरी तरफ कुछ आलोचक भूषण की भाषाविषयक अराजकता की तरफ इशारा करते हुए कहते हैं कि भूषण ने व्याकरणिक रूपों की स्वतंत्रता एवं विविधता की आड़ में ब्रजभाषा की एकरूपता को नष्ट किया है, विविध भाषाओं के शब्दों को व्यर्थ ठूँस-ठूँसकर अर्थ-क्लिष्टता उत्पन्न की है, स्वच्छंद शब्द-निर्माण करके भाषा की अर्थवत्ता नष्ट की है और मनमने ढंग से शब्दों को तोड़-मरोड़कर भाषा के परिनिष्ठत रूप को विकृत किया है। विश्वनाथ प्रसाद मिश्र ने लिखा है कि भूषण की भाषा एक प्रकार की मिश्रित

भाषा है। इनकी भाषा में ऐसी खिचड़ी है कि प्राय: सभी प्रकार के शब्द मिल सकते हैं। शब्दों को तोड़ने में भी भूषण ने कहीं-कहीं ज्यादती की है। अत: यह निर्विवाद सत्य है कि भूषण की भाषा में वीररस के अनुकूल पुरुषता, ओजस्विता, नादात्मकता आदि गुण तो पर्याप्त मात्रा में हैं, परंतु वह अपरिमार्जित, अव्यवस्थित एवं अपरिनिष्ठित ब्रजभाषा है। भाषागत कमियों के बावजूद भूषण की काव्यात्मक संवेदना का मूल्य कम नहीं है।

अपने तरह के अकेले भूषण सरीखे कवि का वीरकाव्यधारा में महत्त्वपूर्ण स्थान है। उनकी कविता के कथ्यरूप के संदर्भ में यह ठीक ही कहा गया है कि भूषण ने शिवाजी और छत्रसाल के शौर्य एवं पराक्रम के साथ-साथ तत्कालीन समाज की विसंगत छवियाँ उकेरी हैं और औरंगजेब के अत्याचारों एवं अनाचारों की झाँकी अंकित करते हुए तत्कालीन धार्मिक एवं राजनीतिक स्थितियों का भी बड़ा सजीव चित्रण किया है। भूषण के इन वर्णनों में उनकी बहुमुखी प्रतिभा के दर्शन होते हैं, क्योंकि उन्होंने अलंकारों के लक्षण एवं उदाहरण देकर जहाँ रीतिकालीन पद्धति का निर्वाह किया है वहाँ अपने यशस्वी वीर नायकों के सुयश का वर्णन करके अपनी सच्ची देशभक्ति तथा अपने सुदृढ़ राष्ट्र-प्रेम एवं उत्कट स्वदेशानुराग को भी प्रकट किया है। भूषण ने जिस आदर्श को अपनाकर कवि-कर्म आरंभ किया था, उसी के अनुरूप भाषा का भी प्रयोग किया है और उसे विविध अलंकार, गुण, रीति, वृत्ति आदि से सुसज्जित कर वीर-भावाभिव्यक्ति के सर्वथा अनुकूल ढालने का प्रयास किया है। वीर रस को अभिव्यंजना के अनुकूल ढालने में भूषण की संप्रेषण शक्ति की वृद्धि भी हुई है और वह सहृदयों के हृदय में वीर-भावों को जगाने में समर्थ साबित हुई है। इसलिए यह निर्विवाद है कि भूषण वीररस के रस-सिद्ध कवि हैं। वे वीर-काव्य के यशस्वी प्रणेता हैं और वीररस के कवियों में भूषण की तरह चमके हैं। आज भी उनकी कविता वीररस के कवियों के लिए ज्वलंत चुनौती है।

भूषण के यहाँ परंपरित भक्तिभाव भी मिलता है। जहाँ भूषण ग्रंथ की निर्विघ्न समाप्ति के लिए मंगलाचरण रूप करते हैं—**अकथ अपार भवपंथ के बिलोकौ स्त्रम-हरन, करन बीजना से बरस्हाइयै / यह लोक परलोक सफल करन कोकनद से चरन हियें आनिकै जुड़ाइयै / अलिकुल-कलित कपोल ध्यान ललित अनंदरूप सरित मों भूषन अन्हाइयै / पापतरु-भंजन विघनगढ़-गंजन भगत मन-रंजन द्विरदमुख गाइयै।** में सुंदर भावों की योजना प्रस्तावित करते हैं। पापरथी वृक्ष को ढहाने वाले और विघ्नरथी किलों को तोड़ने वाले गणेश का स्तुति गायन है। यहाँ दैन्य, करुणा एवं समर्पण की सुंदर संवेदना उजागर होती है। भूषण ने एक तरफ शिवाजी के युद्धवीर आदि का सजीव चित्रण किया है, तो दूसरी ओर उनके आतंक, औदार्य वीरता, गौरव गुणों तथा रणसज्जा, सैन्य-प्रस्थान, रण-कौशल के साथ-साथ शत्रु-पक्ष के भय के सजीव चित्र प्रस्तुत किये हैं—**इंद्र जिम जंभ पर बाड़व ज्यौं अंभ पर रावन सदंभ पर रघुकुलराज है / पौन बारिबाह पर संभु रतिनाह पर ज्यौं सहस्त्रबाहु पर राम द्विजराज है / दावा द्रुमदंड पर चीता मृगझुंड पर भूषन बितुंड पर जैसे मृगराज है / तेज तम-अंस पर कान्ह जिम**

कंस पर यौं मलेच्छ-बंस पर सेर सिवराज है/' जब शिवाजी की सेना आक्रमण करती है, तो शत्रु पक्ष के राजागण अपने प्राण बचाने के लिए गुफाओं में छिप जाते हैं और समुद्र को भी पार कर जाते हैं। इस प्रकार शाहजी के पुत्र शिवाजी, औरंगजेब जैसे बलशाली योद्धा से बड़ी निडरता के साथ युद्ध करते हैं।

भूषण ने शिवाजी की शस्त्रवीरता, दानवीरता एवं धर्मवीरता के माध्यम से राष्ट्रीय-भावना का गायन किया है। भूषण ने अपने समय में औरंगजेब के आततायी जन-विरोधी कृत्य देखे थे कि किस प्रकार औरंगजेब समूची भारतीय संस्कृति और उसके प्रतीक चिह्नों को नष्ट कर रहा था। परंपरित साधना पद्धति पर प्रहार किए जा रहे थे। वेद और पुराणों को जलाया जा रहा था। जबरन हिंदुओं के जनेऊ उतरवाकर उन्हें मुसलिम बनाया जा रहा था, ऐसे में भूषण ने शिवाजी जैसे वीर नायक के माध्यम से दिखाया कि किस प्रकार उन्होंने वेद और पुराणों की रक्षा की, लाचार जनता के देवताओं की प्रतिमाएँ मंदिर में स्थापित कीं तथा हिंदू धर्म को आदर दिया। भूषण के ऐसे पदों में देशभक्ति, श्रद्धा, आस्था, उत्साह और वीरता के ओजस्वी भावों की योजना मिलती है। खास बात यह है कि यह हिंदुत्व का नहीं; भारतीयता का विवेक है। भूषण ने आततायी के मजहब पर नहीं, उसके आचरण पर प्रहार किया है। उस समय ऐसा करना साहस का काम था। भूषण में साहस भरपूर था। आज हम जिसे जातीयता के अर्थ में ग्रहण करते हैं; भूषण के यहाँ हिंदू का वही व्यापक अर्थ है।

26. रहीम
(रीतिमुक्त नीति कवि)

दो पंक्तियों में व्याप्त समय और संसार

हिंदी साहित्य की उत्तरमध्यकालीन कविता यानी रीतिकालीन कविता में रहीम, वृंद, गिरिधर कविराय इत्यादि कवि नीति कविता के प्रमुख कवि हैं। रहीम सरीखे नीति, रीति, भक्ति के साथ-साथ प्रकृति और भारतीय संस्कृति को प्रस्तुत करने वाले प्रतिनिधि कवि का जन्म 17 दिसंबर, 1556 ई. को लाहौर में तथा मृत्यु अप्रैल 1627 ई. को दिल्ली में हुई। रहीम अकबर के अभिभावक इतिहास-प्रसिद्ध बैरम खान के पुत्र थे। रचनाकार, भाषा-मर्मज्ञ, भक्त, दानी, प्रशासक, अकबरी दरबार के नौ रत्नों में से एक और सेनापति रहीम के बारे में आचार्य शुक्ल ने विस्तारपूर्वक लिखा है-ये संस्कृत, अरबी और फारसी के विद्वान् और हिंदी काव्य के पूर्ण मर्मज्ञ कवि थे। ये दानी और परोपकारी ऐसे थे कि अपने समय के कर्ण माने जाते थे। इनकी दानशीलता हृदय की सच्ची प्रेरणा के रूप में थी, कीर्ति की कामना से उसका कोई संपर्क न था। इनकी सभा विद्वानों और कवियों से सदा भरी रहती थी। गंग कवि को इन्होंने एक बार छत्तीस लाख रुपये दे डाले थे। अकबर के समय में ये प्रधान सेनानायक और मंत्री थे और अनेक बड़े-बड़े युद्धों में भेजे गए थे।

ये जहाँगीर के समय तक वर्तमान रहे। लड़ाई में धोखा देने के अपराध में एक बार जहाँगीर के समय इनकी सारी जागीर जब्त हो गई और कैद कर लिये गए। कैद से छूटने पर इनकी आर्थिक अवस्था कुछ दिनों तक बड़ी हीन रही। पर जिस मनुष्य ने करोड़ों रुपये दान कर दिये, जिसके यहाँ से कोई विमुख न लौटा उसका पीछा याचकों से कैसे छूट सकता था? अपनी दरिद्रता का दुख वास्तव में इन्हें उसी समय होता था जिस समय इनके पास कोई याचक जा पहुँचता और ये उसकी सहायता नहीं कर सकते थे। अपनी इस दीनहीन अवस्था के अनुभव की व्यंजना इन्होंने इस दोहे में की है-

तबही लौं जीबो भलो देबौ होय न धीमा।
जग में रहिबो कुंचित गति उचित न होय रहीमा॥

धन-संपत्ति से युक्त होने के समय में जो लोग घेरे रहते हैं, मुसीबत के आने पर उनमें ज्यादातर साथ छोड़ जाते हैं, इस बात का सबूत यह दोहा है-

ये रहीम दर-दर फिरैं, माँगि मधुकरी खाहिं।
यारो यारी छाँड़िए, अब रहीम वे नाहिं॥

कहते हैं कि इसी दीन दशा में इन्हें एक याचक ने आ घेरा। इन्होंने यह दोहा लिखकर उसे रीवाँ नरेश के पास भेजा–

चित्रकूट में रमि रहे रहिमन अवध नरेस।
जापर विपदा परति है सौ आवत यहि देस।।

रीवाँ नरेश ने उस याचक को एक लाख रुपये दिये।

गोस्वामी तुलसीदास जी से भी इनका बड़ा स्नेह था। ऐसी जनश्रुति है कि एक बार एक ब्राह्मण अपनी कन्या के विवाह के लिए धन न होने से घबराया हुआ गोस्वामी जी के पास आया। गोस्वामी जी ने उसे रहीम के पास भेजा और दोहे की यह पंक्ति लिखकर दे दी– **'सुरतिय नरतिय नागतिय यह चाहत सब कोय।'** रहीम ने उस ब्राह्मण को बहुत–सा द्रव्य देकर विदा किया और दोहे की दूसरी पंक्ति इस प्रकार पूरी करके दे दी– **'गोद लिये हुलसी फिरै तुलसी सो सुत होय।'** रहीम ने बड़ी–बड़ी चढ़ाइयाँ की थीं और मुगल साम्राज्य के लिए न जाने कितने प्रदेश जीते थे। इन्हें जागीर में बहुत बड़े–बड़े सूबे और गढ़ मिले थे।

रहीम ने जो जीवन जीया उसके अनुभवों को उन्होंने अपनी कविता का विषय बनाया। रहीम खुद एक अच्छे कवि थे। लेकिन वह उतने ही अच्छे व्यक्ति भी थे। वह अच्छी कविता के घनघोर प्रशंसक भी थे। धर्म तथा जातिगत सीमाओं से ऊपर उठकर वह कवि–कलाकारों की दिल खोलकर प्रशंसा और मदद करते थे। डॉ. बच्चन सिंह ने ऐसा ठीक ही लिखा है कि स्वभाव से दानशील और काव्य प्रेमी होने के कारण इनका यश अपने समय में चारों तरफ फैला हुआ था। भाषा पर भी इनका अधिकार था। ब्रज और अवधी दोनों भाषाओं में इन्होंने काव्य रचनाएँ की हैं। बरवै छंद, नायिका–भेद सभी सुंदर अवधी भाषा में लिखे गए ग्रंथ हैं। रहीम के विषय में प्रसिद्ध है कि ये कई भाषा और विद्याओं में पारंगत थे। फारसी में लिखा इनका एक संपूर्ण दीवान मिलता है। यद्यपि रहीम अपने दोहों के लिए सर्वसाधारण में प्रसिद्ध हैं पर इन्होंने कवित्त, सवैया, सोरठा, बरवै आदि में भी रचनाएँ की हैं। रहीम का स्थान हिंदी काव्य जगत में भक्ति के कारण ही नहीं वरन् नीति, श्रृंगार, प्रेम और सरस मार्मिक अनुभूतियों के वर्णन के कारण है। इनकी लिखित पुस्तकों के नाम हैं–'रहीम दोहावली' या सतसई, 'बरवै नायिका भेद', 'श्रृंगार सोरठ', 'मदनाष्टक', 'रासपंचाध्यायी', 'नगर शोभा'। रहीम की सारी कविताएँ 'रहीम रत्नावली' तथा 'रहीम ग्रंथावली' के नाम से छप चुकी हैं।

राष्ट्रीय भावात्मक एकता की दृष्टि से रहीम की रचनाओं की आज भी उतनी ही प्रासंगिता है जितनी कि रचनाकाल में रही होगी। रहीम की विशेषता यह है कि उन्होंने हिंदू समाज में प्रचलित पौराणिक मिथकों का भरपूर प्रयोग किया है और इसी कारण उनके दोहे जनमानस में गहरे उतर गए हैं तथा सूक्ति या सूक्त–कथनों के रूप में उनका प्रयोग होता है।

रहीम ने अपना काव्य–शिल्प दोहा छंदों में बाँधा है। लेकिन केवल दो पंक्तियों में व्यक्त उनकी कलम का जादू भारतीय जनमानस में आज भी व्याप्त है। उनकी बहुमुखी योग्यता का बखान अनेक ग्रंथों में मिलता है। आचार्य शुक्ल ने इस संदर्भ में लिखा है कि उन्हें दुनिया का गहरा ज्ञान तो था ही इसके साथ ही उस ज्ञान

को व्यक्त करने की गहरी क्षमता भी उनमें थी क्योंकि संसार का इन्हें बड़ा गहरा अनुभव था। ऐसे अनुभवों के मार्मिक पक्ष को ग्रहण करने की भावुकता इनमें अद्वितीय थी। अपने उदार और ऊँचे हृदय को संसार के वास्तविक व्यवहारों के बीच रखकर जो संवेदना इन्होंने प्राप्त की है उसी की व्यंजना अपने दोहे में की है। तुलसी के वचनों के समान रहीम के वचन भी हिंदी भाषी भूभाग में सर्वसाधारण के मुँह पर रहते हैं। इसका कारण है ज़ीवन की सच्ची परिस्थितियों का मार्मिक अनुभव। रहीम के दोहे वृंद और गिरिधर के पद्यों के समान कोरी नीति के पद्य नहीं हैं। उनमें मार्मिकता है, उनके भीतर से एक सच्चा हृदय झाँक रहा है। जीवन की सच्ची परिस्थितियों के मार्मिक रूप को ग्रहण करने की क्षमता जिस कवि में होगी वही जनता का प्यारा कवि होगा। रहीम का हृदय, द्रवीभूत होने के लिए, कल्पना की उड़ान की अपेक्षा नहीं रखता था। वह संसार के सच्चे और प्रत्यक्ष व्यवहारों में ही अपने द्रवीभूत होने के लिए पर्याप्त स्वरूप पा जाता था। 'बरवै नायिकाभेद' में भी जो मनोहर और छलकते हुए चित्र हैं वे भी सच्चे हैं–कल्पना के झूठे खेल नहीं हैं। उनमें भारतीय जन-जीवन की सच्ची झलक है। स्पष्ट है कि अपने रीति ग्रंथों में भी रहीम शास्त्र की बजाय लोक पर भरोसा करते हैं।

रहीम भारतीय समाज को उसकी सूक्ष्मतम और जटिलतम विशेषताओं के साथ आसानी से व्यक्त करते हैं। उनकी रचना 'नगर शोभा' इस संदर्भ में विशेषकर देखी जा सकती है। 'नगरशोभा' में जोहरिन, रंगरेजिन, तुरकिन, कैथिन, गूजरी आदि विविध वर्णों की स्त्रियों का चित्रण मिलता है। अकबरी दरबार की शृंगारिक छवियाँ और मीना बाज़ार की प्रदर्शनी इस ग्रंथ में मिलती है। वर्णव्यवसाय के आधार पर दस प्रकार की सखियों का वर्णन केशव की 'रसिकप्रिया' से प्रभावित होकर रहीम ने 'नगरशोभा' में नायिकाभेद का यह आधार बनाया है। शास्त्रीय दृष्टि से नायिकाभेद का आधार स्त्री-पुरुष का परस्पर रतिभाव है, जिसका इस प्रकार के भेदों के मूल में कोई स्थान नहीं पर रहीम और देव आदि रीतिकाल के बड़े कवियों ने इस दिशा में नई जमीन तोड़ने वाला कार्य किया है। 'बरवै नायिकाभेद' में नायिकाओं के वर्णन में नायिका के शास्त्रीय लक्षणों की बजाय सरस उदाहरण दिए गए हैं। 'नायिकाभेद' की रचना भानुदत्त की 'रसमंज़री' के आधार पर की गई है और इसमें नायक-नायिका के अतिरिक्त सखी और उसके कार्यों का वर्णन बरवै छंद में किया गया है। 'नायिकाभेद' के लक्षणपरक छंदों में से अधिकांश छंद लुप्त हो गए हैं। फिर भी इस ग्रंथ के आधार पर यह कहा जा सकता है कि रहीम ने तल्लीन होकर अपने विषय का विवेचन किया है। मौलिकता को भूल जायें तो विवेचन की दृष्टि से यह सरस एवं रोचक रचना है। अवधी भाषा में लिखे गए रीति-निरूपण संबंधी ग्रंथों में शायद यह पहला है। 'मदनाष्टक' में कृष्ण-लीला संबंधी आठ सुंदर पद हैं, जिनमें गोप्रियों की बेचैनी, मुरली-लीला तथा गोपी-विरह का शृंगार-रसात्मक चित्रण है। रहीम का एक ज्योतिष-ग्रंथ 'खेटकौतुक जातकम्' भी उपलब्ध है। इसकी रचना फारसी-मिश्रित संस्कृत भाषा में हुई है।

हिंदी में केशव के बाद रीति-निरूपण में रीतिकाल के अनेक कवियों को प्रत्यक्ष रूप से प्रभावित करने और भक्तिकाल और रीतिकाल को जोड़ने वाले कवियों की

श्रेणी में रहीम का महत्त्वपूर्ण स्थान है। काव्यकला की दृष्टि से रहीम की रचनाएँ सरस हैं। भक्ति और नीति-जैसे स्थूल-शुष्क विषयों को भी उन्होंने मार्मिक और अर्थपूर्ण बना दिया है। रोजमर्रा के जीवन से जुड़ी बातों को रहीम सीधे-सादे शब्दों में ऐसे व्यक्त करते हैं कि उनसे उपजे बिंबों की रेखाएँ गहरा असर छोड़ जाती हैं।

रहीम ने अपने समय के अनेक रचनाकारों को सीधे प्रभावित किया। दरअसल रहीम ने रीतिकाल को पूर्ववर्ती काव्य-भक्तिकाल से जोड़ने में सफलता प्राप्त की है। आचार्य शुक्ल ने उनकी विषयवस्तु के साथ-साथ भाषा पर अच्छी पकड़ की सराहना की है–'भाषा पर तुलसी का-सा ही अधिकार हम रहीम का भी पाते हैं। ये ब्रज और अवधी–पश्चिमी और पूरबी–दोनों काव्य भाषाओं में समान कुशल थे। 'बरवै नायिकाभेद' बड़ी सुंदर अवधी भाषा में है। इनकी उक्तियाँ ऐसी लुभावनी हुईं कि बिहारी आदि परवर्ती कवि भी बहुतों का अपहरण करने का लोभ न रोक सके। यद्यपि रहीम सर्वसाधारण में अपने दोहों के लिए ही प्रसिद्ध हैं, पर इन्होंने बरवै, कवित्त, सवैया, सोरठा, पद सब में थोड़ी-बहुत रचना की है। अपने समकालीन कवियों की तरह रहीम ने भी ब्रजभाषा के कोमल, मधुर एवं सरस प्रवृत्ति को अपने काव्य के लिए चुना है। इनकी भाषा में आए दूसरी भाषा के शब्द ब्रजभाषा को अधिक सशक्त बनाने में सहायक हुए हैं। व्याकरणिक सीमाओं का यूँ तो कोई औचित्य नहीं है परंतु विशेष क्रियादि शब्दों का प्रयोग एक-दो स्थानों को छोड़कर भाषिक मर्यादाओं के अनुकूल है। जहाँ कहीं भी 'दोहावली' में अलंकार मिलता है वह चामत्कारिक न होकर भाव-वर्द्धन के रूप में दिखता है। रूपक अलंकार का एक उदाहरण देखने योग्य है–

कहि रहीम इक दीप तै, प्रगट सबै दुति होय।
तन सनेह वैसे दुरै, दृग दीपक जस दोय।।

आचार्य शुक्ल ने तो भाषा के संदर्भ में रहीम को तुलसी के बराबर बिठा दिया है। यहाँ यह बात ध्यान देने की है कि आचार्य शुक्ल और अन्य आलोचकों को रहीम के साथ भक्तिकालीन कवि याद आते हैं। डॉ. रामस्वरूप चतुर्वेदी ने रहीम को भक्तिकालीन काव्यपरिदृश्य को संपूर्णता प्रदान करने वाला कवि माना है। भक्ति-काल का वैविध्य कई दृष्टियों से रहीम के कृतित्व से पूरा होता है। मुसलमान और उस पर भी तत्कालीन शासन के अंग होकर वे हिंदू देवताओं का स्तुति गान करते हैं। शाही दरबार के मान्य सदस्य होते हुए सूफी-संतों-भक्तों की कोटि से अपने को जोड़ते हैं। उन्होंने अपने काव्य में तीन काव्यभाषाओं का स्वतंत्र प्रयोग किया–हिंदी, संस्कृत, फारसी। और फिर हिंदी काव्यभाषा के अंतर्गत वे उसके तीनों महत्त्वपूर्ण आधारों का प्रयोग करते हैं--ब्रजभाषा, अवधी, खड़ी बोली। इसके अतिरिक्त नीति, शृंगार तथा भक्ति के तीनों लोक-प्रचलित विषयों में उन्होंने अपने को व्यक्त किया है। हिंदू-मुसलमानों के समरस होते जातीय जीवन के वे प्रतिनिधि कवि हैं। दोहे जैसे छोटे छंद को चुन कर; जिनकी भी संख्या बहुत नहीं है--रहीम ने मनुष्य-जीवन के वैविध्य को कैसे करके समेटा है यह इसी रूप में समझा जा सकता है। अपनी भक्ति-निष्ठा और शृंगार-चेष्टा के बीच उनका कृतित्व भक्ति और रीति के संधि-बिंदु पर है। रहीम के दोहे सूक्ति-शैली में रचे गए हैं, जो परंपरा

संस्कृत काल से चली आ रही थी। इस मुक्तक परिपाटी में मानव-जीवन के सूक्ष्म और चतुर पर्यवेक्षण को विशेष रूप से व्यक्त किया गया है। रहीम में बहुत बार सूक्ति को मर्मस्पर्शिता भक्ति के संस्कार से मिली है, और तब वह कविता से एकरूप हुई है, अन्यथा सूक्ति को कविता संकोच के साथ ही माना जाता रहा है। इस संदर्भ में कवि की यह उत्प्रेक्षा द्रष्टव्य है–

धरि धरत नित सीस पै कहु रहीम केहि काज।
जेहि रज मुनि पत्नी तरी सो ढूँढ़त गजराज॥

रहीम का काव्य सूक्ति-काव्य है, जहाँ भाषा का सीधा और उपकारणात्मक प्रयोग होता है, रचनात्मक उतना नहीं। नीति के तो सभी दोहों में दूसरी पंक्ति दृष्टांत के तौर पर आती है। दृष्टांत और बिंब में मौलिक और गुणात्मक अंतर होता है। दृष्टांत पहले कही गई बात के स्पष्टीकरण का साधन होता है, पर बिंब में उसका विधान बात से अभेद रहता है। बिंब दृष्टांत की तरह साधन न होकर, साधन और साध्य स्वयं ही है। उदाहरण के लिए इस दोहे को लिया जा सकता है–

जो रहीम मन हाथ है, मनसा कहूँ किन जाहिं।
जल में ज्यों छाया परी, काया भींजति नाहिं॥

यहाँ दूसरी पंक्ति में जो पर्यवेक्षण है उसमें बिंब-रचना के लिए कच्चा माल भी है, पर वस्तुतः वह दृष्टांत के रूप में प्रयुक्त हुआ है। इसीलिए वह अर्थ के स्पष्टीकरण का साधन है, स्वयं अर्थ-साक्षात्कार का रूप नहीं। और इसीलिए उसका विधान अलंकार का है, जो अलग चमकता है। बिंब होने पर वह भाषा की सामान्य प्रक्रिया में पर्यवसित हो जाता। रहीम का विशिष्ट बिंब-विधान स्थायी असर डालता है। रेख्ता-शैली से रहीम की कार्य-प्रणाली को अलगाते हुए डॉ. रामस्वरूप चतुर्वेदी कहते हैं–उर्दू कविता में भी भाषा का सीधा रूप प्रयुक्त होता है। पर वहाँ व्यंजना बिंब के सहारे भले विकसित न होती हो, हल्के मुहावरों के माध्यम से बनती है। सूक्ति-काव्य की सफलता कवि के पर्यवेक्षण का नपे-तुले शब्दों में समेट लेने में है। भाषा का इससे दक्ष प्रयोग वहाँ अपेक्षित नहीं। वहाँ तो नीति वचन सीधे ही कह दिया गया है, उसे व्यंजित करने की जरूरत नहीं, केवल दृष्टांत से संपुष्ट करना पर्याप्त है। इस दृष्टि से उर्दू कविता में भाषा का सीधा प्रयोग सूक्ति-काव्य के भाषा प्रयोग से अलग है। एक दृष्टि से सूक्ति काव्य में काव्यभाषा की बहुत सीमित क्षमता अपेक्षित है। वहाँ महत्त्व पर्यवेक्षण का है, और उसे नीति-वचन के रूप में कथित करने का। सूक्ति काव्य की सरलता मानव-जीवन के सीधे पर पैने पर्यवेक्षण में सहायता देती है। इसीलिए उनकी सूक्ति-शैली, सीधा भाषिक विधान और नीति सिद्धांत का कथ्य परस्पर बहुत अनुकूल है। रहीम की ही शब्दावली में उनके दोहों में 'सुई' की विनम्र वेधकता है 'तरवारि' की तीव्र आक्रामकता नहीं–

रहिमन देखि बड़ेन को, लघु न दीजिये डारि।
जहाँ काम आवै सुई, कहा करै तरवारि॥

उनकी शैलीगत विशेषताओं को बताते हुए डॉ. रामस्वरूप चतुर्वेदी ने इस तरफ इशारा किया है कि उनकी सूक्तिपरक कविता में भाषा का सीधा और अचूक प्रयोग हुआ है। डॉ. चतुर्वेदी ने रहीम की दोहा शैली और उर्दू कविता की शेरो-शायरी

वाली शैली में भाषिक-विधान की तुलना करते हुए यह स्पष्ट किया है कि कितनी कुशलता के साथ रहीम दो पंक्तियों में ऐसे चित्र बना देते हैं जो हमेशा के लिए पाठक के अवचेतन पर छप जाते हैं। विषय और भाषिक धरातल पर अति सजग यह कवि सूत्रों में ऐसी मार्मिक तथ्यों की प्रस्तुति कर देता है कि उनके शब्द तुलसी के शब्दों की तरह मुहावरों में ढलकर आसानी से निपट निरक्षर देहाती जन को भी याद रह जाते हैं। यह एक कवि के रूप में उनकी अद्‌भुत सफलता है।

रहीम के कृतित्व में–नीति के दोहों और शृंगार के बरवै दोनों में–पर्यवेक्षण का सरल यद्यपि पैना रूप है, पर अनुभव की संश्लिष्टता और जटिलता नहीं, जिसका चित्रण कवि के लिए अभीष्ट भी नहीं था। रहीम-विषयक भाषा-विमर्श को आगे बढ़ाते डॉ. चर्तुवदी कहते हैं–हिंदी काव्यभाषा के तीनों महत्त्वपूर्ण आधारों–ब्रजभाषा, अवधी, खड़ी बोली–का रहीम उपयोग करते हैं। उनके कृतित्व का प्रधान और प्रसिद्ध अंश–दोहे ब्रजभाषा में हैं, बरवै अवधी में लिखे गए हैं, और 'मदनाष्टक' खड़ी बोली में हैं। इस दृष्टि से अन्य अनेक कवियों की तुलना में रहीम अधिक हिंदी कवि हैं।

हिंदी काव्यभाषा के आधारों में से बरवै के लिए अवधी को चुन कर कवि ने काव्यभाषा और छंद की अंत:प्रकृति के सामंजस्य को खूब बारीकी से समझा है। बरवै हिंदी का छोटा छंद है, और उसके विधान में कई स्थलों पर मात्रिक दृष्टि से लघु-गुरु का क्रम बहुत अनुकूल पड़ता है। विशेषत: पहले तीसरे चरण के अंत में। इधर अवधी में संज्ञा के तीन रूपों-लघु, दीर्घ, दीर्घतर (घोड़ा, घुड़वा, घुड़ौना) में से दीर्घ रूप (घुड़वा) अधिक प्रचलित है। रहीम के बरवै नायिका भेद की ध्वन्यात्मक कोमलता और सरसता बढ़ाने में 'धनिकवा', 'उरोजवा', 'डगरिया' और 'निरलजवा' जैसे 'दीर्घ' शब्द-प्रयोगों का गुणात्मक योगदान है। यहाँ तक कि परिवार, विरोध और अपराध जैसे तत्समों में भी रहीम ने–वा प्रत्यय लगा दिया है। इन दीर्घ संज्ञा रूपों के न होने के कारण ही ब्रजभाषा में बरवै छंद का निखार संभव नहीं हो पाता। एक कुशल कवि के रूप में रहीम ने अपनी हिंदी काव्यभाषा के विविध आधारों में विवेक करते समय छंद और भाषा की लय में संगत पर पूरा ध्यान दिया है। डॉ. चतुर्वेदी उनके पैने पर्यवेक्षण को रेखांकित करते हुए यह साफ कर देते हैं कि रहीम किस प्रकार आपस में घुले-मिले जीवन-अनुभवों को जटिल बनाने से बचते हुए उन्हें आसान तो बनाते ही हैं उसी प्रकार काव्य भाषा का भी रचनात्मक इस्तेमाल करते हैं।

दोहों में रहीम ने बताया है कि व्यक्ति को अपने संबंध नहीं तोड़ने चाहिए। उन्होंने अपने मन की परेशानी किसी दूसरे को बताने से मना किया है। उन्होंने रास्ता दिखाया है कि केवल परमात्मा को साधने से सारे कार्य पूरे हो जाते हैं। रहीम ने चित्रकूट को शांति प्रदान करने और दुख दूर करने वाला प्रदेश बताया है। रहीम ने दोहा-छंद की विशेषता बताते हुए कहा है कि इसमें शब्दों में गहरे अर्थ छिपे होते हैं। रहीम ने सरोवर की अपेक्षा बहुत बड़ा होने पर भी सागर की प्रशंसा नहीं की और सरोवर के पंकिल जल को श्रेष्ठ बताया है क्योंकि उससे लघु जीवों की प्यास बुझती है। कवि ने उन पर व्यंग्य किया है जो लोग खुश होने पर भी जरूरतमंद कलाकारों को दान नहीं देते। इसलिए वे पशु से भी हीन हैं। रहीम बताते हैं कि

एक बार जो बात बिगड़ गई वह फिर नहीं बनती। रहीम बताते हैं कि कभी भी छोटों की उपेक्षा नहीं करनी चाहिए। रहीम यह सीख देते हैं कि मुश्किल में अपनी जमा पूँजी ही काम आती है। कवि ने बताया है कि पानी, चमक और सम्मान जीवन में कितने महत्त्वपूर्ण हैं।

प्रेम रूपी धागा मानवीय संबंधों को जोड़ता है। इस तथ्य को प्रकट करते हुए रहीम कहते हैं कि प्रेम रूपी धागे को नहीं तोड़ना चाहिए। इसमें एक बार टूटने पर यह फिर नहीं जुड़ता और अगर जुड़ता भी है तो इसमें गाँठ पड़ जाती है अर्थात् प्रेम संबंध प्रयत्न से बनते हैं; जब एक बार बन जाते हैं तो उन्हें सावधानी से सँभालना चाहिए। इन संबंधों के एक बार टूट जाने पर उनमें पहले जैसी मधुरता नहीं रहती। उनमें तनाव बना रहता है–**'रहिमन धागा प्रेम का, मत तोड़ो चटकाय / टूटे से फिर ना मिले, मिले गाँठ परि जाय।'** प्रेम संबंधों की निरंतरता और अखंडता की अनिवार्यता को यहाँ सहजता एवं सरसता से प्रस्तुत किया गया है।

रहीम अपने मन की पीड़ा दूसरों को नहीं बताने का परामर्श देते हुए कहते हैं कि मन के दुख को मन में ही रखना चाहिए। किसी के सामने उजागर नहीं करना चाहिए। क्योंकि लोग सुनकर मजाक उड़ाते हैं। दूसरों के दुखों को कोई बाँटता नहीं है। अर्थात् दूसरों के दुख दूर करना लोगों की आदत नहीं होती है–**'रहिमन निज मन की बिथा, मन ही राखो गोय / सुनि अठिलैहें लोग सब, बाँटि न लैहें कोय।'** लोग पीड़ित व्यक्ति का ही मजाक उड़ाते हैं। उसके दुख को दूर करने में मदद नहीं करते। इसलिए मन की पीड़ा को किसी को भी नहीं बताने की सलाह दी गई है।

एक महान् कार्य को सिद्ध करने पर सभी कार्य अपने आप सिद्ध हो जाते हैं। अर्थात् एक प्रभु को प्राप्त कर लेने से अन्य सभी सांसारिक उपलब्धियाँ अपने आप सिद्ध हो जाती हैं। यदि ईश्वर की भक्ति नहीं की और दूसरी सांसारिक वस्तुओं को प्राप्त कर लिया तो वे सब उपलब्धियाँ प्रभु के अभाव में कुछ काम नहीं आतीं। रहीम कहते हैं, यदि वृक्ष को जड़ से सींचा जाए तो वृक्ष पर अपने आप फूल-फल आते हैं। इससे फलों को खाने वाले और फूलों का रस लेने वाले मनुष्य और जीव-जंतु आदि तृप्त हो जाते हैं–**'एकै साधे सब सधै, सब साधे सब जाय / रहिमन मूलहिं सींचिबो, फूलै फलै अघाय।'** एकमात्र प्रभु की कृपा होने पर सबकी कृपा प्राप्त हो जाती है।

रहीम बताते हैं कि चित्रकूट अत्यंत आकर्षक और दुख दूर करने वाला आध्यात्मिक स्थल है। जिस पर विपदा पड़ती है वह शांति प्राप्त करने के लिए इस स्थान की तरफ खिंचा चला जाता है। अयोध्या के राजा राम पर विपदा पड़ी तो उन्हें राजपाट छोड़कर जंगलों में भटकना पड़ा। तब राम चित्रकूट में चले आए। उनका मन चित्रकूट में रम गया–**'चित्रकूट में रमि रहे, रहिमन अवध नरेस / जा पर बिपदा पड़ता है, सो आवत यह देस।'** मुसीबत में पनाह देने वाला जंगल भी राजभवन लगता है। विपदा में राजा राम को भी चित्रकूट में जाना पड़ा था।

रहीम कहते हैं–दोहा ऐसा छंद है जिसमें अक्षर तो कम होते हैं किंतु उनमें बहुत गहरा, व्यापक और दीर्घ अर्थ छिपा रहता है। जिस प्रकार कोई दक्ष बाजीगर

अपने शरीर को सिकोड़कर तंग मुँह वाली कुंडली के बीच में से सफलतापूर्वक निकल जाता है उसी प्रकार सक्षम दोहाकार दोहे के सीमित शब्दों में बहुत बड़े और गहरे तथ्य प्रस्तुत कर देता है– **'दीरघ दोहा अरथ में, आखर थोरे आहिं / ज्यों रहीम नट कुंडली, सिमिटि कूदि चढ़ि जाहिं।'** दोहे के कम शब्दों का हृदय पर ज्यादा प्रभाव पड़ता है।

रहीम बताते हैं कि सरोवर या कीचड़युक्त वह जल धन्य है जिसको पीकर छोटे-छोटे जीव भी अपनी प्यास बुझाते हैं। समुद्र की कोई प्रशंसा नहीं करता क्योंकि वहाँ जाकर भी जल खारा होने के कारण प्राणी प्यासा लौट आता है। उसी को बड़ा माना जाता है जो दूसरों की मदद करता हो। मनुष्य के जीवन की सार्थकता परोपकार के कारण है। अधिक संपत्ति होने पर भी वह किसी की मदद नहीं कर सकते तो उनका संपन्न होना निरर्थक है– **'धनि रहीम जल पंक को, लघु जिय पिअत आघाय / उदिधि बड़ाई कौन है, जगत पिआसो जाय।'** स्वयं को धनवान, महान और बड़ा दिखाने की बजाय जरूरतमंद लोगों के काम आना चाहिए।

संगीत की मीठी ध्वनि से प्रभावित होकर हिरण अपने प्राण तक न्योछावर कर देता है। इसी प्रकार किसी कलाकार की कला पर मोहित होकर कलामर्मज्ञ उस पर प्रेमपूर्वक धन इत्यादि अर्पित कर देते हैं। परंतु वे लोग तो पशु से भी अधिक मूर्ख और क्रूर हैं जो किसी की कला पर रीझकर भी उसे पारिश्रमिक नहीं देते– **'नाद रीझि तन देत मृग, नर धन हेत समेत / ते रहीम पशु से अधिक, रीझेहु कछु न देत।'** दूसरों की अच्छाई या कला से प्रभावित होकर उसे खाली हाथ लौटाना पाशविक कर्म है।

रहीम कहते हैं कोई कितने भी प्रयत्न कर ले, परंतु एक बार बिगड़ जाने पर बिगड़ी बात कभी नहीं बनती। फटे हुए दूध को कितना भी मथा जाए, उसमें से मक्खन नहीं निकाला जा सकता। इसलिए बात बिगड़ने से पहले ही उसे तुरंत सँवारने का प्रयत्न करना चाहिए, वरना बुरे परिणाम भुगतने पड़ सकते हैं– **'बिगरी बात बनै नहीं, लाख करौ किन कोय / रहिमन फाटे दूध को, मथे न माखन होय।'** संबंधों में यदि एक बार खटास आ जाए तो फिर से वे पहले जैसे नहीं हो पाते। चाहे कितने भी प्रयास किए जाएँ, संबंध टूटकर बिखर जाते हैं।

रहीम बताते हैं कि बड़े (अमीर ताकतवर) लोगों को देखकर अर्थात् उनकी निकटता पाने पर छोटे (गरीब या कमजोर) लोगों का साथ नहीं छोड़ना चाहिए। क्योंकि जहाँ सुई काम आती है वहाँ तलवार कुछ नहीं कर सकती। अर्थात् सबका अपना-अपना महत्त्व होता है। समय आने पर सभी उपयोगी साबित होते हैं। कवि ने तलवार और सुई के उदाहरण द्वारा यह तथ्य प्रस्तुत किया है– **'रहिमन देखि बड़ेन को, लघु न दीजिये डारि / जहाँ काम आवै सुई, कहा करे तरवारि।'** रहीम के अनुसार छोटे लोग जो कार्य कर सकते हैं वह बड़े नहीं कर सकते। इसलिए कभी छोटों की उपेक्षा या अपमान नहीं करना चाहिए।

रहीम कहते हैं कि अपनी संपत्ति के अतिरिक्त विपत्ति में कोई मदद नहीं करता। अर्थात् विपत्ति के समय अपना ही धन काम आता है। जैसे पानी के बिना कमल को सूर्य भी नहीं बचा सकता। यद्यपि सूर्य कमल का भरण-पोषण करता है पर

पानी नहीं हो तो कमल सूख जाता है। उसी प्रकार मनुष्य को बुरे वक्त में बाहरी दिलासा कितना ही क्यों न मिले, किंतु उसका वास्तविक रक्षक निजी धन-सपंत्ति ही होती है–'**रहिमन निज संपत्ति बिना, कोउ न बिपत्ति सहाय / बिनु पानी ज्यों जलज को, नहिं रवि सके बचाय।**' यहाँ यथार्थ आर्थिक चिंतन और गहरा सांस्कृतिक यथार्थ व्यक्त हुआ है। रहीम कहते हैं कि पानी का बड़ा महत्त्व है। इसे बचाए रखना चाहिए। यदि पानी नष्ट हो जाए तो मोती, मनुष्य और आटे का कोई महत्त्व नहीं रह जाता। पानी अर्थात् चमक के बिना मोती व्यर्थ है, पानी अर्थात् सम्मान के बिना मनुष्य का जीवन निरर्थक है और जल के बिना रोटी नहीं बन सकती, इसलिए आटा बेकार है–'**रहिमन पानी राखिए, बिनु पानी सब सून / पानी गए न ऊबरै, मोती, मानुष, चून।**' समाज में सम्मान के बिना मनुष्य का जीवन दूभर हो जाता है।

रहीम दुनिया की नीति-रीति का सच प्रस्तावित करते हुए कहते हैं कि काम पड़ने पर किसी वस्तु (या व्यक्ति का भी) का अर्थ कुछ और होता है और काम निकल जाने पर कुछ और हो जाता है–'**काज परै कछु और है, काज सरै कछु और। रहिमन भँवरी के भए नदी सिरावत मौर॥**' इस यथार्थ की पुष्टि के लिए रहीम ठेठ दुनियावी उदाहरण देते हैं कि भँवर पड़ जाने (फेरे हो जाने पर) अर्थात् विवाह-संपन्न हो जाने के बाद सिर पर सुशोभित मुकुट को नदी में विसर्जित कर दिया जाता है। अप्रत्यक्ष कथन या निहितार्थ यह कि एक समय जो सर्वाधिक महत्त्वपूर्ण लगते हैं; एक समय के बाद अर्थहीन हो जाते हैं। काम निकल जाने के बाद या कुर्सी से उतरने के बाद कथित श्रेष्ठ पुरुषों को कोई नहीं पूछता।

रहीम यह सत्य उद्‌घाटित करते हैं कि कुछ चीज़ें, बातें, आदतें या प्रवृत्तियाँ छिपाने से नहीं छिपती–'**खैर, खून, खाँसी, खुसी, बैर, प्रीति, मदपान / रहिमन दाबे ना दबैं, जानत सकल जहान॥**' कत्थे का दाग, खून, खाँसी, हर्ष, दुश्मनी, स्नेह और मद्‌यपान आदि दबाने से नहीं दबते, इसे सारी दुनिया जान ही जाती है।

रहीम का नियतिवादी नज़रिया भी कई जगह उजागर होता है–'**ज्यों नाचत कठपूतरी, करम नचावत गात / अपने हाथ रहीम ज्यों, नहीं आपुने हाथ॥**' उनके अनुसार जैसे कठपुतली दूसरों की अँगुली के इशारे पर नाचती है; वैसे ही व्यक्ति भाग्य के संकेत से संचालित होता है। अपने हाथ भी अपने हाथ में नहीं होते। यानी व्यक्ति खूब हाथ-पैर मारता है लेकिन उपलब्ध कुछ नहीं होता है।

रहीम की कविता में युगीन सामंती विचार भी उजागर हुए हैं–'**जो रहीम दीपक दसा, तिय राखत पट ओट / समय परे ते होत है, वाही पट की चोट॥**' रहीम की सोच के अनुसार दीपक और स्त्री की दशा एक समान है। दीपक को बुझने से बचाये रखने के लिए ओट में रखना पड़ता है और स्त्री को लोगों की बुरी नज़र से सुरक्षित रखने के हर संभव उपाय पुरुष-रक्षित समाज करता है लेकिन जिन्हें सुरक्षित रखते हैं समय पड़ने पर वही चोट करते हैं, कष्ट देते हैं। यहाँ दरबारी काव्य का विशिष्ट मुहावरा हम देख सकते हैं।

रहीम का व्यंग्यात्मक तेवर भी उनकी कविता में उजागर हुआ है–'**पावस देखि रहीम मन, कोइल साधे मौन / अब दादुर बक्ता भए, हमको पूछत कौन॥**'

उनके अनुसार वर्षा-ऋतु में कोयल चुप हो जाती है क्योंकि मेढ़क टर्राने लगते हैं। व्यंग्य यह है कि मौका देखकर मूर्ख वक्ता बन जाते हैं; शोर मचाने लगते हैं। ऐसे में विद्वान खामोश हो जाते हैं क्योंकि मूर्खों के शोर में अपनी आवाज जाया करने से क्या फायदा होगा।

रहीम के अनुसार प्रेम की राह बेहद कठिन है–**'प्रेम पंथ ऐसो कठिन, सब कोउ निबहत नाहिं। रहिमन मैन-तुरंग चढ़ि, चलिबो पावक माहिं॥'** इसे हरेक नहीं निबाह सकता। यह काम रूपी घोड़े पर चढ़कर आग पर चलने जैसा असंभव कार्य है।

रहीम के अनुसार शुत्रता, प्रेम अभ्यास यानी लगातार मेहनत और यश यह सभी वस्तुएँ मनुष्य अपने साथ लेकर पैदा नहीं होता–**'यह रहीम निज संग लै, जनमत जगत न कोय / बैर, प्रीति, अभ्यास, जस, होत होत ही होय॥'** यह तो उसके जीवन में धीरे-धीरे घटित होती है। रहीम यह नहीं मानते कि हर किसी का झुक जाना, समर्पण करना है–**'यह रहीम मानै नहीं, दिल से नवा जो होय / चीता, चोर, कमान के, नये ते अवगुन होय॥'** चीता झुककर शिकार पर झपटता है, चोर झुककर सेंध लगाता है और कमान का झुक जाना यानी तीर से प्रहार करना है। तात्पर्य यह कि दिखावटी विनम्र लोग खतरनाक होते हैं।

रहीम के अनुसार अतिरेक से बचना चाहिए और अपनी मर्यादा बनाए रखती चाहिए–**'रहिमन अती न कीजिये, गहि रहिये निज कानि / सैजन अति फूले तऊ, डार पात की हानि॥'** सहजन पर जब ज्यादा फूल आते हैं तो उसकी शाखाओं और पत्तियों की हानि होती है यानी पेड़ नष्ट हो जाता है। उसी प्रकार व्यक्ति को अतिरेक में आकर अपनी मर्यादा नष्ट नहीं करनी चाहिए।

रहीम के अनुसार आँखों से बहते आँसू दिल का दुख सबको बता देते हैं क्योंकि वह दिल के सबसे नज़दीक होते हैं–**'रहिमन अँसुआ नैन ढरि, जिय दुख प्रगट करेइ। जाहि निकारो गेह ते, कस न भेद कहि देइ॥'** इसलिए जो सबसे घनिष्ट होते हैं उन्हें दूर नहीं करना चाहिए क्योंकि वे सारा भेद खोल देते हैं।

रहीम कहते हैं कि ऐसी प्रीत नहीं करनी चाहिए जैसी खीरा करता है–**'रहिमन प्रीति न कीजिए, जस खीरा ने कीन / ऊपर से तो दिल मिला, भीतर फाँकें तीन॥'** यानी खीरा ऊपर से तो एक लगता है लेकिन भीतर से तीन भागों में बँटा होता है। अभिप्राय यह कि प्रेम एकनिष्ठ होता है और एकनिष्ठता प्रेम का प्राणतत्त्व है।

रहीम के अनुसार प्रेम की राह कतई रपटीली होती है–**'रहिमन पैंड़ा प्रेम को, निपट सिलसिली गैल / बिछलत पाँव पिपीलिका, लोग लदावत बैल॥'** यह डगमग राह ऐसी चिकनी होती है कि चींटी के भी पैर फिसल जाएँ जबकि लोग उस पर बैलगाड़ी चलाते हैं। यानी प्रेम को मुश्किल समझते हुए भी लोग प्रेम में जोखिम उठाने से नहीं चूकते।

रहीम कहते हैं कि किसी जगह पर तभी तक रहना चाहिए जब तक कि वहाँ आपकी इज्जत हो, कद्र हो–**'रहिमन रहिबो वा भलो, जौ लौं सील समूच / सील ढील जब देखिए, तुरत कीजिए कूच॥'** जब मर्यादा खतरे में हो तो तुरंत वह स्थान और उन लोगों का साथ छोड़ देना चाहिए।

रहीम के अनुसार ऐसे लोग जिनके न बुद्धि है, न धर्म है न यश हैं, न दानशीलता है वे मनुष्य होकर भी बिना पूँछ के पशु हैं– **'रहिमन बिद्या बुद्धि नहिं, नहीं धरम, जस, दान / भू पर जनम वृथा धरै, पसु बिनु पूँछ बिषान॥'** ऐसे लोगों का जन्म लेना ही निरर्थक है।

रहीम की दो पंक्तियों में उनका समय और समाज सिमटा हुआ है। उनके कुछ दोहों को कोलॉज के रूप में चुनकर देखने भर से जीवन-अनुभवों का अर्थसंपन्न संसार हमारे सामने खुल जाता है। इस नीति कवि ने अपने सांसारिक निजी अनुभवों से विषय चुने हैं। उनकी कविता में मनुष्य-जीवन की गहन, गंभीर और उलझी हुई बातों को आसान शब्दों में प्रस्तुत किया गया है। उनके कुछ उत्कृष्ट दोहों को अनायास पढ़ने पर हम पाते हैं कि रहीम की कविता जीवन जीने का सलीका सिखाती है।

रहीम ने ब्रजभाषा का अच्छा प्रयोग किया है। भावगत और शैलीगत दृष्टि से भी रहीम के दोहे विशिष्ट हैं। उनके नीतिपरक उपदेशात्मक दोहों में भावपरक उदाहरणात्मक शैली का प्रयोग हुआ है। यह दोहे हिंदी के सर्वाधिक प्रचलित छंद हैं जिनकी भाषा सहज, स्वाभाविक और मर्मस्पर्शी है। इस प्रभावशाली और भाषा में लयात्मकता और गीतात्मकता है। रहीम ने अलंकारों का प्रयोग ऐसे किया है कि वह बोझ नहीं लगते बल्कि कविता के सौंदर्य और प्रभाव को बढ़ाते हैं।

27. गिरिधर

(रीतिमुक्त नीति कवि)

नीति की रीति

रीतिकालीन रीतिकाव्य, रीतिबद्ध काव्य और रीतिमुक्त काव्यधारा की शृंगारिक जकड़बंदियों और वीररसात्मक अतिकथनों से मुक्त रीतिकाल के वास्तविक जनकवि नीतिकाव्यकार गिरिधर ही हैं। हिंदी पट्टी में तुलसी के बाद निरक्षर ग्रामीण समाज में भी गिरिधर ही ऐसे हैं जिनकी पंक्तियों की दूर तक पहुँच है। उनकी कुंडलियाँ भारतीय जनमानस में लोकोक्तियों के रूप में प्रयुक्त होती हैं। आचार्य रामचंद्र शुक्ल गिरिधर कविराय के बारे में कहते हैं कि इनका कुछ भी वृत्तांत ज्ञात नहीं। नाम से भाट जान पड़ते हैं। शिवसिंह ने इनका जन्म संवत् 1770 दिया है। जो संभवत: ठीक हो। इस हिसाब से इनका कविताकाल संवत् 1800 के उपरांत ही माना जा सकता है। इनकी नीति की कुंडलियाँ ग्राम-ग्राम में प्रसिद्ध हैं। अपढ़ लोग भी दो-चार चरण जानते हैं। इस सर्वप्रियता का कारण है बिल्कुल सीधी सादी भाषा में तथ्यमात्र का कथन। इनमें न तो अनुप्रास आदि द्वारा भाषा की सजावट है, न उपमा, उत्प्रेक्षा आदि का चमत्कार। कथन की पुष्टि मात्र के लिये (अलंकार की दृष्टि से नहीं) दृष्टांत आदि इधर-उधर मिलते हैं। कहीं-कहीं पर बहुत कम, कुछ अन्योक्ति का सहारा इन्होंने लिया है। इन सब बातों के विचार से ये कोरे 'पद्यकार' ही कहे जा सकते हैं, सूक्तिकार भी नहीं। वृंद कवि में और इनमें यही अंतर है। वृंद ने स्थान-स्थान पर अच्छी घटती हुई और सुंदर उपमाओं आदि का भी विधान किया है। पर इन्होंने कोरा तथ्यकथन किया है। कहीं-कहीं तो इन्होंने शिष्टता का ध्यान भी नहीं रखा है। घर-गृहस्थी के साधारण व्यवहार, लोक-व्यवहार आदि का बड़े स्पष्ट शब्दों में इन्होंने कथन किया है। यही स्पष्टता इनकी सर्वप्रियता का एकमात्र कारण है–**'साईं बेटा बाप के बिगरे भयो अकाज / हरनाकुस अरु कंस को गयो दुहुन को राज / गयो दुहुन को राज बाप बेटा के बिगरे / दुसमन दावागीर भए महिमंडल सिगरे / कह गिरिधर कविराय जुगन याही चलि आई / पिता पुत्र के बैर नफा कहु कौने पाई?'** पारिवारिक क्लेश से किसी को कुछ हासिल नहीं होता। गिरिधर दुनियावी हकीकत बयान करते हुए सीख देते हैं कि चारित्रिक दृष्टि से कमजोर कथित आत्मीय एक दिन धोखा देते हैं–**'रहिए लटपट काटि दिन बरु धामाहिं में सोय / छाँह न बाकी बैठिए जो तरु पतरो होय / जो तरु पतरो होय एक दिन धोखा दैहै / जा दिन बहै बयारि टूटि तब जर से जैहै / कह**

गिरिधर कविराय छाँह मोटे की गहिए / पाता सब झरि जाय तऊ छाया में रहिए।' दृढ़ व्यक्ति का साथ ही सत्संगति है।

गिरिधर कविराय ने नीतिपरक कुंडलियाँ लिखकर ख्याति प्राप्त की। इनकी दृष्टि जीवन के बहुआयामी पक्षों पर गई और उन्होंने सहज सरल भाषा में सुंदर कुंडलियाँ लिखी– '**चिंता ज्वाल सरीर की, दाह लगे न बुझाय / प्रकट धुवाँ नहिं देखिए, उर अंतर धुँधुवाय / उर अंतर धुँधुवाय, जरै जस कांच की भट्ठी / रक्त मांस जरि जाइ, रहै पांजरि की ठट्टी / कह गिरिधर कविराय, सुनो रे मेरे मिता / ते नर कैसे जियैं, जाहि व्यापी है चिंता।**' रीतिकालीन नीति-निपुण कवि गिरिधर चिंता-विषयक इस कुंडली में चिंता की भयावहता और चिंताग्रस्त व्यक्ति की अवस्था का वर्णन करते हुए कहते हैं कि चिंता शरीर को भस्म करने वाली ऐसी ज्वाला है जिसकी दाहकता शांत नहीं होती। धुआँ दिखता नहीं है लेकिन हृदय धुएँ से भर जाता है। वह ऐसे जलता है जैसे काँच की भट्ठी धधक रही हो। चिंता की आग से रक्त और माँस जल जाता है। शरीर केवल कंकाल रह जाता है। गिरिधर कवि कहते हैं कि वह व्यक्ति कैसे जीवित रह सकता है जिसे चिंता व्याप गई है। गिरिधर मध्यकाल के सद्गृहस्थों के सलाहकार थे और आज भी जनता इन्हें बड़े चाव से पढ़ती है। आचार्य हजारीप्रसाद द्विवेदी इनके संबंध में लिखते हैं–''वस्तुतः साधारण हिंदी जनता के सलाहकार प्रधानतः तीन ही रहे हैं–तुलसीदास, गिरिधर कविराय और घाघ। तुलसीदास धर्म और अध्यात्म के क्षेत्र में, गिरिधर कविराय व्यवहार और नीति के क्षेत्र में, और घाघ खेती-बाड़ी के मामले में।'' इनकी भाषा सरल और बोधगम्य है। 'दौलत पाय न कीजिये सपने में अभिमान' आदि इनकी कुंडलियाँ अत्यंत सुंदर बन पड़ी हैं। जीवन के गूढ़तम रहस्य को व्यावहारिक जीवन के सुंदर उदाहरणों से व्यक्त करना गिरिधर की कुंडलियों की एक विशिष्ट कला है।

गिरिधर की कुंडलियाँ जीवन के गहरे फलसफे को उत्कृष्ट अन्योक्ति के माध्यम से व्यक्त करती हैं। लेकिन शुक्ल जी जैसे बड़े आलोचक भी गिरिधर के साथ न्याय नहीं कर पाए और उनके प्रभाव में आलोचक बिरादरी ने गिरिधर को वह स्थान नहीं दिया, जिसके वे हकदार थे। बावजूद इसके भारतीय जनमानस ने गिरिधर को बड़ा स्थान दिया।

अपनी विशिष्ट दृष्टांतात्मकता और अप्रस्तुत योजना के कारण गिरिधर की कविता शब्द की बाहरी बनावटी चमक नहीं, अर्थ का सौंदर्य प्रस्तुत करती है–'**साईं बैर न कीजिए, गुरु, पंडित, कवि, यार / बेटा, बनिता, पँवरिया, यज्ञ करावन हार / यज्ञ करावन हार, राजमंत्री जो होई / विप्र, परोसी, वैद, आपको तपै रसोई / कह गिरिधर कविराय, युगन ते यह चलि आई / इन तेरह सों तरह दिए बलि आबै साईं।**' गिरिधर कवि नीति-निर्धारित करते हुए कहते हैं कि इन तेरह व्यक्तियों–गुरु, विद्वान, कवि, मित्र, बेटा, स्त्री, द्वारपाल, यज्ञ कराने वाला ब्राह्मण, राजमंत्री, विप्र, पड़ोसी, वैद्य, रसोइया इत्यादि से दुश्मनी नहीं करनी चाहिए। युगों से यह बात सिद्ध हो चुकी है कि इनकी किसी खोटी बात का भी ख्याल नहीं करना चाहिए। अर्थात् इनकी कमियों को भी अनदेखा कर देना चाहिए। ऐसे मर्म-भेदक

नीति-निपुण कथनों के कारण ही नीतिकाव्य के पर्याय के रूप में सहृदय पाठक गिरिधर काव्य को ग्रहण करता है।

गिरिधर के कविकर्म को नीतिकाव्य-परंपरा के परिप्रेक्ष्य में देखने पर पता चलता है कि नीतिपरक सूक्तिकाव्यों की जो रीतिकालीन परंपरा गिरिधर कविराय को मिली उसने संस्कृत-प्राकृत-अपभ्रंश से होती हुई आदिकालीन हिंदी काव्य में अपनी उपस्थिति दर्ज कराई। भक्तिकालीन कबीर, तुलसी, सूर जैसे संत कवियों ने उसमें नए अर्थ भरे लेकिन नीतिकाव्य का स्वतंत्र अस्तित्व रीतिकालीनकाव्य में निर्मित हुआ। वृंद, विक्रम, गिरिधर, दीनदयाल गिरि, बैताल, सम्मन, रामसहायदास जैसे कवियों ने रीतिकाल में मुख्यतः सूक्तिपरक नीतिकाव्य का सृजन किया। इनके साथ मतिराम, बिहारी, पद्माकर जैसे शृंगारी कवि भी नीतिकविता के सम्मोहन से आसक्त रहे। डॉ, बच्चन सिंह के अनुसार रीतिकाल में नीतिकाव्य लिखने की एक स्वतंत्र प्रणाली विकसित हो गई। वृंद ने नीतिकाव्य के लिए दोहा-छंद का प्रयोग किया है। इस छंद का प्रयोग इसी काम के लिए कबीर, तुलसी, रहीम, जमाल आदि ने भी किया है। किंतु उनके नीतिपरक दोहों के साथ भक्ति, शृंगार के दोहे भी संगृहीत हैं। 'वृंद सतसई' में केवल नीतिपरक दोहे हैं, कोई मिलावट नहीं है। गिरिधर कविराय, दीन दयाल गिरि, बैताल आदि ने छंद ही बदल दिया। गिरिधर और दीनदयाल ने कुंडलियाँ छंद का प्रयोग किया तो बैताल ने छप्पय का। भक्तिकालीन संतों और भक्तों के नीतिकथन धर्म या संप्रदाय-प्रेरित हैं। रहीम के कथन शुद्ध नीतिपरक नहीं हैं, वे भाव-प्रेरित हैं। रीतिकालीन नीतिकथनकारों में कुछ सूक्तिकार हैं, तो कुछ उक्तिकार। पर रीतिकालीन नीतिकारों के कथन लोक-व्यवहारों से संबद्ध हैं-**'बिना बिचारे जो करे, सो पीछे पछिताय / काम बिगारै आपनो, जग में होत हँसाय / जग में होत हँसाय, चित्त में चैन न पावै / खान पान सनमान, राग-रँग मनहिं न भावै / कह गिरिधर कविराय, दुख कछु टरत न टारे / खटकत है जिय माहि, कियो जो बिना बिचारे।'** आगे-पीछे का ख्याल नहीं करके सोचे-विचारे बिना जो मनमाना काम करता है; उसे बाद में पछताना पड़ता है। वह अपना काम बिगाड़ता है और दुनिया में उसकी हँसी उड़ती है। इससे इतनी बेचैनी होती हैं कि खाने-पीने, मान-सम्मान, आमोद-प्रमोद में भी मन नहीं लगता। गिरिधर कवि कहते हैं कि यह दुख दूर नहीं होता और बार-बार यही खटकता है कि बिना विचारे काम क्यों किया। साँप के चंगुल में जकड़ा मेंढक कितना ही गुस्से में चिल्लाये, वह छूट नहीं सकता। क्रोध भी अपना समय देखकर करना चाहिए। मुश्किल पड़ने पर अवसरानुकूल काम नहीं करने पर इज्जत गँवाने का डर होता है। गिरिधर कहते हैं कि गुण-कीमत घटने पर आदर घट जाता है। तब शोर मचाने पर वही दशा होती है जो मेंढक की होती है। गिरिधर के यहाँ गहरी लोक-संपृक्ति है। उनके लोक-व्यवहारों का क्षेत्र शहर नहीं, गाँव है। अन्योक्तियों में ग्राम्य प्रतीकों का प्रयोग इसका प्रमाण है। बहुत सारे कथन तो गाँव से उठा लिये गए हैं जिनमें पारिवारिक संबंधों की झलक साफ दिखाई पड़ती है।

रीतिकाल में विशेषकर नीति, व्यवहार-कुशलता, बुद्धि-विलास, दार्शनिकता, वाक्‌चातुर्य आदि को नीति-सूक्ति का विषय बनाया गया। दोहा या अन्य स्फुट पद

सोरठा के अलावा कुंडलियाँ छंद का विशिष्ट प्रयोग हुआ। गिरिधर कविराय, बैताल और दीनदयाल गिरि की कुंडलियाँ लोकप्रिय हुईं तो वृंद-विक्रम इस काल के प्रसिद्ध सतसईकार और नीति-सूक्ति कवि हुए जिन्होंने तुलसी, रहीम की परंपरा में दोहा छंद का प्रयोग करते हुए 'वृंद सतसई' जैसा सौ दोहों का श्रेष्ठ नीति-सूक्ति ग्रंथ रचा। वृंद ने सरल और सरस भाषा शैली में लोक-व्यवहार और नीति की सूक्तियाँ रची हैं। वृंद के अनेक दोहे लोक-जीवन का सहज स्वाभाविक अंग हैं।

गिरिधर और दीनदयाल गिरि ने सहज और गत्यात्मक ब्रजभाषा में लोक-व्यवहार और नीति-रीति को सरल भावात्मक शैली में व्यक्त किया है। गिरिधर की कुंडलियाँ विशेष रूप से लोकप्रिय हुईं क्योंकि लोकरुचि-संपन्न और सरल विषय से युक्त दीनदयाल गिरि की कुंडलियों में दार्शनिक और आध्यात्मिक रंग है। सुबोध, सादा, सरल, अकृत्रिम और अनलंकृत ब्रजभाषा के कारण गिरिधर की कुंडलियाँ लोकमानस में पूरी तरह पैठ गईं। देशकालगत परिवेश, सामाजिक-राजनीतिक परिस्थितियाँ, घर-परिवार की दैनिक दुनिया, दरबारी जीवन के विभिन्न अनुभवों से गिरिधर का काव्य उपजा है। व्यावहारिक औचित्य का गिरिधर ने अपनी कुंडलियों में तथ्यपरक कथन किया है। जीवन के तथ्य का बोध कराने के कारण उनकी कुंडलियाँ शिक्षाप्रद सूक्तियाँ बन गई हैं।

गिरिधर के बाद रीतिकाल के अंतिम-चरण यानी 10वीं शती के पूर्वार्द्ध के कवि गोसाई दीनदयाल गिरि की कुंडलियाँ भी बहुत प्रसिद्ध हैं। दीनदयाल गिरि ने अपनी कुंडलियाँ अन्योक्तियों के रूप में रचीं। इनकी रचनाएँ 'अन्योक्ति कल्पद्रुम' में संकलित हैं। प्रांजल साहित्यिक, कलात्मक भाषा और विषय की गहनता, सघन काव्यत्व की दृष्टि से दीनदयाल गिरि की कुंडलियाँ अधिक अर्थसंपन्न हैं किंतु सरलता और सुबोधता के फलस्वरूप लोकप्रियता गिरिधर को मिली।

रीतिकाल के नीति कवि बैताल ने भी कुंडलियाँ छंद का सार्थक प्रयोग किया। इन्होंने अपनी अधिकतर कुंडलियाँ 'विक्रम' को संबोधित करते हुए लिखा है। यह उनके गुरु-कवि नहीं बल्कि आत्मसंबोधन है। इनकी कविता सरल और प्रवाहपूर्ण है। रीतिकाल के अन्य महत्त्वपूर्ण नीतिकाव्यकार सम्मन का काल भी अठारहवीं शती के अंतिम दशक से शुरू होता है। उत्तर प्रदेशवासी सम्मन ने दोहा छंद में नीति-सूक्ति काव्य रचा। रामसहाय दास 'राम' की 'रामसतसई', 'वृंदसतसई' की तरह प्रसिद्ध है। घाघ की वाक्‌विदग्ध उक्तियाँ भी बहुत लोकप्रिय हुईं। इनकी कोई विधिवत संकलित रचना नहीं है, पर इनके उक्तिवैचित्र्य के कारण चतुर चालाक मनुष्य को 'घाघ' कहा जाना, घाघ सरीखे नीति-काव्यकार की सफलता का साक्ष्य है।

रीतिकाल का नीति-सूक्ति काव्य हिंदी नीति-काव्य परंपरा का गुणात्मक विकास है। इस काल में सूक्तिपरक नीति कविता का एक स्वतंत्र प्रवृत्ति के रूप में विकास हुआ। जनमानस ने इस सहज कविता से सद्‌व्यवहार और सदाचरण की शिक्षा ग्रहण की। इस काव्य-परंपरा में गिरिधर कविराय का अहम स्थान है। उनके दार्शनिक आधार को रेखांकित करते हुए डॉ. बच्चन सिंह कहते हैं कि गिरिधर ने अपनी एक कुंडलियों में शेख फरीद को सम्मानपूर्वक याद किया है। उनकी कुंडलियों से ज्ञात होता है कि वे सूफियों से बहुत प्रभावित थे। वे सूफियों के अनलहक और

वेदांतियों के 'अहं ब्रह्मास्मि' के समर्थक थे। वे लिखते हैं–'कह गिरिधर कविराय, मार तिनके सिर खल्ला: जो खुद-बखुद बिन दिगर और को मानत उल्ला', 'कह गिरिधर कविराय मान तिनके सिर पौला; खुद ऐ न्यारा माना जिसने दूजा मौला।' आगे वे पुन: कहते हैं–'मैं हों सोई खुदाय, पढ़ो कलमा यह साईं', 'खुद को देख नपैद, किसी को करो न सिजदा।' अद्वैत मत के संबंध में भी उनकी अनेक कुंडलियाँ हैं। वे संप्रदाय-निरपेक्ष साधु थे। वे बार-बार अपने को 'बेकैद' कहते हैं। निर्गुण संतों की तरह वे बाह्याडंबर के विरोधी थे और आधुनिक थे। इसलिए वे वर्तमान में जीते हैं–**'बीती ताहि बिसारि दे, आगे की सुधि लेई / जो बनि आवै सहज में, ताही में चित देइ / ताही में चित देइ, बात जोई बनि आवै / दुर्जन हँसै न कोई, चित्त में खता न पावै / कह गिरिधर कविराय, यहै करु मन परतीती / आगे को सुख समुझि, होइ बीती सो बीती।'** गिरिधर कवि कहते हैं कि व्यक्ति को अतीत में घटी दर्दनाक, बुरी बातों को भूल जाना चाहिए और आगे आने वाले जीवन के बारे में सोचना चाहिए। जो काम या बातें आसानी से बन जाएँ, उसमें ही खुश हो जाना चाहिए। पिछली असफलताओं को याद कर रोने से विरोधी दुष्ट, दुर्जन या दुश्मन खुश होते हैं और फिर विषाद उपजता है। इसीलिए उसे दिल में नहीं रखना चाहिए। मन में यह निश्चित करना चाहिए कि आगे जो होगा, अच्छा होगा। जो बीत गया, सो बीत गया। गिरिधर वर्तमान में जीते हैं।

उनकी प्रवृत्ति घुमक्कड़ी थी। पंजाब से चलकर वे अंतर्वेद में आ गए। वास्तविक अर्थों में अपनी मर्जी के मालिक गिरिधर सरीखा कवि अपने समय के हाकिमों पर भी व्यंग्य करने से डरता नहीं है। **'सैया भए तिलंगवा, बौहर चली नहाय / देखि डरी कप्तान कहँ, कौन जनारो आय / कौन जनारो आय, काह दहुँ पहिरे बाटै / बिन गुनाह तकसीर, पिया को डाटे / कह गिरिधर कविराय नचै जस बंदर भल्ला / तोसदान बंदूक, हाथ में पत्थर कल्ला।'** अंग्रेज कप्तान का एक व्यंग्यात्मक दृश्य उपस्थित करते हुए वे लिखते हैं–लाल पगड़ी वाला सिपाही गाँव का रोग हो गया है और कमजोर लोगों को मूँछ दिखाता है। वे वर्णाश्रमधर्मियों के विरुद्ध हैं, मजहब-परस्त को कुत्ता कहते हैं, चेला मूँड़ने वाले साधुओं को बाजारू करार देते हैं। पैगंबर, पीर, औलिया को मजहब के स्वाँग की संज्ञा देते हैं। यही नहीं वे योगियों, यतियों की भी भर्त्सना करते हैं। हिंदू-तुर्क को एक कहते हैं। संभवत: वे उदासीन साधु थे, 'निजानंद' में मस्त। तत्कालीन कंपनीराज की ओर भी उनकी दृष्टि गई होगी। संभवत: उसी को लक्ष्य करके उन्होंने लिखा है–**'साईं घोड़े आछतहि गबदहन आयो राज', 'धन्य मुल्क यह देस, जहाँ के राजा कौवा।'** 'भूख' को उन्होंने सबसे बड़ा दु:ख कहा है। भूख, गरीबी और जीवन के दूसरे अभावों को लेकर यह वैसी ही करुणा जगाते हैं जैसे तुलसी की कविता जगाती है।

जिस प्रखर व्यंग्यात्मक तेवर का विकास भारतेंदु ने अपनी 'अंधेर नगरी' में किया, उसके बीज गिरिधर की व्यंग्यगर्भित कुंडलियों में निहित हैं। इतना ही नहीं वणिक-वृत्ति पर भी उन्होंने तीखे व्यंग्य-प्रहार किए हैं। इसी को डॉ. बच्चन सिंह रेखांकित करते हुए कहते हैं–बनियों के संबंध में उन्होंने कई कुंडलियाँ लिखी हैं जिनमें से एक यह है–**'आटा में आटा घटै, घटे दार में दार / कबहुँक घटिहै**

घीव महँ, तो हैहै पुनि रार / तो हैहै पुनि रार, मारि जूतिन जी लैहौं / जानै सकल जहान, दास एकौ ना दैहौ / कह गिरिधर कविराय बैठिहै तुमरे घाटा / पनहिन मूड़ ठठावं, जो कबँक घटिहै घाटा।' देश-काल कोई भी हो, बनिया मुनाफाखोरी से बाज नहीं आता। यहाँ बनिया कोई जाति-विशेष नहीं है बल्कि गिरिधर ने उस दुष्प्रवृत्ति पर चोट की है जो पैसा पूरा लेती है पर देते हुए जिसकी जान निकलती है। गिरिधर एक बहुज्ञ रचनाकार थे। उनकी कविता में उनकी अहंकाररहित बहुज्ञता पाठक को चमत्कृत करती है।

गिरिधर कविराय व्याकरण, ज्योतिष, वेदांत, सूफीमत आदि के अच्छे जानकार मालूम पड़ते हैं। सबसे बड़ी बात यह है कि हिंदी में जहाँ एक ओर नायिका-भेद लिखा जा रहा था वहाँ दूसरी ओर इतिहास की नब्ज पर हाथ रखे हुए गिरिधर व्यापारी, बनिया, राजा, सिपाही, सांस्कृतिक हीनता, हिंदू-तुर्क की एकता की बात कर रहे थे। गिरिधर के इस पक्ष पर इतिहासकारों का ध्यान नहीं गया है। इनके साथ ही व्यावहारिक जीवन के लिए वे उन मंतव्यों को कुंडलियाँबद्ध कर रहे थे जिनसे जीवन को जागरूक रखा जा सके-**'साई अपने चित्त की, भूलि न कहिए कोइ / तब लग मन में राखिए, जब लग कारज होइ / जब लग कारज होइ, भूलि कबहूँ नहिं कहिए / दुरजन हँसे न कोइ, आप सियरे ह्वै रहिए / कह गिरिधर कविराय, बात चतुरन की ताईं / करतूती कहए देत, आप कहए नहिं साईं।'** अपने मन की बात भूलकर भी किसी को नहीं बतानी चाहिए। जब तक कार्य पूर्ण नहीं हो जाता, उसे मन में रखना चाहिए। काम अधूरा रह जाने पर दुष्ट हँसी नहीं उड़ायें; इस के प्रति शांत रहना चाहिए चतुर व्यक्तियों की तरह आपका काम बोलना चाहिए न कि सबको बताते रहे। वे अपने देश-काल के प्रति अत्यंत जागरूक थे। उनकी अवधी पर ब्रजी, खड़ी बोली, पंजाबी, फारसी और अरबी का प्रभाव स्पष्ट देखा जा सकता है।

उनकी नीतिपरक सूक्तियों में जीवन सिद्धांत और लोक-व्यवहार की संश्लिष्ट उपस्थिति है। उनकी कुंडलियों को देखने पर पता लगता है कि वे एक ओर सिद्धांत-कथन कर रहे थे। और दूसरी ओर लोक-व्यवहार की बातें कह रहे हैं-**'राम तुहि तुहि कृष्ण है, तुहि देवन को देव / तुहि ब्रह्मा, तुहि शक्ति है, तुहि सेबक, तुहि सेव / तुहि सेवक, तुहि सेव, तुही इंदर, तुहि सेसा / तुही होय सब रूप, तू कियो सबमें परबेसा / कह गिरिधर कविराय, पुरुष तुहि, तूही बाम / तुहि लछमन, तुहि भरत, शत्रुहन, सीताराम।'** गिरिधर कवि क्षणभंगुर जीवन में सकारात्मक सीख देते हुए कहते हैं कि संसार में थोड़े दिन के लिए क्या जोड़-तोड़ करना? किस जीवन के लिए बार-बार मरना? इससे व्यर्थ ही इज्जत गँवाता है और बेकार ही परेशान रहता है। व्यक्ति को मुक्ति के लिए लालायित रहना चाहिए-**'थोरे दिन के कारणे, कौन उपाधि करै / किस जीवन के वास्ते, जन में पचि-पचि मरै / जग में पचि-पचि मरै, आपनी इज्जत खोवै / एक गमावै हुरमत, द्वितीय फजीहत होवै / कह गिरिधर कविराय, जु जीवन मुक्ती लोरै / तजै सर्व का संग, जान रहना दिन थोरै।'** गिरिधर कवि एक ही परमशक्ति की व्याप्ति सब में उद्‌घाटित करते हुए कहते हैं कि राम, कृष्ण, देवों के देव तुम

ही हो। तुम ही ब्रह्म, शक्ति और सेवक हो। इंद्र, शेषनाग, तुम ही हो। तुमने ही सबमें प्रवेश किया है। पुरुष और स्त्री तुम ही हो। तुम ही लक्ष्मण, भरत, शत्रुघ्न, सीताराम हो। लोक-व्यवहार संबंधी कुंडलियाँ बहुत लोकप्रिय बन गईं—इतनी लोकप्रिय कि आज भी गाँव-गाँव में सुनी जाती हैं। शुक्लजी ने उन्हें पद्यकार माना है। उनके अनुसार गिरिधर वृंद की तरह सूक्तिकार भी नहीं थे। उनकी कुंडलियाँ तथ्य-कथन मात्र हैं। सच तो यह है कि यदि ये कुंडलियाँ तथ्य-कथन मात्र होतीं तो ढाई सौ वर्षों तक जीवित न रहतीं। उपमा-उत्प्रेक्षा से अलंकृत रचनाएँ काव्य नहीं हो जातीं। सादगी का भी अपना सौंदर्य होता है।

जीवन चरित अल्पज्ञात होने के बावजूद अपनी कविता में गिरिधर निर्भीक शब्द साधक के रूप में उभरते हैं। डॉ. गणपतिचंद्र गुप्त के शब्दों में कहें कि गिरिधर कविराय की नीति-संबंधी ग्रंथ 'कुंडलियाँ' में कुंडलियाँ, पद्य, दोहा, सोरठा आदि लगभग पौने पाँच सौ छंदों में इन्होंने विभिन्न विषयों का प्रतिपादन अत्यत्न सरल सरस एवं प्रवाहपूर्ण शैली में किया है।

गिरिधर कविराय की सफलता का एक विशेष कारण सहजता है। उन्होंने नीति जैसे गूढ़ विषयों को समझाने के लिए सामान्य जीवन की साधारण बातों को लिया है तथा उन्हें आसान उदाहरणों से पुष्ट किया है। मुहावरों के प्रयोग ने भी उनके मुक्तकों के प्रभाव की वृद्धि में पर्याप्त योग दिया है। यही कारण है कि उनका काव्य अशिक्षित-अल्पशिक्षित गँवई भारतीय मन का प्राथमिक शिक्षक रहा है। उनके शब्द इसीलिए जनप्रिय हैं कि उनमें जीवन का किताबी नहीं, अमूल्य व्यावहारिक ज्ञान का विस्तार है—**'लाठी में गुण बहुत हैं, सदा राखिए संग / गहिरा नदि-नारा जहाँ, तहाँ बचावै अंग / तहाँ बचावै अंग झपटि कुत्ता कहँ मारै / दुश्मन दावागीर होय, तिनहूँ को झारै / कह गिरिधर कविराय, सुनो हो धूर के बाटी / सब हथियारन छाँड़ि हाथ महँ लै लीजै लाठी।'** डॉ. बच्चन सिंह के अनुसार 'कमरी थोरे दाम की', 'बिना विचारे जो करै', 'जाकी धन धरती हरी', 'साईं अपने चित्त की', 'दौलत पाय न कीजिए', 'साईं बेटा बाप के' आदि गिरिधर की कुंडलियाँ लोगों की जबान पर हैं।

गिरिधर कविराय ने नीति, व्यवहार, जीवन के लोकाचार को शब्दबद्ध करती नीतिपरक सूक्तियों के संग्रह 'कुंडलियाँ' के अतिरिक्त सौ कवित्त सवैया छंदों की काव्य रचना 'प्रत्यकानुभवशतक' और सात छप्पय और एक दोहा-कवित्त की लघुतम रचना 'सप्त-भय-निवारण' का सृजन किया लेकिन, उनके अनिवार्य महत्त्व का काम नीतिपरक कुंडलियाँ ही हैं। 'नल-दमयंती' शीर्षक प्रेमाख्यानक काव्य को भी उनकी रचना कहा जाता है लेकिन उसकी प्रामाणिकता संदिग्ध है। तब भी नीति, शिक्षा, मानवजीवन के लोकाचार को खुद में समेटती उनकी तथ्यपूर्ण सूक्तियों में न अति आलंकारिकता और चमत्कारिता का प्रदर्शन है, न आश्रयदाता के नकली वीरत्व की बनावटी मुद्रा। यहाँ नारी-देह के भद्दे प्रदर्शन का भी अभाव है। गिरिधर ने संवेदनशून्य सामंतों को कविता नहीं सिखानी थी बल्कि जनसामान्य को जीवन को सहज करने का आसान रास्ता दिखाना था—**'जो तुझको तोला झुके, तू झुक सेर पचीस / मरोर करै इक तस्सु भर, तू कीजै हाथ बईस / कीजै हाथ बईस,**

रीति व्यवहार की ऐसी / जैसा जैसा देव, जगत में पूजा तैसी / कह गिरिधर कविराय, रोते के सँग रोते जो / हँसते सँग हँस मिलो, पुरुष हँस के बोले जो।' जगत की व्यावहारिकता नीति-रीति का विश्लेषण करते हुए गिरिधर कहते हैं कि जो तेरे सामने तोला भर झुकते हैं अर्थात् इज्जत देते हैं उनके सामने तू पच्चास सेर झुके जा। अर्थात् उन्हें ज्यादा सम्मान दे—लेकिन जो जरा सा ऐंठता है, उसके सामने बाईस हाथ अकड़ जा। दुनिया की यही रीति है। देवता जैसा होता, उसकी वैसी ही पूजा होती है। रोते हुए के साथ सब होते हैं। हँसते हुए के साथ हँसकर मिलो। काव्य-शिक्षा से गिरिधर भी शून्य नहीं थे। रस-नैपुण्य उन्हें भी हासिल था—इसके प्रमाण भी उनकी नीति कविता में मिल जाते हैं। गिरिधर ने ब्रज-अवधी-उर्दू-फारसी के संयोग से जो काव्य बोली तैयार की उसने आज की खड़ी बोली की नींव का निर्माण किया। इस नजरिए से भी आज की कविता गिरिधर की कविता की कायल है। कई बार लगता है कि सीधे जनजीवन से जुड़ी आज की प्रत्यक्ष कविता में गिरिधर ही लोक से प्रत्यक्ष संवाद कर रहे हों—**'जो जिनसे मुरझात है, तो तिनसे सकुचात / जिसको देख जो बिगसहै, तिसे देख बिगसात / तिसे देख बिगसात, रीति धुर से चलि आई / अज्ञ तज्ञ की रीति, न इनमें संशय राई / कह गिरिधर कविराय, पुरुष उत्तम है सो / राग द्वेष से रहित, जगत में बिचरे जो।'** गिरिधर कवि के अनुसार श्रेष्ठ पुरुष वहीं है जो राग-द्वेष से रहित होकर जगत में विचरण करता है। हिंदी कविता का इतिहास काव्य-भाषा विज्ञान की दृष्टि से भी लिखा जाना चाहिए तभी शायद गिरिधर सरीखे कवियों की कविता के वास्तविक मूल्य का पता चलेगा और हिंदी कविता को उसकी समग्रता-संपूर्णता में समझा जा सकेगा।

भारतीय कविता की नीति परंपरा में गिरिधर की महत्त्वपूर्ण उपस्थति है। उनकी नीतिविषयक कुंडलियों का संवेदना-संसार बेहद बड़ा है—जीवन के प्रत्येक पक्ष, अनुभव को उन्होंने अपनी कुंडलियों का विषय बनाया है। यश-अपयश, नारी चिंता, बैर, व्यवहार, रीति, बिना बिचारे काम नहीं करना अथवा अपने मन के भेद को किसी के समक्ष व्यक्त नहीं करना या फिर भक्ति के क्षेत्र में ऐकेश्वरवाद की स्थापना अथवा संसार की नश्वरता, कवि गिरिधर की कविता की विषयवस्तु में सबकी उपस्थिति है। उनकी कुंडलियों में जीवन का सच्चा मर्म मौजूद है। गिरिधर इंसानी मनोविज्ञान के ऐसे मर्मज्ञ दिखाई देते हैं जो मनुष्य और उसके समय और समाज की चिंता को गहराई से पहचानकर उसका उपचार भी सुझाते हैं।

28. घनआनंद

(रीतिमुक्त शृंगारी कवि)

अति सूधो सनेह को मारग है

रीतिकालीन स्वच्छंद काव्यधारा या रीतिमुक्त काव्यधारा के कवि अपने समय के रीतिबद्ध कवियों से वस्तु और रूप दोनों धरातलों पर बिल्कुल अलग है। उन्होंने रीतिबद्ध काव्य की शास्त्रीयता को नकार दिया क्योंकि यह अपर्याप्त साबित हो चुके पुरानी काव्य पद्धति थी। रीतिमुक्त कवियों ने इस शास्त्रीय जकड़बंदी को तोड़कर स्वयं को व्यक्त किया। उनके यहाँ आत्मानुभूति का तीव्र आवेश है इसीलिए इन रचनाओं में वैयक्तिकता अधिक है, दूसरी तरफ रीतिबद्ध कवि निर्वैयक्तिक रहकर बँधे-बँधाए काव्यशास्त्रीय नियमों को कविता में प्रस्तुत कर रहे थे। स्वच्छंद काव्यधारा के कवि दरबारी वातावरण की उपज नहीं थे, बल्कि उन्मुक्त रहकर काव्य रचना करते थे। मुख्य बात यह है कि यह सभी कवि प्रेम को अपना केंद्रीय काव्य-विषय बनाते हैं। उनका प्रेम गहराई और ईमानदारी के कारण दिव्य और उदात्त प्रेम में बदल जाता है। काफी हद तक उनकी प्रेम-अनुभूति भक्तिकालीन प्रेमाख्यानकारों सूफियों की 'प्रेम की पीर' से मिलती है। यानि उनके यहाँ भी इश्क मजाजी (लौकिक प्रेम) इश्क हकीकी (दिव्य प्रेम) में बदलने का उपक्रम मिलता है। इन रीतिकालीन कवियों का प्रेम लगभग एकनिष्ठ और जटिल था। आलोचक इनकी प्रेम-व्यंजना में फारसी प्रेम पद्धति का असर देखते हैं। रीतिबद्ध कवियों का प्रेम संयोगपरक, मांसल और स्थूल था। जबकि रीतिमुक्त कवियों का प्रेम और प्रेम ज्यादातर वियोगपरक और मानसिक है। इसीलिए उसमें मानवीय उदारता मिलती है। रीतिबद्ध कवि राधा-कृष्ण के प्रेम का शृंगारपरक चित्रण मुक्तकों में करते हैं। जबकि रीतिमुक्त कवि मुक्तक और प्रबंध दोनों में करते हैं। डॉ. बच्चन सिंह के अनुसार रीतिबद्ध कवियों का प्रेम क्रीड़ापरक है, जबकि इनका प्रेम जीवनपरक है। प्रेम गाथाओं के लोक प्रचलित प्रेम में जो स्वाभाविकता और प्राकृतिक पृष्ठभूमि प्राप्त होती है वह इनकी प्रेमाभिव्यक्ति को जीवंत और प्रामाणिक बना देती है। रूप-सौंदर्य का वर्णन वहाँ आलंबनगत है जबकि ये कवि अपने मन (आश्रय) पर पड़े उसके प्रभाव का अंकन मनोयोगपूर्वक करते हैं। स्वच्छंद काव्यधारा के कवियों बोधा, आलम, ठाकुर, द्विजदेव के मध्य घनआनंद का स्थान शायद सबसे ऊपर है। इस धारा के अन्य कवियों की तरह घनानंद ने रूढ़िगत काव्य रचना नहीं की है।

घनआनंद के यहाँ जो प्रेम मिलता है उसमें दिमागी चतुराई नहीं है। उन्होंने लिखा है कि 'अति सूधौ सनेह को मारग है, जहाँ नेकु सयानप बाँक नहीं' यानि यह रास्ता सीधा और सरल है; उसके लिए जो दुनियादारी की चतुराई छोड़कर सर्वस्व समर्पण कर देते हैं, जो ज्यादा सयानापन दिखाते हैं या जो अपने टेढ़ेपन को सर्वस्व प्राप्ति का उपकरण मानते हैं, वह प्रेम में सफल नहीं हो सकते यानि एकनिष्ठ और ईमानदार प्रेम ही वास्तविक प्रेम है।

मुक्त कवियों के प्रेम की तुलना भारतीय या विदेशी प्रेमव्यंजना से नहीं की जा सकती क्योंकि इनका प्रिय विशिष्ट है। संयोग और वियोग भी इसीलिए विशिष्ट रूप में ही अभिव्यक्त हुआ। आचार्य शुक्ल ने इन कवियों को लक्षणानुसारी रचना करने वाले कवियों से भिन्न माना है। वे लिखते हैं कि "पिछले वर्ग के कवि (लक्षणबद्ध काव्य-रचना करने वाले) प्रतिनिधि कवियों से केवल इस बात में भिन्न हैं कि इन्होंने क्रम से रसों, भावों नायिकाओं और अलंकारों के लक्षण कहकर उनके अंतर्गत अपने पद्यों को रखा। अधिकांश में ये भी शृंगारी कवि हैं।" घनआनंद का प्रेम भी घनघोरशृंगारिक है, लेकिन काव्यशास्त्रीय अभ्यास से काव्यनिर्माण करने वाले कथित कवियों की तरह इनका प्रेम वर्णन निर्जीव किताबी न होकर सजीव है। वह हमेशा युवा रहता है। क्योंकि वह जीवन से जुड़ा है। इस संदर्भ में डॉ. मनोहर लाल गौड़ ने लिखा है, "स्वच्छंदतावादी साहित्य में अभिनवत्व (ताजगी) रहता है क्योंकि उसकी प्रेरणा जीवन से मिलती है। जब साहित्य अपने समवर्ती जीवन से प्रेरणा न लेकर पूर्ववर्ती साहित्य से प्रेरणा लेने लगता है तब वह क्लासिकल बन जाता है, उसकी अभिनवता क्षीण होने लगती है। स्वच्छंदधारा के प्रमुख गुण-भावात्मक वक्रता, लाक्षणिकता, भावों की वैयक्तिकता, रहस्यात्मकता, मार्मिकता, स्वच्छंदता आदि हैं। ये सभी घनआनंद की कविता में प्राप्त होते हैं। आचार्य शुक्ल घनआनंद को साक्षात् रसमूर्ति और ब्रजभाषा के काव्य के प्रधान स्तंभों में मानते हैं। घनआनंद के काव्य में अनुभूति पक्ष और अभिव्यक्ति पक्ष का सम्यक् संयोजन प्राप्त होता है। उन्होंने विभाव पक्ष का वर्णन कम और भावों का अधिक किया है। इन भावों में रीझ, विषाद्, उलझन, नेत्रों और प्राणों का मानवीकरण करके भावों को सहज संप्रेष्य बना दिया है। मुख्य बात यह है कि घनआनंद सहित अधिकतर रीतिमुक्त कवियों ने साधन संपन्न और अभिजात कुल का होने के बावजूद सामान्य स्त्रियों और यहाँ तक कि समाज द्वारा ठुकराई गई औरतों से प्रेम किया है। दरबारी नर्तकी सुजान के कारण घनआनंद को दरबार से निकाला गया। लेकिन घनआनंद अपनी प्रेमभावना को नहीं निकाल पाए। वही लौकिक भावना दिव्य कृष्ण-प्रेम में बदल गई। लेकिन आचार्य विश्वनाथ प्रसाद मिश्र ने घनआनंद को प्रेम उमंग का कवि माना है, भक्त नहीं। घनआनंद ने दरअसल सांसारिक प्रेम को आध्यात्मिक ऊँचाइयाँ दी हैं।

घनआनंद की कविता का कथ्यरूप सुगठित, प्रौढ़ और परिष्कृत है। जिसकी प्रशंसा आचार्य शुक्ल, आचार्य मिश्र, डॉ. कृष्णचंद्र वर्मा, मनोहर लाल गौड, डॉ. रामदेव शुक्ल इत्यादि विद्वानों ने की है। घनआनंद का काव्य-शिल्प अकुंठ प्रेम के तीव्र मनोवेगों को सँभालने वाला उत्कृष्ट शिल्प है। डॉ. बच्चनसिंह का मत बहुत ही स्पष्ट

है कि घनआनंद संगीत, नृत्य, वाद्य, चित्र, काव्य को एक साथ प्रस्तुत करते हुए एक व्यावहारिक सौंदर्यशास्त्र बनाते हैं। वे प्रेम की भावानुभूति, काव्यानुभूति और भाषा को नए बोध के अनुसार रचते हैं। घनआनंद की कविता में जिस प्रेम को अभिव्यंजित किया वह उनके जीवन की वास्तविकता है। घनआनंद के प्रेम में आत्मानुभूति की प्रधानता है। सौंदर्य और प्रेम उनकी कविता का आधार है। सौंदर्य और प्रेम के प्रति उनमें समर्पण है। घनआनंद की कविता में शुद्ध अनुराग की अनुभूति है। घनआनंद ने प्रेम के मार्ग को छल-कपट से रहित, सीधा और सरल बताया है। छल और बनावट से रहित उनका काव्य कवि की तीव्र आत्म-अनुभूतियों को उभारने वाली नवीन भाषा में व्यक्त हुआ है, यानि जैसे उनके काव्य विषय हैं, भाषा-शिल्प भी उसी प्रकार का है। इस नजरिए से छायावादी कवि घनआनंद की परंपरा में आते हैं। उनकी कविता वाग्विदग्धता और उक्तिवक्रता का उत्कृष्ट उदाहरण बनती है।

आत्मानुभूति के कारण ही घनआनंद की भाषा में गहरा लाक्षणिक सौंदर्य है। हृदय की अनुभूति जब काव्य भाषा को रचती है तो भाषा में अनूठी भावभंगिमा का समावेश होता है। घनआनंद के काव्य की भाषा बहुत कुछ छायावादी कवियों की तरह है जिसमें स्वाभाविक प्रेम की स्निग्धता के साथ-साथ वाग्वैदग्ध्य की उक्तिवक्रता का परिचय भी मिलता है–

परकारज देह को धारे फिरौ परजन्य! जथारथ ह्वै दरसौ।
निधि नीर सुधा के समान करौ सबकी बिधि सुंदरता सरसौ।
घनआनंद जीवनदायक हो, कबौं मेंरियौ पीर हिये परसौ।
कबहूँ वा बिसासी सुजान के आँगन मो अँसुवन को लै बरसौ।

प्रेम के इस उन्मुक्त गायक का जन्म संवत् 1764 के लगभग बुलंदशहर (उ.प्र.) में हुआ था और 1796 की नादिरशाही में इनका निधन हुआ। मुगल बादशाह मुहम्मद शाह के मीर मुंशी घनआनंद का काव्य जीवन प्रेम से आरंभ हुआ और प्रेम के कारण ही उनकी मृत्यु हो गई। जिस सुजान के कारण इन्होंने दिल्ली दरबार को ठुकराया उसके साथ नहीं आने पर घनआनंद वृंदावन में वैरागी जीवन बिताने लगे। उनकी रचनाओं के नाम और विषयवस्तु में उनका अतीत पीछा करता रहा। उनकी उत्कृष्ट रचना 'सुजान सागर' इसका प्रमाण है। आचार्य रामचंद्र शुक्ल ने घनआनंद द्वारा रचित ग्रंथों में 'सुजान-सांगर', 'विरह-लीला', 'कोकसागर', 'रसकलिवल्ली' और 'कृपानंद' का उल्लेख किया है। घनआनंद के मुक्तकों का संग्रह 'घनआनंद कवित्त' शीर्षक से प्रकाशित है। इसके अतिरिक्त इनके फुटकर कवित्त सवैयों के संग्रह मिलते हैं। कृष्ण-भक्ति संबंधी इनका एक बहुत बड़ा ग्रंथ छतरपुर के राज पुस्तकालय में है जिसमें प्रिया-प्रसाद, ब्रजव्यवहार, वियोग-बेली, कृपाकंद-निबंध, गिरिगाथा, भावनाप्रकाश, गोकुल-विनोद, धाम-चमत्कार, कृष्ण-कौमुदी, नाम-माधुरी, वृंदावन-मुद्रा, प्रेम-पत्रिका, रस-वसंत इत्यादि अनेक विषय वर्णित हैं।

घनआनंद बुनियादी तौर पर विरह के कवि हैं। शास्त्रीय धरातल पर देखने पर विरह को प्रेम की कसौटी माना जाता है। डॉ. द्वारिका प्रसाद सक्सेना के अनुसार प्रेम का सात्विक रूप घनआनंद की कविता में मिलता है। उन्होंने घनआनंद के विरह निरूपण की विशेषताओं को दस शीर्षकों में बाँटा है। उनके अनुसार विरह

प्रेम की कसौटी है। जो विरही इस कसौटी पर खरा उतरता है, वही सच्चा प्रेमी माना जाता है, क्योंकि प्रेम का सात्विक रूप विरह है, जबकि संयोग प्रेम का राजस रूप है। घनआनंद की कविता बताती है विरह, प्रेम को दृढ़ करता है। विरह ही चाह, तीव्र आकांक्षा, सुदृढ़ लालसा एवं उद्दाम आकुलता का ज्ञापक होता है। इसीलिए विरह-काव्य सर्वाधिक हृदय-द्रावक, चित्ताकर्षक एवं संवेदनात्मक होता है। घनआनंद भी ऐसे ही विरही कवि हैं, जिसके हृदय में अपनी प्रेयसी 'सुजान' की उत्कट विरह-भवना भरी हुई है। घनआनंद के विरह में हृदय की उद्दाम लालसा एवं उत्कंठा का प्राधान्य है, उसमें अनुभूति की तीव्रता है, अंत:करण की सात्विक वेदना का आधिक्य है और बाह्य आडंबर लेशमात्र भी नहीं है। इसलिए आचार्य रामचंद्र शुक्ल ने ठीक ही लिखा है कि ''घनआनंद ने न तो बिहारी की तरह प्रेम को बाहरी पैमाने से मापा है, न बाहरी उछल-कूद दिखाई है। जो कुछ हलचल है वह भीतर की है, बाहर से वह वियोग प्रशांत और गंभीर है, उसमें न करवटें हैं, न सेज का आग की तरह तपना है, न उछल-उछल कर भगना है। उनकी 'मौन मधि पुकार' है।'' विश्वनाथ प्रसाद मिश्र ने घनआनंद की प्रेम-साधना का नित्य लक्षण ही विरह घोषित किया है और लिखा है कि घनआनंद के ''इस प्रेम मार्ग का नित्य लक्षण है—परम संताप की साधना। इस प्रेम का नाम लेने पर ही जीभ में छाले पड़ जाते हैं। इसलिए कि विरह की वेदना का, परम ज्वालामयी वेदना का, जीभ ने अनुभव किया कि वह संतप्त हुई। जहाँ प्रेम की चर्चा में ही यह स्थिति है वहाँ प्रेम की साधना करना, उसके मार्ग पर चलना कितना कठिन है, केवल कल्पना से ही जाना जा सकता है। इसी से इस प्रेम-साधना का नित्य लक्ष्ण है—विरह।'' इस तरह घनआनंद की विरह-वेदना मौन है, स्वानुभूत है, अकृत्रिम है, और उसमें हृदय-पक्ष की प्रधानता है। घनआनंद के विरह-निरूपण की विशेषताओं को शीर्षकों में विभक्त कर सकते हैं—(1) रूपासक्ति की प्रधानता, (2) हृदय की मौन पुकार की अधिकता, (3) प्रिय-जन्य निष्ठुरता, (4) प्रेमगत विषमता, (5) अंतर्वृत्तियों की बहुलता, (6) उपालम्भ की तीव्रता, (7) अंग-प्रत्यंग की तीव्र आकुलता, (8) प्रकृति-जन्य उद्दीप्तता, (9) संदेश-प्रेषणीयता और (10) सात्विकता एवं आध्यात्मिकता। डॉ.गणपति चंद्र गुप्त ने घनआनंद को सौंदर्य, प्रेम और विरह का उत्कृष्ट कवि माना है। घनआनंद ने सौंदर्य, प्रेम और विरह का चित्रण अत्यंत सूक्ष्म, मार्मिक एवं उत्कृष्ट रूप में किया है। उन्होंने अपनी प्रेयसी के सौंदर्य का अंकन करते समय अपनी परिष्कृत रुचि और सच्ची अनुभूति का परिचय दिया है—

झलकै अति सुंदर आनन गौर छकै दृग राजत काननि छ्वै।
हँसि बोलनि में छवि फूलन की बरषा उर ऊपरि जाति है ह्वै॥
लट लोल कलोल कपोल करे, कलकंठ बनी जल-जावलि द्वै।
अंग-अंग तरंग उठै दुति की, परिहै मनोरूप अबै धर च्वै॥

उपर्युक्त चित्रण कवि की विशुद्ध-दृष्टि का परिणाम है, जिसमें कामुकता का लघुतम अंश भी नहीं है। कवि के लिए किसी अंग-विशेष की पृथुलता या उन्नतता में आकर्षण नहीं है। उसे तो प्रिय के रोम-रोम में सौंदर्य की तरंगें उठती हुई दिखाई दे रही हैं। इस युग के अन्य कवियों—केशव, बिहारी अदि की भाँति इन्होंने नारी

के समस्त नख-शिख को प्रस्तुत नहीं किया बल्कि उसकी चितवन, मुस्कराहट, लज्जा जैसे सूक्ष्म सौंदर्य का चित्रण अनुभूतिपूर्ण शब्दों में किया है।

घनआनंद के प्रेम में विरह की प्रधानता है। दरअसल उनकी कविता विरह-काव्य है। विरही हृदय की विभिन्न दशाओं एवं अनुभूतियों की व्यंजना इन्होंने अत्यंत गंभीर एवं उदात्त रूप में की है। प्रणय-विभोर मन की कोई ऐसी वृत्ति नहीं है जिसका सहज-स्वाभाविक चित्रण घनआनंद के काव्य में अनुपलब्ध हो। प्रिय की स्मृति को आचार्यों ने प्रेम के संचारी के रूप में स्वीकार किया है। घनआनंद ने स्थान-स्थान पर इसका निरूपण अत्यंत आकर्षक रूप में किया है–

वहै मुसक्यानि, वहै मृदु बतरानि वहै,
लडकीली बानि-आनि उर में अरति है।
वहै गति लैन और बजावनि ललित नैन,
यहै हँसि दैत हियरा तै न टरति है।
वहै चतुराई सों चिताई चाहिबे की छवि,
वहै छैलताई न छिनक बिसरित है।
आनंद निधान प्राण प्रीतम सृजान जू की,
सुधि सब भाँतिन सों बेसुधि करति है।

यहाँ प्रिय की सूक्ष्म चेष्टाओं, उसके ललित हावों एवं मधुर व्यवहार की ही स्मृति का निदर्शन हुआ है। जो कवि की प्रणय-भावना के अनुरूप है। कालिदास के 'मेघदूत' का यक्ष यहाँ अपनी प्रिया के विभिन्न अंगों की स्थूलता एवं पृथुलता तथा उसके साथ व्यतीत की हुई संयोगकालीन रात्रियों की स्मृति में ही तल्लीन रहता है, वहाँ घनआनंद में ऐसा कही भी नहीं मिलता। उनकी भावना सर्वत्र कामुकता एवं रसिकता के स्तर से बहुत ऊपर उठी हुई दिखाई पड़ती है।

घनआनंद के यहाँ प्रेम से छूटने का भाव है। उसे पा नहीं सकने की निराशा अत्यंत सघन है। डॉ. सक्सेना ने इसी धरातल पर इनकी प्रेमानुभूति को परखा है। दरअसल घनआनंद निश्छलता को प्रेम का परम मूल्य मानते हैं। घनआनंद हिंदी के सर्वोकृष्ट स्वच्छंद प्रेमी कवि हैं। इनकी कविता प्रेमोद्‌गारों की अक्षय निधि है और हिंदी-काव्य की चिरस्थायी संपत्ति है। इनकी प्रेम-व्यंजना में इतनी आकुलता, इतनी व्यथा एवं इतनी पीड़ा है कि कठोर से कठोर श्रोता एवं पाठक भी द्रवित हो जाते हैं। और उसमें संयोग-सुख की इतनी मादकता एवं उल्लास-भावना भरी हुई है कि सहृदयों को आनंद-विभोर कर देती है। इतना ही नहीं, घनआनंद ने प्रेम का तात्त्विक विवेचन करते हुए उसकी महत्ता का भी प्रतिपादन किया है और प्रेम-मार्ग के कष्टों, बाधाओं, संकटों आदि की ओर भी संकेत किये हैं। इनकी प्रेमानुभूति में आत्मानुभूति का सर्वाधिक योग है। इसी कारण उसमें अधिक नवीनता, आकर्षण एवं आलौकिकता के दर्शन होते हैं। सुविधा की दृष्टि से घनआनंद की प्रेमानुभूति को सात शीर्षकों में विभक्त कर सकते हैं–(1) प्रेम की लौकिक महत्ता, (2) प्रेम-मार्ग की निश्छलता, (3) प्रेम की नैसर्गिकता, (4) प्रेम की कष्ट-सहिष्णुता, (5) सौंदर्य-प्रियता, (6) संभोगशीलता और (7) विरहातुरता।

घनआनंद सच्चे प्रेमी थे। भले ही उनके प्रिय ने उनके साथ विश्वासघात किया,

उन्हें दगा दी और उनका साथ नहीं दिया, किंतु वे एक निश्चल प्रेमी थे और प्रेम के कक्ष में निश्छलता एवं निष्कपटता को ही अत्यधिक महत्त्व देते थे। उनकी सफलता का एकमात्र कारण ही यह है कि वे अपने प्रेम-मार्ग पर दृढ़ता के साथ बढ़ते रहे, उनके हृदय में तनिक भी छल-कपट न था और वे प्रेम-मार्ग में सयानपना पसंद नहीं करते थे। वे तो प्रेम के मार्ग को अत्यंत सीधा मानते थे, जिस पर वे ही चल सकते हैं, जो सच्चे हैं, निश्छल हैं और तनिक भी कपट-व्यवहार नहीं जानते। अपनी इसी निश्छलता की ओर संकेत करते हुए उन्होंने लिखा–

अति सूधो सनेह कौ मारग है जहाँ नेकु सयानप बाँक नहीं।
तहाँ साँचे चलैं तिज अपुनपौ झिझकैं कपटी जे निसाँफ नहीं।।
घनआनंद प्यारे सुजान सुनौ इत एक तें दुसरौ आँक नहीं।
तुम कौन धौं पाटी पढ़े हो लला मन लेहु पै देहु छटाँक नहीं।।

घनआनंद के यहाँ विरह वेदना की गंभीरता को रेखांकित करते हुए डॉ. गणपतिचंद्र गुप्त घनआनंद के प्रेम में ऐसी आत्मीयता देखते हैं जिसकी व्यंजना मार्मिक शब्दों में कवि करता है। विरह-वेदना की गंभीरता का परिचय प्रिय को दिये गए उपालंभों से भी मिलता है। घनआनंद के उपालंभ इस दृष्टि में अत्यंत महत्त्वपूर्ण हैं–

कित कौ ढरिगो वह ढार अहौ जिहि मोह तन आँखिन ढोरत हे।
अरसानि गही उहि बानि कछू सरसानि सो आनि निहोरत हे।।
घन-आनंद प्यारे सुजान सुनो, तब यों सब भाँतिन भोरत हे।
मन-माँहि जौ तारन ही तो कहौ बिसवासी सनेह क्यों जोरत हे।।

यही उपालंभ कहीं-कहीं अत्यंत दैन्यता, विकलता एवं प्रलाप में बदल जाता है जबकि विरही अपनी व्यथा को सह पाने में असमर्थ होकर कहने लगा है–

मीत सुजान अनीति करौ जिन हा हा न हूजियै मोहि अमोही।
दीठी को और कहूँ नहिं ठौर, फिरी दृग रावरे रूप की दोही।।
पहिले घनआनंद सीचि सुजान कही बतियाँ अति प्यारी पगी।
अब लाय वियोग की लाय बलाय बढ़ाय, विसास दगानि दगी।।
अंखियाँ दुखयानि कुबानि परी, न कहूँ लगैं, कौन घरी सु लगी।
मति दौरि थकी, न लहै ठिक ठौर, अमोहि के मोह-मिठास ठगी।।
जी घनआनंद ऐसी रुचि, तौ कहा बस है अहा प्राननि पीरौं।
पाऊँ कहाँ हरि हाय तुम्हें, धरनी में धँसौ कि अकासहि चीरौं।।

मिलन की इस आतुरता का परिचय प्रिय को भेजे गए विभिन्न संदेशों से मिलता है तो उसके प्रेम की सघनता का प्रमाण संदेश लेकर आने वाले के प्रति दिखाई गई विशिष्ट कृतज्ञता, दैन्यता एवं आत्मीयता में ढूँढ़ा जा सकता है–

जहाँ तें पधारे मेरे नैननि ही पाँव धारे,
वारे ये विचारे प्रान पैंड पैंड मनौ।
आतुर न होहु हा! हा! नेकु फैंट छोरि बैठो,
मोंहि वा विसासी को है ब्यौरो बुझिबो घनौ।
हाय! निरदई कों हमारी सुधि कैसे आई,
कौन विधि दीनी पाई दीन जानि कै भलौ।।

घनआनंद ने विरह-वेदना की व्यंजना अत्यंत मर्मस्पर्शी शब्दों में की है। उनकी उक्तियों में प्रणय की सच्ची अनुभूति, भावना की सच्ची प्रेरणा एवं वेदना की सच्ची आकुलता व्यक्त हुई है। इस क्षेत्र में घनआनंद की टक्कर का कोई अन्य कवि दिखाई नहीं पड़ता। विद्यापति में सौंदर्य-लालसा एवं रूप-सौंदर्य की अभिव्यक्ति अत्यंत मनोरम शैली में हुई किंतु उसमें प्रेम की ऐसी गंभीरता कहाँ? सूरदास की गोपियाँ भी विरह-वेदना से कम व्यथित नहीं हैं; किंतु उनके सामूहिक रुदन में एकाकी प्रेम की व्यथा का ऐसा मौन चीत्कार कहाँ? प्रेम दीवानी मीरा अपने साँवलिया के रंग में बेसुध है; अतः उनकी पीड़ा पर अलौकिकता एवं आध्यात्मिकता का ऐसा आवरण पड़ा हुआ है जो उसे अधिक चंचल नहीं होने देता। इनके अतिरिक्त नायिका-भेद की पुस्तकें पढ़कर जैसे-तैसे शृंगार-निरूपण करने वाले अन्य कवियों से तो इनकी तुलना ही क्या। यदि इनकी तुलना किसी से हो सकती है इसी परंपरा के अन्य कवि रसखान और बोधा से हो सकती है। किंतु अनुभूति की गंभीरता, अभिव्यंजना की सशक्तता एवं प्रभाव की तीक्ष्णता की दृष्टि से ये भी घनआनंद से थोड़े पीछे ही रह जाते हैं। भावात्मकता के साथ-साथ शैली की प्रौढ़ता, सशक्तता लाक्षणिकता, व्यंजनात्मकता आदि की दृष्टि से भी घनआनंद की पंक्तियाँ ब्रजभाषा काव्य के प्रौढ़तम रूप का प्रतिनिधित्व करती हैं। इसमें कोई संदेह नहीं है कि मध्यकालीन प्रबंध काव्य में जो स्थान तुलसीदास के 'रामचरितमानस' का है, वही इस काल के मुक्तक काव्य में घनआनंद के कवित्त-सवैयों का है। उनके मुक्तक हिंदी-मुक्तकों के सौंदर्य की चरम सीमा का स्पर्श करते हैं। रीतिकालीन काव्य के इस विशिष्ट कवि के विरह आकुलता इतनी विशद है कि वह पाठक को अपने साथ बहा ले जाती है। इस तथ्य को डॉ. सक्सेना ने विस्तार से परिभाषित किया है कि घनआनंद के प्रेम में विरह का अथाह सागर हिलोरें लेता हुआ दिखाई देता है। देखा जाए तो घनआनंद विरह के ही कवि हैं, क्योंकि उन्होंने प्रेम के मिलन-पक्ष की अपेक्षा विरह एवं वियोग-पक्ष का ही अधिक आतुरता, तत्परता, तल्लीनता एवं तीव्रता के साथ निरूपण किया है। सुजान का यह विरह घनआनंद के लिए वरदान सिद्ध हुआ। घनआनंद ने भी अपनी विरहाकुलता का निरूपण करके सुजान एवं उसके प्रति प्रेम को अमर बना दिया है। घनआनंद की यह विरहाकुलता ही उनके सच्चे प्रेम की कसौटी है, क्योंकि इसी ने घनआनंद के प्रेम को अमरता प्रदान की है। इसी कारण घनआनंद ने चिरंतन विरह-वेदना, अखंड तृषातुरता एवं अक्षय विरहाकुलता का निरूपण किया है–**'रैन दिना घुटियाँ करैं प्रान झरैं अँखियाँ दुखियाँ झरना सी / प्रीतम की सुधि अंतर मैं। कसकै सखि ज्यों पँसरीन पैं गाँसी / चौचँदचार चवाइन के चहुँ और मचैं बिरचैं करि हाँसी / यौं मरियें भरियै कहि क्यों सु परौ जनि कोऊ सनेह की फाँसी॥'** घनआनंद के काव्य की मूल संवेदना ही प्रेम है और उसी से सारा काव्य स्पंदित हो रहा है। उनके इस प्रेम में स्वानुभूति की तीव्रता भरी हुई है और वह उनके व्यक्तित्व के संस्पर्श से और भी अधिक दिव्य एवं अलौकिक बन गई है। घनआनंद के इस प्रेम में नवीनता है, तीव्रता है, सरसता है, मार्मिकता है और सबसे अधिक सहृदय-संवेद्यता है। घनआनंद का यह प्रेम आत्मानुभूति का ज्वलंत प्रतीक है और इसी कारण इसमें नैसर्गिकता

है, उदात्तता है, व्यापकता है, अनन्यता है, दिव्यता है और गहनता है। कवि की अनुभूतियों का भंडार है और इसी कारण इस प्रेम में सर्वाधिक एकनिष्ठता, आत्मसमर्पण, सर्वस्व त्याग एवं शाश्वत मिलन-विरह की स्थिति के दर्शन होते हैं। घनआनंद की प्रेमानुभूति अंतर स्पर्श करने वाली है और इसमें जीवनगत तथ्य एवं भावगत सत्य अंतर्निहित है। यह लौकिक प्रेम ही अलौकिक प्रेम तक भी पहुँच गया है। घनआनंद लौकिक प्रेम के अलौकिक और सच्चे कवि हैं। उनके यहाँ संयोग में भी वियोग भरा हुआ है। घनआनंद का प्रेम स्थूल नहीं, सूक्ष्म है। उसमें अश्लीलता एवं काम-वासना नहीं, दिव्यता एवं पवित्रता है, क्योंकि घनआनंद ने शारीरिक अंगों की अपेक्षा भावना द्वारा प्रिय की निकटता की आकांक्षा प्रकट की है। इसी कारण घनआनंद की प्रेमानुभूति अनिर्वचनीय है। वह प्रेमी की पुकार है और पूरी तरह से अनुभव-गम्य है।

श्रृंगार रस के इस प्रतिनिधि कवि की प्रशंसा आचार्य शुक्ल ने भी की है। घनआनंद वियोग श्रृंगार के प्रधान मुक्तक कवि हैं। प्रेम की पीर लेकर इनकी वाणी का प्रादुर्भाव हुआ। प्रेम मार्ग का ऐसा प्रवीण और धीर पथिक तथा जबाँदानी का ऐसा दावा रखने वाला ब्रजभाषा का दूसरा कवि नहीं हुआ। घनआनंद की भाषा शैली का असर समूची रीतिकालीन कविता पर भी पड़ा। आचार्य शुक्ल ने इस संदर्भ में इन्हें भाषा की व्यंजना बढ़ाने वाला कवि माना है। इसमें भाषा, अलंकार, छंद, काव्य-गुण अर्थात् व्यंजना-शक्ति और प्रयोग कौशलादि आते हैं। ब्रजभाषा का चलतापन और सफाई जो घनआनंद में मिलती है वह अन्यत्र दुर्लभ है। इनकी साहित्यिक ब्रजभाषा में सहज माधुर्य विद्यमान है। नंददास आदि के द्वारा गढ़ी गई ब्रजभाषा उत्तराधिकार में प्राप्त कर इन्होंने उसे और भी अधिक निखारा। आचार्य शुक्ल इनकी भाषा के संबंध में लिखते हैं–''घनआनंद जी उन बिरले कवियों में है जो भाषा की व्यंजना बढ़ाते हैं। अपनी भावनाओं के अनूठे रूप-रंग की व्यंजना के लिए भाषा का ऐसा बेधड़क प्रयोग करने वाला पुराने कवियों में दूसरा नहीं हुआ। भाषा के लक्षण और व्यंजक बल की सीमा कहाँ तक है, इसकी पूरी परख इन्हीं को थी।'' इनमें भाषा की एक अपूर्व लाक्षणिक मूर्तिमत्ता और प्रयोग-वैचित्र्य की छटा है जो कि इनके बाद छायावादी काव्य में देखी जा सकती है। इनका प्रयोग-वैचित्र्य बड़ा ही अनुपम है। उदाहरण के लिए–''आरिसानि गही वह वानि कछु, झूठ की सच्चाई छाक्यो।'' इनकी भाषा में वचनवक्रता, नाद-व्यंजना और अर्थगांभीर्य सब अद्वितीय बन पड़े हैं। सच तो यह है कि साक्षात् प्रेमरस के अवतार घनआनंद ने ब्रजभाषा काव्य में एक नवीन परंपरा स्थापित कर दी। डॉ. रामस्वरूप चतुर्वेदी ने घनआनंद और ठाकुर को भाषा के नया रूप प्रस्तावित करने वाला कवि कहा है। घनआनंद और ठाकुर जैसे स्वच्छंद प्रकृति के कवियों ने रीतिकालीन भाषा के जड़ीभूत होते हुए रूप के प्रति विद्रोह किया, और काव्यभाषा की रचनात्मक ऊर्जा को फिर से उन्मुक्त करने का प्रयत्न किया। पर भाषा की यह मुक्ति व्यक्तिगत कवियों में ही संभव हो पाई, रीतिकालीन काव्यभाषा का सामान्य रूप क्रमशः आधिकाधिक स्थिर होता रहा। ऐसे में सामान्य कवि एक कलाबाज होकर रह जाता है। मध्यम स्थिति की छूट उसके लिए शेष नहीं रहती। घनआनंद रीतिकालीन मनोहरवृत्ति के श्रेष्ठतम अंश का प्रतिनिधित्व यह कह कर

करते हैं–''मोहिं तौ मेरे कबित्त बनावत।'' इस आधार पर घनआनंद को प्राय: स्वच्छंदतावादी कहा जाता है, और किसी सीमा तक वे हैं भी पर यह उक्ति कविता की एकदम आधुनिक व्याख्या के निकट है, जहाँ रचना एक स्वायत्त जैविक प्रक्रिया के रूप में उठ खड़ी होती है। रीति और स्वच्छंदता अपने में ही विरोधी पद हैं, फिर यह दृष्टिकोण तो और आगे जाता है। इस दृष्टि से अपेक्षया स्थिर परिदृश्य पर भी रीतिकाल के अपने वैविध्य हैं। देव, घनआनंद, पद्माकर के कवित्त-सवैये लय और यति के श्रेष्ठतम उदाहरण हैं। संगीत में भाषा का उपयोग और भाषा में संगीत का यह ब्रजभाषा के विकास की श्रेष्ठतम उपलब्धि है।

पानिप अमल की / झलक झलकन लागी /
काई सी गई है / लरिकाई कढ़ि अंग ते।। –मतिराम
मेरे जान पौंनों / सीरी ठौर कौं पकरि कौनौ
घरी एक बैंठि / कहूँ घामै बितवत है।। –सेनापति
पाऊँ कहाँ हरि हाय तुम्हें /
धरनी में धँसौ / कि अकासहिं चीरौं।। –घनआनंद
भरि रही / भनक-भनक / तारताननि को /
तनक-तनक / तामें / झनक चुरीन की।। –देव

इन चरणों की बनावट में आसानी से देखा जा सकता है कि लगाए हुए विभाजक-चिह्न वाक्य-विधान को जहाँ स्पष्ट करते हैं। वहीं छंद की यति के सूचक भी हैं। अंतिम उदाहरण में तो छंद में वर्णित रास की पूरी लय ही जैसे अंत तक मूर्तिमान हो गई है। अनुप्रास और यमक अपने अच्छे रूप में इस लय को समृद्ध करते हैं, अपने घटिया इस्तेमाल में वे भले चमत्कार और कौतुक के उपकारक हों। रीतिकालीन कवित्त-सवैये की बनावट में यह लय शास्त्रीय संगीत के समतुल्य उत्तरोत्तर सघन होती जाती है, और अंतिम पंक्ति में उसकी सहज निष्पत्ति प्रस्तुत होती है। डॉ. चतुर्वेदी के अनुसार सघन अनुभव और लाक्षणिक अभिव्यंजना शैली की दृष्टि से घनआनंद विशिष्ट कवि हैं। अनुभव-सघनता और लाक्षणिक अभिव्यक्ति इन दोनों दृष्टियों से रीतिकालीन कवियों में घनआनंद की विशिष्ट ख्याति रही है। रामचंद्र शुक्ल ने लिखा है, ''इनकी सी विशुद्ध, सरस और शक्तिशालिनी ब्रजभाषा लिखने में और कोई कवि समर्थ नहीं हुआ। घनआनंद की प्रशस्ति में जो प्रसिद्ध सवैया मिलता है, उसमें भी कवि के 'ब्रजभाषा-प्रवीन' होने का विशेष रूप से उल्लेख किया है–'नेही महा ब्रजभाषा-प्रवीण और सुंदरतानि के भेद कौ जोनै।'' सवैये के अंत में घनआनंद के संभाव्य पाठक के लिए जिन दो विशेषणों की चर्चा की गई है वे हैं–'भाषा प्रबीन' और 'सुछंद'। इस प्रकार घनआनंद का काव्य-वैशिष्ट्य उनकी मौलिक स्वच्छंद वृत्ति तथा सर्जनात्मक भाषा-प्रयोग में से विकसित होता है। और ये दोनों गुण परस्पर एक-दूसरे से संबद्ध हैं।

यह सही है कि आधुनिक काल में संचार के साधन अधिक त्वरित और विकसित होने पर कवियों के प्रतीक और अभिप्रायों के रूढ़ होने की संभावना अधिक हुई है। पर उत्तरमध्यकालीन ब्रजभाषा काव्य के विस्तृत रचना-क्षेत्र और लंबे काल में कवियों का प्रस्तुत विधान और शैली भी, कुछ वैसे ही रूढ़ हो चली थी जैसे कि

आज छायावादी काव्य के क्षितिज, परदा, आँसू और नयी कविता के खपरैल, नाली की चर्चा होती है। रीतिकाल में भाषा जड़ीभूत होने का उल्लेख तत्कालीन कवि ठाकुर ने बड़ी खीज और पीड़ा के साथ किया है–**'डेल सो बनाय आय मेलत सभा के बीच / लोगन कबित्त कीबो खेल करि जानौ है।'**

रीतिकालीन कवियों की बँधी-बँधाई लीक पर जोड़ी गई उपमाएँ या प्रशस्तियाँ कालांतर में कैसे अर्थ विरहित होती गई थीं, इसका अच्छा संकेत इस छंद में मिलता है। आधुनिक समीक्षा की शब्दावली में ऐसे जड़ीभूत शब्द-प्रयोगों को 'अपारदर्शी' कहा जाएगा, जिनमें से कुछ देखा या अनुभव नहीं किया जा सकता, जो सिर्फ पत्थर के टुकड़े या ढेले की तरह हैं।

ऐसे रीतिकालीन परिवेश में घनआनंद को स्वच्छंद भाव-भूमि का कवि क्यों कहा जाता है, यह प्रस्तुत संदर्भ में अच्छी तरह समझा जा सकता है। 'मीन मृग खंजन कमल नैन' के युग में घनआनंद ने भाषा की वास्तविक शक्ति को पहचान कर उसे उद्घाटित किया और इस तरह भाषा तथा अनुभव में अधिक से अधिक समरूपता विकसित की। अपने उपनाम (घनआनंद) से लेकर छंद-छंद में फैले बादल और पपीहे के एक बहुप्रचलित अप्रस्तुत विधान को लेकर उन्होंने उसे नए-नए बिंबों में ढाला। कवि का प्रसिद्ध छंद 'कबहूँ वा बिसासी सुजान के आँगन मो अँसुवानिहूँ लै बरसौ' इसका अच्छा प्रमाण है। बादल प्रेमी के आँसुओं को लेकर प्रेमास्पद के आँगन में बरसा दे, यह परिकल्पना 'मेघदूत' के संपूर्ण विधान में भी कुछ जोड़ देती है। और वह स्थिति किसी भी भारतीय कवि के लिए स्पृहणीय हो सकती है। उनके अनुसार 'घनआनंद ने भाषा के संदर्भ में भी स्वच्छंदता का परिचय दिया।'

भाषा की अनंत अर्थ-शक्ति और संभावना को पहचान कर घनआनंद ने व्यंग्य और विनम्रता को मिलाते हुए कहा–'लोग हैं लागि कवित्त बनावत मोहिं तौ मेरे कबित्त बनावत।' भाषा से अनुभव कैसे रचा जाता है और प्रशस्त होता है, इसे कवि ने भली भाँति समझा था और इसीलिए कहा 'मोहिं तौ मेरे कबित्त बनावत'। दूसरी ओर रीतिकालीन अंधानुकरण की प्रवत्ति के प्रति ठाकुर ने बाद में चल कर अपनी जिस वितृष्णा को एक पूरे छंद में व्यक्त किया, प्रेमी कवि घनआनंद उसे दो छोटे शब्दों में कह देते हैं 'लोग' और 'लागि'–'और लोग तो कवित्त बनाने में लगे हैं, मेरा निर्माण मेरे कवित्तों ने किया है'। 'लोग' (तुलनीय पहले उद्धृत छंद में ठाकुर का प्रयोग 'लोगन') और 'लागि' में जो तिरस्कार-भाव व्यंजित होता है, वह जितना हल्का है उतना ही पैना भी। भाषा की इस गहरे स्तर पर पहचान करके कवि ने अनुभव को सूक्ष्मतम रूपों में पकड़ा है। वियोग की चरम मन:स्थिति में प्रेमी का कहना है–'मो गनि बूझि परै तब ही जब होहु घरीक हू आप तें न्यारे'। यहाँ स्वयं अपने से विलग होने की कल्पना जितनी सूक्ष्म है उतनी ही मार्मिक। योग की भाव-भूमि को कवि ने मानो कविता के स्तर पर संभव कर दिया है। भाषा की यह स्वच्छंदता डॉ. चतुर्वेदी के अनुसार कवि के बिंब विधान में भी दिखाई देती है।

घनआनंद की स्वच्छंदता उनके बिंब-विधान, भाषा-प्रयोग और प्रेम की मन:स्थितियों के चित्रण में सर्वत्र दिखती है। आधार-भाषा के स्तर पर घनआनंद की भाषा परंपरागत साहित्यक ब्रजभाषा से अलग कुछ स्वच्छंद रूप लिए हुए है।

ब्रज के एकदम ठेठ प्रयोग उनकी भाषा में अपेक्षया अधिक हैं, उदाहरणार्थ–झराँ (एकदम), बनाय़ (बिलकुल), ओटपाय (उत्पाद)। ऐसे प्रयोग सामान्य पाठक और सुधी व्याख्याकार दोनों के लिए कभी-कभी अर्थ-बोध की समस्या उत्पन्न कर देते हैं। दूसरी ओर कवि के विशिष्ट प्रयोग हैं, जिनसे भाषा में नयी क्षमता विकसित होती है। अनपहचान, अनमोह जैसी नये ढंग की शब्द-रचना घनआनंद में बहुत जगह मिलती है। इस पंक्ति में 'अनमीच' का प्रयोग बड़ा कलात्मक और सार्थक बन पड़ा है–'है घनआनंद सोच महा मरिबो अनमीच बिना जिय जीबौ'। मन की इस 'दुहली' दशा का बारीक विरोधाभास 'अनमीच' के बिना उभर नहीं सकता था।

जैसा पहले संकेत किया गया, बादल और चातक तथा उनके निष्ठुर-कोमल स्नेह-संबंध की प्रक्रिया का बिंब घनआनंद के समूचे कृतित्व में परिव्याप्त है। वियोग में उपलब्ध आनंद का यह रूप, जिसे आधुनिक कवि प्रसाद ने 'आँसू' में विविध मन:स्थितियों के बीच से विकसित किया है, कवि के उपनाम घनआनंद में आकर जैसे केंद्रीभूत और घनीभूत हो गया है। तुलसी ने भक्ति के संदर्भ में, विशेषत: 'दोहावली' में चातक और घन के रूपक को प्रस्तुत किया है। पर उनका प्रयोग काव्यभाषा के धरातल पर उतना नहीं जितना कि व्यावहारिक दृष्टांत के रूप में है। घनआनंद प्रेम और विरह की अनेक स्थितियों में बार-बार नये सिरे से इस बिंब को रचते हैं, इसीलिए पुनरावृत्ति या एकरसता का खतरा नहीं रह जाता। बल्कि मुक्तक रूप में लिखे गए अलग-अलग छंद इस एक बिंब में आकर परस्पर जुड़ जाते हैं, और फलत: इस बिंब में एक विराटता का आयाम विकसित हो जाता है। प्रेमी की कामना कि बादल उसी के आँसू लेकर उसके प्रिय के आँगन में बरसा दें, कवि की इस परिकल्पना का उल्लेख, पहले किया गया है। एक अन्य छंद में तो कवि ने बड़ी कुशलता से सुजान का 'घनआनंद' और अपने को चातक बनाकर प्रेमी युगल की अद्वैतता प्रदर्शित की है–'**चाहै प्रान चातक सुजान घनआनंद की / दैया कहू काहू कौं, परै न काम कूर सौ।**' ऐसी ही स्थिति के लिए रामचंद्र शुक्ल ने कहा है, "जिस प्रकार ज्ञान की चरम सीमा ज्ञाता और ज्ञेय की एकता है उसी प्रकार प्रेम-भाव की चरम सीमा आश्रय और आलंबन की एकता है।" घनआनंद आचार्य शुक्ल के प्रिय कवियों में हैं, इसका कुछ कारण यहाँ समझ में आ जाता है।

'आश्रय और आलंबन की एकता' की भावभूमि पर आकर कवि वाचालता से मौन की ओर उन्मुख हो, यह स्वाभाविक है। घनआनंद ने मौन की महिमा को पहचाना है, और यह जानना रोचक लग सकता है कि जिस तरह उन्होंने मौन के भाव को एक कारुणिक रूप में नहीं, वरन् दार्शनिक निष्पत्ति के रूप में ग्रहण किया है, कुछ उसी प्रकार से आधुनिक कवि अज्ञेय की परवर्ती रचनाओं में मौन को अभिव्यंजना के रूप में ग्रहण किया गया है। उनकी कृति 'आँगन के पार द्वार' की पहली कविता की मुख्य वस्तु यही है, बड़बोलेपन के समक्ष मौन की सार्थकता। और यह वस्तु विकसित होते-होते संकलन की अंतिम लंबी कविता 'असाध्य वीणा' में निष्पन्न होती है। यहाँ मौन एक ओर दार्शनिक अनुभव है, और दूसरी ओर काव्यभाषा की दृष्टि से मितकथन। घनआनंद का महत्त्व बताते हुए डॉ. रामस्वरूप चतुर्वेदी के शब्द उल्लेखनीय हैं। रीतिकालीन काव्य की सामान्य भंगिमा ऊहा और अतिशयोक्ति

की मानी जाती है। उसके बीच घनआनंद का मितकथन जितना प्रीतिकर है उतना ही विस्मयजनक भी। उनके काव्य में 'मौन ही की कथा' और 'मौन में पुकार' गहरे स्तर पर अंतर्व्याप्त है। व्याकरणिक स्तर पर अन-उपसर्ग के नये ढंग के जैसे प्रयोग और सर्जनात्मक स्तर पर मौन का महत्त्व घनआनंद को रीतिकालीन परिवेश से आगे की स्थिति में ले जाते हैं। न उनमें रीतिकाल का 'मीन मृग खंजन कमल नैन' है और न 'जस और प्रताप कौ कहानी' है, और शायद इसीलिए उनका कृतित्व रीतिकाल की श्रेष्ठतम उपलब्धियों में से है।

घनआनंद ने अपने कुछ पदों में सवैया छंद में प्रशस्तिवाचन शैली में सुजान की छवि को कविता का अनुभव बनाया है–**'नेही महा ब्रजभाषा-प्रबीन औ सुंदरतानि के भेद को जान / जोग-बियोग की रीति मैं कोबिद, भावना-भेद-स्वरूप कों ठाने / चाह के रंग मैं भीज्यौ हियो, बिछुरें मिलें प्रीतम सांति न मानै / भाषा-प्रबीन, सुछंद सदा रहै सो घन जी के कबित्त बखानै।'** ब्रजभाषा-प्रवीण, सौंदर्य के मर्मज्ञ, योग-वियोग की रीति में कविश्रेष्ठ घनआनंद प्रेम के रंग में भीग गए हैं। प्रिय से बिछुड़ने के कारण वह अशांत है। भाषा-निपुण घनआनंद के कवित्त सदा सुछंद में व्यक्त होते रहें, यही कामना है।

घनआनंद के लिए प्रेम हमेशा एक उदात्त मानवीय मूल्य है–**'प्रेम सदा अति ऊँचो लहै सु कहै इहि भाँति की बात छकी / सुनि कै सब के मन लालच दौरै, पै बौरै लखैं सब बुद्धि-चकी / जग की कबिताई के धोखें रहैं, ह्याँ प्रबीनन की मति जाति जकी / समझै कबिता घनआनँद की हिय-आँखिन नेह की पीर तकी।'** विषय-दक्ष और शिल्प सजग इस कवि की कविता अन्य कवियों के लिए ईर्ष्या का विषय है। उनकी अल्प-बुद्धि समझ नहीं पाती कि घनआनंद काव्य-रचना में इतना समर्थ कैसे बन सकता है? यह मर्म वही जान सकते हैं जो घनआनंद की हृदय की आँखों में बसी प्रेम की पीड़ा को समझते हैं।

घनआनंद सुजान के अप्रतिम रूप-सौंदर्य का बखान करते हुए कहते हैं कि रूप की खान सुजान को उनकी आँखों ने जरा सा क्या देख लिया-उनकी आँखें प्रेम से तृप्त हो गईं–**'रूपनिधान सुजान सखी जब तें इन नैननि नेकु निहारे / दीठि थकी अनुराग-छकी मति लाज के साज-समाज बिसारे / एक अचंभौ भयौ घनआनंद हैं नित ही पल-पाट उघारे / टारें टरैं नहीं तारे कहूँ सु लगे मनमोहन-मोह के तारे।'** सुजान को फिर देखने की इच्छा से देर तक एकटक रहने के कारण दृष्टि थक गई लेकिन उनकी बुद्धि ने दुनिया की सारी लाज-शर्म बिसरा दी है। समाज की मर्यादा, नियम उनके लिए अर्थहीन हो गए हैं। एक अचंभा यह भी हो गया कि घनआनंद की आँखें एक पल को भी नहीं मुँदीं। उनकी आँखों की पुतलियाँ अधीर हो गई हैं क्योंकि उसमें उनके मन को मोहित करने वाले प्रिय का ताला लग गया है।

जलहीन मीन की तरह प्रिय की अकुलता बढ़ गई है–**'हीन भएँ जल मीन अधीन कहा कछु मो अकुलानि समानै / नीर सनेही कों लाय कलंक निरास ह्वै कायर त्यागत प्रानै / प्रीति की रीतिसु क्यौं समझै जड़, मीत के पानि परे कों प्रमानै / या मन की जु दसा घनआनँद जीव की जीवनि जान ही जानै।'**

यह उसकी जिजीविषा ही है कि वह जीवित है जबकि दूसरा कोई कायर व्यक्ति निराश होकर प्राण त्याग देता। संवेदन शून्य व्यक्ति प्रेम की रीति क्या जाने? घनआनंद कहते हैं वह जड़ व्यक्ति प्रेम के सही अर्थ क्या समझेगा। पानी से अलग होकर मीन जीवनहीन हो गई है। घनआनंद कहते हैं–'मन की दुर्दशा इतनी विकट है कि जीव ही जीव की प्राणों का मूल्य समाज सकता है। तड़प में भी जिंदा रहेगा वही शूरवीर आत्मा है।'

घनआनंद सुजान को संबोधित कर कहते हैं कि प्रेम स्वीकार करने और अपनाने के बाद में रोष में आकर संबंध नहीं तोड़ने चाहिए–'**पहले अपनाय सुजान सनेह सों क्यों फिरि तेह कै तोरियै जू / निरधार अधार दै धार-मँझार दई गहि बाँह न बोरियै जू / घनआनँद आपने चातिक कों गुन-बाँधिलैं मोह न छोरियै जू / रस प्याय कै ज्याय बढ़ाय कै आस बिसास मैं यौं बिष घोरियै जू।**' असहाय को सहारा देकर, उनका हाथ पकड़कर बीच मँझधार में नहीं डुबाना चाहिए। घनआनंद कहते हैं कि जो चातक आसक्ति की डोर से बँधा है, उसके प्रेम को नहीं छोड़ना चाहिए। प्रेम-रस पिलाकर, उसकी आशा, विश्वास में इस तरह निराशा का विष नहीं घोलना चाहिए।

सुजान के अनुपम रूप की प्रशंसा करते हुए घनआनंद कहते हैं कि उसे जितनी बार देखो, वह हर बार नया-नया लगता है–'**रावरे रूप की रीति अनूप नयो-नयो लागत ज्यौं-ज्यौं निहारियै / त्यौं इन आँखिन बानि अनोखी अघानि कहूँ नहिं आन तिहारियै / एक ही जीव हुतौ सु तौ वारथौ सुजान सकोच और सोच सहारियै / रोकी रहै न, दहै घनआनंद बावरी रीझ के हाथनि हारियै।**' इसी तरह उसे देखने वाली यह आँखें भी अनोखी हैं जो उसे देख-देखकर थकती नहीं और कहीं और नहीं देखतीं। एक ही प्राण है जो सुजान पर न्यौछावर कर दिया। घनआनंद रोकने पर नहीं रुकता और इस पागल प्रेम के हाथों हार गया–इस पीड़ा को समझने, महसूस करने की सोच नष्ट हो गई है।

आशा रूपी आकाश के मध्य, विरह वियोग का समय कई गुना बढ़ गया है–'**आसहि अकास-मधि अवधि-गुन बढ़ाय / चोपनि चढ़ाय दीनौ कीनौ खेल सो यहै / निपट कठोर एहा ऐंचत न आप-और / लाड़िले सुजान सों दुहेली दसा को कहैं / अचिरजमई मोहिं भई घनआनंद यौं / हाथ साथ लाग्यौ पै समीप न कहूँ लहै / बिरह-समीर की झकोरनि अधीर, नेह / नीर भीज्यौ जीव तऊगुड़ी लौं उड़यौ रहै।**' प्रेम की ओट में यह कैसा खेल खेल रहे हो? ऐसा करने वाला प्रिय कठोर हो गया है। वह आज अपना नहीं रहा। मुझे न यहाँ का रखा न वहाँ का रखा। मुझे अचरज है कि अपना अंग पास होकर भी दूर हो गया। विरह की हवा का झकोर अधीर होकर प्रिय स्नेह में ऐसे भीग गई जैसे प्राणी पतंग की तरह उड़ रहा है।

मुख्यार्थ यह है कि बहुत दिनों से घनआनंद मरणासन्न अवस्था में हैं, प्राण-अधर में लटके हैं–'**बहुत दिनान के अवधि-आस-पास परे / खरे अरबरनि भरे हैं उठि जान कौ / कहि कहि आवन सँदेसो मनभावन को / गहि गहि राखंति ही दै दै सनमान कौ / झूठी बतियानि की पत्यानि तै उदास ह्वै कै / अब**

न घिरत घनआनंद निदान कौ / अधर लगे हैं आनि करिकै पयान प्रान / चाहत चलन ये सँदेसो लै सुजान कौ।' बहुत दिनों की प्रतीक्षा से उत्पन्न आशा में छटपटाते प्राण हड़बड़ी में निकलने को आतुर हैं। घनआनंद स्वयं को बार-बार सांत्वना दे रहे हैं मनभावन प्रिय का सुखद संदेश आएगा। लेकिन यह झूठ है। यह सोचकर मन उदास हो रहा है कि अब प्रेम के बादल नहीं बरसेंगे। घनआनंद अभी भी सोच रहे हैं कि प्रिय का संदेश आये ताकि प्राण इत्मिनान से निकल जाएँ।

घनआनंद के काव्य में प्रेम और विरह की सहजता और अद्‌भुत भावप्रवणता है। घनआनंद की काव्यानुभूति में शुद्ध एवं सात्विक प्रेम की व्यंजना हुई है, इसमें हृदय की गहराई है, मनोव्यथा की मूक तड़पन है। अंतर्वृत्तियों की मूक पुकार और स्वानुभूत वेदना की अभिव्यक्ति है। यही कारण है कि घनआनंद के काव्य में संप्रेषणीयता है। घनआनंद के काव्य में सम्मोहन, आकर्षण, अभिव्यंजना-कौशल है और चित्त को द्रवित करने की अपूर्व क्षमता है। घनआनंद के इस विरह में कहीं भी बौद्धिकता के दर्शन नहीं होते, कहीं भी क्लिष्ट कल्पना दिखाई नहीं देती और कहीं भी दूरारूढ़ भावना दृष्टिगत नहीं होती। वहाँ हृदय पक्ष की प्रबलता दिखाई देती है। सहज कल्पना दिखाई देती है। स्वाभाविक उत्कंठा दिखाई देती है। प्राकृतिक अभिलाषा दिखाई देती है। नैसर्गिक लालसा दिखाई देती है। अपने यथार्थ वर्णन के कारण ही घनआनंद की काव्यानुभूति सर्वोत्कृष्ट है। अपनी इसी सात्विक विरह-भावना के कारण घनआनंद हिंदी के सर्वोत्कृष्ट रीतिमुक्त श्रृंगारी कवि हैं।

29. ठाकुर
(रीतिमुक्त शृंगारी कवि)

अकुंठ प्रेम का सौंदर्य

रीतिमुक्त या स्वच्छंद काव्यधारा के कवि ठाकुर रीतिकाल के घनआनंद, बोधा, द्विजदेव सरीखे स्वच्छंद कवियों की श्रेणी में आते हैं। ये जैतपुर (बुंदेलखंड) के राजा केसरी सिंह के दरबारी कवि थे। इनका जन्म सन् 1770 के आसपास और देहावसान सन् 1827 के आसपास हुआ था। इनके पिता गुलाबराय ओरछा नरेश के दरबार में एक अधिकारी थे। पद्माकर के आश्रयदाता हिम्मत बहादुर के दरबार में कई बार पद्माकर से इनका वाद-विवाद संवाद चलता था। इस संदर्भ में ठाकुर के जीवनीकार लाला भगवानदीन लिखते हैं कि एक समय हिम्मत बहादुर के दरबार में पद्माकर जी से पूछा कि कहिए कवि जी, लाला ठाकुर दास जी की कविता कैसी होती है। पद्माकर ने कहा, 'गोसाईं जी, लाला साहेब की कविता तो अच्छी होती है परंतु पद कुछ हलके से जँचते हैं। ठाकुर ने तत्काल जवाब दिया कि इसी से तो हमारी कविता उड़ी-उड़ी फिरती है। वाह रे गुरु! वास्तव में ऐसा ही है। भारतवर्ष के इस सिरे से उस सिरे तक, जिस सूबे में जहाँ कहीं हिंदी भाषा रसिक जनों से पूछिए ठाकुर की कविता कुछ न कुछ अवश्य स्मरण होगी। इतना ही नहीं वरन् अन्य ग्रंथकारों ने अपने अपने ग्रंथों में उचित स्थान पर इनकी कविता प्रमाण रूप से लिखी है। पद्माकर की कविता को अभी तक यह सौभाग्य नहीं प्राप्त हुआ। कविता मर्मज्ञ लोग कवि और कविता की परिभाषाओं को लिख गए हैं कि कवि वह है जिसके चित्त पर प्राकृतिक भावों का अर्थात् दुःख-सुखादिक का प्रभाव विशेष रूप से पड़े और जैसा सुख-दुख यह स्वयं अनुभव करे ठीक वैसा ही दूसरों को समझा देने की सामर्थ्य उसकी भाषा में हो। जिसके चित्त पर ऐसा प्रभाव पड़े वह कवि है और जिस कविता में यह सामर्थ्य हो वह कविता है। ऐसा स्वभाव ठाकुर का था और उनकी भाषा में वैसा सामर्थ्य भी है। हम ठाकुर को सच्चा कवि और उनकी कविता को सच्ची कविता कहने में कभी संकोच नहीं कर सकते। ठाकुर ने स्वयं यह बात कही है कि कही हुई बात को शब्दों के हेर-फेर से या पूर्व प्रचलित शब्दावली को फिर से दोहराना कविता नहीं है। हमेशा अनूठी बात कहने का जोखिम उठाना ही अच्छे कवि की पहचान है।

ठाकुर ने लगभग सौ कवित्त-सवैया छंद रचे। सवैया छंद उन्हें अत्यंत प्रिय हैं। 'ठाकुर-ठसक' और 'ठाकुर शतक' शीर्षक संग्रहों में इनके छंद प्रकाशित हैं।

ठाकुर की सवैया शैली, रसखान के सवैयों जैसी सरस और सरल है। इनकी ब्रजभाषा प्रत्यक्ष, सरल, स्वाभाविक और अकृत्रिम है। इनकी बोलचाल की ब्रजभाषा में गति, माधुर्य और प्रसाद जैसी शास्त्रीय विशेषताएँ हैं। युगीन परंपरा के अनुसार ठाकुर ने भी नायक-नायिका के रूप में राधा-कृष्ण और ब्रज-प्रेम का सहज और स्वाभाविक चित्रण किया है-

सुरझी नहिं केतो उपाइ कियौ उरझी हुती घूँघट खोलन पै।
अधरान पै नेक लगी ही हुती अटकी हुती माधुरी बोलन पै।
कवि 'ठाकुर' लोचन नासिका पै मँडराइ रही हुती डोलन पै।
ठहरै नाहिं डीठि फिरै ठठकी इन गोरे कपोलन गोलन पै॥

श्रृंगार का रीतियुक्त नख-शिख-वर्णन, ऋतु-वर्णन, नायिका-भेद स्थूल शारीरिक हाव-भाव, विभाव, अनुभाव, अत्युक्तिपूर्ण संयोग-वियोग, रति-क्रीड़ा आदि का चित्रण ठाकुर ने नहीं किया। लक्षण ग्रंथ रचने से भी ठाकुर बचे रहे। उनकी कविता अनावश्यक अलंकारों के बोध से मुक्त सीधी सहज है। उनके काव्य की मूल संवेदना प्रेम है-

येई हैं वे वृषभानुसता जिनसे मनमोहन मोह करैहैं।
कामिन तो उन सौं नहिं दूसरि, दामिनि की दुति को निदरैहैं।
'ठाकुर' कै हमही यह जानती कै उनहूँ को जनाइ परैहैं।
छोटी नथुनी बड़े मोतियान बड़ी अँखियान बड़ी सुघरैहैं॥

प्रेम ठाकुर के जीवन की दिशा-दशा को निर्धारित करने वाला कारक है। बिजावर क्षेत्र की एक परम सुंदरी सुजान नाम की सुनारिन के सौंदर्य और प्रेम की टीस हमेशा ठाकुर का पीछा करती है। बेशक यह रीतिकालीन सामंतीय कवि का एकांतिक प्रेम है। बावजूद इसके; चाहे बहाने से ही सही, राधा-कृष्ण के उदात्त प्रेम की प्रच्छन्न उपस्थिति की वजह से उसका रंग हमेशा के लिए पाठक के मन में अमिट रहता है। क्योंकि इसमें कवि के नितांत निजी प्रेम का रंग है-

मोतिन कैसी मनोहर माल गुहै, तुम अच्छर, जोरि मिलावै।
प्रेम का पंथ, कथा हरि नाम की, बात अनूठी बनाय सुनावै।
'ठाकुर' सो कवि भावत मोहिं जो राजसभा में बड़प्पन पावै।
पंडित लोक प्रबीनन को, जोइ चित्त हरै सो कवित्त कहावै॥

यहाँ मांसलता, स्थूलता, सूक्ष्मता ढूँढ़ना व्यर्थ है। वह स्वच्छंद, हार्दिक और गहन है। इसलिए निहायत लौकिक धरातल पर गतिशील यह प्रेम जहाँ भक्ति में बदलता है, वहाँ ठाकुर वैयक्तिक निहायत अनुभूति को अतिक्रमित कर मानवीय प्रेम के श्रृंगार को अनिर्वचनीय अनुभव में बदल देते हैं-

काहे अरे मन साहस छाँड़त, काहे उदास ह्वै देह तजैहै।
वे सुख वे दुख आए चले गए, एक सी रीति रही नहिं रैहै॥
ठाकुर काको भरोस करैं हम, या जग जालन भूल न ऐहै।
जानै संयोग में दीन्हों बियोग बियोग में सो का संदेस न दैहै॥

विद्यानिवास मिश्र ठाकुर के इस छंद में सुख-दुःख के परे जाने वाली एक शांत उदासी को देखते हैं, ऐसी ठिठकी उदासी जो यह प्रमाणित करती है कि इस युग के कवि केवल उच्छल युवावस्था के या भोगलिप्सा के कवि नहीं हैं, ये कवि

कायिक या भौतिक सुख-सुविधाएँ खोने और पाने से ऊपर उठकर अनंत संभावनाओं के अन्वेषण के कवि हैं।

ठाकुर-काव्य में शृंगार की अभिव्यक्ति में यह रेखांकित करने लायक तथ्य है कि यहाँ विप्रलंभ का ही स्वर अधिक प्रखर है—

बरुनीन मैं नैन झुकै उझकै मनौ खंजन प्रेम के जाले परे।
दिन औधि के कैसे गनौं सजनी अँगुरीन के पोरन छाले परे
कवि 'ठाकुर' ऐसी कहा कहिये निज प्रीति करे के कसाले परे।
जिन लालन चाह करी इतनी तिन्हैं देखिये के अब लाले परे॥

विरह में भी सतह पर शांत दिखता पर भीतर ही भीतर उफनता सौंदर्य होता है। ठाकुर के यहाँ उसकी अभिव्यक्ति ऐसे संचारी भावों की शृंखला से हुई है कि उससे चित्त की क्षण-क्षण बदलती व्याकुलता के आयाम खुलते हैं।

दरबारी रीतिकालीन कवि ठाकुर अपने समकालीन कवियों की तरह अपने आश्रयदाता सामंतों की अतिशय तारीफ से बचते रहे। रीतिबद्ध साँचे में ढली कविता के प्रखर विरोधी ठाकुर सरीखा कवि बनावटीपन न कविता में बर्दाश्त करता था न जीवन में—

आगी बीच दैके कहूँ दारू गअ्ज दाबे जात,
पानी बीच दैके कहूँ मीन जीजियतु है।
काम बीच दैके कहूँ जोग लीजियतु है।
'ठाकुर' कहत प्यारी तुमही विचारि देखो,
ऐसो रूप पाइ कहूँ मान कीजियतु है।
पीठ दैकै बैठती हो पीठऊ पै बेनी परी,
बेनी बीच दैके कहूँ पीठ दीजियतु है।

भावानुकूल ब्रजभाषा के प्रयोक्ता ठाकुर के यहाँ कथ्यरूप का यही बाँकपन या कहें अलगपन सराहना का कारण बनता है—

का कहिये कहिबे की नहीं मग जोबत जोबत जो गयौ है।
उन तोरत बार न लाई कछू तन तैं वृथा जोवन खो गयौ है।
कहि 'ठाकुर' कूबरी के बस ह्वै रस मैं बिस बावरौ बो गयौ है।
मन मोहन को हिलिबो दिन-चारिक चैत सो हो गयौ है।

अपने समय में प्रचलित उर्दू-फारसी की शब्दावली का प्रयोग करने से ठाकुर कभी नहीं हिचके बल्कि कहना होगा कि उन्होंने काव्य भाषा का वह प्रारूप प्रस्तावित किया जो भाषागत सांप्रदायिकता से मुक्त और अधिक रचनात्मक है। इसीलिए बाद में आने वाले कवियों को ठाकुर की भाषाशैली ने नई राह दिखाई। विजयेंद्र स्नातक ने ठीक पहचाना है कि इनकी कविता में शब्दाडंबर नहीं है। कल्पना की झूठी उड़ान भी नहीं है और भावों का जिस रूप में अनुभव करते थे, उसका उसी शैली में वर्णन किया है। उन्होंने मन के भावों का निर्भीकता से वर्णन किया है। लोकोक्तियाँ तथा सुंदर सूक्तियाँ इनकी कविता में देखने को मिलती हैं। कहावतों का प्रयोग तो वे उसी तरह करते हैं जैसे स्त्रियाँ प्रायः बात-बात में करती रहती हैं—

यह चारहूँ ओर उदौ मुखचंद को चाँदनी चारु निहारि लै री।
बलि जो पै अधीन भयो पिय प्यारी तो एतो बिचार बिचारि लै री।

कवि 'ठाकुर' चूक गयो जो गोपाल तो तैं बिगरी को सम्हारि लै री।
अब रैहै न रैहै यहौ समयौ बहती नदी पाँव पखारि लै री।

ठाकुर सच्चे, उदार, भावुक और हृदय के पारखी कवि थे इसलिए उनके सवैये अत्यंत लोकप्रिय हुए। स्पष्ट काव्य दृष्टि-संपन्न कवि ठाकुर काव्य-सृजन के लिए छंद-शिक्षा नहीं नैसर्गिक प्रतिभा को अनिवार्य मानते थे। रीतिस्वच्छंद कवि ठाकुर की कविता का नाभिकीय केंद्र प्रेम है। राधा-कृष्ण के निमित्त ठाकुर अपनी हृदयस्थ प्रेम की व्यंजना सहजता से करते हैं। ठाकुर का मन लोकपर्व और त्योहारों में खूब रमा है। ऐसे वर्णनों में इस कवि का उल्लास और उत्सवधर्मिता देखते ही बनती है।

प्रेमासक्त हृदय की निश्छल उच्छल तरंगों में सहृदय को भिगोने वाली ठाकुर की कविता प्रेम में चांचल्य और लंपटता की बजाय स्थिरता और निर्वाह की पक्षधर है। प्रांजल ब्रजभाषा में गत्यात्मक दृश्य-विधान के कारण भी ठाकुर की कविता विशिष्ट उदाहरण बनती है–

घर के न बाहर के काहे को करत घेर,
गरजी तमासे हौं बरजी न रैहों मैं।
आज सुभ सावन सलोनो की परब पाय,
अंग-अंग सुभग सिंगार न बनैहों मैं।
'ठाकुर' कहत संग संग ब्रज बालन के,
रंग भरे राछरे उमंगन सों गैहों मैं।
देखि रक्षा-बंधन गोबिंद जू के हाथ साथ,
राधे की कजलिया चिरावन को जैहों मैं।

ठाकुर रीतिकाल के रीतिमुक्त प्रेम के गायक विशिष्ट कवियों में शामिल हैं जिन्होंने प्रेम को जीवन-मूल्य के रूप में प्रतिष्ठित किया है।

रीतिकाल में रीतिबद्ध या रीतिसिद्ध प्रेम और शृंगार चित्रण प्रमुख प्रवृत्ति बन गई थी। प्रेम और शृंगार का स्वतंत्र चित्रण करने वाले स्वच्छंद कवियों में यह प्रवृत्ति अधिक रही। ठाकुर के यहाँ प्रेम और शृंगार व्यक्तित्व के आंतरिक हिस्से हैं–

घरही घर धैरु करैं घरिहाइनै नाँव धरैं सब गाँवरी री।
तब ढोल दै दै बदनाम कियौ, अब कौन की लाज लजाँवरी री।
कवि 'ठाकुर' नैन सो नेन लगै, अब प्रेम सों क्यों न अघाँवरी री।
अब होन दै बिसैरी हँसी, हिरदै बसी मूरति साँवरी री॥

रीति-शृंगारी कवियों का काव्य बाह्य पक्ष-प्रधान है। रीतिमुक्त प्रेमकाव्य भावावेगपूर्ण अधिक है। घनआनंद, आलम, ठाकुर आदि स्वच्छंद प्रेमधारा के कवियों ने मन के भावों को उन्मुक्त रूप से व्यंजित किया है। आंतरिक अनुभूति आत्माभिव्यक्ति के रूप में व्यक्त हुई है। घनआनंद, ठाकुर जैसे प्रेमव्याकुल कवियों का सच्चा प्रेम उन्मुक्त रूप से व्यक्त हुआ है। इसी से यह काव्य व्यक्ति-प्रधान है। ठाकुर आदि कुछ स्वच्छंद कवियों ने परंपरागत रूप से राधा-कृष्ण या गोपी-कृष्ण के प्रेम का चित्रण भी किया परंतु उसमें प्रेम के बाह्य वस्तुपरक दृष्टिकोण की अपेक्षा आंतरिक प्रेम का चित्रण अधिक है। उन्होंने अपने ही प्रेम की तड़प को सार्वजनिक किया है। उनके यहाँ प्रेम के सच्चे प्रत्यक्ष लौकिक प्रेमोद्‌गार हैं।

स्वच्छंद मुक्तक काव्य परंपरा में घनआनंद, ठाकुर बोध, आलम जैसे कवियों की विशेषताओं को रेखांकित करते हुए डॉ. गणपति चंद्र गुप्त कहते हैं कि इन्होंने आत्मानुभूति की प्रेरणा से स्वच्छंद प्रेम का चित्रण मुक्तक शैली में किया है। इन कवियों में से अनेक–आलम, घनआनंद, बोधा आदि ऐसे भी थे, जिनका न केवल काव्य अपितु जीवन भी स्वच्छंद प्रेम की अनुभूतियों से ओत-प्रोत था। इन कवियों ने हिंदू होते हुए भी मुस्लिम युवतियों से प्रणय-संबंध स्थापित करके स्वच्छंदवादिता का परिचय दिया था। स्वच्छंद प्रेम की अन्य प्रवृत्तियाँ, जैसे–सौंदर्यानुभूति, साहसिकता, विरह-वेदना आदि की प्रधानता भी इनके व्यक्तिगत जीवन में दृष्टिगोचर होती है। यद्यपि इन कवियों का प्रारंभ में राज-दरबारों में संबंध था, किंतु प्रेम की प्रेरणा से इन्होंने अपने राज्याश्रय, समाज एवं धर्म तक को ठुकरा दिया, अतः इनका प्रेम कोरी रसिकता नहीं है अपितु वह साहस, संघर्ष एवं त्याग की भावनाओं से अनुप्राणित है। दूसरे, इन्होंने प्रायः अपनी प्रेयसियों को अपने जीवन एवं काव्य में वही स्थान दिया है जो रोमांसिक कथा-काव्य में उनकी नायिकाओं को प्राप्त है। इनमें नारी का व्यक्तित्व एवं सौंदर्य केवल विलासिता का साधन मात्र नहीं है अपितु आराधना एवं साधना की ऐसी वस्तु है जिस पर वे अपना सर्वस्व न्योछावर कर देते हैं। इसीलिए इनके प्रेम में भी एकोन्मुखता एवं भावना की गंभीरता परिलक्षित होती है। तीसरे, इनके जीवन में विरह-वेदना की अधिकता होने के कारण उसमें प्रणय का अत्यंत स्वच्छ, परिष्कृत एवं उदात्त रूप दृष्टिगोचर होता है, जिसका मध्यकालीन काव्य में प्रायः अभाव है। वस्तुतः रोमांसिक प्रेम के जिस आदर्श रूप की प्रतिष्ठा इनमें पूर्व कथा-काव्य रचयिताओं ने काल्पनिक आख्यानों के माध्यम से की थी, उसे इन्होंने अपने जीवन की वास्तविकता में परिणत कर दिया। सामाजिक दृष्टि से ऐसा किया जाना कहाँ तक उचित है, इसका यहाँ स्वीकारात्मक उत्तर नहीं दिया जा सकता। किंतु जहाँ तक काव्यत्व का संबंध है, अवश्य ही इसका काव्य वैयक्तिक अनुभूतियों पर आधारित होने के कारण पर्याप्त शक्तिशाली एवं प्रभावोत्पादक सिद्ध होता है।

रीतिमुक्त प्रेम-शृंगार अभिव्यक्ति की दृष्टि से भी अलंकृति और चमत्कार से मुक्त रहा। इन कवियों ने अपनी भाषा को स्वाभाविक अलंकरण और मुहावरों के लाक्षणिक प्रयोगों से प्रभावी बनाकर अपनी सहानुभूति की अभिव्यक्ति में सफलता प्राप्त की–

अपने अपने निज गेहन में, चढ़े दोऊ सनेह की नाव पै री।
अंगनान में भीजत प्रेम भरे, समयो लखि मैं बलि जावँ पै री।
कह 'ठाकुर' दोउर की रुचि सों रंग द्वै उमड़े दोउ ठाँय पै री।
सखी कारी घटा बरसै बरसाने पै गौरी घटा नंदगाँव पै री॥

ठाकुर की भाषा सरल और स्वाभाविक है। लोकोक्तियों और मुहावरों का ठाकुर ने बहुत सुंदर प्रयोग किया है। ठाकुर ने सहज़ भाषा में ही अत्यंत मार्मिक व्यंजनापूर्ण अभिव्यक्ति की है।

कवि ठाकुर की कविता में भाषा की सहज, सरलता, प्रवाह, सादगी, संगीतात्मकता अनालंकरण-चमत्कार-प्रदर्शन नहीं बल्कि प्रेम की मार्मिक व्यंजना है। ठाकुर जानते

थे कि प्रेम और कविता दोनों दुष्कर कार्य हैं जबकि डॉ. बच्चन सिंह के अनुसार उनके समय में ऐसे बहुत-से कवि उत्पन्न हो गए थे जो काव्यशास्त्र में गिनाये गए अप्रस्तुतों और प्रसिद्धियों के आधार पर कविता लिख रहे थे। वे बद्धरीति-कवि रहे होंगे। उनके प्रति अपना असंतोष व्यक्त करते हुए उन्होंने लिखा है–

सीख लीन्हों मृग मीन खंजन कमल नैन,
सीख लीनो जस औ प्रताप को कहानो है।
सीख लीन्हों कल्पवृक्ष कामधेनु चिंतामनि,
सीख लीन्हों मेर और कुबेर गिरि आनो है।
ठाकुर कहत याकी बड़ी है कठिन बात,
वाको नहीं भूलि कहूँ बांधियत बानो है।
डेल सो बनाय मेलत सभा के बीच
लोगन कबित्त कीबो खेल कर जानो है।

ठाकुर में घनआनंद जैसी प्रेम की पीड़ा और घनीभूतता का अभाव है क्योंकि उन्होंने वह यातना भी नहीं भोगी थी। पर घनआनंद ने जिन मानवीय मूल्यों की सृष्टि की थी वे ठाकुर की प्रकृति के अनुरूप थी। उन्होंने सहज भाव से, अपनी मस्ती में, उसे स्वीकार कर लिया था। सामंती जकड़न की टूटन में तेजी आ गई थी। उनकी मस्ती और स्वच्छंद मूल्यवत्ता का प्रमाण है उनका यह छंद–

दस बार, बीस बार, बरजि दई है याहि
एते पे न मानै जौ तौ जरन बरन देव।
कैसो कहा कीजै कछू आपनो करो न होय
जाके जैसे दिन ताहि तैसेई भरन देव॥
ठाकुर कहत मन आपनो मगन राखो
प्रेम निहसंक रस रंग बिहरन देव।
बिधि के बनाए जीव जेते जहाँ के तहाँ
खेलत फिरत तिन्हैं खेलन फिरन देव॥

स्वच्छंद विचारधारा या व्यक्ति-स्वातंत्र्य की दृष्टि से यह अत्यंत महत्त्वपूर्ण छंद है। पहली चार पंक्तियों में बँधे हुए मूल्यों की वर्जनाएँ हैं तो शेष चार पंक्तियों में व्यक्ति-स्वातंत्र्य की स्वीकृतियाँ। प्रसंग प्रेम के रस-रंग का ही है। आपने तो दस बार-बीस बार मना करके देख लिया। यदि वह नहीं मानता तो उसे स्वयं जलने-भुनने दो। आप मस्त रहिए और उसे निःशक भावेन प्रेम-रस में विहार करने दीजिए। विधाता द्वारा बनाये हुए प्राणियों की क्रीड़ा में आप क्यों हस्तक्षेप करते हैं? उन्हें अपने मन से खेलने-फिरने दो। प्राणियों की क्रीड़ा में आप क्यों हस्तक्षेप करते हैं? उन्हें अपने मन से खेलने-फिरने दो।

वर्जनाओं को तोड़ती हुई एक परकीया नायिका कहती है–

हम तौ परनारि भईं सो भईं तुम तो सुधरौ सखियाँ सिगरीं।
यहि रीत चले जग नाम धरै तिहि तैं न कढ़ो मग मो ढिगरी॥
कबि ठाकुर फाटी उलंक की चादर देऊँ कहाँ कहँ लौं थिगरी।
तुम अपनी ओर बचाव करौ हम तौ बनिकै बिगरीं बिगरीं।

मैं तो परनारि हो गई। लेकिन तुम सारी सखियाँ तो अपने में सुधार कर लो। मेरी रीति पर चलने से जगहँसाई होगी, मेरे पास मत आओ। मैं तो बिगड़ चुकी हूँ, तुम लोग अपना बचाव करो। डॉ. बच्चन सिंह के अनुसार यहाँ कवि परकीयापन का समर्थन नहीं कर रहा है। किंतु उस व्यक्ति-स्वातंत्र्य की वकालत कर रहा है, जिसमें व्यक्ति अपने निर्णय में स्वतंत्र होता है।

प्रेम की घनीभूत मानसिक स्थिति का एक वर्णन देखिए-

अपने अपने निज गेहन मैं चढ़े दोऊ सनेह की नाँव पै री।
अँगनान मैं भीजत प्रेम भरे समयो लखि मैं बलि जाँव पै री॥
कह ठाकुर दोउन की रुचि सों रंग द्वै उमड़े दोउ ठाँव पै री।
सखि कारी घटा बरसै बरसाने पै गोरी घटा नंदगाँव पै री॥

बरसाना और नंदगाँव के बीच एक निश्चित भौतिक दूरी है। वह प्रेम भी क्या जो भौतिक दूरियों को मिटा तन दे! राधा और कृष्ण अपने-अपने घरों में स्नेह से भीग रहे हैं। अपनी-अपनी रुचि के अनुरूप दोनों गाँवों पर दो रंग की घटाएँ उमड़ पड़ीं-'काली घटा बरसाने पर और गोरी घटा नंदगाँव पर। 'ओछे उरोजनि पै अनुराग के अंकुर से उग आए'-से इसमें गुणात्मक अंतर है।

प्रिय को न देख पाने की मन:स्थिति को ठाकुर जैसे सुकवि ने कितने सहज ढंग से अभिव्यक्त किया है-

बरुनीन में नैन झुकैं उझकैं मनौ खंजन प्रेम के जाले परे।
दिन औधि के कैसे गनौं सजनी अंगुरीन के पोरन छाले परे॥
कबि ठाकुर ऐसी कहा कहिये निज प्रीत करे के कसाले परे।
जिन लालन चाह करी इतनी तिन्हैं देखिबे के अब लाले परे॥

भारतेंदु हरिश्चंद्र के 'पगनि में छाले पर, नाघिबे को नाले परे, तऊ लाल लाले' पर बहादुर ने जैतपुर नरेश को कपटाचरण के लिए बाँदे बुलाया। पर ठाकुर ने एक कवित्त पढ़ा, साथ में तलवार भी खिंची हुई थी-

सेवक सिपाही हम उन रजपूतन के
दान जुद्ध जुरिबे मैं नेकु जे न मुरके।
नीति देनवारे हैं मही के महीपालन कौं
हियें के बिसुद्ध हैं सनेही साँचे उर के।
ठाकुर कहत हम बैरी बेवकूफन के
जालिम दमाद हैं अदानिया ससुर के।
चोजन के चोर रसमौजन के पातसाहि।
ठाकुर कहावत पै चाकर चतुर के।

ठाकुर की कविता के दो तेवर हैं। एक उनका क्षुद्रताओं और अमानवीयता से टकराने वाला रूप है, जहाँ वे आक्रामक होते हैं। उनकी कविता से यह प्रकट होता है कि वे भाव-बोध का चालूपना नहीं सह पाते थे। वे कविता को हृदय की सच्ची उमंग की अनुभूति मानते थे। डॉ. विश्वनाथ त्रिपाठी के अनुसार ठाकुर का दूसरा तेवर अत्यंत मानवीय, करुण, कोमल एवं सूक्ष्म संवेदनशील है। कहने की आवश्यकता नहीं कि व्यक्ति के ये दोनों परस्पर विरोधी तेवर वस्तुत: एक-दूसरे के पूरक हैं।

ठाकुर मध्यकाल के उन दुर्लभ कवियों में से हैं जिनकी प्रेम की अनुभूति आधुनिक है। प्रेमी प्रिय का तन भी चाहता हो लेकिन तन से ज्यादा उसका मन चाहता है। प्रिय का मन प्रेमी का मुख्य प्राप्य है, मन स्थूल नहीं है अत: वह दूर रहते भी प्राप्त हो जाता है। वह पूरी तरह न भी मिले उसमें क्षोभ या हलचल भी पैदा हो जाए तो सच्चे प्रेमी को काफी राहत मिल जाती है। इसी मन:स्थिति को चित्रित करने वाला यह सवैया रीतिकाल की अन्य प्रेम कविताओं से कितनी अलग है। शुक्ल जी ने 'लोभ और प्रीति' नामक निबंध में इसकी व्याख्या की है–

वा निरमोहिनी रूप की रासि जऊ उर हेतु न ठानति ह्वैहै।
बारहिं बार बिलोकि घरी घरी सूरति तौ पहिचानति ह्वैहै।
ठाकुर या मन की परतीति है जो पै सनेह न मानति ह्वैहै।
आवत है नित मेरे लिए इतनो तो विसेष कै जानति ह्वैहै।

प्रकृति के प्रेम के रंग में डूबकर स्वयं राधा-कृष्ण के प्रेम का प्रतीक बन जाने का यह चित्रण कलाकारी नहीं, चराचर में व्याप्त प्रेम की सत्ता की भावना से संभव हुआ है।

ठाकुर बहुत ही सच्ची उमंग के कवि थे। इनमें कृत्रिमता का लेश नहीं। न तो कहीं व्यर्थ का शब्दाडंबर है, न कल्पना की झूठी उड़ान और न अनुभूति के विरुद्ध भावों का उत्कर्ष। जैसे भावों का जिस ढंग से मनुष्यमात्र अनुभव करते हैं वैसे भावों को उसी ढंग से यह कवि अपनी स्वाभाविक भाषा में उतार देता है–

अब का समुझावती को समुझै बदनामी के वीजन ब्वै चुकी री।
इतनो हूँ बिचार करौ तो सखी यह लाज की साज तो ध्वै चुकी री।
कवि 'ठाकुर' काम न या सबकौ करि प्रीति पतिब्रत ख्वै चुकी री।
नेकी बेदी जो लिखी हुती भाल में होनी हुती सू तो ह्वै चुकी री॥

बोलचाल की चलती भाषा में भाव को ज्यों का त्यों सामने रख देना इस कवि का लक्ष्य रहा है। ब्रजभाषा की शृंगारी कविताएँ प्राय: स्त्री-पात्रों के ही मुख की वाणी होती है अत: स्थान-स्थान पर लोकोक्तियों का जो मनोहर विधान इस कवि ने किया उनसे उक्तियों में और भी स्वाभाविकता आ गई है। यह एक अनुभूत बात है कि स्त्रियाँ बात-बात में कहावत कहा करती हैं। उनके हृदय के भावों की भरपूर व्यंजना के लिए ये कहावतें मानो एक संचित वाङ्मय हैं। लोकोक्तियों का जैसा मधुर उपयोग ठाकुर ने किया है वैसा और किसी कवि ने नहीं। इन कहावतों में से कुछ तो सर्वत्र प्रचलित हैं और कुछ खास बुंदेलखंड की हैं। ठाकुर सच्चे उदार, भावुक और हृदय के पारखी कवि थे इसी से इनकी कविताएँ विशेषत: सवैये इतने लोकप्रिय हुए। ऐसा स्वच्छंद कवि किसी क्रम से बद्ध होकर कविता भला करना कहाँ पसंद करता? जब जिस विषय पर जी में आया कुछ कहा।

ठाकुर प्रधानत: प्रेमनिरूपक होने पर भी लौक व्यवहार के अनेकांगदर्शी कवि थे। इसी से प्रेम भाव की अपनी तन्मयता के अतिरिक्त कभी तो ये अखती, फाग, वसंत, होली, हिंडोरा आदि उत्सवों में मग्न दिखाई पड़ते हैं, कभी लोगों की क्षुद्रता, कुटिलता आदि पर क्षोभ प्रकट करते पाए जाते हैं और कभी काल की गति पर खिन्न और उदास देखे जाते हैं। स्वायत्त और स्वच्छंद रहने की कीमत इस धारा

के कवियों को खूब चुकानी पड़ी। घनआनंद, ठाकुर सरीखे कवि न दरबारी सम्मोहन में बँधे न अपनी कविता को लक्षण उदाहरण की जकड़बंदी में उन्होंने बाँधा। गणपति चंद्र गुप्त के अनुसार, उनमें से कुछ ने तो अपने स्वच्छंद प्रेम की प्रेरणा से राज्याश्रय का परित्याग कर दिया था तो कुछ राज्याश्रय के रहते हुए भी उसकी ओर से निश्चिन्त रहे हैं। उन्होंने अपने आश्रयदाताओं की रुचि एवं तुष्टि की अपेक्षा स्वानुभूतियों की अभिव्यक्ति को अधिक महत्त्व दिया है। इस दृष्टि से उनका काव्य राज्याश्रित कवि की मनोवृत्तियों की अपेक्षा लोकाश्रित या आत्माश्रित स्वच्छंद कवि की मनोवृत्तियों से अधिक ग्रस्त हैं, इसीलिए हमने इनके काव्य को लोकाश्रित वर्ग में रखना अधिक उचित समझा है। जाहिर है कि भावभूमि के धरातल पर ठाकुर लोक से तत्त्व ग्रहण करते हैं।

बद्धरीति कवियों का प्रेम सामान्यत: क्रीड़ापरक था तो स्वच्छंद कवियों का प्रेम पीड़ापरक। प्रेम को इन्होंने अपने जीवन में जिया था। इसी को आज की शब्दावली में भोगा हुआ यथार्थ कहा जाता है–

शामिल में पीर में शरीर में न भेद राखैं,
हिम्मति् कपाट को उघारे तो उघरि जाय।
ऐसो ठान ठाने तो विनाहू यंत्र मंत्र किये,
सांप के जहर को उतारे तो उतरि जाय
'ठाकुर' कहत कछु कठिन ना जानी अब,
हिम्मत किये ते कहौ कहा ना सुधरि जाय।
चारि जने चारिहू दिशाने चारौ कोन गहि,
मेरु को हलाय के उखारैं तो उखरि जाय॥

ठाकुर नेह की पीर के कवि हैं। इनके प्रेम में कपट और चतुराई के लिए कोई स्थान नहीं है। ठाकुर के लिए प्रेम करने का तात्पर्य है–उद्दाम प्रेम में समाज की तथाकथित नैतिक मर्यादाएँ छिन्न-भिन्न हो जाती हैं और वे प्रेम-संबंधी नये ताजा मूल्यों की सृष्टि करते हैं। कृष्णकाव्य में भी नैतिक मर्यादाओं को तोड़ा गया है। किंतु उनका संदर्भ ईश्वरीय है। स्वच्छंद कवियों की नैतिकताएँ सीधे मानवी समाज में टूटती हैं। स्पष्ट है कि ठाकुर सरीखे कवि सांसारिक नियम-कानूनों के तमाम संजालों से मुक्त अपनी नई दुनिया रच रहे थे। इसकी रूपरेखा उनकी पंक्तियों में आज भी एक सपने की तरह झिलमिला रही है।

रीतिकालीन कवि ठाकुर की 'ठाकुर ठसक' प्रमुख रचना है। सजग कवि होने के नाते ठाकुर बखूबी जानते थे कि कविता की भाषा जितनी सहज, सरल होती है, अभिव्यक्ति उतनी ही सशक्त और बोधगम्य होती है। ठाकुर ने जिस ब्रजभाषा को चुना वह उस समय अत्यंत व्यापक क्षेत्र में फैली हुई थी और भावों की सरलता, सुकुमारता और लालित्य के लिए उस का प्रयोग राजस्थान, बुंदेलखंड, अवध, महाराष्ट्र और गुजरात तक के कवि कर रहे थे। इसलिए प्रांतीय शब्दों की घुसपैठ उसमें स्वाभाविक तरीके से हुई। ठाकुर की भाषा में भी देशज शब्दावली के अलावा अरबी, फारसी आदि के शब्दों की मौजूदगी भी दिखाई देती है। फिर भी भक्तियुगीन कवियों से भी अधिक परिमार्जित और साहित्यिक रूप में ब्रजभाषा उनके यहाँ मिलती है

क्योंकि ठाकुर तक आते-आते काव्य-भाषा, ब्रजभाषा इतनी सरस हो गई थी कि माधुर्य और शृंगार-वर्णन मात्र के लिए तो उसे ही उपयुक्त समझा जाता था। ठाकुर की भाषा में रमणीयता और कोमलकांत पदावली दोनों ही बातें हैं। इस भाषा की खूबी यह है कि इसमें कवि के भाव प्रकट करने की पूर्ण क्षमता है। भाषा का संगठन ऐसा है कि कवि के अभिप्राय तक पहुँचने में मानसिक कवायद नहीं करनी पड़ती और मतलब की बात बहुत थोड़े शब्दों में प्रकट हो जाती है। इस भाषा का प्रवाह नितांत स्वाभाविक है। उसके प्रत्येक पद में सरलता है। कृत्रिमता की परछाईं भी उसके निकट नहीं फटकती। परिस्थिति के अनुकूल उसमें कहीं मृदुता और लोच है। और कहीं-कहीं वह स्थिर और गंभीर रूप में अर्थ-व्यंजित करती है। रीतिकाल के कवियों की कल्पना की क्लिष्टता ठाकुर के काव्य में नहीं हैं। उसमें ऐसी स्वाभाविकता है जो अन्यत्र दुर्लभता से मिलती है। बोलचाल की भाषा में भावों को सामने रख देना इस कवि का लक्ष्य रहा है। ठाकुर की कविता में बनावटीपन बिल्कुल नहीं है। यदि ऐसा होता तो भाषा का प्रवाह अवरुद्ध हो जाता। स्वच्छंद प्रवृत्ति बंधन मानने को विवश हो जाती। उन्होंने शृंगार का भी खूब जमकर वर्णन किया है, नीति-भक्ति का भी सफल चित्रण किया है किंतु न तो वह रीति-बद्ध ग्रंथ लिखने बैठे और न ही नायिका या अलंकारों का वर्ग-विभाजन किया। भावों की प्रवाहात्मकता उनकी भाषा की निजी विशेषता है। उनके यहाँ बसंत का पिघलता सौंदर्य प्रवाहित होता दिखाई देता है। कर्णकटु ध्वनियाँ वहाँ बिलकुल भी नहीं तथा सहज स्वाभाविकता वहाँ काव्यार्थ के मर्म को गहरा देते हैं–

पत्र बन बेलिन के किसलै कुसुम देखु,
बन बन बाग ये छबीले छबि छावने,
कोकिला की कूक सुनि हूक होत कैसी देखु,
ऐसे निसि बासर सु कैसो के गाँवावने।
ठाकुर कहत हिये बिसद बिचारु देखु,
ऐसे समै स्याम हू कौं नाहिं तरसावने।
आम पर मौर देखु मौर पर झौर देखु
झौरन पै भौंर देखु गुंजत सुहावने॥

एक मार्मिक काव्य-प्रसंग देखिए–ब्रज में चर्चा है कि श्याम सौंदर्य के सागर हैं। ब्रज-बालाएँ उन्हें देखने के लिए छटपटा रही हैं। देखने लायक चीज भी अनदेखी की जा सकती है? ठाकुर निश्छल भाव से कह बैठे–

देखत ही चित लेइ चुराइ सु या ब्रिज माँझ सुनी चरचा इक।
तातैं गईं चलि नंद के मंदिर देखन नैनन की सुखदायक॥
ठाकुर को सुखमा बरनैं अरे काम लगै जिनको छबि-पाइक।
काहे न जाइ सबै ब्रज देखन साँचहु साँबरो देखबे लाइक॥

यहाँ पुरुष सौंदर्य पौरुषता छोड़े बिना, मनुष्य-सौंदर्य का सार्वकालिक उदाहरण बन जाता है। भाषा का अद्भुत लचीलापन कविता को चित्रकला में संक्रमित कर देता है। हृदय का माधुर्य भाषा के अर्थ का पारदर्शी आईना बन जाता है। गूढ़ भाव सीधे-सादे शब्दों में अभिव्यक्त हो जाता है। अर्थ की ग्राह्यता बाधित नहीं होती।

एकांत मिलन की साधना की संभावित सफलता महसूस कर नायिका संकोच का आवरण हटाकर रूप-सौंदर्य का पालन करती हुई यह उलाहना दे बैठी है–

ऐसे कबौं कहा कारज होत हैं जो मग माँझ कबौं दरसाने।
ये दिन ऐसे ही बीतत हैं हमहूँ तरसी तुमहूँ तरसाने॥
ठाकुर और विचार कछू नहिं ये अभिलाख हिये सरसाने।
कै हमहीं बसियें नंदगाँव कैं आपही आय बसौ बरसाने॥

शृंगार रस के चित्रण में प्रेम के चतुर चितेरे घनआनंद, पद्माकर और ठाकुर की श्रेष्ठता छिपी नहीं है। पद्माकर फिर भी रीतिबद्ध कवि थे। उनके काव्य में कई प्रकार की नायिकाओं के उदाहरण मिल जाते हैं किंतु जितनी सहज, सरस और माधुर्य की भाषा में पद्माकर ने बात कहनी चाही है, उससे अधिक आकर्षक अभिव्यक्ति ठाकुर ने भी की है–

दिवरानी जिठानी सबै जगतीं खड़कौ सुनिहैं न गहौ बहियाँ।
हमें सेवन देउ उलाइत का हरि धीर धरौ हिरदै महियाँ॥
कह ठाकुर क्यौं उकताव लला इतनी सुनि राखिय मो पहियाँ।
सब रैन परी न खिझाऔ हमें अब सेर में पौनी कती नहियाँ॥

ठाकुर की काव्यकला की करामात देखिए, उन्होंने आखिर में लोकोक्ति के बहाने सौंदर्य को दुगुना कर दिया है।

समृद्ध शब्द-भंडार ही किसी कवि की समर्थ भाषा का परिचायक होता है। ठाकुर की भाषा अत्यंत समृद्ध थी। शब्दों के वे धनी थे। कवि-कर्म की कठिनता इनसे अज्ञात रही हो ऐसी बात नहीं थी किंतु फिर भी रूढ़ि पर चलने वाले और शब्दों की लड़ी जोड़ने वालों में से वह नहीं थे। उनके पास ब्रजभाषा और बुंदेलखंडी की शब्दावली का भंडार तो है वही किंतु साथ-साथ संस्कृत, तत्सम्, तद्भव, देशज, प्रादेशिक, ग्रामीण-विदेशी तथा स्वनिर्मित शब्दावली का भी उतनी ही सरलता से प्रयोग दिखाई देता है।

इनके काव्य में अत्यंत कर्ण-कटु शब्द भी माधुर्य-आधिक्य के कारण कर्कश प्रभाव नहीं छोड़ते। ट, ठ, ड, ढ, ण कर्ण-कटु अक्षर हैं किंतु उनमें कवि कितनी सुकुमारता उत्पन्न कर दी है, उसे यहाँ देखा जा सकता है–

देन न पीठ बसीठ बसीठिन चाहत देन सुदीठि करे री।
ठाकुर को घटि को बढ़ है निरधार करैं अनुरागन बाढ़े॥
कवि ठाकुर लोचन नासिक पै मड़राइ रही हुती डोलन पै।
ठहरै नहिं डीठि फिरै ठठकी इन गोरे कपोलन गोलन पै॥
चलु दूर भटू हौं बृथा भटकी लगैं दूर के ढोल सुहावने री।

एक ही पद में विभिन्न प्रकार के शब्द देखने को मिलते हैं। गणेश-वंदना के पद में प्रारंभ में ही संस्कृतनिष्ठ तत्सम भाषा के दर्शन होते हैं। शेष पद तद्भव ब्रजभाषा में है–

प्रणव प्रसिद्ध आदि मंगल महोदधि सो,
जोई उर ध्यावै तासु बेस रखवारी है।
बुद्धि कौ भंडार अवतार करतार हू कौ,
विद्या कौ सिंगार सदा सुख देनवारौ है॥

ठाकुर कहत महा छलियान छलिबे को,
दुख दल दलिबे को दिग्गज दँतारौ है।
शंभु को दुलारौ गिरिजा को प्राण-प्यारौ सदा,
टेढ़ी सूंठवारौ सोई साहेब हमारौ है।।

इसके अतिरिक्त निम्न उदाहरणों में देशज शब्दों का सौंदर्य है–

(क) हाल चबाइन कौ दहुचाल सुलाल तुम्हें या दिखात कि नाहीं।

(ख) नित धींचथै मीच न नीचहिं सूझत,
मोह के कीच के बीच फँस्यौ है।

(ग) भकुआ भरंगी अरु हिरसी हरामजादे,
लाबर दगैल स्यार आँखिन दिखाये हैं।

(घ) ठाकुर कहत याकी बड़ी हैं कठिन बात,
याको नहीं भूलि कहूँ बाधियात बानो है।
डेल सो बनाय आय मेलत सभा के बीच,
लोगन कबित्त कीबौ खेल करि जानौ है।।

ठाकुर के काव्य में बुंदेलखंडी शब्दों का प्राचुर्य है। इसका कारण यह है कि ठाकुर बंदेलखंड के निवासी थे। उनके यहाँ यह ब्रजभाषा के अत्यंत निकट पहुँच गई है। डॉ. धीरेंद्र वर्मा ने तो 'ब्रजभाषा व्याकरण' में उसे 'ब्रजभाषा' का दक्षिणी रूप कह दिया है। बुंदेलखंडी शब्दों के कुछ स्थल इस प्रकार हैं–

(क) छिपिया को दूध भात खीचरी हू करमा की,
चक्करा रैदास जू चमार हू के खाये हैं।

(ख) कवि आवत ह्याँ की कुरीत लखैं न तौ इसी बात चलाइबे में।
तुम पाँच की सात लगाऔ भले भला पै को कहा खिसियाइबे में।।
कवि ठाकुर राम के राज करौ दुख पावती जो समझाइवे में।
हमें बात कहै कौ प्रयोजन का बुनिबे में न बीन बजाइबे में।।

(ग) ठाकुर कहत जब मुरकीं, लली की ओर,
लौदन तफाइ कह्यौ लीजै नाम हेर कै।

(घ) मनमोहन को हिलिबो-मिलिबो,
दिन चारिक चैत सो हो गयौ है।

तत्सम, तद्भव और बुंदेलखंडी शब्दों के बाद ठाकुर ने अरबी-फारसी के उन्हीं शब्दों का चयन किया है, जो ब्रजभाषा में घुल-मिल गए थे–

(क) एरी बीर प्रीति को न दूसरों तबीब कोऊ।

(ख) काहे न जाइ सबै ब्रज देखन साँचहू साँवरो देखवे लाइक।

(ग) अपनी उरझी सुरझाइबे को सबही की खुसामति कीजतु है।

(घ) मानुष सहूर भरे धूरि भरे हीरा हैं।

(ङ) मीरजादे पीरजादे असल अमीरजादे,
साहेब फकीरजादे जादे आप खो रहे।
रावजादे राइजादे साहुजादे शाहिजादे,
कुल के असीलजादे नींद ही में सो रहे।।

(च) ठाकुर कहत हम बैरी बेवकूफन के,
जालिम दमाद हैं अदानियाँ ससुर के।

इसके अतिरिक्त ठाकुर द्वारा स्वनिर्मित शब्दों में भी उनकी मौलिक प्रतिभा के दर्शन होते हैं। इस प्रकार की निर्माण-कला में ठाकुर का दिमाग और नजर की बारीकी देखिए-

(क) रूपवंत प्रानी जो कसकवनत हो तो कहूँ,
सोने में सुगंध कौं सराहिबे कौं को हतो।

(ख) डीलदार सीलदार लाज को अहार जिन्हैं,
तीछन मृगा से देख-देख रहियत हैं।

(ग) ललित कसकौहें, चसकौहें जान,
ठाकुर कहत सुख पाइ रहियत है।

(घ) मेवा तजी दुरजोधन बिदुराइन की घर छोकल खाए।

रीतिबद्ध कवियों की कविता में काव्य की शोभा करने वाले अलंकारों की अतिशयता के कारण कविता दब गई है। लेकिन रीतिमुक्त कवियों को इस ओर प्रयास नहीं करना पड़ा बल्कि जो रस-तत्त्व के उपासक रहे, उक्ति-वैचित्र्य के समर्थक रहे, वे ही सहज स्वाभाविक रूप में अलंकारों का प्रयोग कर सके हैं। ठाकुर उनमें से एक हैं। उनके काव्य में अलंकारों की भरमार नहीं है बल्कि रसधारा के साथ वे प्रसंगानुसार उपस्थित होते हैं। 'हरिऔध' ने लिखा है-'इन रचनाओं की सबसे बड़ी विशेषता है कि ये सीधे शब्दों में रस की धार बहा देते हैं। न अनुप्रास की परवाह, न यमक की खोज, न वर्ण्य-मैत्री की चिंता। वे अपनी बात अपनी ही बोलचाल में कहे जाते हैं और हृदय को अपनी ओर खींच लेते हैं।' जाहिर है कि कथ्य के दबाव के कारण ठाकुर की भाषा सहज तरीके से आकर्षक हो गई है।

ठाकुर ने सबसे ज्यादा अनुप्रास अलंकार का प्रयोग किया है, जिनमें ध्वन्यार्थ व्यंजना का सौंदर्य है-

(क) सननात अँध्यारी छटा छननात घटा घन की अरी घेरत सी।
झननात झिली सुर सोर महा बरही फिरैं मेघन टेरत सी॥

(ख) आम पर मौर देखु सौर पर झौंर देखु,
झौरन पै भौंर देखु गुंजत सुहावने।

(ग) दौरि-दौरि दमकि-दमकि दुरि दामिनी यौं,
दुन्द देत दसहूँ दिसान दरसतु है।
घूमि-घूमि घहरि-घहरि घन घहरात,
घेरि-घेरि घोर घनो सोर सरसतु है॥

यमक अलंकार का भी सुंदर प्रयोग उनके भाषा में मिल जाता है-

(क) ललित ललौहें कसीकौहें, चसकौहें जान,
ठाकुर कहत सुख पाइ रहियत है।
औरन कै नैन कहा नैनन के लेखे आवैं,
ऐसे नै न होई तब नैन कहियत है।

(ख) कवि ठाकुर जाहि लगी कसकै नहिं सो कसकैं उर आनत हैं।

नाद-सौंदर्य के लिए शब्दों की ध्वनि पर, स्वरों के उतार-चढ़ाव पर तथा शब्दों के लघु-दीर्घ आकार पर ध्यान देना आवश्यक है। ठाकुर को इस कला में महारत हासिल थी। वे जिस दृश्य को देखते उनमें वैसी ही शब्द-ध्वनियाँ निरूपित कर देते थे। उनके काव्य में एक स्थल पर नाद-सौंदर्य से उपजी लाक्षणिकता की रोचकता देखिए-

दौरि-दौरि दमकि-दमकि दुरि दामिनी यौं,
दुन्द देत दसहूँ दिसान दरसतु है।
घूमि-घूमि घहरि-घहरि घन घहरात,
घेरि-घेरि घोर घनो सोर सरसतु है॥
ठाकुर कहत पिक पीकि-पीकि पी को रटैं,
प्यारो परदेश पापी प्रान तरसतु है।
झूमि-झूमि झुकि-झुकि झमकि-झमकि आली,
रिमझिम झिमिकि असाढ़ बरसतु है॥

उपर्युक्त पंक्तियों में ध्वन्यार्थ व्यंजना की छटा देखते ही बनती है। ध्वन्यार्थ व्यंजना एक अलंकार भी है जो पाश्चात्य साहित्य द्वारा छायावादी काव्य में रूपायित हुआ है किंतु ठाकुर के छंदों में ऐसे अनेक स्थल ढूँढ़ने से मिल जाते हैं जिनमें ध्वन्यार्थक गुण पाया जाता है। 'दौरि-दौरि दमकि-दमकि दुरि दामिनी यों' के द्वारा बिजली की चमक एवं 'घूमि-घूमि घहरि-घहरि घन घहरात' द्वारा मेघों की गर्जना रूपायित हो रही है। 'झूमि-झूमि झुकि-झुकि झमकि-झमकि आली' रिमझिम-झिमिक असाढ़ बरसतु है', द्वारा वर्षा ऋतु का सुंदर चित्र प्रस्तुत हो गया है। जहाँ पार्श्व संगीत के रूप में 'पिक पीकि-पीकि पी को रटैं' में पपीहे की ध्वनि गूँज रही है। दरअसल ठाकुर के बिंब चाक्षुष असर नहीं छोड़ते; बल्कि बोलते हैं।

उक्ति-वैचित्र्य कथ्य में दबाव से कवि कथन कल्पना-प्रधान तो होता ही है किंतु प्रभावपूर्ण अभिव्यक्ति भी उसकी अपनी महत्ता प्रकाशित करती है। उक्ति-वैचित्र्य के द्वारा हमें कवि के वचन-चातुर्य एवं भावों की अतिशयता का पता लगता है। ठाकुर के काव्य में कथन का अनूठा ढंग उक्ति-वैचित्र्य अर्थ-सौंदर्य बढ़ा देता है। आगे दिये गए सवैये में नेत्रों की क्रियाशीलता को व्यक्त करने वाला उक्ति-वैचित्र्य देखिए-

काऊ के होइ ते कोऊ कहै निज जैसे मनैं लगी तैसे सिखाये।
ज्यों-ज्यों खरो घटको इन लोगन त्यों-त्यों खरे बिगरे ये सवाये॥
ठाकुर काहु रुचै न तो का करौ मोहि तौ ऐसे लगे भले भाये।
नैन हमारे-हमारे मनै लग्यौ चाहैं जहाँई तहाँई लगाये॥

ज्यों-ज्यों इन नेत्रों को समाज के लोगों का भय प्रिय-दर्शन के लिए दीवार बन रहा है 'त्यों-त्यों खरे बिगरे ये सवाये' के अनुसार वे नेत्र प्रियोन्मुखी होते गए हैं। वे तो 'नैन हमारे-हमारे मनै' के अनुसार चलने वाले हैं और 'लग्यौ चाहें जहाँई तहाँई लगाये' की भावना भी प्रिय-प्रवृत्त है इसलिए नैन प्रियासक्त हैं, भले ही लोकाचार कुछ भी रहा हो। इस प्रकार भावों को उजागर करने में कवि ठाकुर समर्थ थे। यहाँ वे दूर की कौड़ी नहीं लाये बल्कि उनमें भावों का निरीक्षण करने की शक्ति एवं युक्ति दोनों गजब की थीं। एक अन्य उदाहरण में-'गोपाल के बिना जीना, बस

जीना-सा है' वहाँ जीवन के से तो लक्षण हैं, जीवन-सौंदर्य के नहीं–यही कथन किस वैचित्र्य के साथ व्यंजित किया है उसे यहाँ देखिए–

का कहिये किहि सौं कहिये तन छीजतु है पै न छीजतु है।
तन कौ बिसराम आराम घनो करि दीजतु है पै न दीजतु है।।
कवि ठाकुर भोग संयोग सवै सुख कीजतु है पै न कीजतु है।
मन भावन प्यारे गोपाल बिना जग जीजतु है पै न जीजतु है।।

इसके अतिरिक्त प्रेम के जिस रंगरूप का उन्होंने वर्णन किया है, वहाँ भी उक्ति-वैचित्र्य के दर्शन होते हैं। ठाकुर ने जिस सच्चे प्रेम की निश्छल अभिव्यक्ति की है उनकी वह सहज-अभिव्यक्ति और उक्ति-वैचित्र्य, हमेशा याद रहते हैं। ठाकुर की सच्ची प्रेम-साधना ही रीतिकालीन कवियों के वातावरण से उन्हें स्वच्छंद-धारा की ओर खींच लाई है। तभी तो वे कह बैठे हैं–**'ऊधौ जु वे अँखियाँ जरि जायें जो साँवरौ छाँड़ि तकै तन गोरौ।'** वे यही स्वीकारते हैं कि काव्य की शब्दावली में या कहने की शैली में नवीनता होनी चाहिए। ठाकुर की कथन-रीतियाँ और वचन-भंगी भावानुभूति से ही प्रेरित हैं।

लोकोक्तियों का सफल प्रयोग भी ठाकुर ने अपने काव्य में किया है। उनके सवैये लोकोक्ति और मुहावरों से भरपूर हैं। सवैयों की भी चौथी पंक्ति में उन्हें ऐसे व्यक्त किया है कि भावों को सुदृढ़ आधार मिला है एवं अभिव्यक्ति सुंदरतम रूप में प्रकट हुई है। आचार्य रामचंद्र शुक्ल लिखते हैं–उनके हृदय के भावों की भरपूर व्यंजना के लिए ये कहावतें मानो एक संचित वाङ्मय हैं। लोकोक्तियों का जैसा मधुर उपयोग ठाकुर ने किया है वैसा और किसी कवि ने नहीं। इन कहावतों में कुछ तो प्रचलित हैं और कुछ खास बुंदेलखंड की हैं। ठाकुर कवि को मुहावरों और लोकोक्तियों का कोश कहा जा सकता है क्योंकि जनसाधारण की बात कहकर उनके हृदय तक पहुँचने की कला उन्हें आती है। आचार्य विश्वनाथ प्रसाद मिश्र के अनुसार ब्रज की टकसाली भाषा की पहचान लोकोक्तियों एवं मुहावरों के सफल प्रयोग में है। इस प्रसंग में यह बता देना भी आवश्यक है कि कहीं-कहीं ठाकुर ने जो लोकोक्तियाँ सँजोई हैं, आज वे कहावतें बन गई हैं। इसीलिए मिश्रबंधुओं ने कहा है–इन्होंने अपने छंदों में लोकोक्तियों को बहुत रखा है और इनके बहुतेरे पद स्वयं कहावत हो गए हैं। ठाकुर ने लोकोक्तियों और मुहावरों का प्रयोग तो किया ही है किंतु उनकी सार्थकता और सटीकता पर भी ध्यान दिया है। वे हृदय की निश्छल प्रस्तुति हैं और ऐसा लगता है उन्हें कहने में ठाकुर को प्रयत्न ही न करना पड़ा हो। जीवन के महत्त्वपूर्ण अनुभवों का सार इन अनायास प्रस्तुत लोकोक्तियों में समा गया है–

घैर भयो सिगरी नगरी हठि बैर भयौ हमरी बखरी में।
बात उजागर सोच कहा जो घटैगी जफा तो कढ़ै तखरी में।।
ठाकुर कीरति को बरनै सो अचानक भेंट गली सँकरी में।
मूसर चोट की भाँति कहा बदि कै जब मूड़ दियो ओखरी में।।

उपर्युक्त सवैये की अंतिम पंक्ति में 'ओखली में सिर दिया तो मूसलों से डरना क्या' की प्रसिद्ध लोकोक्ति अंकित की गई है। ठाकुर के विषय में आचार्य चतुरसेन

ने प्रशंसात्मक स्वर में 'हिंदी भाषा और साहित्य का इतिहास' में लिखा है–'ठाकुर की लोकोक्ति भावना भी बड़ी चोखी है। लोकोक्ति वाङ्‌मय को काव्योपयोगी बनाने में इन्होंने खास सफलता प्राप्त की है।' ठाकुर के काव्य में स्त्री पात्रों की वाणी शृंगार का वातावरण पाकर लोकोक्तियों के माध्यम से मर्म-स्पर्शी बन जाती है। सहज-स्वाभाविकता दुगुनी हो जाती है। इसलिए आचार्य विश्वनाथप्रसाद कहते हैं कि 'ठाकुर के काव्य लोकोक्तियाँ ऐसी चिपकाई गई हैं कि उन्हें निकाल देने से कविता का हीरा निकल जाता है।' ठाकुर के यहाँ मुहावरे-लोकोक्तियों की उपस्थिति आरोपित नहीं है। लोकोक्ति दो प्रकार की होती हैं। एक प्रकार की लोकोक्तियाँ तो जनता में प्रचलित होती हैं (लोकोक्ति=लोक की उक्ति), जन-भाषा से वे साहित्य में प्रवेश पा जाती हैं और दूसरी प्रकार की लोकोक्तियाँ वे होती हैं जो 'लोकोक्ति' संज्ञा पाने पर भी लोकोक्ति नहीं होती। कवि द्वारा कथित वे चुभते हुए वाक्यांश होते हैं। अंग्रेजी में शेक्सपियर, चॉसर और पोप आदि की बहुत-सी लोकोक्तियाँ हैं। हिंदी में कबीर, तुलसी, रहीम, वृंद, ठाकुर आदि की बहुत-सी लोकोक्तियाँ हैं जो जनता में प्रचलित हैं किंतु महाकवि देव की बहुत-सी चुभती हुई पंक्तियाँ लोकोक्तियाँ नहीं बन सकीं, क्योंकि वे उच्चकोटि के कवि होने के बाद भी जनता में प्रचलित न थे।

कवि ठाकुर ने दूर का ढोल सुहावने, लाले पड़ना, अपने पाँव में आप पत्थर मारना, बहती नदी में पैर पखारना, बीन बजाना, सोने में सुगंध आदि मुहावरों का सुंदर प्रयोग किया है। स्पष्ट है कि ये कविता के अर्थ-विस्तार करने वाले घटक हैं–

चलु दूर भटू हौं वृथा भटकी लगै दूरि के ढोल सुहावने री।
जिन लालन चाह करी इतनी तिन्हैं देखिबे के अब लाले परे।
ऊधौ जु दोष तुम्हें न उन्हें हम आपुही पाँव पै पाथर मारे।
अब रैहै न रैहै यहो समयो बहती नदी पाँव पखारलै री।
हमैं को गलै कासों परोजन है बुनिबे में न बीन बजावे में।
रूपवंत प्रानी कसकवन्त हो तो कहूँ,
सोने में सुगंध के सराहिबे को हतो।

ठाकुर की एक-एक लोकोक्ति भावों को संवेदनीय बनाती है और पाठकों पर अमिट प्रभाव छोड़ जाती है।

ठाकुर ने जिस सफलता के साथ लोकोक्तियों का प्रयोग किया है, उसी सफलता के साथ मुहावरों का भी प्रयोग किया है। मुहावरे जन-जीवन के लिए शक्ति के स्रोत होते हैं, ऐसे पहिये होते हैं जिनसे भाषा गतिशील हो जाती है। मुहावरों से रहित भाषा में नीरसता, आकर्षण और उबा देने वाली बात होती है किंतु मुहावरों से युक्त भाषा में प्रवाह, आत्मीयता एवं माधुर्य होता है–

ऊधौ जु दोष तुम्हें न उन्हें हम लीन्ही है आपने हाथ हीं बीछ।
कहि ठाकुर हाथ चलै गहिये अरी जीभ चलै न बनै गहते।
माया मिली नहीं राम मिले दुबिधा में गए सजनी सुनि दोऊ।
री अब तो घनघोर घटा गरजौ बरसौ तुम्हें धूरि दई है।
मन मोहन को हिलिबो मिलिबो दिन चारिक चैत सो हो गयौ री।

कवि-कथन जनबोली या जन-भाषा बन जाए; ऐसा यश सभी कवियों को मयस्सर नहीं होता। ठाकुर की कविता जनता की भाषा इसीलिए बनी कि वह जन-मन के पारखी थे।

ठाकुर ने घनाक्षरी और सवैया छंदों का प्रयोग किया है। यह भी सच है कि कवित्तों की बजाय वे सवैयों में ज्यादा सफल रहे हैं और इसका भी सर्वाधिक सौंदर्य आमतौर पर अंतिम पंक्ति में मुखर हुआ मिलता है। ठाकुर ने दुर्मिल, मत्तगयंद, मदिरा, किरीट, सुंदरी, घनाक्षरी आदि सवैया के प्रकार ग्रहण किये हैं—एकदम सफलतापूर्वक, बेशक कहीं-कहीं यति-गति का शास्त्रीय तरीके से पालन नहीं हुआ है।

ठाकुर एकदम मनमौजी कवि थे—स्वच्छंद और उन्मुक्त काव्यसर्जक। भाव प्रकाशन में वे यदि उच्च कोटि के कवि हैं तो अभिव्यक्ति क्षमता भी उनकी अद्‌भुत ही है। भाषा की कृत्रिमता उनमें नहीं है। भावों का जिस ढंग से मनुष्य मात्र अनुभव करते हैं, वैसे भावों को उसी ढंग से यह कवि अपनी स्वाभाविक भाषा में उतार देता है। लोकोक्तियों की भरमार और मुहावरेदार भाषा-प्रयोग उनका निजत्व और वैशिष्ट्य ही प्रगट करते हैं। भाव-भाषा और सौंदर्य-चित्रण का यह धनी रचनाकार बेशक अपने युग का प्रतिभावान, सहृदय और प्रतिनिधि कवि है।

30. द्विजदेव

(रीतिमुक्त शृंगारी कवि)

स्वच्छंद प्रेम का अंतिम रीतिकालीन गायक

'द्विजदेव' महाराजा मानसिंह द्विजकवि का पूरा नाम है। यह अयोध्या के महाराजा थे। 'द्विजदेव' उनका प्रसिद्ध कवि नाम था। इनका जन्म 10 दिसंबर, 1820 में हुआ था। वे संस्कृत, हिंदी, फारसी और अंग्रेजी भाषा के अध्येता थे। एक कुशल शासक, वीर योद्धा, सुकवि और कला–प्रेमी थे। उन्हें उनके समय के कवियों का कल्पतरु माना जाता था। उनके दरबार में लछिराम, जगन्नाथ, चंडीदत्त, बलदेव, ठाकुर प्रसाद आदि कवि सम्मान पाते थे। अपने जीवनकाल में अपनी वीरता और राजनैतिक कुशलता के कारण द्विजदेव राजबहादुर, राजए राजगान, महाराज के.सी.एस. आदि उपलब्धियों से सम्मानित हुए थे। 10 अक्टूबर, 1861 में इनका देहांत हुआ।

द्विजदेव की दो रचनाएँ प्रख्यात हैं–'शृंगार लतिका' और 'शृंगार बत्तीसी'। उनके एक ओर ग्रंथ 'शृंगार चालीसी' का भी उल्लेख किया जाता है। लेकिन वह स्वतंत्र रचना नहीं मानी जाती। द्विजदेव के काव्य का मुख्य वर्ण्य-विषय, प्रकृति–सौंदर्य और प्रेम है। प्रकृति के सौंदर्य चित्रण में वे इस धारा के बेहतरीन कवि माने जाते हैं–**'बायु बहारि-बहारि रहे छिति, बीथीं सुगंधनि जातीं सिँचाई / त्यौं मधुमाँते-मलिंद सबै, जय के करषान रहे कछु गाई / मंगल-पाठ पढैं 'द्विजदेव' सबै बिधि सौं सुखमा उपजाई / साजि रहे सब साज घने, बन मैं ऋतुराज की जानि अवाई।'** जैसी अनेक पंक्तियाँ साबित करती हैं कि द्विजदेव बुनियादी तौर पर प्रकृति की संवेदना के कवि हैं। 'शृंगार लतिका' की शुरुआत में वर्णित बसंत ऋतु की सृष्टि शोभा और 'शृंगार बत्तीसी' में चित्रित पावस ऋतु वर्णन इसी बात का उदाहरण बन जाता है। शृंगार-वर्णन में द्विजदेव ने कृष्ण–लीला के बहाने निजी प्रेमानुभूति का सरस सुंदर वर्णन किया है–**'ज्यौं घनस्याम-से स्याम बने, त्यौं प्रिया तड़िता-सी हिए मैं परैं तकि / आँनन-चंद की दीपति देखि, दूहूँ न के नैन-चकोर रहे छकि / ऐसी बिनोद-कला निरखैं, 'द्विजदेव' न कौंन की डीठि रहै चकि / जयौं बिकसी अरबिंद-सी प्यारी, मलिंद-सौ तैसौई प्यारौ रह्यौ जकि।'** यहाँ उनकी आध्यात्मिक संवेदना की भावुकता झलकती है। गोपियों की विरहव्यथा के स्वच्छंद और मार्मिक वर्णन इनकी कविता में पाए जाते हैं।

रीतिकालीन कवियों में द्विज कवि की स्थिति थोड़ी अलग है। कुछ आलोचक उन्हें रीतिबद्ध असल में कवि मानते हैं और कुछ उन्हें शास्त्रीय नियमों के अनुसार

काव्य रचना करने पर भी रीतिमुक्त स्वच्छंद प्रवृत्ति का रचनाकार मानते हैं। द्विज कवि, घनआनंद, आलम, ठाकुर इत्यादि के साथ स्वच्छंद काव्यधारा को संपूर्णता प्रदान करते हैं। आचार्य रामचंद्र शुक्ल ने द्विजदेव के संदर्भ में यह कहा है कि यह सरस कवि हैं। और बड़ी ही सरस कविता करते थे। ऋतुओं के वर्णन इसके बहुत ही मनोहर हैं। द्विजदेव के कवित्त काव्यप्रेमियों में वैसे ही प्रसिद्ध हैं जैसे पद्माकर के। ब्रजभाषा के शृंगारी कवियों की परंपरा में इन्हें अंतिम प्रसिद्ध कवि समझना चाहिए। जिस प्रकार लक्षण ग्रंथ लिखने वाले कवियों में पद्माकर अंतिम प्रसिद्ध कवि हैं उसी प्रकार समूची शृंगार परंपरा में इनकी-सी सरस और भावमयी फुटकल शृंगारी कविता फिर दुर्लभ हो गई।

इनमें बड़ा भारी गुण है भाषा की स्वच्छता–**'सौंधे समीरन कौ सरदार, मलिंदन कौ मनसा-फल-दायक / किंसुक-जालन कौ कलपद्रुम, मानिनी-बालन हूँ कौ मनायक / कंत अनंत, अनंत कलीन कौ, दीनन के मन कौ सुख-दायक / साँचौ मनोभव-राज कौ साज, सु आवत आज इतै ऋतु-नायक।'** अनुप्रास आदि चमत्कारों के लिए इन्होंने भाषा भद्दी कहीं नहीं होने दी है। ऋतुवर्णन में इनके हृदय का उल्लास उमड़ पड़ता है। बहुत से कवियों के ऋतुवर्णन हृदय की सच्ची उमंग का पता नहीं देते, रस्म-सी अदा करते जान पड़ते हैं। पर इनके चकोरों की चहन के भीतर इनके मन की चहन भी साफ झलकती है। एक ऋतु के उपरांत दूसरी ऋतु के आगमन पर इनका हृदय अगवाली के लिए मानो आप-से-आप आगे बढ़ता था।

द्विजदेव ने ठाकुर की भाँति प्रणयभावनाओं की अभिव्यक्ति सहज स्वाभाविक रूप से की है।

घनआनंद-बोधा की उच्चता एवं गंभीरता इनमें नहीं मिलती, फिर भी इनके काव्य में सरसता अवश्य है। खासकर ऋतु-वर्णन के क्षेत्र में इन्होंने अपनी परंपरा के अन्य कवियों की अपेक्षा अधिक रुचि दिखाई है। द्विजदेव वसंत ऋतु के उल्लास के कवि हैं। द्विजदेव को डॉ. बच्चन सिंह ने मुक्त रीतिकाव्य धारा का आखिरी कवि माना है। डॉ. गणपति चंद्रगुप्त ने इनकी तुलना ठाकुर से की है।

द्विजदेव के वसंत का एक ध्वनि-चित्र देखिए–

गुंजरन लागीं भौंर केलि कुंजन मैं,
क्वैलिया के मुख ते कुहूकानि कढ़ै लगी।
द्विजदेव तैसे कछु गहब गुलाबन तें,
चहकि चहूँधा चटकाहट गढ़ै लगी॥

वसंत के इस दृश्य में रूप, रस, शब्द, गंध, भार से सब कुछ वसंत ही हो गया है।

द्विजदेव के पावस का एक दृश्य देखिए–

घहरि घहरि घन सघन चहूँधा घेरि
छहरि छहरि विष बूँद बरसावै ना।
द्विजदेव की सौं अब चूक मत दाँव ए रे
पातकी पपीहा! तू पिया की धुनि गावै ना॥

फेरि ऐसौ औसर न ऐहैं तेरे हाथ, एरे
मटकि मटकि मोर सोर तू मचावै ना।
हौं तौ बिन प्रान प्रान चहत तजोई अब,
कत नभ चंद तू अकास चढ़ि धावै ना।।

द्विजदेव ने दो ऋतुओं वसंत और पावस के अनूठे यादगार बिंब निर्मित किए हैं। ऋतु-वर्णन के बहाने द्विजकवि ने विरह के दृश्य चित्रित किए हैं–

आजु सुभायन ही गई बाग, बिलोकि प्रसून की पाँति रही पगि।
ताहि समय तहँ आये गोपाल, तिन्हें लखि औरौ गयो हियरो ठगि।।
पै द्विजदेव न जानि पर्‌यो धौं कहा तेहि काल परे अँसुवा जगि।
तू जो कही, सखि! लोनो सरूप सो मो अँखियान कों लोनी गई लगि।।

उपर्युक्त पंक्तियों में प्रकृति के वैभव, विभिन्न ऋतुओं के उन्मादक प्रभाव एवं उनकी विशिष्ट अनुभूतियों की व्यंजना भावानुरूप शैली में की गई है, जो मनुष्य और प्रकृति के साहचर्य को व्यक्त करती है।

द्विजदेव को इस रीतिकालीन स्वच्छंद काव्य परंपरा का अंतिम कवि माना जाता है, यद्यपि इसका प्रभाव परवर्ती कवियों पर भी पाया जाता है। खासकर भारतेंदु हरिश्चंद्र के कवित्त-सवैयों में इस परंपरा के स्वच्छंद प्रेम की प्रतिध्वनि स्पष्ट रूप में सुनाई पड़ती है। इन कवियों ने निजी अनुभूतियों को ही व्यक्त किया है। द्विजदेव ने स्वानुभूतियों की अभिव्यक्ति की प्रेरणा से काव्य-रचना की है। इस क्षेत्र में उन्होंने किसी बाह्य निर्देश को स्वीकार नहीं किया है–**'डोलि रहे बिकसे तरु एकै, सु एकै रहे हैं नवाइ कैं सीसहिं / त्यौं 'द्विजदेव' मरंद के ब्याज सौं, एकै अनंद के आँसू बरीसहिं / कौंन कहै उपमा तिनकी जे लहैंई सबै बिधि संपति दीसहिं / तैसेंई ह्वै अनुराग-भरे कर-पल्लव जोरि कैं एकैं असीसहिं।'** कविता बनाने की प्रेरणा से वह सहज ही कविता बनाने को विवश हो जाते हैं। यह परिस्थिति इस युग के शास्त्रीय मुक्तक रचयिताओं की स्थिति के प्रतिकूल पड़ती है। कल्पना एवं चिंतन के बल पर वे सहजानुभूति की प्रेरणा से अनायास ही भावाभिव्यक्ति में प्रवृत्त हो जाते थे। वस्तुतः इस परंपरा के कवि सहजानुभूति से प्रेरित काव्य को सच्चा मानते थे, चेष्टापूर्वक रचित काव्य का तो उन्होंने उपहास किया है। सच्ची कविता के मर्म को पहचानकर द्विजदेव सहजानुभूति का महत्त्व स्वीकार करते हैं–

भूले-भुले भौंर बन भाँवरे भरैंगे चहूँ,
फूलि-फूलि किंसूक जके से रही जायहैं।
द्विजदेव की सौं वह कूजन बिसारि कूर,
कोकिल कलेकी ठौर-ठौर पछितायहैं।
आवस बसंत के न ऐहैं जो पै स्याप तौ पै,
बावरी! बावय सों, हमारेऊ उपायहैं।
पीहैं पहिलेई तें हलाहल मँगाय या,
कलानिधि की एकौ कला चलन न पायहैं।

यही कारण है कि द्विजदेव की कविता में काव्येतर तत्त्वों के स्थान पर अनुभूति की प्रधानता मिलती है।

रीतिकालीन स्वच्छंद काव्यधारा के कवियों के जीवन एवं काव्य में स्वच्छंद प्रेम का अर्थ यह है कि उन्होंने विशुद्ध सौंदर्यानुभूति की प्रेरणा से जाति, समाज एवं धर्म के बंधनों की अवहेलना करते हुए ऐसी नायिकाओं से प्रणय-संबंध स्थापित किया था, जो अन्य जाति एवं धर्म से संबंधित थीं। आलम, घनआनंद एवं बोधा मूलतः हिंदू थे, किंतु उनकी प्रेयसियाँ—क्रमशः शेख सुजान, सुभान, मुस्लिम थीं। ऐसी स्थिति में इन्हें प्रेम के क्षेत्र में पर्याप्त साहस, संघर्ष, एवं त्याग का परिचय देना पड़ा। मित्रों के उपहास, समाज के बहिष्कार, आश्रयदाताओं के विरोध को सहन करते हुए इन्होंने प्रेम के क्षेत्र में सत्यता, गंभीरता एवं औदात्य का परिचय दिया। बोधा के शब्दों में—वे अपनी प्रेयसी के लिए संसार के समस्त-वैभव को ठुकराने के लिए सहर्ष प्रस्तुत थे। प्रेम में स्त्री-पक्ष की पक्षधरता और इनकी उदात्तता साफ दिखाई देती है। द्विजदेव के राधाकृष्ण के माध्यम से स्त्री-पुरुष का सहज और अनिवार्य सखा-भाव व्यक्त किया है—

बोलि हारे कोकिल, बुलाय हारे केकीगन,
सिखै हारी सखी सब जुगुति नई-नई।
द्विजदेव की सौं लाज बैरिन कुसंग इन
आंगन हू आपने अनीति इतनी ठई।
हाय इन कुंजन तें पलटि पधारे स्याम,
देखन न पाई वह मूरति सुधामई।
आवन समैं में दुखदाइनि भई री लाज,
चलत समैं में चल पलन दगा दई॥

जहाँ लैंगिक आधार पर स्त्री-पुरुष के परस्पर प्रेम में कोई द्वैत नहीं है। स्त्री-पुरुष बराबर हो गए हैं और प्रेम अनन्य हो गया है। प्रेम की इसी अनन्यता के कारण इनके श्रृंगार-वर्णन में निम्न स्तर की कामुकता, छिछली रसिकता एवं बाह्य चेष्टाओं के स्थान पर प्रणय के स्वच्छ, गंभीर एवं वेदना प्रधान रूप की व्यंजना मिलती है।

द्विज सरीखे स्वच्छंद कवियों ने नारी के व्यक्तित्व एवं सौंदर्य को आस्था की दृष्टि से देखते हुए उसका चित्रण अत्यंत स्वच्छ, सूक्ष्म एवं उदात्त रूप में किया है—**'दोऊ चंद-चकोर से ह्वै हैं अली! फिरिहैं दोऊ आनँद मैं भटके / दुनहूँन की बाढ़िहै प्रीति-लता, लहि प्रेम-पियूष दुहूँ घट के / 'द्विजदेव' जू मोहिँ प्रतीति परी, मिटिहैं सिगरे मन के घटके / मुख हीं जब चाँहैं मिलाप अली! तो कहा भयो लोयन के फटके।'** द्विजदेव परंपरा के अनुसार नखशिख वर्णन की स्थूल परिपाटी का निर्वाह करने के स्थान पर उनके सौंदर्य के प्रभाव की व्यंजना अनुभूतिपूर्ण शब्दों में की है। उन्होंने नारी के प्रति अत्यंत सम्मानपूर्ण दृष्टिकोण एवं अपनी परिष्कृत रुचि एवं व्यापक सौंदर्य चेतना का प्रमाण प्रस्तुत किया है, जो तत्कालीन सामाजिक संदर्भों में अत्यंत महत्त्वपूर्ण है।

अधिकांश स्वच्छंदतावादी कवियों का प्रेमपूर्ण जीवन प्रायः प्रेयसी की मधुर स्मृति में ही व्यतीत हुआ था। सामाजिक परिस्थितियों की विषमता के कारण वे अपने जीवन में संयोग की घड़ियाँ प्राप्त करने में प्रायः असफल रहे। आलम ने अवश्य हिंदू धर्म को त्यागकर अपने प्रेयसी शेख के सान्निध्य का सुख प्राप्त कर

लिया था, किंतु अन्य कवियों पर यह बात लागू नहीं होती। यह कारण है कि उनके काव्य में विरह-वेदना की अभिव्यक्ति मार्मिक रूप में हुई है। इसका आस्वाद अलौकिक है।

हिंदी कविता में शायद द्विजदेव पहले कवि हैं, जिन्होंने लौकिक प्रेम की वैयक्तिक अनुभूतियों को व्यक्त किया है। उन्होंने अपनी कहानी सुनाने के लिए राधा-कृष्ण की भक्ति का आवरण या सूफियाना शून्यवाद का आश्रय ग्रहण नहीं किया। यह भी कम महत्त्वपूर्ण नहीं कि इन्होंने अपनी रचनाओं में प्रिय पात्र को प्रत्यक्ष रूप से संबोधित करने का साहस किया। इन रीतिकालीन स्वच्छंद कवियों की वैयक्तिकता आगे चलकर छायावादी एवं छायावादोत्तरकालीन कविताओं में ही मिलती है। हिंदी काव्य में ऐसे अनुभव रीतिकाल में विरल हैं–

बाँके संकहीने राते कंज छबि छीने माते,
झुकि-झुकि, झुमि-झुमि काहू को कछू गनैन।
द्विजदेव की सौं ऐसी बनक बनाय बहु,
भाँतिन बगारे चित चाहन चहुँवा चैन।
पेखि परे प्रात जौ पै गातिन उछाह भरे,
बार-बार तातें तुम्हैं बूझती कछूक बैन।
एहो ब्रजराज! मेरो प्रेमधन लूटिबे को,
बीरा खाय आये कितै आपके अनोखे नैन।।

द्विजदेव सरीखे स्वच्छंद सुकवियों ने अपने काव्य में मुक्तक शैली में कवित्त-सवैयों का प्रयोग किया है। इनकी भाषा प्रौढ़ ब्रज है जिसे उन्होंने नयी शक्ति और सौंदर्य प्रदान किया है। उन्होंने लाक्षणिक प्रयोगों एवं विरोधाभासों, विशेषण-विपर्यय, मानवीकरण, रूपक रूपकातियोक्ति, प्रतीक जैसे तत्त्वों के प्रयोग द्वारा उसकी अर्थ-शक्ति में अभिवृद्धि की। उन्होंने कला-पक्ष की साज-सँवार के लिए अतिरिक्त प्रयास नहीं किए, भावों की सच्ची प्रेरणा एवं भाषा पर पूर्ण अधिकार के कारण ही उनकी शैली में वक्रता एवं लाक्षणिकता संबंधी विशेषताएँ मिलती हैं।

द्विजदेव की कविता भावों की गंभीरता एवं शैली की प्रौढ़ता का एक उत्कृष्ट उदाहरण है। द्विजदेव ने जीवन के लिए कोई महान संदेश प्रदान नहीं किया किंतु जहाँ तक विशुद्ध काव्य-सौंदर्य की बात है, ये किसी से पीछे नहीं हैं। उन्होंने कला की साधना विशुद्ध कलात्मक प्रयोजनों से की थी। इस दृष्टि से इनकी उपलब्धियों का महत्त्व स्वीकार किया जा सकता है। बौद्धिक तत्त्वों और शास्त्रीय ज्ञान की प्रस्तुति उनका उद्देश्य नहीं था। उनके शब्द हृदय के सच्चे उद्गार हैं, जिन्हें इसी रूप में ग्रहण करना उचित एवं संगत होगा।

द्विज कवि का ऋतु वर्णन आलोचकों को आकर्षित करता रहा है। इस धरातल पर द्विज कवि विशिष्ट हैं। डॉ. नगेंद्र के इतिहास में उन्हें हृदय की अंतर दशाओं का मार्मिक वर्णन करने वाला रचनाकार घोषित किया है। द्विजदेव ने शृंगार के रीतिग्रस्त वर्णनों के साथ-साथ हृदय की अनेक अंतर्दशाओं का मार्मिक उद्घाटन किया है, जिससे वे घृति, स्मृति, उद्वेग, जड़ता आदि कितने ही भावों की सफल व्यंजना उन्होंने की है। ऐसा वे वियोग के प्रसंग में ही कर पाये हैं। संयोग-वर्णन तो परंपराग्रस्त

ही हैं। इससे भी अधिक उल्लेखनीय विशेषता प्रकृति की है। उनका प्रकृति-प्रेम स्वच्छंद है। प्रकृति का आलंबन-रूप में भी उन्होंने वर्णन किया है। उनके एकमात्र संग्रह-ग्रंथ 'शृंगारलतिका सौरभ' में बसंत पर लिखें तैंतीस पद्य हैं। बसंत राजकुमार की भाँति सबका सेव्य और प्रिय है; वृक्षावली उसका स्वागत करती है-

डोलि रहे विकसे तरु एकै,
सु एकै रहे हैं नवाइकै सीसहिं।
त्यौं द्विजदेव मरन्द के व्याजहिं,
एकै अनंद के आंसू बरीसहिं।
तैसेउ कै अनुराग भरे,
कर पल्लव जोरि कैं असीसहिं॥

यहाँ काव्य-भाषा की वांसनी रंग-गंध में रच-बस गई है। द्विजदेव की भाषा एक ओर रीतियुग के समस्त काव्य-सौंदर्य को आत्मसात् किए हुए है; तो दूसरी ओर लक्षणाओं, लोकोक्तियों और मुहावरों से उसकी अभिव्यंजना-शक्ति द्विगुणित हो गई है। इस दिशा में वे घनआनंद और ठाकुर के पथ पर अग्रसर रहे हैं।

द्विजदेव महाराजा मानसिंह यानी द्विजकवि ब्रजभाषा के अंतिम बड़े कवियों में हैं। उनके काव्य में यह भाषा सहज, सरल और स्वाभाविक रूप में बरती गई। इन्हीं विशेषताओं के चलते द्विजकवि की ब्रजभाषा सर्वग्राही है। प्रांजलता और परिष्कृत रूप इसकी अपनी विशेषताएँ हैं तो प्रसंगानुकूल और रसानुकूल कोमल शब्दों की बहुलता कवि की अपनी विशिष्टता मानी जायेगी। यह प्रवाहशील भी है- **'कर कंकन साज मयंकमुखी / मुख पंक न कौन के लावति है।'** तथा **'उमड़ि घुमड़ि घन छाँड़त अखंड धर अति ही प्रचंड झूकन बहतु है।'** कवि ने शब्दावली विविधता का परिचय दिया है। उनके यहाँ शब्दों के तत्सम्, तद्भव, देशज आदि रूप तो हैं ही, अपभ्रंशीय, परिवर्तित, ध्वन्यात्मक, द्वैतपरक आदि रूप भी मिलते हैं, साथ ही कहीं-कहीं अन्य देशी-विदेशी भाषाओं के शब्द भी मिल जाते हैं। द्विजकवि द्वारा प्रयुक्त कुछ शब्द-प्रकार देखिए-

तत्सम् शब्द-निज, बुद्धि, मति, पग, बीथी, मलिन्द, केकी, अनिर्णित, समीर, परिमल, प्रसून, उपमा, अलिकुल, सुमन, अखंड, मंगलपाठ, विधि, मारूत, वृद्ध, पल्लव, द्वै, मनोज।

तद्भव शब्द-अँखियाँ, सुखमा, बीरा, अँसुआन, रितुराज, जुगुति, सोर, अनंद, पौन, हियरो, अँसुवा, सरूप, छिनै, अकास, जराउ, बिसतारे, प्रलै, मठा, उछाह।

देशज शब्द-टटकी, अटकी, भटू, साले, मथनी, बिसूरती, भभरि, लोनी, बापुरे, धमारि, धूँधरी, लली।

अपभ्रंशीय-परिवर्तित शब्द-केते, हलि, ब्वै, हलावत, औगुन, नैकउ, मरूअ, झूकन, कुलाहल, मटकी, समै, पौन।

ध्वन्यात्मक शब्द-हहरत, छहरत, चहकि, लहरत।

द्वैतपरक शब्द-उमड़ि-उमड़ि, ठौर-ठौर, फूली-फूली, धहरी-धहरी, छहरि-छहरि, भ्रमि-भ्रमि, हलि-हलि, झूमि-झूमि, ज्यौ-ज्यौ, ज्यौं-त्यौं।

विदेशी शब्द-दगा, नाहक, कटारी, दाँव, हवाले, कसाई।

भावाभिव्यंजना को सबल बनाने में मुहावरे-लोकोक्तियों का बड़ा हाथ होता है। मुहावरेदार भाषा अधिक असरदार होती है। द्विजकवि के यहाँ मुहावरे-लोकोक्तियाँ जान-बूझकर नहीं लाये गए हैं। फिर भी, सहज-स्वाभाविक रूप में उनके यहाँ यह देखे जा सकते हैं–बूड़न चहतु, ममि महकना, आँख अटकना, साज सजाना, अनीति ठानना, दगा देना, खिल उठना, पलक न लगना, लवा बरसाना, चित चुराना, कीर्ति गाना, झड़ी लगना, ठगा रह जाना, पाले पड़ना, कुलकानि तजना, लाज न आना, कसाई का काम करना, जुड़ आना, दाँव न चूकना, अवसर हाथ न आना, आग लगना, फीका लगना, मनमाना, शीश नवाना, आँसू बरसना, बुद्धि बल थकना, कह हारना, भेद गिनना, घबरा कर भागना आदि।

द्विजकवि की भाषा में लाक्षणिक प्रयोग पर्याप्त मात्रा में हैं। सीधे-सादे शब्दों में लक्षणा और व्यंजना भरकर कवि ने अपने कथ्य को और भी अधिक प्रभावशाली बनाया है और अपने कौशल का परिचय दिया है–'**तू जो कही, सखि! लोनो सरूप सो मो अँखियान को लोनी गई लगि।**' इसी संदर्भ में उनकी वचनवक्रता यानि वाग्-विदग्धता भी आकर्षित करती है–

साँझ ही ते आवत कटारी कर...
पाई कै कुसंगति कृसानु दुखदाई की।
निपट निसंक ह्‌वै तजी तैं कुलकानि खानि,
औगुन की नैकऊ तुलै न बाप भाई की।।

द्विजकवि अपनी भाषा में शब्दों को इस तरह बरतते हैं कि जिससे वर्णित भाव या वस्तु का चित्र हमारे सामने साकार हो जाता है। प्रकृति-चित्रण में उन्होंने प्राकृतिक दृश्यों के ऐसे सजीव सक्रिय शब्द-चित्र अंकित किये हैं जो उनकी कविता की केंद्रीय विशेषता है–

(क) झुकि-झुकि झाँकत झरोखन तैं कारी घटा
चौहरे अटा पै बिज्जु-छटा-सी जगति है।
(ख) बाँकै संकीहने राते कंज छबि छीन माते।
झुकि-झुकि झूमि-झूमि काहू कौं कछू गनै न।
(ग) उमड़ि-घुमड़ि घन छाँड़त अखंड धार,
अति ही प्रचंड पौन झूकन बहुत है।
द्विजदेव संपा की कुलाहल चहूँधा नभ,
सैल हौं जलाहल कौ जोग उभहतु है।।
बुधि बल थाकौ सोइ प्रलैनिसा कौ मेघ...
फेरि इहिं बारी ब्रज बूड़न चहतु है।।

द्विजकवि शब्दों के कुशल पारखी हैं। उन्होंने काव्यशास्त्र का गहरा मनन-अध्ययन किया था। राजसी वातावरण और बाद में वृंदावनीय आध्यात्मिक वातावरण ने उनको संगीत के भी निकट ला दिया था। इसके अतिरिक्त उनके समकालीन और स्वयं द्विजकवि काव्य-संगीत के महत्त्व को समझते-जानते थे इसलिए उनकी रचनाओं में संगीत तत्त्व यानी नाद-सौंदर्य आदि सफल और सहज रूप में शामिल हैं। उनके गेय, स्फुट छंदों की यह अनिवार्य विशेषता है। इसी सब से, द्विजकवि

की रचनाओं में ध्वन्यात्मकता और संगीतात्मकता यानी नाद-सौंदर्य ऋतु-वर्णन जैसे प्रसंगों में खासतौर पर देखा जा सकता है। द्विजकवि का भाषा पर असाधारण अधिकार है। भाषा की प्रांजलता तथा सुकुमार भाव व्यंजना इनकी रचना का सहज गुण है। शब्द-योजना और शब्द-प्रयोग में द्विजकवि माहिर है। उनकी काव्य भाषा प्रभावशाली है।

अलंकार कविता का शृंगार माने जाते रहे। इनके समावेश से भावाभिव्यंजना आकर्षक हो जाती है। रीतिकाल में चमत्कार और पांडित्य-प्रदर्शन के कारण रचना में इनकी भरमार कर दी जाती थी, यहाँ तक कि कभी-कभी तो ये कथ्य को दुरूह तक बना देते थे। लेकिन द्विजदेव के यहाँ ऐसा कुछ नहीं है। इनके यहाँ तो अलंकार-संयोजन भावों को उत्कर्ष प्रदान करता है।

द्विजकवि ने शब्दालंकार और अर्थालंकार दोनों का ही प्रयोग किया है। इनकी रचनाओं में प्रचलित और अपेक्षाकृत सरल अलंकार अनुप्रास, पुनरुक्ति, वीप्सा, वक्रोक्ति, यमक, श्लेष, उत्प्रेक्षा, भ्राँति, रूपक, परिकरांकुर, काव्यलिंग और उपमा आदि ही मिलते हैं। इनमें भी अनुप्रास और पुनरुक्ति कवि को विशेष प्रिय रहे हैं। अनुप्रास में भी द्विजकवि ने निरर्थक बेमेल वर्णों का प्रयोग नहीं किया है। इसलिए वर्ण-मैत्री दिखाई पड़ती है। पुनरुक्ति में भी इन्होंने सुंदर प्रयोग किये हैं। आधे, और, फेरि, वैसे आदि शब्दों की पुनरुक्ति का बेहतरीन इस्तेमाल किया है। कुछ उदाहरण प्रस्तुत हैं–

(1) अनुप्रास–**झुकि-झुकि झाँकति झरोखन सैं कारी घटा।**

(2) पुनरुक्ति–**औरे रति और रंग औरे साज औरे संग,**
औरे बन, और छन, औरे मन है गए॥

(3) श्लेष–**ह्वै कै द्विजराज काज करत कसाई कौ।**

(4) यमक–**हौ तो बिन प्रान, प्रान चहत तजोई अब।**

(5) उत्प्रेक्षा–**प्रेम पय पूरि के प्रवाहन मनौ बही।**

(6) उपमा–**धन के समान ज्यौं-ज्यौं दौरे घनश्याम त्यौं-त्यौं।**
चम्पा-सी दुरति आली चम्पा घन बन बीच।

यह दरबारी रीतिकालीन पच्चीकारी नहीं है बल्कि भावों की अनायास आलंकारिक उपस्थिति है। डॉ. भागीरथ मिश्र के शब्दों में कह सकते हैं कि 'द्विजदेव ने जो अलंकारों का वर्णन किया है, वह इनकी सहज प्रतिभा का परिचायक है। अलंकार इतना चमत्कार लाने के लिए प्रयुक्त नहीं हुए जितने भाव के मार्मिक उद्‌घाटन के लिए हुए हैं। इस प्रकार की रचना में द्विजदेव अप्रतिम ठहरते हैं।' यानी अलंकार भाव के दबाव से अपने-आप आए हैं।

द्विजकवि के सर्वाधिक प्रिय छंद हैं–कवित्त और सवैया। इनके कवित्तों में लय का सुंदर संयोजन है। कवि को पद-विन्यास और लय की पूरी जानकारी है। इनकी शब्दावली में 'रुनझुन कर बजने वाली किंकणी' की कोमल ध्वनि व्याप्त है। इसी तरह सवैयों में शृंगार रस और रसानुकूल कोमल मसृण लय का सुंदर समायोजन है। उनमें कल-कल-निनादिनी नदी की मंथर-मधुर गति के समान मन को बहा ले जाने वाली अपूर्व क्षमता है। उनके वर्णों का विन्यास वीणा-ध्वनि की तरह मधुर

और आनंद-सृष्टि करने वाला है। इनके छंदों में सहज प्रवाह है और सहज परिचित शब्दावली में भाव की मार्मिक अनुभूति इनके छंदों में होती है।

कथ्य-रूप में स्वच्छंद यह कवि रीतिकाव्य को संपन्न करता है। मुक्तक कविता के हिमायती द्विज ऐसे कवि हैं जिनके काव्य में रीतिसिद्ध और रीतिमुक्त दोनों प्रकार के गुण एक साथ मिलते हैं। उनका काव्य अपने निरालेपन के कारण विशिष्ट है। डॉ. भगीरथ मिश्र के अनुसार सरलता इसकी सबसे बड़ी विशिष्टता है। द्विजदेव ऐसे सिद्ध कवि हैं जिनमें भक्ति और रीति काव्य की विशेषताओं का सुंदर संश्लेषण हुआ है। वे रीति-रूढ़ियों से मुक्त रहकर भावों की सहज-मार्मिक अभिव्यक्ति करने में सफल हुए हैं और साथ ही बिना विशेष श्रम किये हुए वे उत्तम कला की प्रस्तावना भी अपने काव्य द्वारा प्रस्तुत करने में समर्थ सिद्ध हुए हैं। द्विजदेव ने बहुत कम लिखा है। केवल 275 छंदों में, उन्होंने अपनी मौलिक काव्य-कला का परिचय दिया है जो उनकी काव्य-प्रतिभा का प्रमाण है। एक भाषा-सजग सफल, सबल, समर्थ कवि हैं इसलिए द्विजकवि उल्लेखनीय रचनाकार हैं।

द्विज कवि के यहाँ स्वच्छंद काव्यधारा की विशेषताएँ स्वानुभूति की अभिव्यक्ति, स्वच्छंद प्रेम वर्णन, नारी सौंदर्य का उदात्त चित्रण, प्रेम के विरह पक्ष की प्रधानता, वैयक्तिकता और लाक्षणिक शैली इत्यादि मिलती हैं। द्विज कवि का रचना काल अधिक लंबा नहीं है और न उसमें रचनागत वैविध्य है, फिर भी रीति कविता का यह अंतिम नागरिक आने वाली कई काव्य प्रवृत्तियों की प्रस्तावना अपने ढंग से करता है। विशेषकर अपने आस-पास व्याप्त प्रकृति के अनूठे चित्रों का चित्रण और किताबी भाषा की जगह दैनिक जीवन की भाषा में काव्य रचना तथा रचना के दबाव से उभरने वाला काव्यशिल्प द्विज कवि की ऐसी विशेषताएँ हैं जिनका विकास आधुनिक कवियों ने किया है।

द्विजदेव के पदों में वसंत का महिमा गायन केंद्रीय विषय है। राधा-सौंदर्य की शृंगारपरक स्तुति रीतिकालीन सौंदर्यवर्णन का उदाहरण है। यहाँ ईश-वंदना कवि का उद्देश्य नहीं है, वह बहाना मात्र है। इतना निश्चित है कि द्विज सरीखे कवि अलौकिक ईश्वर को मानवीय धरातल पर लाने और अध्यात्म को लौकिक प्रसंग बनाने में सफल रहे हैं।

31. आलम
(रीतिमुक्त शृंगारी कवि)

रीतिकाल में निजी अनुभवों की प्रस्तुति

हिंदी साहित्य के उत्तर मध्यकाल रीतिकाल के कई नाम हैं—कलाकाल, शृंगार काल और रीतिकाल। इनमें से रीतिकाल सर्वाधिक मान्य हुआ है। काव्य-प्रवृत्तियों के आधार पर इस युग की कविता को रीतिबद्ध, रीतिसिद्ध और रीतिमुक्त इत्यादि उपधाराओं में विभाजित किया गया है। कुछ आलोचकों ने इसे बद्धरीति, सिद्धरीति और मुक्तरीति जैसी संज्ञाएँ दी हैं। इनमें कोई विशेष अंतर नहीं है।

रीतिकालीन रीतिमुक्त या मुक्तरीति कवियों में जो बड़े कवि उभर कर सामने आए, उनमें घनानंद, आलम, द्विजदेव, ठाकुर, बोधा हैं। इन्हें स्वच्छंद काव्यधारा का कवि भी कहा गया है। क्योंकि इनके यहाँ स्त्री-पुरुष संबंधों की रागात्मक अनुभूतियों की स्वच्छंद अभिव्यक्ति हुई। यहाँ अनुभूतियाँ भक्तिगत होने के कारण तीव्र मानवीय संवेगों वाली सघन प्रेम कविता को संभव करती हैं—

बाती न कहत सुनि बात सूधे गात बोरी,
पेम-उतपात कछू औरै बात बढ़ी है।
प्यारौ पियराइ पल बिकल परै न कल,
पलक पलक पुनि प्यारी जीभ रढ़ी है।
'आलम' उदास बस रहत उसास लै लै,
कछु पढ़ि डार्‌यौ कहौ कौन मंत्र पढ़ी है।
तेरी चितवनि भयौ चकित अचेत माई,
चेटक सौ जाग्यौ कछू तूही चित चढ़ी है।।

प्रेम का उत्पात कितना भीषण है। स्पष्ट है कि रीतिकाल के भीतर इन कवियों ने प्रेम को एक ऐसा उदात्त मानवीय मूल्य बना दिया है जो जीवन ही नहीं जगत को भी संचालित करता है। यह दिलचस्प तथ्य है कि दरबारों में रहते हुए भी इन कवियों ने किसी बादशाह या सामंत को खुश करने के लिए कविता नहीं लिखी है। लगभग सभी स्वच्छंद कवियों ने प्रेम किया और उसके लिए उन्हें सजा भी झेलनी पड़ी। घनानंद सुझान नाम की नर्तकी पर आसक्त थे। जिसके कारण उन्हें दरबार से निष्कासित ही होना पड़ा बल्कि देश निकाला भी मिला। बोधा पन्ना दरबार की सुभान से प्रेम करने के कारण दंडित हुए। ठाकुर अपनी रचनात्मक जिद के कारण अपनी ही राह चलते रहे। द्विजदेव स्वयं राजा थे। आलम एक मुस्लिम रंगरेजिन

शेख की काव्यात्मक प्रतिभा पर रीझकर मुसलमान हो गए। बोधा और आलम दोनों ब्राह्मण थे, दोनों बड़े कवियों ने प्रेम और निजी जीवन को अपनी शर्तों पर जिया और धर्म-मजहब की दीवारों को तोड़कर एक बड़ा उदाहरण पेश किया है। भावभूमि और विषय-वस्तु के नजरिये से आलम विद्यापति की परंपरा में आते हैं। आलम का काव्यात्मक महत्त्व असंदिग्ध है। उन्हें रीतिकाल के अंतिम दौर और भक्तिकाल के प्रारंभिक चरण का स्वच्छंद प्रेमधारा का कवि माना जा सकता है।

कृतियाँ-रचना : आलम ने मुक्त और प्रबंध दोनों में काव्यात्मक प्रवृत्तियाँ प्रदर्शित की हैं। उनकी चार रचनाएँ अब तक अंतिम रूप से मान्य हैं। जैसे–'आलमकेलि' (मुक्त संग्रह), 'सुदामाचरित', 'रामसनेही', 'माधवानल', 'कामकंदला'।

आलम के मुक्तक कवित्त और छप्पय 'आलमकेलि' में संकलित हैं। कुछ आलोचक इसे 'अक्षरमालिका' नाम देते हैं और कुछ दोनों को अलग-अलग रचनाएँ मानते हैं। हालाँकि 'आलमकेलि' के नाम संकलित संग्रह में 369 और 'अक्षरमालिका' में 425 छंद संकलित हैं। दोनों का वर्ण-विषय एक ही है। जिसमें कृष्ण-बाललीला, यशोदा-नंद-शृंगार, नायक-नायिका भेद और शृंगार वर्णन, देवी-देवता वर्णन, शांत और वात्सल्य वर्णन तथा भ्रमरगीत प्रसंग हैं। स्पष्ट है कि संकलन कर्ताओं ने इन्हें दो अलग-अलग ग्रंथों में संकलित किया है। फिर भी विषय के धरातल पर दोनों की भावभूमि एक ही है। इनमें भक्ति के आवरण में शृंगार की प्रस्तुति की गई है।

बाललीला-वर्णन से 'आलमकेलि' का प्रारंभ आलम करते हैं। इस प्रसंग में उनपर सूर की स्पष्ट छाप दिखाई देती है–

दैहो दधि मधुर धरनि धर्‌यौ छोरि खै है,
धाम ते निकसि धौरी धैनु धाइ खोलि हैं।
धूरि लोटि ऐहै लपटै हैं लटकत ऐ हैं,
स्खद सुनै हैं बैनु बतियाँ अमोल है।
'आलम' सुकवि मेरे ललन चलन सीखें,
बलन की बाँह ब्रज गलिनि में डोलि हैं।
सुदिन सुदिन दिन ता दिन गनौंगी माई,
जा दिन कन्हैया मोसों मैया कहि बोलि हैं।।

बड़े भाई बलदेव की बाँह पकड़कर बालकृष्ण चलना सीख रहे हैं। माँ उस दिन की कल्पना में विभोर हो रही हैं, जिस दिन कन्हैया उन्हें माँ कहकर बुलायेंगे। अनुप्रास की छटा कविता को ही आगे नहीं बढ़ा रही कृष्ण के विकास को भी प्रदर्शित कर रही है–

ऐसौ बारौ बार याहि बाहरौ न जान दीजै,
बार गए बौरी तुम बनिता सँगन की।
ब्रज टोना टामन निपट टोनहाई डोलैं,
जसोदा मिटाउ टेव और के अँगन की।
'आलम' लै राई लौन वारि फेरि डारि नारि,
बोलि धौं सुनाइ धुनि कनक कँगन की।

यशोदा का भोलापन देखिए, कृष्ण को घर से बाहर जाने से रोकना है क्योंकि बाहर टोना करने वाले, नजर लगाने वाले घात लगाये बैठे हैं–

छीर मुख लपटाये छार बकुटनि भरें, छीया,
नेंकु छबि देखो छगन-मँगन की।

कृष्ण की सुखदायक लीला इनकी आकर्षक है कि माँ एवं ब्रज की बालाएँ बार-बार उनका आलिंगन कर रही हैं–

मन की सुहेली सब करतीं सुहागिनि सु,
अंक की अँकोर दै कै हिये हरि लायौ है।
कान्ह मुख चूमि चूमि सुख के समूह लै लै,
काहू करि पातन पतोखी दूध प्यायौ है।
'आलम' अखिल लोक लोकनि कौ अंसी ईस,
सूनौ कै ब्रह्मांड सोई गोकुल में आयौ है।
ब्रह्म त्रिपुरारि पचि हारि रहे ध्यान धरि,
ब्रज की अहीरिनि खिलौना करि पायौ है।

ब्रज की अहीरनों के लिए कृष्ण खिलौना बन गए हैं। आलम की कल्पना क्रीड़ा देखिए। कन्हैया का मुख चूमती ब्रज बालाएँ कृष्णा को 'पतोखी' यानी पत्तों की बनी छोटे दोनों में दूध पिला रही है। ऐसा आनंद, ऐसी ही तृप्ति उन्हें भी कृष्ण को चूमकर मिल रही है। अखिल लोक का शक्तिमान ईश गोकुल में लीला कर रहा है।

आलम के यहाँ स्त्री-सौंदर्य के चित्रण में ऐंद्रिकता है लेकिन मर्यादा का अतिक्रमण कम है–

हीरा से दसन मुख बीरा नायिका की चारू,
सोने से सरीर रुचि चीर चली धाम कों।
ललित कपोल दृग डोलैं कबि आलम सु,
बोलि मृदु बोलि कै रिझावै लाल स्याम कों।
बेसरि विचित्र नीकी केसरि कौ टीकौ सोहै,
ते सरि न पावैं भूलै कैसी सची बाम कों।
बेनी गूथें फूल लर गरें मखतूल छटा,
फूल की कमान देखि भूल परी काम कों।।

हीरे की तरह दमकता मुख और मृदु बोली से श्याम को रिझाने का यह भाव अभिसार-वर्णन में प्रकृति के बहाने मानवीय प्रकृति के लालसा-भाव को व्यक्त करता है–

सावन की साँझ की सोहावनीय ठौर तहाँ,
जूही जाही बेलि बौरि फूलि बन छाइ है।
आलम पवन पुरवैया कौ परस पाछें,
सीरी आये रसिक सरस सरसाइ है।
आली चलि चूनरि पहिरि हरियारी भूमि,
तेरे चमकत चपलाउ चपि जाइ है।
औरनि के आये बनि और आइ है सुपुनि,
हौं तौ आइहौं न यह बेरौ बनि आइ है।।

मानिनी नायिका का मान अनदेखा करने से बह जाता है। अथाह सागर की भी एक सीमा है लेकिन प्रीति के पारावार का कोई ओर-छोर नहीं है। इसे जानकर भी नायक-नायिका की उपेक्षा करता है। उसे देखकर भी अनदेखा करता है। ऐसे में मानिनी का खंडित मान उग्र बना देता है–

बनिता री बनि बनवारी बोली बन बन,
श्रवनन करि बेनु बाजै बनी बानी सों।
मानिनीन मुचै पते मान को है मानो,
मेरी न मनाई मानें मोहन की मानी सों।
आलम सुरति सुख कहा जानै का सों कहै,
कहै रैन बीति जैहै एक ही कहानी सों।
पान सों* ब पान जोरि प्रानपति प्यारे संग,
ऐसे मिलि प्यारी जैसे पानी मिलै पानी सों।।

प्रेम का अद्वैत गहराई देता है। पानी से मिलकर एक हो जाता है। प्रेम यही अभिन्नत्व जगाता है–

मानिनी अनमनि ह्वै मौनी कौ सौ मौन गह्यौ,
मानो कहूँ मन गयो तेरे मन माँह सों।
रारि सों मुरारि बैठे हारि मनुहारि कै तू,
नारि यों निवारि आरि जोरि बाँह बाँह सों।
'आलम' अकेली तू मैं आजु कछु और देखी,
औरै सुनी औरै चालि औरगि की छाँह सों।
छपाकर छपे छिनु छीन भई छपा छीआ,
छाँड़ि दै छबीली अब नाहीं कीबौ नाह सों।

नायक नहीं माना। नायिका अनमनी होकर अंततः मौन हो गई। विरह में लेकिन उसकी विकलता या अकुलाहट बढ़ जाती है। उसकी व्यथा कोई नहीं समझता–

बेगि ब्रजराज तजि काज नेकु चलि तहाँ,
जहाँ बैठि प्यारी है सकल सुख दैन की।
'आलम' चकोर बिन चंद की चमक ऐसी,
चकित हवै रहै नहीं आवै बात चैन की।
सेज पर अँसुवनि सानि कै सुमन सब,
मैनन सुनावै सु सकति नहीं बैन की।
राति सिसिराति न सिराति सु सुरतिहीन,
सारस बदनि सु सताई अति मैन की।।

नायिका की पीड़ा कोई नहीं समझता। सुरतिहीन रात में सरदी बढ़ती जाती है, रात नहीं बीतती। अंग-अंग में अनंग दहक रहा है। आलम भ्रमरगीत प्रसंग में भी प्रेम की तन्मयता और उसकी विकल्पहीनता को रेखांकित करते हैं–

कर्म को वियापी को है धर्म कै समाधि ध्यावै,
श्रमु कै सुनावै सु तो ब्रह्म ही के नाम को।

कैसो जोग जुगति संजोग कैसो कहा जोग,
ज्ञान हू की गाँठी कैसी ध्यानन को धाम को।
'आलम' सुकवि इहाँ बृंदावनचंद कान्ह,
चित ये चकोर कहौ आन बिसराम को।
जहाँ रस परस सरस मुरली की घोर,
तहाँ ऊधौ सगुन निगुन कौन काम को॥

ज्ञान-ध्यान की बातों से विरह नहीं कटेगा, वह तो मिलन से ही दूर होगा।

आलम का प्रसिद्ध प्रबंध काव्य है 'माधवानल कामकंदला'। यह एक प्रेम कथा है। इसमें दोहा और सोरठा जैसे छंदों को आलम ने नई शैली में इस्तेमाल किया है। इसमें मंगलाचरण और शाहेवक्त के स्मरण के बाद कवि अपनी कहानी प्रस्तुत करता है। कथा-प्रस्तुति बड़ी दिलचस्प है। यह कुछ-कुछ सूफी प्रेमाख्यानकों से प्रभावित है। माधवानल पावती नामक नगरी में रहने वाला योगाभ्यासी है। जो वहाँ के राजा गोपीचंद को दिया करता था। माधव वीणा वादन में अत्यंत निपुण है। स्त्रियाँ उसे सुनकर मूर्छित हो जाती थीं।

ऐसे ही एक प्रसंग के चलते माधव को वहाँ से निष्कासित कर दिया जाता है। वह कामवती नगरी में पहुँच कर कामकंदला का गायन सुनता है। घटनाक्रम इस तरह से चलता है कि दोनों एक-दूसरे से प्रेम करने लगते हैं। माधव वहाँ के राजा से प्राप्त पुरस्कार कामकंदला को सौंप देता है। राजा इसे अपना अपमान जानकर समझता है। माधव फिर से देशनिकाले का दंड पाता है। इस रचना में प्रेम की एकांत-निष्ठा प्रदर्शित करते हुए कवि आलम नायक माधव को प्रेम के लिए मृत्यु का वरण करने तक व्यथित दिखाता है। दूत से यह जानने के बाद कि माधव इसके विरह में प्राण दे चुका है। कामकंदला भी प्राण दे देती है। मध्ययुगीन चमत्कार प्रदर्शित करते हुए आलम दोनों प्रेमियों को विक्रम के मित्र बैताल के द्वारा पाताल से लाए अमृत से फिर से जिंदा दिखाता है। उनके प्रेम की पराकाष्ठा यह होती है कि उज्जयिनी का राजा विक्रम दोनों को मिलाने के लिए कामसेन के राजा से युद्ध करता है और अंत में दोनों प्रेमी पुष्पावती चले जाते हैं। यह सुखांत प्रेमकथा है। इसमें स्वच्छंद प्रेम का मुक्त गायन किया गया है। आलम ने परब्रह्म का स्मरण करने के बाद समूची प्रेम-कथा को लौकिक भावभूमि पर प्रस्तुत किया है। यह शृंगार प्रधान रचना है। लोक में प्रचलित अवधी में लिखी गई है। माधव-कामकंदला वियोग वर्णन में प्रेम की पराकाष्ठा देखिए-

सखी आइ कर बाँह छुड़ाई। चल्यों विप्र त्रिय गई मुरझाई॥
काम मूर्छित धरनि मह परी। सखी आई करि अंकन भरी॥
लै करि सखी सेज पर धाई। तन व्याकुल जनु मिरगी आई॥
अधर सूक जिय रहै निरासा। सखि जीवन की छाड़ी आसा॥
मूदि नायिका छिरकहि पानी। पुहुप मूरि औषध बहु आनी॥
करि उपचार सखी यकी, रहीं बिसूरि बिसूरि।
विरह भुवंगम वा डँसी, ताकौ मंत्र न मरि॥

चिंता के कारण शरीर पीला पड़ गया है। विद्या, बुद्धि नष्ट हो गई है। रोम-रोम में वेदना व्याप गई है–

कामकंदला भई वियोगिनी। दुर्बल जनू बर्स की रोगिनी।।
अंजन मंजन भोग बिसारे। सजल नैन वहै जल के नारे।।
वस्त्र मलीन सीस नहिं धोवे। लंक टेक माधौ मग जोवै।।
नींद न भूख न भावै पानी। काया छीन छीन मूख बानी।।
हा हा आइ स्वास के गाढ़े। छिन छिन बिरह अनल तन बाढ़े।।
हा हा प्राण न संग गय, जब बिछुरे भावंत।
कर भीजै बस्तर धनै गहै अंगुरिया दंत।।

मन्मथ के कारण अंग-अंग तप रहा है। काम मन को मथ रहा है। चंदन तन की अग्नि शांत नहीं कर रहा। उसे दहका रहा है। मिलन-क्षण में सारे दुख तिरोहित हो गए हैं।

कामसेनी के राजा को हराकर विक्रम माधव और कामकंदला को मिला देता है–

माधौनल औ कंदला मिलेऊ। मिलि बिरही दोनौ दुख दलिऊ।।
मिलि कै अधिक सुक्ख तिनि पावा। दुउ संताप लै गंग बहावा।।
मिल्यौ सोइ भवत भावंती। राजा नल रानी दमयंती।।
मिले भरथरी अरू पिंगला। माधौनल औ कामकंदला।।
पूरन ससि जिमि दुखित चकोरा। कुमुदिन चक्रवाक जिमि मोरा।।
नित प्रति केलि करहिं सुख रहहिं। दिन दिन प्रीत अधिक मन करहीं।।
भावंता जा दिन मिलै, ता दिन होइ अनंद।
संपति हिएँ हुलास अति, कटि विरहा दुख फंद।।

विरह के दुख दूर हो गए, द्वंद्व के फंदे खुल गए। आलम ने अपना दूसरा प्रबंध 'श्याम सनेही' दोहा-चौपाई में लिखा है। मिश्रित ब्रजभाषा में लिखित 'श्याम सनेही रुक्मिणी-विराट की कथा है। इसमें मंगलाचरण के बाद कथा प्रस्तावित की गई है। दक्षिण में स्थित कुंदनपुर नगर का राजा भीष्म सेन निसंतान हैं। वह सपत्नी शिव-शक्ति की उपासना करता है। तत्कालीन लोक प्रसिद्ध चमत्कार के कारण राजा को चार पुत्र और एक पुत्री प्राप्त होती है। पुत्री रुक्मिणी है। भाई रुक्म उसका विवाह शिशुपाल के साथ करना चाहता है लेकिन रुक्मिणी कृष्ण से प्रेम करती है। वह पत्र द्वारा कृष्ण को बुलाती है। कृष्ण उसके संकल्प को पूर्ण करते हैं। इस संक्षिप्त मूल कथा को आलम सूक्ष्म वर्णनों के सहारे फैलाते हैं। वे प्रेम को भक्ति का पर्याय बना देते हैं। यह स्वच्छंद कवि रचना का उद्देश्य स्पष्ट करते हुए कहता है कि इस चंचल संसार में प्रेम भक्ति का आचरण ही बचाए रखता है–

आलम जीवहु जो पलक इहि चंचल संसारू।
दै अहार पोषहु मनहिं प्रेम भक्ति आचारू।।

आलम ने गैरमामूली ब्यौरों को रचनात्मक प्रसंग में बदलने वाली बड़ी काव्य-प्रतिभा का परिचय दिया है।

आलम का 'सुदामा चरित' प्रसिद्ध पौराणिक आख्यान सुदामा-कृष्ण के मैत्री भाव पर आधारित है। सुदामा गरीब ब्राह्मण होने के बावजूद अपने मित्र द्वारिकाधीश कृष्ण से सहायता नहीं लेना चाहता लेकिन पत्नी के कहने पर वह कृष्ण के पास

जाता है। लेकिन वहाँ का ऐश्वर्य-वैभव देखकर सुदामा का धैर्य और भी गहरा जाता है। वैभव अभावों को ज्यादा रेखांकित करता है और विवशता को उभारता है-इसे आलम कम शब्दों में ही उजागर कर देते हैं। सुदामा निराश होकर लौटना चाहता है लेकिन कृष्ण उन्हें सम्मान-सहित महल में ले जाते हैं। संकोच के कारण सुदामा कृष्ण से कुछ माँग नहीं पाते और लौट जाते हैं। घर वापस जाने पर झोंपड़ी की जगह महल पाकर वे कृष्ण की मित्रता से प्रभावित होते हैं।

केते कुमास जरबफत के केते गलम ऊपरद सरा है।
कहो कहाँ लौं बरनन करिये केते अटाला और भर्या है॥

केतिक केतो जुबान द्वार पर केता चौकीदार खड्यो है।
केतिक हुरम हुर सी घर में कितेक खास खवास पड़े हैं॥
केतिक सरवराह जो लखिये केते यार गुजार भरे हैं।
केतिक बरनौं संपति उसकी जो कछु कौतुक काज करे है॥

अपनी संपति देख सुदामा हरहा भया घर भीतर आया।
जो कछु ध्यान ख्याल नहिं देखा सो मौजूद तहाँ सब पाया॥
ठौर ठौर ते भइ बधाई जहाँ तहाँ ते मंगल गाया।
सदका दिया बहुत औरत ने तरफ तरफ सोना बरसाया॥

गरम किये पानी के बासन सकल सुगंध सँवार मगाया।
चौकी धरि मंदिर ते काढी तहाँ सुदामा लै बिठलाया॥
कछनी कछ महबूब वे साई खूब ही दलमल गुसल कराया।
तब दिल अंदर कहता बामन यह बानक श्रीकृष्ण बनाया॥

कसमा कह्या सुदामा प्रभु का कहै सुने दिल प्रीत बढ़ाई।
जिसका होय बहिस्त में बासा आवागमन कदै नहिं भाई॥
जैसा करम किया बामन पर तैसी उसको होत सवाई।
दीनभाव नाथ की बातैं जुवाँ एक क्या कहूँ बुझाई॥
इति श्री आलम कृत सुदामा चरित्र सुपूर्ण
श्रीरस्तु लिखितं अभमनं

इस मिथक कथा को कवियों ने कई बार कहा है।

आलम के 'सुदामाचरित' पर नरोत्तमदास के 'सुदामाचरित' का असर रेखांकित किया जा सकता है। आलम ने अवधी और ब्रजभाषा के साथ रेख्ता का भी प्रयोग किया है। इससे यह सूचना मिलती है कि उस समय उर्दू की ओर झुकी खड़ीबोली लोक-प्रचलित हो चुकी थी और कवि भी बेहिचक उसका इस्तेमाल कर रहे थे।

आलम स्वच्छंद काव्यधारा के कृष्ण प्रेम के कवि हैं। उन्हें सूर और नंद के साथ सुकवियों की सूची में रखा जाता है। आलम ने ऐसे दौर में निजी कविता संभव की जब अधिकतर कवि या तो कवि-आचार्य की भूमिका निभा रहे थे। आलम

ने प्रेम की लौकिक तड़प को अलौकिक बना दिया है। उन्होंने भक्ति और रीति का संश्लेषण किया है। उनकी कविता में उनके समाज की प्रस्तुति भी है। उसमें भावगत तीव्रता है। हृदय का आवेग मस्तिष्क के दिमागी खेल को पीछे छोड़ देता है। उनकी कविता का शिल्प विषय के दबाव से निर्मित होता है। उन्होंने कहा भी है कि कविता में अर्थ जल महत्त्वपूर्ण होता है–

छंद मूल थर धरनि, अर्थ जल विमल पूरि दिय।
वरण पत्रि उलहन किरण साखा प्रकास किय॥
भानु बिंद उपमा विहंग बहु वसहिं जु अस्थल।
जुगति फूल रस रंग रसिक रीझहि सुवासु चल॥
छाया सुकृति जहँ जहँ चलिय 'आलम' फूलत सिधु भर।
सुरतर समान वोख्यो कविन, जग पर अमर कवित कर॥

उनका काव्यार्थ इतना सुवासित है कि काव्य-रसिक देर तक रस में डूबे रहते हैं।

आलम का प्रेम साहित्यिक जड़ताओं का विरोध करता है। मनुष्य को जकड़ने वाले कथित सामाजिक नियमों की प्रतीक्षा में खड़ा रहता है। ऐसी पक्षधरता उन्होंने स्त्री-पुरुष प्रेम के साथ-साथ परिजनों के प्रेम में भी व्यक्त की है। यह प्रेम इतना उद्दाम है कि उसकी उच्छलता कथित मर्यादाओं को लाँघ जाती है। इस प्रेम में केवल दो मनुष्य हैं। तीसरा कोई नहीं है। इसलिए यह ऐसा प्रेम है जो शाब्दिक मुखरता की बजाय अर्थ के स्तर पर बोलता है। इस प्रेम में बिछड़ने और मिलने के कई मार्मिक प्रसंग हैं। बड़ी बात यह है कि इसमें एक अनंतता या असमाप्ति का भाव लगातार बना रहता है। यह अतृप्तता सहज है। जो तृप्त हो जाए, वह प्रेम केवल कायिक है। आलम का प्रेम मानसिक और आत्मिक है। यह अतृप्त रह जाने की टीस प्रेम को बड़े अर्थ देती है। वेदना की छाया को और भी गहरा कर देती है। यहाँ पर कुछ भी अच्छा न लगने से गहरी उदासी है। ऐसी दशा मानवीय है जो मनुष्य को अधिक मनुष्य बनाती है।

आलम की कविता अलौकिक गोपी-कृष्ण-प्रेम से लौकिक प्रेम को व्यक्त करती है। उसमें पीड़ा भी अप्रिय नहीं लगती और प्रिय के व्यक्तित्व के कृष्ण पक्ष भी धवल लगते हैं। आलम की गोपियाँ श्यामल कृष्ण की श्यामलता में उज्ज्वलता या धवलता देखती हैं। स्पष्ट है कि जहाँ मन अटक जाए, वहाँ रूप-अरूप विरूप इत्यादि खाँचे व्यर्थ हो जाते हैं। कृष्ण को बाला कहने वाले गोपियों की नजर में गँवार हैं। श्याम में जितना उजियारा है वह तीव्र रागावेग को बढ़ाता है। यही प्रेम द्वारा संभव मुक्ति है। प्रेम की यही स्वच्छंदता, प्रेम की आपबीती को जगबीती बना देती है। रूप-सौंदर्य का शास्त्रीय विभाजन अर्थहीन हो जाता है। आलम का सौंदर्य वर्णन इसलिए भिन्न लगता है कि उसमें शास्त्रीयता की बजाय मानवीयता है, वहाँ 'अंग-अंग मोहिनी मोहन मन मौहीवे' का अकुंठ भाव है। यह वर्णन केवल रूप का नहीं इसलिए यहाँ किताबी अलंकार-योजना या छंद-विधान नहीं है। ऐसे प्रसंग आलम के यहाँ आप आ गए हैं।

आलम ने शृंगार और भक्ति दोनों को एक रखते हुए यह दिखाया है कि प्रेम और उसका विरह उभयपक्षी होता है। उन्होंने 'माधवानल', 'कामकंदला' में माधव

यानी पुकार को और 'श्यामसनेही' में रुक्मिणी को यानी स्त्री को प्रेम के लिए छटपटाते हुए चित्रित किया है। 'सुदामा चरित' में प्रेम महान मैत्री के रूप में चित्रित हुआ है। दरअसल आलम प्रेम को लोक से उठाते हैं और उसे लोक में ही प्रक्षेपित कर देते हैं।

आलम ने भाव के साथ भाषा को भी मुक्त किया है। उन्होंने लोक में व्याप्त अरबी-फारसी की शब्दावली को बेहिचक अवधी और ब्रज में मिलकर नयी काव्यभाषा निर्मित करने का उपक्रम किया है-

दौरि दौरि द्वारे आवै ऐसे दिन भी न पावै,
किया है पखेरू तैं दर्याव के नवारे का।
परा तेरी सूरति के नूर गिरदाब बीच,
फूल सा फकीर फिरै साँझ लौं सबा रे का।
हरद सा ह्वै जु रहा दरद न जाइ कहा,
मुआ है हिलाक बीच मारना क्या मारे का।
सारा दिन फिरा करै तेरेई फिराक बीच,
जौ न चाहे चितमों तौ चारा क्या विचारे का।।

उन्होंने भाषा में आवेग बनाये रखने के लिए अरबी-फारसी के साथ-साथ पूर्वी और पंजाबी का भी प्रयोग किया है। यह ब्रजभाषा का ऐसा मिश्रित रूप है जिसमें जीवंतता है। माधवानल की भाषा अवधी है। लेकिन 'श्यामसनेही' की अवधी रूप में अलग हैं कि उसमें कवि का सुकाव रेख्ता की ओर ही आलम ने भाव और भाषा का ऐसा विधान किया है कि मध्यकालीन कविता की पूर्णता उनके बिना रेखांकित नहीं की जा सकती है।

✪✪✪